Die Wirtschaftswelt für BFS/BGJ

Betriebswirtschaftslehre mit Rechnungswesen

von
Nikolaus Janzik

winklers®

1. Auflage, 2005

Postfach 11 15 52, 64230 Darmstadt
Telefon: 06151 8768-0 Fax: 06151 8768-61
www.winklers.de
Lektorat: Katharina Mieskes, Neu-Isenburg
Herstellung: Gerhard H. Rödel, Schopfheim
Druck: westermann druck GmbH, Braunschweig
ISBN 3-8045-**6022**-9

Vorwort für die Schülerinnen und Schüler

Die Mediaworld e. K. – hierum drehen sich die Inhalte dieses Buches:

Sie erleben, wie Moritz Wagner als gelernter Einzelhandelskaufmann „sein" Unternehmen, die „Moritz Wagner Mediaworld e. K.", gründet. Sie begleiten Bastian Lenz, den Azubi in der Mediaworld e. K., wie er alle Abteilungen des Betriebes während seiner Ausbildung kennen lernt und erfährt, wie alles zusammengehört und funktioniert. Dabei stehen ihm erfahrene Ausbilder im Unternehmen zur Seite, so beispielsweise Florian Peek aus der Buchhaltung.

Ständig passieren neue Dinge, die die Mitarbeiter des Unternehmens herausfordern: Die tägliche Routine wie Ware einkaufen oder verkaufen wird zur Nervensache, wenn Kunden sich beschweren oder die bestellte Ware nicht ankommt. Es müssen neue Mitarbeiter eingestellt und Neuanschaffungen getätigt werden. Es passieren Arbeitsunfälle und trotzdem muss der Betrieb weiterlaufen. Rechnungen müssen bezahlt werden (aber wovon, wenn die Kasse leer ist?) und die Finanzbuchhaltung muss stimmen, sonst gibts Ärger mit dem Chef. Der muss auch noch eine Mitarbeiterin entlassen, weil sie gestohlen hat.

Jedes Kapitel beginnt mit einer Szene aus dem Unternehmensalltag der Mediaworld e. K. („Das ist geschehen"). Sie werden aufgefordert die geschilderte Situation zu klären und das Problem zu lösen („Das ist zu tun") – dies schaffen Sie mithilfe der jeweils folgenden Informationen („Das sollte man wissen"). Um Ihr Gelerntes zu vertiefen, befinden sich am Ende der Kapitel Übungen („Aufgaben zur Wiederholung"). Viele Rechercheaufgaben und Projektideen helfen Ihnen, über den Tellerrand von „BWL mit Rechnungswesen" hinwegzusehen.

Sie erleben die „Wirtschaftswelt" nicht nur in der Mediaworld e. K., sondern erkennen, dass diese uns überall begegnet.

Vorwort für die Lehrerinnen und Lehrer

Das vorliegende Buch erfüllt die Anforderungen für das Fach Betriebswirtschaftslehre mit Rechnungswesen des aktuellen Lehrplanes für die Berufsfachschule und für das Berufsgrundschuljahr in NRW. Zusammen mit zwei weiteren Bänden der Reihe „Die Wirtschaftswelt für BFS/BGJ" (Volkswirtschaftslehre und Informationswirtschaft) werden alle wirtschaftlichen Inhalte für diese Bildungsgänge anhand des Modellunternehmens Mediaworld e. K. aufbereitet. Dabei wurde darauf geachtet, die einzelnen Kapitel so zu gestalten, dass eine Selbsterarbeitung der Inhalte durch die Schüler durchgehend möglich ist. Die vielen Wiederholungs- und Übungsaufgaben zu den Inhalten sind ergänzt um zahlreiche kapitelübergreifende Aufgaben, um Zusammenhänge zu verdeutlichen und zu vertiefen. Die Lernfeldkarten vor den einzelnen Kapiteln zeigen auf, welche Inhalte in den einzelnen Lernfeldern thematisiert werden. Die Darstellung des Modellunternehmens im Vorspann sowie der Kontenrahmen und ein ausführliches Sachwortregister am Schluss des Buches sind wertvolle Hilfen bei der Erarbeitung der Lernfelder.

Für Verbesserungsvorschläge und Anregungen bin ich allen Kolleginnen und Kollegen dankbar.

Viersen, im Frühjahr 2005

Nikolaus Janzik

Das Modellunternehmen

Moritz Wagner
Mediaworld/e. K.
Krefelder Straße 92 • 47226 Duisburg

Webshop
Verkauf über das Internet an Privat- und Geschäftskunden

Großhandel für Multimediabedarf
Verkauf von Aktionsware im Bereich Multimedia an Einzelhandelsfachgeschäfte der Branchen Fernseh-, Hi-Fi- und Computerbedarf

Verkaufsshop
Verkauf über eine Filiale an Privatkunden

Geschäftsführung:

Moritz Wagner

Abteilungen:

Lager

Peter Bäumer

Einkauf

Sabine Hauser

Verkauf

Karl Herwig

Buchhaltung und Verwaltung

Florian Peek

weitere Mitarbeiter:

Monika Schmitz
Teilzeitkraft im Verkaufsshop

Bastian Lenz
Auszubildender (Kaufmann im Groß- und Außenhandel)

Andreas Zimmer
Praktikant

60224

Inhaltsverzeichnis

Lernfeld 1: In einem Unternehmen mitarbeiten können

Lernfeld 2: Aufträge bearbeiten

LERNFELD 1
In einem Unternehmen mitarbeiten können

LERNFELD 2: Aufträge bearbeiten

LERNFELD 3
Personalmaßnahmen entwickeln u
Kompetenzen für den eigenen Ber

LERNFELD 5
Betriebliche Prozesse dokumentieren, Daten analysieren, aufbereiten, auswerten und Ergebnisse/Maßnahmen einschätzen

LERNFELD 4
Käuferverhalten analysieren und Marketingmaßnahmen entwickeln

1 Unternehmensgründung

1.1 Geschäftsidee

Das ist geschehen ...

Moritz Wagner ist 27 Jahre alt. Er hatte eine Ausbildung zum Einzelhandelskaufmann in einem großen Hi-Fi- und Computermarkt gemacht. Nach der Ausbildung konnte er bei seinem Ausbildungsunternehmen bleiben. Inzwischen hat er sechs Jahre Berufserfahrung; im Bereich der Multimedia-Artikel kennt er sich aufgrund seines großen Interesses an Hi-Fi-Artikeln und Computerzubehör sehr gut aus.

Seit einiger Zeit überlegt Moritz Wagner, ob er es nicht wagen sollte, sein eigenes Geschäft zu eröffnen. An fachlicher Qualifikation mangelt es ihm nicht und eine Geschäftsidee hat er auch schon: Ware in großen Mengen und damit preiswert (Mengenrabatt!) einkaufen und diese Ware möglichst günstig an andere Geschäfte und Unternehmen weiterverkaufen. Als Kunden stellt er sich Einzelhandelsfachgeschäfte vor, die nicht in großen Mengen einkaufen können. Diese Fachgeschäfte wären sicherlich daran interessiert, günstig Ware bei ihm zu bestellen. Moritz Wagner überlegt sich, dass er dazu nur eine **Lagerhalle** und ein Büro benötigt. Zusätzlich kann man die Ware aber auch gleich an den „Endverbraucher" verkaufen – ebenfalls zu günstigen Preisen. Dazu benötigt er natürlich einen **Verkaufsraum.**

Das ist zu tun ...

Eines Sonntagabends nimmt sich Moritz Wagner die Zeit, um eine Liste aufzustellen, was er alles bedenken muss, wenn er ein eigenes Unternehmen gründen möchte.

Was wird auf der Checkliste alles draufstehen? Setzen Sie sich in Kleingruppen zusammen und erstellen Sie eine eigene Liste, was alles bedacht werden muss, um die Geschäftsidee von Moritz Wagner umzusetzen.

1.2 Erstberatung bei der IHK

Das ist geschehen ...

Moritz Wagner hat einen Termin bei der Industrie- und Handelskammer Duisburg. Hier will er sich mit einem Gründungsberater über seine Geschäftsidee unterhalten. Der zuständige Mitarbeiter der IHK heißt Peter Schneider und erwartet Moritz Wagner schon.

Peter Schneider: *„Schönen guten Tag, Herr Wagner. Sie wollen sich also selbstständig machen? Prima Idee! Und eine mutige Entscheidung, denn die Unternehmensgründung birgt viele Chancen, aber auch Risiken in sich."*

Moritz Wagner: *„Ja, das kann ich mir vorstellen. Aber ich denke, ich bringe die richtigen Voraussetzungen mit, sodass es schon klappen wird."*

Peter Schneider: *„Welche Voraussetzungen meinen Sie?"*

Moritz Wagner: *„Nun, erst einmal bin ich ‚vom Fach', das heißt, ich kenne mich in der Branche und mit den Produkten, die ich verkaufen will, sehr gut aus. Nach meiner Ausbildung habe ich auch noch lange in dem Bereich Multimedia gearbeitet, sodass ich viele Erfahrungen sammeln konnte."*

Peter Schneider: *„Sicher, das ist von Vorteil. Aber bringen Sie auch die anderen Voraussetzungen eines ‚Unternehmers' mit? Haben Sie Führungsqualitäten, können Sie mit angestelltem Personal umgehen? Sind Sie kreativ, um sich auch mit Neuerungen gegenüber der Konkurrenz zu behaupten? Und sind Sie so zuverlässig, wie es ein ‚Chef' sein sollte?"*

Moritz Wagner: *„Nun, in meinem alten Job war ich Gruppenleiter im Bereich ‚Multimedia', da habe ich schon drei Mitarbeiter unter mir gehabt. Mit Personalführung kenne ich mich also schon ein bisschen aus. Die anderen Dinge ..., nun ja, das wird sich wohl erst noch zeigen. Ich habe hier eine Liste mitgebracht ..."*

Peter Schneider: *„Gut, lassen Sie mal sehen ..."*

Meine Checkliste zur Unternehmensgründung

Investitionsplanung:
- Betriebsgebäude an der Krefelder Straße
  (Nähe zur Innenstadt; Parkplätze sind vorhanden)
- 2 Firmenfahrzeuge
- Büroeinrichtung

Finanzierung:
- eigenes Geld + Geldgeschenk von Patentante
- Geld von Bank leihen

Sicherheiten für die Bank:
- Eigenkapital, Gebäude, Grundstücke ?

Meine Kunden könnten sein:
- vor allem Firmenkunden
- Privatleute (→ Verkaufsshop in Innenstadtnähe; Ware, die Jugendliche anspricht: Musikartikel, CDs, MP3-Spieler, Computer mit Zubehör)

Als Lieferanten kommen infrage:
- noch unklar; Kontakt suchen zu Lieferanten, die Ware günstig und schnell liefern können

Personal, das ich einstellen will:
- Lagerist, Buchhalter, Einkäufer, Verkäufer (für die Verkaufsabteilung), Personal für den Verkaufsshop

Peter Schneider: *„Das sieht insgesamt schon recht gut durchdacht aus. Aber denken Sie bei der Finanzierung nicht nur an das Anlagevermögen wie Gebäude, Fuhrpark und so weiter. Sie brauchen auch Geld, weil Sie Ware einkaufen müssen, die Sie verkaufen wollen. Sie müssen Löhne und Gehälter auszahlen und das Finanzamt wird Steuern bei Ihnen einfordern. Das kommt alles noch dazu! Und vergessen Sie nicht, das Personal auch bei der Krankenkasse für die Sozialversicherungen anzumelden, damit die Leute unter anderem kranken- und arbeitslo-*

senversichert sind. Ihr Unternehmen müssen Sie übrigens auch bei der Ordnungsbehörde anmelden. Die übernehmen dann die weitere Anmeldung beim Finanzamt, der IHK und der Berufsgenossenschaft."

Moritz Wagner: *„Berufsgenossenschaft? Ach so, wegen dem Arbeitsschutz und der Unfallversicherung, richtig?"*

Peter Schneider: *„Genau. Apropos Versicherung. Sie sollten über die eine oder andere Versicherung nachdenken, zum Beispiel eine Feuerversicherung, eine Einbruchdiebstahlversicherung, vielleicht eine Transportversicherung oder eine Betriebshaftpflichtversicherung."*

Moritz Wagner: *„Gut, dass Sie das sagen. Darüber habe ich mir noch keine Gedanken gemacht."*

Peter Schneider: *„Na sehen Sie, da habe ich ja doch noch ein paar Ideen für Sie gehabt. Für die Eintragung im Handelsregister brauchen Sie übrigens einen Namen für Ihr Unternehmen. Haben Sie denn schon eine Firmenbezeichnung?"*

Moritz Wagner: *„Einen Namen für mein Unternehmen? Nein, darüber habe ich noch gar nicht nachgedacht. Aber da fällt mit schon noch etwas ein."*

Das ist zu tun ...

1. Sortieren Sie die Gesprächsinhalte in einer Übersicht, die wie folgt aufgebaut ist:

   Voraussetzungen für eine Unternehmensgründung:

Persönliche Voraussetzungen:	Sachliche Voraussetzungen:	Rechtliche Voraussetzungen:

2. Vergleichen Sie die Informationen, die Moritz Wagner in dem Gespräch bekommen hat, mit der Checkliste, die Sie zur Unternehmensgründung aufgestellt haben. Welche Dinge haben Sie bedacht? Was ist wichtig an den Dingen, die in Ihrer Checkliste fehlen?

1.3 Ein Name für das Unternehmen – die Firma

Das ist geschehen ...

Moritz Wagner ist zuversichtlich, dass er die Voraussetzungen zur Unternehmensgründung erfüllen kann. Das Gespräch mit dem IHK-Berater (→ Kapitel 1.2) hat ihn sehr zuversichtlich gestimmt. Am nächsten Tag ruft er sich das Ende des Gespräches in Erinnerung:

IHK-Berater Peter Schneider: *„Haben Sie denn schon eine Firmenbezeichnung?"*

Moritz Wagner: *„Einen Namen für mein Unternehmen? Nein, darüber habe ich noch gar nicht nachgedacht. Aber da fällt mit schon noch etwas ein."*

Und Moritz Wagner erinnert sich genau, was der ***IHK-Berater Herr Schneider*** daraufhin geantwortet hat: *„Gut. Ich denke, Sie sind kreativ genug, um sich eine Firma auszudenken. Aber bedenken Sie, dass einige wichtige Grundsätze bei der Namensgebung beachtet werden müssen."*

602212

Moritz Wagner setzt sich an seinen Schreibtisch und überlegt sich nicht nur einen Namen für sein Unternehmen, sondern möchte auch gleich eine Visitenkarte gestalten.

Das ist zu tun ...

Seien Sie kreativ und gestalten Sie eine Visitenkarte für das Unternehmen von Moritz Wagner. Aber Vorsicht: Sie müssen sich nicht nur einen Namen ausdenken und ein ansprechendes Logo gestalten, sondern auch die unten stehenden Informationen und Grundsätze beachten!

Das sollte man wissen ...

Die Firma

Was das Wort „Firma" bedeutet, steht im Handelsgesetzbuch (HGB).

Der Name eines Unternehmens – die Firma – kann aus vier verschiedenen Varianten gewählt werden:

Firmenarten:

Personenfirma	Sachfirma
Die Firma besteht aus Namen von Personen. ***Beispiel:*** *Fischer und Schmitt OHG*	Die Firma bezeichnet den Gegenstand des Unternehmens, d. h. die Sache, mit der „Geld verdient wird". ***Beispiel:*** *Dortmunder Stahlhandel KG*
Mischfirma	**Fantasiefirma**
Es findet eine Mischung aus Personen- und Sachfirma statt. ***Beispiel:*** *Gebäudereinigung Mertens GmbH*	Die Firma ist ein ausgedachter Name, ein „Fantasieprodukt". ***Beispiel:*** *sunlife e. K.*

§ 17 HGB (Firma):

(1) Die Firma eines Kaufmanns ist der Name, unter dem er seine Geschäfte betreibt und die Unterschrift abgibt.

(2) Ein Kaufmann kann unter seiner Firma klagen und verklagt werden.

Hat man erst einmal eine Auswahl aus den oben stehenden Möglichkeiten getroffen, müssen noch verschiedene Grundsätze beachtet werden.

Firmengrundsätze:

1. **Firmenausschließlichkeit:** Jede Firma muss sich von den anderen am Ort befindlichen Firmen deutlich unterscheiden.
2. **Firmenwahrheit:** Die Firma darf keine irreführenden Angaben enthalten und muss klar über die geschäftlichen Verhältnisse informieren.
3. **Firmenöffentlichkeit:** Die Firma muss im zuständigen Handelsregister eingetragen werden. Das Handelsregister ist für jeden, das heißt öffentlich einsehbar.
4. **Firmenbeständigkeit:** Der Firmenname kann bestehen bleiben, wenn das Unternehmen verkauft wird bzw. der Inhaber wechselt.

Merke

Die **Firma** ist der **Name,** unter dem ein Kaufmann
- Handelsgeschäfte betreibt,
- Unterschriften leistet,
- klagt und verklagt werden kann.

Letztendlich ist zwingend vorgeschrieben, dass im Unternehmensnamen die Rechtsform genannt wird. Dies nennt man den **Firmenzusatz**.

Die unten stehenden Unternehmensformen sind auch Gegenstand dieses Buches (→ Kapitel 2).

Im Folgenden werden – zur Auswahl für die Firma des Unternehmens von Moritz Wagner – erst einmal nur die Abkürzungen der verschiedenen **Rechtsformen** genannt:

- Einzelunternehmung (eingetragener Kaufmann/eingetragene Kauffrau): e. K.
- Offene Handelsgesellschaft: OHG
- Kommanditgesellschaft: KG
- Gesellschaft mit beschränkter Haftung: GmbH
- Aktiengesellschaft: AG

Aufgaben

Aufgaben zur Wiederholung

1 Erläutern Sie, warum Moritz Wagner sich bei der Wahl seiner Firma im eigenen Interesse an den Firmengrundsatz „Firmenausschließlichkeit" halten muss.

2 Nennen Sie je Firmenart ein Beispiel aus Ihrer Stadt/Region.

3 Was bedeutet der Firmengrundsatz „Firmenwahrheit" in der Praxis? Nennen Sie zwei Firmen als Beispiele, bei denen gegen diesen Grundsatz verstoßen würde.

1.4 Handelsregister

Das ist geschehen ...

Moritz Wagner hat sich für einen Namen entschieden. Er nennt seine Firma „Moritz Wagner Mediaworld e. K.". Er weiß aus dem Gespräch mit dem IHK-Berater Herrn Schneider (→ Kapitel 1.2), dass er sein Unternehmen beim Handelsregister anmelden muss. Die Neueintragung erfolgt am 05.07.20.. .

Das ist zu tun ...

1. Füllen Sie den folgenden Auszug aus dem Handelsregister mit den entsprechenden Daten für Moritz Wagners Firma aus.

Amtgericht Duisburg				
Nummer	a) Firma b) Ort der Niederlassung c) Gegenstand des Unternehmens	Geschäftsinhaber, ...	Vertretungsbefugnis	Tag der Eintragung
	a) b) c)			

2. Warum muss Moritz Wagner seine Firma beim Handelsregister anmelden?
3. Wie erfährt „der Rest der Welt" von der Handelsregistereintragung und damit von der Neugründung des Unternehmens von Moritz Wagner?

Das Handelsregister

Das Handelsregister ist ein Verzeichnis, in dem Tatsachen über Kaufleute eingetragen werden, die für die Geschäftspartner der Kaufleute und die Allgemeinheit interessant sind. Dieses Verzeichnis wird bei den Amtsgerichten geführt, für Moritz Wagner und die Mediaworld e. K. ist entsprechend das Amtsgericht Duisburg zuständig. Die Pflicht, sein Unternehmen beim Handelsregister anzumelden, ergibt sich aus dem Handelsgesetzbuch (HGB).

Das sollte man wissen ...

§ 29 HGB (Anmeldung):
Jeder Kaufmann ist verpflichtet seine Firma und den Ort seiner Handelsniederlassung bei dem Gericht, in dessen Bezirk sich die Niederlassung befindet, zur Eintragung in das Handelsregister anzumelden; (...).

Wer der Eintragungspflicht nicht nachkommt, kann mit einer Ordnungsstrafe (bis zu 5.000,00 € !) dazu gezwungen werden (§ 14 HGB). Bei der Firmengründung sind der Name und der Ort des Unternehmens einzutragen. Darüber hinaus gibt es noch weitere Anlässe, die zu Eintragungen im Handelsregister verpflichten; zum Beispiel:

- Änderung der Firma
- Änderung der Inhaber der Firma
- Verlegung der Niederlassung
- Erteilung oder Widerruf der Prokura (das Recht, den Geschäftsführer vertreten zu können, → Kapitel 6.2 in Lernfeld 2)

Das Handelsregister besteht aus den folgenden zwei Abteilungen:

Abteilung A	Abteilung B
Einzelkaufleute: – eingetragener Kaufmann (e. K.) **Personengesellschaften:** – Offene Handelsgesellschaft (OHG) – Kommanditgesellschaft (KG)	**Kapitalgesellschaften:** – Aktiengesellschaft (AG) – Gesellschaft mit beschränkter Haftung (GmbH)

Da das Handelsregister für jeden einsehbar ist, kann auch jeder Informationen über das Unternehmen von Moritz Wagner einholen. Die Eintragungen im Handelsregister werden zusätzlich auch noch veröffentlicht. Zum einen erscheinen die Eintragungen im Deutschen Bundesanzeiger. Zum anderen bestimmt das Gericht, welches das Handelsregister führt, eine Tageszeitung, die die Eintragungen veröffentlicht.

Beispiel

Die Mediaworld e. K., die am 05.07.20.. im Handelsregister eingetragen wird, steht in Abteilung A. Die Handelsregisternummer lautet entsprechend HRA 593-02 05.

Aufgaben

Aufgaben

1 Welche Abteilungen hat das Handelsregister? In welcher Abteilung befinden sich die folgenden Firmen?
a) Volkswagen AG
b) Gebrüder Meier OHG
c) Stahlhandel Duisburg KG
d) Elfriedes Kaffeestübchen e. K.
e) H. W. Möhrke Bau GmbH

2 [Rechercheaufgabe] Sammeln Sie Ausschnitte (Tageszeitung) zu Handelsregistereinträgen. Werten Sie diese nach folgenden Punkten aus:
a) Nach welchen Kriterien sind die Einträge geordnet?
b) Welche Arten von Eintragungen gibt es?
c) Erläutern Sie mit Beispielen die verschiedenen Arten von Einträgen.
d) Finden Sie konkrete Beispiele (Firmen) zu den beiden Abteilungen des Handelsregisters.

2 Rechtsformen der Unternehmung

2.1 Überblick

Das ist geschehen ...

Moritz Wagner ist auf dem Weg in die Selbstständigkeit. Nachdem er seine alte Stelle im HiFi- und Computermarkt gekündigt hat, beginnt er mit dem Aufbau eines eigenen Unternehmens. Bei der Firma, die er sich überlegt hat (Moritz Wagner Mediaworld), fehlt noch der Zusatz der Rechtsform, der Aufschluss darüber gibt, ob es sich zum Beispiel um eine Einzelunternehmung (e. K.) oder um eine Gesellschaft mit beschränkter Haftung (GmbH) oder eine andere Rechtsform handelt. Moritz Wagner verschafft sich zunächst einen Überblick über die möglichen Rechtsformen.

Das sollte man wissen ...

Einzelunternehmung

Die Einzelunternehmung wird von einem Unternehmer allein gegründet und geführt. Dies ist das wichtigste Unterscheidungsmerkmal zu den anderen Rechtsformen, die in der Regel von mehreren Personen gegründet werden. Der Einzelunternehmer ist zumeist auch Eigentümer des Unternehmens. Die Rechtsform wird abgekürzt mit e. K. (eingetragener Kaufmann/eingetragene Kauffrau).

Gesellschaftsunternehmen

Gesellschaftsunternehmen werden in der Regel von mehreren Personen gegründet und geführt. Man unterscheidet Personengesellschaften und Kapitalgesellschaften. Personengesellschaften werden ins Leben gerufen, indem sich mehrere Personen zusammenschließen, um mit ihrem Kapital ein Unternehmen zu gründen. Diese Personen sind für gewöhn-

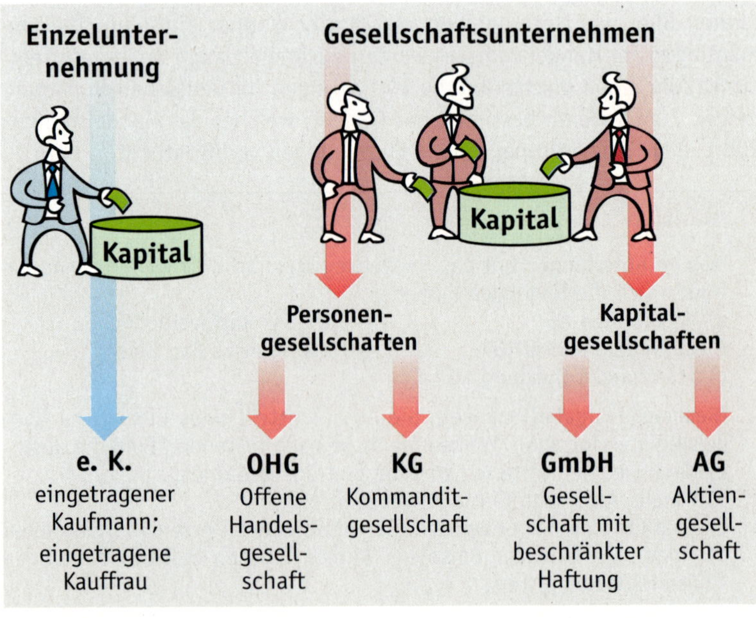

602216

lich nicht nur die Eigentümer, sondern führen das Unternehmen auch. Bei Kapitalgesellschaften ist dies zumeist nicht so. Hier wird von vielen Menschen Kapital zusammengetragen, um ein Unternehmen zu gründen, welches dann von einem oder mehreren **anderen** Menschen geleitet wird.

Die wichtigsten Rechtsformen sind in der Übersicht auf der vorgehenden Seite dargestellt. In den weiteren Kapiteln wird näher auf die Besonderheiten der einzelnen Rechtsformen eingegangen.

Das ist zu tun ...

Erstellen Sie in Ihrem Heft eine Übersicht nach dem folgenden Muster:

Unternehmensform:	e. K.	OHG	KG	GmbH	AG
Anzahl der Gründer					
Firma					
Formvorschrift					
Eigenkapitalaufbringung					
Geschäftsführung					
Vertretung					
Gewinnverteilung					
Verlustverteilung					
Haftung					

Nach der Erarbeitung der folgenden Kapitel werden Sie jeweils aufgefordert die Übersicht mit den entsprechenden Angaben zur Gründung, zur Firma usw. zu ergänzen.

2.2 Einzelunternehmung

Das ist geschehen ...

Jetzt weiß Moritz Wagner, welche verschiedenen Rechtsformen es gibt. Für ihn kommt bei genauerer Betrachtung eigentlich nur die Einzelunternehmung (e. K.) infrage, da er sein Unternehmen allein gründen und führen will. Dass dies mit vielen Vorteilen verbunden ist, scheint Moritz einleuchtend. Allerdings befürchtet er, dass die Wahl der Rechtsform „Einzelunternehmung" auch Nachteile bedeuten kann.

Das ist zu tun ...

Stellen Sie die Vorteile und Nachteile der Einzelunternehmung in einer kleinen Tabelle gegenüber. Nutzen Sie dazu die folgenden Informationen.

Das sollte man wissen ...

Die Einzelunternehmung

Für die Gründung seiner Firma als Einzelunternehmung benötigt Moritz Wagner keinen weiteren Partner, dies kann der Einzelunternehmer allein machen. Daraus ergibt sich natürlich, dass er auch allein das Kapital für die Unternehmensgründung zur Verfügung stellen muss. Dies Problem hat Moritz Wagner wie folgt gelöst: In den Jahren seiner

Tätigkeit als Verkäufer hat er monatlich Geld zur Seite gelegt und gespart. Daneben hat er noch eine „kleine Starthilfe" von seiner Tante geschenkt bekommen. Das eigene Geld, welches er für die Unternehmensgründung nutzen will, ist das **Eigenkapital** des Unternehmens.

Das reicht aber noch lange nicht aus, daneben muss er sich noch fremdes Geld von einer Bank beschaffen. Dieses Geld ist dann das **Fremdkapital** des Unternehmens. Je mehr Kapital er selbst einbringt, desto mehr Geld wird die Bank ihm zur Verfügung stellen, da er mehr Sicherheiten bieten kann. Hat er das notwendige Kapital zusammen, kann er sein Unternehmen gründen, ohne besondere Formvorschriften (→ Kapitel 1.8 in Lernfeld 2) zu beachten, allerdings muss er sein Unternehmen beim Handelsregister anmelden (→ Kapitel 1.4).

Als Eigentümer seiner Unternehmung ist Moritz Wagner berechtigt die Geschäfte allein zu führen. Dies bedeutet, dass er alle Anordnungen im Betrieb selbst treffen kann, ohne auf die Meinungen und Wünsche anderer eingehen zu müssen – natürlich muss er dabei die geltenden Gesetze beachten, zum Beispiel das Arbeitszeitgesetz mit seinen vorgeschriebenen Ruhepausen usw. Im Geschäftsverhältnis mit anderen, also mit Kunden, Lieferanten oder Angestellten, gilt, dass Moritz Wagner als Einzelunternehmer sein Unternehmen allein vertritt. Kauft jemand bei seinem Unternehmen ein, so schließt Moritz Wagner für sein Unternehmen mit dem Kunden einen **Vertrag.** Fängt jemand bei seinem Unternehmen an zu arbeiten, so schließt Moritz Wagner für sein Unternehmen einen **Arbeitsvertrag** mit dem neuen Mitarbeiter ab.

Diese Belastung mit Arbeit und Verantwortung ist für den Einzelunternehmer aber auch profitabel: Schließlich darf er – falls sein Unternehmen Gewinn erwirtschaftet – diesen Gewinn allein behalten und verwenden. Dies trifft aber auch für den Fall zu, dass sein Unternehmen Verlust macht. Diesen trägt der Einzelunternehmer allein. Es stellt sich noch die Frage der Haftung, das heißt, wie das Unternehmen für seine Schulden geradesteht. Auch hier gilt: Der Einzelunternehmer muss allein für die Schulden seines Unternehmens einstehen. Er haftet zum einen mit dem Geschäftsvermögen, zum anderen aber auch mit seinem Privatvermögen. Macht Moritz Wagners Unternehmen Schulden, kann für die Rückzahlung der Schulden neben dem Geld und Sachvermögen des Unternehmens auch auf das private Geld von Moritz Wagner und sein privates Sachvermögen zurückgegriffen werden. Er haftet also nicht nur mit seinem privaten Geld, sondern auch z. B. mit seinem eigenen Haus, seinem Privatauto usw.

Die Vorschriften zur Firma sind Moritz Wagner mittlerweile hinreichend bekannt (→ Kapitel 1.3). Dem Namen muss er nur noch den Zusatz einer Einzelunternehmung beifügen, dies ist die Abkürzung e. K. (eingetragener Kaufmann/eingetragene Kauffrau). Zusammengenommen heißt das von ihm gegründete Unternehmen nun **Moritz Wagner Mediaworld e. K.**

602218

Aufgaben

Aufgaben zur Wiederholung

1 Ergänzen Sie Ihre Übersicht der einzelnen Unternehmensformen mit den Informationen zur Einzelunternehmung.

2 Beurteilen Sie die zusammengetragenen Vorteile und Nachteile der Einzelunternehmung aus Sicht eines Arbeitnehmers, der bei einer Einzelunternehmung arbeitet.

2.3 Personengesellschaften

2.3.1 Offene Handelsgesellschaft (OHG)

Das ist geschehen ...

Moritz Wagner hat durch die Gegenüberstellung von Vor- und Nachteilen der Einzelunternehmung erfahren, dass bei der Wahl dieser Unternehmensform nicht alles positiv zu beurteilen ist. Er überlegt, wie er die Nachteile der Einzelunternehmung durch Hinzunahme eines Partners ausgleichen könnte.

Das ist zu tun ...

1. Sehen Sie sich noch einmal die Liste der Nachteile der Einzelunternehmung an. Notieren Sie, wie es sich auf diese Nachteile auswirken würde, wenn Moritz Wagner einen Partner mit aufnehmen würde.
2. Sie werden erkannt haben, dass viele Nachteile der Einzelunternehmung sich durch die Hinzunahme einer zweiten Person ausgleichen lassen. Trotzdem ist es nicht immer ratsam, einen Partner ins Unternehmen zu holen, da sich daraus auch Nachteile ergeben. Lesen Sie die Informationen zur OHG und finden Sie die Nachteile dieser Rechtsform heraus.

Das sollte man wissen ...

Die OHG

Die offene Handelsgesellschaft heißt so, weil „offen" erkennbar ist, dass mehrere Personen in dem Unternehmen gemeinschaftlich handeln. Dies ist das Gegenteil von so genannten „stillen Beteiligungen", bei denen nicht bekannt ist, wer alles am Unternehmen mit Kapital beteiligt ist. Bei der Eintragung der OHG im Handelsregister werden die einzelnen Partner, die **Gesellschafter** genannt werden, angegeben, sodass sie für jeden bekannt sind. Damit erkennbar ist, dass es sich um eine offene Handelsgesellschaft handelt, muss im Unternehmensnamen die Bezeichnung **OHG** auftauchen.

Wenn Moritz Wagner sich mit mindestens einem Partner zur Gründung einer OHG zusammenschließen würde, würden diese als Gesellschafter des Unternehmens einen Vertrag schließen. In dem Vertrag müsste man sich zum Beispiel darüber einigen, wer die Geschäftsführung übernimmt oder wie der Gewinn verteilt werden soll. Der Vertrag kann mündlich oder schriftlich geschlossen werden, eine bestimmte Form ist nicht vorgeschrieben. Natürlich bietet es sich an, den Vertrag schriftlich abzuschließen.

Das **Eigenkapital** der OHG wird von den Gesellschaftern aufgebracht. Damit ist aber nicht nur Geld gemeint; als Kapital kann man auch ein Grundstück, einen Lkw oder eine Lagerhalle mit in das Unternehmen einbringen. Je mehr Eigenkapital die Gesellschafter zusammenbekommen, desto größer ist die Aussicht auf Fremdkapital, da das Eigenkapital als Sicherheit für die Fremdkapitalgeber – in der Regel eine Bank oder Sparkasse – gilt. Bei der OHG sind alle Gesellschafter allein zur Führung der Geschäfte berechtigt, das heißt, es ist nicht notwendig, dass bei jeder betrieblichen Entscheidung alle Gesellschafter gefragt werden müssen. Im Geschäftsverhältnis mit anderen kann ebenfalls jeder Gesellschafter allein Geschäfte tätigen, Verträge für das Unternehmen abschließen und Ähnliches. Wenn aber einer der Gesellschafter bei einem Vertrag widerspricht, so kann der Vertrag nicht abgeschlossen werden – somit besteht auch eine gewisse Kontrolle zwischen den einzelnen Gesellschaftern.

Da alle Gesellschafter an der Führung der Unternehmung beteiligt sind und alle ihr Kapital zur Verfügung gestellt haben, ist es verständlich, dass auch alle am **Gewinn** beteiligt werden wollen. Die Verteilung des Gewinnes wird zumeist im Gesellschaftsvertrag geregelt. Wenn dies nicht der Fall ist, tritt die gesetzliche Regelung in Kraft. Diese besagt, dass das Kapital der Gesellschafter zunächst mit 4 % verzinst wird. Bleibt von dem Gewinn dann noch ein Rest übrig, wird dieser „nach Köpfen" – das heißt gleichmäßig – verteilt.

Beispiel

Moritz Wagner hat mit seinen Freunden Hermann Fränzer und Lutz Berg eine OHG gegründet. Im ersten Geschäftsjahr fällt ein Gewinn von 100.000,00 € an.

Gesellschafter	Kapital in €	Verzinsung 4 % vom Kapital	Anteil am Restgewinn (100.000,00 – 40.000,00)	Anteil am Gesamtgewinn
Moritz Wagner	400.000,00	16.000,00	20.000,00	36.000,00
Hermann Fränzer	400.000,00	16.000,00	20.000,00	36.000,00
Lutz Berg	200.000,00	8.000,00	20.000,00	28.000,00
Summe:	**1.000.000,00**	**40.000,00**	**60.000,00**	**100.000,00**

Sollten in einem Geschäftsjahr einmal Verluste anfallen, werden diese nach Köpfen verteilt und vom Kapital der Gesellschafter abgezogen.

Beispiel

Moritz Wagner hat mit seinen Freunden Hermann Fränzer und Lutz Berg eine OHG gegründet. Im ersten Geschäftsjahr fällt ein Verlust von 30.000,00 € an.

Gesellschafter	Kapital in €	Verlustaufteilung nach Köpfen	Restkapital nach Verlustaufteilung
Moritz Wagner	400.000,00	10.000,00	390.000,00
Hermann Fränzer	400.000,00	10.000,00	390.000,00
Lutz Berg	200.000,00	10.000,00	190.000,00
Summe:	**1.000.000,00**	**30.000,00**	**970.000,00**

Für die Möglichkeit, an der Geschäftsführung und dem Gewinn der OHG voll beteiligt zu werden, müssen die einzelnen Gesellschafter aber auch einen hohen Preis bezahlen: Alle Gesellschafter haften für die Schulden der Unternehmung, und zwar wie ein Einzelunternehmer mit dem Geschäftsvermögen und dem Privatvermögen. Dabei muss jeder Gesellschafter auch für die Schulden eines anderen Gesellschafters einstehen.

Merke

Die **OHG** ist der Zusammenschluss von mindestens zwei Personen zum Betrieb eines Handelsgewerbes, bei dem die Haftung der Gesellschafter nicht beschränkt ist.

Aufgaben zur Wiederholung

Aufgaben

1 Ergänzen Sie Ihre Übersicht der einzelnen Unternehmensformen mit den Informationen zur OHG.

2 Warum bietet es sich an, den Vertrag zur Gründung einer OHG schriftlich abzuschließen?

3 Nehmen wir noch einmal an, dass Moritz Wagner mit seinen Freunden Hermann Fränzer und Lutz Berg eine OHG gegründet hat. Moritz Wagner ist mit 600.000,00 € Kapital beteiligt, Hermann Fränzer mit 400.000,00 € und Lutz Berg mit 300.000,00 €.

a) Im ersten Geschäftsjahr fällt ein Gewinn von 100.000,00 € an. Verteilen Sie den Gewinn nach den gesetzlichen Bestimmungen.

b) Angenommen, es fällt ein Jahresgewinn von 90.000,00 € an und im Gesellschaftsvertrag steht, dass zunächst eine Kapitalverzinsung von 6 % zu erfolgen hat (Rest nach Köpfen). Wie wäre nun die Gewinnverteilung? Stellen Sie erneut eine Tabelle auf.

c) Wie wäre ein Verlust in Höhe von 120.000,00 € zu verteilen?

2.3.2 Kommanditgesellschaft (KG)

Das ist geschehen ...

Angenommen, Moritz Wagner benötigt für die Mediaworld e. K. Kapital, um sein Geschäft zu vergrößern. Wenn er weitere Personen als Gesellschafter in das Unternehmen holt und eine OHG gründet, haften alle Gesellschafter unbeschränkt. Es ist aber durchaus vorstellbar, dass nicht alle Gesellschafter, die dem Unternehmen Geld zum Wirtschaften zur Verfügung stellen, die volle Haftung übernehmen wollen. Was kann man tun?

Das ist zu tun ...

Bei der im Folgenden erläuterten Unternehmensform, der Kommanditgesellschaft, gibt es so genannte Vollhafter und Teilhafter. Stellen Sie die Unterschiede zwischen diesen Gesellschafterarten in einer Gegenüberstellung heraus. Benennen Sie die beiden Typen von Gesellschaftern auch mit ihrem Fachbegriff.

Das sollte man wissen ...

Die KG

Die Kommanditgesellschaft ist eine abgeänderte Form der OHG. Deshalb gilt vieles, was für die OHG gilt, auch bei der KG. Der wesentliche Unterschied liegt darin, dass einige Gesellschafter – wie bei der OHG – mit ihrem gesamten Privat- und Geschäftsvermögen haften, andere Gesellschafter aber haften nur mit dem Kapital, welches sie dem Unternehmen zur Verfügung gestellt haben. Diese **Teilhafter** nennt man **Kommanditisten**. Sie haben im Vergleich zu den **Vollhaftern**, den **Komplementären**, auch nur verminderte Rechte.

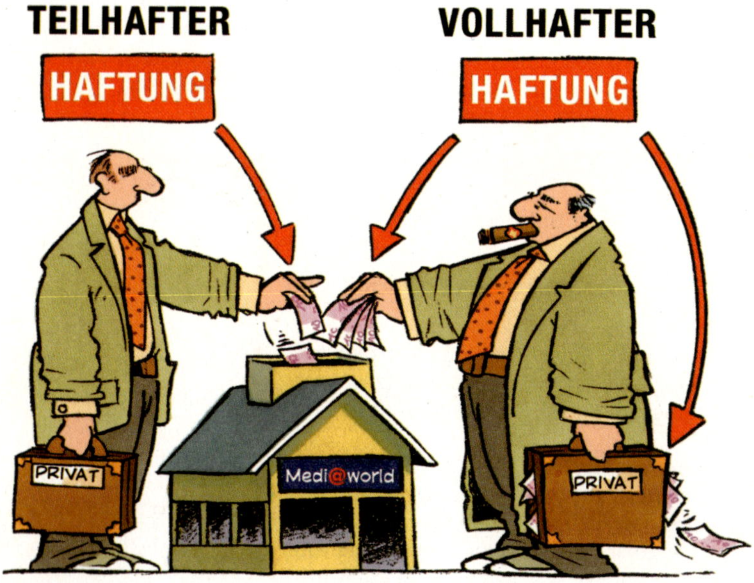

Kommanditisten dürfen sich nicht an der Geschäftsführung des Unternehmens beteiligen. Sie können in der Regel auch nicht den Komplementären, die die Geschäfte führen, bei deren Tätigkeit widersprechen. Die Teilhafter dürfen die KG auch nicht vertreten, das heißt Verträge für das Unternehmen abschließen. All dies bleibt den Vollhaftern überlassen.

Dennoch hat man als Teilhafter etwas davon, wenn man dem Unternehmen sein Kapital zur Verfügung stellt: Man hat Anspruch auf einen Teil des Gewinns. Dabei wird die Gewinnverteilung ungefähr so abgewickelt wie bei der OHG: Zunächst wird das eingebrachte Kapital mit 4 % verzinst. Ein Restgewinn wird aber nicht nach Köpfen, sondern „angemessen" verteilt. Dies bedeutet, dass diejenigen, die mehr Kapital und mehr Arbeit in das Unternehmen einbringen, auch einen größeren Anteil vom Restgewinn bekommen.

Wenn in einem Geschäftsjahr ein Verlust anfällt, wird dieser in einem angemessenen Verhältnis vom Kapital der Gesellschafter abgezogen.

Merke

Die **Kommanditgesellschaft** (KG) ist der Zusammenschluss von zwei oder mehr Personen zum Betrieb eines Handelsgeschäftes, bei dem die Haftung mindestens eines Gesellschafters **(Komplementär)** nicht beschränkt ist, während wenigstens ein weiterer Gesellschafter **(Kommanditist)** nur mit seiner Kapitaleinlage haftet.

602222

Beispiel

Moritz Wagner hat mit seinen Freunden Hermann Fränzer und Lutz Berg eine KG gegründet. Im ersten Geschäftsjahr fällt ein Gewinn von 100.000,00 € an.

Gesellschafter	Gesell-schaftertyp	Kapital in €	Verzinsung 4 % vom Kapital	Anteil am Rest-gewinn (100.000,00 – 32.000,00)	Anteil am Gesamtgewinn
Moritz Wagner	Komplementär	400.000,00	16.000,00	34.000,00	50.000,00
Hermann Fränzer	Kommanditist	200.000,00	8.000,00	17.000,00	25.000,00
Lutz Berg	Kommanditist	200.000,00	8.000,00	17.000,00	25.000,00
Summe:		**800.000,00**	**32.000,00**	**68.000,00**	**100.000,00**

Aufgaben zur Wiederholung

Aufgaben

1 Ergänzen Sie Ihre Übersicht der einzelnen Unternehmensformen mit den Informationen zur KG. Bedenken Sie dabei, dass vieles, was bei der OHG gilt, auch bei der KG gültig ist – aber eben nicht alles!

2 Nehmen wir noch einmal an, dass Moritz Wagner mit seinen Freunden Hermann Fränzer und Lutz Berg eine KG gegründet hat. Moritz Wagner ist als Komplementär mit 600.000,00 € Kapital beteiligt, Hermann Fränzer und Lutz Berg sind als Kommanditisten mit 300.000,00 € und mit 200.000,00 € beteiligt.

a) Im ersten Geschäftsjahr fällt ein Gewinn von 110.000,00 € an. Verteilen Sie den Gewinn nach den gesetzlichen Bestimmungen.

b) Wie wäre ein Verlust in Höhe von 110.000,00 € zu verteilen?

2.4 Kapitalgesellschaften

2.4.1 Gesellschaft mit beschränkter Haftung (GmbH)

Das ist geschehen …

Moritz Wagner hat schon bei vielen Firmen, die er aus seiner Heimatstadt Duisburg kennt, die Rechtsbezeichnung GmbH gesehen. Er weiß auch, dass dies „Gesellschaft mit beschränkter Haftung" bedeutet. Im Vergleich zur unbeschränkten Haftung bei der Einzelunternehmung oder bei der OHG hört sich **beschränkte** Haftung gut an, denkt er sich.

Das ist zu tun …

Finden Sie heraus, was Moritz Wagner veranlassen könnte, statt einer Einzelunternehmung eine GmbH zu gründen. Stellen Sie dazu die Vorteile der Unternehmensform GmbH anhand des folgenden Textes heraus.

Das sollte man wissen ...

Die GmbH

Auch wenn sich Gesellschaft nach mehreren Personen anhört, ist es dennoch möglich, eine GmbH allein zu gründen. In der Regel wird dies aber von zwei oder mehreren Personen gemacht. Die Vorschriften zur Gründung sind strenger als bei den bisher erarbeiteten Rechtsformen:

- Es ist ein notariell beurkundeter Gesellschaftsvertrag notwendig. Die **notarielle Beurkundung** ist eine besonders strenge Formvorschrift und besagt, dass es nicht ausreicht, einfach einen Vertrag mündlich zu schließen oder nur aufzuschreiben (zur genaueren Bedeutung der notariellen Beurkundung → Kapitel 1.8 in Lernfeld 2).
- Als Kapital der Gesellschaft muss mindestens 25.000,00 € zur Verfügung stehen. Man nennt dieses Kapital **„Stammkapital".** Jeder einzelne Gesellschafter muss mindestens 100,00 € beisteuern.
- Die GmbH muss auch in das Handelsregister eingetragen werden (solange man dies nicht macht, entfällt die beschränkte Haftung und man haftet unbeschränkt!). Damit die beschränkte Haftung für jedermann erkennbar ist, muss die Firma den **Zusatz GmbH** tragen.

Die **Gesellschafter der GmbH,** also die Personen, die ihr Geld in dem Unternehmen angelegt haben, müssen nicht unbedingt auch diejenigen sein, welche die Geschäfte des Unternehmens führen. Dafür könnte ein Geschäftsführer eingesetzt werden. Dieser muss die Weisungen der Gesellschafter und Kapitalgeber beachten, führt aber das Unternehmen im „Tagesgeschäft" im Wesentlichen allein und vertritt es bei Rechtsgeschäften.

Der **Gewinn** einer GmbH steht den Gesellschaftern zu, gewissermaßen als Entschädigung oder als Zins für das zur Verfügung gestellte Kapital. Wenn nichts anderes vereinbart ist, wird der Gewinn entsprechend der Geschäftsanteile verteilt: Wem mehr vom Unternehmen gehört (wer mehr Kapital im Unternehmen investiert hat), der bekommt auch mehr Anteil vom Gewinn.

Beispiel

Moritz Wagner hat mit seinen Freunden Hermann Fränzer und Lutz Berg eine GmbH gegründet. Im ersten Geschäftsjahr fällt ein Gewinn von 100.000,00 € an.

Gesellschafter	Kapital in €	Anteil am Gesamtgewinn
Moritz Wagner	400.000,00	40.000,00
Hermann Fränzer	400.000,00	40.000,00
Lutz Berg	200.000,00	20.000,00
Summe:	**1.000.000,00**	**100.000,00**

Sollten in einem Geschäftsjahr einmal Verluste anfallen, werden diese ebenfalls „angemessen" verteilt und vom Kapital der Gesellschafter abgezogen.

602224

Das Kernstück der GmbH, die **beschränkte Haftung,** zeigt sich darin, dass die Gesellschafter nicht für die Schulden der GmbH haften. Dies gilt übrigens auch für den Geschäftsführer. Nur die GmbH selbst, also das Unternehmen, haftet für seine Schulden. Damit ist das Risiko der Gesellschafter beschränkt auf das Geschäftsvermögen. Im Extremfall, wenn die GmbH hoch verschuldet ist und „pleite macht", ist nur dieses Geschäftsvermögen betroffen. Das Privatvermögen der Gesellschafter bleibt unangetastet.

Merke

Die **GmbH** ist eine (Kapital-)Gesellschaft **mit beschränkter Haftung,** das heißt, die Gesellschafter haften nicht mit ihrem Privatvermögen. Nur die GmbH selbst haftet bei Verschuldung mit dem Geschäftsvermögen.

Aufgaben zur Wiederholung

Aufgaben

1 Ergänzen Sie Ihre Übersicht der einzelnen Unternehmensformen mit den Informationen zur GmbH.

2 Zwei Freunde gründen am 17.10.20.. gemeinsam eine Gesellschaft mit beschränkter Haftung, am gleichen Tag nehmen sie die Geschäfte auf. Die Eintragung in das Handelsregister erfolgt erst am 17.12.20.. . Wie haften die Gesellschafter in diesem Zeitraum von zwei Monaten?

3 Moritz Wagner, Hermann Fränzer und Lutz Berg wollen eine GmbH gründen. Moritz Wagner stellt 200.000,00 € zur Verfügung, Hermann Fränzer steuert 100.000,00 € bei und Lutz Berg ebenfalls noch einmal 100.000,00 €.
a) Wie hoch ist das Stammkapital der GmbH?
b) Wer soll die Geschäftsführung übernehmen? Machen Sie Vorschläge.
c) Was bedeutet die „beschränkte Haftung" für die drei Gesellschafter, wenn das Unternehmen scheitert und nach zwei Jahren pleite ist?
d) Angenommen, es fällt im ersten Geschäftsjahr ein Gewinn von 40.000,00 € an. Wie ist dieser Gewinn zu verteilen?

2.4.2 Aktiengesellschaft (AG)

Das ist geschehen ...

Um Eigentümer oder Miteigentümer einer Unternehmung zu werden, muss man nicht gleich ein eigenes Unternehmen gründen, wie Moritz Wagner es vorhat. Man muss sich auch nicht unbedingt mehrere Geschäftspartner suchen, um mit diesen ein Unternehmen zu gründen. Es geht auch „im Kleinen" und „einfacher", wie man bei der Unternehmensform „Aktiengesellschaft" sieht.

Das ist zu tun ...

Zeigen Sie die Besonderheiten der Unternehmensform „Aktiengesellschaft" anhand der Zeichnung auf der nächsten Seite auf.

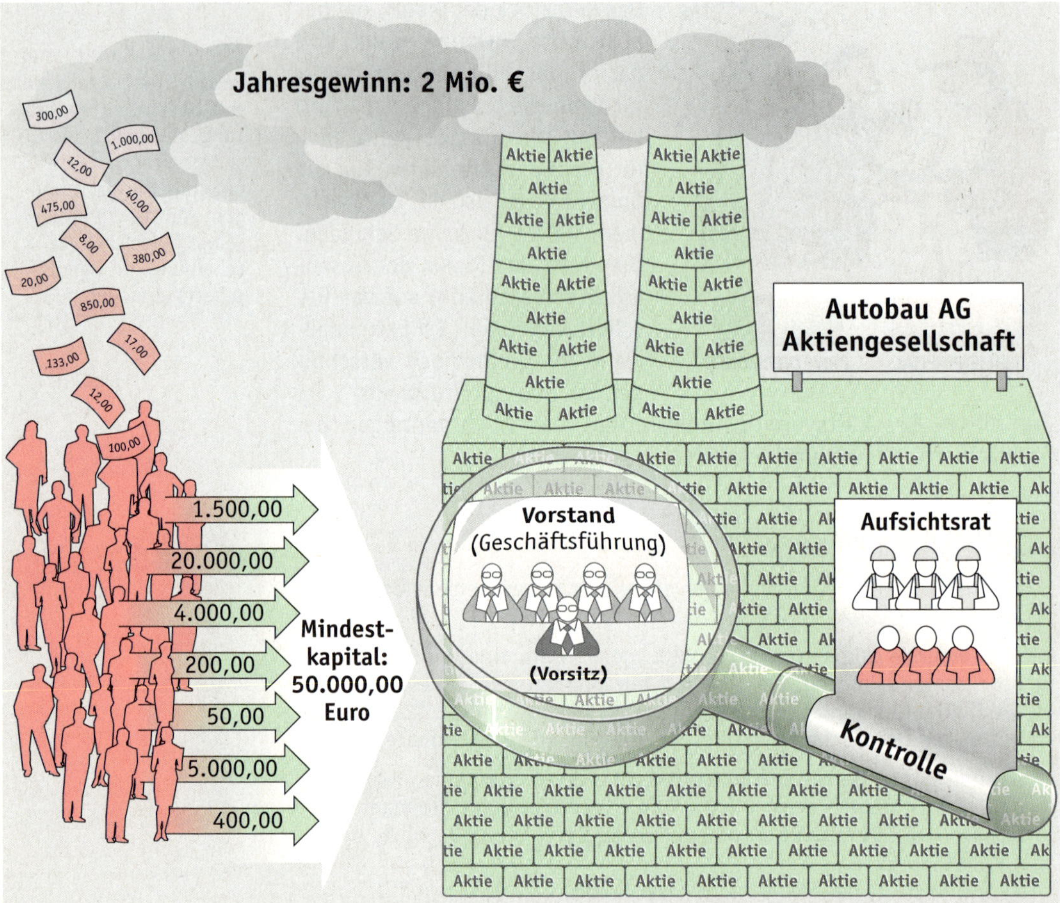

Das sollte man wissen ...

Die Aktiengesellschaft

Zur Gründung einer Aktiengesellschaft wird wie bei der GmbH ein Gesellschaftsvertrag aufgesetzt, der notariell beurkundet sein muss, außerdem muss eine Aktiengesellschaft in das Handelsregister eingetragen werden. Es ist ähnlich der GmbH-Gründung eigentlich nur eine Person notwendig, in der Regel sind aber mehrere bzw. viele Personen beteiligt: Wie schon in der Grafik dargestellt, wird Kapital von vielen Personen zusammengetragen, um die AG mit Eigenkapital zu versorgen. Wenn man viele Geldgeber hat, bekommt man auch genügend Kapital zusammen, um ein großes Unternehmen damit zu versorgen. Deshalb ist die Rechtsform der Aktiengesellschaft häufig bei sehr großen Unternehmen zu finden.

Die Besonderheit ist, dass praktisch jeder einer Aktiengesellschaft Geld zum Wirtschaften zur Verfügung stellen kann. Jeder kann Aktionär und so (Mit-)Eigentümer einer AG werden. Als „Beleg" für sein Eigentum bekommt der Aktionär **Aktien** des Unternehmens. Je mehr Aktien man

> *Merke*
>
> Die **Aktiengesellschaft** ist eine Kapitalgesellschaft mit einem Grundkapital, das in **Aktien** zerlegt ist.

von einem Unternehmen hat, desto mehr gehört einem von diesem Unternehmen. Wenn die AG einen Jahresgewinn erwirtschaftet hat, bekommt der Aktionär je Aktie Anteile vom Gewinn (= **Dividende**).

Beispiel

Von der Autobau AG gibt es 500 000 Aktien. Aktionär Moritz Wagner hat 50 Aktien dieser Gesellschaft. Damit gehört ihm 0,01 % der AG. Angenommen, das Unternehmen erzielt einen Jahresgewinn von 2 Mio. €, der komplett auf die Aktionäre verteilt wird, dann erhält Moritz Wagner 0,01 % vom Gewinn, das sind 200,00 €.

Die Geschäftsführung wird nicht von den Eigentümern der AG, den Aktionären, sondern vom Vorstand übernommen. Die Aktionäre treffen sich einmal im Jahr in einer so genannten Hauptversammlung, um die Gewinnverwendung und andere Dinge zu beschließen.

Aufgaben

Aufgaben zur Wiederholung

1 Ergänzen Sie Ihre Übersicht der einzelnen Unternehmensformen mit den Informationen zur AG.

Rechercheaufgaben:

Aktien werden an der Börse gekauft und verkauft. Wird eine Aktie viel nachgefragt, steigt der Preis der Aktie (der so genannte Kurs); wird die Aktie weniger nachgefragt, sinkt der Kurs. Wenn man eine Aktie günstig einkauft und teuer wieder verkauft, kann man als Aktionär Geld verdienen (neben der Beteiligung am Unternehmensgewinn). Probieren Sie das Aktionärsdasein aus und kaufen und verkaufen Sie Aktien – natürlich nur auf dem Papier, damit Sie keine echten Verluste erzielen:

1. Schauen Sie in der Tageszeitung – oder ganz professionell in einer Börsenzeitung – nach, welche Aktiengesellschaften es in Deutschland gibt. Hier finden Sie auch die aktuellen Preise (Kurse) je Aktie.
2. Kaufen Sie jeweils zehn Aktien von drei Firmen Ihrer Wahl. Sehen Sie nach, was eine Aktie kostet, und berechnen Sie, wie viel Geld Sie ausgegeben haben.
3. Aktiengeschäfte sind meistens ein Geduldsspiel und auf längere Zeit angelegt. Schauen Sie trotzdem mal am nächsten Tag nach, ob sich die Kurse „Ihrer" Aktien verändert haben. Wie viel Geld würden Sie bekommen, wenn Sie nach einem Tag schon alle Aktien verkaufen würden?
4. Schauen Sie nach einer Woche, nach einen Monat oder am Ende des Schulhalbjahres nach, wie sich die Aktienkurse verändert haben. Wenn Sie alle Aktien wieder verkaufen: Haben Sie Geld dazuverdient oder Geld verloren?
5. Finden Sie (mithilfe Ihres Lehrers) heraus, warum sich die Kurse „Ihrer" Aktien so entwickelt haben, wie Sie es festgestellt haben. Welche Lehren können Sie daraus ziehen? – Bedenken Sie, dass Sie Ihre Aktien gekauft haben, ohne lange über die Auswahl nachzudenken.

Aufgaben zur Vertiefung des Kapitels

Situationsbeschreibung: Friedhelm Kluge und Erwin Fromm sind Gesellschafter der „Kluge & Fromm OHG", einer Großhandlung, die sich auf den Verkauf von Sportmoden spezialisiert hat. Die OHG wurde vor vielen Jahren gegründet und es liegt der folgende Gesellschaftsvertrag vor:

Gesellschaftsvertrag der „Kluge & Fromm OHG"

§ 1: Die Gesellschafter Friedhelm Kluge und Erwin Fromm errichten aus der Einzelunternehmung „Sport Kluge e. K." eine Offene Handelsgesellschaft.

§ 2: Die Firma lautet „Kluge & Fromm OHG".

§ 3: Geschäftsführer der OHG sind die beiden Gesellschafter Friedhelm Kluge und Erwin Fromm.

§ 4: Gesellschafter Friedhelm Kluge bringt sein Unternehmen „Sport Kluge e. K." in die OHG ein (Wert: 1.500.000,00 €), Erwin Fromm leistet eine Bareinlage in Höhe von 1.500.000,00 €.

§ 5: Beide Gesellschafter haften unmittelbar, unbeschränkt und solidarisch.

§ 6: Die Gesellschaft endet nicht mit dem Tod eines Gesellschafters, die Anteile werden vererbt.

§ 7: [...]

Aufgaben

1 Wie ist die „Kluge & Fromm OHG" entstanden?

2 Was könnte Friedhelm Kluge dazu bewogen haben, aus seiner Einzelunternehmung eine Personengesellschaft zu machen?

3 Auf welche Art und Weise haben die beiden Gesellschafter der OHG ihre Einlagen geleistet?

4 Was bedeutet die „unmittelbare, unbeschränkte, solidarische Haftung"?

5 Was bedeutet § 6 des Gesellschaftsvertrages? Welcher Vorteil ist mit dieser Regelung verbunden?

Fortsetzung der Situationsbeschreibung: Erwin Fromm ist verstorben. Er hinterlässt eine Frau, zwei Söhne und seine Beteiligung an der OHG. Aufgrund der Erbschaftsregelung ist die „Kluge & Fromm OHG" nicht mit dem Tod von Herrn Fromm aufgelöst, sondern soll weitergeführt werden. Allerdings ergeben sich Probleme, da die Interessen der Erben sehr unterschiedlich sind.

Luise Fromm ist die Witwe von Erwin Fromm, von Beruf Hausfrau und seit dem Tod ihres Mannes recht vermögend. Sie plant ihren Wohnsitz nach Ibiza zu verlegen. Mit der Firma ihres Mannes will sie nichts weiter zu tun haben, das investierte Geld möchte sie aber im Unternehmen belassen und dafür jährlich am Gewinn beteiligt werden.

Peter Fromm ist 38 Jahre alt, hat eine Ausbildung zum Groß- und Außenhandelskaufmann absolviert und danach Betriebswirtschaftslehre studiert. Nach seinem Diplomabschluss ist er in eine Textilfirma in einer Nachbarstadt als stellvertretender Geschäftsführer eingestiegen. Er würde gerne in der Firma seines Vaters arbeiten und Verantwortung übernehmen.

Helge Fromm ist der zweite Sohn, 32 Jahre alt und Künstler. Seit vielen Jahren lebt er in einer deutschen Großstadt und stellt seine Kunstwerke aus – mit hoher Begeisterung, aber mäßigem Erfolg. Er möchte wie die Mutter sein Erbe im Unternehmen belassen. Mit der Geschäftsführung will er lieber nichts zu tun haben, allerdings wäre er über eine regelmäßige Beteiligung am Erfolg des Unternehmens sehr froh.

Die drei Fromms und Herr Kluge wollen die „Kluge und Fromm OHG“ in eine andere Unternehmensform umwandeln.

6 Welche Rechtsform bietet sich an, um die Interessen der vier Personen (Friedhelm Kluge und die Familie Fromm) bestmöglich zu berücksichtigen?

7 Erwin Fromm war mit 1.500.000,00 € am Unternehmen beteiligt, dieser Betrag wird auf die drei hinterbliebenen Familienmitglieder aufgeteilt. Mit wie viel Euro Kapital ist jeder einzelne der Fromms am Unternehmen beteiligt, wenn Peter Fromms Anteil doppelt so hoch ist wie der von Luise bzw. Helge Fromm?

8 Wer soll die Geschäfte in der neuen Unternehmung übernehmen?

9 Welche Positionen/Funktionen bleiben für die übrigen Beteiligten?

10 Machen Sie einen Vorschlag für die Gewinnverteilung. Hinweis: Sie müssen sich dabei **nicht** an die gesetzliche Regelung halten!

11 Setzen Sie einen Gesellschaftsvertrag auf, in dem Sie die wesentlichen Daten, die Sie festgelegt haben, notieren.

3 Vom Chef bis zum Auszubildenden: der Betriebsaufbau

3.1 Aufbauorganisation in der Mediaworld e. K.

Das ist geschehen ...

Die Unternehmensgründung von Moritz Wagner ist erfolgreich verlaufen. Der Handel mit Multimedia-Artikeln scheint genau die richtige Idee zu sein, das Unternehmen gewinnt zunehmend Kunden und die Umsätze steigen erfreulich an. Je größer das Unternehmen wird, desto weniger kann Moritz Wagner allein die anfallenden Aufgaben erledigen. Daher hat er nach und nach Mitarbeiter eingestellt, die die unterschiedlichsten Aufgaben erledigen und ihm Arbeit abnehmen.

Das ist zu tun ...

1. Erstellen Sie eine Liste von Tätigkeiten, die täglich in der Mediaworld e. K. anfallen.
2. Welche Tätigkeiten gehören zusammen? Bilden Sie Schwerpunkte und Überschriften.
3. Ordnen Sie die Begriffe Aufgabenanalyse und Aufgabensynthese Ihren gerade durchgeführten Tätigkeiten zu.

Das sollte man wissen ...

Die Aufbauorganisation

Die Aufgaben, die in einem Betrieb erledigt werden müssen, sind so vielfältig, dass sie zumeist nicht von einer Person allein bewältigt werden können. Wenn mehrere Personen zuständig sind, muss geklärt werden, wer sich um welche Aufgaben kümmern soll. Dazu müssen die Tätigkeiten genau bekannt sein. Außerdem muss bekannt sein, in welche Teilaufgaben sich eine Tätigkeit untergliedert. Dies herauszufinden ist Ziel der Aufgabenanalyse:

Merke

Die **Aufgabenanalyse** ist das Zerlegen der in einem Betrieb anfallenden Aufgaben in Teilaufgaben.

Hat man die Teilaufgaben herausgefunden, werden sie so geordnet und zusammengefasst, dass man sie sinnvoll auf Mitarbeiter verteilen kann. Jeder Mitarbeiter hat im Betrieb eine Stelle inne, sodass man auch sagen kann, dass die Teilaufgaben bestimmten Stellen zugeordnet werden können. Einzelne Stellen im Betrieb werden dann zusammengefasst zu Abteilungen:

Merke

Die **Aufgabensynthese** ist die Zusammenfassung von Teilaufgaben und ihre Übertragung auf Mitarbeiter bzw. Stellen.

Das folgende Schaubild verdeutlicht den Ablauf noch einmal:

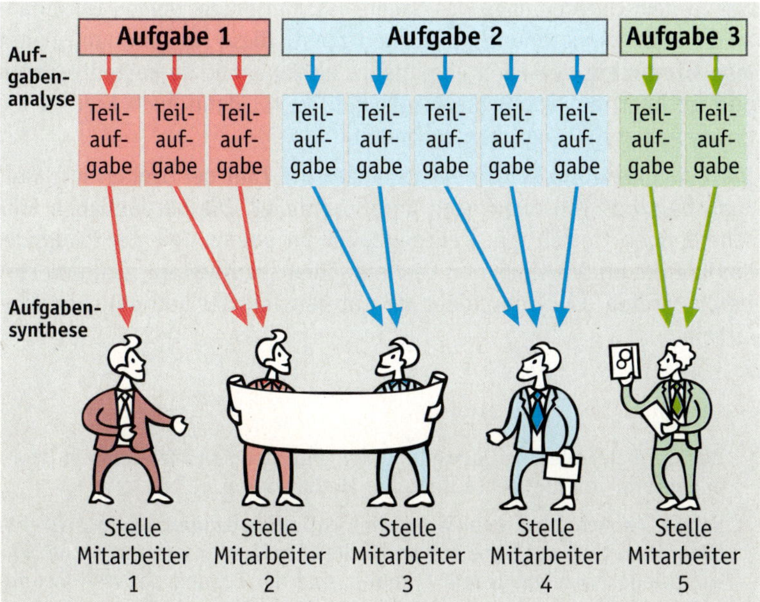

Bei den auf diese Art und Weise gebildeten Stellen wird noch unterschieden, ob eine Stelle mit **Weisungsbefugnis** ausgestattet ist oder nicht.

Wenn dies der Fall ist, hat der Mitarbeiter, der eine so genannte Weisungsstelle innehat, das Recht, Anordnungen und Weisungen an andere Mitarbeiter, die ihm untergeordnet sind, zu geben. Besitzt eine Stelle und der Mitarbeiter dieser Stelle keine Weisungsbefugnis, so darf er keine Anordnungen erteilen. Eine derartige Stelle nennt man **Ausführungsstelle**, da der Mitarbeiter nur Arbeiten auf Anweisungen ausführt und wenig selbstständig arbeitet.

Bei größeren Betrieben werden einzelne Stellen zusammengefasst zu **Abteilungen.** Diese werden häufig nach der Tätigkeit, die in der Abteilung durchgeführt wird, gebildet. Entsprechend können alle Stellen, die mit dem Verkauf von Waren beschäftigt sind, zu der Abteilung Verkauf zusammengefasst werden. Ein Abteilungsleiter koordiniert und kontrolliert dann die Tätigkeiten der einzelnen Mitarbeiter seiner Abteilung.

Da die Mediaworld e. K. ein eher kleineres Unternehmen ist, wurden hier zwar Abteilungen gebildet, diese sind aber jeweils nur mit einer oder zwei Stellen belegt. Eine Darstellung des Betriebsaufbaus finden Sie im Vorspann dieses Buches.

Hierarchie eines Unternehmens

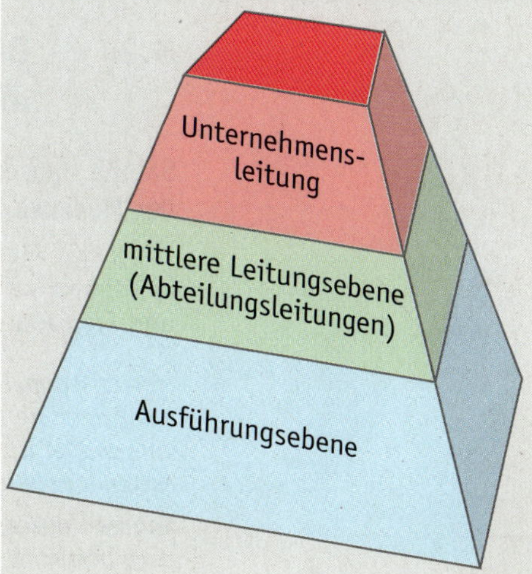

Der Betriebsaufbau der Moritz Wagner Mediaworld e. K. zeigt auch, wer in dem Unternehmen das Sagen hat: Derjenige, der im Unternehmen in der Rangordnung ganz oben steht. Diese Rangordnung nennt man **Hierarchie.** Sie kann vereinfacht als Pyramide dargestellt werden und ist übertragbar auf die Mediaworld e. K., denn auch hier ist die Unternehmensleitung oben zu finden.

Die Pyramidenform zeigt deutlich, dass die Zahl der Stellen mit Weisungsbefugnis von oben nach unten abnimmt. Die betrieblichen Entscheidungen treffen die Stelleninhaber im oberen Teil der Pyramide, die Erledigung der einzelnen Sachaufgaben (bearbeiten, rechnen, sortieren, prüfen usw.) geschieht im unteren Teil der betrieblichen Hierarchie.

Aufgaben

Aufgaben zur Wiederholung

1 Was unterscheidet die Darstellung der Unternehmenshierarchie in Pyramidenform vom Betriebsaufbau der Mediaworld e. K.?

2 Sehen Sie sich Ihr Ergebnis aus den Arbeitsaufträgen 1 und 2 (siehe „Das ist zu tun" auf Seite 30) an. Stellen Sie Gemeinsamkeiten und Unterschiede zwischen Ihrem Ergebnis und der Lösung der Mediaworld e. K. bezüglich der Abteilungsbildung heraus.

3 Ordnen Sie die folgenden Stellen der betrieblichen Hierarchie zu, wie sie in der Pyramide dargestellt ist:
a) Geschäftsführer
b) Schreibkraft im Schreibpool
c) Buchhalter
d) Vorstandsvorsitzender
e) Abteilungsleiter Verkauf
f) Lagerist
g) Pförtner
h) Komplementär und Geschäftsführer einer KG

3.2 Der einzelne Arbeitsplatz: die Stellenbeschreibung

Das ist geschehen ...

Sabine Hauser arbeitet als Sachbearbeiterin in der Abteilung Einkauf der Mediaworld e. K. Sie ist erst seit wenigen Wochen im Unternehmen. Als Moritz Wagner ihr eines Morgens eine Anweisung gibt, kommt es zu einer kleinen Meinungsverschiedenheit zwischen ihm und Frau Hauser:

Moritz Wagner: *„Frau Hauser, ich habe aus dem Lager eine Mitteilung bekommen, dass die letzte Lieferung der Multitask GmbH mit Computermäusen nicht einwandfrei ist. Einige Mäuse sind wohl beschädigt, Genaueres steht hier in der Mitteilung. Rufen Sie bitte bei der Multitask GmbH an und klären Sie das."*

Sabine Hauser: *„Aber Herr Wagner, ich habe im Moment so viel zu tun, das kann doch bestimmt jemand anderes machen!"*

Moritz Wagner: *„Ich bitte Sie! Die anderen haben auch viel zu tun, kümmern Sie sich bitte darum."*

Sabine Hauser: *„Das gehört doch gar nicht zu meinen Aufgaben. Herr Herwig aus dem Verkauf, der regelt doch die Reklamationen."*

Moritz Wagner: *„Reklamationen unserer Kunden entgegennehmen, das ist Aufgabe von Herrn Herwig. Bei unseren Lieferanten zu reklamieren ist Ihre Aufgabe. Haben Sie etwa Ihre Stellenbeschreibung nicht gelesen?"*

Sabine Hauser: *„Anscheinend nicht genau genug ..."*

Das ist zu tun ...

1. Finden Sie heraus, ob es wirklich die Aufgabe von Frau Hauser ist, die mangelhafte Ware beim Lieferanten zu reklamieren. Nutzen Sie dazu die Stellenbeschreibung „Sachbearbeiter im Einkauf".
2. Wozu nützt eine Stellenbeschreibung? Beantworten Sie die Frage aus Sicht von Sabine Hauser und aus Sicht von Moritz Wagner.

Das sollte man wissen ...

Die Stellenbeschreibung

Das Zusammenfassen von Teilaufgaben und die Übertragung dieser Aufgaben auf Mitarbeiter führt zur Stellenbildung im Unternehmen. Welche Aufgabenbereiche eine Stelle nun tatsächlich umfasst, muss schriftlich festgehalten werden – dies geschieht in der Stellenbeschreibung.

Eine **Stellenbeschreibung** wird verfasst, damit sich der Stelleninhaber, also der Mitarbeiter, jederzeit vergewissern kann, was zu seinen Aufgaben gehört und welche Tätigkeiten von anderen Mitarbeitern erledigt werden. Das schriftliche Festhalten ist auch wichtig, weil Stellen im Laufe der Zeit auch von anderen Arbeitern oder Angestellten besetzt werden können, die dann ihrerseits nachschauen, was sie zu tun haben. Ein Beispiel für eine Stellenbeschreibung ist im Folgenden für die Sachbearbeiterstelle im Einkauf der Mediaworld e. K. gegeben:

Stellenbeschreibung „Sachbearbeiter im Einkauf"

Stellenbezeichnung:	Sachbearbeiter(in) in der Abteilung Einkauf
Stelleninhaber(in):	Sabine Hauser
Abteilung:	Einkauf
unmittelbarer Vorgesetzter:	Geschäftsführer Moritz Wagner
untergeordnete Stelle(n):	keine
Vertretung:	gegenseitige Vertretung mit dem/der Sachbearbeiter(in) Verkauf (zzt. Herr Herwig)
Aufgabe der Stelle:	Regelung des gesamten Einkaufs von Handelswaren mit Beschaffungsplanung, -durchführung und -nachbereitung
Tätigkeiten:	■ Planung des Einkaufs nach Warenart und Mengen ■ Ermittlung möglicher Lieferanten

Fortsetzung folgende Seite

- Einholen von Angeboten
- Auswahl geeigneter Lieferanten
- Durchführung der Bestellung
- Überwachung der Lieferung (inkl. Terminüberwachung)
- sachliche und rechnerische Prüfung der Lieferpapiere
- Erteilung von Mängelrügen bei Lieferanten
- Führen der Lieferantenkartei

Befugnisse/Verantwortung:
Die anfallenden Aufgaben werden eigenverantwortlich und selbstständig durchgeführt. Rücksprache mit dem Vorgesetzten ist ab einer Bestellhöhe von 15.000,00 € notwendig.

Anforderungen an den/die Stelleninhaber(in):
- mittlerer Bildungsabschluss
- abgeschlossene kaufmännische Ausbildung
- Erfahrungen in Einkaufstätigkeiten
- Warenkenntnisse und Marktkenntnisse
- Selbstständigkeit, Verhandlungsgeschick, Zuverlässigkeit

Mithilfe der Stellenbeschreibung kann Sabine Hauser jederzeit nachschauen, welche Tätigkeiten in ihr Aufgabengebiet fallen. Wenn sie wissen will, welche Aufgaben die anderen Mitarbeiter des Unternehmens haben, muss sie nur die Stellenbeschreibung des jeweiligen Mitarbeiters bzw. der jeweiligen Stelle durchlesen. Mithilfe von Stellenbeschreibungen erreicht man demnach, dass jeder Mitarbeiter eines Betriebes genau weiß, was er zu tun hat.

Darüber hinaus erfährt man anhand einer Stellenbeschreibung aber auch noch etwas über die Unternehmenshierarchie (→ Kapitel 3.1), denn hier sind auch die unmittelbaren Vorgesetzten vermerkt und die Stellen, die sich unterhalb der eigenen Position befinden.

Letztendlich dient die Stellenbeschreibung auch noch dem Zweck der Stellenbesetzung. In einer Stellenbeschreibung stehen neben den Aufgaben und Tätigkeiten auch die Voraussetzungen, die der Stelleninhaber erfüllen muss. Wird ein neuer Mitarbeiter gesucht, schreibt man in die Stellenausschreibung (z. B. in die Zeitungsanzeige), welchen Schulabschluss man von dem neuen Mitarbeiter erwartet, welche fachlichen Qualitäten er mitbringen muss usw. Dies sind alles Informationen, die man in der Stellenbeschreibung finden kann. (→ hierzu Lernfeld 3 im Arbeitsbuch „Informationswirtschaft".)

Aufgaben

Aufgaben zur Wiederholung

1 Nennen Sie Gründe, warum in Unternehmen Stellenbeschreibungen verfasst werden.

2 Welche Tätigkeiten würden in einer Stellenbeschreibung für eine Sachbearbeiterstelle in der Abteilung „Verkauf" stehen? Nutzen Sie bei der Beantwortung der Frage die Stellenanzeige für die Abteilung „Einkauf" und Ihr Wissen aus dem Informationswirtschaftsunterricht.

602234

3.3 Führungsstile

Bastian Lenz ist der Auszubildende in der Mediaworld. e. K. Er und seine Mitschüler haben sich in der Berufsschule über ihre Vorgesetzten und Ausbilder unterhalten. Dabei haben sie festgestellt, dass es unterschiedliche „Arten von Chefs" gibt. Die folgenden Zeichnungen zeigen dabei typische Situationen aus unterschiedlichen Ausbildungsunternehmen:

Das ist geschehen ...

1. Kennzeichnen Sie die Besonderheiten der beiden unterschiedlichen Typen von Vorgesetzten.
2. Mit welchem Typus von Chef würden Sie lieber zusammenarbeiten? Begründen Sie Ihre Entscheidung mit den Vorteilen, die damit verknüpft sind.

Das ist zu tun ...

Das sollte man wissen ...

Die Führungsstile

Zu den so genannten Vorgesetzten in einem Unternehmen zählt nicht nur der Unternehmensleiter, also der Geschäftsführer, sondern auch die Abteilungsleiter und andere Personen im Unternehmen, die Entscheidungen treffen und Anweisungen geben müssen. Die Art und Weise, wie die Entscheidungen getroffen werden und wie Anweisungen an Mitarbeiter gegeben werden, nennt man **Führungsstil.**

Dabei werden im Wesentlichen zwei sehr unterschiedliche Arten von Führungsstilen unterschieden:

Der autoritäre Führungsstil	← Mischformen →	Der kooperative Führungsstil

Beide Arten von Führungsstilen sind Extrempositionen, die in ihrer reinen Form eher selten vorkommen. Die Führungsstile von Vorgesetzten haben zumeist Merkmale von beiden Seiten und je nachdem, ob die Merkmale in der Mehrzahl autoritär oder kooperativ sind, kann man den Führungsstil der einen oder der anderen Position zuordnen.

Der autoritäre Führungsstil ist dadurch gekennzeichnet, dass der Vorgesetzte

- die Mitarbeiter nicht mitbestimmen lässt,
- Entscheidungen allein trifft,
- wichtige Aufgaben allein übernimmt,
- allein die Verantwortung trägt.

Der kooperative Führungsstil zeichnet sich dadurch aus, dass der Vorgesetzte

- die Mitarbeiter mitbestimmen lässt,
- Entscheidungen mit den Mitarbeitern zusammen trifft,
- Aufgaben auch an Mitarbeiter abgibt,
- die Mitarbeiter an der Verantwortung beteiligt.

Beide Führungsstile haben Vorteile und Nachteile:

Autoritärer Führungsstil	
Vorteile	**Nachteile**
■ Entscheidungen werden schnell getroffen. ■ Entscheidungen kommen „aus einer Hand".	■ Erfahrungen und Ideen von Mitarbeitern werden nicht genutzt. ■ Mitarbeiter fühlen sich unterdrückt. ■ Die Mitarbeiter werden nicht motiviert. ■ Der Vorgesetzte muss fast alles allein machen und entscheiden.

Kooperativer Führungsstil	
Vorteile	**Nachteile**
■ Entscheidungen werden von mehreren Mitarbeitern durchdacht, bevor sie getroffen werden.	■ Entscheidungen werden lange diskutiert.
■ Die Mitarbeiter können sich mit den Entscheidungen und Betriebsabläufen identifizieren.	■ Entscheidungen können sich widersprechen, da sie von verschiedenen Mitarbeitern getroffen werden.
■ Die Mitarbeiter fühlen sich nicht unterdrückt, sondern beteiligt.	■ Mitarbeiter müssen in der Lage sein Verantwortung zu tragen.

Aufgaben

Aufgaben zur Wiederholung

1 Unterscheiden Sie den autoritären und den kooperativen Führungsstil anhand von drei verschiedenen Merkmalen.

2 Ordnen Sie die folgenden Beispiele einem der beiden Führungsstile zu:

a) Die Entscheidung wird allein vom Chef getroffen und muss von den Mitarbeitern nur noch umgesetzt werden.

b) Die Mitarbeiter sind wenig motiviert sich selber Gedanken zu machen, weil ihre Vorschläge sowieso nicht berücksichtigt werden.

c) Die Mitarbeiter kooperieren mit ihrem Chef im Team, um Probleme im Betrieb zu lösen.

d) Eine Entscheidung verzögert sich lange, weil sie erst mit vielen Mitarbeitern besprochen werden muss.

e) Der Chef überträgt einen Teil der Verantwortung auf einen seiner Mitarbeiter, den er dafür geeignet hält.

f) Der Chef trifft auch Fehlentscheidungen, da er versucht, alles allein zu machen.

g) Die Mitarbeiter arbeiten nur auf Anweisung, etwas „selbst in die Hand zu nehmen" trauen sie sich nicht.

h) Der Vorgesetzte hört sich gerne gute Vorschläge an und setzt sie auch um, wenn sie sinnvoll erscheinen.

3 Welchen Führungsstil würden Sie als Vorgesetzter in einem Unternehmen wählen? Welche Vorteile und welche Nachteile sind damit verknüpft?

4 Grundlagen der Buchführung

4.1 Warum Buchführung?

Das ist geschehen ...

Bastian Lenz arbeitet gerne als Auszubildender bei der Mediaworld e. K. Am liebsten ist er im Verkaufsshop, denn da kommt er direkt mit den Kunden in Kontakt, preist Waren an, nimmt Beschwerden entgegen und so weiter – kurzum, es ist dort sehr abwechslungsreich und spannend. Während seiner Ausbildung zum Kaufmann im Groß- und Außenhandel muss er auch andere Bereiche des Betriebes kennen lernen. In den nächsten Wochen soll er in der Abteilung Buchhaltung/Verwaltung arbeiten. Der Buchhalter der Mediaworld e. K. heißt Florian Peek und ist für Bastian in den nächsten Wochen der Ausbilder und Ansprechpartner. Bastian hat gleich am ersten Morgen eine wichtige Frage: „Warum soll ich Buchführung lernen? Dafür gibt es doch Buchhalter, und ich will Kaufmann werden und nicht Buchhalter", beschwert er sich. Herr Peek ist erstaunt. „Kaufmann sein und nichts von Buchführung verstehen – das gibt es nicht", behauptet er.

Das ist zu tun ...

1. Erläutern Sie „aus dem Bauch heraus", was Sie sich unter Buchführung vorstellen. Was könnte Herr Peek mit seiner Aussage gemeint haben?
2. Finden Sie mithilfe der unten stehenden Informationen heraus, welcher Personenkreis ein Interesse daran hat, dass die Mediaworld e. K. „Bücher führt".

Das sollte man wissen ...

Bedeutung der Buchführung

Jeder Mensch, der Geld einnimmt und Geld ausgibt, betreibt in irgendeiner Form eine Art von Buchführung. Dazu gehört zum Beispiel auch ein Schüler, der seine monatlichen Einnahmen (aus Taschengeld, Verdienste durch Nebenjobs, ...) zusammenrechnet und die Ausgaben (für Klamotten, Kino, ...) dagegenhält, um herauszufinden, was er sich diesen Monat noch leisten kann und was nicht.

Ein Kaufmann wie Moritz Wagner verfährt bei der Buchführung seines Unternehmens im Prinzip nicht anders. Er hält fest, wie viel Geld er wofür eingenommen hat, und ebenso, wie viel Geld er für welche Dinge ausgegeben hat. Im Gegensatz zu dem Schüler und dem Privatmensch ist der Kaufmann allerdings verpflichtet Buchführung zu betreiben. Dies geht aus dem Handelsgesetzbuch hervor.

§ 238 HGB (Buchführungspflicht):

(1) Jeder Kaufmann ist verpflichtet Bücher zu führen und in diesen seine Handelsgeschäfte und die Lage seines Vermögens (...) ersichtlich zu machen.

Neben der gesetzlichen Vorschrift ist es für den Kaufmann aber genau wie für den im obigen Beispiel genannten Schüler wichtig zu wissen, wie viel Geld „noch übrig ist".

Der Kaufmann wird sich fragen:

Neben dem Kaufmann selbst haben aber noch andere Personengruppen Interesse an dessen Buchführung. Dazu gehören die Geschäftspartner wie Lieferanten und Kunden, aber auch Banken und Sparkassen. Natürlich haben auch die eigenen Mitarbeiter ein Interesse an der Buchführung des Unternehmens. Und letztendlich interessiert sich der Staat für die Buchführung der Unternehmen, da Unternehmen für ihre Gewinne Steuern zahlen müssen. Die Finanzbehörden prüfen deshalb regelmäßig die Buchführung.

Da die Geschäfte und Vorgänge in einem Unternehmen komplexer sind als bei Privatleuten, ist die Buchführung in Unternehmen auch umfangreicher und formaler als ein einfaches Gegenüberstellen von Einnahmen und Ausgaben. Diese Buchführungstechnik ist Gegenstand der folgenden Kapitel.

4.2 Inventur

Das ist geschehen ...

Moritz Wagner hat für den 29. Dezember des Jahres angekündigt, dass die Mediaworld e. K. an diesem Tag für Kunden geschlossen bleibt. Die Mitarbeiter müssen an diesem Tag allerdings erscheinen, in der Eingangstür hängt ein großes Schild:

Heute wegen Inventur geschlossen!

Das ist zu tun ...

1. Finden Sie heraus, was am heutigen Tag im Unternehmen von Moritz Wagner passieren wird.
2. Erstellen Sie eine Liste der Dinge, die während der Inventur erfasst werden müssen. Nutzen Sie dazu die Sortimentsliste der Mediaworld e. K., denken Sie aber auch daran, dass dem Unternehmen noch andere „Sachen“ gehören. Beschränken Sie sich der Einfachheit halber auf Überschriften (z. B. Computer, Gebäude, Warenbestand Warengruppe 1, ...).

Das sollte man wissen ...

Inventur

Einmal im Jahr wird in jedem Unternehmen „Inventur gemacht“. Bei einer Inventur werden alle Bestände von Waren, Wertgegenständen, Einrichtungsgegenständen, aber auch die Geldbestände, die Schulden und anderes erfasst und aufgeschrieben. Diese Mühe macht man sich nicht nur, weil es gesetzlich vorgeschrieben ist (→ Kapitel 4.1). Man kann die Daten, die bei einer Inventur gewonnen werden, auch zur Messung des Betriebserfolges verwenden.

> **Merke**
>
> Eine **Inventur** ist die
> - mengen- und wertmäßige Bestandsaufnahme
> - aller Vermögensteile und Schulden eines Unternehmens
> - zu einem bestimmten Zeitpunkt.

Dabei werden unterschiedliche Arten einer Inventur unterschieden.

1. Die körperliche Inventur:

Alle Vermögensgegenstände, die man erfassen kann, werden **gezählt, gemessen, gewogen** oder **geschätzt.** Das muss man sich so vorstellen:

2. Die Buchinventur:

Bei der Buchinventur wird anhand von Belegen geprüft, wie hoch der Bestand ist. Notwendig ist dies bei Vermögensgegenständen, die nicht körperlich sind (die man nicht anfassen kann). Dazu gehört zum Beispiel das Guthaben auf dem Bankkonto. Dies wird anhand des Beleges „Kontoauszug“ überprüft (siehe Kontoauszug auf der nächsten Seite).

Bei der Inventur wird nicht nur die Anzahl an Dingen festgehalten, die gezählt, gemessen usw. werden. Das Wichtige bei der Inventur ist die Bewertung der Mengenangaben. Erst damit erhält man Auskunft über die Vermögenswerte und den Wert der Schulden, die ein Unternehmen besitzt.

Deutsche Bank Duisburg **Kontoauszug** Nr. 134 vom 20..-12-27 Blatt 1

		Soll	Haben
	Alter Kontostand in EUR:		7.890,20
Wert	**Buchungstext**	**Umsätze**	
12-26	Überweisung an Ferdinand Bröhler GmbH	1.534,00	
12-26	Überweisung an Bürodesign GmbH	354,90	
	Ihr neuer Kontostand in EUR:		6.001,30

Moritz Wagner
Mediaworld e. K.
Krefelder Straße 92
47226 Duisburg

Kontonummer: 123 456 789
Bankleitzahl: 350 700 30

Eine Inventur wird in der Regel an einem bestimmten Stichtag durchgeführt, entsprechend nennt man dieses Verfahren **Stichtagsinventur.** Als Stichtag wählt man einen Tag zum Ende des Geschäftsjahres. Da eine Inventur mit einem erheblichen Arbeitsaufwand verbunden ist, erlaubt der Gesetzgeber, dass sie zeitnah erfolgen kann. Dies bedeutet, dass nicht genau am Stichtag (z. B. 31.12.) gezählt werden muss, sondern innerhalb einer Frist von 10 Tagen vor und nach dem Abschlussstichtag. Alle Veränderungen bis zum eigentlichen Stichtag werden dann noch einbezogen. Daneben kann man aber auch eine so genannte **permanente Inventur** durchführen. Hierbei handelt es sich um eine laufende Inventur mithilfe einer Lagerkartei. Alle Mengenänderungen im Lager werden laufend erfasst. Mindestens einmal im Jahr müssen die Daten durch eine körperliche Inventur überprüft werden.

Vor der Durchführung einer Inventur liegt die **Inventurplanung.** Dabei muss Folgendes bedacht werden:

1. Ausarbeitung von Inventuranweisungen
2. Erstellung des Ablaufplanes (Wer erfasst wo und wann welche Bestände?)
3. Vorbereitung der Inventurlisten

Beispiel

Inventurliste

Moritz Wagner Mediaworld e. K.		**Inventurliste Nr. ______**	**Datum ______**	**Abteilung/Lagerort ______**	
Warengruppe	**Artikelnr.**	**Artikelbezeichnung**	**Einzelpreis in Euro**	**Stück**	**Gesamtwert**
2	*S 2001*	*Schnitzer T04 Farbfernseher*	*49,00*	*187*	*9.163,00*
2	*S 2002*	*Schnitzer Plasma-Farbfernseher PF107*	*690,00*	*46*	*31.740,00*
2	*S 2003*	*Florida HiFi-Stereo Videorekorder VS20*	*45,00*	*231*	*10.395,00*

Aufgaben zur Wiederholung

Aufgaben

1 Nach der Art der Inventurdurchführung sind Buchinventur und körperliche Inventur zu unterscheiden. Nennen Sie die jeweils zweckmäßige Inventurart für folgende Wirtschaftsgüter:

a) Kassenbestand
b) Bankguthaben
c) Forderungen (offene Rechnungen der Kunden)
d) Warenbestand
e) Verbindlichkeiten (offene Rechnungen bei den Lieferanten)
f) Bestand an Geschäftsausstattung
g) Fuhrpark des Unternehmens
h) Darlehensschulden bei der Bank

2 a) Bewerten Sie in der folgenden Inventurliste der Mediaworld e. K. die ermittelten Bestände, indem Sie den Gesamtwert je Artikel berechnen.

Moritz Wagner Mediaworld e. K.		Inventurliste Nr. *19*	Datum *29.12.20..*	Abteilung/Lagerort *Lagerplatz 3/14*	
Warengruppe	**Artikelnr.**	**Artikelbezeichnung**	**Einzelpreis in Euro**	**Stück**	**Gesamtwert**
3	*C 3001*	*Saltero Foto-Center*	*37,00*	*97*	*?*
3	*C 3003*	*USB-Speicher 80 GB*	*29,00*	*156*	*?*
3	*C 3004*	*USB-Stick 512*	*44,00*	*123*	*?*
3	*C 3006*	*Salem Multi-Brenner*	*23,00*	*88*	*?*
3	*C 3007*	*Speedy-Computer-Maus*	*1,80*	*365*	*?*

b) Um welche Inventurart handelt es sich?
c) Welcher Bestand des Artikels C 3003 ergibt sich zum 31. Dezember, wenn noch folgende Vorgänge zu berücksichtigen sind:
- 30. Dezember Eingang 80 Stück
- 30. Dezember Verkauf 45 Stück
- 31. Dezember Verkauf 25 Stück?

4.3 Inventar

Das ist geschehen ...

In der Mediaworld e. K. wurde die Inventur durchgeführt. Die einzelnen Inventurlisten sind ausgewertet und zusammengefasst. Aus diesem Ergebnis muss die Abteilung Buchhaltung nun ein so genanntes Inventar erstellen. Der Auszubildende Bastian Lenz soll dabei helfen. Ihm liegen die folgenden Daten vor:

Inventurergebnis:

Grundstücke Krefelder Str. 92 (120.000,00 €), Pkw VW Polo Kombi (12.500,00 €) und Transporter VW Caddy (15.500,00 €), Warenbestand laut Liste Nr. 2 (165.000,00 €), Guthaben bei der Deutschen Bank Duisburg (28.500,00 €) und bei der Sparkasse Duisburg (21.000,00 €), Betriebs- und Geschäftsausstattung laut Ergänzungsliste Nr. 1 (32.000,00 €), Verbindlichkeiten aus Lieferungen und Leistungen laut Ergänzungsliste Nr. 4 (77.000,00 €), Kassenbestand (5.500,00 €), Bürogebäude und Verkaufsraum Krefelder Str. 92 (148.000,00 €) und Lagerhalle Krefelder Str. 92 (142.000,00 €), Darlehensschulden bei der Deutschen Bank Duisburg (201.000,00 €) und bei der Sparkasse Duisburg (77.000,00 €), Forderungen aus Lieferungen und Leistungen laut Ergänzungsliste Nr. 3 (45.000,00 €).

Das ist zu tun ...

Erstellen Sie für die Mediaworld e. K. das Inventar zum 31.12.20.. . Nutzen Sie dazu die Gliederungskriterien im Informationstext.

Das sollte man wissen ...

Inventar

Die Ergebnisse der Inventur werden in einer Auflistung festgehalten, die man **Inventar** nennt. Das Aufstellen eines Inventars ist im Handelsgesetzbuch (HGB) vorgeschrieben:

§ 240 HGB (Inventar):

(1) Jeder Kaufmann hat zu Beginn seines Handelsgewerbes seine Grundstücke, seine Forderungen und Schulden, den Betrag seines baren Geldes sowie seine sonstigen Vermögensgegenstände genau zu verzeichnen und dabei den Wert der einzelnen Vermögensgegenstände und Schulden anzugeben.

(2) Er hat demnächst für den Schluss eines jeden Geschäftsjahres ein solches Inventar aufzustellen. Die Dauer des Geschäftsjahres darf zwölf Monate nicht überschreiten.

Eine gesetzliche Vorschrift darüber, wie ein Inventar auszusehen hat, gibt es nicht. Da aber aus dem Inventar die Unternehmensbilanz gebildet wird, hält man sich schon beim Inventar an die Gliederungskriterien, welche für die Bilanz gelten. Ein Inventar wird demnach wie folgt aufgestellt:

Inventar zum 31.12.20..
Emil Meister Büroausstattung e. K., Feldstraße 37, 47225 Duisburg

Inventar

A Vermögen		
I. Anlagevermögen		
1. Grundstücke Feldstr. 37		75.000,00
2. Gebäude Feldstr. 37		128.500,00
3. Fuhrpark		
VW Touareg	29.000,00	
Citroën Berlingo	11.000,00	40.000,00
4. Betriebs- und Geschäftsausstattung laut Listen 1–3		47.200,00
II. Umlaufvermögen		
1. Warenbestand laut Listen 4–9		186.000,00
2. Forderungen a. LL laut Liste 10		24.500,00
3. Bankguthaben		
Sparkasse Duisburg	11.750,00	
Commerzbank Duisburg	14.250,00	26.000,00
4. Kassenbestand		7.100,00
Summe der Vermögensgegenstände		**534.300,00**
B Schulden		
1. Darlehensschulden		
Commerzbank Duisburg	38.300,00	
Sparkasse Duisburg	74.900,00	
Hypo Vereinsbank	123.000,00	236.200,00
2. Verbindlichkeiten aus Lieferungen und Leistungen laut Liste 11		32.400,00
Summe der Schulden		**268.600,00**
C Ermittlung des Reinvermögens (Eigenkapital)		
Summe des Vermögens		534.300,00
– Summe der Schulden		268.600,00
= **Reinvermögen (Eigenkapital)**		**265.700,00**

Erläuterungen

Die Vermögensgegenstände werden unterteilt in das Anlagevermögen und das Umlaufvermögen.

Zum **Anlagevermögen** gehören alle Vermögensgegenstände, die dauernd im Unternehmen verbleiben. Sie dienen dem Geschäftsbetrieb nicht nur einmal, sondern mehrfach.

Zum **Umlaufvermögen** werden die Vermögensgegenstände gezählt, die nur einmal im Unternehmen genutzt werden. Diese Nutzung besteht entweder im Verbrauch oder im Verkauf. Dazu zählen auch die Geldbestände des Unternehmens.

Das Vermögen ist nach dem Kriterium der „Flüssigkeit" gegliedert. Die Vermögensgegenstände, die man nur sehr schwer verkaufen kann, also zu Geld machen kann, um „wieder flüssig" zu sein, stehen oben. Das Bargeld selbst ist schon „flüssig", daher steht es im Vermögen ganz unten.

Die Schulden werden unterteilt in langfristige Schulden und kurzfristige Schulden.

Die **langfristigen Schulden** werden über einen langen Zeitraum hinweg zurückgezahlt und müssen nicht in Kürze abbezahlt sein.

Die **kurzfristigen Schulden** sind innerhalb einer kurzen Zeitspanne fällig und müssen demnach bald zurückgezahlt werden.

Die Schulden sind nach dem Kriterium der „Fälligkeit" gegliedert. Diejenigen Schulden, die langfristig im Unternehmen bleiben, stehen im Inventar oben. Diejenigen, die schnell bezahlt werden müssen, stehen im Inventar unten.

Das Reinvermögen ergibt sich aus der Differenz zwischen Vermögen und Schulden.

Da am Ende eines jeden Geschäftsjahres ein Inventar aufgestellt wird, kann man an der Vermehrung oder an der Verminderung des Reinvermögens erkennen, ob das Unternehmen erfolgreich oder erfolglos gewirtschaftet hat.

Aufgaben

Aufgaben zur Wiederholung

1 Lesen Sie sich den Gesetzestext zum Inventar noch einmal genau durch. Wann muss ein Kaufmann ein Inventar aufstellen?

2 Zu welchen der vier Inventarpositionen Anlagevermögen, Umlaufvermögen, Schulden, Reinvermögen gehören die folgenden Beispiele?
a) Kasse
b) Verbindlichkeiten aus Lieferungen und Leistungen
c) Grundstücke
d) Betriebs- und Geschäftsausstattung (BGA)
e) Eigenkapital
f) Fuhrpark
g) Bankguthaben
h) Darlehensschulden

3 a) Erläutern Sie, nach welchem Kriterium das Vermögen im Inventar gegliedert ist.
b) Erläutern Sie, nach welchem Kriterium die Schulden im Inventar gegliedert sind.
c) Wie ermittelt man das Reinvermögen?

4 a) Erstellen Sie aus den folgenden Angaben ein Inventar für die Firma Heinz Lamprecht e. K., Bismarkstr. 18–20, 47169 Duisburg.
- Geschäftsausst. lt. Liste 1 (25.080,00 €)
- Gebäude: Bismarkstr. 18–20 (190.000,00 €)
- Waren: Lampen lt. Liste 31 (34.250,00 €), Kühlschränke usw. lt. Liste 32 (49.000,00 €), Fernsehgeräte usw. lt. Liste 33 (63.100,00 €), Zubehör-, Ersatzteile lt. Liste 34 (24.000,00 €)
- Grundstück Bismarkstraße 18–20 (75.000,00 €)
- Guthaben bei der Sparkasse (8.200,00 €)
- Verbindlichkeiten gegenüber der Volksbank Duisburg (89.000,00 €)
- Forderungen aus Lieferungen und Leistungen lt. Liste 7 (13.400,00 €)
- Bargeld (500,00 €)
- Verbindlichkeiten aus Lieferungen und Leistungen lt. Liste 8 (23.000,00 €)
- Firmen-Pkw Opel Zafira (16.000,00 €)

b) Errechnen Sie den Unternehmenserfolg. Dazu stehen Ihnen aus dem letzten Inventar des Unternehmens Heinz Lamprecht e. K. die folgenden Daten zur Verfügung:
- Summe der Vermögensgegenstände: 512.200,00 €
- Summe der Schulden: 146.900,00 €

4.4 Bilanz

Das ist geschehen ...

Bastian Lenz hat in der Abteilung Buchhaltung geholfen das Inventar der Mediaworld e. K. aufzustellen.

A Vermögen		
I. Anlagevermögen		
1. Grundstücke Krefelder Straße 92		120.000,00
2. Gebäude Krefelder Straße 92		
– Bürogebäude und Verkaufsraum	148.000,00	
– Lagerhalle	142.000,00	290.000,00
3. Fuhrpark		
– Pkw VW Polo Kombi	12.500,00	
– Transporter VW Caddy	15.500,00	28.000,00
4. Betriebs- und Geschäftsausstattung lt. Ergänzungsinventar Nr. 1		32.000,00
II. Umlaufvermögen		
1. Warenbestand lt. Ergänzungsinventar Nr. 2		165.000,00
2. Forderungen a. LL lt. Ergänzungsinventar Nr. 3		45.000,00
3. Bankguthaben		
– Deutsche Bank Duisburg	28.500,00	
– Stadtsparkasse Duisburg	21.000,00	49.500,00
4. Kassenbestand		5.500,00
Summe der Vermögensgegenstände		**735.000,00**
B Schulden		
1. Darlehensschulden		
– Deutsche Bank Duisburg	201.000,00	
– Stadtsparkasse Duisburg	77.000,00	278.000,00
2. Verbindlichkeiten a. LL lt. Ergänzungsinventar Nr. 4		77.000,00
Summe der Schulden		**355.000,00**
C Reinvermögen (Eigenkapital)		**380.000,00**

Das ist zu tun ...

1. Beantworten Sie mithilfe des § 247 des Handelsgesetzbuches (→ Seite 48) die Frage von Bastian.
2. Erstellen Sie mithilfe der unten stehenden Informationen die Bilanz der Mediaworld e. K.

Das sollte man wissen ...

Bilanz

Für die Bilanz ist es ebenso wie für das Inventar gesetzlich vorgeschrieben, dass sie aufgestellt werden muss. Dies ergibt sich aus dem Handelsgesetzbuch (HGB):

§ 242 HGB (Pflicht zur Aufstellung von Bilanzen)

(1) Jeder Kaufmann hat zu Beginn seines Handelsgewerbes und für den Schluss eines jeden Geschäftsjahrs einen das Verhältnis seines Vermögens und seiner Schulden darstellenden Abschluss (Eröffnungsbilanz, Bilanz) aufzustellen.

Die Inhalte der Bilanz sind ebenfalls im Handelsgesetzbuch vorgeschrieben:

§ 247 HGB (Inhalt der Bilanz)

(1) In der Bilanz sind das Anlage- und das Umlaufvermögen, das Eigenkapital, die Schulden (...) gesondert auszuweisen und hinreichend aufzugliedern.

Dabei fällt auf, dass man die gleichen Begriffe und die gleichen Unternehmenswerte schon in dem Inventar aufgeschrieben hat. Die Bilanz unterscheidet sich aber in einem wesentlichen Punkt vom Inventar:

§ 266 HGB (Gliederung der Bilanz)

(1) Die Bilanz ist in Kontoform aufzustellen.

Bilanz	

Merke

Die Abkürzungen in einer Bilanz bedeuten:

- BGA = Betriebs- und Geschäftsausstattumg
- Ford. a. LL = Forderungen aus Lieferungen und Leistungen
- Verbindl. a. LL = Verbindlichkeiten aus Lieferungen und Leistungen

Weitere Kriterien zum Aufstellen der Bilanz sind:

1. Die beiden Seiten der Bilanz werden **Aktivseite** und **Passivseite** genannt. Man überschreibt die linke Seite der Bilanz mit „Aktiva" und die rechte Seite der Bilanz mit „Passiva".
2. Es werden nur die zusammengefassten Werte in die Bilanz übernommen, also nur die Summe des Warenbestandes, die Summe des Fuhrparkes, die Summe der Darlehen usw.
3. Die Vermögenswerte werden auf die linke Seite, also auf die Aktivseite geschrieben. Dabei wird wie beim Inventar nach der Flüssigkeit vorgegangen: Zuerst wird das Anlagevermögen aufgeführt, darunter steht das Umlaufvermögen.
4. Die Schulden stehen auf der rechten Seite der Bilanz. Oben die Schulden, die das Unternehmen bei dem Eigentümer hat = Eigenkapital. Darunter die langfristigen und kurzfristigen Schulden = Fremdkapital.
5. Schließlich werden beide Seiten zusammengerechnet.

Daraus ergibt sich folgendes Bild:

Aktiva	**Bilanz**		**Passiva**
I. Anlagevermögen		**I. Eigenkapital**	380.000,00
Gebäude	500.000,00	**II. Verbindlichkeiten**	
Fuhrpark	32.000,00	Darlehen	150.000,00
BGA	13.000,00	Verbindl. a. LL	21.000,00
II. Umlaufvermögen			
Forderungen a. LL	2.000,00		
Kasse	4.000,00		
	551.000,00		551.000,00

Die Bilanz befindet sich immer im Gleichgewicht, das heißt, die rechte und die linke Seite ergeben immer die gleichen Summen. Das liegt daran, dass auf der linken Seite steht, wie viel Geld im Unternehmen investiert und ausgegeben wurde, und auf der rechten Seite nachzulesen ist, wie dieses Geld aufgewendet wurde. Außerdem kann man anhand der Passivseite erkennen, woher das Geld stammt, also ob es eigenes Kapital oder fremdes Kapital ist. Bildlich kann man sich das so vorstellen:

Aufgaben zur Wiederholung

Aufgaben

1 Geben Sie an, auf welcher Seite der Bilanz (Aktivseite oder Passivseite) die folgenden Positionen stehen.
a) Gebäude
b) Forderungen aus Lieferungen und Leistungen
c) Kasse
d) Verbindlichkeiten aus Lieferungen und Leistungen
e) Grundstücke
f) Betriebs- und Geschäftsausstattung (BGA)
g) Warenbestand
h) Eigenkapital
i) Fuhrpark
j) Bank
k) Darlehen

2 Erstellen Sie aus dem folgenden Inventar der Firma Heinz Lamprecht e. K., Bismarkstr. 18–20, 47169 Duisburg, die Bilanz.

A Vermögen		
I. Anlagevermögen		
1. Grundstücke Bismarkstraße 18–20		75.000,00
2. Gebäude Bismarkstraße 18–20		190.000,00
3. Fuhrpark Pkw Opel Zafira		16.000,00
4. Betriebs- und Geschäftsausstattung lt. Liste 1		25.080,00
II. Umlaufvermögen		
1. Warenbestand		
– Lampen lt. Liste 31 (34.250,00 €)	34.250,00	
– Kühlschränke usw. lt. Liste 32 (49.000,00 €)	49.000,00	
– Fernsehgeräte usw. lt. Liste 33 (63.100,00 €)	63.100,00	
– Zubehör-, Ersatzteile lt. Liste 34 (24.000,00 €)	24.000,00	170.350,00
2. Forderungen a. LL lt. Liste 7		13.400,00
3. Bankguthaben Sparkasse Duisburg		8.200,00
4. Kassenbestand		500,00
Summe der Vermögensgegenstände		**498.530,00**

Fortsetzung auf Seite 50

Aufgaben

Fortsetzung von Seite 49

B Schulden		
1. Darlehenschulden Volksbank Duisburg		89.000,00
2. Verbindlichkeiten aus Lieferungen und Leistungen lt. Liste 8		23.000,00
Summe der Schulden		**112.000,00**
C Reinvermögen (Eigenkapital)		**386.530,00**

Aufgaben

Aufgaben zur Vertiefung der Kapitel „Inventur", „ Inventar" und „Bilanz"

1 Erstellen Sie eine Zusammenfassung zum Thema „Inventur/Inventar/Bilanz". In dieser Zusammenfassung sollten die Antworten auf die folgenden Fragen der Einzelthemen stehen:

Inventur	Inventar	Bilanz
■ Was versteht man unter Inventur? ■ Welche Arten von Inventur gibt es?	■ Was ist ein Inventar? ■ Nach welchen Kriterien wird ein Inventar aufgestellt?	■ Was ist die Bilanz? ■ In welcher Form ist die Bilanz aufzustellen?
■ Was versteht man unter einer Stichtagsinventur und unter einer permanenten Inventur?	■ Wie errechnet man das Reinvermögen?	■ Wie nennt man die beiden Seiten der Bilanz? ■ Welche Positionen umfasst die Bilanz? ■ Wie erreicht man, dass die Bilanz kürzer gefasst ist als das Inventar? ■ Warum ist eine Bilanz immer in der Waage?

2 In der Firma Kurt Wächter, Fernseh- und HiFi-Fachhandel, Hauptmannweg 23, 44147 Dortmund, liegen die folgenden Inventurergebnisse vor.

Bankguthaben Stadtsparkasse Dortmund	20.500,00 €
Verbindlichkeiten aus Lieferungen und Leistungen:	
– Fa. Nord-Süd-Elektronik AG	110.000,00 €
– Westler GmbH	80.000,00 €
– Merivan Electronic Ltd.	85.000,00 €
Geschäftseinrichtung:	
– Regale	70.000,00 €
– Theke und Beistelltisch	5.000,00 €
– Scannerkasse	3.500,00 €
– Stühle, Hocker, Sessel	10.000,00 €
– sonstige Einrichtung	1.200,00 €
Kassenbestand	3.520,00 €

602250

Kundenforderungen:

– Friedhelm Meier	1.250,00 €
– Erwin Lottermann	670,00 €
– Carmen Sonne	490,00 €
Grundstück Hauptmannweg 23	150.000,00 €
Gebäude Hauptmannweg 23	450.000,00 €
Darlehen Stadtsparkasse Dortmund	250.000,00 €
Warenbestand (nach gesonderter Liste):	
– Warengruppe 1	120.000,00 €
– Warengruppe 2	235.000,00 €
– Warengruppe 3	95.000,00 €
– Warengruppe 4	19.000,00 €
– Warengruppe 5	1.700,00 €
Kraftfahrzeuge:	
– Pkw	15.000,00 €
– Lieferwagen	28.000,00 €

a) Erstellen Sie das Inventar.

b) Erstellen Sie anhand des ermittelten Inventars die Bilanz.

4.5 Werteveränderungen in der Bilanz

Das ist geschehen ...

In der Moritz Wagner Mediaworld e. K. trifft ein neuer Büroschreibtisch ein. Dieser wird in der Abteilung Buchhaltung/Verwaltung benötigt, in der Bastian Lenz zurzeit ausgebildet wird. Der Schreibtisch hat einen Wert von 580,00 € und wird bei Anlieferung bar bezahlt. Bastian überlegt sich, welche Auswirkungen dieser Vorgang auf die Bilanz des Unternehmens hat.

Das ist zu tun ...

1. Welche Positionen der Bilanz der Moritz Wagner e. K. werden durch den obigen Vorgang berührt?
2. Auf welcher Seite der Bilanz stehen die beiden Positionen, welche sich durch den Vorgang verändern?
3. Findet jeweils eine positive Veränderung (eine Mehrung) oder eine negative Veränderung (eine Minderung) statt?
4. Finden Sie den Fachbegriff für diese Art von Bilanzveränderung.

Das sollte man wissen ...

Werteveränderungen in der Bilanz

Die Bilanz wird für einen bestimmten Zeitpunkt aufgestellt, das heißt, sie ist eine Momentaufnahme. Die einmal festgestellten Werte verändern sich allerdings durch die laufende Geschäftstätigkeit. Um die Übersicht zu behalten, müssen diese Werteveränderungen festgehalten werden. Jeder Geschäftsfall verändert die Bilanz.

Buchhalter stellt eine Bilanz auf	→	Geschäftsfall: Es wird eine offene Rechnung bar bezahlt	→	Buchhalter stellt eine **neue** Bilanz auf

Fallbeispiel (1)

Die Mediaworld e. K. bezahlt eine offene Rechnung eines Lieferanten in Höhe von 500,00 € mit Geld aus der Bargeldkasse.

Bilanz der Mediaworld e. K. (vor dem Geschäftsfall)

Aktiva			Passiva
Grundstücke	120.000,00	Eigenkapital	380.000,00
Gebäude	290.000,00	Darlehen	278.000,00
Fuhrpark	28.000,00	Verbindlichkeiten	
BGA	32.000,00	a. LL	77.500,00
Warenbestand	165.000,00		
Forderungen a. LL	45.000,00		
Bank	51.000,00		
Kasse	4.500,00		
	735.500,00		735.500,00

Von diesem Geschäftsfall sind die Bilanzpositionen **Kasse** und **Verbindlichkeiten a. LL** (aus Lieferungen und Leistungen) betroffen. **Kasse** steht auf der Aktivseite der Bilanz, **Verbindlichkeiten a. LL** steht auf der Passivseite der Bilanz. Aus der **Kasse** wird Geld herausgenommen, das heißt, diese Position wird gemindert. Die **Verbindlichkeiten** (die Schulden der Mediaworld e. K.) werden geringer, dies ist ebenfalls eine Minderung. Eine solche Bilanzveränderung heißt **Aktiv-Passiv-Minderung,** weil auf der rechten und auf der linken Seite der Bilanz eine Verringerung von Einzelpositionen und damit auch eine Verringerung der Gesamtsumme stattfindet. Das Gegenteil, das heißt eine Vermehrung von zwei Positionen auf der Aktiv- und der Passivseite der Bilanz, nennt man **Aktiv-Passiv-Mehrung.**

Fortsetzung des Fallbeispiels (1)

Es muss eine neue Bilanz aufgestellt werden, die den Geschäftsfall berücksichtigt:

Bilanz der Mediaworld e. K. (nach dem Geschäftsfall)

Aktiva			Passiva
Grundstücke	120.000,00	Eigenkapital	380.000,00
Gebäude	290.000,00	Darlehen	278.000,00
Fuhrpark	28.000,00	Verbindlichkeiten	
BGA	32.000,00	a. LL	**77.000,00**
Warenbestand	165.000,00		
Forderungen a. LL	45.000,00		
Bank	51.000,00		
Kasse	**4.000,00**		
	735.000,00		**735.000,00**

Es gibt noch andere Möglichkeiten der Werteveränderungen in einer Bilanz:

Fallbeispiel (2)

Moritz Wagner hebt 1.500,00 € vom Bankkonto ab, um den Bargeldbestand in der Kasse aufzufüllen. Nebenstehend die Ausgangsbilanz.

Bilanz der Mediaworld e. K. (vor dem 2. Geschäftsfall)

Aktiva		Passiva	
Grundstücke	120.000,00	Eigenkapital	380.000,00
Gebäude	290.000,00	Darlehen	278.000,00
Fuhrpark	28.000,00	Verbindlichkeiten a. LL	77.000,00
BGA	32.000,00		
Warenbestand	165.000,00		
Forderungen a. LL	45.000,00		
Bank	51.000,00		
Kasse	4.000,00		
	735.000,00		735.000,00

Durch den Geschäftsfall werden zwei Aktivpositionen der Bilanz berührt, das Bankkonto und die Kasse. Der Betrag auf dem Bankkonto wird geringer (Minderung), der Kassenbestand wird mehr (Mehrung). Einen solchen Vorgang nennt man **Aktivtausch.** Das Gegenteil hiervon ist der **Passivtausch** – dieser liegt vor, wenn bei einem Geschäftsfall sich zwei Positionen auf der Passivseite der Bilanz verändern.

Fortsetzung des Fallbeispiels (2)

Es muss wieder eine neue Bilanz aufgestellt werden, die den Geschäftsfall berücksichtigt.

Bilanz der Mediaworld e. K. (nach dem 2. Geschäftsfall)

Aktiva		Passiva	
Grundstücke	120.000,00	Eigenkapital	380.000,00
Gebäude	290.000,00	Darlehen	278.000,00
Fuhrpark	28.000,00	Verbindlichkeiten a. LL	77.000,00
BGA	32.000,00		
Warenbestand	165.000,00		
Forderungen a. LL	45.000,00		
Bank	**49.500,00**		
Kasse	**5.500,00**		
	735.000,00		735.000,00

Wie man sieht verändert sich die Bilanzsumme in diesem Fall nicht!

Aufgaben zur Wiederholung

Aufgaben

1 Erstellen Sie in Ihrem Heft ein Schema der folgenden Art:

Art der Bilanzveränderung	**1. Aktiv-Passiv-Mehrung**	**2.**	**3.**	**4.**
Welche Art von Konten sind betroffen?	Ein Aktivkonto und ...			
Welche Art der Veränderung findet statt?	Mehrung auf dem Aktivkonto, ...			
Wie verändert sich die Bilanzsumme?	Die Bilanzsumme wird ...			

Aufgaben

2 Gegeben ist die folgende Ausgangsbilanz:

Aktiva	**Eröffnungsbilanz**		**Passiva**
Gebäude	1.300.000,00	Eigenkapital	890.000,00
Fuhrpark	20.000,00	Darlehen	490.000,00
BGA	75.000,00	Verbindlichkeiten a. LL	142.000,00
Warenbestand	89.500,00		
Forderungen a. LL	23.400,00		
Bank	12.100,00		
Kasse	2.000,00		
	1.522.000,00		1.522.000,00

1. Geschäftsfall: Wir kaufen Geschäftsausstattung gegen Barzahlung aus der Kasse für 1.800,00 €.
2. Geschäftsfall: Eine Verbindlichkeit aus Lieferungen und Leistungen in Höhe von 5.000,00 € wird in ein Liefererdarlehen umgewandelt.
3. Geschäftsfall: Eine Verbindlichkeit aus Lieferungen und Leistungen in Höhe von 3.000,00 € wird durch eine Banküberweisung getilgt.
4. Geschäftsfall: Es wird ein neuer Pkw für den Firmenfuhrpark gekauft, der Rechnungsbetrag in Höhe von 8.000,00 € ist erst in 6 Wochen fällig.

a) Überlegen Sie bei jedem Geschäftsfall, welche Bilanzpositionen betroffen sind und wie sie sich verändern.
b) Um welche Art der Bilanzveränderung handelt es sich jeweils?
c) Stellen Sie nach jedem Geschäftsfall die veränderte Bilanz neu auf!

3 Geben Sie bei den folgenden Geschäftsfällen an, ob es sich jeweils um einen Aktivtausch, einen Passivtausch, eine Aktiv-Passiv-Mehrung oder um eine Aktiv-Passiv-Minderung handelt.

a) Eine Lieferantenrechnung wird bar bezahlt.
b) Ein Kunde bezahlt eine Rechnung per Banküberweisung.
c) Es wird Geld vom Bankkonto abgehoben und in die Geschäftskasse gelegt.
d) Eine kurzfristige Lieferantenverbindlichkeit wird in ein langfristiges Darlehen umgewandelt.
e) Ein Darlehen wird per Banküberweisung getilgt.
f) Es wird eine Regalwand für Aktenordner angeschafft, die Rechnung ist erst in einem Monat fällig.
g) Es wird ein Nachbargrundstück gekauft, um darauf eine Lagerhalle zu bauen. Das Grundstück wird mittels Banküberweisung bezahlt.

602254

4.6 Gewinnermittlung durch Bilanzvergleich

Das ist geschehen ...

Moritz Wagner hat mit der Mediaworld e. K. wieder einmal ein Geschäftsjahr hinter sich gebracht. Er ist natürlich brennend daran interessiert zu erfahren, ob er in diesem Jahr mit Gewinn gewirtschaftet hat oder ob sein Unternehmen Verluste gemacht hat.

Die Eröffnungsbilanz des Geschäftsjahres weist die folgenden Werte aus:

Mediaworld e. K.
Eröffnungsbilanz zum 01.01.20..

Aktiva		Passiva	
Grundstücke	120.000,00	Eigenkapital	380.000,00
Gebäude	290.000,00	Darlehen	278.000,00
Fuhrpark	28.000,00	Verbindlichkeiten a. LL	77.000,00
BGA	32.000,00		
Warenbestand	165.000,00		
Forderungen a. LL	45.000,00		
Bank	49.500,00		
Kasse	5.500,00		
	735.000,00		735.000,00

Durch einen Vergleich der Eröffnungsbilanz des Jahres mit der Schlussbilanz des Jahres kann Moritz Wagner herausfinden, wie viel Gewinn erwirtschaftet wurde.

Das ist zu tun ...

1. Erstellen Sie aus dem vorliegenden (verkürzten) Inventar die Schlussbilanz des Geschäftsjahres.
2. Vergleichen Sie die Vermögenswerte und die Schulden des Unternehmens mit den Ausgangswerten vom Beginn des Geschäftsjahres.
3. Ermitteln Sie den Zuwachs bzw. die Abnahme beim Vermögen, den Schulden und dem Eigenkapital. Wie hoch ist der Gewinn/der Verlust, der erwirtschaftet wurde?

Moritz Wagner Mediaworld e. K. – Inventar zum 31. Dezember 20..

A Vermögen		
I. Anlagevermögen		
1. Grundstücke Krefelder Straße 92		130.000,00
2. Gebäude Krefelder Straße 92		
– Bürogebäude und Verkaufsraum	142.000,00	
– Lagerhalle	132.400,00	274.400,00
3. Fuhrpark		
– Pkw VW Polo Kombi	10.500,00	
– Transporter VW Caddy	14.000,00	24.500,00
4. Betriebs- und Geschäftsausstattung lt. Ergänzungsinventar Nr. 1		40.500,00

Fortsetzung auf Seite 56

Das ist zu tun ...

II. Umlaufvermögen		
1. Warenbestand lt. Ergänzungsinventar Nr. 2		172.000,00
2. Forderungen a. LL lt. Ergänzungsinventar Nr. 3		52.000,00
3. Bankguthaben		
– Deutsche Bank Duisburg	32.700,00	
– Stadtsparkasse Duisburg	25.000,00	57.700,00
4. Kassenbestand		7.100,00
B Schulden		
1. Darlehensschulden		
– Deutsche Bank Duisburg	195.000,00	
– Stadtsparkasse Duisburg	74.000,00	269.000,00
2. Verbindlichkeiten aus Lieferungen und Leistungen lt. Ergänzungsinventar Nr. 4		75.000,00

Das sollte man wissen ...

Gewinnermittlung durch Bilanzvergleich

Eine Möglichkeit, den Unternehmenserfolg, das heißt den Gewinn eines Geschäftsjahres, zu ermitteln, besteht darin, die Eröffnungsbilanz und die Schlussbilanz dieses Geschäftsjahres miteinander zu vergleichen. Wichtig sind dabei die Veränderungen bei den Vermögenswerten, bei den Schulden und natürlich beim Eigenkapital.

Fallbeispiel

Eröffnungsbilanz

Aktiva		Passiva	
Vermögen	500.000,00	Eigenkapital	200.000,00
		Fremdkapital	300.000,00
	500.000,00		500.000,00

Schlussbilanz

Aktiva		Passiva	
Vermögen	580.000,00	Eigenkapital	230.000,00
		Fremdkapital	350.000,00
	580.000,00		580.000,00

Man kommt durch die Daten, die in den beiden Bilanzen aufgeführt sind, zu folgender Gegenüberstellung:

	Anfangsbestand	Endbestand	Veränderungn
Vermögen	500.000,00	580.000,00	+ 80.000,00
Schulden (Fremdkapital)	300.000,00	350.000,00	+ 50.000,00
Eigenkapital	200.000,00	230.000,00	+ 30.000,00

Auswertung:

- Das Vermögen des Unternehmens hat um 80.000,00 € zugenommen.
- Die Schulden des Unternehmens sind um 50.000,00 € gewachsen.
- Da die Schulden zurückgezahlt werden müssen, müssen sie vom Vermögen abgezogen werden, um das Eigenkapital zu ermitteln. Es ergibt sich ein Eigenkapitalzuwachs von 30.000,00 €. Da es sich um eine Mehrung des Eigenkapitals handelt, hat die Unternehmung erfolgreich gewirtschaftet und einen Gewinn von 30.000,00 € erzielt.
- Der Vermögenszuwachs wurde im größeren Maße durch Schulden finanziert. Dies zeigt sich daran, dass für 80.000,00 € Vermögenszunahme nur 30.000,00 € eigenes Kapital, aber 50.000,00 € fremdes Kapital genutzt wurde.

Aufgabe

Aufgabe zur Wiederholung

Vergleichen Sie die folgenden Bilanzen miteinander und ermitteln Sie rechnerisch, ob die Unternehmung erfolgreich gewirtschaftet hat oder nicht. Stellen Sie auch eine kurze schriftliche Auswertung der beiden Bilanzen auf.

Aktiva	Eröffnungsbilanz		Passiva
Anlagevermögen	790.000,00	Eigenkapital	645.000,00
Umlaufvermögen	432.000,00	Fremdkapital	577.000,00
	1.222.000,00		1.222.000,00

Aktiva	Schlussbilanz		Passiva
Anlagevermögen	980.000,00	Eigenkapital	634.000,00
Umlaufvermögen	456.000,00	Fremdkapital	802.000,00
	1.436.000,00		1.436.000,00

4.7 Bestandskonten eröffnen

Das ist geschehen ...

Bastian Lenz kennt nun aus seiner Tätigkeit in der Abteilung Buchhaltung/Verwaltung die Bedeutung der Unternehmensbilanz seines Ausbildungsunternehmens. Durch den Vergleich der Vorjahresbilanz und der aktuellen Bilanz kann man den Jahresgewinn berechnen. Allerdings hat er auch erkannt, dass es viel Arbeit ist, für jeden Geschäftsfall eine neue Bilanz aufzustellen. „Für diesen Zweck", erklärt ihm Herr Peek aus der Buchhaltung, „haben wir die Bilanz sozusagen in ihre Einzelteile aufgelöst. Jede Position in der Bilanz wird einzeln als so genanntes ‚Konto' geführt. Wir buchen dann nur noch auf Konten, nicht mehr in der Bilanz selber." Bastian ist mit dieser Erläuterung noch etwas überfordert. Herr Peek zeigt es ihm an einem Beispiel (siehe nächste Seite):

Das ist geschehen ...

Aktiva	Bilanz der „Bastian Lenz GmbH"		Passiva
BGA	20.000,00	Eigenkapital	18.000,00
Warenbestand	10.000,00	Darlehen	12.000,00
Forderungen a. LL	3.000,00	Verbindl. a. LL	8.000,00
Bank	5.000,00		
	38.000,00		38.000,00

Herr Peek: „Wenn du für jede Eintragung in dieser Bilanz ein eigenes T-Konto eröffnest und die Bestände aus der Bilanz dort einträgst, brauchst du bei jedem Geschäftsfall nur noch in den Einzelkonten Eintragungen vornehmen; die Bilanz bleibt erst einmal unverändert. Probier dies einfach mal aus!"

Das ist zu tun ...

1. Lösen Sie für Bastian die Bilanz in „ihre Einzelteile", das heißt in Konten auf. Damit dies in der erforderlichen Ordnung geschieht, nutzen Sie bitte die unten stehenden Informationen.
2. Tragen Sie in die einzelnen Konten die Anfangsbestände aus der Bilanz der „Bastian Lenz GmbH". Achten Sie dabei darauf, dass Sie die Bestände jeweils auf die richtige Seite des Kontos schreiben.

Das sollte man wissen ...

Merke
Die Bezeichnungen Soll und Haben bedeuten nichts Besonderes, man muss sich lediglich merken: Sollseite = linke Kontenseite und Habenseite = rechte Kontenseite.

Merke
Jede Veränderung wird in den entsprechenden Konten erfasst. Wenn das Geschäftsjahr zu Ende geht, wird für jedes Konto ein so genannter Saldo ermittelt. Aus diesen Salden der einzelnen Konten ergibt sich die neue, aktuelle Bilanz (→ Kapitel 4.10).

Bestandskonten eröffnen

In der Praxis ist es zu aufwändig, nach jedem Geschäftsfall eine neue Bilanz aufzustellen. Deshalb wird die Bilanz in **Konten** aufgelöst, auf denen die Geschäftsfälle gebucht werden:

1. Für jeden Posten der Bilanz wird ein eigenes Konto eingerichtet. Ein Konto ist wie eine Bilanz in zwei Teile aufgeteilt. Die beiden Seiten sind jetzt aber nicht mit Aktiva und Passiva überschrieben, sondern mit **Soll** und **Haben.** Hier sehen Sie als Beispiel das Konto „Warenbestand":

Soll	Warenbestand	Haben

2. Aus den Posten der **Aktivseite** werden die **Aktivkonten,** für die Posten der **Passivseite** werden **Passivkonten** aufgestellt.
3. Der Anfangsbestand aus der Eröffnungsbilanz wird dann in das entsprechende Konto eingetragen. Dabei stehen die Anfangsbestände der Konten, die **links** in der Bilanz stehen, auch **links** in den Konten. Bei den Konten, die **rechts** in der Bilanz stehen, stehen die Anfangsbestände **rechts** in den Konten. Die Konten, die man aus den Positionen der Bilanz aufstellt, heißen **Bestandskonten,** weil sie einen Anfangsbestand haben.

Ablaufschema „Einrichten der Bestandskonten aus der Bilanz"

Eröffnungsbilanz

Aktiva		Passiva	
Gebäude	500.000,00	Eigenkapital	380.000,00
Fuhrpark	32.000,00	Darlehen	150.000,00
Betriebs- und Geschäftsausstattung	13.000,00	Verbindlichkeiten a. LL	21.000,00
Forderungen a. LL	2.000,00		
Kasse	4.000,00		
	551.000,00		551.000,00

Aktivkonten

Soll	Gebäude	Haben
Anfangsbestand	500.000,00	

Soll	Fuhrpark	Haben
Anfangsbestand	32.000,00	

Soll	Betriebs- u. Geschäftsausstattung	Haben
Anfangsbestand	13.000,00	

Soll	Forderungen a. LL	Haben
Anfangsbestand	2.000,00	

Soll	Kasse	Haben
Anfangsbestand	4.000,00	

Passivkonten

Soll	Eigenkapital	Haben
	Anfangsbestand	380.000,00

Soll	Darlehen	Haben
	Anfangsbestand	150.000,00

Soll	Verbindlichkeiten a. LL	Haben
	Anfangsbestand	21.000,00

Merke

- Für jede Position in der Bilanz gibt es ein Konto.
- Die Konten, die sich aus der Bilanz ergeben, heißen Bestandskonten, weil sie einen Anfangsbestand (AB) haben.
- Die Bestandskonten werden in Aktivkonten und Passivkonten unterteilt.
- Die Aktivkonten haben ihren Anfangsbestand auf der linken Seite. Die Passivkonten haben ihren Anfangsbestand auf der rechten Seite.

Aufgaben

Aufgaben zur Wiederholung

1 Richten Sie anhand der folgenden Bilanz die entsprechenden Bestandskonten ein. Tragen Sie auch den Anfangsbestand in das jeweilige Konto ein.

Aktiva	Bilanz der Mediaworld e. K.		Passiva
Grundstücke	120.000,00	Eigenkapital	380.000,00
Gebäude	290.000,00	Darlehen	278.000,00
Fuhrpark	28.000,00	Verbindlichkeiten a. LL	77.000,00
Betriebs- und Geschäftsausstattung	32.000,00		
Warenbestand	165.000,00		
Forderungen a. LL	45.000,00		
Bank	49.500,00		
Kasse	5.500,00		
	735.000,00		735.000,00

2 Entscheiden Sie, ob es sich bei den folgenden Bestandskonten jeweils um ein Aktivkonto oder um ein Passivkonto handelt:

a) Darlehen
b) Bank
c) Warenbestand
d) Kasse
e) Betriebs- und Geschäftsausstattung
f) Gebäude
g) Verbindlichkeiten aus Lieferungen und Leistungen
h) Fuhrpark
i) Forderungen aus Lieferungen und Leistungen
j) Eigenkapital
k) Grundstücke

3 Auf welcher Seite der Konten aus Aufgabe 2 steht jeweils der Anfangsbestand, auf der Soll- oder auf der Habenseite?

4.8 Buchen auf Bestandskonten

Das ist geschehen ...

Bastian Lenz hat die Bilanz „seines" Beispielunternehmens, die ihm Herr Peek aus der Buchhaltung aufgezeichnet hat, in Bestandskonten aufgeteilt. Die Frage ist nur, wie man diese Bestandskonten für Buchungen nutzt. Herr Peek schreibt ihm drei Geschäftsfälle auf:

1. Ein Darlehen wird per Banküberweisung getilgt. Betrag: 3.000,00 €.
2. Ein Kunde bezahlt eine Rechnung per Banküberweisung. Betrag: 1.500,00 €.
3. Es wird ein neuer Büroschreibtisch auf Ziel gekauft, die Rechnung ist in 30 Tagen fällig, das heißt, sie muss erst in 30 Tagen bezahlt werden. Betrag: 500,00 €.

„Wenn du **richtig** buchen willst", meint Herr Peek, „musst du zu jedem Geschäftsfall die folgenden vier Fragen beantworten", und schreibt ihm den folgenden Zettel:

a) Welche Konten werden in dem Geschäftsfall angesprochen?

b) Welche Veränderung geschieht in den einzelnen Konten (Mehrung oder Minderung)?

c) Handelt es sich hierbei um Aktiv- oder um Passivkonten?

d) Auf welcher Seite des jeweiligen Kontos muss gebucht werden?

Aktiva	Bilanz der „Bastian Lenz GmbH"		Passiva
BGA	20.000,00	Eigenkapital	18.000,00
Warenbestand	10.000,00	Darlehen	12.000,00
Forderungen a. LL	3.000,00	Verbindl. a. LL	8.000,00
Bank	5.000,00		
	38.000,00		38.000,00

Das ist zu tun ...

1. Lösen Sie die Bilanz der „Bastian Lenz GmbH" in Bestandskonten auf (falls Sie dies noch nicht in Kapitel 4.7 gemacht haben!).
2. Beantworten Sie zu jedem der drei Geschäftsfälle die vier Fragen des Notizzettels. Falls Sie mit der Bearbeitung nicht weiterkommen, helfen Ihnen die unten stehenden Informationen.

Das sollte man wissen ...

Buchen auf Bestandskonten

Liegt ein Geschäftsfall vor, muss man die oben auf dem Notizzettel stehenden vier Fragen beantworten, um die Buchung fehlerfrei vorzunehmen.

Fallbeispiel

Geschäftsfall: Es wird ein neues Büroregal angeschafft. Der Preis in Höhe von 1.200,00 € wird per Bankscheck bezahlt.

1. **Welche Konten werden in dem Geschäftsfall angesprochen?**
   „Betriebs- und Geschäftsausstattung" und „Bank"
2. **Welche Veränderung geschieht in den einzelnen Konten (Mehrung oder Minderung)?**
   Die Betriebs- und Geschäftsausstattung (BGA) wird durch den Kauf des zusätzlichen Regals mehr (Mehrung), das Konto Bank wird weniger, da die Rechnung bezahlt wird (Minderung).
3. **Handelt es sich hierbei um Aktiv- oder um Passivkonten?**
   Das Konto BGA ist ein Aktivkonto, das Konto Bank ist ebenfalls ein Aktivkonto.

4. Auf welcher Seite des jeweiligen Kontos muss gebucht werden?
Da der Anfangsbestand der BGA mehr wird, wird der Betrag von 1.200,00 € unter den Anfangsbestand geschrieben, also wird die Eintragung auf der **Soll**seite vorgenommen. Das Bankkonto wird gemindert, also wird der Betrag von 1.200,00 € nicht unter den Anfangsbestand, sondern auf die andere Seite geschrieben. Dies ist die **Haben**seite.

Merke

- Bei Aktivkonten steht der Anfangsbestand im Soll.
- Bei Aktivkonten stehen die Mehrungen im Soll.
- Bei Aktivkonten stehen die Minderungen im Haben.
- Bei Passivkonten steht der Anfangsbestand im Haben.
- Bei Passivkonten stehen die Mehrungen im Haben.
- Bei Passivkonten stehen die Minderungen im Soll.

Hieraus lässt sich folgendes allgemein gültiges Schema aufstellen:

- Mehrungen werden immer unter den Anfangsbestand (AB) geschrieben.
- Minderungen werden immer auf die andere Seite (die ohne Anfangsbestand) geschrieben.

Für Aktivkonten bedeutet dies:

Soll	Aktivkonto Haben
Anfangsbestand	
Mehrungen	Minderungen

Für Passivkonten bedeutet dies:

Soll Passivkonto	Haben
	Anfangsbestand
Minderungen	Mehrungen

Da man durch die Beantwortung der vier Fragen genau weiß, auf welcher Seite des jeweiligen Kontos nun zu buchen ist, kann die eigentliche Buchung jetzt vorgenommen werden.

Fortsetzung des Fallbeispiels

Vorzunehmende Buchungen:
1.200,00 € auf der Sollseite im Konto „Betriebs- und Geschäftsausstattung"
1.200,00 € auf der Habenseite im Konto „Bank"

S	Betriebs- u. Geschäftsausstattung (BGA)	H
AB	20.000,00	
	1.200,00	

S	Bank		H
AB	5.000,00		
			1.200,00

Damit man weiß, womit die Rechnung bezahlt wurde, schreibt man im Konto BGA dazu, dass die 1.200,00 € vom Bankkonto stammen. Das Bankkonto ist das so genannte **Gegenkonto** zu dieser Buchung. Und damit man nachvollziehen kann, wofür die 1.200,00 € ausgegeben wurden, wird im Konto Bank vor den 1.200,00 € ebenfalls das Gegenkonto eingetragen: BGA.

S	Betriebs- u. Geschäftsausstattung (BGA)	H
AB	20.000,00	
Bank	1.200,00	

S	Bank		H
AB	5.000,00		
		BGA	1.200,00

Komplett wird die Eintragung im jeweiligen Konto dadurch, dass man die einzelnen Buchungen durchnummeriert. Da der Kauf des Regals im Beispiel der **erste** Geschäftsfall ist, wird vor jeder Buchung in den Konten eine ❶ eingetragen:

S	Betriebs- u. Geschäftsausstattung (BGA)	H
AB	20.000,00	
❶ Bank	1.200,00	

S	Bank	H
AB	5.000,00	
		❶ BGA 1.200,00

Damit ist der Geschäftsfall gebucht.

Merke

- Bei jeder Buchung in den Konten muss das Gegenkonto genannt werden.
- Bei jeder Buchung in den Konten wird die Nummer des Geschäftsfalles notiert.

Aufgaben zur Wiederholung

Aufgaben

1 Stellen Sie zur Bearbeitung dieser Aufgabe eine Tabelle wie folgt auf:

Geschäftsfall Nr.	Kontenbezeichnung	Art der Veränderung	Aktiv-/Passivkonten	Soll/Haben
a)				
b)				
c)				
...				

Bearbeiten Sie die Geschäftsfälle mithilfe folgender Fragen:

1. Welche Konten werden in dem Geschäftsfall angesprochen?
2. Welche Veränderung geschieht in den einzelnen Konten (Mehrung oder Minderung)?
3. Handelt es sich hierbei um Aktiv- oder um Passivkonten?
4. Auf welcher Seite des jeweiligen Kontos muss gebucht werden?

Geschäftsfälle:

a) Barkauf eines PC 1.000,00 €
b) Umwandlung einer Verbindlichkeit in ein Darlehen 6.000,00 €
c) Zielkauf eines Pkw 15.000,00 €
d) Kunde bezahlt fällige Ausgangsrechnung bar 2.000,00 €
e) Wir bezahlen eine Verbindlichkeit bei einem Lieferanten in Höhe von 500,00 € per Banküberweisung.
f) Es wird ein Darlehen in Höhe von 30.000,00 € aufgenommen, das Geld wird auf dem Bankkonto gutgeschrieben.
g) Vom Bankkonto werden 3.000,00 € abgehoben, um den Bargeldbestand in der Kasse zu erhöhen.
h) Es wird ein Büroschrank im Wert von 2.000,00 € auf Ziel gekauft, die Rechnung ist erst in 30 Tagen fällig.

Aufgaben

2 Stellen Sie anhand der folgenden Bilanz die Bestandskonten auf. Tragen Sie die Anfangsbestände ein und buchen Sie die unten stehenden Geschäftsfälle in den Konten.

Aktiva	Eröffnungsbilanz		Passiva
Grundstücke und Gebäude	580.000,00	Eigenkapital	465.000,00
Fuhrpark	79.400,00	Darlehen	256.000,00
Betriebs- und Geschäftsausstattung	91.000,00	Verbindlichkeiten a. LL	125.600,00
Forderungen a. LL	35.600,00		
Bank	55.500,00		
Kasse	5.100,00		
	846.600,00		846.600,00

1. Anschaffung eines Firmen-Pkw im Wert von 25.000,00 € auf Ziel.
2. Ein Kunde bezahlt eine Rechnung in Höhe von 1.500,00 € per Bankscheck.
3. Ein Darlehen in Höhe von 10.000,00 € wird per Banküberweisung getilgt.
4. Eine Verbindlichkeit in Höhe von 500,00 € wird bar bezahlt.
5. Anschaffung eines neuen Bürostuhls im Wert von 600,00 €, Barzahlung.

4.9 Anweisung zum Buchen: der Buchungssatz

Das ist geschehen ...

Bastian Lenz findet es zunehmend umständlich, für jede Buchung die vier Fragen des Schemas zu beantworten, um Geschäftsfälle richtig buchen zu können. „Es gibt eine Art ‚Abkürzung' für dieses Überlegungsschema, sodass man sehr schnell für einen Geschäftsfall die entsprechende Buchung herausfinden kann", erläutert ihm Herr Peek aus der Buchhaltung.

Das ist zu tun ...

Es liegen die drei Geschäftsfälle aus Kapitel 4.8 (siehe Seite 60) vor:

1. Ein Darlehen wird per Banküberweisung getilgt. Betrag: 3.000,00 €.
2. Ein Kunde bezahlt eine Rechnung per Banküberweisung. Betrag: 1.500,00 €.
3. Es wird ein neuer Büroschreibtisch auf Ziel gekauft, die Rechnung ist in 30 Tagen fällig, Betrag: 500,00 €.

Beantworten Sie die folgenden Fragen:

a) Welche Konten werden bei jedem Geschäftsfall benötigt?
b) Auf welcher Seite der Konten muss jeweils gebucht werden?
c) Was ist ein Buchungssatz und wie ist ein Buchungssatz aufgebaut?
d) Wie lauten die Buchungssätze zu den drei Geschäftsfällen?
e) Was ist ein zusammengesetzter Buchungssatz? Welcher der drei obigen Geschäftsfälle führt zu einem zusammengesetzten Buchungssatz?

Einfacher Buchungssatz

Das sollte man wissen …

Für das Buchen von Geschäftsfällen in den einzelnen Konten ist das in Kapitel 4.8 aufgestellte Überlegungsschema hilfreich:

a) Welche Konten werden in dem Geschäftsfall angesprochen?
b) Welche Veränderung geschieht in den einzelnen Konten (Mehrung oder Minderung)?
c) Handelt es sich hierbei um Aktiv- oder um Passivkonten?
d) Auf welcher Seite des jeweiligen Kontos muss gebucht werden?

Wenn man lange genug mit dem Schema gearbeitet hat und entsprechend geübt ist, kann man es auf die zwei wirklich wichtigen Fragen reduzieren:

- Welche Konten werden in dem Geschäftsfall angesprochen?
- Auf welcher Kontenseite muss gebucht werden?

Mit der Beantwortung dieser beiden Fragen kann man eine einfache Buchungsanweisung aufstellen.

Fallbeispiel

Es wird ein Büroschrank für Akten angeschafft, Bezahlung bar 800,00 €.

Konten	Kontenseite	Beträge
Betriebs- und Geschäftsausstattung Kasse	Soll Haben	800,00 € 800,00 €

Damit alle Buchungsanweisungen immer die gleiche Struktur haben, stellt man für jede Buchung einen **Buchungssatz** auf, in dem zuerst das Konto genannt wird, auf welchem im Soll gebucht wird, und danach das Konto, auf welchem im Haben gebucht wird. Zwischen diese Konten schreibt man das Wort „an".
Ein Buchungssatz sieht demnach immer wie folgt aus:

Sollkonto
an **Haben**konto

Fortsetzung des Fallbeispiels

Der Buchungssatz für vorheriges Beispiel lautet demnach:

Konten	Soll	Haben
Betriebs- und Geschäftsausstattung	800,00 €	
an Kasse		800,00 €

Auf beiden Seiten, der Sollseite des einen Kontos und der Habenseite des anderen Kontos, muss der gleiche Betrag gebucht werden. Ansonsten gerät das Gleichgewicht der Bilanz, das auch für die einzelnen Konten gilt, aus den Fugen.

Die Buchung des gerade aufgestellten Buchungssatzes geschieht entsprechend der Anweisung. Zuerst wird die Eintragung auf der Sollseite des ersten Kontos vorgenommen, danach die Eintragung auf der Habenseite des Kontos, das als zweites im Buchungssatz genannt wird.

S	Betriebs- u. Geschäftsausstattung (BGA)	H
AB	20.000,00	
❶ Kasse	800,00	

S	Kasse		H
AB	5.000,00		
		❶ BGA	800,00

Das sollte man wissen ...

Zusammengesetzter Buchungssatz

Es gibt Geschäftsfälle, bei denen mehr als zwei Konten angesprochen werden. Bei diesen Fällen besteht der Buchungssatz natürlich auch aus mehr als zwei Konten. Ein Buchungssatz, der drei oder mehr Konten beinhaltet, heißt **zusammengesetzter Buchungssatz.**

Fallbeispiel

Es wird ein neuer Firmen-Pkw im Gesamtwert von 24.000,00 € angeschafft. Zunächst muss eine Anzahlung in Höhe von 4.000,00 € per Bankscheck geleistet werden, die restlichen 20.000,00 € sind erst in 30 Tagen fällig.

Konten	Kontenseite	Beträge
Fuhrpark	Soll	24.000,00 €
Bank	Haben	4.000,00 €
Verbindlichkeiten a. LL	Haben	20.000,00 €

Der Buchungssatz lautet:

Konten	Soll	Haben
Fuhrpark	24.000,00 €	
an Bank		4.000,00 €
an Verbindlichkeiten a. LL		20.000,00 €

Wieder wird auf beiden Seiten der gleiche Betrag gebucht. Auf der Sollseite (in nur einem Konto) 24.000,00 € und auf den Habenseiten von zwei Konten einmal 4.000,00 € und einmal 20.000,00 €, also insgesamt auch 24.000,00 €.

S	Fuhrpark		H
AB	79.000,00		
❶ Bank, Verbindl. a. LL	24.000,00		

S	Bank		H
AB	15.000,00		
		❶ Fuhrpark	4.000,00

S	Verbindlichkeiten a. LL		H
		AB	23.800,00
		❶ Fuhrpark	20.000,00

Merke

- Beim Aufstellen des Buchungssatzes muss die Reihenfolge **Soll**konto an **Haben**konto eingehalten werden.
- In jedem Buchungssatz müssen die Buchungen auf der **Soll**seite die gleiche Summe ergeben wie die Buchungen auf der **Haben**seite.

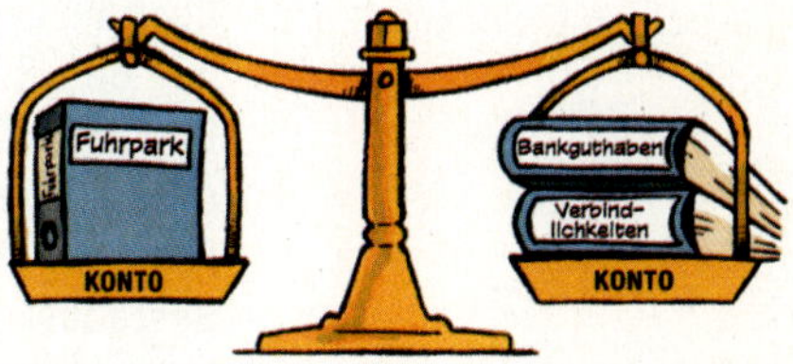

Aufgaben zur Wiederholung

Aufgaben

1 Bilden Sie zu den folgenden Geschäftsfällen die Buchungssätze.

a) Kauf eines neuen Lkw auf Ziel . . . . 120.000,00 €
b) Bareinzahlung auf das Bankkonto . . . . 4.000,00 €
c) Verkauf eines Firmen-Pkw gegen Barzahlung. . . . . . 6.000,00 €
d) Kauf einer Regalwand für das Büro, die Rechnung ist in 4 Wochen fällig . . . . 1.500,00 €
e) Barabhebung vom Bankkonto . . . . 1.000,00 €
f) Ein Kunde überweist einen Rechnungsbetrag auf das Bankkonto . . . . 2.400,00 €
g) Eine Lieferantenrechnung wird mit Bankscheck bezahlt . . . . 250,00 €
h) Eine Darlehensschuld wird per Überweisung getilgt . . . . 15.000,00 €

Aufgaben

i) Es wird ein zusätzliches Firmengrundstück erworben, die Bezahlung erfolgt per Banküberweisung ...... 45.000,00 €

j) Eine Verbindlichkeit aus Lieferungen und Leistungen wird in eine Darlehensschuld umgewandelt ...... 13.000,00 €

2 Bilden Sie zu den folgenden Geschäftsfällen die Buchungssätze.

a) Ein Kunde bezahlt eine Forderung in Höhe von 2.000,00 € bar (500,00 €) und per Bankscheck (1.500,00 €).

b) Der Kauf einer neuen Computeranlage im Wert von 12.000,00 € wird bar angezahlt (2.000,00 €). Der Restbetrag ist erst in 20 Tagen fällig und beträgt 10.000,00 €.

c) Ein neuer Firmen-Pkw im Wert von 12.000,00 € wird mit Bankscheck angezahlt (1.500,00 €), der Restbetrag (10.500,00 €) ist in 30 Tagen fällig.

4.10 Bestandskonten abschließen

Das ist geschehen ...

Bastian Lenz kann mittlerweile ganz gut in Bestandskonten buchen, mit den Buchungssätzen kennt er sich auch schon aus. Er trägt alle Buchungssätze in die Bestandskonten ein und sieht so, dass sich an den Beständen etwas verändert. Er spricht den Buchhalter Florian Peek an: „Wie kann ich denn jetzt erkennen, wie viel sich bei einem Bestandskonto insgesamt verändert hat?“

Herr Peek nimmt ein beliebiges Bestandskonto mit Buchungen heraus: „Schau mal, du siehst den Anfangsbestand, du siehst die einzelnen Buchungen, im Prinzip musst du nur noch alles zusammenzählen.“

Soll		Bank	Haben
Anfangsbestand	5.000,00	❷ BGA	1.000,00
❶ Kasse	500,00		
❸ Forderungen a. LL	2.000,00		

Das ist zu tun ...

1. Errechnen Sie, wie hoch der Bestand auf dem Bankkonto ist, wenn man die oben eingetragenen Buchungen berücksichtigt (Mehrungen zum Anfangsbestand dazuzählen, Minderungen abziehen).
2. Buchhalterisch wird das, was Sie gerade durchgeführt haben, etwas formaler gemacht. In welchen drei Schritten wird ein T-Konto abgeschlossen?
3. Schließen Sie das Konto „Bank“ ab. Ermitteln Sie den Saldo. Er muss mit dem Ergebnis aus dem ersten Arbeitsauftrag übereinstimmen!

Bestandskonten abschließen

Das sollte man wissen …

Die folgende Eröffnungsbilanz stammt aus Aufgabe Nr. 2 des Kapitels 4.8 (→ Seite 64):

Aktiva	Eröffnungsbilanz		Passiva
Grundstücke und Gebäude	580.000,00	Eigenkapital	465.000,00
Fuhrpark	79.400,00	Darlehen	256.000,00
Betriebs- und Geschäftsausstattung	91.000,00	Verbindlichkeiten a. LL	125.600,00
Forderungen a. LL	35.600,00		
Bank	55.500,00		
Kasse	5.100,00		
	846.600,00		846.600,00

Aus dieser Eröffnungsbilanz wurden Bestandskonten gebildet und Buchungen in den Konten vorgenommen. Um herauszufinden, wie sich die Werte der einzelnen Bilanzpositionen wie zum Beispiel „Fuhrpark" oder „Verbindlichkeiten" entwickelt haben, müssen die Konten abgeschlossen werden. Im folgenden Ablaufschema wird dies beispielhaft am Konto „Verbindlichkeiten aus Lieferungen und Leistungen" gezeigt:

Ablaufschema: Abschließen von Bestandskonten

Vorabbetrachtung:

Im Konto Verbindlichkeiten ist der Anfangsbestand von 125.600,00 € im Haben eingetragen. Dazu sind 25.000,00 € weitere Verbindlichkeiten gekommen (siehe Eintragungen auf der Habenseite), eine Verbindlichkeit in Höhe von 500,00 € wurde bezahlt (siehe Eintragung auf der Sollseite).

Soll	Verbindlichkeiten a. LL		Haben
❹ Kasse	500,00	Anfangsbestand	125.600,00
		❶ Fuhrpark	25.000,00

1. Schritt

Die größere der beiden Seiten – das ist hier die Habenseite – muss zusammengerechnet werden. Es ergeben sich **150.600,00 €,** die als Summe der Habenseite unten rechts eingetragen werden.

Soll	Verbindlichkeiten a. LL		Haben
❹ Kasse	500,00	Anfangsbestand	125.600,00
		❶ Fuhrpark	25.000,00
			150.600,00

2. Schritt

Die Summe von **150.600,00 €,** die auf der größeren Seite ermittelt wurde, wird auf die andere Seite übertragen.

Soll	Verbindlichkeiten a. LL		Haben
❹ Kasse	500,00	Anfangsbestand	125.600,00
		❶ Fuhrpark	25.000,00
	150.600,00		150.600,00

3. Schritt

Damit die beiden Seiten wieder gleichgewichtig sind (erinnern Sie sich an die Waage!), muss auf der Sollseite der Fehlbetrag zwischen 500,00 € und 150.600,00 € eingetragen werden. Dieser Betrag wird Saldo genannt und ergibt sich hier wie folgt: 150.600,00 – 500,00 = **150.100,00.**

Soll	Verbindlichkeiten a. LL		Haben
❹ Kasse	500,00	Anfangsbestand	125.600,00
Saldo	**150.100,00**	❶ Fuhrpark	25.000,00
	150.600,00		150.600,00

Der Kontenabschluss für alle Bestandskonten dieses Beispiels ergibt folgendes Ergebnis:

S	Grundstücke und Gebäude		H
AB	580.000,00	Saldo	580.000,00

S	Fuhrpark		H
AB	79.400,00	Saldo	104.400,00
❶ Verb. a. LL	25.000,00		
	104.400,00		104.400,00

S	Betriebs- und Geschäftsausstattung		H
AB	91.000,00	Saldo	91.600,00
❺ Kasse	600,00		
	91.600,00		91.600,00

S	Forderungen		H
AB	35.600,00	❷ Bank	1.500,00
		Saldo	34.100,00
	35.600,00		35.600,00

S	Eigenkapital		H
Saldo	465.000,00	AB	465.000,00

S	Darlehen		H
❸ Bank	10.000,00	AB	256.000,00
Saldo	246.000,00		
	256.000,00		256.000,00

S	Verbindlichkeiten a. LL		H
❹ Kasse	500,00	AB	125.600,00
Saldo	150.100,00	❶ Fuhrpark	25.000,00
	150.600,00		150.600,00

S	Bank		H
AB	55.500,00	❸ Darlehen	10.000,00
❷ Ford.	1.500,00	Saldo	47.000,00
	57.000,00		57.000,00

S	Kasse		H
AB	5.100,00	❹ Verbindl.	500,00
		❺ BGA	600,00
		Saldo	4.000,00
	5.100,00		5.100,00

In jedem Konto ergibt sich ein Saldo. Aus diesen Salden kann man die Bilanz aufstellen, die zum Schluss eines Geschäftsjahres aufgestellt werden muss. Überträgt man alle Salden aus den obigen Bestandskonten, ergibt sich die folgende Schlussbilanz des Unternehmens:

Aktiva	Schlussbilanz		Passiva
Grundstücke und Gebäude	580.000,00	Eigenkapital	465.000,00
Fuhrpark	104.400,00	Darlehen	246.000,00
Betriebs- und Geschäftsausstattung	91.600,00	Verbindlichkeiten a. LL	150.100,00
Forderungen a. LL	34.100,00		
Bank	47.000,00		
Kasse	4.000,00		
	861.100,00		861.100,00

Hierbei muss aber beachtet werden, dass sich die Werte der Schlussbilanz eigentlich aus der Inventur, die zum Jahresende gemacht wird, ergeben. Weichen die tatsächlichen, in der Inventur ermittelten Werte von den Werten aus der Buchhaltung ab, müssen die tatsächlichen Inventurwerte in der Schlussbilanz eingetragen werden. Die Schlussbilanz eines Geschäftsjahres ist gleichzeitig die Eröffnungsbilanz für das nächste Geschäftsjahr.

Aufgaben zur Wiederholung

Aufgaben

1 Schließen Sie die folgenden Bestandskonten ab.

a)

S	Eigenkapital		H
		AB	320.000,00

b)

S	Grundstücke		H
AB	120.000,00		
❶ Bank	45.000,00		

c)

S	Betriebs- und Geschäftsausstattung		H
AB	30.210,00		
❶ Verbindl.	2.120,00		
❷ Kasse	830,00		

d)

S	Darlehen		H
❶ Bank	150.000,00	AB	460.000,00
❷ Bank	75.000,00		

e)

S	Bank		H
AB	13.00,00	❸ Verbindl.	9.400,00
❷ Ford.	3.600,00	❻ Verbindl.	8.600,00
❺ Kasse	850,00		

f)

S	Verbindlichkeiten a. LL		H
❹ Kasse	500,00	AB	125.600,00
Saldo	150.100,00	❶ Fuhrpark	25.000,00

g)

S	Kasse		H
AB	5.500,00	❶ BGA	3.400,00
❷ Bank	1.200,00	❸ BGA	3.299,00

h)

S	Forderungen a. LL		H
AB	3.500,00	❶ Bank	1.250,00
		❸ Bank	1.500,00

Aufgabe

Aufgabe zur Vertiefung des Kapitels

Es liegt die folgende Eröffnungsbilanz vor:

Aktiva	Eröffnungsbilanz		Passiva
Grundstücke und Gebäude	200.000,00	Eigenkapital	125.000,00
Fuhrpark	50.100,00	Darlehen	247.550,00
Betriebs- und Geschäftsausstattung	26.700,00	Verbindlichkeiten a. LL	45.900,00
Forderungen a. LL	8.600,00		
Bank	123.800,00		
Kasse	9.250,00		
	418.450,00		418.450,00

a) Bilden Sie anhand der Eröffnungsbilanz die erforderlichen Bestandskonten.
b) Tragen Sie die Anfangsbestände in die Eröffnungskonten ein.
c) Bilden Sie zu den folgenden Geschäftsfällen die Buchungssätze:
   1. Es wird ein Grundstück im Wert von 80.000,00 € erworben. Die Bezahlung erfolgt per Bankscheck.
   2. Ein Darlehen wird per Banküberweisung in Höhe von 20.000,00 € getilgt.
   3. Ein Kunde bezahlt eine Forderung in Höhe von 1.200,00 € bar (200,00 €) und per Bankscheck (1.000,00 €).
   4. Es wird ein neuer Firmen-Pkw angeschafft, die Rechnung in Höhe von 18.000,00 € ist in 4 Wochen fällig.
d) Buchen Sie die Buchungssätze in den Bestandskonten.
e) Schließen Sie die Bestandskonten ab und bilden Sie die Salden.
f) Tragen Sie die Salden der Bestandskonten in die Schlussbilanz ein.

4.11 Eröffnungsbilanzkonto und Schlussbilanzkonto

Das ist geschehen ...

Die Buchführung in der Mediaworld e. K. wird von dem Buchhalter Florian Peek im Wesentlichen am PC erledigt. Bastian Lenz, der Auszubildende, hilft Herrn Peek auch heute wieder. „Hol mir mal bitte die Ausdrucke vom Drucker", bittet Herr Peek Bastian. Dieser holt mehrere Seiten mit Buchungen und Kontoausdrucken. Dabei fällt ihm das folgende Konto auf:

Soll	Eröffnungsbilanzkonto		Haben
Eigenkapital	380.000,00	Grundstücke	120.000,00
Darlehen	278.000,00	Gebäude	290.000,00
Verbindlichkeiten a. LL	77.500,00	Fuhrpark	28.000,00
		Betriebs- und Geschäftsausstattung	32.000,00
		Warenbestand	165.000,00
		Forderungen a. LL	45.000,00
		Bank	51.000,00
		Kasse	4.500,00
	735.500,00		735.500,00

Bastian wundert sich, weil er so ein Konto noch nie gesehen hat. „Was ist das denn, sieht aus wie die Eröffnungsbilanz, nur anders!", sagt er verdutzt.

Das ist zu tun ...

1. Bastian hat Recht, es bestehen Ähnlichkeiten zwischen der Eröffnungsbilanz und dem obigen Konto. Benennen Sie die Gemeinsamkeiten und die Unterschiede.
2. Wozu wird das Eröffnungsbilanzkonto benötigt?
3. Angenommen, Sie wollen aus dem obigen Eröffnungsbilanzkonto die Bestandskonten eröffnen. Nennen Sie die elf Buchungssätze.
4. Welche Gemeinsamkeiten und welche Unterschiede bestehen zwischen der Schlussbilanz und dem Schlussbilanzkonto?

Das sollte man wissen ...

Eröffnungsbilanzkonto und Schlussbilanzkonto

Im letzten Kapitel (Kapitel 4.10 „Bestandskonten abschließen") wurden die Anfangsbestände aus der Eröffnungsbilanz einfach in die Bestandskonten übertragen. Ebenso wurden die Salden der Bestandskonten beim Kontenabschluss einfach in die Schlussbilanz übertragen.

Dieses „Übertragen" ist eine Vereinfachung, die in der Buchführung so nicht funktionieren kann. Die Begründung ist ganz einfach: **Für jede Buchung muss es eine Gegenbuchung geben.** Allerdings kann nicht aus einer Bilanz heraus gebucht oder in eine Bilanz hinein gebucht werden. Die Bilanz entsteht aus dem Inventar, nicht aus der eigentlichen Buchführung mit ihren T-Konten.

Also müssen die Eröffnungsbilanz und die Schlussbilanz für die Konteneröffnung und den Kontenabschluss ersetzt werden. Dafür gibt es das Eröffnungsbilanzkonto und das Schlussbilanzkonto.

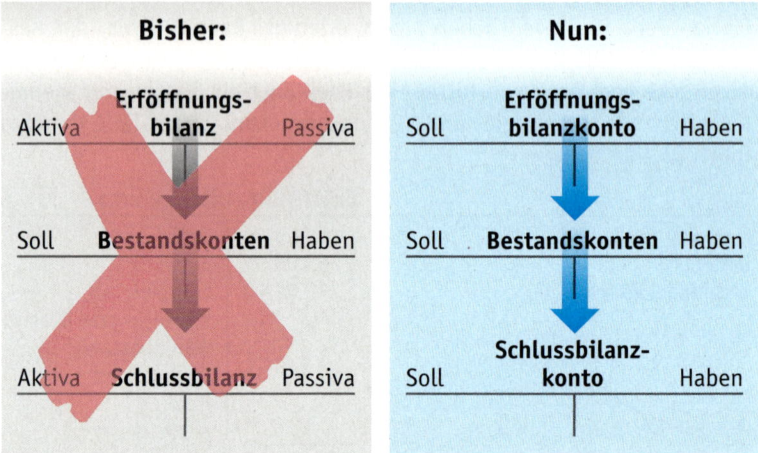

Das Eröffnungsbilanzkonto hat die gleichen Inhalte wie die Eröffnungsbilanz. Allerdings ist das Eröffnungsbilanzkonto **spiegelverkehrt** zur Eröffnungsbilanz.

Aktiva	**Eröffnungsbilanz**		**Passiva**
Grundstücke und Gebäude	580.000,00	Eigenkapital	465.000,00
Fuhrpark	79.400,00	Darlehen	256.000,00
Betriebs- und Geschäftsausstattung	91.000,00	Verbindlichkeiten a. LL	125.600,00
Forderungen a. LL	35.600,00		
Bank	55.500,00		
Kasse	5.100,00		
	846.600,00		846.600,00

Soll	**Eröffnungsbilanzkonto**		**Haben**
Eigenkapital	465.000,00	Grundstücke und Gebäude	580.000,00
Darlehen	256.000,00	Fuhrpark	79.400,00
Verbindlichkeiten a. LL	125.600,00	Betriebs- und Geschäftsausstattung	91.000,00
		Forderungen a. LL	35.600,00
		Bank	55.500,00
		Kasse	5.100,00
	846.600,00		846.600,00

Nur durch die Spiegelung kann für die Eröffnung der Bestandskonten ein Buchungssatz aufgebaut werden, der dem bisherigen Schema (Sollbuchung an Habenbuchung) entspricht. Dies zeigen die beiden Beispiele auf der nächsten Seite:

602274

Beispiel (1) Eröffnung des Kontos Kasse

Buchungssatz (Sollkonto an Habenkonto!):

Konten	Soll	Haben
Kasse an Eröffnungsbilanzkonto (EBK)	5.100,00 €	 5.100,00 €

S	Kasse		H
EBK	5.100,00		

Beispiel (2) Eröffnung des Kontos Verbindlichkeiten aus Lieferungen und Leistungen

Buchungssatz (Sollkonto an Habenkonto!):

Konten	Soll	Haben
Eröffnungsbilanzkonto (EBK) an Verbindlichkeiten a. LL	125.600,00 €	 125.600,00 €

S	Verbindlichkeiten a. LL		H
		EBK	125.600,00

Die Passivkonten stehen im Eröffnungsbilanzkonto auf der Sollseite, weil ihr Anfangsbestand im Haben gebucht wird. Entsprechend stehen die Aktivkonten im Eröffnungsbilanzkonto auf der Habenseite, da ihr Anfangsbestand im Soll gebucht wird.

Für das Schlussbilanzkonto muss diese Spiegelung nicht durchgeführt werden. Im Schlussbilanzkonto stehen die Konten auf der gleichen Seite wie in der Schlussbilanz. Der Kontenabschluss wird anhand der beiden folgenden Beispiele deutlich:

Beispiel zum Abschluss der Konten Kasse und Verbindlichkeiten

Buchungssatz zum Abschluss des Kassenkontos:

Konten	Soll	Haben
Schlussbilanzkonto (SBK) an Kasse	4.000,00 €	 4.000,00 €

Buchungssatz zum Abschluss des Kontos Verbindlichkeiten a. LL:

Konten	Soll	Haben
Verbindlichkeiten a. LL an Schlussbilanzkonto (SBK)	150.100,00 €	 150.100,00 €

S	Kasse		H
EBK	5.100,00	❹ Verbindl.	500,00
		❺ BGA	600,00
		SBK	**4.000,00**
	5.100,00		5.100,00

S	Verbindlichkeiten a. LL		H
❹ Kasse	500,00	EBK	125.600,00
SBK	**150.100,00**	❶ Fuhrpark	25.000,00
	150.600,00		150.600,00

Fortsetzung Beispiel

Soll	Schlussbilanzkonto		Haben
Grundstücke und Gebäude	580.000,00	Eigenkapital	465.000,00
Fuhrpark	104.400,00	Darlehen	246.000,00
Betriebs- und Geschäftsausstattung	91.600,00	Verbindlichkeiten a. LL	150.100,00
Forderungen a. LL	34.100,00		
Bank	47.000,00		
Kasse	4.000,00		
	861.100,00		861.100,00

Aktiva	Schlussbilanz		Passiva
Grundstücke und Gebäude	580.000,00	Eigenkapital	465.000,00
Fuhrpark	104.400,00	Darlehen	246.000,00
Betriebs- und Geschäftsausstattung	91.600,00	Verbindlichkeiten a. LL	150.100,00
Forderungen a. LL	34.100,00		
Bank	47.000,00		
Kasse	4.000,00		
	861.100,00		861.100,00

Die Schlussbilanz ergibt sich aus der Inventur, die zum Jahresende durchgeführt wird. Die Werte in der Schlussbilanz sollten mit den Werten im Schlussbilanzkonto übereinstimmen. Wenn dies in der Praxis nicht der Fall ist, gelten die Werte in der Schlussbilanz. Die Abweichungen müssen gesondert gebucht werden.

Merke

- Aus der Eröffnungsbilanz wird ein Eröffnungsbilanzkonto erstellt.
- Das Eröffnungsbilanzkonto ist spiegelverkehrt zur Eröffnungsbilanz.
- Die Anfangsbestände in den Bestandskonten ergeben sich aus dem Eröffnungsbilanzkonto. Dieses Gegenkonto wird mit **EBK** gekennzeichnet.
- Die Schlussbestände in den Bestandskonten werden in das Schlussbilanzkonto gebucht. Dieses Gegenkonto wird mit **SBK** gekennzeichnet.
- Das Schlussbilanzkonto ist genau so aufgebaut wie die Schlussbilanz.

Aufgaben

Aufgaben zur Wiederholung

1 Erstellen Sie aus den folgenden Anfangsbeständen die Eröffnungsbilanz und das Eröffnungsbilanzkonto.

Fuhrpark: 67.000,00 €
Verbindlichkeiten: 90.000,00 €
Bank: 23.450,00 €
Grundstücke: 120.000,00 €
Waren: 54.700,00 €
Gebäude: 450.600,00 €
Darlehen: 367.200,00 €
Kasse: 4.210,00 €
Eigenkapital: ?

2 Gegeben sind die folgenden Anfangsbestände:

Betriebs- und Geschäftsausstattung	25.000,00 €
Warenbestand	24.000,00 €
Forderungen a. LL	6.000,00 €
Kasse	3.500,00 €
Bank	4.000,00 €
Eigenkapital	?
Darlehen	8.000,00 €
Verbindlichkeiten a. LL	18.000,00 €

und die folgenden Geschäftsfälle:

1. Kauf eines neuen Büroregals im Wert von 1.500,00 € auf Rechnung
2. Zahlung einer Darlehensrate in Höhe von 2.500,00 € per Banküberweisung
3. Ein Kunde bezahlt eine offene Rechnung in Höhe von 1.200,00 €.
4. Bareinzahlung auf das Bankkonto, 3.500,00 €
5. Ein Kunde bezahlt eine Rechnung bar, 2.500,00 €.
6. Abzahlung eines Darlehens in Höhe von 3.500,00 €, bar (1.500,00 €) und per Bankscheck (2.000,00 €)

Vorgehensweise:

a) Stellen Sie das Eröffnungsbilanzkonto auf.
b) Eröffnen Sie die Bestandskonten (mit Buchungssätzen!).
c) Bilden Sie die Buchungssätze zu den Geschäftsfällen.
d) Schließen Sie die Bestandskonten ab.
e) Stellen Sie das Schlussbilanzkonto auf.

4.12 Erfolgskonten

4.12.1 Aufwendungen und Erträge als Minderung/Mehrung des Eigenkapitals

Das ist geschehen ...

Bastian Lenz, der Auszubildende der Mediaworld e. K., hat auf der Grundlage eines Eröffnungsbilanzkontos und verschiedener Geschäftsfälle das unten stehende Schlussbilanzkonto erstellt. Trotz der vielen Buchungen, die er vorgenommen hat, ist das Eigenkapital (als einzige Position!) gleich geblieben.

Eröffnungsbilanzkonto

Soll		Haben	
Eigenkapital	125.000,00	Grundstücke und Gebäude	200.000,00
Darlehen	247.550,00	Fuhrpark	50.100,00
Verbindlichkeiten a. LL	45.900,00	Betriebs- und Geschäftsausstattung	26.700,00
		Forderungen a. LL	8.600,00
		Bank	123.800,00
		Kasse	9.250,00
	418.450,00		418.450,00

Soll	Schlussbilanzkonto		Haben
Grundstücke und Gebäude	280.000,00	Eigenkapital	125.000,00
Fuhrpark	68.100,00	Darlehen	227.550,00
Betriebs- und Geschäftsausstattung	28.200,00	Verbindlichkeiten a. LL	65.400,00
Forderungen a. LL	7.400,00		
Bank	24.800,00		
Kasse	9.450,00		
	417.950,00		417.950,00

Bastian fragt den Mitarbeiter in der Abteilung Buchhaltung/Verwaltung, Herrn Peek: „Was ist mit dem Eigenkapital? Das verändert sich überhaupt nicht! Was hat das zu bedeuten?" „Tja", meint Herr Peek, „die letzte Frage müsstest du eigentlich alleine beantworten können!"

Das ist zu tun ...

1. Was bedeutet es, wenn das Eigenkapital am Anfang eines Geschäftsjahres und am Ende eines Geschäftsjahres unverändert ist?
2. Warum hat sich das Eigenkapital bei den Buchungen, die bisher durchgeführt wurden, nicht verändert? Nutzen Sie zur Beantwortung dieser Frage die unten stehenden Informationen.
3. Welche Art von Geschäftsfällen muss Bastian in Zukunft bei seiner Buchführung berücksichtigen, damit es zu Veränderungen des Eigenkapitals kommt?
4. Was bewirken diese Geschäftsfälle beim Eigenkapital?
5. Wie kann man diese Geschäftsfälle buchhalterisch erfassen?

Das sollte man wissen ...

Aufwendungen und Erträge

In Kapitel 4.6 wurde beim Vergleichen von Eröffnungsbilanz und Schlussbilanz festgestellt, dass das Eigenkapital sich im Laufe eines Jahres verändert. Wenn ein Gewinn erzielt wurde, hat sich das Eigenkapital vermehrt, wenn das Unternehmen einen Verlust erwirtschaftet hat, so hat sich das Eigenkapital vermindert.

Bei den Buchungen, die in den Kapiteln 4.7 bis 4.11 durchgeführt wurden, ist das Konto „Eigenkapital" nie benutzt worden. Ebenso hat eine Veränderung des Eigenkapitals dort nicht stattgefunden. Alle Geschäftsfälle, die dort gebucht worden sind, hatten keine Auswirkung auf den Erfolg des Unternehmens, das heißt, diese Geschäftsfälle führten nicht dazu, dass der Gewinn oder der Verlust der Unternehmung betroffen sind. Somit haben sie das Eigenkapital nicht berührt.

Jede Unternehmung beabsichtigt aber möglichst einen Erfolg, das heißt einen Gewinn zu erzielen. Die dadurch entstehenden erfolgswirksamen Geschäftsfälle müssen aber auch buchhalterisch erfasst werden – und sie berühren das Konto „Eigenkapital".

Die folgende Darstellung zeigt die unterschiedlichen Arten von Geschäftsfällen:

Nicht erfolgswirksamer Geschäftsfall
→ führt zu keiner Veränderung des Eigenkapitals

Erfolgswirksamer Geschäftsfall
→ führt entweder zu einer **Minderung des Eigenkapitals** → Hier spricht man von **Aufwand**
→ oder zu einer **Mehrung des Eigenkapitals** → Hier spricht man von **Ertrag**

Welche Aufwendungen und welche Erträge fallen in einem Handelsbetrieb an? An erster Stelle sind sicherlich die Erträge zu nennen, mit denen ein Handelsbetrieb „sein Geld verdient": dies sind die Umsatzerlöse, die beim Verkauf von Waren entstehen. Auf der anderen Seite fallen Aufwendungen an, die durch den Einkauf dieser Waren entstehen. Doch dies sind noch lange nicht alle Aufwendungen und Erträge, die in einem Unternehmen vorkommen können.

Die folgende Übersicht zeigt die häufig auftauchenden Aufwendungen und Erträge:

Aufwendungen	Erträge
■ Einkauf von Waren	■ Verkauf von Waren
■ Zahlung von Gehältern	■ Einnahme durch Vermietung
■ Zahlung von Löhnen	■ Erhalt von Zinszahlungen
■ Mietzahlungen	■ Einnahmen durch Provisionen
■ Einkauf von Büromaterial	
■ Zahlung von Strom/Gas/Wasser	
■ Zahlung von Postgebühren/ Telefon	
■ Zahlung von Zinsen	

Buchhalterisch kann man die Aufwendungen und Erträge erfassen, indem man sie in dem Konto Eigenkapital bucht.

Da **Erträge** das Eigenkapital erhöhen, werden diese unter den Anfangsbestand im Konto Eigenkapital gebucht, also auf der **Haben**seite. **Aufwendungen** mindern das Eigenkapital, also müssen sie auf der anderen Seite des Anfangsbestandes gebucht werden – auf der **Soll**seite.

An einem Beispiel dargestellt sieht die Buchung von Aufwendungen und Erträgen im Eigenkapitalkonto wie folgt aus:

Geschäftsfall 1: Es werden Gehälter in Höhe von 15.000,00 € an die Mitarbeiter ausgezahlt, die Auszahlung erfolgt per Banküberweisung.

Geschäftsfall 2: Es werden Waren im Wert von 200,00 € verkauft, die Bezahlung erfolgt bar.

Minderung → Soll; Mehrung → Haben

Soll	Eigenkapital		Haben
❶ Bank	15.000,00	Anfangsbestand	414.800,00
		❷ Kasse	200,00

Erläuterungen:

Der Aufwand der Gehaltszahlung wird im SOLL gebucht.

Das Gegenkonto ist das Bankkonto, da per Überweisung gezahlt wird.

Der Ertrag, der durch den Warenverkauf entsteht, wird im HABEN gebucht.

Das Gegenkonto ist das Kassenkonto, da bar gezahlt wird.

Merke

- Nicht erfolgswirksame Geschäftsfälle verändern das Eigenkapital nicht.
- Erfolgswirksame Geschäftsfälle verändern das Eigenkapital.
- Aufwendungen und Erträge sind erfolgswirksam.
- Aufwendungen werden im SOLL gebucht.
- Erträge werden im HABEN gebucht.

Schließt man das obige Eigenkapitalkonto ab, kommt man zu dem Ergebnis, dass nach Ablauf der beiden gebuchten Geschäftsfälle das Eigenkapital abgenommen hat.

Dies war auch zu erwarten, denn die Aufwendungen (15.000,00 €) sind auch deutlich höher als die Erträge (200,00 €). Das abgeschlossene Eigenkapitalkonto sieht wie folgt aus:

Soll	Eigenkapital		Haben
❶ Bank	15.000,00	**Anfangsbestand**	**414.800,00**
Schlussbilanzkonto	**400.000,00**	❷ Kasse	200,00
	415.000,00		415.000,00

Aufgaben

Aufgaben zur Wiederholung

1 a) Entscheiden Sie bei den folgenden Beispielen, ob es sich für das Unternehmen um einen Aufwand oder um einen Ertrag handelt:

1. Einkauf von Büromaterial
2. Verkauf von Handelswaren
3. Mietertrag durch die Vermietung einer Lagerhalle
4. Provisionszahlung an einen Handelsvertreter
5. Durchführung von Reparaturen an den Sanitäranlagen
6. Bezahlung von Kfz-Steuern
7. Einkauf von Waren
8. Bezahlung von Paketgebühren
9. Zinsgutschrift der Bank
10. Bezahlung der Telefonrechnung
11. Provisionsertrag für die Vermittlung eines neuen Kunden für einen Lieferanten

602280

12. Zahlung von Löhnen
13. Bezahlung der Strom-/Gas- und Wasserrechnung

b) Auf welcher Seite des Eigenkapitalkontos müssen die Beispiele 1. bis 13. gebucht werden?

2 a) Buchen Sie die folgenden Geschäftsfälle im Konto Eigenkapital, indem Sie Aufwendungen als Eigenkapitalminderung und Erträge als Eigenkapitalerhöhung ansehen. Gegenkonten sind nicht zu führen, der Anfangsbestand des Kontos Eigenkapital beträgt 200.000,00 €.

1. Die Bank schreibt uns auf dem Kontokorrentkonto Zinsen in Höhe von 50,00 € gut.
2. Wir zahlen bar Miete für angemietete Büroräume in Höhe von 750,00 €.
3. Die Stromrechnung in Höhe von 670,00 € wird per Bankeinzug bezahlt.
4. Es werden die Gehälter in Höhe von 12.500,00 € per Banküberweisung gezahlt.
5. Auch die Löhne werden per Banküberweisung ausgezahlt (34.000,00 €).
6. Wir erhalten bar eine Provision in Höhe von 350,00 €.
7. Es werden Waren im Wert von 45.000,00 € auf Ziel verkauft.
8. Der Wareneinkauf in Höhe von 10.900,00 € wird bar bezahlt.
9. Es werden Büromaterialien im Wert von 150,00 € auf Ziel eingekauft.
10. Die fällige Gewerbesteuer in Höhe von 2.500,00 € wird per Bankscheck bezahlt.

b) Schließen Sie das Eigenkapitalkonto ab. Vergleichen Sie den Anfangsbestand und den Schlussbestand. Wurde ein Gewinn oder ein Verlust erwirtschaftet?

4.12.2 Buchen von Aufwendungen und Erträgen auf Erfolgskonten

Das ist geschehen ...

Bastian Lenz hat ein paar Geschäftsfälle mit Aufwendungen und Erträgen im Eigenkapitalkonto gebucht. Das Ergebnis sieht wie folgt aus:

Soll	Eigenkapital		Haben
❶ Bank	90,00	**Anfangsbestand**	**350.000,00**
❷ Bank	10.000,00	❸ Bank	19.000,00
❺ Bank	1.500,00	❹ Bank	200,00
Schlussbestand (Saldo)	**359.610,00**	❻ Bank	2.000,00
	371.200,00		371.200,00

Herr Peek aus der Buchhaltung überprüft, ob Bastian alles richtig verbucht hat. „Wunderbar, alles in Ordnung!", sagt er anerkennend. „Nee, irgendwie nicht", meint Bastian, „daraus erkennt man ja jetzt gar nichts mehr." „Stimmt", meint Herr Peek.

Das ist zu tun ...

1. Inwiefern „erkennt man nichts" aus dem vorliegenden Eigenkapitalkonto?
2. Bastian hat die folgenden Geschäftsfälle in dem Eigenkapitalkonto gebucht. Sortieren Sie diese nach Aufwendungen und Erträgen.
   1) Einkauf von Büromaterial (90,00 €), Bezahlung per Bankscheck
   2) Einkauf von Ware (10.000,00 €), Bezahlung per Bankscheck
   3) Warenverkauf per Verrechnungsscheck (19.000,00 €)
   4) Auf dem Geschäftskonto wird die Miete für einen vermieteten Gabelstapler gutgeschrieben (200,00 €).
   5) Einkauf von Ware (1.500,00 €), Bezahlung per Verrechnungsscheck
   6) Provisionserträge (2.000,00 €) werden per Bankscheck übergeben.
3. Lesen Sie die unten stehenden Informationen zur Bildung von Erfolgskonten. Eröffnen Sie die notwendigen Erfolgskonten für die Geschäftsfälle aus Arbeitsauftrag 2.
4. Stellen Sie die Buchungssätze für die Buchungen der Geschäftsfälle aus Arbeitsauftrag 2 auf. Nutzen Sie die unten stehenden Informationen.
5. Buchen Sie die Geschäftsfälle auf den erstellten Konten. Denken Sie an die jeweilige Gegenbuchung im Bestandskonto Bank, welches Sie auch eröffnen müssen (EBK: 13.000,00 €).

Das sollte man wissen ...

Buchen auf Erfolgskonten

Die Buchung von Aufwendungen und Erträgen auf dem Konto Eigenkapital ist zwar sachlogisch richtig, führt aber dazu, dass dieses Konto sehr unübersichtlich wird. Wenn man sich vorstellt, dass im Geschäftsjahr nicht nur sechs Buchungen (wie im obigen Eigenkapitalkonto von Bastian) durchzuführen sind, sondern hunderte von Buchungen, dann kann man sich leicht vorstellen, wie konfus und voll geschrieben das Konto Eigenkapital wird.

Dies liegt auch daran, dass bei dieser Vorgehensweise im Konto Eigenkapital nur das Gegenkonto zu sehen ist – im obigen Fall jeweils das Bankkonto. Es fehlt aber die Information, wofür der Aufwand bzw. der Ertrag entstanden ist. Nur anhand des Eigenkapitalkontos – also ohne die Geschäftsfälle – kann niemand mehr nachvollziehen, ob zum Beispiel die 1.500,00 € Aufwendungen aus dem 5. Geschäftsfall für Wareneinkäufe, Mietzahlungen, Lohnzahlungen oder irgendeinem anderen Aufwand entstanden sind.

Diese Information wäre aber wichtig, schließlich will ein Kaufmann ja wissen, wie sein Erfolg (sein Gewinn) oder sein Misserfolg (sein Verlust) entstanden ist.

Um diese Probleme zu vermeiden, werden für die einzelnen Aufwendungen und für die einzelnen Erträge eigene Konten gebildet. Diese nennen sich **Aufwandskonten** und **Ertragskonten.** Man nutzt diese Erfolgskonten, um die erfolgswirksamen Geschäftsfälle direkt dort zu buchen.

Die Erfolgskonten sind zumeist so benannt, wie der jeweilige Aufwand bzw. Ertrag es schon andeutet. Die genaue Bezeichnung findet man jeweils auch im Kontenrahmen (→ Kapitel 2.3.2 in Lernfeld 2).

Die wichtigsten Erfolgskonten ergeben sich aus der Tabelle auf Seite 79, in der die häufigsten Aufwendungen und Erträge gegenübergestellt wurden:

Aufwendungen	zugehöriges Aufwandskonto
1. Einkauf von Waren	1. Wareneingang
2. Zahlung von Gehältern	2. Gehälter
3. Zahlung von Löhnen	3. Löhne
4. Mietzahlungen	4. Miete, Pachten
5. Einkauf von Büromaterial	5. Büromaterial
6. Zahlung von Strom/Gas/Wasser	6. Energie
7. Zahlung von Postgebühren/Telefon	7. Postgebühren/Telefon
8. Zahlung von Zinsen	8. Zinsaufwendungen

Erträge	zugehöriges Ertragskonto
1. Verkauf von Waren	1. Umsatzerlöse für Waren
2. Einnahme durch Vermietung	2. Mieterträge
3. Erhalt von Zinszahlungen	3. Zinserträge
4. Einnahmen durch Provisionen	4. Provisionserträge

Erfolgskonten werden wie Bestandskonten als T-Konten geführt. Im Gegensatz zu Bestandskonten haben sie aber keinen Anfangsbestand. Beispielhaft sind hier die beiden Erfolgskonten „Gehälter" und „Mieterträge" dargestellt:

S	Gehälter	H

S	Mieterträge	H

Um für Buchungen auf Erfolgskonten die Buchungssätze zu bilden, muss man sich eine wichtige Regel aus dem vorherigen Kapitel 4.12.1 in Erinnerung rufen:

Merke

- Aufwendungen werden im SOLL gebucht.
- Erträge werden im HABEN gebucht.

Aus dem Aufbau eines Buchungssatzes „Sollbuchung an Habenbuchung" folgt, dass bei der Buchung von Aufwendungen diese im Buchungssatz immer vorne stehen. Bei Buchungen von Erträgen stehen diese im Buchungssatz immer hinten.

Beispiel 1 (Aufwand)

Geschäftsfall: Es werden Gehälter an Angestellte überwiesen, 25.000,00 €.
Buchungssatz:

Konten	Soll	Haben
Gehälter an Bank	25.000,00 €	 25.000,00 €

Beispiel 2 (Ertrag)

Geschäftsfall: Erhalt einer Mietzahlung für vermietete Lagerhallen per Banküberweisung, 1.500,00 €.
Buchungssatz:

Konten	Soll	Haben
Bank an Mieterträge	1.500,00 €	 1.500,00 €

S	Gehälter		H
❶ Bank	25.000,00		

S	Mieterträge		H
		❷ Bank	1.500,00

S	Bank		H
AB	37.000,00	❶ Gehälter	25.000,00
❷ Mieterträge	1.500,00		

Aufgaben

Aufgaben zur Wiederholung

1 Bilden Sie zu den folgenden Geschäftsfällen die Buchungssätze:

1. Es werden Gehälter per Banküberweisung ausgezahlt . . . . 18.400,00 €
2. Die Instandsetzung des Lkw wird bar bezahlt . . . . 1.500,00 €
3. Die Bank schreibt auf dem Bankkonto Zinsen gut . 650,00 €
4. Erhalt einer Provision durch Banküberweisung . . . 1.200,00 €
5. Es wird die Miete für ein Lagergebäude an den Vermieter überwiesen . . . . 950,00 €
6. Das Bankkonto wird mit Darlehenszinsen belastet . 560,00 €
7. Barkauf von Briefmarken . . . . 100,00 €
8. Wareneinkauf auf Ziel . . . . 45.000,00 €
9. Banküberweisung für eine Werbeanzeige . . . . 1.700,00 €
10. Bareinkauf von Kopierpapier für den Eigenbedarf . 80,00 €
11. Zahlung der Kfz-Steuer (550,00 €) und der Gewerbesteuer (4.500,00 €) per Banküberweisung . . . . . . 5.050,00 €

2 Welche Geschäftsfälle liegen den folgenden Buchungssätzen zugrunde?

Nr.	Konten	Soll	Haben
a)	Löhne an Bank	32.000,00 €	 32.000,00 €
b)	Bank an Mieterträge	870,00 €	 870,00 €
c)	Werbung an Kasse	120,00 €	 120,00 €
d)	Wareneingang an Verbindlichkeiten a. LL	13.450,00 €	 13.450,00 €
e)	Postgebühren/Telefon an Bank	230,00 €	 230,00 €
f)	Forderungen a. LL an Umsatzerlöse für Waren	4.500,00 €	 4.500,00 €
g)	Gehälter an Bank	7.800,00 €	 7.800,00 €
h)	Miete, Pachten an Bank	480,00 €	 480,00 €
i)	Vertriebsprovisionen an Kasse	560,00 €	 560,00 €
j)	Bank an Mieterträge an Zinserträge	920,00 €	 800,00 € 120,00 €

3 a) Beurteilen Sie bei den unten stehenden Geschäftsfällen, ob es sich jeweils um einen erfolgswirksamen oder um einen nicht erfolgswirksamen Geschäftsfall handelt.

1. Kauf eines neuen Lkw auf Ziel .... 130.000,00 €
2. Wir erhalten Miete bar .... 2.000,00 €
3. Wir begleichen eine Liefererrechnung .... 3.000,00 €
   bar .... 300,00 €
   und per Bankscheck .... 2.700,00 €
4. Bareinzahlung auf das Bankkonto .... 4.000,00 €
5. Die Bank schreibt uns Zinsen gut .... 50,00 €
6. Einkauf eines neuen Schreibtischstuhles für das Büro, Barzahlung .... 400,00 €
7. Wareneinkauf auf Ziel laut Eingangsrechnung Nr. 143 .... 10.000,00 €
8. Verkauf von Waren laut Ausgangsrechnung Nr. 677 .... 20.000,00 €

b) Bilden Sie zu den einzelnen Geschäftsfällen die Buchungssätze.

4.12.3 Erfolgskonten abschließen – das Gewinn- und Verlustkonto

Das ist geschehen ...

Bastian hat ein paar erfolgswirksame Buchungssätze in den dazugehörigen Erfolgskonten gebucht. Wieder lässt er seine Arbeit von Herrn Peek aus der Buchhaltung kontrollieren. „Ja, stimmt alles", sagt dieser, „jetzt musst du nur noch die Konten abschließen." Bastian stutzt: „Über das Schlussbilanzkonto?", fragt er. Herr Peek schüttelt den Kopf. „Nein, über das SBK dürfen nur die Bestandskonten abgeschlossen werden. Die Erfolgskonten werden über ein Konto abgeschlossen, das man ‚Gewinn- und Verlustkonto' nennt."

S	Wareneingang		H
❶ Bank	10.490,00		
❽ Verbindlichk.	2.400,00		

S	Umsatzerlöse		H
		❷ Bank	17.800,00
		❺ Ford.	6.770,00
		❼ Ford.	8.120,00

S	Löhne		H
❸ Bank	11.200,00		
❾ Bank	1.500,00		

S	Mieterträge		H
		❹ Bank	1.350,00

S	Zinsaufwendungen		H
❿ Bank	145,00		

S	Provisionserträge		H
		❻ Kasse	500,00

Das ist zu tun ...

1. Übernehmen Sie die oben stehenden Konten in Ihr Heft.
2. Schließen Sie die Konten ab, wie Sie es bei Bestandskonten machen würden. Der Saldo heißt hier nicht „SBK", sondern „GuV" (Gewinn- und Verlustkonto).
3. Buchen Sie die Salden der einzelnen Konten im Gewinn- und Verlustkonto (GuV-Konto).

Nutzen Sie zu den Aufträgen die unten stehenden Informationen!

Das sollte man wissen ...

Kontenabschluss bei Erfolgskonten

Im Prinzip werden die Erfolgskonten genauso ab geschlossen, wie man es auch bei Bestandskonten macht. Es gelten auch hier die folgenden Schritte:

Ablaufschema: Abschließen von Erfolgskonten

Vorabbetrachtung:

Im Konto Postgebühren/Telefon sind verschiedene Aufwendungen im Soll gebucht.

Soll	Postgebühren/Telefon		Haben
❹ Kasse	50,00		
❼ Bank	350,00		
❾ Kasse	100,00		

602286

1. Schritt

Die größere der beiden Seiten – das ist hier natürlich die Sollseite – muss zusammengerechnet werden. Es ergeben sich **500,00 €,** die als Summe der Sollseite unten eingetragen werden.

Soll	Postgebühren/Telefon		Haben
❹ Kasse	50,00		
❼ Bank	350,00		
❾ Kasse	100,00		
	500,00		

2. Schritt

Die Summe von **500,00 €,** die auf der größeren Seite ermittelt wurde, wird auf die andere Seite übertragen.

Soll	Postgebühren/Telefon		Haben
❹ Kasse	50,00		
❼ Bank	350,00		
❾ Kasse	100,00		
	500,00		500,00

3. Schritt

Damit die beiden Seiten wieder gleichgewichtig sind (auch Erfolgskonten müssen immer in der Waage sein!), muss auf der Habenseite der Saldo eingetragen werden. Dieser beträgt **500,00 €.** Der Saldo bei Erfolgskonten nennt sich **GuV,** weil die Gegenbuchung im Konto „Gewinn und Verlust“ vorgenommen wird.

Soll	Postgebühren/Telefon		Haben
❹ Kasse	50,00	GuV	500,00
❼ Bank	350,00		
❾ Kasse	100,00		
	500,00		500,00

Das Gewinn- und Verlustkonto zeigt, wie der Name schon sagt, den Gewinn bzw. den Verlust eines Unternehmens an. Das Konto ist wie folgt aufgebaut:

Soll	Gewinn- und Verlustkonto	Haben
AUFWENDUNGEN		**ERTRÄGE**

Auf der Sollseite stehen die Aufwendungen, auf der Habenseite die Erträge. Dies erinnert an die Regel, dass Aufwendungen im Soll und Erträge im Haben gebucht werden. Diese Regel gilt also auch für das GuV-Konto.

Der Saldo aus dem Konto Postgebühren/Telefon, der ja einen Aufwand darstellt, wird beim Abschluss des Kontos Postgebühren/Telefon im GuV-Konto auf der Sollseite gegengebucht:

S	Postgebühren/Telefon		H
❹ Kasse	50,00	GuV	500,00
❼ Bank	350,00		
❾ Kasse	100,00		
	500,00		500,00

S	GuV-Konto		H
Postgebühren/ Telefon	500,00		

Der dazugehörige Buchungssatz lautet (Sollbuchung an Habenbuchung!):

Konten	Soll	Haben
GuV an Postgebühren/Telefon	500,00 €	500,00 €

Wird ein Ertragskonto abgeschlossen, sieht dies wie folgt aus:

S	Provisionserträge		H
GuV	1.200,00	❶	1.200,00

S	GuV-Konto		H
		Provisions-erträge	1.200,00

Der dazugehörige Buchungssatz lautet:

Konten	Soll	Haben
Provisionserträge an GuV	1.200,00 €	1.200,00 €

Zusammenfassend muss man sich folgende Regeln merken:

Merke

- Erfolgskonten werden nach dem gleichen Schema abgeschlossen wie Bestandskonten.
- Erfolgskonten werden über das Gewinn- und Verlustkonto abgeschlossen.
- Im GuV-Konto stehen die Aufwendungen im Soll, die Erträge im Haben.
- Buchungssatz zum Abschluss eines Aufwandskontos: GuV an Aufwandskonto.
- Buchungssatz zum Abschluss eines Ertragskontos: Ertragskonto an GuV.

602288

Aufgabe zur Wiederholung

Aufgabe

a) Schließen Sie die folgenden Erfolgskonten ab und bilden Sie jeweils den Saldo.
b) Buchen Sie die Salden in das GuV-Konto.
c) Rechnen Sie die Sollseite des GuV-Kontos und die Habenseite zusammen. Ist der Betrag der Aufwendungen oder der Betrag der Erträge höher?

S — Wareneingang — H

S		H	
❸ Verbindlichk.	1.850,00		
❾ Bank	3.400,00		

S — Umsatzerlöse — H

S		H	
		❶ Forderungen	9.700,00
		❺ Kasse	200,00
		❼ Forderungen	7.220,00

S — Gehälter — H

S		H	
❷ Bank	7.250,00		

S — Mieterträge — H

S		H	
		❿ Bank	2.050,00
		⓭ Bank	210,00

S — Vertriebsprovisionen — H

S		H	
❻ Kasse	250,00		
⓫ Kasse	150,00		

S — Provisionserträge — H

S		H	
		❹ Kasse	700,00

S — Miete, Pachten — H

S		H	
⓬ Bank	840,00		

S — Zinserträge — H

S		H	
		❽ Bank	195,00

Abschluss des GuV-Kontos

Das sollte man wissen ...

Das GuV-Konto muss wie jedes andere Konto auch abgeschlossen werden. Letztendlich zeigt dieses Konto den Gewinn oder den Verlust einer Unternehmung an. Der Gewinn bzw. der Verlust wirken sich aber direkt auf das Eigenkapital aus: Ein Gewinn erhöht das Eigenkapital, ein Verlust vermindert das Eigenkapital. Daher wird das GuV-Konto über das Konto Eigenkapital abgeschlossen. Man geht nach folgendem Ablaufschema vor:

Soll — GuV-Konto — Haben

Soll		Haben	
Wareneingang	10.000,00	Umsatzerlöse	18.500,00
Löhne	4.000,00	Mieterträge	1.400,00
Miete, Pachten	1.000,00	Zinserträge	100,00
			20.000,00

1. Schritt:
Die größere Seite zusammenrechnen.
Das ist hier die Habenseite, die Summe beträgt 20.000,00 €.

Soll — GuV-Konto — Haben

Soll		Haben	
Wareneingang	10.000,00	Umsatzerlöse	18.500,00
Löhne	4.000,00	Mieterträge	1.400,00
Miete, Pachten	1.000,00	Zinserträge	100,00
	20.000,00		20.000,00

2. Schritt:
Die Summe in Höhe von 20.000,00 € wird auf die andere Seite des Kontos übertragen.

3. Schritt:

Um das Konto wieder auszugleichen und in die Waage zu bringen, wird der Saldo ermittelt. Er beträgt hier 5.000,00 €. Dieser Saldo stellt einen Gewinn dar, weil die Erträge größer sind als die Aufwendungen.

Soll	GuV-Konto		Haben
Wareneingang	10.000,00	Umsatzerlöse	18.500,00
Löhne	4.000,00	Mieterträge	1.400,00
Miete, Pachten	1.000,00	Zinserträge	100,00
Gewinn	5.000,00		
	20.000,00		20.000,00

4. und letzter Schritt:

Der Gewinn wird in das Konto Eigenkapital gebucht, da er das Eigenkapital verändert (genauer gesagt: vermehrt!).

S	GuV-Konto		H
Wareneingang	10.000,00	Umsatzerlöse	18.500,00
Löhne	4.000,00	Mieterträge	1.400,00
Miete, Pachten	1.000,00	Zinserträge	100,00
Eigenkapital, (Gewinn)	5.000,00		
	20.000,00		20.000,00

S	Eigenkapital		H
Schluss-bestand	205.000,00	Anfangs-bestand	200.000,00
		GuV	5.000,00
	205.000,00		205.000,00

Der Abschluss des Kontos Eigenkapital zeigt auch, dass sich dieses vermehrt hat:

Von einem Anfangsbestand von 200.000,00 € ist das Eigenkapital durch den Gewinn von 5.000,00 € auf einen Schlussbestand von 205.000,00 € gewachsen.

Der Buchungssatz zum Abschluss des GuV-Kontos über das Eigenkapitalkonto lautet für das obige Beispiel:

Konten	Soll	Haben
GuV	5.000,00 €	
an Eigenkapital		5.000,00 €

Wird ein Verlust erzielt, erscheint dieser im GuV-Konto auf der Habenseite, im Konto Eigenkapital auf der Sollseite.

Der Buchungssatz zur Abschlussbuchung des GuV-Kontos lautet dann (bei zum Beispiel 10.000,00 € Verlust):

Konten	Soll	Haben
Eigenkapital	10.000,00 €	
an GuV		10.000,00 €

Merke

- Das GuV-Konto wird nach dem gleichen Schema abgeschlossen wie alle anderen Konten auch.
- Sind die Erträge höher als die Aufwendungen, wird ein Gewinn erwirtschaftet.
- Sind die Aufwendungen höher als die Erträge, wird ein Verlust erzielt.
- Der Saldo des GuV-Kontos wird im Konto Eigenkapital gegengebucht.

Aufgaben zur Wiederholung

Aufgaben

1 a) Schließen Sie das GuV-Konto aus der Aufgabe von Seite 89 ab.
b) Bilden Sie den Buchungssatz zur Buchung des Saldos in das Konto Eigenkapital.

2 a) Bilden Sie zu den folgenden Geschäftsfällen die Buchungssätze:
1. Warenverkauf i. H. v. 2.300,00 €, Bezahlung per Bankscheck
2. Ein Mietaufwand in Höhe von 1.700,00 € wird per Banküberweisung bezahlt.
3. Es werden Gehälter per Banküberweisung bezahlt, 6.500,00 €.
4. Warenverkauf i. H. v. 7.900,00 €, Bezahlung per Bankscheck
5. Wareneinkauf i. H. v. 3.200,00 €, Bezahlung per Bankscheck
6. Zahlung von Löhnen in Höhe von 4.900,00 € per Bankscheck

b) Eröffnen Sie die notwendigen Konten.
c) Buchen Sie die Buchungssätze in den Konten.
d) Schließen Sie nun die Erfolgskonten über das GuV-Konto ab.
e) Bilden Sie den Saldo im Konto GuV. Ist ein Verlust oder ein Gewinn entstanden?

Aufgaben zur Vertiefung der Buchungen auf Bestands- und Erfolgskonten

Aufgaben

1 Gegeben ist das folgende Eröffnungsbilanzkonto:

Soll	Eröffnungsbilanzkonto		Haben
Eigenkapital	1.050.000,00	BGA	230.000,00
Verbindlichkeiten a. LL	101.000,00	Warenbestand	870.000,00
		Forderungen a. LL	40.400,00
		Bank	9.300,00
		Kasse	1.300,00
	1.151.000,00		1.151.000,00

a) Eröffnen Sie die Bestandskonten.
b) Bilden Sie die Buchungssätze zu den folgenden Geschäftsfällen:
1. Begleichung einer Liefererrechnung per Banküberweisung .... 980,00 €
2. Reparaturkosten für den Kopierer bar .... 250,00 €
3. Die Bank schreibt Zinsen auf dem Konto gut ... 90,00 €
4. Barzahlung für Paketgebühren .... 20,00 €

Aufgaben

5. Ein Kunde begleicht eine offene Rechnung per Bankscheck .... 770,00 €
6. Kauf eines neuen Bürostuhls per Bankscheck ... 420,00 €
7. Mieteinnahmen bar .... 500,00 €
8. Barabhebung vom Bankkonto .... 2.000,00 €

c) Buchen Sie die Buchungssätze in den entsprechenden Konten.
d) Schließen Sie die Erfolgskonten über das GuV-Konto ab.
e) Schließen Sie das GuV-Konto ab.
f) Schließen Sie die Bestandskonten über das Schlussbilanzkonto (SBK) ab.

2 Gegeben sind die folgenden Anfangsbestände:

Grundstücke	400.000,00 €
Gebäude	1.200.000,00 €
Fuhrpark	250.000,00 €
Betriebs- und Geschäftsausstattung	127.000,00 €
Warenbestand	85.000,00 €
Forderungen	21.000,00 €
Bank	6.300,00 €
Kasse	1.300,00 €
Eigenkapital	?
Darlehen	1.350.000,00 €
Verbindlichkeiten	250.000,00 €

und die folgenden Geschäftsfälle:

1. Ein Kunde begleicht eine Rechnung durch Banküberweisung .... 1.000,00 €
2. Die Bank belastet unser Geschäftsgirokonto mit Zinsen .... 300,00 €
3. Wir zahlen Geschäftsmiete bar .... 1.200,00 €
4. Kauf eines neuen Firmen-Pkw auf Ziel .... 23.000,00 €
5. Lohnzahlung per Banküberweisung .... 5.700,00 €
6. Barzahlung für Briefmarken .... 80,00 €
7. Begleichung einer Lieferantenrechnung durch Banküberweisung .... 800,00 €
8. Wir erhalten Mietzahlung für eine vermietete Lagerhalle als Bankscheck .... 3.500,00 €
9. Wareneinkauf auf Ziel .... 1.900,00 €
10. Ein Kunde bezahlt eine offene Rechnung per Bankscheck .... 3.120,00 €

a) Bilden Sie anhand der Anfangsbestände das Eröffnungsbilanzkonto.
b) Eröffnen Sie die Bestandskonten.
c) Bilden Sie die Buchungssätze zu den Geschäftsfällen.
d) Buchen Sie die Buchungssätze in den Bestandskonten und in den erforderlichen Erfolgskonten.
e) Schließen Sie die Erfolgskonten über das GuV-Konto ab.
f) Schließen Sie das GuV-Konto ab.
g) Schließen Sie die Bestandskonten über das Schlussbilanzkonto (SBK) ab.

LERNFELD 2

Aufträge bearbeiten

1 Verträge abschließen und einhalten
1.1 Einführung
1.2 Rechtssubjekte und Rechtsfähigkeit
1.3 Geschäftsfähigkeit
1.4 Eigentum und Besitz
1.5 Zustandekommen von Verträgen am Beispiel des Kaufvertrages
1.6 Inhalte des Kaufvertrages
1.7 Kaufvertragsarten
1.8 Vertragsfreiheit und Formvorschriften
1.9 Weitere Vertragsarten
1.10 Nichtigkeit und Anfechtbarkeit
2 Buchführung für „Fortgeschrittene"
2.1 Umsatzsteuer
2.2 Das Privatkonto
2.3 Ordnung halten: Organisation der Buchführung
2.4 Buchung von Belegen
3 Kaufvertragsstörungen
3.1 Erfüllung des Kaufvertrages
3.2 Mangelhafte Lieferung
3.3 Nicht-Rechtzeitig-Lieferung
3.4 Nicht-Rechtzeitig-Zahlung
3.5 Annahmeverzug
3.6 Kaufmännisches und gerichtliches Mahnverfahren
3.7 Verjährung
3.8 Allgemeine Geschäftsbedingungen
4 Buchungen im Warenverkehr
4.1 Wareneinkauf
4.2 Warenverkauf
4.3 Bestandsveränderungen bei Waren
5 Zahlungsverkehr
5.1 Barzahlung
5.2 Halbbare Zahlung
5.3 Bargeldlose Zahlung
6 Den Chef vertreten: Vollmacht und Prokura
6.1 Handlungsvollmacht
6.2 Prokura

LERNFELD 3

Personalmaßnahmen entwickeln und personalwirtschaftliche Kompetenzen für den eigenen Berufsweg nutzen können

1 Vertragsrechtliche Grundlagen des Arbeits- und Ausbildungsverhältnisses
1.1 Tarifverträge
1.2 Betriebsvereinbarung und Betriebsrat
1.3 Personaleinstellung: Arbeitsvertrag
1.4 Berufsausbildungsvertrag und duale Berufsausbildung
2 Entlohnung
2.1 Lohn oder Gehalt? Verschiedene Formen der Entlohnung
2.2 Vom Brutto- zum Nettoverdienst
2.3 Ausbildungsvergütung
2.4 Minijobs
3 Sozialversicherungen
3.1 Krankenversicherung und Pflegeversicherung
3.2 Rentenversicherung
3.3 Arbeitslosenversicherung
3.4 Unfallversicherung
4 Personalfreisetzung und Personalbeurteilung
4.1 Fristgerechte Kündigung
4.2 Fristlose Kündigung
4.3 Personalbeurteilung: Arbeitszeugnis
5 Buchungen im Personalbereich
5.1 Personalaufwendungen
5.2 Buchung der Personalaufwendungen

LERNFELD 4

Käuferverhalten analysieren und Marketingmaßnahmen entwickeln

1 Kaufgründe und Marketing
2 Marktforschung
2.1 Überblick über die Methoden der Marktforschung
2.2 Primärforschung am Beispiel des Fragebogens
2.3 Sekundärforschung am Beispiel der Auswertung betriebsinterner Daten
3 Marketinginstrumente
3.1 Produkt- und Sortimentspolitik
3.2 Preispolitik
3.3 Kommunikationspolitik
3.4 Distributionspolitik
3.5 Servi
3.6 Mark

LERNFELD 5

Betriebliche Prozesse dokumentieren, Daten analysieren, aufbereiten, auswerten und Ergebnisse/Maßnahmen einschätzen

1 Unternehmensziele
1.1 Ziele und Zielkonflikte
2.1 Unternehmensziel Gewinn: Ermittlung und Verteilung des Gewinns
2 Kennzahlen zur Unternehmensanalyse
2.1 Auswertung der Bilanz und des GuV-Kontos: Die Rentabilität
2.2 Lagerkennziffern
3 Erfassung des Wertverlustes: Abschreibung auf Sachanlagen
3.1 Lineare Abschreibung
3.2 Degressive Abschreibung
3.3 Besonderheiten bei der Abschreibung auf Sachanlagen
4 Finanzierungsentscheidungen
4.1 Eigen- und Fremdfinanzierung
4.2 Kreditarten
4.3 Kreditsicherung
4.4 Leasing als Sonderform der Finanzierung

LERNFELD 1: In ei mitar

1 Unternehmensg
1.1 Geschäftsidee
1.2 Erstberatung bei
1.3 Ein Name für das
1.4 Handelsregister
2 Rechtsformen d
2.1 Überblick
2.2 Einzelunternehm
2.3 Personengesellsc
2.4 Kapitalgesellscha
3 Vom Chef bis zu der Betriebsaufl
3.1 Aufbauorganisati
3.2 Der einzelne Arb
3.3 Führungsstile
4 Grundlagen der Buchführung
4.1 Warum Buchführung?
4.2 Inventur
4.3 Inventar

1 Verträge abschließen und einhalten

1.1 Einführung

Das ist geschehen ...

1. Bastian Lenz, der Auszubildende der Mediaworld e. K., schenkt seiner Freundin im Laufe der Zeit mehrere Bücher aus seiner Buchsammlung. Als die Freundin mit ihm Schluss macht, will er die Bücher zurückhaben. Die (Ex-)Freundin weigert sich. Bastian meint, dann solle sie die Bücher wenigstens bezahlen.
2. Bastian Lenz verdient – für seine Ansprüche – im zweiten Lehrjahr schon „ordentlich viel Geld". In der Berufsschule prahlt er mit seinen Ausbildungsbezügen. Einer seiner Mitschüler ist wenig beeindruckt und erzählt Bastian, dass er 90,00 € mehr im Monat bekommt als Bastian.
3. Als Verkäufer im Verkaufsshop der Mediaworld e. K. verkauft Bastian an eine ältere Kundin einen CD-Brenner. Am nächsten Tag kommt die Kundin mit ihrem Sohn zurück in den Laden und meint, sie hätte sich geirrt. Ihr Sohn hätte sie losgeschickt, um einen DVD-Brenner zu kaufen und keinen CD-Brenner. Sie und ihr Sohn wollen den CD-Brenner zurückgeben.

Das sollte man wissen ...

Verträge abschließen und einhalten

Die Situationen zeigen, dass man es im Privat- und im Geschäftsleben häufig mit Vertragsabschlüssen und dem Einhalten von Verträgen zu tun hat. Unkompliziert ist es, wenn bei dem Abschluss und der Durchführung des Vertrages keinerlei Schwierigkeiten und Probleme auftreten. Wenn – wie in den obigen Situationen – aber nicht alles glatt läuft, ist es hilfreich, wenn man sich ein wenig im Vertragsrecht auskennt.

Das Vertragsrecht, welches in den folgenden Kapiteln dargestellt wird, stammt im Wesentlichen aus dem **Bürgerlichen Gesetzbuch** (BGB). Daneben ist noch das **Handelsgesetzbuch** (HGB) wichtig, denn hier sind neben dem BGB weitere zahlreiche Bestimmungen zu Handelsgeschäften aufgeführt.

Neben diesen beiden Gesetzestexten gibt es zahlreiche Rechtsbereiche mit weiteren Gesetzen, die im Geschäfts- und Privatleben auch eine wichtige Rolle spielen:

Arbeitsrecht	Steuerrecht	Strafrecht
■ Tarifvertragsgesetz	■ Umsatzsteuergesetz	■ Strafgesetzbuch
■ Berufsbildungsgesetz	■ Einkommensteuergesetz	■ ...
■ Mitbestimmungsgesetz	■ ...	
■ Betriebsverfassungsgesetz		
■ ...		

Natürlich kann man sich als Nicht-Fachmann nicht in allen Gesetzestexten sehr gut auskennen. Dafür gibt es Rechtsberatungen, die man zum Beispiel über einen Rechtsanwalt in Anspruch nehmen kann. Da dies aber immer mit viel Aufwand und auch Kosten verbunden ist, spart man viel Zeit, Mühe und Geld, indem man sich einen Überblick über die wichtigsten Gesetze und Paragrafen verschafft. Das folgende Kapitel ist eine Einführung in dieses Themengebiet. Vertiefungen folgen zum Beispiel in den Kapiteln 3 von Lernfeld 2 (Kaufvertragsstörungen) und den Kapiteln des Lernfeldes 3 (Personal, Arbeitsrecht).

1.2 Rechtssubjekte und Rechtsfähigkeit

Das ist geschehen ...

Peter Bäumer führt das Lager der Mediaworld e. K. Er ist Single und hat keine Familie, nur seine Schildkröte Struppi wohnt mit in seiner Wohnung.

Da Peter Bäumer mittlerweile 53 Jahre alt ist, denkt er da-rüber nach, wem er, wenn er stirbt, seine Ersparnisse vererben soll. Da seine Schildkröte erst 8 Jahre alt ist und noch viele Jahrzehnte vor sich hat, überlegt er, ob er nicht sein Vermögen und seine Wohnung mit Garten seiner Schildkröte hinterlassen soll, damit diese es nach seinem Tod immer noch gut hat.

Das ist zu tun ...

1. Prüfen Sie, ob der Wunsch von Herrn Bäumer, sein Vermögen seiner Schildkröte zu vererben, durchführbar ist.
2. Peter Bäumer ist auch MSV-Duisburg-Fan. Er überlegt, ob er sein Geld nicht lieber dem Fußballverein hinterlässt, damit dieser sich vielleicht einen neuen Mittelstürmer leisten kann. Prüfen Sie, ob dies möglich ist.

Das sollte man wissen ...

Rechtssubjekte und Rechtsfähigkeit

Rechtssubjekte und Rechtsfähigkeit sind Begriffe, bei denen es darum geht, „Rechte zu haben“. Genau gesagt bedeutet Rechtsfähigkeit, dass jemand die Fähigkeit hat, Rechte und Pflichten zu haben.

Zu diesen **Rechten** können gehören:

- das Recht, etwas zu kaufen.
- das Recht, etwas zu verschenken.
- das Recht, wählen zu dürfen.
- das Recht, etwas zu erben.

Zu den **Pflichten** können gehören:

- die Pflicht, Wehr- oder Ersatzdienst zu leisten.
- die Pflicht, zur Schule gehen zu müssen.
- die Pflicht, Steuern zu zahlen.

Nur Rechtssubjekte können Rechte und Pflichten haben. Zu den Rechtssubjekten zählen zum einen die Menschen, und zwar unabhängig vom Alter, vom Geschlecht, von der Intelligenz oder anderen Eigenschaften. Die Menschen werden im Gesetz als **„natürliche Personen“** bezeichnet. Ob der einzelne Mensch tatsächlich Rechte und auch Pflichten hat, ist zunächst einmal nicht wichtig.

Man kann sich dies an einem Beispiel verdeutlichen:

Beispiel

Ein 18-jähriger Schüler mit deutscher Staatsangehörigkeit hat das Recht, bei einer Bundestagswahl wählen gehen zu dürfen. Dagegen ist er nicht verpflichtet, wählen gehen zu müssen. Andererseits hat er aber die Pflicht, Wehr- oder Zivildienst abzuleisten, wenn er nicht gerade aus irgendwelchen Gründen hiervon befreit oder zurückgestellt ist.

Wann die Rechtsfähigkeit der natürlichen Personen (der Menschen) beginnt, ist im Bürgerlichen Gesetzbuch festgelegt: Sie beginnt mit der Vollendung der Geburt.

§ 1 BGB (Beginn der Rechtsfähigkeit)

Die Rechtsfähigkeit des Menschen beginnt mit der Vollendung der Geburt.

Die Rechtsfähigkeit der natürlichen Personen endet mit dem Tod. Die Rechtsfähigkeit ist laut Gesetzestext auf Menschen beschränkt, das bedeutet, dass Sachen und Tiere nicht Träger von Rechten und Pflichten sein können.

Neben den natürlichen Personen zählt aber noch ein weiterer Personenkreis zu den Rechtssubjekten, das sind die so genannten **juristischen Personen.** Die juristischen Personen werden aufgeteilt in:

Juristische Personen des öffentlichen Rechts

Diese dienen staatlichen Aufgaben und öffentlichen Zwecken. Der Staat ist eine juristische Person öffentlichen Rechts, daneben zählen noch Körperschaften, Anstalten und öffentlich-rechtliche Stiftungen dazu:

- Bundesversicherungsanstalt
- IHK
- Öffentlich-rechtliche Fernsehanstalten
- Konrad-Adenauer-Stiftung
- ...

Juristische Personen des Privatrechts

Diese dienen privaten bzw. privatwirtschaftlichen Zwecken. Dazu zählen zum Beispiel die aus Kapitel 2 in Lernfeld 1 bekannten Unternehmensformen, aber auch Vereine und Stiftungen:

- AG
- GmbH
- Genossenschaft
- MSV Duisburg e. V.
- TSV Gummersbach
- Stiftung zur Erhaltung des brasilianischen Regenwaldes
- ...

Juristische Personen sind künstliche Einrichtungen, die dazu gebildet werden, den Umgang mit ihnen zu erleichtern. Die juristische Person kann nicht selbst handeln, zum Beispiel kann eine GmbH nicht selbst Geschäfte abschließen, das muss dann der Vertreter der GmbH machen – der Geschäftsführer. Juristische Personen werden aber wie natürliche Personen behandelt. Sie sind rechtsfähig und haben damit Rechte und Pflichten:

- Juristische Personen müssen Steuern zahlen.
- Juristische Personen können verklagt werden.
- Juristische Personen dürfen ein Erbe antreten.

Die Rechtsfähigkeit der juristischen Personen beginnt mit der Eintragung der juristischen Person in das jeweilige staatlich geführte Register. Dies ist zum Beispiel das Handelsregister (→ Kapitel 1.4 in Lernfeld 1), das Genossenschaftsregister oder das Vereinsregister. Die Rechtsfähigkeit endet mit der Löschung aus dem jeweiligen Register.

Aufgaben

Aufgaben zur Wiederholung

1 Übernehmen Sie die folgende Übersicht in Ihr Heft und vervollständigen Sie diese anhand der Informationen aus dem Text. Diese Übersicht hilft Ihnen als Zusammenfassung des Kapitels zur Wiederholung und zur Vorbereitung auf Klassenarbeiten.

Rechtsfähigkeit = (...)

Rechtssubjekte

Natürliche Personen, Beispiel:		Juristische Personen, Beispiele:	
(...)	(...)	(...)	(...)
Beginn der Rechtsfähigkeit:	Ende der Rechtsfähigkeit:	Beginn der Rechtsfähigkeit:	Ende der Rechtsfähigkeit:
(...)	(...)	(...)	(...)

2 Handelt es sich bei den folgenden Personen um
- natürliche Personen,
- juristische Personen öffentlichen Rechts,
- juristische Personen privaten Rechts?

a) Peter Bäumer, Lagerist bei der Mediaworld e. K.
b) die Stadt Duisburg
c) F. Porsche AG
d) Rechtsanwalt Wilhelm Meier
e) Heiner Leisten Baustoffgroßhandel GmbH
f) TuS Waiblingen e. V.
g) Stadtsparkasse Duisburg
h) Steuerberater Herbert Funkel
i) Stiftung Warentest

602298

1.3 Geschäftsfähigkeit

Das ist geschehen …

Als Moritz Wagner eines Morgens in den Verkaufsraum der Mediaworld kommt, herrscht dort helle Aufregung. Der Auszubildende Bastian Lenz diskutiert mit einer Frau und deren Sohn. Bastian sieht, dass Herr Wagner den Laden betritt.

Bastian: *„Herr Wagner – gut, dass Sie kommen. Wir haben hier ein kleines Problem."*

Moritz Wagner *begrüßt die Kundin und fragt: „Wie kann ich weiterhelfen?"*

Kundin: *„Mein Sohn Daniel hat gestern in Ihrem Laden ein Computerspiel gekauft, mit dem ich gar nicht einverstanden bin. Ich möchte, dass Sie das Spiel zurücknehmen und uns den Preis erstatten."*

Daniel: *„Aber Mama, das Spiel ist frei ab 16 und ich bin 17, ich darf mir so was kaufen!"*

Kundin: *„Kommt gar nicht infrage. Das Spiel ist nichts für dich. Ich bin schließlich deine Mutter, ich bestimme, was gut für dich ist und was nicht! Du gibst das Spiel zurück!"*

Bastian: *„Gute Frau, Ihr Sohn hat gestern das Spiel gekauft und bezahlt. Vertrag ist Vertrag – wir können das Computerspiel nicht einfach so zurücknehmen."*

Moritz Wagner: *„Moment mal, Bastian. Vielleicht hat die Dame ja doch Recht …"*

Das ist zu tun …

1. Machen Sie – „aus dem Bauch heraus" – Vorschläge, wie die Situation wohl enden könnte.
2. Finden Sie sich mit Mitschülern zusammen, welche die gleiche Meinung wie Sie haben (Daniel muss das Spiel zurückgeben **oder** Daniel darf das Spiel behalten) und bilden Sie mit maximal je vier Personen eine Kleingruppe.
3. Schreiben Sie das angefangene Gespräch in Ihrem Sinne weiter (Daniel muss das Spiel zurückgeben **oder** Daniel darf das Spiel behalten). Nutzen Sie die folgenden Informationen zur Geschäftsfähigkeit.
4. Lesen Sie in der Klasse verschiedene Versionen des Gespräches mit verteilten Rollen vor.

Das sollte man wissen …

Geschäftsfähigkeit

Nur jemand, der geschäftsfähig ist, kann Rechtsgeschäfte tätigen, also zum Beispiel

- etwas verleihen (einen Leihvertrag abschließen)
- oder etwas kaufen (einen Kaufvertrag abschließen)
- oder einen Vertrag kündigen (z. B. einen Mietvertrag).

Die Geschäftsfähigkeit hängt zunächst einmal vom Alter ab. Dabei werden **drei Stufen der Geschäftsfähigkeit** unterschieden:

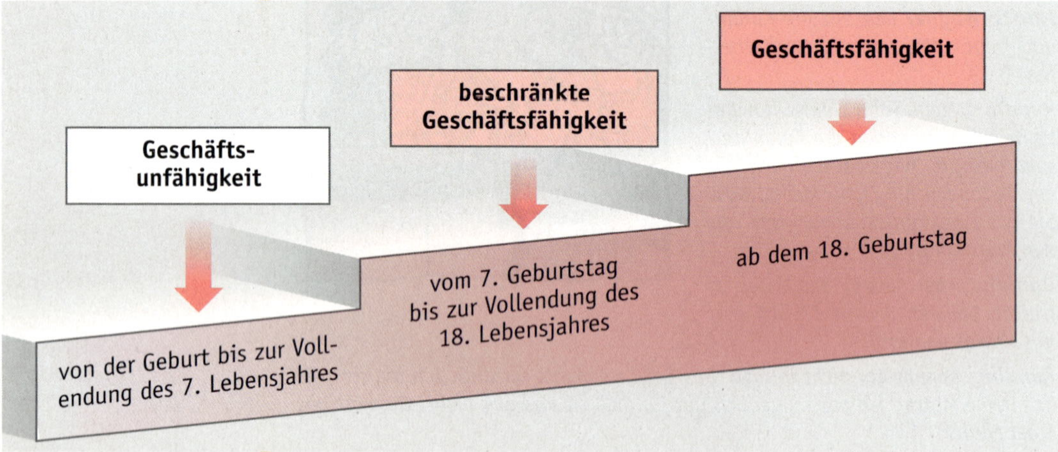

- **Geschäftsunfähigkeit:** Schließt jemand, der geschäftsunfähig ist, ein Rechtsgeschäft ab, ist dieses Geschäft nichtig, das heißt ungültig. Ein derart ungültiges Geschäft muss unter Umständen rückgängig gemacht werden.
- **Beschränkte Geschäftsfähigkeit:** Schließt ein beschränkt Geschäftsfähiger ein Rechtsgeschäft ab, ist dies zunächst schwebend unwirksam, das heißt, wenn der gesetzliche Vertreter nachträglich dem Geschäft zustimmt, ist das Geschäft gültig.
- **Geschäftsfähigkeit:** Schließt jemand, der voll geschäftsfähig ist, ein Rechtsgeschäft ab, ist dieses Geschäft gültig.

Ergänzungen und Ausnahmen zu den drei Stufen der Geschäftsfähigkeit:

- **Geschäftsunfähigkeit:** Ein Kind ist zwar geschäftsunfähig, aber nicht gleichzeitig völlig handlungsunfähig. So genannte Botengänge sind erlaubt.

Beispiel

Der sechsjährige Michael wird von seiner Mutter zum Brötchenholen in die nahe gelegene Bäckerei geschickt. Im Auftrag seiner Mutter tätigt Michael dort ein Rechtsgeschäft: Er schließt einen Vertrag über den Kauf von Brötchen ab, er erhält die Brötchen und er bezahlt mit dem Geld seiner Mutter.

- **Beschränkte Geschäftsfähigkeit:** Ein beschränkt geschäftsfähiger Minderjähriger darf unter Umständen Rechtsgeschäfte abschließen. Hierzu sind im Bürgerlichen Gesetzbuch (BGB) ein paar Ausnahmeregelungen getroffen:

1. Ausnahmeregelung:

§ 113 BGB (Dienst- oder Arbeitsverhältnis)

(1) Ermächtigt der gesetzliche Vertreter den Minderjährigen, in Dienst oder in Arbeit zu treten, so ist der Minderjährige für solche Rechtsgeschäfte unbeschränkt geschäftsfähig, welche (...) die Erfüllung der sich aus einem solchen Verhältnis ergebenden Verpflichtungen betreffen.

Beispiel

Für Bastian bedeutet dies, dass er – da seine gesetzlichen Vertreter (seine Eltern) der Berufsausbildung zugestimmt haben – im Rahmen der Ausbildung auch im Laden der Mediaworld verkaufen darf. Das heißt, die von ihm abgeschlossenen Kaufverträge sind gültig.

2. Ausnahmeregelung:

§ 110 BGB (Bewirkung der Leistung mit eigenen Mitteln [„Taschengeldparagraph"])

(1) Ein von dem Minderjährigen ohne Zustimmung des gesetzlichen Vertreters geschlossener Vertrag gilt als von Anfang an wirksam, wenn der Minderjährige die vertragsgemäße Leistung mit Mitteln bewirkt, die ihm zu diesem Zweck oder zu freier Verfügung (...) überlassen worden sind.

3. Ausnahmeregelung:

§ 112 BGB (Selbstständiger Betrieb eines Erwerbsgeschäfts)

(1) Ermächtigt der gesetzliche Vertreter mit Genehmigung des Vormundschaftsgerichts den Minderjährigen zum selbstständigen Betrieb eines Erwerbsgeschäfts, so ist der Minderjährige für solche Rechtsgeschäfte unbeschränkt geschäftsfähig, welche der Geschäftsbetrieb mit sich bringt.

4. Ausnahmeregelung:

§ 107 BGB (Einwilligung des gesetzlichen Vertreters)

Der Minderjährige bedarf zu einer Willenserklärung, durch die er nicht lediglich einen rechtlichen Vorteil erlangt, der Einwilligung seines gesetzlichen Vertreters.

Das bedeutet umgekehrt, dass ein Minderjähriger für Rechtsgeschäfte, durch die er nur Vorteile hat, **nicht** die Einwilligung des gesetzlichen Vertreters benötigt.

Aufgaben

Aufgaben zur Wiederholung

1 Übertragen Sie das folgende Schaubild in Ihr Heft und vervollständigen Sie es mit Hilfe der Informationen aus dem Text!

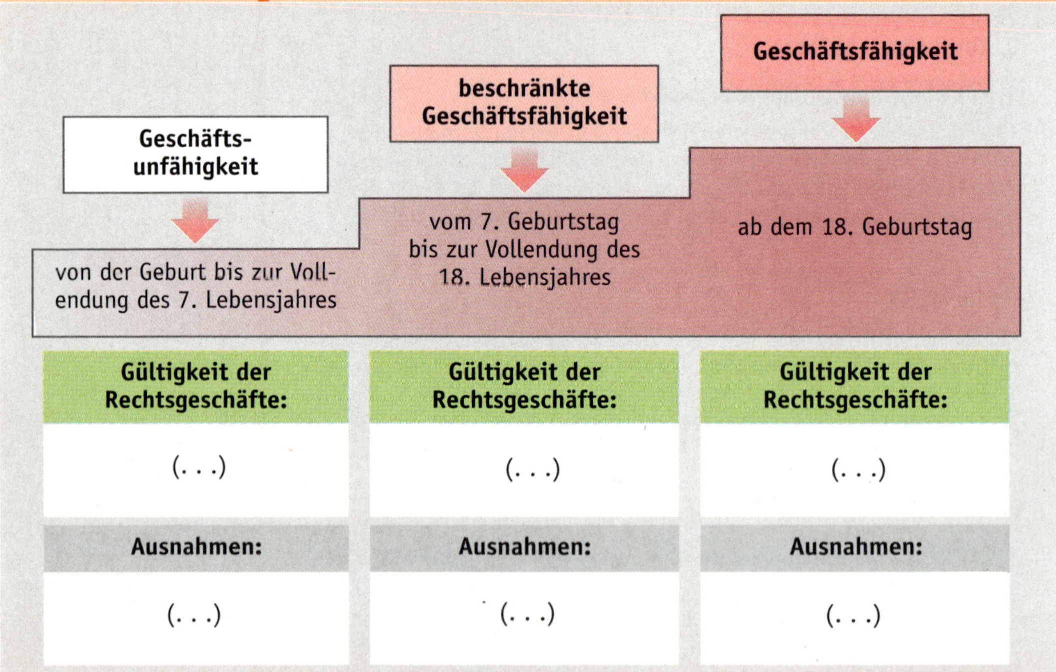

2 In der Mediaworld e. K. passieren im Laufe der Woche noch drei verschiedene Fälle, bei denen sich auch die Frage nach der Geschäftsfähigkeit stellt. Helfen Sie bei der Beurteilung der Rechtslage:

a) Ein Vater kommt mit seinem Sohn in den Laden. Der Auszubildende Bastian denkt sich still, dass der Junge nicht wie ein 18-Jähriger aussieht. Der Vater drückt dem Jungen einen 50-Euro-Schein in die Hand und sagt: „Hier, kauf dir was Schönes!“ Der Junge sucht sich drei Musik-CDs aus und will bei Bastian an der Kasse bezahlen.

b) Der Praktikant Andreas arbeitet mit Bastian zusammen am Mittwochnachmittag im Laden der Mediaworld e. K. Während Bastian mal kurz zur Toilette ist, möchte ein Kunde ein USB-Kabel bezahlen. Andreas überlegt, ob er als 16-Jähriger diesen Kaufvertrag überhaupt abschließen darf.

c) Moritz Wagner arbeitet am Donnerstagnachmittag mit Bastian im Laden der Mediaworld e. K. Herr Wagner verkauft an einen Kunden, der nicht wie ein 18-Jähriger aussieht, ein Computerspiel. Nachdem der Kunde den Laden verlassen hat, fragt Bastian Herrn Wagner, ob der Kunde denn schon 18 Jahre alt sei. Moritz Wagner sagt ja, er kenne den Kunden. „Aber“, sagt Bastian, „und wenn er doch noch nicht 18 Jahre alt ist?“

3 Entscheiden Sie bei den folgenden Fällen über die Rechtslage. Begründen Sie Ihre Entscheidung.

a) Der 5-jährige Markus findet unter dem Wohnzimmersofa ein 2-Euro-Stück. Begeistert läuft er zum Eiswagen und will für sich und seine kleine Schwester ein Eis kaufen. Die Eisverkäuferin weigert sich das Geschäft auszuführen.
b) Wie wäre der Fall a) zu beurteilen, wenn der 5-jährige Markus das Geld von seinem Taschengeld genommen hätte?
c) Die Geschwister Marten sind seit zwei Jahren zerstritten. Doris Marten kann ihren Bruder Philipp nicht mehr leiden, obwohl er der Patenonkel ihrer Tochter Marie ist. Onkel Philipp schickt seiner Patentochter Marie zu deren 15. Geburtstag 50,00 € per Brief zu. Als ihre Mutter dies mitbekommt, verlangt sie, dass Marie das Geld zurückgibt.
d) Der 16-jährige Melih kauft von seinem ersparten Taschengeld einen gebrauchten DVD-Spieler.
e) Peter (17 Jahre alt) hat vor vier Wochen einen Nebenjob als Prospekteverteiler begonnen. Er hat in den vier Wochen gemerkt, dass ihm die Arbeit keinen Spaß macht und er kündigt das Arbeitsverhältnis, ohne vorher seine Eltern informiert zu haben.

1.4 Eigentum und Besitz

Das ist geschehen ...

1. Ein Kunde hat im Verkaufsshop ein Autoradio „Vision" gekauft und direkt bezahlt.
2. Es wurde ein MP3-Player aus dem Verkaufsshop gestohlen.
3. Die Firma Kurt Wächter e. K., Fernseh- und Hi-Fi-Fachhandel aus Dortmund, hat 15 Grunlag-DVD-Recorder D05 bestellt, die schon ausgeliefert sind, aber noch nicht bezahlt wurden.
4. Geschäftsführer Moritz Wagner hat ein Paar Hi-Fi-Boxen der Marke Mammuth „Eiszeit" an den Auszubildenden Bastian Lenz verliehen, damit dieser die Vorführmodelle zu Hause einmal ausprobieren kann.

Das ist zu tun ...

Prüfen Sie anhand der folgenden Informationen, wer in den Fällen 1. bis 4. jeweils Besitzer bzw. Eigentümer der Gegenstände ist.

Das sollte man wissen ...

Eigentum und Besitz

Die beiden Begriffe Eigentum und Besitz werden im Sprachgebrauch nahezu gleichbedeutend benutzt. Rechtlich gesehen bedeuten sie aber etwas sehr Unterschiedliches.

Wer eine Sache „besitzt", der hat die Verfügungsgewalt über diese Sache, was aber noch nicht bedeutet, dass ihm die Sache tatsächlich auch gehört – dann nämlich wäre er Eigentümer. Anders ausgedrückt ist der **Besitz** die **tatsächliche Herrschaft über eine Sache.**

Beispiele 1-4 für den Besitzerwerb

1. Marco leiht Julia einen Kugelschreiber, damit sie sich etwas aufschreiben kann. Julia ist Besitzerin des Kugelschreibers.
2. Marco schenkt Julia einen Kugelschreiber, auch jetzt ist Julia Besitzerin des Kugelschreibers.
3. Julia klaut Marco den Kugelschreiber, in diesem Falle wird Julia ebenfalls Besitzerin des Kugelschreibers.
4. Julia kauft Marco den Kugelschreiber für 50 Cent ab und erhält ihn umgehend, somit ist Julia Besitzerin des Kugelschreibers.

Es wird in den Beispielen schon deutlich, dass Julia zwar in allen vier Fällen Besitzerin des Kugelschreibers ist, ihr aber der Kugelschreiber nicht in allen Fällen wirklich gehört – sie ist nicht in allen Fällen die Eigentümerin. Denn **Eigentum** ist festgelegt als die **rechtliche Herrschaft an einer Sache.** Hat man an einer Sache das Eigentum erworben, kann man mit der Sache machen, was man will – wenn man nur Besitzer einer Sache ist, geht das natürlich nicht.

Eigentumserwerb anhand der Beispiele 1 bis 4:

In den Beispielfällen 2 und 4 hat Julia das Eigentum an dem Kugelschreiber erworben, in diesen Fällen gehört ihr der Kugelschreiber wirklich. In den Beispielfällen 1 und 3 bleibt Marco der Eigentümer, weil er den Kugelschreiber zurückbekommen wollte bzw. gar nicht abgeben wollte.

Besitz und Eigentum sind demnach zwei unterschiedliche Begriffe, die auch nicht zusammenfallen müssen. Man kann sogar Eigentümer einer Sache sein, die man gar nicht besitzt:

Beispiel 5

Peter Bäumer wohnt in einer Eigentumswohnung, die ihm selbst gehört. Er ist Besitzer und Eigentümer. Würde er die Wohnung an jemanden vermieten und selbst woanders wohnen, wäre er zwar Wohnungseigentümer, aber nicht mehr Besitzer – das wäre jetzt der neue Mieter der Wohnung.

Das Eigentum an einer Sache wird übertragen, indem sich der alte und der neue Eigentümer einigen und die Sache vom alten Eigentümer an den neuen Eigentümer übergeben wird. Kompliziert wird es, wenn jemand nur Besitzer einer Sache ist und jemand anderem das Eigentum an dieser Sache verschaffen will:

Beispiel 6

Ganove Ede Wolf hat in der Mediaworld e. K. einen MP3-Player geklaut. Er ist Besitzer, nicht Eigentümer des MP3-Players. Verkauft er ihn an einen „Kunden" weiter, wird dieser nicht Eigentümer des MP3-Players, sondern nur Besitzer. Der MP3-Player gehört nach wie vor der Mediaworld e. K., denn in dem Geschäft wurde er gestohlen.

6022104

Beispiel 7

Bastian Lenz hat sich die Hi-Fi-Boxen in der Mediaworld e. K. ausgeliehen. Er ist nur Besitzer der Boxen, nicht Eigentümer. Angenommen, er verkauft die Boxen an seinen Freund Steffen weiter, dann wird Steffen Eigentümer der Boxen, da er davon ausgegangen war, dass die Boxen Bastian gehört haben.

Den Vorgang in Beispiel 7 nennt man „gutgläubigen Erwerb". Steffen war guten Glaubens, dass Bastian die Boxen verkaufen durfte, er konnte nicht wissen, dass sie Bastian nur geliehen hatte. Eigentlich müsste man in Beispiel 6 genauso argumentieren, allerdings ist festgelegt, dass man gestohlene Sachen nicht gutgläubig erwerben kann. Wer also Diebesgut kauft, muss immer damit rechnen, dass der ursprüngliche Eigentümer eines Tages die Sachen – zu Recht! – zurückfordert.

Eigentum wird lediglich dadurch übertragen, dass man sich einig ist und die Sache übergibt. Damit ist die Eigentumsübertragung unabhängig von einer eventuellen Bezahlung. Wer Waren kauft und sie geliefert bekommt, wird Eigentümer der Ware, auch wenn er noch nicht bezahlt hat. Zur Absicherung vereinbaren die Verkäufer in solchen Fällen häufig einen **Eigentumsvorbehalt.** Dies besagt, man wird erst zum Eigentümer der Waren, wenn man diese vollständig bezahlt hat. Wer schon einmal Ware im Versandhandel gekauft hat, wird feststellen, dass die Versandhäuser häufig in den Lieferpapieren bzw. in der Rechnung auf diesen Eigentumsvorbehalt hinweisen.

Die Beispiele und Erläuterungen beziehen sich auf so genannte bewegliche Sachen. Bei unbeweglichen Sachen – bei Immobilien – gelten zum Teil andere Bestimmungen (→ die „Formvorschriften" in Kapitel 1.8 von Lernfeld 2).

Merke

- Besitz ist die tatsächliche Herrschaft an einer Sache (man „hat" etwas).
- Eigentum ist die rechtliche Herrschaft an einer Sache (es „gehört" einem etwas).
- Eigentum wird durch Einigung und Übergabe übertragen.
- Man kann durch gutgläubigen Erwerb Eigentümer werden, aber nicht, wenn die Sache gestohlen wurde, der Voreigentümer sie verloren hat oder sie ihm sonst wie abhanden gekommen ist.
- Eigentumsvorbehalt bedeutet, dass man erst nach vollständiger Bezahlung Eigentümer einer Sache wird.

Aufgaben zur Wiederholung

Aufgaben

1 Erläutern Sie mit eigenen Worten, wodurch sich Besitz und Eigentum unterscheiden.

Aufgaben

2 Denken Sie sich fünf verschiedene Beispiele aus, mit denen Sie die Begriffe Besitz und Eigentum erläutern.

3 Erläutern Sie die Begriffe „gutgläubiger Erwerb“ und „Eigentumsvorbehalt“ jeweils mit einem Beispiel.

1.5 Zustandekommen von Verträgen am Beispiel des Kaufvertrages

1.5.1 Willenserklärungen

Das ist geschehen ...

Bastian Lenz, der Auszubildende der Mediaworld e. K., ist in der Abteilung Verkauf eingesetzt. Er bekommt den Auftrag, im E-Mail-Postkasten nachzusehen, ob dort neue Nachrichten eingetroffen sind.

Er findet die folgende E-Mail:

> Sehr geehrter Herr Herwig,
>
> wir benötigen dringend 15-mal den Artikel Nr. C 3001. Liefern Sie bitte umgehend.
>
> Mit freundlichem Gruß
>
> Emil Meister Büroausstattung
>
> Maise

Andreas Zimmer, der Praktikant, meint: „Das ist doch keine richtige Bestellung, die rufen doch sicher noch einmal an.“

Das ist zu tun ...

1. Handelt es sich bei der obigen E-Mail um eine Willenserklärung?
2. In welcher Art und Weise können Willenserklärungen abgegeben werden? Ordnen Sie die obige E-Mail Ihren Antworten zu.
3. Ist mit der E-Mail der Firma Emil Meister Büroausstattung ein Vertrag zustande gekommen?

Das sollte man wissen ...

Willenserklärung

Ein Vertrag kommt zustande, wenn die Vertragspartner sich auf die Inhalte des Vertrages geeinigt haben. Dazu müssen die Vertragspartner beide darlegen, was ihrem Willen nach Gegenstand des Vertrages sein soll. Diese **Vertragserklärung** nennt man **Willenserklärung.** Nur wenn die Willenserklärungen der beiden Vertragspartner übereinstimmen, kann der Vertrag tatsächlich zustande kommen.

Beispiel

Die Firma Emil Meister Büroausstattung aus Duisburg bestellt bei der Mediaworld e. K. eine Speedy-Computertastatur zum Preis von 15,99 €. Da die Tastatur aber zu einem Listenpreis von 19,99 € angeboten wurde, kommt der Kaufvertrag nicht zustande: Der von den Vertragspartnern gewünschte Verkaufspreis weicht voneinander ab, die Willenserklärungen stimmen nicht überein, der Vertrag kommt somit nicht zustande.

Eine Willenserklärung kann auf verschiedene Arten abgegeben werden:

Mündliche Willenserklärung

Schriftliche Willenserklärung

Fernmündliche Willenserklärung

Willenserklärung durch schlüssiges Handeln

Ausnahmsweise kann eine Willenserklärung auch schweigend abgegeben werden, wenn zum Beispiel Kaufleute in einer ständigen Geschäftsbeziehung stehen und regelmäßig eine Warenlieferung erfolgt. Bei einem Kauf auf Probe (→ Kapitel 1.7) wird das Schweigen des einen Vertragspartners auch als Willenserklärung in dem Sinne angesehen, dass man davon ausgeht, dass er die ausprobierte Ware akzeptiert.

Neben diesem Sonderfall ist es aus Beweisgründen in der Regel ratsam, seinen Willen schriftlich zu erklären, dadurch kann man Missverständnisse und Auseinandersetzungen vermeiden.

Neben der Art, wie Willenserklärungen erteilt werden können, ist es noch bedeutsam, ob eine Willenserklärung empfangen werden muss oder nicht. Bei einigen Rechtsgeschäften benötigt man zwei Willenserklärungen, damit das Rechtsgeschäft gültig wird. Diese nennt man **zwei- oder mehrseitige Rechtsgeschäfte,** dazu gehören Verträge wie der Mietvertrag oder der Kaufvertrag. Daneben gibt es die **einseitigen Rechtsgeschäfte,** bei denen man nur eine Willenserklärung benötigt. Dazu gehören unter anderem das Testament oder die Kündigung.

Ein Testament ist gültig, ohne dass eine andere Person – etwa der zukünftige Erbe – das Testament bekommt. Diese Willenserklärung ist nicht empfangsbedürftig.

Eine Kündigung ist nur gültig, wenn die andere Person – etwa derjenige, dessen Arbeitsverhältnis gekündigt wird – diese Willenserklärung auch erhält. Hier handelt es sich um eine empfangsbedürftige Willenserklärung. Sie ist erst gültig, wenn sie dem Empfänger auch zugeht.

Beispiel 1

Dem Arbeiter Fred Müller soll fristlos gekündigt werden, weil er im Betrieb geklaut hat. In dem Moment, wo Fred Müller die Kündigung erhält, ist sie wirksam.

Beispiel 2

Die Firma Kurt Wächter, Fernseh- und Hi-Fi-Fachhandel aus Dortmund, hat schriftlich bei der Mediaworld e. K. 50 Schnitzer-T04-Farbfernseher bestellt. Kurz nachdem der Brief abgeschickt wurde, stellt man fest, dass sich doch noch Farbfernseher im Lager befinden. Die Willenserklärung ist noch nicht bei der Mediaworld e. K. eingetroffen und noch nicht wirksam. Mit einem schnellen Telefongespräch kann man sie noch widerrufen.

Zusammenfassende Übersicht

Willenserklärungen
können abgegeben werden:

- mündlich
- fernmündlich
- schriftlich
- durch schlüssiges Handeln
- durch Schweigen

Man benötigt

- eine Willenserklärung bei einem einseitigen Rechtsgeschäft
  Beispiele: Kündigung, Testament
- zwei Willenserklärungen bei einem zweiseitigen Rechtsgeschäft
  Beispiele: Kaufvertrag, Mietvertrag

Es gibt Willenserklärungen, die sind

empfangsbedürftig	nicht empfangsbedürftig
Beispiel: Kündigung	**Beispiel:** Testament

Aufgaben

Aufgaben zur Wiederholung

1 Wodurch unterscheiden sich einseitige und mehrseitige Rechtsgeschäfte?

2 Handelt es sich bei den folgenden Beispielen um ein einseitiges oder um ein mehrseitiges Rechtsgeschäft?

a) Das Ehepaar Franz und Marita Schneider mietet für sich und ihren kleinen Sohn eine Vierzimmerwohnung von Frau Hildegard Wrede.

b) Heribert Flaßbeck unterschreibt bei der Firma Müller-Stahlbau KG einen unbefristeten Arbeitsvertrag.

c) Bastian Lenz kauft im Supermarkt ein Toastbrot und ein Glas Erdbeermarmelade.

d) Die Firma Müller Stahlbau KG kündigt dem Mitarbeiter Heribert Flaßbeck in der Probezeit.

e) Monika Schmitz bestellt telefonisch bei einem Versandhaus zwei neue Gartenstühle und einen passenden Gartentisch.

f) Werner Schuh ist 92 Jahre alt und verfasst handschriftlich sein Testament.

3 a) Was ist der Unterschied zwischen einer empfangsbedürftigen Willenserklärung und einer nicht empfangsbedürftigen Willenserklärung?

b) Wann wird eine empfangsbedürftige Willenserklärung wirksam?

1.5.2 Anfrage

Das ist geschehen ...

In der Mediaworld e. K. trifft der folgende Brief ein:

Elektro-Günther e. K.

Fachhandel für HiFi und Elektronik

Grabenweg 38
57078 Siegen
Tel.: 0271 987-0
Fax: 0271 987-20

Elektro-Günther e. K., Grabenweg 38, 57078 Siegen

E-Mail: elektroguenther@wvd.de
www.elektroguenther-wvd.de

Mediaworld e. K.
Krefelder Straße 92
47226 Duisburg

USt-IdNr.: DE 335 987 120
Bankverbindung:
Sparda-Bank Wuppertal
Konto 7 899 933 • BLZ 330 605 92

Ihr Zeichen	Unser Zeichen	Telefon, Name 0271 987-12	Datum
	Mer	Herr Mersen	20..-11-26

Anfrage

Sehr geehrte Damen und Herren,

bitte schicken Sie uns ein Angebot über 15 Stück Ihres Artikel Nr. S 2002 Schnitzer Plasma-Fernsehgerät PF 107 mit Angabe aller Liefer- und Zahlungsbedingungen.

Für eine umgehende Antwort wären wir Ihnen sehr dankbar.

Mit freundlichen Grüßen

Elektro-Günther e. K.

Mersen

i. A. Mersen

Das ist zu tun ...

1. Beurteilen Sie, ob der Brief der Firma Elektro-Günther e. K. als Willenserklärung bezeichnet werden kann.
2. Stellen Sie in einer Liste zusammen, welche Angaben und Daten in das Antwortschreiben der Mediaworld e. K. an die Firma Elektro-Günther e. K. hineingehören.

Das sollte man wissen ...

Anfrage

Häufig wird vor dem Abschluss eines Kaufvertrages verglichen, welcher Verkäufer und Lieferant die günstigsten Preise hat, die beste Qualität bietet oder zu einem gewünschten Termin liefern kann. Um diese und andere Dinge herauszufinden und miteinander vergleichen zu können, wird eine Anfrage an alle infrage kommenden Lieferanten gestellt. Mit der Anfrage wird die Ware noch nicht bestellt, es werden nur Daten zur Ware, zum Preis und den Zahlungsbedingungen usw. erfragt. Damit stellt die Anfrage keine Willenserklärung zum Kauf der Ware dar. Sie bindet den Anfragenden auch nicht daran, die Ware bei dem Lieferanten, dem er eine Anfrage geschickt hat, tatsächlich zu kaufen.

Eine Anfrage ist nicht an eine bestimmte Form gebunden (→ Kapitel 1.8 Formvorschriften). Sie kann mündlich, fernmündlich oder schriftlich erfolgen. Dabei ist es vom Inhalt der Anfrage abhängig, ob es sich um eine allgemeine Anfrage oder um eine bestimmte Anfrage handelt. In der allgemeinen Anfrage bittet man um einen Katalog, eine Preisliste, um einen Vertreterbesuch und weitere Informationen. Im Gegensatz dazu wird man in der bestimmten Anfrage konkreter: Hier werden Preise von bestimmten Artikeln, der genaue Liefertermin, umfassende Angaben zur Qualität einer Ware oder Rabatte für bestimmte Abnahmemengen einer Ware erfragt.

Aufgaben zur Wiederholung

Aufgaben

1 Fassen Sie in wenigen Stichworten die Informationen zur Anfrage zusammen. Benutzen Sie dabei das folgende Überlegungsschema:
- Welcher Zweck wird mit einer Anfrage verfolgt?
- Welche rechtlichen Folgen hat eine Anfrage?
- Welche Form kann eine Anfrage haben?
- Welche Arten von Anfragen werden unterschieden, worin liegen die Unterschiede?

2 Handelt es sich bei dem Brief in der Eingangssituation um eine allgemeine oder um eine bestimmte Anfrage?

3 Erstellen Sie eine Liste möglicher Informationen, um die man in einer Anfrage bitten kann.

4 An welche Lieferanten der Mediaworld e. K. kann man Anfragen senden, wenn man Informationen zu Artikeln der Warengruppe 1, 2 oder 3 bekommen möchte?

5 In der Mediaworld e. K. ist der Artikel C 3003 USB-Speicher 80 GB zurzeit nicht mehr vorrätig. Schreiben Sie mit heutigem Datum eine Anfrage an einen möglichen Lieferanten aus der Lieferantenliste der Mediaworld e. K. Erfragen Sie insbesondere den genauen Kaufpreis, einen möglichen Rabatt, das schnellstmögliche Lieferdatum und die Zahlungsbedingungen (→ hierzu auch das Arbeitsbuch Informationswirtschaft, Lernfeld 2, Kapitel 6).

1.5.3 Angebot und Angebotsbindung

Das ist geschehen ...

Die Abteilung Verkauf der Mediaworld e. K. hat auf Grund der Anfrage der Firma Elektro-Günther e. K. das folgende Angebot verschickt:

Mediaworld/e. K.

Mediaworld e. K., Krefelder Str. 92, 47226 Duisburg

Krefelder Straße 92 • 47226 Duisburg
Tel.: 02065 99977-0 • Fax: 02065 99977-20

St.-Nr. 56 951 3674 9
Deutsche Bank Duisburg
Konto 123 456 789 • BLZ 350 700 30

E-Mail: mediaworld@wvd.de
www.mediaworld-wvd.de

Elektro-Günther e. K.
Grabenweg 38
57078 Siegen

Ihre Nachricht vom	Unser Zeichen	Telefon, Name	Datum
20..-11-26 Mer	MW	12, Wagner	20..-11-28

Angebot

Sehr geehrter Herr Mersen,

aufgrund Ihrer Anfrage können wir Ihnen das folgende Angebot unterbreiten:

Artikel-Nr.	Artikelbezeichnung	Menge	Einzelpreis	Rabatt	Gesamtpreis
S 2002	Schnitzer Plasma-fernsehgerät PF 107	15	1.100,00 €	15 %	14.025,00 €

Der Artikel ist zwar zurzeit vorrätig, wir können aber nur umgehend liefern, solange der Vorrat reicht. Wie üblich gewähren wir Ihnen ein Zahlungsziel von 30 Tagen und einen Skontosatz von 2,5 % bei Bezahlung innerhalb von 10 Tagen. Die Anlieferung erfolgt kostenfrei per Lkw durch eine von uns beauftragte Spedition.

Wir würden uns über eine Bestellung sehr freuen und garantieren Ihnen eine gewohnt zügige Bearbeitung.

Mit freundlichen Grüßen

Das ist zu tun ...

1. Wozu verpflichtet sich die Mediaworld e. K. mit der Versendung dieses Briefes an die Firma Elektro-Günther e. K.?
2. Wie lange gilt das abgegebene Angebot? Nennen Sie mit Begründung das genaue Datum.
3. Welche Bedeutung hat der folgende Satz aus dem obigen Angebot: „Der Artikel ist zwar zurzeit vorrätig, wir können aber nur umgehend liefern, solange der Vorrat reicht."?

Das sollte man wissen ...

Angebot

Ein Angebot ist eine Willenserklärung des Anbietenden. Mit dem Angebot wird der Vertragspartner aufgefordert das Angebot anzunehmen, damit ein Vertrag zustande kommt. Dies unterscheidet das Angebot von der Anfrage: Die Anfrage ist lediglich eine Aufforderung zur Abgabe einer Willenserklärung.

ANFRAGE	Unterschied zwischen Anfrage und Angebot	ANGEBOT
keine Willenserklärung! Unverbindlich	←→	Willenserklärung! Verbindlich

Grundsätzlich kann ein Angebot formfrei abgegeben werden. Dies bedeutet, dass mündliche, fernmündliche und schriftliche Angebote erlaubt sind. Zur Vermeidung von Missverständnissen und aus Gründen der Beweissicherung ist es ratsam, Angebote schriftlich abzugeben.

Mit dem Angebot bindet man sich an das, was man hineingeschrieben hat: Die Waren, die Preise, die Lieferbedingungen, die Zahlungsbedingungen und weitere Inhalte des Angebotes sind verbindlich in dem Sinne, dass derjenige, dem man das Angebot unterbreitet, sich auf diese Daten verlassen kann.

Beispiel

Die Firma Elektro-Günther e. K. bestellt rechtzeitig aufgrund des Angebotes der Mediaworld e. K. die 15 Plasmafernseher. Dann muss die Mediaworld e. K. die angebotenen 15 % Rabatt gewähren, den Preis von 1.100,00 € einhalten, das Zahlungsziel von 30 Tagen beibehalten usw.

Bestellt der Käufer aufgrund des Angebotes, gelten also die Preise, Lieferzeiten und die anderen Daten, die der Anbieter hier hineingeschrieben hat.

Diese Bindung an das, was im Angebot geschrieben steht, kann man einschränken. Dazu bedient man sich der **Freizeichnungsklauseln.** Dies sind Worte oder Sätze, mit denen man im Angebot darauf hinweist, dass bei einem tatsächlichen Vertragsabschluss noch Änderungen eintreten können. Typische Freizeichnungsklauseln sind im Folgenden aufgeführt:

Freizeichnungsklausel:	Bedeutung:
■ Angebot freibleibend ■ Angebot unverbindlich ■ ohne Gewähr, ohne Obligo	Das gesamte Angebot ist unverbindlich, alles kann sich noch bis zum Vertragsabschluss ändern.
■ Preise unverbindlich ■ Preisänderungen vorbehalten	Die Preise können sich bis zum Vertragsabschluss noch ändern.
■ Solange Vorrat reicht ■ Lieferung vorbehalten	Wenn zu spät bestellt wird, kann vielleicht nicht mehr geliefert werden.
■ Lieferzeit freibleibend	Die angegebene Lieferzeit ist unverbindlich.

Angebote gelten natürlich nicht ewig. Nach einer gewissen Zeit ist die Verbindlichkeit von abgegebenen Angeboten aufgehoben. Sonst könnte man sich heute ein Angebot über einen bestimmten Artikel einholen und in vielleicht fünf Jahren diesen Artikel bestellen in der Hoffnung, der fünf Jahre alte Preis würde noch gelten. Die Länge der Frist, in welcher Angebote gelten, nennt man **Bindungsfrist.**

Beispiel

Moritz Wagner bietet im Verkaufsgespräch einem Kunden eine CD zum Sonderpreis von 9,99 € an. Der Kunde kauft die CD nicht und verlässt das Geschäft. Wenn er zurückkommt und die CD doch kaufen will, muss Bastian den Preis von 9,99 € nicht mehr einhalten, da die Bindung an das Angebot erloschen ist.

Sie ist abhängig von der Art, wie das Angebot abgegeben wurde:

- **Mündliches Angebot:** Ein mündliches Angebot kann nur angenommen werden, solange das Gespräch dauert. Ist das Gespräch beendet, gilt auch das Angebot nicht mehr.
- **Fernmündliches Angebot:** Dies kann auch nur während des Gespräches angenommen werden.
- **Schriftliches Angebot (per Brief):** Die im Angebot genannten Bedingungen gelten 7 Tage. Man geht von 2 Tagen Briefverkehr zum Käufer aus, 3 Tagen Bedenkzeit und 2 Tagen für den Postweg der Antwort des Käufers.
- **Schriftliches Angebot (per Fax):** Da ein Fax deutlich schneller ist als der Postversand, ist hier die Bindungsfrist auf 1 Tag beschränkt.

Natürlich kann der Anbieter die Frist, in welcher das Angebot gelten soll, auch selbst festlegen.

Beispiel 1

Ein Lieferant schreibt in das Angebot, das per Post versandt wird: „Dieses Angebot ist 4 Wochen gültig."

Beispiel 2

Ein Verkäufer sagt im Verkaufsgespräch dem anwesenden Kunden: „Wenn Sie es sich bis heute Abend überlegen, gebe ich Ihnen auf den Kaufpreis 5 % Rabatt."

In bestimmten Fällen des täglichen (Geschäfts-)Lebens begegnet man Fällen, bei denen es sich nicht um Angebote, sondern um eine so genannte **Anpreisung** handelt. Darunter versteht man das Ausstellen von Waren in Schaufenstern, die Zusendung von Warenproben und das Verschicken von Katalogen oder Preislisten. Mit einer Anpreisung verpflichtet man sich im Gegensatz zu einem Angebot zu nichts!

Aufgaben

Aufgaben zur Wiederholung

1 Unterscheiden Sie die folgenden Begriffe, indem Sie zu jedem Begriff eine Erläuterung in einem Satz schreiben.

Anfrage = ...
Angebot = ...
Anpreisung = ...

2 Handelt es sich in den folgenden Beispielen um eine Anfrage, ein Angebot oder um eine Anpreisung?

a) Kerstins Handy-Schale ist fürchterlich verkratzt. Sie ruft im Handy-Shop an und fragt den Verkäufer, was eine neue Handy-Schale kostet.
b) Der Verkäufer des Handy-Shops nennt Kerstin den Preis für die neue Handy-Schale.

c) Jennifer bekommt den neuen Katalog eines Textil-Versandhauses zugeschickt.
d) Die Mediaworld e. K. bekommt als Warenprobe ein neues Mousepad von der Firma Multitask GmbH – Computerzubehör zugesandt.
e) Frau Maus nimmt sich im Supermarkt den Prospekt der „Angebote der Woche" mit.
f) Frau Hauser aus der Abteilung Einkauf der Mediaworld e. K. fragt per Brief an, ob die Firma Müller & Schneider OHG bis Ende der nächsten Woche 50 Digitalkameras liefern kann.
g) Der Auszubildende Bastian Lenz und der Praktikant Andreas Zimmer gestalten das Schaufenster des Verkaufsshops der Mediaworld e. K. neu.

3 a) In welcher Form kann man Angebote abgeben?
b) Welche Bindungsfristen gelten für die von Ihnen in Aufgabe 3a) gefundenen Formen von Angeboten?

4 Beurteilen Sie bei den folgenden Fällen, wie lange der Anbieter an sein Angebot gebunden ist.
a) In einem Verkaufsgespräch bietet ein Verkäufer dem anwesenden Kunden die Ware mit einem 10%igen Rabatt an.
b) Ein Lieferant schickt an seinen Kunden ein schriftliches Angebot per Brief.
c) Per Telefongespräch bietet ein Händler seinem Kunden an die Ware noch am gleichen Tag loszuschicken.
d) Es trifft ein Angebot per Fax ein. Im Angebotstext steht der Satz: „Dieses Angebot ist bis Ende des Monats gültig."

1.5.4 Annahme des Angebotes – Zustandekommen von Verträgen

Das ist geschehen ...

In der Mediaworld e. K. trifft der folgende Brief ein:

Elektro-Günther e. K.

Fachhandel für HiFi und Elektronik

Grabenweg 38
57078 Siegen
Tel.: 0271 987-0
Fax: 0271 987-20

Elektro-Günther e. K., Grabenweg 38, 57078 Siegen

E-Mail: elektroguenther@wvd.de
www.elektroguenther-wvd.de

Mediaworld e. K.
Krefelder Straße 92
47226 Duisburg

USt-IdNr.: DE 335 987 120
Bankverbindung:
Sparda-Bank Wuppertal
Konto 7 899 933 • BLZ 330 605 92

Ihr Zeichen	Unser Zeichen	Telefon, Name 0271 987-12	Datum
	Mer	Herr Mersen	20..-11-30

Bestellung

Sehr geehrte Damen und Herren,

wir bestellen bei Ihnen aufgrund Ihres Angebotes vom 28.11.20..:
15 Stück Artikel Nr. S 2002, Schnitzer Plasma-Fernsehgerät PF 107.

Wir erwarten zum angebotenen Preis und Rabattsatz ein Zahlungsziel von 30 Tagen, einen Skontosatz von 2,5 % bei Bezahlung innerhalb von 10 Tagen und kostenfreie Anlieferung per Lkw. Bitte teilen Sie uns unverzüglich das Lieferdatum mit.

Mit freundlichen Grüßen

Elektro-Günther
Mersen
i. A. Mersen

Das ist zu tun ...

1. Vergleichen Sie die vorliegende Bestellung mit dem Angebot der Mediaworld e. K. aus Kapitel 1.5.3 auf Seite 112. In welchen Punkten stimmen die Willenserklärungen der Firma Elektro-Günther e. K. und der Mediaworld e. K. überein?
2. Welche Verpflichtung geht die Firma Elektro-Günther e. K. mit der Bestellung ein?
3. Wozu ist die Mediaworld e. K. durch das Eintreffen des Briefes der Firma Elektro-Günther e. K. verpflichtet?

Das sollte man wissen ...

Zustandekommen von Verträgen

Eine **Bestellung** ist eine Willenserklärung. Der Käufer signalisiert mit der Bestellung, welchen Artikel er in welcher Menge zu welchem Preis usw. kaufen möchte. Dabei wird dem Käufer keine besondere Form vorgeschrieben, das heißt, eine Bestellung kann schriftlich erfolgen, aber auch mündlich oder fernmündlich abgegeben werden. Durch die Bestellung ist der Käufer aber verpflichtet, die bestellte Ware auch anzunehmen, da es sich bei einer Bestellung um eine verbindliche Willenserklärung handelt. Die Bindung kann nur aufgehoben werden, wenn man die Bestellung schneller widerruft als sie beim Verkäufer eintrifft.

> *Beispiel*
>
> Frau Hauser aus der Abteilung Einkauf der Mediaworld e. K. bestellt schriftlich 20 Stück des Artikels S 2002 Schnitzer Plasma-Fernseher. Als ihr am gleichen Tag noch auffällt, dass die Bestellung gar nicht nötig gewesen wäre, da noch genügend Stück dieses Artikels auf Lager liegen, ruft sie schnell beim Lieferanten an und nimmt die Bestellung zurück.

Ein Vertrag kommt durch zwei übereinstimmende Willenserklärungen zustande. Wenn im obigen Fallbeispiel die Willenserklärung der Mediaworld e. K. (siehe hierzu das Angebot auf Seite 112) mit der Bestellung der Firma Elektro-Günther e. K. (siehe Seite 116) übereinstimmt, ist ein Kaufvertrag zustande gekommen. Dies ist die eine Möglichkeit, wie ein Vertrag zustande kommen kann:

1. Möglichkeit des Zustandekommens von Verträgen:

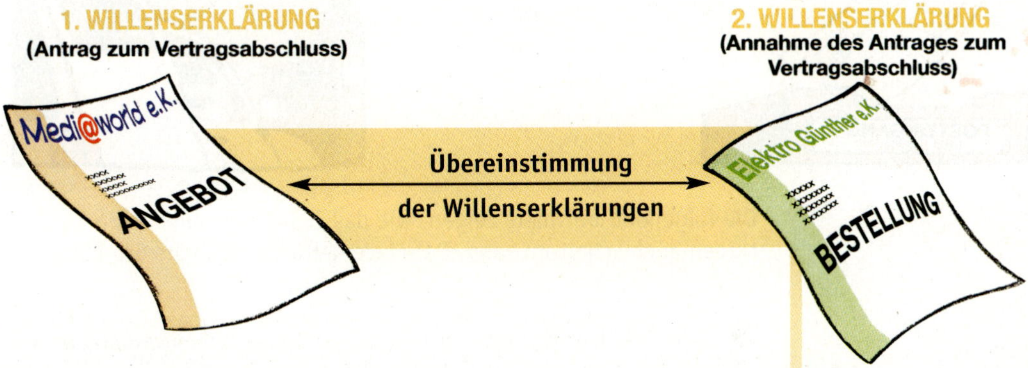

Wenn ein Käufer Ware bestellt, ohne dass er vorher ein Angebot erhalten hat, kommt der Kaufvertrag dadurch zustande, dass die Bestellung angenommen wird. Die Bestellung ist dabei die erste Willenserklärung, die Annahme der Bestellung die zweite Willenserklärung:

2. Möglichkeit des Zustandekommens von Verträgen:

Die Annahme der Bestellung muss dabei nicht unbedingt mündlich erfolgen. Häufig wird eine Bestellung schriftlich bestätigt und dadurch dem Kunden signalisiert, dass man die Bestellung angenommen hat und ausführen wird. Diese schriftliche Bestätigung nennt man **Auftragsbestätigung** (➔ Informationswirtschaft, Kapitel 3 in Lernfeld 2).

Eine dritte Möglichkeit zum Zustandekommen eines Kaufvertrages ergibt sich dadurch, dass eine Bestellung erst gar nicht bestätigt wird, sondern gleich die Lieferung erfolgt:

3. Möglichkeit des Zustandekommens von Verträgen:

Die folgenden Beispiele zeigen, wie das Zustandekommen von Kaufverträgen auch scheitern kann. Dabei werden vier mögliche Gründe aufgezeigt.

Beispiel 1 **Ein Vertragspartner widerruft seine Willenserklärung.**

Die Mediaworld e. K. nimmt ein schriftlich versandtes Angebot rechtzeitig telefonisch zurück, weil die angebotene Ware dringend für einen anderen Kunden benötigt wird.

Beispiel 2 **Ein Vertragspartner lehnt die Willenserklärung des anderen Vertragspartners ab.**

Frau Hauser aus dem Einkauf der Mediaworld e. K. ruft bei einem Lieferanten an, dass die schriftlich angebotene Ware zu teuer ist und sie zu diesem Preis nicht bestellen wird.

Beispiel 3 **Ein Vertragspartner ändert die Willenserklärung des anderen Vertragspartners ab.**

Die Mediaworld e. K. bietet einem Kunden einen Artikel mit einem Rabatt von 10 % an. Der Kunde bestellt schriftlich den Artikel und schreibt in die Bestellung: Rabatt: 15 %.

Beispiel 4 **Die Bindung an eine Willenserklärung ist abgelaufen.**

Ein Lieferant der Mediaworld e. K. bietet schriftlich mit Datum 10.09. einen Artikel zum Sonderpreis an. Die Abteilung Einkauf der Mediaworld e. K. bestellt diesen Artikel erst am 28.09. und damit zu spät.

6022118

Aufgaben

Aufgaben zur Wiederholung

1 Was ist eine Bestellung?

2 Welche Gründe könnten einen Käufer veranlassen, eine abgeschickte Bestellung zu widerrufen?

3 In welchem Fall ist es möglich, dass eine Bestellung vom Verkäufer abgelehnt wird?

4 Beurteilen Sie in den folgenden Fällen, ob ein Vertrag zustande gekommen ist oder nicht. Begründen Sie Ihre Meinung.

a) Eine Firma bestellt schriftlich bei einem Lieferanten. Der Lieferant liefert die Ware gleich am übernächsten Tag.

b) Ein Lieferant bietet eine Ware schriftlich per Fax an. Der Kunde bestellt die Ware ebenfalls schriftlich per Fax am nächsten Tag zu den im Angebot genannten Konditionen.

c) Ein Kunde bestellt telefonisch eine Ware zum Katalogpreis von 10,00 €. Der Verkäufer bestätigt diesen Preis und schickt die Ware. Auf der Rechnung, die drei Tage später beim Kunden eintrifft, ist aber ein Verkaufspreis von 12,00 € angegeben.

d) Ein Kunde bestellt schriftlich, Liefertermin soll in 4 Wochen sein. Da die Ware nicht vorrätig ist, wird die Bestellung schriftlich per Auftragsbestätigung angenommen, der Liefertermin wird dabei ausdrücklich bestätigt.

1.6 Inhalte des Kaufvertrages

Das ist geschehen ...

Bastian Lenz, der Auszubildende der Mediaworld e. K., ist zurzeit in der Abteilung Einkauf eingesetzt. Sabine Hauser beauftragt ihn bei der Firma Müller & Schneider OHG in Herne 25 Stück Grunlag DVD-Rekorder D05 zu bestellen. Bastian nutzt den Briefvordruck der Mediaworld e. K. und schreibt die Bestellung:

Mediaworld/e. K.

Mediaworld e. K., Krefelder Str. 92, 47226 Duisburg

Krefelder Straße 92 • 47226 Duisburg
Tel.: 02065 99977-0 • Fax: 02065 99977-20

St.-Nr. 56 951 3674 9
Deutsche Bank Duisburg
Konto 123 456 789 • BLZ 350 700 30

E-Mail: mediaworld@wvd.de
www.mediaworld-wvd.de

Müller & Schneider OHG
Am Wäldchen 45
44623 Herne

Ihre Nachricht vom	Unser Zeichen	Telefon, Name	Datum
	BL	07, Lenz	20..-12-03

Bestellung

25 Stück Grunlag DVD-Rekorder D 05 zu 189,00 €/Stück abzügl. 15 % Rabatt.

Das ist geschehen ...

Bastian weiß inzwischen, dass der Kaufvertrag zustande kommt, wenn die Firma Müller & Schneider den Auftrag bestätigt oder die Ware einfach nur anliefert. Er fragt sich allerdings, wo denn jetzt der Kaufvertrag ist und vor allem, was in dem Kaufvertrag drinsteht.

Das ist zu tun ...

1. Schreiben Sie in Stichworten auf, was im Kaufvertrag zwischen der Mediaworld e. K. und der Firma Müller & Schneider OHG vereinbart ist.
2. Einige Vertragsinhalte wurden nicht schriftlich festgehalten. Finden Sie anhand des folgenden Informationstextes heraus, was neben dem Offensichtlichen noch zum Kaufvertrag zwischen den beiden Vertragspartnern gehört.

Das sollte man wissen ...

Inhalte des Kaufvertrages

Kaufverträge entstehen durch die Abgabe von zwei übereinstimmenden Willenserklärungen. Die Übereinstimmung der Wünsche der beiden Vertragspartner bezieht sich auf alle Vertragsinhalte. Was inhaltlich zum Kaufvertrag gehört, findet sich in mindestens einer der Willenserklärungen wieder, entweder im Angebot des Lieferanten oder in der Bestellung des Käufers. Manchmal finden sich die ausführlichen Vertragsinhalte aber auch erst in der Auftragsbestätigung. Wenn man die im vorherigen und diesem Kapitel abgedruckten Briefe durchsieht, werden dort die verschiedenen Vertragsinhalte festgelegt und aufgeführt:

1. Zur Ware	2. Zum Preis	3. Zur Bezahlung	4. Zur Lieferung	5. Zur Vertragserfüllung
Warenart, Warenqualität, Menge der Ware	Preise, Preisnachlässe	Zahlungsbedingungen	Lieferbedingungen	Erfüllungsort und Gerichtsstand

Einige Vertragsbedingungen werden nicht ausdrücklich genannt, sie sind trotzdem Vertragsgegenstand. Dabei gilt die folgende **wichtige Regel:** Wenn über einen der obigen Inhalte nichts im Vertrag vereinbart wurde, gilt das, was der Gesetzgeber vorschreibt – gesetzliche Grundlage sind hierbei im Wesentlichen das Bürgerliche Gesetzbuch und das Handelsgesetzbuch.

1. Zur Ware

Im Kaufvertrag wird festgelegt, welche Ware bzw. welcher Artikel in welcher Menge geliefert werden soll. Dabei bedient man sich der Bezeichnungen, die der Verkäufer in seinem Angebot oder in seinem Katalog benutzt. Die Warenqualität kann sich auf die Haltbarkeit der Ware, auf die Leistungsfähigkeit, die Verarbeitung, das Material, die

Nutzungsdauer oder auf die Umweltverträglichkeit beziehen. Für bestimmte Bereiche gibt es Gütezeichen, welche die Qualität der Ware garantieren. Beispiele für Gütezeichen aus dem täglichen Leben sind:

- Hier wird die allgemeine Sicherheit eines Produktes garantiert.
- Hier wird garantiert, dass es sich um ein umweltfreundliches Produkt handelt.
- ECHT LEDER: Hier wird garantiert, dass das Produkt aus einem bestimmten Material gefertigt wurde.

Wird im Kaufvertrag nichts über die Güte der Ware gesagt, so muss der Verkäufer laut Gesetz Ware in mittlerer Güte liefern.

2. Zum Preis

Der Preis, auf den sich die Vertragspartner geeinigt haben, bezieht sich entweder auf eine einzelne Mengeneinheit (z. B. 1 Stück, 1 Liter, 1 Kilogramm, ...) oder auf die zu liefernde Gesamtmenge. Interessant ist die Festlegung eines Preisnachlasses in Form eines Rabattes. Dieser **Rabatt** kann frei zwischen Käufer und Verkäufer ausgehandelt werden. In der Mediaworld e. K. wurde mit jedem einzelnen Kunden ein individueller Kundenrabatt ausgehandelt (→ Kundenliste im Anhang). Neben diesem allgemeinen Kundenrabatt werden Rabatte noch in folgende Arten unterschieden:

« Mengenrabatt:
Ein Rabatt für die Abnahme einer bestimmten (Mindest-)Menge

Treuerabatt: »
Ein Nachlass für besonders treue, langjährige Kunden

Bonus:

Ein Rabatt, der nachträglich gewährt wird, z. B. am Ende eines Geschäftsjahres, weil ein Kunde einen bestimmten Umsatz erreicht hat.

Jubiläumsrabatt:

Ein Preisnachlass aus besonderem Anlass, z. B. für ein Firmenjubiläum

Naturalrabatt:

Ein Rabatt, der nicht in Geld, sondern in Waren gewährt wird (z. B. „Kaufe 3, bezahle 2!").

3. Zur Bezahlung

Bei der Festlegung der Art und Weise der Bezahlung ist es in der Regel nicht wichtig, ob die Ware bar bezahlt oder überwiesen wird. Wichtig ist vor allem der Zeitpunkt, an dem die gelieferte Ware zu bezahlen ist. Dabei werden drei Möglichkeiten unterschieden:

- **Bezahlung vor Lieferung der Ware:** Der Kaufpreis wird erst bezahlt, dann wird die Ware übergeben. Möglich ist auch, dass die Ware zunächst nur teilweise angezahlt wird, der Restbetrag wird dann zu einem späteren Zeitpunkt fällig.
- **Bezahlung bei Lieferung der Ware:** Sofort bei Anlieferung bzw. Aushändigung der Ware ist der Kaufpreis fällig. Dies ist im Einzelhandel üblich – so auch im Verkaufsshop der Mediaworld e. K. Manchmal wird eine Ware auch „per Nachnahme" geliefert, dann muss bei der Anlieferung durch den Zusteller (Postboten) bezahlt werden.

6022122

- **Bezahlung nach Lieferung der Ware:** Erst nachdem die Ware beim Käufer angekommen ist, muss bezahlt werden. Dabei kann es sein, dass direkt nach der Anlieferung bezahlt wird oder es wird ein Zahlungsziel gewährt. Dies bedeutet, dass erst nach einer bestimmten Frist gezahlt werden muss, zum Beispiel „Zahlungsziel: 30 Tage". Die Rechnung muss innerhalb der nächsten 30 Tage bezahlt werden.

Neben den obigen Möglichkeiten gibt es noch den so genannten **Ratenkauf.** Hier wird vereinbart, dass der Kaufpreis erst nach und nach bezahlt wird.

Beispiel

Die Mediaworld e. K. verkauft Waren im Wert von 12.000,00 € an einen Kunden. Es wird vereinbart, dass ein Jahr lang monatlich 1.000,00 € gezahlt werden müssen.

Wird im Kaufvertrag nichts über den Zeitpunkt der Bezahlung gesagt, muss sofort bezahlt werden, wenn die Ware angeliefert worden ist bzw. wenn die Rechnung vorliegt.

4. Zur Lieferung

Bei der Anlieferung der Ware ist zum einen der **Liefertermin** wichtig. Dieser kann individuell zwischen den Vertragspartnern ausgehandelt werden. Wenn im Kaufvertrag kein Liefertermin vereinbart wurde, gilt die gesetzliche Regelung, das heißt, es muss sofort nach Eintreffen der Bestellung geliefert werden.

Die zweite wichtige Frage zu den Lieferbedingungen sind die **Kosten der Anlieferung.** Dabei gibt es einige Fachausdrücke, welche die Verteilung der Kosten auf den Käufer und Verkäufer festlegen.

In der folgenden Übersicht sind die möglichen Vereinbarungen aufgeführt:

Verkäufer	Transport zur Versandstation (Bahnhof) = Rollgeld	Versandstation Ladegebühr	Fracht	Entladestation Entladegebühr	Transport zum Kunden = Rollgeld	Käufer
ab Werk	Käufer trägt alle Kosten					
ab hier, unfrei, frei Bahnhof hier		Käufer trägt die Kosten ab der Versandstation				
frei Waggon, frei Schiff			Käufer trägt die Kosten ab der Versendung			
frei, frachtfrei, frei Bahnhof dort				Käufer trägt die Kosten ab der Entladung		
frei Haus	Verkäufer trägt alle Kosten					

Wenn im Kaufvertrag nichts über die Beförderungskosten vereinbart wurde, gilt die gesetzliche Regelung, die besagt, dass der Käufer alle Beförderungskosten zu bezahlen hat. Zusätzlich können noch Kosten für Verpackungsmaterialien anfallen. Für diese gilt ebenfalls, dass sie der Käufer zu bezahlen hat, es sei denn, es ist im Kaufvertrag etwas anderes vereinbart worden.

5. Zur Vertragserfüllung (Erfüllungsort und Gerichtsstand)

Im Kaufvertrag muss festgelegt werden, an welchem Ort die Verpflichtung, welche die beiden Vertragspartner eingegangen sind, zu erfüllen ist. Diesen Ort nennt man den **Erfüllungsort.** Die gesetzliche Regelung, die immer gilt, wenn im Kaufvertrag nichts über den Erfüllungsort festgelegt ist, lautet, dass die Leistung an dem Ort zu erbringen ist, wo der Schuldner der Leistung seinen Sitz hat.

Mediaworld e. K.

schuldet dem Kunden die Warenlieferung.

Grundsatz 1:
Warenschulden sind Holschulden

Wenn im Kaufvertrag nichts anderes vereinbart ist, muss die geschuldete Ware abgeholt werden. Die Warenübergabe (= **der Erfüllungsort für die Ware**) findet statt am Geschäftssitz des Verkäufers (hier: bei der Mediaworld e. K. in **Duisburg**).

Beispiel:

Kaufvertrag zwischen der Mediaworld e. K., Duisburg, und der Firma Elektro-Günther e. K., Siegen

Vertragsinhalt: Lieferung von 15 Stück Schnitzer Plasmafernsehgeräte PF 107

Elektro-Günther e. K.

schuldet dem Verkäufer die Bezahlung der Ware.

Grundsatz 2:
Geldschulden sind Schickschulden

Wenn im Kaufvertrag nichts anderes vereinbart ist, muss das geschuldete Geld zum Verkäufer geschickt werden. Mit dem Abschicken des Geldes hat der Käufer seine Pflicht getan. Da er das Geld am Ort seines Geschäftssitzes abschickt, ist hier der **Erfüllungsort für die Geldschuld** (hier: **Siegen** als Geschäftssitz der Firma Elektro-Günther e. K.).

Unabhängig von dieser gesetzlichen Regelung können die Vertragspartner auch einen beliebig anderen Erfüllungsort für die Waren- und auch für die Geldschuld vertraglich vereinbaren.

Vom Erfüllungsort ist auch der so genannte **Gerichtsstand** abhängig. Dies ist der Ort, an dem ein Prozess stattfindet, falls es bei der Durchführung des Kaufvertrages Meinungsverschiedenheiten und Probleme gibt. Der Gerichtsstand ist dort, wo der jeweilige Erfüllungsort ist. Der Erfüllungsort und der Gerichtsstand für die Ware ist der Geschäftssitz des Verkäufers; der Erfüllungsort und der Gerichtsstand für die Bezahlung der Ware ist der Geschäftssitz des Käufers. Das folgende Beispiel bezieht sich auf den obigen Kaufvertrag zwischen der Mediaworld e. K. (Duisburg) und der Firma Elektro-Günther e. K. (Siegen).

Beispiel 1

Die Warenlieferung ist mit Mängeln versehen, es kommt zu Streitigkeiten zwischen Verkäufer und Käufer, es wird vor Gericht geklagt.

Erfüllungsort für die Ware:	Gerichtsstand:
Duisburg, da Warenschulden Holschulden sind	Duisburg, das heißt, der Fall wird am Gericht in Duisburg verhandelt

Beispiel 2

Die Warenlieferung ist in Ordnung, aber der Kunde Elektro-Günther e. K. bezahlt die Rechnung auch auf mehrmalige Mahnung hin nicht. Die Mediaworld e. K. klagt vor Gericht.

Erfüllungsort für das Geld:	Gerichtsstand:
Siegen, da Geldschulden Schickschulden sind	Siegen, das heißt, der Fall wird am Gericht in Siegen verhandelt

Das obige Beispiel bezieht sich auf den Fall, dass im Vertrag nichts über den Erfüllungsort und den Gerichtsstand vereinbart wurde. Natürlich können sich Käufer und Verkäufer auf einen anderen Erfüllungsort einigen.

Beispiel

Beim obigen Geschäft zwischen der Mediaworld e. K. und der Firma Elektro-Günther e. K. wird vereinbart, dass der Erfüllungsort und der Gerichtsstand für beide Vertragspartner Duisburg ist. Wenn es nun zu Streitigkeiten und einer Gerichtsverhandlung kommt, wird in jedem Falle in Duisburg verhandelt.

Aufgaben zur Wiederholung

Aufgaben

1 Welche Gütezeichen kennen Sie außer den im Text aufgeführten Beispielen?

2 Erläutern Sie die Unterschiede zwischen „Rabatt" und „Bonus".

3 Schlagen Sie bei den folgenden Beispielen vor, wie und wann die Bezahlung der Ware erfolgen soll.

a) Ein Kunde bestellt per Internet einen Artikel im Wert von 45,00 €. In der Vergangenheit ist dieser Kunde öfters dadurch aufgefallen, dass er Rechnungen nur sehr spät und erst nach mehrmaliger Aufforderung bezahlt hat.

b) Es erfolgt eine Lieferung in die Ukraine. Der Postweg/Transportweg ist sehr unsicher und der Lieferant zweifelt daran, ob die Ware überhaupt unbeschädigt und vollständig ankommt.

c) Eine Ware wird an einen Kunden versandt, der seit Jahren als zuverlässiger und zahlungskräftiger Kunde gilt.

Aufgaben

d) Ein Kunde bestellt Waren im Wert von mehreren zehntausend Euro. Da die Warenmenge sehr groß ist, kann erst in vier Monaten geliefert werden. Vorher muss die Ware bestellt werden, was ebenfalls sehr viel Geld kostet.

e) Ein Kunde möchte einen neuen Plasmafernseher kaufen, kann aber nicht gleich den vollen Kaufpreis bezahlen.

4 Was bedeuten die folgenden Begriffe?

a) unfrei
b) frachtfrei
c) frei Haus
d) ab Werk

5 Erläutern Sie die beiden Regeln:

a) Warenschulden sind Holschulden.
b) Geldschulden sind Schickschulden.

6 Die Mediaworld e. K. verkauft 12 „Grunlag DVD-Rekorder D05" an die Firma Kurt Wächter e. K., Fernseh- und Hi-Fi-Fachhandel in Dortmund.

a) Die Firma Wächter e. K. schreibt an die Mediaworld e. K. eine Mängelrüge, weil angeblich 8 der 12 gelieferten Rekorder mit erheblichen Lackschäden angeliefert wurden. In der Mediaworld e. K. ist man sich sicher, dass die Rekorder in einwandfreiem Zustand abgeschickt wurden. Da beide Seiten sich nicht einig werden, kommt es zu einer Gerichtsverhandlung. Wo findet die Verhandlung statt, wenn im Vertrag nichts über den Erfüllungsort vereinbart wurde?

b) Die 12 gelieferten DVD-Rekorder sind mangelfrei bei der Firma Wächter angekommen, allerdings bezahlt diese Firma die Ware auch nach mehrmaliger Aufforderung nicht. Die Mediaworld e. K. klagt vor Gericht. Wo findet die Verhandlung statt, wenn im Vertrag nichts über den Erfüllungsort vereinbart wurde?

c) Wie hätte die Mediaworld e. K. sich im Fall b) davor schützen können, dass die Gerichtsverhandlung so weit weg stattfindet?

7 In der Mediaworld e. K. werden schnellstmöglich 100 Stück des Artikels Nr. C 3006 benötigt. Schreiben Sie eine Bestellung an den Lieferanten Multitask GmbH – Computerzubehör. Achten Sie streng darauf, dass Sie zu jedem der aufgeführten Kaufvertragsinhalte in Ihrer Bestellung eine Angabe machen! Arbeiten Sie bei dieser Aufgabe mit Ihrem Tischnachbarn zusammen, damit Sie sich bei dem Herausfinden der einzelnen Kaufvertragsinhalte und beim Formulieren des Textes unterstützen können. Sie können auch die Informationen aus dem Arbeitsbuch Informationswirtschaft hinzuziehen; siehe Lernfeld 2 dazu.

1.7 Kaufvertragsarten

Das ist geschehen ...

Finden Sie anhand der im Folgenden aufgeführten Kaufvertragsarten heraus, um welche Arten des Kaufvertrages es sich hier handelt. Es trifft mehr als ein Begriff zu!

Das ist zu tun ...

Das sollte man wissen ...

Kaufvertragsarten

Mit Abschließen eines Kaufvertrages geht man Verpflichtungen ein (zum Beispiel die Verpflichtung, die Ware, die gekauft wurde, zu bezahlen) und man erhält Rechte (beispielsweise das Recht, dass man die gekaufte Ware auch erhält). Je nach Art des Kaufvertrages ergeben sich unterschiedliche Verpflichtungen und auch Nebenbestimmungen, die man kennen muss, um nicht unnötig von ihnen überrascht zu werden. Die folgende Auflistung zeigt und erläutert die verschiedenen Kaufvertragsarten.

- **Stückkauf:** Bei einem Stückkauf ist die gekaufte Ware ganz genau bestimmt. Es ist festgelegt, dass nur dieses Stück geliefert wird und kein anderes. Manchmal gibt es die Ware auch nur ein einziges Mal. Dies ist bedeutsam, da die Ware nicht wieder besorgt werden kann, wenn sie zum Beispiel beim Transport zum Käufer zerstört wird.

Beispiele

Kauf von zwei Hi-Fi-Boxen aus der Ausstellung; Kauf eines Computers, der extra auf Wunsch des Kunden zusammengebaut wurde.

- **Gattungskauf:** Von einem Gattungskauf spricht man, wenn die gekaufte Ware nur nach allgemeinen Kriterien festgelegt ist.

Beispiel

Bestellung des Artikels S 2006 „Rollax Digital-Videokamera DVK 2005".

- **Kauf auf Probe:** Der Käufer bekommt die Ware zum Ausprobieren ausgehändigt. Es wird ein Zeitraum zum Ausprobieren der Ware festgelegt. Meldet sich der Käufer nach Ablauf dieser Frist nicht, gilt die Ware als gekauft.

Beispiel

Kauf eines Paares Hi-Fi-Boxen für zwei Tage auf Probe, damit der Kunde die Boxen zu Hause ausprobieren kann. Meldet sich der Kunde nach Ablauf der zwei Tage nicht, gelten die Boxen als gekauft.

- **Kauf nach Probe:** Der Käufer erhält zunächst ein kostenloses Muster. Bestellt er die Ware, muss die Lieferung genau dem Muster entsprechen.

Beispiel

Die Mediaworld e. K. verschickt ein kostenloses Musterexemplar des Artikels Nr. C 3007 „Speedy-Computermaus" an einen Neukunden. Der Kunde bestellt aufgrund des Musters 250 Stück des Artikels Nr. C 3007.

- **Kauf zur Probe:** Der Kunde kauft zunächst eine kleine Menge eines Artikels ein, um sich diesen Artikel anzuschauen und auszuprobieren. Bei Gefallen bestellt der Kunde eine größere Menge nach.

Beispiel

Ein Computerfachgeschäft bestellt bei der Mediaworld e. K. 10 Stück „Salem Multi-Brenner“, um zu sehen, ob sich dieser Artikel gut verkaufen lässt. Als sich dies bestätigt, bestellt das Computerfachgeschäft 150 Stück „Salem Multi-Brenner“ nach.

- **Kauf auf Abruf:** Hier wird eine Ware bestellt, ohne dass festgelegt wird, wann genau die Ware geliefert werden soll. Erst wenn der Käufer Bescheid gibt, dass die Ware geliefert werden kann, wird sie ausgeliefert.

Beispiel

Ein Fernsehfachgeschäft bestellt im August bei der Mediaworld e. K. 75 „Schnitzer T04 Farbfernseher“, um diese im Weihnachtsgeschäft als Sonderangebot zu verkaufen. Es wird „Kauf auf Abruf“ vereinbart, da das Fernsehfachgeschäft nur ein kleines Lager hat und so viele Geräte nicht so lange lagern kann. Erst kurz vor Weihnachten meldet sich der Kunde, dass die Ware geliefert werden soll.

- **Sofortkauf:** Der Verkäufer muss hier die Ware sofort nach Eingang der Bestellung liefern. Dies ist immer der Fall, wenn im Kaufvertrag nichts anderes vereinbart wurde (→ Kapitel 1.6).

- **Bestimmungskauf (Spezifikationskauf):** Die Vertragspartner einigen sich bei Vertragsabschluss lediglich auf die Warenart und die Menge, die geliefert werden soll. Eine genaue Bestimmung der Ware erfolgt erst später innerhalb einer festgelegten Frist.

Beispiel

Moritz Wagner bestellt für die Büroarbeiten in der Mediaworld e. K. drei neue Computer. Auf den Rechnern muss ein bestimmtes Programm laufen, von dem eine neue Version erst in einigen Wochen auf den Markt kommen wird. Moritz Wagner vereinbart mit dem Computerverkäufer, dass die Ausstattung der neuen PCs (Größe der Festplatte, des Arbeitsspeichers, ...) erst in sechs Wochen festgelegt wird, wenn die Mediaworld e. K. die Anforderungen an die neuen Rechner kennt.

- **Terminkauf:** Es wird zwischen Verkäufer und Käufer ein bestimmter Zeitraum oder Zeitpunkt zur Anlieferung der Ware festgelegt.

Beispiel

Lieferung innerhalb der 23. Kalenderwoche.

- **Fixkauf:** Hier wird der Liefertermin genau festgelegt. Der Vertrag erhält außerdem Bezeichnungen wie „Lieferung fix am ...", „Lieferung genau am ..." oder „Nachlieferung ausgeschlossen". Bedeutsam ist hier, dass das ganze Geschäft mit der Einhaltung der Lieferzeit steht und fällt. Wenn nicht pünktlich geliefert wird, ergeben sich Besonderheiten, die bei den Kaufvertragsstörungen genauer betrachtet werden (→ Kapitel 3).

- **Bürgerlicher Kauf:** Hier ist ein Kaufvertrag zwischen zwei Privatleuten gemeint. Da beiden Vertragspartnern als Nicht-Kaufleuten keine besonderen Rechtskenntnisse unterstellt werden, sind die Verpflichtungen zum Teil weniger streng, als wenn Kaufleute Verträge aushandeln würden.

Beispiel

Simone verkauft an Heidrun ihren schon sieben Jahre alten CD-Spieler. Da die Garantie und die Gewährleistung des Herstellers schon lange abgelaufen sind, will Simone natürlich auch nicht garantieren, dass das Gerät noch lange hält. Sie vereinbaren, dass eine Gewährleistung ausgeschlossen ist, das heißt, dass Simone nicht verantwortlich gemacht werden kann, wenn der CD-Spieler vielleicht schon nächste Woche kaputtgeht. – Wenn Simone als Unternehmerin den CD-Spieler verkauft hätte, müsste sie mindestens ein Jahr Gewährleistung auf Mängel des Gerätes geben.

- **Einseitiger Handelskauf:** Hier ist einer der Vertragspartner ein Kaufmann. Für diesen ist das Geschäft ein Handelsgeschäft und es gelten schärfere Bedingungen für ihn, als wenn er das Geschäft als Privatmann tätigen würde (→ Beispiel zum bürgerlichen Kauf).

- **Zweiseitiger Handelskauf:** Hier sind beide Vertragspartner Kaufleute und für beide gelten strengere Bestimmungen als für Privatleute.

Beispiel

Bei der Mediaworld e. K. wird von einem Lieferanten beschädigte Ware angeliefert. Die Mediaworld e. K. muss als Kaufmann sofort die mangelhafte Lieferung beim Lieferanten rügen, damit diesem klar ist, dass die Ware in der beschädigten Form als nicht genehmigt gilt. Als Nicht-Kaufmann muss eine Mängelrüge **nicht** sofort nach Entdeckung des Mangels erfolgen.

Aufgabe

Aufgabe zur Wiederholung

Entscheiden Sie bei den folgenden Fällen, um welche Kaufvertragsart es sich handelt.

1. Ein Kunde kauft bei der Mediaworld e. K. einen neuen Fernseher der Marke Schnitzer.

2. Ein Weinhändler kauft eine kleine Menge (zwei Flaschen) eines bestimmten Weines auf Probe ein. Er testet die Ware, diese sagt ihm zu und er bestellt eine größere Menge dieses Weines. Er muss sowohl die Probe als auch die größere Lieferung bezahlen.
3. Ein Vertreter legt Moritz Wagner ein Muster mit verschiedenen Computer-Mousepads vor. Frau Hauser aus der Abteilung Einkauf bestellt auf der Grundlage dieser Muster. Die Lieferung soll innerhalb der 23. Kalenderwoche erfolgen.
4. Ein Einzelhändler bestellt für einen kommenden Jubiläumsverkauf große Mengen verschiedener Artikel bei der Mediaworld e. K. Wegen geringer Lagermöglichkeiten fordert er die Artikel je nach Bedarf an.
5. Ein Kunde lässt sich von einem Herrenschneider einen Anzug nach Maß schneidern.
6. Die Mediaworld e. K. liefert einem Kunden einen DVD-Player drei Tage zur unverbindlichen Ansicht. Danach kann der Kunde entscheiden, ob er das Gerät kauft oder nicht.
7. Großhändler und Einzelhändler vereinbaren beim Kauf einer bestimmten Ware einen festen Liefertermin und schreiben in den Kaufvertrag „Nachlieferung ausgeschlossen".
8. Ein Einzelhändler verlangt bei der Vertragsaufsetzung, dass er die Ware erst geliefert bekommt, wenn er sich telefonisch meldet und mitteilt, wann die Ware geliefert werden kann. Dabei werden schon feste Teillieferungen von jeweils $1/3$ der Gesamtmenge vereinbart.
9. Ein Unternehmer bestellt eine Ware und behält sich das Recht vor die genaue Spezifikation noch innerhalb der nächsten 14 Tage anzugeben.
10. Valerié kann sehr gut zeichnen. Sie vereinbart eines Nachmittags mit Antonio, dass sie für 10,00 € ein Bild von ihm zeichnet, das er sofort mitnehmen kann.

1.8 Vertragsfreiheit und Formvorschriften

Das ist geschehen ...

Im Verkaufsshop der Mediaworld e. K. geht es hoch her. Ein Kunde benimmt sich gegenüber der Verkäuferin Frau Schmitz ziemlich daneben:

Kunde: *„Sie haben ja überhaupt keine Ahnung! Wie sind Sie bloß an diesen Job gekommen?"*

Frau Schmitz: *„Entschuldigen Sie mal! Wenn ich Ihnen sage, dass man mit diesem Drucker auch ein Fax versenden kann, können Sie mir das ruhig glauben. Ich habe dieses Gerät schließlich selbst zu Hause."*

Kunde: *„Glaube ich nicht. Sie wollen doch nur den Preis hochtreiben!"*

Frau Schmitz: *„Der angegebene Preis ist ein Festpreis. Da gibt es nichts hochzutreiben. Und runterhandeln können Sie den Preis auch nicht."*

Kunde: *„Sehen Sie! Nicht mal handeln kann man hier!"*

Moritz Wagner, der das Gespräch aus einem Nebenraum beobachtet hat, tritt hinzu.

Moritz Wagner: *„Sehen Sie! Wir haben hier alle keine Ahnung und handeln können Sie auch nicht mit uns. Also kaufen Sie bitte woanders!"*

Kunde: *„WIE? Wollen Sie kein Geschäft mit mir machen? Ich wollte gerade den Drucker hier kaufen."*

Moritz Wagner: *„Nein, verlassen Sie bitte das Geschäft. Wir möchten Ihnen nichts verkaufen!"*

Das ist zu tun ...

Überlegen Sie, ob ein Unternehmer es ablehnen darf, mit einem Kunden Geschäfte zu machen. Beurteilen Sie das Verhalten von Moritz Wagner.

Das sollte man wissen ...

Vertragsfreiheit

Vertragsfreiheit bedeutet, dass jeder für sich entscheiden kann, mit wem er Verträge eingeht und mit wem nicht. Anders ausgedrückt meint die Vertragsfreiheit, dass niemand gezwungen werden kann, einen Vertrag abzuschließen. Auch der Inhalt von Verträgen kann frei zwischen den Vertragspartnern ausgehandelt werden. Die Grenzen dieser Freiheit ergeben sich allerdings durch gesetzliche Bestimmungen.

Hierzu zwei Beispiele:

Beispiel 1

Dem Praktikanten der Mediaworld e. K., Andreas Zimmer, werden von einem entfernten Bekannten gestohlene Waren zum Kauf angeboten. Wenn Andreas auf dieses Angebot eingeht, die Waren kauft und bezahlt, ist zwar ein Vertrag zustande gekommen, dieser ist aber ungültig, denn das Handeln mit gestohlener Ware ist verboten (→ Kapitel 1.10.1 „Nichtigkeit von Rechtsgeschäften").

Beispiel 2

Bastian Lenz, der Auszubildende der Mediaworld e. K., will mit der Bahn nach Hannover zu einer Computermesse fahren. Da die Deutsche Bahn AG der einzige Anbieter für Bahnfahrten von Duisburg nach Hannover ist, ist gesetzlich festgelegt, dass sie den Beförderungsvertrag nicht ablehnen darf und somit gezwungen wird, Bastian das Ticket für die Bahnfahrt zu verkaufen.

Das sollte man wissen ...

Formvorschriften

Verträge müssen in den meisten Fällen nicht in irgendeiner besonderen Form aufgesetzt oder ausgehandelt werden. Dies nennt man den **Grundsatz der Formfreiheit.** Gleiches gilt übrigens auch für einseitige Rechtsgeschäfte (→ Kapitel 1.5.1). Mündlich abgeschlossene Verträge

6022132

sind daher in der Regel gültig, auch wenn es sich hierbei um Verträge handelt, in denen große Geldsummen eine Rolle spielen.

Diese Formfreiheit ist allerdings in manchen Fällen eingeschränkt. Per Gesetz wird für viele Rechtsgeschäfte ein Formzwang vorgeschrieben. Dies hat den Zweck, die Geschäftspartner vor unüberlegten Äußerungen oder Erklärungen zu bewahren.

Die wichtigsten **Formvorschriften,** die im Bürgerlichen Gesetzbuch festgelegt sind, lauten:

- **1. Schriftform:** Der Vertrag ist schriftlich abzufassen und muss eigenhändig durch Namensunterschrift unterzeichnet werden.

Beispiele

Mietvertrag über ein Jahr Mietzeit, Verbraucherdarlehensvertrag, Kündigung eines Arbeitsverhältnisses, Ausbildungsvertrag, Bürgschaftsvertrag

- **2. Öffentliche Beglaubigung:** Der Vertrag ist schriftlich abzufassen, die Unterschriften der Vertragspartner werden von einem Notar beglaubigt.

Beispiel

maschinenschriftliche Testamente

- **3. Notarielle Beurkundung:** Ein Notar setzt den Text des Vertrages aufgrund der Willenserklärungen und Wünsche der Vertragspartner auf. Der Vertrag ist in Gegenwart des Notars von den Vertragspartnern zu unterschreiben. Der Vertrag wird vom Notar mit einem Siegel versehen und in die Urkundenrolle aufgenommen, das heißt beim Notar hinterlegt. Die Vertragspartner erhalten Kopien des Vertrages.

Beispiele

Kaufverträge über Immobilien, Eheverträge, Eintragungen ins Grundbuch

Wird für einen Vertrag oder ein einseitiges Rechtsgeschäft die vorgeschriebene Form nicht eingehalten, führt dies dazu, dass das Rechtsgeschäft nicht gültig ist (→ Kapitel 1.10.1).

Die Wichtigkeit der Formvorschrift nimmt von Punkt 1 bis 3 zu, daraus ergibt sich, dass die jeweils bedeutendere Form die vorherige ersetzen kann. Neben dem Schutz der Vertragspartner vor unbedachten Willenserklärungen dient das Vorschreiben einer bestimmten Form auch **Beweissicherungsgründen** – etwa wenn für manche Rechtsgeschäfte die Schriftform vorgeschrieben ist. Letztlich sorgt die Formvorschrift „notarielle Beurkundung" dafür, dass der Vertragsinhalt – der hier ja von einem Notar und damit von einem „Fachmann" aufgeschrieben wird – möglichst klar, verständlich und eindeutig ist.

Aufgaben

Aufgaben zur Wiederholung

1 Erläutern Sie mit jeweils einem Satz die folgenden drei Begriffe:

a) Vertragsfreiheit
b) Formfreiheit
c) Formvorschrift

2 Beurteilen Sie bei den folgenden Fällen, ob sie im Sinne der Vertragsfreiheit rechtens sind oder nicht:

a) Moritz Wagner weigert sich eine Bestellung von einem Kunden, der bei den letzten drei Lieferungen immer erst sehr spät und nur auf mehrfache Mahnung hin gezahlt hat, anzunehmen.
b) Im Verkaufsshop der Mediaworld e. K. werden in dieser Woche die CDs einer erfolgreichen amerikanischen Rockgruppe für 14,95 € angeboten. In der letzten Woche mussten die Kunden noch 17,95 € bezahlen.
c) Moritz Wagner wird von einem Handelsvertreter bedrängt, einen bestimmten Artikel ins Sortiment der Mediaworld e. K. zu übernehmen. Der Handelsvertreter benutzt Sätze wie: „Das Angebot müssen Sie einfach annehmen!" und „Die Kundennachfrage zwingt Sie geradezu diesen Artikel bei uns zu bestellen!"

3 Welches der folgenden Rechtsgeschäfte ist gültig und welches nicht? Überprüfen Sie dazu, ob die jeweils vorgeschriebenen Formvorschriften eingehalten wurden.

a) Ein Kaufvertrag zwischen der Mediaworld e. K. und einem Lieferanten wurde schriftlich aufgesetzt.
b) Ein Kaufvertrag zwischen der Mediaworld e. K. und einem Lieferanten ist nur mündlich am Telefon zustande gekommen.
c) Einem Mitarbeiter muss gekündigt werden. Der Chef des Unternehmens geht zu diesem Mitarbeiter und sagt: „Tut mir Leid, ich muss Sie entlassen. Räumen Sie bitte Ihren Schreibtisch leer und gehen Sie nach Hause."
d) Opa Heinrich möchte auf seine alten Tage sein Testament festlegen. Er erzählt seiner Pflegerin, dass sein Enkel Hubert alles erben soll.
e) Opa Heinrich hat es sich anders überlegt und geht zu einem Notar. Dieser setzt zusammen mit ihm das Testament schriftlich auf und Opa Heinrich unterschreibt in Anwesenheit des Notars.
f) Herbert Kallweis möchte seinem Sohn sein Haus verkaufen. Dazu einigen sich die beiden per Handschlag.
g) Herbert Kallweis entscheidet sich seinem Sohn auch noch sein Auto zu verkaufen. Wieder einigen sich die beiden per Handschlag.

6022134

1.9 Weitere Vertragsarten

Das ist geschehen ...

Moritz Wagner ist seit geraumer Zeit als Geschäftsführer der Mediaworld e. K. tätig. Im Laufe seiner Unternehmertätigkeit – aber auch als Privatmann – hat er viele Verträge abgeschlossen. Dabei sind neben dem Kaufvertrag auch andere Vertragsarten aufgetreten.

Hier einige Beispiele:

1. Anfang des Jahres ist Moritz Wagner aus seiner alten Wohnung ausgezogen. Er hat sich eine größere Wohnung gesucht und mit dem Vermieter eine Monatsmiete von 750,00 € vereinbart.
2. Direkt an das Haus, in dem sich die Wohnung von Moritz Wagner befindet, grenzt eine Wiese mit mehreren Obstbäumen. Moritz Wagner darf für 75,00 € pro Jahr die Wiese benutzen und im Herbst das Obst ernten.
3. Moritz Wagner hat sich aus der Stadtbücherei zwei Kriminalromane mitgenommen. Vereinbarungsgemäß darf er sie vier Wochen lang behalten.
4. Moritz Wagner beauftragt einen Architekten, für einen Anbau an die Lagerhalle der Mediaworld e. K. einen Plan zu erstellen.
5. Für den Kauf einer neuen Küche erhält Moritz Wagner 10.000,00 € von der Sparkasse. Er muss jetzt fünf Jahre lang monatlich je 250,00 € zurückzahlen.
6. Für den Herbst hat Moritz Wagner im Reisebüro „Sunshine“ eine Reise nach Ägypten gebucht.
7. Frau Tetzlaff hat mit Moritz Wagner vereinbart, wöchentlich die Reinigung seiner Wohnung zu übernehmen. Dafür erhält sie von ihm eine Vergütung von 100,00 € im Monat.
8. Mit dem Auszubildenden Bastian Lenz hat Moritz Wagner als Geschäftsführer der Mediaworld e. K. einen Vertrag über die Ausbildung abgeschlossen.

Das ist zu tun ...

1. Prüfen Sie für jeden einzelnen Fall, welche Vertragsart vorliegt.
2. Notieren Sie sich die zugehörigen Paragrafen des jeweiligen Gesetzes.
3. Benennen Sie die jeweiligen Vertragspartner.

Nutzen Sie für die Lösung der Aufträge die folgenden Gesetzestexte.

Das sollte man wissen ...

Vertragsarten

Neben dem bekannten Kaufvertrag gibt es im täglichen Leben von Kaufleuten und Privatmenschen andere Vertragsarten. Diese unterschiedlichen Vertragsarten muss man kennen, denn mit jedem Vertrag geht man bestimmte Verpflichtungen ein, die sich aus der Art des Vertrages ergeben. Nur wer weiß, was für einen Vertrag er angeboten bekommt oder vielleicht sogar schon abgeschlossen hat, kann abschätzen, was auf ihn zukommt. Die meisten Vertragsarten finden sich im Bürgerlichen Gesetzbuch (BGB).

Im Folgenden sind die unterschiedlichen Vertragsarten mit dem Gesetzestext aufgeführt:

§ 488 BGB (Vertragstypische Pflichten beim Darlehensvertrag)

(1) Durch den Darlehensvertrag wird der Darlehensgeber verpflichtet dem Darlehensnehmer einen Geldbetrag in der vereinbarten Höhe zur Verfügung zu stellen. Der Darlehensnehmer ist verpflichtet einen geschuldeten Zins zu zahlen und bei Fälligkeit das zur Verfügung gestellte Darlehen zurückzuerstatten.

§ 535 BGB (Inhalt und Hauptpflichten des Mietvertrags)

(1) Durch den Mietvertrag wird der Vermieter verpflichtet dem Mieter den Gebrauch der Mietsache während der Mietzeit zu gewähren. Der Vermieter hat die Mietsache dem Mieter in einem zum vertragsgemäßen Gebrauch geeigneten Zustand zu überlassen und sie während der Mietzeit in diesem Zustand zu erhalten. (...)

(2) Der Mieter ist verpflichtet dem Vermieter die vereinbarte Miete zu entrichten.

§ 581 BGB (Vertragstypische Pflichten beim Pachtvertrag)

(1) Durch den Pachtvertrag wird der Verpächter verpflichtet dem Pächter den Gebrauch des verpachteten Gegenstands und den Genuss der Früchte, soweit sie nach den Regeln einer ordnungsmäßigen Wirtschaft als Ertrag anzusehen sind, während der Pachtzeit zu gewähren. Der Pächter ist verpflichtet dem Verpächter die vereinbarte Pacht zu entrichten.

§ 3 Berufsbildungsgesetz (Vertrag)

(1) Wer einen anderen zur Berufsausbildung einstellt (Ausbildender), hat mit dem Auszubildenden einen Berufsausbildungsvertrag zu schließen.

§ 598 BGB (Vertragstypische Pflichten bei der Leihe)

Durch den Leihvertrag wird der Verleiher einer Sache verpflichtet dem Entleiher den Gebrauch der Sache unentgeltlich zu gestatten.

6022136

§ 611 BGB (Vertragstypische Pflichten beim Dienstvertrag)

(1) Durch den Dienstvertrag wird derjenige, welcher Dienste zusagt, zur Leistung der versprochenen Dienste, der andere Teil zur Gewährung der vereinbarten Vergütung verpflichtet.

(2) Gegenstand des Dienstvertrags können Dienste jeder Art sein.

§ 631 BGB (Vertragstypische Pflichten beim Werkvertrag)

(1) Durch den Werkvertrag wird der Unternehmer zur Herstellung des versprochenen Werkes, der Besteller zur Entrichtung der vereinbarten Vergütung verpflichtet.

(2) Gegenstand des Werkvertrags kann sowohl die Herstellung oder Veränderung einer Sache als auch ein anderer durch Arbeit oder Dienstleistung herbeizuführender Erfolg sein.

§ 651 a BGB (Vertragstypische Pflichten beim Reisevertrag)

(1) Durch den Reisevertrag wird der Reiseveranstalter verpflichtet dem Reisenden eine Gesamtheit von Reiseleistungen (Reise) zu erbringen. Der Reisende ist verpflichtet dem Reiseveranstalter den vereinbarten Reisepreis zu zahlen.

Aufgaben zur Wiederholung

Aufgaben

1 Benennen Sie für jede der aufgeführten Vertragsarten die Pflichten der beiden Vertragspartner.

2 Finden Sie zu jeder aufgeführten Vertragsart ein eigenes Beispiel. Variieren Sie dabei Situationen aus dem Privatleben und dem Geschäftsleben.

1.10 Nichtigkeit und Anfechtbarkeit

1.10.1 Nichtigkeit von Rechtsgeschäften

Das ist geschehen ...

Finden Sie mithilfe der auf der folgenden Seite stehenden Gesetzestexte heraus, warum die zeichnerisch dargestellten Rechtsgeschäfte nichtig sind. Benennen Sie dabei genau die Gründe für die Nichtigkeit.

Das ist zu tun ...

Nichtigkeit

Das sollte man wissen ...

Wenn ein Rechtsgeschäft nichtig ist, bedeutet dies, dass das Geschäft von Anfang an ungültig ist. Zwischen den Beteiligten ist keine Rechtsbeziehung zustande gekommen. Wenn ein Vertrag abgeschlossen wurde, der als nichtig erkannt wird, haben die Vertragspartner keine Verpflichtungen und keine Rechte aus diesem Vertrag.

Die Paragrafen des Bürgerlichen Gesetzbuches, in denen festgelegt ist, wann ein Rechtsgeschäft nichtig ist, sind im Folgenden aufgeführt:

§ 105 BGB (Nichtigkeit der Willenserklärung)

(1) Die Willenserklärung eines Geschäftsunfähigen ist nichtig. (2) Nichtig ist auch eine Willenserklärung, die im Zustand der Bewusstlosigkeit oder vorübergehender Störung der Geistestätigkeit abgegeben wird.

§ 117 BGB (Scheingeschäft)

(1) Wird eine Willenserklärung, die einem anderen gegenüber abzugeben ist, mit dessen Einverständnis nur zum Schein abgegeben, so ist sie nichtig.

§ 118 BGB (Mangel der Ernstlichkeit)

Eine nicht ernstlich gemeinte Willenserklärung, die in der Erwartung abgegeben wird, der Mangel der Ernstlichkeit werde nicht verkannt werden, ist nichtig.

§ 125 BGB (Nichtigkeit wegen Formmangels)

Ein Rechtsgeschäft, welches der durch Gesetz vorgeschriebenen Form ermangelt, ist nichtig.

§ 134 BGB (Gesetzliches Verbot)

Ein Rechtsgeschäft, das gegen ein gesetzliches Verbot verstößt, ist nichtig (...).

§ 138 BGB (Sittenwidriges Rechtsgeschäft; Wucher)

(1) Ein Rechtsgeschäft, das gegen die guten Sitten verstößt, ist nichtig.

1.10.2 Anfechtbarkeit von Rechtsgeschäften

Das ist geschehen ...

In der Einkaufsabteilung der Mediaworld e. K. herrscht helle Aufregung. Sabine Hauser hat die folgende Bestellung an einen Lieferanten rausgeschickt:

Mediaworld/ e. K.

Mediaworld e. K., Krefelder Str. 92, 47226 Duisburg

Krefelder Straße 92 • 47226 Duisburg
Tel.: 02065 99977-0 • Fax: 02065 99977-20

St.-Nr. 56 951 3674 9
Deutsche Bank Duisburg
Konto 123 456 789 • BLZ 350 700 30

E-Mail: mediaworld@wvd.de
www.mediaworld-wvd.de

Müller & Schneider OHG
Am Wäldchen 45
44623 Herne

Ihre Nachricht vom	Unser Zeichen	Telefon, Name	Datum
Mü 20..-05-04	SH	03, Hauser	20..-05-16

Bestellung

Sehr geehrter Herr Müller,

aufgrund Ihres Angebotes bestellen wir:

2 000 Stück MP3-Player 512.

Wir bitten um umgehende Lieferung.

Mit freundlichen Grüßen

Mediaworld e. K.

„Und jetzt hat die Müller & Schneider OHG die Bestellung bestätigt und angenommen. Dabei brauchen wir doch nur 200 Stück und nicht 2.000 Stück dieses Artikels!", jammert Frau Hauser. Moritz Wagner als Geschäftsführer wird hinzugerufen. Er beruhigt: „Keine Panik, wir können die Bestellung noch zurücknehmen!" „Wieso denn das?", fragt der Auszubildende Bastian Lenz, „ich denke, da ist ein gültiger Vertrag zustande gekommen!"

Das ist zu tun ...

1. Finden Sie heraus, ob tatsächlich ein gültiger Vertrag zwischen der Mediaworld e. K. und der Firma Müller & Schneider OHG zustande gekommen ist.
2. Warum könnte sich die Mediaworld e. K. veranlasst sehen, die Bestellung zurückzunehmen?
3. Finden Sie anhand der unten stehenden Gesetzestexte heraus, ob die Bestellung bzw. der Vertrag anfechtbar sind.

Das sollte man wissen …

Anfechtbarkeit von Rechtsgeschäften

Es kommt vor, dass jemand eine Willenserklärung abgibt, die er so eigentlich nicht abgeben wollte. Der eigentliche Wille und das, was er in der Willenserklärung zum Ausdruck gebracht hat, stimmen nicht überein. Wenn der Vertragspartner aber diese irrtümliche, eigentlich falsche Willenserklärung bestätigt, kommt ein Vertrag zustande.

Damit derjenige, der sich vertan hat, keinen Schaden aufgrund seines Irrtums erleidet, kann er seine Willenserklärung anfechten, das heißt, er kann sie nachträglich löschen.

Die Gründe, die zu einer solchen Anfechtung führen können, sind im Bürgerlichen Gesetzbuch festgehalten:

§ 119 BGB (Anfechtbarkeit wegen Irrtums)
(1) Wer bei Abgabe einer Willenserklärung über deren Inhalt im Irrtum war oder eine Erklärung dieses Inhalts überhaupt nicht abgeben wollte, kann die Erklärung anfechten (...). (2) Als Irrtum über den Inhalt der Erklärung gilt auch der Irrtum über solche Eigenschaften einer Person oder Sache, die (...) als wesentlich angesehen werden.

Beispiel

zu § 119 (2): Eine wesentliche Eigenschaft einer Person kann zum Beispiel eine abgeschlossene Berufsausbildung sein. Wenn die Mediaworld e. K. einen neuen Mitarbeiter einstellt, der sich als Einzelhandelskaufmann ausgibt, und nachträglich stellt sich heraus, dass der neue Mitarbeiter die Ausbildung nie abgeschlossen hat, kann der Arbeitsvertrag angefochten werden, das heißt, er wird nachträglich ungültig.

§ 120 BGB (Anfechtbarkeit wegen falscher Übermittlung)
Eine Willenserklärung, welche durch die zur Übermittlung verwendete Person oder Einrichtung unrichtig übermittelt worden ist, kann unter der gleichen Voraussetzung angefochten werden wie nach § 119 eine irrtümlich abgegebene Willenserklärung.

§ 123 BGB (Anfechtbarkeit wegen Täuschung oder Drohung)
(1) Wer zur Abgabe einer Willenserklärung durch arglistige Täuschung oder widerrechtlich durch Drohung bestimmt worden ist, kann die Erklärung anfechten.

Wird eine Willenserklärung nicht angefochten, bleibt sie (und das entsprechende Rechtsgeschäft) gültig. Will man eine Willenserklärung anfechten, dann geht dies nur sofort, das heißt unmittelbar, nachdem man den Irrtum bemerkt hat.

Bei Vorliegen von arglistiger Täuschung hat man bis zu einem Jahr Zeit für eine Anfechtung, bei widerrechtlicher Drohung ebenfalls bis zu einem Jahr nach Wegfall der Drohung.

6022142

Aufgaben

Aufgaben zur Wiederholung

1 a) Erläutern Sie mit eigenen Worten, was es bedeutet, wenn ein Rechtsgeschäft nichtig ist.

b) Erläutern Sie mit eigenen Worten, was es bedeutet, wenn ein Rechtsgeschäft anfechtbar ist.

2 Erstellen Sie eine tabellarische Übersicht, in der Sie die Gründe aufführen, warum ein Rechtsgeschäft nichtig bzw. anfechtbar sein kann.

3 Benennen Sie den Grund für die Nichtigkeit der folgenden Rechtsgeschäfte:

a) Benny ärgert sich über sein neues Handy, da er noch nicht mit allen Funktionen zurechtkommt. Marie sagt lächelnd zu ihm: „Dann gib das Handy doch mir!“, und Bernd flucht: „Bitte, das kannste geschenkt haben!“ Marie sagt: „Danke!“ und geht ihres Weges. Bernd stutzt und ruft hinter ihr her: „Moment mal! Mein Handy!“

b) Heiner und Elke schließen schriftlich einen Ehevertrag. Beide unterschreiben und hinterlegen ihn dann in der Schublade in der Küche. „So“, sagt Elke, „jetzt bin ich abgesichert für den Fall, dass du dich mal von mir scheiden lassen willst!“

c) Der 4-jährige Dirk schenkt seiner Kindergartenfreundin Zeliha sein Fahrrad, das er zu seinem Geburtstag letzte Woche bekommen hat.

d) Peter schließt bei einem privaten Kreditvermittler einen Kredit über 10.000,00 € ab. Die jährlichen Zinsen des Kredites betragen 35 %.

e) Der Gauner Herbert Klein kauft bei einem anderen Kriminellen eine Pistole mit Munition.

4 Benennen Sie den Grund für die Anfechtbarkeit der folgenden Rechtsgeschäfte:

a) Die Mediaworld e. K. bietet einem Kunden per Fax den Artikel H 1003 „MP3-Player“ für 39,00 € je Stück an. Der Kunde denkt aufgrund des schlechten Ausdrucks seines Faxgerätes, dass der Einzelpreis bei 29,00 € liegt. Er bestellt sofort die angefragte Menge.

b) Die Firma Kurt Wächter e. K., Fernseh- und Hi-Fi-Fachhandel aus Dortmund, bestellt 1 000 Paar Mammuth-Boxen „Eiszeit“. Die Mediaworld e. K. bestätigt den Auftrag schriftlich. Kurz darauf ruft Herr Wächter aufgeregt an und meint, er hätte sich vertan. Er wollte doch nur 10 und nicht 1 000 Paar Boxen haben.

c) In einem Kaufhaus zwingt der Filialleiter einen Kunden, den man beim Diebstahl erwischt hat, einen Ratenkaufvertrag über den Kauf eines Fernsehgerätes abzuschließen. Sollte er dies nicht machen, würde man ihn bei der Polizei anzeigen.

5 Beurteilen Sie bei den folgenden Fällen, ob das Rechtsgeschäft nichtig, anfechtbar oder gültig ist.

a) Ein Kunde bestellt bei einem Buchhändler ein Dutzend eines neu erschienenen Buches. Er glaubt, ein Dutzend sind zwei Stück – ein Buch für sich und eins für seinen Bruder.

Aufgaben

b) Eine Metallfabrik schließt mit einem Großhändler einen Vertrag über die Lieferung von 50 Tonnen Stahl. Die Lieferung soll in drei Monaten erfolgen. Der Stahl ist noch nicht hergestellt worden.
c) Eine Spedition stellt einen Kraftfahrer für den Transport von gefährlichen Gütern im Tanklastwagen ein. Der Kraftfahrer sagt, dass er hierfür die erforderliche Erlaubnis hat. Bei einer polizeilichen Kontrolle wird festgestellt, dass er sie doch nicht hat.
d) Ein Jugendlicher kauft sich von seinem Taschengeld ein Comic-Heft. Zu Hause angekommen stellt er zu seinem Entsetzen fest, dass das Heft in Italienisch abgefasst ist, was er nicht beherrscht.
e) Ein Dealer verkauft an einen Süchtigen harte Drogen.
f) Ein Kunde kauft von einem Möbelhändler einen echt antiken Wohnzimmerschrank. Als ein Schreiner den Schrank sieht, stellt er fest, dass der Schrank keine 2 Jahre alt sein kann.

2 Buchführung für Fortgeschrittene

2.1 Umsatzsteuer

2.1.1 Die Umsatzsteuer als Steuer auf den „Mehr"-Wert

Das ist geschehen …

In der Abteilung Buchhaltung/Verwaltung der Mediaworld e. K. liegen folgende Belege vor (Eingangsrechnung links, Ausgangsrechnung rechts):

Mammuth GmbH
Audiogeräte

Mammuth GmbH • Gelsenstr. 32 • 46147 Oberhausen

Gelsenstraße 32
46147 Oberhausen

Telefon: 0208 88888-12
Telefax: 0208 88888-13

E-Mail: mammuthaudio@wvd.de
www.mammuthaudio-wvd.de

Mediaworld e. K.
Krefelder Straße 92
47226 Duisburg

Datum:
20..-06-14

Auftrag-Nr.: 521
Kunden-Nr.: 355
Rechnung-Nr.: 978

10	Paar Mammuth-Boxen „Eiszeit"	300,00 €
	+ 16 % Umsatzsteuer	48,00 €
	Rechnungsbetrag	348,00 €

Zahlbar innerhalb von 30 Tagen netto oder innerhalb von 10 Tagen mit 2 % Skonto.

Dresdner Bank Oberhausen
Konto-Nr. 997 681
BLZ 335 800 73
USt-IdNr. DE 176663417

Mediaworld/e. K.

Mediaworld e. K., Krefelder Str. 92, 47226 Duisburg

Krefelder Straße 92 • 47226 Duisburg
Tel.: 02065 99977-0 • Fax: 02065 99977-20

St.-Nr. 56 951 3674 9
Deutsche Bank Duisburg
Konto 123 456 789 • BLZ 350 700 30

E-Mail: mediaworld@wvd.de
www.mediaworld-wvd.de

Firma
Kurt Wächter e. K.
Hauptmannweg 23
44147 Dortmund

Datum:
20..-06-21

Rechnung Nr. 267/06

Sehr geehrter Herr Wächter,

wir danken Ihnen für Ihre Bestellung und berechnen Ihnen für die Lieferung vom 18.06.20..:

10	**Paar**	**Mammuth Boxen „Eiszeit"**	
		Einzelpreis (Sonderaktion) 45,00 €	
		Gesamtpreis:	450,00 €
		Umsatzsteuer (16 %):	72,00 €
		Rechnungsbetrag:	**522,00 €**

Mit freundlichen Grüßen

Mediaworld e. K.

6022144

1. Wie viel Mehrwertsteuer (Prozentsatz und Betrag) muss die Mediaworld e. K. an die Firma Mammuth GmbH bezahlen?
2. Wie viel Mehrwertsteuer (Prozentsatz und Betrag) wird der Firma Kurt Wächter aus Dortmund in Rechnung gestellt?
3. Wie bezeichnet man die Mehrwertsteuer auf Eingangsrechnungen?
4. Wie bezeichnet man die Mehrwertsteuer auf Ausgangsrechnungen?
5. Berechnen Sie die Differenz zwischen diesen beiden Beträgen.
6. Wodurch ist diese Differenz entstanden?
7. Was passiert mit diesem Differenzbetrag?

Das ist zu tun ...

Mehrwertsteuer

Das sollte man wissen ...

Die Umsatzsteuer, welche in den beiden Rechnungen aufgeführt ist, wird umgangssprachlich Mehrwertsteuer genannt. Manchmal ist sie in Rechnungen auch als **Mehrwertsteuer (MWSt)** aufgeführt. Kaufmännisch spricht man von der **Umsatzsteuer (USt).** Dass es sich tatsächlich um eine Steuer auf den Umsatz handelt, sieht man zum Beispiel an der Rechnung der Mediaworld e. K.:

- Es wird ein Umsatz von 450,00 € erzielt, der sich aus der Formel Preis · Menge (45,00 €/Stück · 10 Stück = 450,00 €) ergibt.
- Dieser Umsatz in Höhe von 450,00 € wird besteuert mit einem Prozentsatz von 16 %.
- 16 % von 450,00 € sind 72,00 €.
- Die Umsatzsteuer in der Rechnung beträgt genau diese 72,00 €.

Bei der Rechnung der Mammuth GmbH beträgt der Umsatz 300,00 €, hiervon 16 % sind 48,00 €, die als Umsatzsteuer ausgewiesen sind.

Buchhalterisch ist es ein wichtiger Unterschied, ob ein Wareneinkauf oder ein Warenverkauf vorliegt. Der Wareneinkauf ist ein Aufwand, der Warenverkauf ist ein Ertrag (→ Kapitel 4.12.1 in Lernfeld 1). Insofern wird auch bei der Benennung der Steuer bei Aufwendungen und Erträgen nicht der gleiche Begriff genommen.

Merke

Bei einem Wareneinkauf (Aufwand) spricht man von der **Vorsteuer.**
Bei einem Warenverkauf (Ertrag) spricht man von der **Umsatzsteuer.**

Da die Ware in der Regel günstiger eingekauft wird, als sie verkauft wird, ist die Vorsteuer auch geringer als die Umsatzsteuer. Dies sieht man auch anhand der beiden obigen Belege, bei denen ja die gleiche Ware in der gleichen Menge erst eingekauft und dann weiter verkauft wird.

	Eingangsrechnung	Ausgangsrechnung
Preis der Ware:	30,00 €	45,00 €
Gesamtumsatz der Rechnung:	300,00 €	450,00 €
Steuer:	48,00 € (Vorsteuer)	72,00 € (Umsatzsteuer)

Die Ware ist beim Verkauf durch die Mediaworld e. K. mehr wert, denn der Einzelpreis ist von 30,00 € auf 45,00 € je Stück gestiegen. Bezogen auf die ganze Lieferung ist diese sogar 150,00 € mehr wert. Auf diesen Mehrwert hat der Staat eine Steuer erhoben, eben die **Mehrwertsteuer.** Diese beträgt – siehe die Rechnungen oben – 16 %. Nimmt man den Mehrwert von 150,00 € und berechnet davon 16 %, dann ergeben sich 24,00 € Mehrwertsteuer, die dem Staat gehören und an das Finanzamt zu zahlen sind. Man nennt diesen Betrag auch **„Zahllast".** Bildlich lassen sich die verschiedenen Zahlungsströme, die bei dem Geschäftsablauf in Erscheinung treten, wie folgt darstellen:

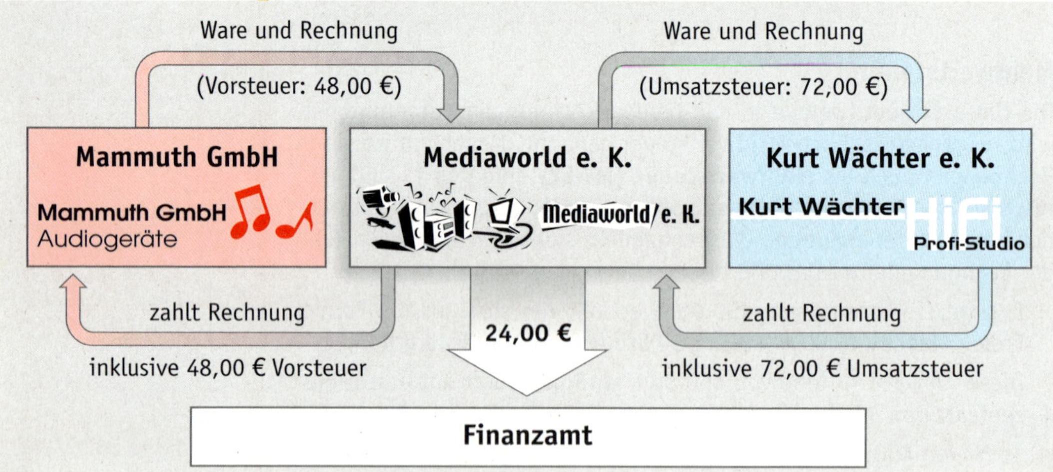

Die Mediaworld e. K. bekommt von der Fa. Kurt Wächter 72,00 € und zahlt an die Mammuth GmbH 48,00 €. Die Differenz von 24,00 €, die Mehrwertsteuer, gehört dem Staat und muss an das Finanzamt bezahlt werden.

Die Umsatzsteuer muss jedes Mal in Rechnung gestellt werden, wenn der Wert einer Ware oder einer Dienstleistung gesteigert wird. Unternehmer führen die Umsatzsteuer an das Finanzamt ab, letztendlich wird die Steuer aber von dem Endverbraucher bezahlt. Der Steuersatz beträgt laut Umsatzsteuergesetz derzeit 16 %, es gibt aber auch einen ermäßigten Steuersatz. Dieser beträgt derzeit 7 % und gilt zum Beispiel für Fleischwaren, Zucker, Gemüse, Bücher und Zeitungen.

Aufgaben

Aufgaben zur Wiederholung

1 a) Die Mediaworld e. K. kauft bei einem Lieferanten Ware für 400,00 € ein. Wie hoch ist die Vorsteuer? Wie hoch ist der gesamte Rechnungsbetrag inklusive Vorsteuer?

b) Die Mediaworld e. K. verkauft genau diese Ware an einen Kunden für 650,00 €. Wie hoch ist die Umsatzsteuer für diesen Verkauf? Wie hoch ist der gesamte Rechnungsbetrag inklusive Umsatzsteuer?

c) Berechnen Sie den Betrag, der sich anhand der beiden Geschäftsfälle a) und b) als Zahllast ergibt und an das Finanzamt überwiesen werden muss.

2 Die Umsatzsteuer stellt für die Mediaworld e. K. (und für Unternehmen im Allgemeinen) keine Belastung dar. Zeigen Sie dies am Beispiel des obigen Schaubildes auf.

2.1.2 Umsatzsteuer beim Warenverkauf

Das ist geschehen ...

In der Mediaworld e. K. liegt noch die Rechnung an den Kunden Kurt Wächter e. K. aus Dortmund vor:

Mediaworld/e. K.

Mediaworld e. K., Krefelder Str. 92, 47226 Duisburg

Krefelder Straße 92 • 47226 Duisburg
Tel.: 02065 99977-0 • Fax: 02065 99977-20

St.-Nr. 56 951 3674 9
Deutsche Bank Duisburg
Konto 123 456 789 • BLZ 350 700 30

E-Mail: mediaworld@wvd.de
www.mediaworld-wvd.de

Firma
Kurt Wächter e. K.
Hauptmannweg 23
44147 Dortmund

Datum:
20..-06-21

Rechnung Nr. 267/06

Sehr geehrter Herr Wächter,

wir danken Ihnen für Ihre Bestellung und berechnen Ihnen für die Lieferung vom 18.06.20..:

10	**Paar**	**Mammuth Boxen „Eiszeit"**	
		Einzelpreis (Sonderaktion) 45,00 €	
		Gesamtpreis:	450,00 €
		Umsatzsteuer (16 %):	72,00 €
		Rechnungsbetrag:	**522,00 €**

Zahlungsziel: 40 Tage, Skontofrist: 10 Tage bei 2 % Skonto.

Mit freundlichen Grüßen

Mediaworld e. K.

Die Rechnung muss noch verbucht werden.

Das ist zu tun ...

1. Wie lautet der Geschäftsfall, der der Ausgangsrechnung zugrunde liegt?
2. Welche Konten werden für den Buchungssatz zu diesem Geschäftsfall benötigt?
3. Welche Beträge müssen auf den einzelnen Konten gebucht werden?
4. Stellen Sie den Buchungssatz auf.

Das sollte man wissen ...

Umsatzsteuer beim Warenverkauf

Bei jedem Warenverkauf muss dem Kunden die Umsatzsteuer mit in Rechnung gestellt werden. Diese beträgt zurzeit für die meisten Güter und Dienstleistungen 16 % (→ Kapitel 2.1.1). Die Umsatzsteuer muss gesondert gebucht werden. Sie wird von dem Kunden bezahlt. Der Zahlungsempfänger – im obigen Beispiel die Mediaworld e. K. – darf sie aber nicht behalten, sondern muss sie an das Finanzamt weiterleiten.

Daher kann die Umsatzsteuer nicht einfach nur auf dem Konto Kasse oder Bank gebucht werden, denn sonst würde man bei der Vielzahl von Geschäftsfällen schnell den Überblick verlieren, wie viel Umsatzsteuer noch an das Finanzamt abzuführen ist.

Zur Buchung der Umsatzsteuer wird ein eigenes Konto eingeführt. Dieses Konto „Umsatzsteuer" ist ein Passivkonto. Es steht in der Bilanz auf der rechten Seite, der Passivseite:

Mediaworld e. K.
Schlussbilanz zum 31.12.20..

Aktiva			Passiva
Grundstücke	120.000,00	Eigenkapital	380.000,00
Gebäude	290.000,00	Darlehen	278.000,00
Fuhrpark	28.000,00	Verbindlichkeiten a. LL	77.000,00
Betriebs- und Geschäftsausstattung	32.000,00	**Umsatzsteuer**	**5.000,00**
Warenbestand	165.000,00		
Forderungen a. LL	50.000,00		
Bank	49.500,00		
Kasse	5.500,00		
	740.000,00		740.000,00

Die Umsatzsteuer befindet sich in der Bilanz auf der Seite der Schulden und Verbindlichkeiten. Dies ist darin begründet, dass die Umsatzsteuer nicht dem Unternehmen gehört, sondern dem Finanzamt. Sie stellt damit eine Schuld bzw. eine Verbindlichkeit gegenüber dem Finanzamt dar.

Beim Warenverkauf werden neben dem Konto Umsatzsteuer noch das Konto Umsatzerlöse für Waren benötigt. Zusätzlich wird ein drittes Konto gebraucht, welches für die Buchung der Zahlung in Anspruch genommen wird. Hierbei kann es sich zum Beispiel um das Kassenkonto oder das Konto Forderungen handeln.

6022148

Anhand des folgenden Geschäftsfalles wird die Bildung des Buchungssatzes verdeutlicht:

Beispiel

Es wird Ware an einen Kunden verkauft, Warenwert: 1.000,00 €, Umsatzsteuer: 160,00 €, Rechnungsbetrag: 1.160,00 €. Die Ware wird bar bezahlt.

Benötigte Konten und Kontenseite, auf der gebucht werden muss:

Konto:	Begründung:	Buchungsseite:	Begründung:
Kasse	Barzahlung	Soll	Aktivkonto, Mehrungen werden hier im Soll gebucht
Umsatzsteuer	Warenverkauf: Umsatzsteuer	Haben	Passivkonto, Mehrungen werden hier im Haben gebucht
Umsatzerlöse für Waren	Warenverkauf, Ertragskonto	Haben	Erträge werden immer im Haben gebucht (Mehrung des Eigenkapitals!)

Der Buchungssatz mit €-Beträgen lautet:

Konten	Soll	Haben
Kasse	1.160,00 €	
an Umsatzsteuer		160,00 €
an Umsatzerlöse für Waren		1.000,00 €

Die Buchung in den Konten sieht wie folgt aus:

Soll	Kasse		Haben
EBK	5.500,00		
❶ USt, Umsatzerl.	1.160,00		

Soll	Umsatzsteuer		Haben
		❶ Kasse	160,00

Soll	Umsatzerlöse		Haben
		❶ Kasse	1.000,00

2.1.3 Vorsteuer beim Wareneinkauf

Das ist geschehen ...

Die Rechnung von der Firma Mammuth GmbH Audiogeräte liegt nach wie vor in der Abteilung Buchhaltung/Verwaltung vor:

Mammuth GmbH
Audiogeräte

Mammuth GmbH • Gelsenstr. 32 • 46147 Oberhausen

Mediaworld e. K.
Krefelder Straße 92
47226 Duisburg

Gelsenstraße 32
46147 Oberhausen

Telefon: 0208 88888-12
Telefax: 0208 88888-13

E-Mail: mammuthaudio@wvd.de
www.mammuthaudio-wvd.de

Datum:
20..-06-14

Auftrag-Nr.: 521
Kunden-Nr.: 355
Rechnung-Nr.: 978

10	Paar Mammuth-Boxen „Eiszeit"	300,00 €
	+ 16 % Umsatzsteuer	48,00 €
	Rechnungsbetrag	348,00 €

Zahlbar innerhalb von 30 Tagen netto oder innerhalb von 10 Tagen mit 2 % Skonto.

Dresdner Bank Oberhausen
Konto-Nr. 997 681
BLZ 335 800 73
USt-IdNr. DE 176663417

Auch diese Rechnung muss noch verbucht weden.

Das ist zu tun ...

1. Wie lautet der Geschäftsfall, der der Eingangsrechnung zugrunde liegt?
2. Welche Konten werden für den Buchungssatz zu diesem Geschäftsfall benötigt?
3. Welche Beträge müssen auf den einzelnen Konten gebucht werden?
4. Stellen Sie den Buchungssatz auf.

Das sollte man wissen ...

Vorsteuer beim Wareneinkauf

Im vorherigen Kapitel ist bei dem Warenverkauf an die Firma Kurt Wächter e. K. eine Umsatzsteuer von 72,00 € angefallen, die dem Staat gehört. Die Mediaworld e. K., die die Ware verkauft hat, müsste eigentlich die 72,00 € an das Finanzamt überweisen.

Beim Wareneinkauf hat die Mediaworld e. K. aber schon einmal Steuern gezahlt, nämlich die Vorsteuer in Höhe von 48,00 €, welche in der obigen Rechnung ausgewiesen ist. Damit keine Belastung für die Mediaworld e. K. auftritt, kann die Vorsteuer mit der Umsatzsteuer aufgerechnet werden. Daher kann man sagen, dass die Umsatzsteuer eine Verbindlichkeit gegenüber dem Finanzamt darstellt und demnach die Vorsteuer eine Forderung gegenüber dem Finanzamt ist. Für die Buchung beim Wareneinkauf gibt es ein eigenes Konto Vorsteuer. Als Konto mit Forderungscharakter befindet es sich in der Bilanz auf der gleichen Seite wie die übrigen Forderungen: auf der Aktivseite.

Mediaworld e. K.
Schlussbilanz zum 31.12.20..

Aktiva			**Passiva**
Grundstücke	120.000,00	Eigenkapital	380.000,00
Gebäude	290.000,00	Darlehen	278.000,00
Fuhrpark	28.000,00	Verbindlichkeiten a. LL	82.000,00
Betriebs- und Geschäftsausstattung	32.000,00		
Warenbestand	165.000,00		
Forderungen a. LL	45.000,00		
Vorsteuer	**5.000,00**		
Bank	49.500,00		
Kasse	5.500,00		
	740.000,00		740.000,00

Neben dem Konto Vorsteuer benötigt man für die Buchung von Wareneinkäufen das Konto Wareneingang und das Konto, welches die Zahlung erfasst, etwa das Konto Bank oder das Konto Verbindlichkeiten a. LL. Beispielhaft wird im Folgenden ein Geschäftsfall zum Wareneinkauf gebucht:

Beispiel

Es werden Waren von einem Lieferanten bezogen, Warenwert 500,00 €, Vorsteuer 80,00 €, Rechnungsbetrag 580,00 €. Der Wareneinkauf erfolgt auf Ziel.

Benötigte Konten und Kontenseite, auf der gebucht werden muss:

Konto:	Begründung:	Buchungsseite:	Begründung:
Wareneingang	Wareneinkauf, Aufwandskonto	Soll	Aufwendungen werden immer im Soll gebucht (Minderung des Eigenkapitals)
Vorsteuer	Wareneinkauf: Vorsteuer	Soll	Aktivkonto, Mehrungen werden hier im Soll gebucht
Verbindlichkeiten	Wareneinkauf auf Ziel	Haben	Passivkonto, Mehrungen werden hier im Haben gebucht

Der Buchungssatz mit €-Beträgen lautet:

Konten	Soll	Haben
Wareneingang	500,00 €	
Vorsteuer	80,00 €	
an Verbindlichkeiten a. LL		580,00 €

Die Buchung in den Konten sieht wie folgt aus:

Soll	Wareneingang		Haben
❶ Verbindlichkeiten a. LL	500,00		

Soll	Verbindlichkeiten a. LL		Haben
		AB	82.000,00
		❶ Wareneingang, Vorsteuer	580,00

Soll	Vorsteuer		Haben
❶ Verbindlichkeiten a. LL	80,00		

Aufgabe

Aufgabe zur Wiederholung

a) Bilden Sie zu den folgenden Geschäftsfällen die Buchungssätze.

1. Wir kaufen Waren auf Ziel netto . . . . 2.500,00 €
   + 16 % Umsatzsteuer
   Rechnungsbetrag der Eingangsrechnung
2. Wir verkaufen Waren auf Ziel netto . . . . 3.000,00 €
   + 16 % Umsatzsteuer
   Rechnungsbetrag der Ausgangsrechnung
3. Wir verkaufen Waren auf Ziel netto . . . . 1.350,00 €
   + 16 % Umsatzsteuer
   Rechnungsbetrag der Ausgangsrechnung
4. Wir verkaufen Waren auf Ziel netto . . . . 4.300,00 €
   + 16 % Umsatzsteuer
   Rechnungsbetrag der Ausgangsrechnung
5. Wir kaufen Waren auf Ziel netto
   + 16 % Umsatzsteuer . . . . 160,00 €
   Rechnungsbetrag der Eingangsrechnung
6. Wir kaufen Waren auf Ziel netto
   + 16 % Umsatzsteuer
   Rechnungsbetrag der Eingangsrechnung . . . . 2.320,00 €
7. Wir verkaufen Waren auf Ziel netto
   + 16 % Umsatzsteuer . . . . 400,00 €
   Rechnungsbetrag der Ausgangsrechnung
8. Wir verkaufen Waren auf Ziel netto
   + 16 % Umsatzsteuer
   Rechnungsbetrag der Ausgangsrechnung . . . . . . 6.612,00 €

b) Buchen Sie die Buchungssätze aus Aufgabenteil a) in den Konten Wareneingang, Vorsteuer, Verbindlichkeiten a. LL, Umsatzerlöse für Waren, Umsatzsteuer, Forderungen a. LL.

2.1.4 Vorsteuer bei anderen Aufwendungen und beim Kauf von Anlagegütern

Das ist geschehen ...

Bastian Lenz ist mal wieder in der Abteilung Buchhaltung/Verwaltung der Mediaworld e. K. eingesetzt. Er kennt mittlerweile die Bedeutung der Umsatzsteuer, die bei Wareneinkäufen als Vorsteuer und bei Warenverkäufen als Umsatzsteuer auftritt. Heute allerdings hat er einen Beleg vor sich liegen, der ihn stutzig macht:

Sanitärinstallationen Egon Flanders

Egon Flanders
Gaußstraße 17
47236 Duisburg
Tel.: 0203 87556
Fax: 0203 87557

E. Flanders, Gaußstr. 17, 47236 Duisburg

Mediaworld e. K.
Krefelder Straße 92
47226 Duisburg

Deutsche Bank Duisburg
Kontonummer 8 838 421
BLZ 350 700 30

St.-Nr. 88 367 9514 8

Rechnung

Ihr Auftrag vom:	Kunden-Nr.:	Rechnung-Nr.:	Datum:
18.08.20..	12 456	AR 199	19.08.20..

Leistung:		Betrag in EUR:
1,5	Facharbeiterstunden für Instandsetzungen	45,00
	Material	105,00
	Zwischensumme	150,00
	+ 16 % MWSt	24,00
	Gesamtbetrag	**174,00**

Zahlbar sofort ohne Abzug

Das ist zu tun ...

1. Handelt es sich bei der ausgewiesenen Mehrwertsteuer um eine Vorsteuer oder um eine Umsatzsteuer?
2. Welche Konten werden bei der Buchung der obigen Rechnung angesprochen?
3. Welche Aufwendungen sind neben dem obigen Beispiel ebenfalls mit „Mehrwert"-Steuer belegt?

Das sollte man wissen ...

Vorsteuer bei anderen Aufwendungen

Neben dem Wareneinkauf gibt es noch andere Fälle, bei denen Vorsteuer anfällt. Dazu gehören Eingangsrechnungen von Handwerkern (Fremdinstandhaltung), Stromrechnungen (Energie), Telefonrechnungen (Postgebühren/Telefon), der Kauf von Büromaterial, Aufwendungen für Werbung und anderes. Bei all diesen Beispielen muss die Vorsteuer mit bezahlt und gebucht werden.

Ein Beispiel hierzu zeigt, dass sich aber im Vergleich zur Vorsteuerbuchung beim Wareneinkauf nichts ändert:

Beispiel 1

Es wird Büromaterial im Wert von 75,00 € netto gekauft und bar bezahlt. Der Rechnungsbetrag brutto beträgt 87,00 €.

Buchungssatz:

Konten	Soll	Haben
Büromaterial	75,00 €	
Vorsteuer	12,00 €	
an Kasse		87,00 €

Wenn Anlagegüter, also Güter des Anlagevermögens wie Fahrzeuge, Maschinen, Bürostühle usw., gekauft werden, ist dies wie bei einem Wareneinkauf auch mit der Zahlung von Vorsteuer verbunden.

Beispiel 2

Es wird ein neuer Firmen-Pkw angeschafft. Dieser hat einen Wert von 20.000,00 €; auf der Rechnung, die erst in 30 Tagen fällig ist, ist eine Umsatzsteuer in Höhe von 3.200,00 € vermerkt.

Buchungssatz:

Konten	Soll	Haben
Fuhrpark	20.000,00 €	
Vorsteuer	3.200,00 €	
an Verbindlichkeiten a. LL		23.200,00 €

Aufgaben

Aufgaben zur Wiederholung

1 Bilden Sie zu den folgenden Geschäftsfällen die Buchungssätze:

1. Wareneinkauf auf Ziel, netto . . . . 1.500,00 €
   + 16 % Umsatzsteuer . . . . 240,00 €
2. Es werden Waren auf Ziel verkauft, Nettowert . . . . . 8.000,00 €
   + 16 % Umsatzsteuer . . . . 1.280,00 €

3.	Reparatur am Bürokopierer, Rechnungsbetrag (Barzahlung)	120,00 €
	+ 16 % Umsatzsteuer	19,20 €
4.	Zielkauf eines Büroschreibtisches, Nettowert	1.200,00 €
	+ 16 % Umsatzsteuer	192,00 €
5.	Warenverkauf gegen Bankscheck, Nettoumsatz	1.320,00 €
	+ 16 % Umsatzsteuer	211,20 €
6.	Barkauf von Büromaterial, Nettowert:	90,00 €
	+ 16 % Umsatzsteuer	14,40 €
7.	Zielkauf von Lagereinrichtungen, Nettowert	5.000,00 €
	+ 16 % Umsatzsteuer	800,00 €
8.	Bezahlung eines Zeitungsabonnements per Banküberweisung	45,00 €
	+ 16 % Umsatzsteuer	7,20 €
9.	Eingekaufte Ware, Nettowert	1.500,00 €
	+ 16 % Umsatzsteuer	240,00 €
	wird zur Hälfte bar bezahlt	870,00 €
	und zur Hälfte auf Ziel gekauft	870,00 €
10.	Wareneinkauf bar, Nettowert	590,00 €
	+ 16 % Umsatzsteuer	94,40 €

2 a) Bilden Sie zu den folgenden Geschäftsfällen die Buchungssätze:

1.	Einkauf von Waren auf Ziel	1.500,00 €
	+ 16 % USt	240,00 €
		1.740,00 €
2.	Kauf von Büromaterial auf Ziel	400,00 €
	+ 16 % USt	64,00 €
		464,00 €
3.	Verkauf von Waren auf Ziel	3.500,00 €
	+ 16 % USt	560,00 €
		4.060,00 €
4.	Einkauf von Waren auf Ziel	2.000,00 €
	+ 16 % USt	320,00 €
		2.320,00 €
5.	Banküberweisung an einen Lieferanten	1.000,00 €
6.	Verkauf von Waren auf Ziel	4.000,00 €
	+ 16 % USt	640,00 €
		4.640,00 €
7.	Mietzahlungen an den Vermieter per Banküberweisung	900,00 €
8.	Einkauf von Waren auf Ziel	900,00 €
	+ 16 % USt	144,00 €
		1.044,00 €

b) Buchen Sie die Buchungssätze in den entsprechenden Konten.

c) Wie viel Euro beträgt die Differenz zwischen der gesamten Umsatzsteuer und der gesamten Vorsteuer aller Geschäftsfälle (Zahllast)?

2.1.5 Die Konten Vorsteuer und Umsatzsteuer abschließen

Das ist geschehen ...

Der Auszubildende Bastian Lenz schaut sich die beiden Mehrwertsteuerkonten der Mediaworld e. K. an. Wie Konten abzuschließen sind, weiß Bastian inzwischen sehr genau. Allerdings fragt er sich bei den beiden Konten Vorsteuer und Umsatzsteuer, wie hier die Abschlussbuchungen durchzuführen sind.

Soll	Vorsteuer		Haben
❶ Verbindl. a. LL	320,00		
❷ Verbindl. a. LL	640,00		
❸ Kasse	96,00		
❹ Bank	192,00		
❺ Verbindl. a. LL	128,00		
❻ Verbindl. a. LL	208,00		
❼ Kasse	32,00		
❽ Verbindl. a. LL	112,00		

Soll	Umsatzsteuer		Haben
		❶ Ford. a. LL	112,00
		❷ Kasse	64,00
		❸ Ford. a. LL	1.140,00
		❹ Ford. a. LL	144,00
		❺ Ford. a. LL	220,00
		❻ Ford. a. LL	272,00
		❼ Bank	48,00
		❽ Kasse	16,00
		❾ Ford. a. LL	160,00

Das ist zu tun ...

Lesen Sie die unten stehenden Informationen zum Kontenabschluss beim Vorsteuer- und Umsatzsteuerkonto. Bearbeiten Sie dann die folgenden Arbeitsaufträge:

1. Überprüfen Sie, welches Konto zuerst abgeschlossen werden muss, und schließen Sie dieses ab.
2. Schließen Sie das zweite Konto ab (Saldo vom ersten Konto nicht vergessen!)
3. Wie hoch ist der Saldo im zweiten Konto?
4. Der Saldo des zweiten Kontos soll an das Finanzamt überwiesen werden – nennen Sie den Buchungssatz.

Das sollte man wissen ...

Abschluss der Konten Vorsteuer und Umsatzsteuer

Schon in den vorangegangenen Kapiteln ist deutlich geworden, dass die Vorsteuer und die Umsatzsteuer gegeneinander aufgerechnet werden, um die Zahllast zu ermitteln: Die Subtraktion der Vorsteuer von der Umsatzsteuer ergibt die Zahllast, also den Betrag, der an das Finanzamt zu überweisen ist. Buchhalterisch wird die Zahllast dadurch ermittelt, dass man die Konten Vorsteuer und Umsatzsteuer abschließt. Dabei wird das eine Konto über das andere abgeschlossen. Man muss sich hierbei die folgende Regel merken:

Merke

- Wenn man die Konten Vorsteuer und Umsatzsteuer abschließt, muss man mit dem „kleineren" Konto beginnen.
- Das Konto mit dem kleineren Saldo wird über das Konto mit dem größeren Saldo abgeschlossen.

Das folgende Ablaufschema zeigt den Kontenabschluss:

Ablaufschema zum Abschluss der Konten Vorsteuer und Umsatzsteuer:

1. Schritt: Prüfen, welches Konto die kleinere Summe aufweist:

Soll	Vorsteuer		Haben
❶ Verbindl. a. LL	160,00		
❷ Verbindl. a. LL	128,00		
❸ Kasse	32,00		
❹ Bank	640,00		
❺ Verbindl. a. LL	40,00		
	1.000,00		

Soll	Umsatzsteuer		Haben
		❶ Ford. a. LL	320,00
		❷ Bank	64,00
		❸ Ford. a. LL	720,00
		❹ Ford. a. LL	176,00
		❺ Ford. a. LL	220,00
			1.500,00

Die Summe im Konto Vorsteuer ist kleiner als die Summe im Konto Umsatzsteuer, daher wird zuerst das Konto Vorsteuer abgeschlossen.

2. Schritt: Das kleinere Konto abschließen:

Soll	Vorsteuer		Haben
❶ Verbindl. a. LL	160,00	Umsatzsteuer	1.000,00
❷ Verbindl. a. LL	128,00		
❸ Kasse	32,00		
❹ Bank	640,00		
❺ Verbindl. a. LL	40,00		
	1.000,00		1.000,00

Der Saldo, der sich bei Abschluss des Kontos Vorsteuer ergibt, muss auf das Konto Umsatzsteuer gebucht werden. Daher wird der Saldo mit „Umsatzsteuer" benannt.

3. Schritt: Der Saldo wird gebucht:

Soll	Vorsteuer		Haben
❶ Verbindl. a. LL	160,00	Umsatzsteuer	1.000,00
❷ Verbindl. a. LL	128,00		
❸ Kasse	32,00		
❹ Bank	640,00		
❺ Verbindl. a. LL	40,00		
	1.000,00		1.000,00

Soll	Umsatzsteuer		Haben
Umsatzsteuer	1.000,00	❶ Ford. a. LL	320,00
		❷ Bank	64,00
		❸ Ford. a. LL	720,00
		❹ Ford. a. LL	176,00
		❺ Ford. a. LL	220,00
	1.500,00		1.500,00

Buchungssatz:

Konten	Soll	Haben
Umsatzsteuer an Vorsteuer	1.000,00 €	 1.000,00 €

4. Schritt: Das Konto Umsatzsteuer muss abgeschlossen werden:

Der Saldo in Höhe von 500,00 €, der sich im Konto Umsatzsteuer ergibt, wird an das Finanzamt per Banküberweisung überwiesen. Daher wird der Saldo mit der Bezeichnung „Bank“ versehen.

Soll		Umsatzsteuer	Haben
Umsatzsteuer	1.000,00	❶ Ford. a. LL	320,00
Bank	500,00	❷ Bank	64,00
		❸ Ford. a. LL	720,00
		❹ Ford. a. LL	176,00
		❺ Ford. a. LL	220,00
	1.500,00		1.500,00

Buchungssatz:

Konten	Soll	Haben
Umsatzsteuer an Bank	500,00 €	 500,00 €

Natürlich kann es sein, dass nicht das Vorsteuerkonto zuerst abgeschlossen wird, weil es das Konto mit der kleineren Kontensumme ist, sondern das Konto Umsatzsteuer. Dann ist im Prinzip genau wie im gezeigten Ablaufschema vorzugehen mit dem Unterschied, dass keine Zahllast entsteht, sondern eine Forderung gegenüber dem Finanzamt. Dies kommt in der Praxis aber relativ selten vor.

Die **Umsatzsteuerzahllast** ist laut Gesetz jeweils bis spätestens zum 10. des Folgemonats an das Finanzamt zu bezahlen. Das heißt, dass die Zahllast von Januar bis zum 10. Februar überwiesen werden muss, die Zahllast vom Februar bis spätestens zum 10. März und so weiter. Nur zum Geschäftsjahresschluss – in der Regel Ende Dezember – muss anders verfahren werden, da zum Ende des Geschäftsjahres das Schlussbilanzkonto bzw. die Schlussbilanz erstellt wird.

Passivierung einer Umsatzsteuerzahllast

Am Ende des letzten Monats eines Geschäftsjahres, meistens im Dezember, müssen das Schlussbilanzkonto und die Schlussbilanz aufgestellt werden. Da die Umsatzsteuerzahllast erst im nächsten Monat bezahlt wird, muss sie in der Schlussbilanz erfasst werden. Da sie eine Schuld (Verbindlichkeit!) gegenüber dem Finanzamt ist, erscheint sie wie die anderen Verbindlichkeiten auf der Passivseite der Schlussbilanz – daher der Begriff „Passivierung der Zahllast“. Es wird wie folgt vorgegangen:

Ablaufschema zur Passivierung der Zahllast:

1. Schritt: Das Konto Vorsteuer wird über das Konto Umsatzsteuer abgeschlossen:

Soll	Vorsteuer		Haben
❶ Verbindl. a. LL	160,00	Umsatzsteuer	1.000,00
❷ Verbindl. a. LL	128,00		
❸ Kasse	32,00		
❹ Bank	640,00		
❺ Verbindl. a. LL	40,00		
	1.000,00		1.000,00

Soll	Umsatzsteuer		Haben
Umsatzsteuer	1.000,00	❶ Ford. a. LL	320,00
		❷ Bank	64,00
		❸ Ford. a. LL	720,00
		❹ Ford. a. LL	176,00
		❺ Ford. a. LL	220,00
	1.500,00		1.500,00

Buchungssatz:

Konten	Soll	Haben
Umsatzsteuer an Vorsteuer	1.000,00 €	 1.000,00 €

2. Schritt: Das Konto Umsatzsteuer muss abgeschlossen werden:

Der Saldo in Höhe von 500,00 €, der sich im Konto Umsatzsteuer ergibt, wird erst im nächsten Monat an das Finanzamt überwiesen. Vorher muss zum Ende des Geschäftsjahres das Schlussbilanzkonto und die Schlussbilanz aufgestellt werden. Daher wird der Saldo mit der Bezeichnung „SBK" versehen und dort gebucht.

Soll	Umsatzsteuer		Haben
Umsatzsteuer	1.000,00	❶ Ford. a. LL	320,00
SBK	500,00	❷ Bank	64,00
		❸ Ford. a. LL	720,00
		❹ Ford. a. LL	176,00
		❺ Ford. a. LL	220,00
	1.500,00		1.500,00

Die Gegenbuchung findet entsprechend im Schlussbilanzkonto statt:

Mediaworld e. K.

Soll	Schlussbilanzkonto zum 31.12.20..		Haben
Grundstücke	120.000,00	Eigenkapital	380.000,00
Gebäude	290.000,00	Darlehen	278.000,00
Fuhrpark	28.000,00	Verbindlichkeiten a. LL	77.000,00
Betriebs- und Geschäftsausstattung	32.000,00	Umsatzsteuer	500,00
Warenbestand	165.000,00		
Forderungen a. LL	45.500,00		
Bank	49.500,00		
Kasse	5.500,00		
	735.500,00		735.500,00

Buchungssatz:

Konten	Soll	Haben
Umsatzsteuer an Schlussbilanzkonto	500,00 €	 500,00 €

Da das Schlussbilanzkonto und die Schlussbilanz vom Inhalt her identisch sind (→ Kapitel 4.11 in Lernfeld 1), steht die Umsatzsteuerzahllast auch in der Schlussbilanz, und zwar auf der rechten Seite, der Passivseite:

Mediaworld e. K.
Schlussbilanz zum 31.12.20..

Aktiva		Passiva	
Grundstücke	120.000,00	Eigenkapital	380.000,00
Gebäude	290.000,00	Darlehen	278.000,00
Fuhrpark	28.000,00	Verbindlichkeiten a. LL	77.000,00
Betriebs- und Geschäftsausstattung	32.000,00	**Umsatzsteuer**	**500,00**
Warenbestand	165.000,00		
Forderungen a. LL	45.500,00		
Bank	49.500,00		
Kasse	5.500,00		
	735.500,00		735.500,00

Aktivierung eines Vorsteuerüberhanges:

Es kann passieren, dass mehr Vorsteuer bezahlt wurde, als an Umsatzsteuer wieder hereingekommen ist. Da in diesem Fall das Umsatzsteuerkonto das „kleinere" Konto ist, muss dieses zuerst abgeschlossen werden. Dadurch entsteht ein Saldo auf dem Vorsteuerkonto, welcher zum Geschäftsjahresschluss in die Schlussbilanz übernommen werden muss.

Da die Vorsteuer eine Forderung gegenüber dem Finanzamt ist, erscheint sie auf der Aktivseite der Bilanz – wie die anderen Forderungen einer Unternehmung auch. Man nennt diesen Vorgang „Aktivierung eines Vorsteuerüberhanges". Folgender Ablauf zeigt das Verfahren:

Ablaufschema zur Aktivierung eines Vorsteuerüberhanges:

1. Schritt: Das Konto Umsatzsteuer wird über das Konto Vorsteuer abgeschlossen:

Vorsteuer

Soll		Haben	
❶ Verbindl. a. LL	480,00	Umsatzsteuer	**1.000,00**
❷ Verbindl. a. LL	384,00		
❸ Kasse	16,00		
❹ Bank	720,00		
❺ Verbindl. a. LL	400,00		
	2.000,00		

Umsatzsteuer

Soll		Haben	
Vorsteuer	**1.000,00**	❶ Ford. a. LL	220,00
		❷ Bank	64,00
		❸ Ford. a. LL	320,00
		❹ Ford. a. LL	176,00
		❺ Ford. a. LL	220,00
	1.000,00		1.000,00

Buchungssatz:

Konten	Soll	Haben
Umsatzsteuer an Vorsteuer	1.000,00 €	 1.000,00 €

2. Schritt: Das Konto Vorsteuer muss abgeschlossen werden:

Soll		Vorsteuer	Haben
❶ Verbindl. a. LL	480,00	Umsatzsteuer	1.000,00
❷ Verbindl. a. LL	384,00	SBK	1.000,00
❸ Kasse	16,00		
❹ Bank	720,00		
❺ Verbindl. a. LL	400,00		
	2.000,00		2.000,00

Der Saldo in Höhe von 1.000,00 €, der sich im Konto Vorsteuer ergibt, muss zum Geschäftsjahresschluss in das Schlussbilanzkonto gebucht werden. Daher wird der Saldo hier mit der Bezeichnung „SBK" versehen.

Die Gegenbuchung findet entsprechend im Schlussbilanzkonto statt:

Mediaworld e. K.
Schlussbilanzkonto zum 31.12.20..

Soll			Haben
Grundstücke	120.000,00	Eigenkapital	380.000,00
Gebäude	290.000,00	Darlehen	278.000,00
Fuhrpark	28.000,00	Verbindlichkeiten a. LL	78.000,00
Betriebs- und Geschäftsausstattung	32.000,00		
Warenbestand	165.000,00		
Forderungen a. LL	45.000,00		
Vorsteuer	1.000,00		
Bank	49.500,00		
Kasse	5.500,00		
	736.000,00		736.000,00

Buchungssatz:

Konten	Soll	Haben
Schlussbilanzkonto an Vorsteuer	1.000,00 €	 1.000,00 €

Schlussbilanz und Schlussbilanzkonto sind inhaltlich gleich, daher steht die Vorsteuer auf der Aktivseite der Schlussbilanz.

Aufgaben zur Wiederholung

Aufgaben

1 Entscheiden Sie, ob die folgenden Aussagen richtig oder falsch sind. Wenn eine Aussage falsch ist, korrigieren Sie diese so, dass sie richtig wird.

a) Das Vorsteuerkonto ist ein Aktivkonto.
b) Das Konto Umsatzsteuer ist ein Ertragskonto.
c) Die Umsatzsteuer fällt nur bei Wareneinkäufen an.
d) Beim Kauf von Anlagegütern (z. B. einem neuen Büroschreibtisch) fällt Vorsteuer an.
e) Die Vorsteuer ist eine Forderung gegenüber dem Finanzamt.
f) Wenn man die Konten Vorsteuer und Umsatzsteuer abschließen will, fängt man mit dem Konto an, welches die kleinere Kontensumme aufweist.

Aufgaben

g) Der Saldo des Kontos Umsatzsteuer zeigt die Zahllast und wird in der Regel an das Finanzamt überwiesen.

h) Die Umsatzsteuerzahllast muss bis zum 15. des Folgemonats an das Finanzamt überwiesen werden.

i) Ein Vorsteuerüberhang wird stets passiviert.

j) Am Ende des Geschäftsjahres wird eine Umsatzsteuerzahllast passiviert.

2 a) Schließen Sie die Konten Vorsteuer und Umsatzsteuer ab. Bilden Sie den Buchungssatz zum Kontenabschluss. Die Zahllast soll an das Finanzamt überwiesen werden. Bilden Sie auch hier den Buchungssatz.

Soll	Vorsteuer	Haben
Saldo	15.234,00	

Soll	Umsatzsteuer	Haben
	Saldo	18.784,00

b) Schließen Sie die Konten Vorsteuer und Umsatzsteuer ab. Bilden Sie den Buchungssatz zum Kontenabschluss. Aktivieren Sie den Vorsteuerüberhang. Bilden Sie auch hier den Buchungssatz.

Soll	Vorsteuer	Haben
Saldo	32.290,00	

Soll	Umsatzsteuer	Haben
	Saldo	28.980,00

c) Schließen Sie die Konten Vorsteuer und Umsatzsteuer ab. Bilden Sie den Buchungssatz zum Kontenabschluss. Passivieren Sie die Umsatzsteuerzahllast. Bilden Sie auch hier den Buchungssatz.

Soll	Vorsteuer	Haben
Saldo	23.325,00	

Soll	Umsatzsteuer	Haben
	Saldo	31.899,00

3 Gegeben ist das folgende Eröffnungsbilanzkonto:

Soll — Eröffnungsbilanzkonto zum 01.01.20.. — Haben

Soll		Haben	
Eigenkapital	246.100,00	Fuhrpark	280.000,00
Darlehen	190.000,00	Betriebs- und Geschäftsausstattung	132.000,00
Verbindlichkeiten a. LL	50.000,00	Forderungen a. LL	47.500,00
		Bank	26.600,00
	486.100,00		486.100,00

a) Bilden Sie aus dem Eröffnungsbilanzkonto die Bestandskonten.

b) Bilden Sie die Buchungssätze zu den folgenden Geschäftsfällen:

1. Es wird ein neuer Firmen-Pkw angeschafft, Nettowert: 28.000,00 €, 16 % USt: 4.480,00 €, Rechnungsbetrag der Eingangsrechnung: 32.480,00 €.
2. Eine Liefererschuld in Höhe von 1.200,00 € wird per Bankscheck bezahlt.
3. Warenverkauf auf Ziel, Nettowert: 2.500,00 €, 16 % USt: 400,00 €, Rechnungsbetrag: 2.900,00 €.
4. Die Mieteinnahmen für vermietete Lagerfläche wird auf dem Bankkonto gutgeschrieben, 900,00 €.
5. Es wird eine neue Computeranlage für das Büro gekauft, Nettowert: 3.000,00 €, 16 % USt: 480,00 €, Rechnungsbetrag der Eingangsrechnung: 3.480,00 €.

6022162

6. Wareneinkauf auf Ziel, Nettowert: 1.000,00 €, 16 % USt: 160,00 €, Bruttobetrag der Eingangsrechnung: 1.160,00 €.

c) Buchen Sie die Buchungssätze in den Bestandskonten und den erforderlichen Erfolgskonten.
d) Schließen Sie zuerst die Erfolgskonten ab.
e) Schließen Sie das Konto GuV ab.
f) Schließen Sie die Bestandskonten einschließlich der Konten Vorsteuer und Umsatzsteuer ab.
g) Stellen Sie das Schlussbilanzkonto auf. Ein Vorsteuerüberhang ist zu aktivieren, eine Umsatzsteuerzahllast ist zu passivieren.

4 **Gesamtaufgabe zum Thema:**

a) Eröffnen Sie die folgenden Konten mit den angegebenen Anfangsbeständen:
Grundstücke (250.000,00 €), Gebäude (690.000,00 €), Fuhrpark (56.000,00 €), BGA (76.700,00 €), Warenbestand (123.300,00 €), Forderungen a. LL (32.200,00 €), Bank (19.000,00 €), Kasse (7.800,00 €), Eigenkapital (?), Darlehen (320.000,00 €), Verbindlichkeiten a. LL (86.500,00 €), Wareneingang, Fremdinstandsetzung, Löhne, Büromaterial, Umsatzerlöse für Waren, Mieterträge, Zinserträge

b) Bilden Sie die Buchungssätze zu den folgenden Geschäftsfällen:

1. Reparatur am Firmen-Pkw, Barzahlung netto . . . 800,00 €
   + 16 % Umsatzsteuer
2. Kauf eines neuen Lkws auf Ziel, Nettowert . . . . 45.000,00 €
   + 16 % Umsatzsteuer
3. Warenverkauf auf Ziel, Rechnungsbetrag netto . . 7.900,00 €
   + 16 % Umsatzsteuer
4. Kauf einer Regalwand für das Büro
   per Bankscheck, Nettowert . . . . 590,00 €
   + 16 % Umsatzsteuer
5. Warenverkauf gegen Barzahlung, Nettoumsatz . . 500,00 €
   + 16 % Umsatzsteuer
6. Auszahlung der Löhne (Banküberweisung) . . . . 4.600,00 €
7. Wareneinkauf auf Ziel, Nettowert . . . . 3.100,00 €
   + 16 % Umsatzsteuer
8. Die Miete für vermietete Büroräume
   wird überwiesen . . . . 2.300,00 €
9. Aufnahme eines Darlehens,
   Gutschrift auf dem Bankkonto . . . . 10.000,00 €
10. Zinsen werden auf dem Bankkonto
    gutgeschrieben . . . . 150,00 €

c) Buchen Sie die Buchungssätze in den Konten.
d) Schließen Sie die Erfolgskonten ab.
e) Schließen Sie das GuV-Konto ab.
f) Schließen Sie alle Bestandskonten über das SBK ab, passivieren Sie die Umsatzsteuerzahllast bzw. aktivieren Sie den Vorsteuerüberhang.

2.2 Das Privatkonto

Das ist geschehen ...

Bastian Lenz erzählt in der Abteilung Buchhaltung/Verwaltung, wie er beobachtet hat, dass Moritz Wagner, der Firmenchef der Mediaworld e. K., am Vortag 400,00 € bar aus der Kasse genommen hat. Florian Peek, der Buchhalter, ist nicht besonders überrascht: „Ja und? Dies ist schließlich sein Unternehmen! Wir müssen den Vorgang nur buchen. Herr Wagner hat mir schon einen eigens erstellten Beleg gegeben."

Mediaworld/e. K.

Buchungsbeleg Nr.: ______

Datum:	Text:	Summe
..-03-24	Privatentnahme aus Kasse	400,00 EUR

Unterschrift Moritz Wagner

Das ist zu tun ...

1. Finden Sie heraus, welche Auswirkungen die Privatentnahme von Moritz Wagner auf das Eigenkapital hat.
2. Wie lautet der Buchungssatz zur Privatentnahme von Moritz Wagner?

Das sollte man wissen ...

Privatkonto

Bei Bedarf kann der Unternehmer und Eigentümer Geld oder Waren aus seinem eigenen Betrieb entnehmen. Dies kann aus verschiedenen Gründen notwendig sein, etwa wenn der Unternehmer Bargeld für den Eigenbedarf aus der Kasse entnimmt. Auch das Überweisen einer privaten Rechnung des Unternehmers, die über das Geschäftskonto abgewickelt wird, gehört zu diesen Entnahmen.

Auf der anderen Seite passiert es aber auch, dass ein Unternehmer seinem Unternehmen privates Geld zur Verfügung stellt, weil im Betrieb vielleicht gerade nicht genügend flüssige Mittel vorhanden sind oder auch, um das Eigenkapital des Unternehmens zu erhöhen.

Diese beiden Formen der Zuführung bzw. der Entnahme von Geld- oder Sachmitteln werden über ein und dasselbe Konto abgewickelt, das Konto „Privat".

Privatentnahmen = Entnahme von Geld- oder Sachmitteln durch den Unternehmer für private Zwecke	**Privateinlagen** = Hinzuführung von Geld- oder Sachmitteln aus den privaten Mitteln des Unternehmers

Soll	**Privat**	**Haben**

Das Privatkonto ist kein gewöhnliches Bestandskonto wie zum Beispiel „Fuhrpark" oder „Darlehen", da es nicht in dem Eröffnungsbilanzkonto und auch nicht im Schlussbilanzkonto steht. Es ist vielmehr ein **Unterkonto des Kontos „Eigenkapital".** Dies liegt daran, dass Privatentnahmen direkt das Eigenkapital vermindern, Privateinlagen direkt das Eigenkapital erhöhen. Man könnte sie auch gleich im Konto Eigenkapital buchen, der besseren Übersichtlichkeit halber gilt aber, dass sie im Konto „Privat" gebucht werden.

Buchungen im Privatkonto erfolgen auf die gleiche Art und Weise wie Buchungen im Konto Eigenkapital. Dies bedeutet, dass Mehrungen im Haben, Minderungen im Soll gebucht werden. Eine Privateinlage ist eine Mehrung des Eigenkapitals, eine Privatentnahme eine Minderung, daraus ergibt sich, dass wie folgt gebucht wird:

Soll — **Privat**	— **Haben**
Privatentnahmen = Minderung des Eigenkapitals	**Privateinlagen** = Mehrung des Eigenkapitals

Wie das Beispiel zeigt, erfolgt die jeweilige Gegenbuchung im entsprechenden Bestandskonto:

Beispiel

Geschäftsfall 1: Eine private Rechnung des Unternehmers in Höhe von 1.000,00 € wird über das Geschäftskonto per Überweisung beglichen.

Buchungssatz 1:

Konten	Soll	Haben
Privat	1.000,00 €	
an Bank		1.000,00 €

Geschäftsfall 2: Der Unternehmer bringt ein unbebautes Grundstück im Wert von 90.000,00 € aus seinem Privatvermögen in das Unternehmen ein, um dort später einmal eine Lagerhalle zu errichten.

Buchungssatz 2:

Konten	Soll	Haben
Unbebaute Grundstücke an Privat	90.000,00 €	 90.000,00 €

Buchung in den Konten:

Soll — Bank — Haben

Soll		Haben	
EBK	15.000,00	❶ Privat	1.000,00

Soll — Unbebaute Grundstücke — Haben

Soll		Haben	
EBK	65.000,00		
❷ Privat	90.000,00		

Privatentnahme ↕ **Privateinlage**

Soll — Privat — Haben

Soll		Haben	
❶ Bank	1.000,00	❷ Unbebaute Grundstücke	90.000,00

Da das Privatkonto ein Unterkonto des Kontos Eigenkapital ist, wird es über dieses abgeschlossen. Im obigen Beispiel ist die Privateinlage deutlich höher als die Privatentnahme, daher wird in der Summe das Eigenkapital mehr:

Fortführung des Beispiels (Abschluss des Kontos „Privat“)

Soll — Privat — Haben

Soll		Haben	
❶ Bank	1.000,00	❷ Unbebaute Grundst.	90.000,00
Eigenkapital	89.000,00		
	90.000,00		90.000,00

Soll — Eigenkapital — Haben

Soll		Haben	
SBK	510.000,00	EBK	421.000,00
		Privat	89.000,00
	510.000,00		510.000,00

Merke

- Privatentnahmen und Privateinlagen werden auf dem Konto „Privat“ gebucht.
- Das Privatkonto ist ein Unterkonto des Kontos „Eigenkapital“ und wird über dieses abgeschlossen.
- Privatentnahmen vermindern das Eigenkapital.
- Privateinlagen erhöhen das Eigenkapital.

Aufgaben zur Wiederholung

Aufgaben

1 a) Geben Sie an, ob die folgenden Aussagen richtig oder falsch sind.
b) Korrigieren Sie die falschen Aussagen so, dass jeweils eine richtige Aussage entsteht.

1. Das Privatkonto ist ein Aufwandskonto.
2. Eine Privatentnahme vermindert das Eigenkapital der Unternehmung.
3. Wenn der Unternehmer Bargeld aus der Geschäftskasse nimmt, handelt es sich um eine Privateinlage.
4. Eine Privateinlage wird auf der Sollseite des Kontos „Eigenkapital" gebucht.
5. Das Konto „Privat" wird über das Eigenkapitalkonto abgeschlossen.
6. Wenn der Unternehmer seinem Betrieb den privaten PC dauerhaft für Büroarbeiten zur Verfügung stellt, handelt es sich um eine Privateinlage.
7. Das Privatkonto ist ein Unterkonto des Schlussbilanzkontos.
8. Eine Mehrung im Konto „Privat" wird auf der Habenseite gebucht.

2 a) Bilden Sie die Buchungssätze zu den folgenden Geschäftsfällen:

1. Die private Telefonrechnung des Unternehmers wird überwiesen, Rechnungsbetrag: 120,00 €.
2. Der Beitrag für die private Krankenkasse des Unternehmers in Höhe von 180,00 € wird per Banküberweisung bezahlt.
3. Der Unternehmer nimmt 120,00 € aus der Geschäftskasse.
4. Ein Unternehmer zahlt aus privaten Mitteln eine Geschäftsrechnung in Höhe von 320,00 €.
5. Die Miete in Höhe von 950,00 € für die private Wohnung des Unternehmers wird überwiesen.
6. Kapitaleinlage des Unternehmers per Überweisung auf das Geschäftskonto, Höhe: 1.670,00 €.

b) Stellen Sie das Konto „Privat" auf. Buchen Sie die Buchungssätze (ohne Gegenbuchungen!) in diesem Konto.
c) Schließen Sie das Konto über das Eigenkapitalkonto (Anfangsbestand: 230.000,00 €) ab. Hat eine Mehrung oder eine Minderung des Eigenkapitals stattgefunden?

3 a) Bilden Sie die Buchungssätze zu den folgenden Geschäftsfällen:

1. Banküberweisung der Miete für Geschäftsräume	2.400,00 €
2. Privatentnahme bar	500,00 €
3. Provisionserträge werden an uns bar ausgezahlt	3.500,00 €
4. Verkauf von Waren auf Ziel, netto:	10.000,00 €
+ 16 % Umsatzsteuer	
5. Privateinlage des Inhabers per Scheck	8.000,00 €
6. Wareneinkauf auf Ziel, netto:	5.000,00 €
+ 16 % Umsatzsteuer	
7. Banküberweisung eines Kunden	2.500,00 €
8. Die fällige Umsatzsteuer wird per Banküberweisung an das Finanzamt gezahlt	6.000,00 €

Aufgaben

b) Stellen Sie das Eröffnungsbilanzkonto auf und buchen Sie die Buchungssätze in den Konten.

Anfangsbestände:

Fuhrpark	45.000,00 €
BGA	180.000,00 €
Warenbestand	80.000,00 €
Forderungen a. LL	44.000,00 €
Bank	33.000,00 €
Kasse	8.000,00 €
Verbindlichkeiten a. LL	48.000,00 €
Umsatzsteuer	6.000,00 €
Eigenkapital	? €

c) Schließen Sie die Konten ab und stellen Sie das Schlussbilanzkonto auf.

2.3 Ordnung halten: Organisation der Buchführung

2.3.1 Grund- und Hauptbuch, Kontokorrentbuch

Das ist geschehen ...

Bastian Lenz sitzt in der Abteilung Buchhaltung/Verwaltung der Mediaworld e. K. Er hat Mittagspause und macht seine Hausaufgaben für den morgigen Berufsschultag. Er schreibt sich Buchungssätze zu einzelnen Geschäftsfällen auf. Als der Buchhalter Florian Peek den Raum betritt, denkt Bastian gerade laut vor sich hin: „Mann, so einen Buchungssatz hatte ich doch schon einmal. Wenn ich nur wüsste, wo ich das aufgeschrieben und gebucht habe." Herr Peek lacht: „Wenn ich mal eine Buchung nicht wieder finden würde, hätte ich ein echtes Problem!" Bastian schaut auf: „Wo schreiben Sie denn Ihre Buchungssätze hin, Herr Peek?" Dieser zeigt auf den Computer. „Die schreibe ich mit dem Computer, und wenn ich mal etwas nachlesen will, kann ich dort nachsehen oder es mir ausdrucken lassen." Bastian ist begeistert: „Zeigen Sie mal!"

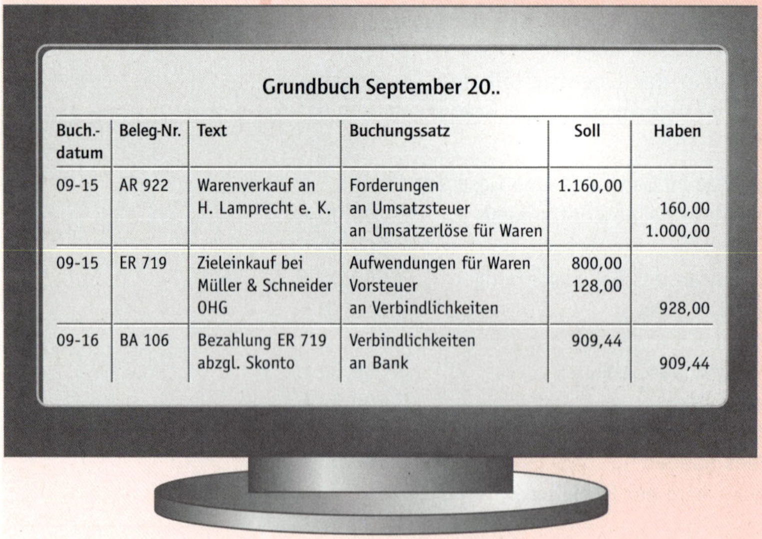

Grundbuch September 20..

Buch.-datum	Beleg-Nr.	Text	Buchungssatz	Soll	Haben
09-15	AR 922	Warenverkauf an H. Lamprecht e. K.	Forderungen an Umsatzsteuer an Umsatzerlöse für Waren	1.160,00	 160,00 1.000,00
09-15	ER 719	Zieleinkauf bei Müller & Schneider OHG	Aufwendungen für Waren Vorsteuer an Verbindlichkeiten	800,00 128,00	 928,00
09-16	BA 106	Bezahlung ER 719 abzgl. Skonto	Verbindlichkeiten an Bank	909,44	 909,44

1. Was zeigt der Computerausdruck?
2. Grenzen Sie das Grundbuch (siehe Computerbildschirm) vom Hauptbuch ab: Was sind die wesentlichen Unterschiede?

Das ist zu tun ...

Das sollte man wissen ...

Grund- und Hauptbuch, Kontokorrentbuch

Man spricht bei den Büchern der Buchführung tatsächlich noch von Büchern, in der Realität werden die Eintragungen, welche bei der Durchführung der Buchhaltung gemacht werden, nicht mehr in Büchern, sondern in den PC eingegeben. Über Computerausdrucke kann man sich aber jederzeit die einzelnen Seiten ansehen, die geschrieben wurden; in der Summe kann man alle Seiten tatsächlich wie ein Buch behandeln. Es werden in der Buchhaltung das Grundbuch und das Hauptbuch unterschieden, daneben gibt es noch das Kontokorrentbuch.

Das Grundbuch

Im Grundbuch werden vereinfacht ausgedrückt die Buchungssätze eingetragen. Dabei geht man etwas gründlicher vor, als es bisher hier im Schulbuch gezeigt wird: Neben dem eigentlichen Buchungssatz werden noch weitere Eintragungen vorgenommen, darunter die Belegnummer, der Geschäftsfall und vor allem wird der Tag vermerkt, an welchem der Buchungssatz eingetragen wurde.

Im Grundbuch werden die Eintragungen chronologisch vorgenommen, das heißt, es wird nach Buchungsdatum eingetragen. Die Geschäftsfälle, die zuerst im Geschäftsjahr angefallen sind, werden zuerst gebucht, die Geschäftsfälle, welche später vorgefallen sind, werden danach eingetragen.

Beispiel für eine Eintragung im Grundbuch

Grundbuch Januar 20..

Buchungstag	Beleg-Nr.	Geschäftsfall	Buchungssatz	Soll	Haben
01.01.20..	BA 01	Mieter Kringel zahlt Mietzins	Bank an Mieterträge	250,00	 250,00
02.01.20..	ER 32	Zieleinkauf bei der Multitask GmbH	Aufwendungen für Waren Vorsteuer an Verbindlichkeiten	300,00 48,00	 348,00

Die Belegnummer zeigt an, welcher Beleg mit einer Buchung verknüpft ist. Dabei kann es sich um eine Eingangsrechung (ER), eine Ausgangsrechnung (AR) oder vielleicht einen Bankauszug (BA) handeln. Da alle Belege aufzubewahren sind, kann man so zu jeder Buchung den entsprechenden Beleg heraussuchen. Auf den Belegen selbst befindet sich eine Notiz, welche anzeigt, wann der Beleg gebucht wurde. Somit ist gewährleistet, dass man auch mithilfe des Beleges die Eintragung im Grundbuch findet (zur Belegbuchung → Kapitel 2.4).

Das Hauptbuch

Im Hauptbuch werden die einzelnen Buchungen eingetragen, die im Grundbuch vermerkt sind. Hier wird aber nicht der zeitlichen Reihenfolge nach gebucht, sondern nach Konten. Alle benutzten Konten sind im Hauptbuch vermerkt. Die Buchungen werden hier eingetragen, dabei wird das Gegenkonto aufgeführt und natürlich der Betrag, welcher gebucht wurde. Die Grundlage der Buchungen sind die Buchungssätze, welche im Grundbuch zu finden sind.

Beispiel für eine Eintragung im Hauptbuch (erster Buchungssatz aus dem obigen Grundbuch)

Soll	Bank		Haben
Mieterträge	250,00		

Soll	Mieterträge		Haben
		Bank	250,00

Das Kontokorrentbuch

Durch Zieleinkäufe ergeben sich Schulden gegenüber Lieferanten, die im Konto „Verbindlichkeiten aus Lieferungen und Leistungen" gebucht werden. Durch Zielverkäufe an Kunden ergeben sich Geldforderungen gegenüber Kunden, die im Konto „Forderungen aus Lieferungen und Leistungen" gebucht werden. Diese Vorgehensweise ist einfach und übersichtlich, hat aber einen entscheidenden Nachteil: Aus den Konten „Verbindlichkeiten a. LL" und „Forderungen a. LL" kann man nicht erkennen, welchem Lieferanten Geld geschuldet wird bzw. welcher Kunde seine Rechnungen noch nicht bezahlt hat.

Soll	Forderungen a. LL		Haben
EBK	5.000,00		
❶ Umsatzerl., USt	4.640,00		
❷ Umsatzerl., USt	2.500,00		
❸ Umsatzerl., USt	1.500,00		

Soll	Verbindlichkeiten a. LL		Haben
		EBK	15.000,00
		❹ Wareneingang, VSt	3.480,00
		❺ Wareneingang, VSt	2.000,00
		❻ Wareneingang, VSt	1.000,00

Diesem Problem wird durch die Kontokorrentbuchhaltung entgegengetreten. Die Idee ist folgende: Man bucht wie gewohnt in den beiden Konten „Forderungen a. LL" und „Verbindlichkeiten a. LL", zusätzlich wird aber für jeden Kunden ein **Kundenkonto** und für jeden Lieferanten ein **Lieferantenkonto** eingerichtet, in welchem die Buchungen auch eingetragen werden.

Beispiel (Forderungen)

Geschäftsfall: An den Kunden Elektro-Günther e. K. aus Siegen wird am 17.02.20.. Ware im Wert von 4.640,00 € brutto auf Ziel verkauft.

Buchungssatz:

Konten	Soll	Haben
Forderungen a. LL	4.640,00 €	
an Umsatzsteuer		640,00 €
an Umsatzerlöse für Waren		4.000,00 €

Buchung im Konto Forderungen a. LL:

Soll	Forderungen a. LL	Haben
EBK	5.000,00	
❶ Umsatzerl., USt	4.640,00	
❷ Umsatzerl., USt	2.500,00	
❸ Umsatzerl., USt	1.500,00	

Eintragung im Kundenkonto Nr. 24002 Elektro-Günther e. K., Siegen:

Datum	Beleg	Text	Soll	Haben	Saldo
Anfangsbestand 01.01.20..	Ausgangsrechnung Nr. 146/12	Übertrag aus dem Vorjahr	1.200,00		1.200,00
12.01.20..	Bankkontoauszug Nr. 3	Banküberweisung der Ausgangsrechnung Nr. 56/12		1.200,00	0,00
17.02.20..	Rechnung Nr. 78/02	Warenverkauf	4.640,00		4.640,00

Beispiel (Verbindlichkeiten)

Geschäftsfall: Wareneinkauf auf Ziel am 12.01.20.. beim Lieferanten Multitask GmbH, Paderborn, Bruttowert 3.480,00 €.

Buchungssatz:

Konten	Soll	Haben
Wareneingang Vorsteuer an Verbindlichkeiten a. LL	3.000,00 € 480,00 €	 **3.480,00 €**

Buchung im Konto Verbindlichkeiten a. LL:

Soll	Verbindlichkeiten a. LL	Haben
	EBK	15.000,00
	❹ Wareneingang, VSt	**3.480,00**
	❺ Wareneingang, VSt	2.000,00
	❻ Wareneingang, VSt	1.000,00

Eintragung im Lieferantenkonto Nr. 440001 Multitask GmbH, Paderborn:

Datum	Beleg	Text	Soll	Haben	Saldo
Anfangsbestand 01.01.20..	Eingangsrechnung Nr. 921	Übertrag aus dem Vorjahr		870,00	870,00
12.01.20..	**Eingangsrechnung Nr. 37**	**Wareneinkauf**		**3.480,00**	**4.350,00**

Die Salden, die in den Kunden- und auch in den Lieferantenkonten gebildet werden, zeigen den aktuellen Stand der Forderungen bzw. der Schulden an. Im obigen Beispiel werden dem Lieferanten Multitask GmbH am 12.01. insgesamt 4.350,00 € geschuldet.

Bei der Kontokorrentbuchhaltung sind die Kunden und die dazugehörigen Kundenkonten durchnummeriert nach der Kundenliste, ebenso sind den Lieferanten Nummern zugeordnet. Diese werden in jedem Unternehmen individuell festgelegt und erleichtern die Buchungen, wenn man mit den Nummern des Kontenrahmens bzw. Kontenplanes bucht (→ Kapitel 2.3.2).

Merke

- Im Grundbuch werden die einzelnen Geschäftsfälle und Buchungssätze chronologisch geordnet aufgelistet.
- Im Hauptbuch sind die einzelnen T-Konten mit den entsprechenden Buchungen der Buchungssätze aus dem Grundbuch aufgeführt.
- Das Kontokorrentbuch umfasst Konten für jeden Kunden und für jeden Lieferanten.
- Die Kontokorrentbuchhaltung wird zusätzlich zur Buchhaltung im Grundbuch und Hauptbuch durchgeführt.

Aufgaben

Aufgaben zur Wiederholung

1 Erstellen Sie ein Grundbuch für den Monat Februar 20.. wie im obigen Beispiel. Tragen Sie die folgenden Geschäftsfälle im Grundbuch ein.

1. Am 2. Februar werden Waren auf Ziel eingekauft, Nettowert 1.500,00 € (+ 16 % USt), Beleg: ER 45.
2. Am 5. Februar trifft die Eingangsrechnung Nr. 46 eines Dachdeckers ein, der Reparaturen am Dach durchgeführt hat, Rechnungsbetrag inklusive Umsatzsteuer: 232,00 €.
3. Warenverkauf auf Ziel am 06.02. des Jahres, die AR Nr. 78 zeigt einen Nettowert in Höhe von 3.400,00 € (+ 16 % USt).
4. Am 12.02. werden 500,00 € vom Bankkonto bar abgehoben, Beleg: BA 09.
5. Am 16. Februar wird die fällige Miete in Höhe von 1.235,00 € für angemietete Lagerräume per Banküberweisung bezahlt, BA 10.
6. Ebenfalls auf dem 10. Bankkontoauszug ist die Bezahlung einer Liefererrechnung am 16.02. in Höhe von 2.700,00 € eingetragen.
7. Barkauf von Büromaterial am 23. Februar, Quittung QT Nr. 32, Bruttowert: 116,00 € inklusive 16 % USt.
8. Am 24. Februar bezahlt ein Kunde eine offene Rechnung per Banküberweisung, BA 12, Rechnungsbetrag: 1.200,00 €.
9. Verkauf von Waren im Nettowert von 500,00 € auf Ziel (+ 16 % USt) am 25.02., AR Nr. 79.
10. Zahlung von Löhnen am 27.02. per Banküberweisung, 15.000,00 €, BA 13.

2 Bilden Sie die fehlenden Salden im Kundenkonto der Firma Kasadhar Sound & Video-Shop, Köln.

Datum	Beleg	Text	Soll	Haben	Saldo
Anfangsbestand 01.01.20..	Ausgangsrechnung Nr. 122/12	Übertrag aus dem Vorjahr	2.450,00		a)
02.01.20..	Ausgangsrechnung Nr. 2/01	Warenverkauf	3.510,00		b)
03.01.20..	Bankkontoauszug Nr. 1	Banküberweisung der Ausgangsrechnung Nr. 122/12		2.450,00	c)
07.02.20..	Ausgangsrechnung Nr. 15/02	Warenverkauf	940,00		d)
25.02.20..	Ausgangsrechnung Nr. 98/02	Warenverkauf	1.575,00		e)
01.03.20..	Bankkontoauszug Nr. 27	Banküberweisung der Ausgangsrechnung Nr. 2/01		3.510,00	f)

3 Führen Sie das Lieferantenkonto des Lieferers Mammuth GmbH Audiogeräte, Gelsenstraße 32, 46147 Oberhausen.

01.01.20.. Anfangsbestand: 2.905,00 € aufgrund der Lieferung ER 576
30.01.20.. Bezahlung der Rechnung ER 576 (BA 08)
19.04.20.. Warenanlieferung, ER 101, Bruttowert: 9.308,00 €
17.05.20.. Warenlieferung, ER 123, Bruttowert: 1.204,00 €

Aufgaben

19.05.20.. Überweisung der Rechnung ER 101 (BA 44)
09.06.20.. Warenanlieferung, ER 154, Bruttowert: 877,00 €
20.06.20.. Bezahlung der Rechnung Nr. 123 (BA 53)
10.07.20.. Bezahlung der Rechnung Nr. 154 (BA 61)
14.09.20.. Warenanlieferung, ER 311, Bruttowert: 3.206,00 €
14.10.20.. Warenanlieferung, ER 345, Bruttowert: 620,00 €
15.10.20.. Überweisung der Rechnung Nr. ER 311 (BA 87)
10.11.20.. Warenanlieferung, ER 409, Bruttowert: 1.290,00 €
15.11.20.. Bezahlung der Rechnung ER 345 (BA 99)
09.12.20.. Warenanlieferung, ER 499, Bruttowert: 3.350,00 €
Ermitteln Sie auch den Saldo zum Jahresschluss.

2.3.2 Kontenrahmen und Kontenplan

Das ist geschehen ...

Da Bastian Lenz mittlerweile die Buchführung ganz gut im Griff hat, soll er in der Mediaworld e. K. auch Buchungen durchführen. Dazu schaut er sich zunächst einmal an, wie Herr Peek am Computer die Buchungen vornimmt. Er ist erstaunt, als er sieht, dass Herr Peek nur Zahlen eingibt, aber keine Kontenbezeichnungen wie „Fuhrpark" oder „Bank".

Das ist zu tun ...

Helfen Sie Bastian, das Zahlengewirr aufzuschlüsseln.

1. Schlagen Sie im Kontenrahmen (im Anhang des Buches) nach, welche Konten in den beiden Buchungssätzen angesprochen sind.
2. Nach welchen Kriterien ist der Kontenrahmen gegliedert? Erstellen Sie sich eine kleine Übersicht, die Ihnen hilft die Kontennummern schnell zuzuordnen (siehe Hinweis im Informationstext).
3. Welche Vorteile bringt die Benutzung des Kontenrahmens?
4. Erläutern Sie mit eigenen Worten den Unterschied zwischen dem Kontenrahmen und einem Kontenplan.

6022174

Das sollte man wissen ...

Kontenrahmen und Kontenplan

Da es viele Konten in der Buchführung gibt, macht es Sinn diese Konten zu ordnen, um eine gewisse Übersichtlichkeit zu erreichen. Diese Ordnung geschieht mit dem so genannten Kontenrahmen. Ein **Kontenrahmen** ist ein Schema zur Gliederung von Konten der Buchhaltung. Im Anhang des Buches ist der Schulkontenrahmen abgedruckt; er zeigt, was mit „Ordnung" gemeint ist:

- Die Konten werden unterteilt in 10 Klassen: Kontenklasse 0 bis Kontenklasse 9.
- Die Konten sind zunächst einmal grob sortiert, wie man sie in der Buchführung benötigt: Zuerst die Konten aus der Bilanz, die Aktiva und die Passiva, es folgen die Konten aus der GuV-Rechnung, die Erträge und die Aufwendungen. Eine Kontenklasse ist für die Abschlusskonten vorgesehen und eine für die Kosten- und Leistungsrechnung (Letztere ist nicht Gegenstand dieses Buches!).
- Die Kontenklassen sind der Reihe nach belegt; in die Kontenklasse 0 gehören die Sachanlagen, in Kontenklasse 1 die Finanzanlagen und so weiter (siehe Arbeitsauftrag 2 der Eingangssituation!).
- Die weitere Aufschlüsselung zeigt wieder eine Ordnung nach 10er-Gruppen, was man auch dekadische Ordnung nennt: Jede Kontenklasse hat 10 Kontengruppen, jede Kontengruppe hat 10 Kontenarten. Man kann sogar noch weiter unterteilen in Kontenunterarten, wenn es notwendig erscheint.

Das folgende Beispiel zeigt am Konto Bezugskosten (für bezogene Waren), wie einer Kontobezeichnung eine Ziffernfolge mithilfe des Kontenrahmens zugeordnet ist:

Konto:
Bezugskosten (für den Wareneingang)
Kontennummer:
6 0 6 1

Kontenklasse: 6	Kontengruppe: 0	Kontenart: 6	Kontenunterart: 1
Betriebliche Aufwendungen	Aufwendungen für Roh-, Hilfs- und Betriebsstoffe und bezogene Waren	Wareneingang	Bezugskosten

Der Kontenrahmen sorgt dafür, dass eine feste Systematik bei der Benennung, Bezifferung und Benutzung von Konten gegeben ist. Dabei gilt ein Kontenrahmen immer für eine Branche: Es gibt einen Kontenrahmen für den Einzelhandel, einen für den Großhandel, einen für Industriebetriebe und so weiter. In diesem Buch wird ein **Schulkontenrahmen** (er ist im Anhang dieses Buches abgedruckt) benutzt, der nicht speziell an eine Branche angelehnt, sondern allgemein gehalten ist.

Die **Benutzung des Kontenrahmens** hat viele Vorteile:

- Wenn ein neuer Buchhalter die Buchführung eines Betriebes übernimmt, benötigt er wenig Einarbeitungszeit, da die Kontenbenutzung fest vorgegeben ist und man sich schnell hineindenken kann.
- Die Benutzung der immer gleichen Kontenbezeichnungen und der Ziffernfolgen hilft Vergleiche zwischen verschiedenen Jahren anzustellen, da die Daten aus vergangenen Jahren auf der gleichen Basis entstanden sind wie die aktuellen Daten der Buchführung.
- Wenn man die Ergebnisse der Buchführung seines Unternehmens mit den Ergebnissen anderer Unternehmen vergleichen will, fällt dies leicht, wenn dort die gleichen Kontenbezeichnungen und der gleiche Kontenrahmen benutzt wird.
- Unternehmensfremde wie Steuerberater oder die Finanzprüfung haben es einfacher, sich in die Buchführung eines Unternehmens hineinzudenken, wenn der benutzte Kontenrahmen bekannt ist.

Allerdings hat ein Kontenrahmen auch Nachteile, insbesondere fällt die hohe Anzahl von Konten auf, die im Kontenrahmen genannt wird – dies ist selbst beim reduzierten Schulkontenrahmen der Fall. Daher nutzen Unternehmen nicht den ganzen Kontenrahmen, sondern erstellen sich auf Basis der Konten, welche sie wirklich benötigen, einen Kontenplan. In diesem **Kontenplan** werden nur die Konten aufgenommen, die für die Buchung der Geschäftsfälle eines Unternehmens notwendig sind, alle anderen Konten werden weggelassen. Ein Kontenplan ist also ein abgespeckter Kontenrahmen oder anders ausgedrückt: Ein Kontenplan ist ein auf die Buchhaltung eines Unternehmens angepasstes Schema auf Basis des Kontenrahmens der Branche, in welcher das Unternehmen tätig ist.

In den Kontenplan kann man auch die **Kontokorrentbuchhaltung** (→ Kapitel 2.3.1) einbauen. Für jeden Kunden wird ein Kundenkonto und eine Kundenkontonummer vergeben, das Gleiche macht man für die Lieferanten. Dann kann neben der Buchhaltung im Grundbuch und Hauptbuch individuell in Kundenkonten und Lieferantenkonten zusätzlich gebucht werden.

Aufgaben

Aufgaben zur Wiederholung

1 Finden Sie für die folgenden Konten anhand des Kontenrahmens die Kontennummern heraus:

1. Bank
2. Eigenkapital
3. Mieterträge
4. Wareneingang
5. Geschäftsausstattung
6. Löhne
7. Büromaterial
8. Forderungen a. LL
9. Darlehen
10. Vorsteuer
11. Kasse
12. Verbindlichkeiten a. LL
13. Gehälter
14. Provisionserträge
15. Umsatzsteuer
16. Fuhrpark
17. Postgebühren/Telefon
18. Zinserträge
19. Bebaute Grundstücke
20. Zinsaufwendungen

2 Bilden Sie die Buchungssätze zu den folgenden Geschäftsfällen. Benutzen Sie statt der Kontenbezeichnung die entsprechende Kontennummer!

1. Warenverkauf auf Ziel, netto . . . . 3.250,00 €
   + 16 % Umsatzsteuer . . . . 520,00 €
2. Anschaffung eines neuen Firmen-Pkw, Zahlung mit Bankscheck, Wert inklusive Umsatzsteuer . . . . 23.200,00 €
3. Lohnzahlung durch Banküberweisung . . . . 18.470,00 €
   und durch Barauszahlung . . . . 2.530,00 €
4. Abhebung vom Bankkonto für die Geschäftskasse . 370,00 €
5. Zieleinkauf von Handelswaren, Nettowert . . . . 4.100,00 €
   + 16 % Umsatzsteuer . . . . 656,00 €
6. Überweisung der Gehälter . . . . 7.980,00 €
7. Bezahlung einer Lieferantenrechnung per Überweisung . . . . 770,00 €
8. Barzahlung für Postwertzeichen . . . . 50,00 €
9. Rückzahlung eines Darlehens per Banküberweisung 12.000,00 €
10. Bezahlung von Darlehenszinsen per Bankabbuchung 546,00 €

3 Finden Sie mithilfe des Kontenrahmens heraus, welche Buchungssätze gebucht wurden:

Nr.	Buchungssatz	Betrag
1.	2800 an 2400	1.230,00 €
2.	6810 an 2880	20,00 €
3.	2800 an 5400	420,00 €
4.	7000 an 2800	3.490,00 €
5.	6060	3.000,00 €
	2600	480,00 €
	an 4400	3.480,00 €

2.4 Buchung von Belegen

Das ist geschehen ...

In der Buchhaltung der Mediaworld e. K. liegt der folgende Beleg vor:

MULTI TASK GmbH
Computerzubehör

Multitask GmbH, Florentinastr. 67, 33102 Paderborn

Florentinastraße 67
33102 Paderborn
Telefon: 05251 89110-0
Telefax: 05251 89110-11
E-Mail: multitask@wvd.de
www.multitask-wvd.de

Mediaworld e. K.
Krefelder Straße 92
47226 Duisburg

Ihr Zeichen	Unser Zeichen	Telefon, Name 05251 89110-	Datum
	VK-Till	09 Tillmann	20..-02-13

Rechnung Nr. 34/02

Sehr geehrte Damen und Herren,

für unsere Lieferung vom 10.02.20.. stellen wir Ihnen in Rechnung:

Art.-Nr.:	Menge	Preis	Rabatt	Gesamtpreis (EUR)
56 000	80	68,00	15 %	4.624,00
57 000	100	39,00	15 %	3.315,00
	Rechnungsbetrag netto:			7.939,00
	+ 16 % Umsatzsteuer			1.270,24
	Rechnungsbetrag brutto:			**9.209,24**

Ihre Zahlungsbedingungen:
40 Tage Zahlungsziel,
3 % Skonto bei Bezahlung innerhalb von 15 Tagen.

Wir bedanken uns für Ihre Bestellung.

Mit freundlichen Grüßen

Multitask GmbH

i. V. Tillmann

Tillmann

Volksbank Paderborn
Konto: 4 459 873
BLZ 472 601 21
USt-IdNr. DE 175893996

Bastian Lenz erhält den Auftrag, den Beleg zu buchen. Dazu setzt er sich gleich an den Computer, um den Buchungssatz einzugeben. „Halt, halt!“, ruft der Buchhalter Florian Peek, „du musst den Beleg erst vorkontieren!“ Bastian ist irritiert: „Vorkontieren, was ist das denn?“

Das ist zu tun ...

Helfen Sie Bastian bei der Bearbeitung des Beleges:

1. Welche Art von Beleg liegt hier vor?
2. Kontieren Sie den Beleg vor.
3. Was wird mit dem Beleg passieren, wenn er vorkontiert ist?

Das sollte man wissen ...

Buchung von Belegen

Jeder Buchungssatz muss belegt werden. Einen Buchungssatz „auf Zuruf" aufzustellen, ist nicht erlaubt. Daher existiert für jede Buchung ein Beleg, der auch aufbewahrt werden muss. Nur so ist es möglich, die Buchführung eines Unternehmens auch zu überprüfen – etwa wenn Fehler gesucht werden oder wenn eine Prüfung durch das Finanzamt erfolgt.

Die meisten Belege, die für die Buchhaltung benötigt werden, ergeben sich aus dem alltäglichen Geschäftsbetrieb. Es werden Rechnungen geschrieben und es treffen Rechnungen ein, es werden Kontoauszüge von der Bank geholt oder es muss eine Quittung geschrieben werden. Die Belege werden in die folgenden **Belegarten** eingeteilt:

- **Eigenbelege:** Diese Belege werden im eigenen Unternehmen erstellt. Dazu gehören Ausgangsrechnungen, selbst erstellte Quittungen und anderes.
- **Fremdbelege:** Diese Belege werden von fremden Unternehmen erstellt. Hierzu gehören Eingangsrechnungen, Bankkontoauszüge, Quittungen von anderen Unternehmen/Kaufleuten/Handwerkern usw.

Zu jedem Beleg wird eine Buchung durchgeführt. Die Buchungssätze werden in das Grundbuch eingetragen, hier ist auch die Nummer des Beleges vermerkt, der sich hinter einem Buchungssatz verbirgt. Auf dem Beleg selbst wird vermerkt, welcher Buchungssatz zu dem Beleg gehört, diese Eintragung nennt man **Vorkontierung** und wird in einem so genannten **Kontierungsstempel** eingetragen. Ein Kontierungsstempel sieht wie folgt aus:

Konto	Soll	Haben
Gebucht:		

Liegt ein Beleg vor, wird er mit dem Kontierungsstempel versehen, auf dem der Buchungssatz eingetragen wird. Im folgenden Beispiel wird die Rechnung der Firma Multitask GmbH bezahlt. Es liegt der Kontoauszug vor, der die Bezahlung anzeigt (siehe nächste Seite):

Beispiel für die Kontierung eines Beleges

Deutsche Bank Duisburg **Kontoauszug** Nr. 19 vom 20..-03-09 Blatt 1

Wert	Buchungstext	Soll	Haben
	Alter Kontostand in EUR:		22.690,87
03-08	Rechung Nr. 34/07 Multitask GmbH	9.209,24	
	Ihr neuer Kontostand in EUR:		13.481,63

Konto	Soll	Haben
4400	9.209,24	
2800		9.209,24

Gebucht: Peek, ..-03-09

Moritz Wagner
Mediaworld e. K.
Krefelder Straße 92
47226 Duisburg

Kontonummer: 123 456 789
Bankleitzahl: 350 700 30

Im Buchungssatz werden die Konten Verbindlichkeiten aus Lieferungen und Leistungen (4400) und Banken (2800) benötigt.

Buchungsbelege dürfen nach der Buchung nicht einfach verschwinden, sondern müssen aufbewahrt werden. Laut § 257 des Handelsgesetzbuches müssen Buchungsbelege 10 Jahre lang aufbewahrt werden. Damit ist gewährleistet, dass die Buchhaltung abgeschlossener Geschäftsjahre noch lange Zeit nachvollziehbar und überprüfbar ist.

Aufgaben

Aufgaben zur Wiederholung

a) Entscheiden Sie bei folgenden Belegen, ob es sich um Eigenbelege oder um Fremdbelege handelt.
b) Bilden Sie die Buchungssätze zu den einzelnen Belegen.

›› Beleg Nr. 1:

Mediaworld e. K.

Buchungsbeleg Nr.: ____________

Datum:	Text:	Summe
..-03-24	Privatentnahme aus Kasse	400,00 EUR

Unterschrift Moritz Wagner

Deutsche Bank Duisburg **Kontoauszug** Nr. 21 vom 20..-03-14 Blatt 1

Wert	Buchungstext	Soll	Haben
	Alter Kontostand in EUR:		13.481,63
03-13	Rechnung Nr. 27/03 vom 20..-03-01 Kurt Wächter e. K.		4.234,00
03-13	Rechnung Nr. 182, Mammuth GmbH	2.745,12	
	Ihr neuer Kontostand in EUR:		14.970,51

Moritz Wagner
Mediaworld e. K.
Krefelder Straße 92
47226 Duisburg

Kontonummer: 123 456 789
Bankleitzahl: 350 700 30

Beleg Nr. 2:

Sanitärinstallationen Egon Flanders

Egon Flanders
Gaußstraße 17
47236 Duisburg
Tel.: 0203 87556
Fax: 0203 87557

E. Flanders, Gaußstr. 17, 47236 Duisburg

Mediaworld e. K.
Krefelder Straße 92
47226 Duisburg

Deutsche Bank Duisburg
Kontonummer 8 838 421
BLZ 350 700 30

St.-Nr. 88 367 9514 8

Rechnung

Ihr Auftrag vom:	Kunden-Nr.:	Rechnung-Nr.:	Datum:
02.03.20..	12 456	AR 54	10.03.20..

Leistung:		Betrag in EUR:
4,0	Facharbeiterstunden für Instandsetzungen	120,00
	Material	370,00
	Zwischensumme	490,00
	+ 16 % MWSt	78,40
	Gesamtbetrag	**568,40**

Zahlbar sofort ohne Abzug

Beleg Nr. 3:

›› Beleg Nr. 4:

Quittung Nr. 17

Netto	€ 108	ct 99	
+ % USt	€ 17	ct 43	
Gesamt	€ 126	ct 43	

Gesamtbetrag € in Worten: eins – zwei – sechs ---- Cent wie oben

(Im Gesamtbetrag sind ________% Umsatzsteuer enthalten)

von Peter Lämmert, Meerbuschweg 34, Duisburg

für Drucker „Saltero", Tastatur „Speedy"

richtig erhalten zu haben, bestätigt

Ort Duisburg Datum ..-03-09

Buchungsvermerke

Stempel/Unterschrift des Empfängers: Mediaworld e. K. Bastian Lenz

›› Beleg Nr. 5:

Mediaworld/e. K.

Mediaworld e. K., Krefelder Str. 92, 47226 Duisburg

Krefelder Straße 92 • 47226 Duisburg
Tel.: 02065 99977-0 • Fax: 02065 99977-20

St.-Nr. 56 951 3674 9
Deutsche Bank Duisburg
Konto 123 456 789 • BLZ 350 700 30

E-Mail: mediaworld@wvd.de
www.mediaworld-wvd.de

Firma
Kurt Wächter e. K.
Hauptmannweg 23
44147 Dortmund

Datum:
20..-03-05

Rechnung Nr. 34/03

25	Stück	H 1002 Autoradio „Vision" zu je 89,00 €, gesamt:	2.225,00 €
30	Stück	H 1005 Surroundsystem „Feeling" zu je 129,00 €, gesamt:	3.870,00 €
		Zwischensumme	6.095,00 €
		abzgl. Rabatt: 10 %	609,50 €
		Gesamtbetrag netto	5.485,50 €
		Umsatzsteuer (16 %)	877,68 €
		Rechnungsbetrag:	**6.363,18 €**

Mit freundlichen Grüßen

Mediaworld e. K.

6022182

« **Beleg Nr. 6:**

CARWASH-Tankstelle
H. FENN
KREFELDER STRASSE 156
47226 DUISBURG
USt-IdNr.: DE 988 654 871

SÄULE-NR.: 7
Datum: 20..-03-09

BIO-Diesel

Menge 39,000 l
Literpreis EUR 0,880

****** EUR 34,32**

enthaltene
MWSt 16 % EUR 5,49
Betrag netto: EUR 39,81

VIELEN DANK UND GUTE FAHRT!

3 Kaufvertragsstörungen

3.1 Erfüllung des Kaufvertrages

Das ist geschehen ...

Moritz Wagner ist mit seinen Geschäften durchaus zufrieden. Er hat im Laufe der letzten Woche mit unterschiedlichen Kunden Kaufverträge abgeschlossen. Hier einige Auszüge aus den vier Kaufverträgen:

.... Wir liefern wie bestellt 500 Stück Artikel Nr. C 3005 „DVD-Rohlinge". ...	.... Die Anlieferung erfolgt wie gewünscht am Mittwoch, 10.04.20.. vormittags. ...	.... Versandanschrift: Ihr Warenlager in der Heinrich-Heine-Straße 89, Annahme durch den zuständigen Lagermeister. ...	.... Der Rechnungsbetrag ist fällig am 18.07.20.. ...

Das ist zu tun ...

Finden Sie aufgrund der obigen Auszüge aus den Kaufverträgen heraus, was bei der Abwicklung eines Kaufvertrages alles schief gehen kann. Nutzen Sie dann den folgenden Informationstext, um die Fachbegriffe für diese Störungen zu benennen.

Das sollte man wissen ...

Erfüllung des Kaufvertrages

Wer einen Kaufvertrag abschließt, geht immer besondere Verpflichtungen ein, man hat aber auf der anderen Seite auch bestimmte Rechte aus diesem Kaufvertrag. Beides gilt gleichermaßen für den Verkäufer und für den Käufer. Die Rechte und Pflichten dieser beiden Vertragsparteien sind im Folgenden gegenübergestellt:

Rechte des Verkäufers:

- Recht auf Annahme der Ware durch den Käufer
- Recht auf rechtzeitige Bezahlung der Ware durch den Käufer

Rechte des Käufers:

- Recht auf Lieferung von mangelfreier Ware durch den Verkäufer
- Recht auf rechtzeitige Lieferung durch den Verkäufer

Pflichten des Verkäufers:

- Lieferung von mangelfreier Ware
- Rechtzeitige Anlieferung der Ware am richtigen Ort

Pflichten des Käufers:

- Annahme der richtig gelieferten Ware
- Rechtzeitige Bezahlung der Ware

Man sieht, dass die Rechte des einen Vertragspartners die Pflichten des anderen sind und umgekehrt. Bei der Betrachtung, was alles bei einem Kaufvertrag schief gehen kann, genügt es, sich die Pflichten der Vertragspartner genauer anzusehen. Dabei werden die folgenden vier Möglichkeiten von Störungen des Kaufvertrages offenbar:

■ Die Ware wird nicht mangelfrei geliefert.	Fachbegriff: **Mangelhafte Lieferung**	Fachbegriff: **Annahmeverzug**	■ Die Ware wird nicht angenommen.
■ Die Ware wird nicht rechtzeitig geliefert.	Fachbegriff: **Nicht-rechtzeitig-Lieferung**	Fachbegriff: **Nicht-rechtzeitig-Zahlung**	■ Die Ware wird nicht rechtzeitig bezahlt.

Diese vier Fachbegriffe werden unter der Überschrift „Kaufvertragsstörungen“ zusammengefasst. Mit ihnen beschäftigen sich die folgenden Kapitel des Buches.

6022184

3.2 Mangelhafte Lieferung

Das ist geschehen ...

In der Mediaworld e. K. treffen im Laufe einer Woche viele Warenanlieferungen ein. In der letzten Woche hat sich Geschäftsführer Moritz Wagner aufgeschrieben, was bei den Anlieferungen alles passiert ist:

1. Statt der erwarteten Lieferung von 450 DVD-Rohlingen wurden 450 CD-Rohlinge geliefert.
2. Der Praktikant der Mediaworld e. K., Andreas Zimmer, packt eine der angelieferten 50 Computermäuse „Speedy" aus und schließt sie fehlerhaft an einen PC an. Der Stecker am Mauskabel ist sofort defekt.
3. Statt der bestellten 80 Stück Rollax Digitalkamera DC 2005 wurden nur 10 Stück geliefert.
4. Es werden 125 Stück „MP3-Player 512" angeliefert, die auch bestellt wurden. Beim Einräumen in das Lager fällt dem Lageristen Herrn Bäumer auf, dass noch ausreichend „MP3-Player 512" auf Lager liegen.
5. Der neu ins Sortiment aufgenommene Hi-Fi-Stereo-Videorekorder ist nicht für Stereoaufnahmen geeignet.
6. Eine der 25 gelieferten Mikroanlagen „Boost" MC 101 ist fehlerhaft zusammengebaut worden.
7. Bei der Anlieferung fällt dem Lageristen der Mediaworld e. K. ein Karton mit Autoradios vom Hubwagen. Zwei der zehn Radios sind kaputt.
8. Bei den neu ins Sortiment aufgenommenen Soundkarten „Soundmaster IV" ist eine derart fehlerhafte Montageanleitung, dass schon drei Kunden sie ins Geschäft zurückgebracht und reklamiert haben.
9. Die ebenfalls neu ins Sortiment aufgenommene Grafikkarte „Viva-Speed" verspricht in der Werbung ruckel- und flimmerfreie Grafik. Das Gegenteil ist der Fall: Die Computerbilder laufen nicht flüssig und der Bildschirm flimmert.

Das ist zu tun ...

1. Stellen Sie fest, ob es sich bei den Beispielen jeweils um einen Mangel im Sinne des Gesetzes handelt oder nicht.
2. Ordnen Sie die herausgefundenen Mängel den Mangelarten zu.

Das sollte man wissen ...

Mangelhafte Lieferung

Der Verkäufer schuldet dem Käufer die Übergabe einer mangelfreien Ware. Ist die Ware nicht mangelfrei, sondern mit einem Mangel versehen, stehen dem Käufer verschiedene Rechte zu, die er wahrnehmen kann. Vorab muss aber herausgefunden werden, ob die Ware mit einem Mangel versehen ist oder nicht. Dazu muss man wissen, was ein Mangel überhaupt ist. Dazu werden im Gesetz die folgenden unterschiedlichen Festlegungen getroffen:

Mangelarten

1. Eine Kaufsache kann mit einem **Sachmangel** versehen sein. Ein solcher Sachmangel liegt vor, wenn ...

Erstens:

... zu wenig geliefert wird

Zweitens:

... die falsche Ware geliefert wird

Drittens:

... die Ware nicht die vereinbarte Beschaffenheit hat

Viertens:

... die Ware defekt, beschädigt, falsch montiert oder falsch zusammengebaut ist

Fünftens:

... die Montageanleitung der Sache fehlerhaft ist

Sechstens:

... die Werbung Eigenschaften der Ware versprach, welche die Ware nicht einhält

2. Eine Kaufsache kann mit einem **Rechtsmangel** versehen sein. Ein solcher Rechtsmangel liegt zum Beispiel vor, wenn ein Verkäufer nicht Eigentümer, sondern nur Besitzer einer Sache ist (→ Kapitel 1.4). In diesem Fall ist die gelieferte Sache mangelhaft und der Verkäufer kann wie bei einem Sachmangel seine ihm zustehenden Rechte wahrnehmen.

Rechte des Käufers bei einer mangelhaften Lieferung

Zunächst steht dem Käufer das Recht zu den Mangel vom Verkäufer beseitigen zu lassen. Dies kann auf zwei Arten geschehen: Entweder, der Verkäufer nimmt die Ware zurück und liefert eine mangelfreie Ware. Oder der Verkäufer nimmt die Ware zurück und behebt den Mangel durch Reparatur, Austausch einzelner defekter Teile oder Ähnlichem. Diese beiden Möglichkeiten nennt man **Nacherfüllung.** Nacherfüllung kann somit erfolgen durch Neulieferung oder Nachbesserung:

Nacherfüllung:

- **Nachbesserung (Reparatur)**
- **Neulieferung**

Wenn die Nachbesserung zweimal fehlgeschlagen ist, sieht man die Nacherfüllung als gescheitert an und der Käufer kann nun weitere, andere Rechte in Anspruch nehmen.

Rechte des Käufers, wenn die Nacherfüllung fehlgeschlagen ist:

Rücktritt vom Vertrag	**Minderung des Kaufpreises** (im Gegensatz zu den anderen drei Rechten ist dies auch bei geringfügigen Mängeln möglich!)	**Schadensersatz statt der Leistung**	**Ersatz vergeblicher Aufwendungen**
Dies bedeutet eine Rückabwicklung des Vertrages: Die gekaufte Sache wird an den Verkäufer zurückgegeben, ein eventuell bezahlter Kaufpreis wird erstattet.	Dies bedeutet eine Herabsetzung des Preises der Ware. Denkbar ist dies, wenn die gekaufte Sache mit Einschränkungen benutzbar ist.	Der Schadensersatz kann sich auf den Minderwert einer mangelhaften Sache beziehen oder auf die ganze Sache, wenn der Käufer sie nicht behalten will. Daneben ist noch ein Ersatz des Schadens möglich, der dem Käufer durch die mangelhafte Sache entstanden ist.	Anstelle eines Schadensersatzes kann bei einer mangelhaften Lieferung der Käufer vom Verkäufer die Erstattung von Kosten verlangen, die angefallen sind, weil er sich darauf verlassen hat, dass die Ware mangelfrei geliefert wird.
Beispiel Die Mediaworld e. K. hat von einem Lieferanten 20 fehlerhafte Tintenstrahldrucker bezogen. Die Mediaworld e. K. gibt die Drucker zurück an den Lieferanten; die geleistete Anzahlung des Kaufpreises muss der Lieferant erstatten.	*Beispiel* Ein Kunde hat bei der Mediaworld e. K. eine Digitalkamera gekauft und zu Hause festgestellt, dass das Gehäuse an der Seite leicht zerkratzt ist. Er bekommt im Geschäft eine Gutschrift über 10 % des Kaufpreises.	*Beispiel* Die Mediaworld e. K. hat eine Lieferung DVD-Player bekommen, die mit hohem Gewinn weiterverkauft werden sollte. Da die komplette Lieferung mangelhaft ist, kann sie nicht weiterverkauft werden. Daher bekommt die Mediaworld e. K. den Kaufpreis zurück und den Gewinn ersetzt, der ihr durch den geplatzten Weiterverkauf entgangen ist.	*Beispiel* Die Mediaworld e. K. hat zum Bundesligastart eine große Werbeaktion für einen Sonderverkauf von Fernsehern durchgeführt. Die gelieferten und beworbenen Fernseher sind leider alle defekt. Die Kosten für die Werbeaktion und den Sonderverkauf müssen vom Lieferanten übernommen werden.

Voraussetzungen (Rücktritt vom Vertrag, Minderung des Kaufpreises)**:**
Es muss dem Verkäufer eine angemessene Frist zur Nacherfüllung gestellt worden sein. Diese Frist muss nicht gesetzt werden, wenn der Verkäufer ...

- die Nacherfüllung verweigert.
- die Nacherfüllung fehlgeschlagen ist.
- die Lieferung an einen festen Termin gebunden ist und nicht rechtzeitig erbracht wird.
- besondere Umstände vorliegen, die einen sofortigen Rücktritt in beiderseitigem Interesse rechtfertigen.

Voraussetzungen (Schadensersatz statt der Leistung, Ersatz vergeblicher Aufwendungen)**:**
Der Verkäufer hat den Mangel zu verschulden! Außerdem muss dem Verkäufer eine angemessene Frist zur Nacherfüllung gestellt werden. Auf diese Frist kann verzichtet werden, wenn der Verkäufer ...

- die Leistung verweigert.
- besondere Umstände vorliegen, die einen sofortigen Rücktritt in beiderseitigem Interesse rechtfertigen.

Rügefristen

Beispiel

Eine Warenanlieferung in der Mediaworld e. K. wird in der Regel gleich nach der Anlieferung ins Lager gebracht und auf sichtbare und erkennbare Mängel untersucht. Sollte aber kurz vor Feierabend angeliefert werden, ist es auch in Ordnung, dass der Lagerist Herr Bäumer die Ware erst am nächsten Tag inspiziert.

Es ist gesetzlich festgelegt, dass der Käufer – sofern es sich um einen Kaufmann handelt – sofort nach der Anlieferung der Ware diese auf Mängel untersuchen muss. „Sofort" bedeutet, dass dies ohne verschuldete Verzögerung zu geschehen hat.

Hat der Käufer einen Mangel festgestellt, muss er diesen sofort dem Verkäufer melden. Dies geschieht in Form einer so genannten **Mängelrüge,** die zwar auch mündlich erteilt werden kann, aus Beweisgründen aber in der Regel schriftlich erfolgt. Jeder einzelne Mangel ist dabei zu nennen. Wenn es sich um versteckte Mängel handelt, die bei einer „normalen" Untersuchung nicht zu erkennen sind, ist sofort nach der Entdeckung eine Mängelrüge an den Verkäufer zu richten.

Anderes gilt, wenn die Ware an einen Privatmann (an einen Endverbraucher) verkauft wird. Hier hat der Käufer zwei Jahre Zeit, seine Mängelrüge zu erteilen.

Aufgaben

Aufgaben zur Wiederholung

1 Ordnen Sie bei den folgenden Fällen zu, um welche Mangelart es sich handelt.

1. Es werden 50 Paar Mammuth-Boxen „Eiszeit" geliefert. Bei drei Paar Boxen stellt man bei der Einlagerung fest, dass sie durch kleine, kaum sichtbare Kratzer beschädigt sind.
2. Ein Kunde kauft in der Mediaworld e. K. ein Autoradio „Vision" mit abnehmbarem Bedienteil. Am nächsten Tag kommt er zurück in den Laden und beschwert sich, dass sich das Bedienteil aufgrund eines Montagefehlers gar nicht abnehmen lässt.
3. Die Mediaworld e. K. kauft bei einem neuen Lieferanten 40 CD-Brenner. Bei der Anlieferung probiert der Auszubildende Bastian einen der Brenner aus und stellt fest, dass dieser nicht – wie bei den Produkteigenschaften aufgeführt – alle gewünschten CD-Formate brennt.
4. Ein neu auf dem Markt erschienener Tintenstrahldrucker wird in der Werbung angepriesen: „Mit einer Farbpatrone können Sie mindestens 1 000 Seiten ausdrucken." Ein Kunde kauft diesen Drucker und zählt seine Ausdrucke genau mit: Nach 250 Seiten ist die Tintenpatrone jeweils leer.
5. Ein Kunde kauft in der Mediaworld e. K. einen USB-Stick. Aufgrund der schwer verständlichen Montageanleitung stöpselt er diesen in den falschen Eingang seines PC und beschädigt den USB-Stick und den PC.
6. Ein Kunde kauft in der Mediaworld e. K. eine aktuelle Hip-Hop-CD. Als er zu Hause die CD öffnet, stellt er fest, dass sich in der Hülle die CD einer Schlagersängerin befindet.
7. Beim Auspacken und Einlagern einer Ladung Plasma-Fernseher stellt der Lagerist Herr Bäumer fest, dass nur 25 statt der bestellten 28 Fernseher geliefert wurden.

2 Versetzen Sie sich in die Lage des Käufers und entscheiden Sie in den Fällen 1 bis 5 der Aufgabe 1, welches der Ihnen zustehenden Rechte Sie in Anspruch nehmen würden, wenn eine Nacherfüllung fehlgeschlagen ist. Begründen Sie Ihre Entscheidung kurz.

3 Welche Rügefristen gelten in den folgenden Beispielen:

a) Oma Erna kauft in der Mediaworld e. K. eine neue Microanlage, um auch in der Küche Musik hören zu können. Zu Hause stellt sie fest, dass bei der Anlage der Schacht des CD-Spielers sich nicht öffnen lässt.

b) Bei der Mediaworld e. K. wird Ware angeliefert, deren Verpackung in Ordnung erscheint. Erst beim Einräumen in das Lager wird festgestellt, dass ein Teil der Ware fehlt.

c) Gleiches Beispiel wie a), nur wird schon in der Mediaworld e. K. festgestellt, dass die Microanlage mit diesem Schaden versehen ist.

4 Entscheiden Sie kurz schriftlich, welches Recht der Käufer bei der mangelhaft gelieferten Ware in Anspruch nehmen sollte, wenn eine Nachbesserung des Verkäufers schon zweimal fehlgeschlagen ist.

1. Ein neu geliefertes Motorrad, das als geländetauglich verkauft wurde, erweist sich aufgrund der schlechten Stoßdämpfer als absolut unbrauchbar für Fahrten im Gelände.
2. Bei einem neu gekauften Computermonitor stellt der Kunde fest, dass der Bildschirm flimmert und das Bild nicht ruhig bleibt. Der Kunde hatte sich schon von einem Tischler einen Computertisch für den Monitor herstellen lassen, der genau für diesen Monitor passend gebaut worden ist.
3. Bei einem neu gekauften Handy findet der Käufer kleine Kratzer auf der Seite. Der Gebrauch des Handys ist dadurch aber nicht eingeschränkt.
4. Bei einem neu gekauften Handy entdeckt der Käufer Kratzer auf dem Display. Die Anzeige ist dadurch nur eingeschränkt zu erkennen.
5. Bei einem neu gekauften Fahrrad bricht bei ganz normalem Gebrauch nach drei Wochen eine Pedale ab. Der Käufer stürzt, bricht sich ein Bein und kann daher vier Wochen lang seinen Beruf als selbstständiger Handelsvertreter nicht ausüben.

5 Bei der Mediaworld e. K. werden gemäß der Bestellung vom 02.12.20.. beim Lieferanten Multitask GmbH 50 Stück Speedy-Computermäuse angeliefert. Beim Auspacken aus der Transportverpackung und Einräumen in das Lager stellt der Lagerist Mängel an der Ware fest, welche er der Abteilung Einkauf schriftlich meldet:

```
05.12.20..

Anlieferung der
Multitask GmbH,
50 Speedy-Compu-
termäuse, davon:
10 Mäuse ohne
Kabel
5 Mäuse ohne
Mauskugel
```

Schreiben Sie für die Mediaworld e. K. eine Mängelrüge an den Lieferanten Multitask GmbH, in der Sie die Mängelarten benennen und Vorschläge zur weiteren Vorgehensweise machen. (Vgl. hierzu Arbeitsbuch Informationswirtschaft, Lernfeld 2, Kapitel 8.)

3.3 Nicht-Rechtzeitig-Lieferung

Das ist geschehen ...

Moritz Wagner, der Geschäftsführer der Mediaworld e. K., hat sich bei einem Computerhändler ein neues Notebook bestellt. Dieses ist mit einem besonders guten Bildschirm ausgestattet, der auch ein außergewöhnlich breites Format hat. In der Bestellung wird festgehalten: „Sobald die Ware lieferbar ist, wird das Notebook per Postversand zugeschickt.“ Nach drei Wochen ist das Notebook immer noch nicht da. Bastian Lenz, der Auszubildende, rät seinem Chef, einfach vom Vertrag zurückzutreten und sich woanders ein Notebook zu bestellen. Moritz Wagner selbst ist skeptisch: Er möchte schon das bestellte Notebook haben und nicht irgendein anderes.

Das ist zu tun ...

1. Was würden Sie „aus dem Bauch heraus“ in der Situation von Moritz Wagner tun?
2. Prüfen Sie – nach dieser gefühlsmäßigen Entscheidung –, welche Rechte Moritz Wagner zustehen.
3. Prüfen Sie den Vorschlag von Bastian Lenz: Welche Voraussetzungen müssen eintreten, damit Moritz Wagner vom Vertrag zurücktreten kann?
4. Prüfen Sie die Überlegungen von Moritz Wagner: Unter welchen Voraussetzungen kann er auf der Lieferung des Notebooks bestehen?
5. Angenommen, der Lieferant verweigert die Lieferung des Notebooks. Moritz Wagner hat sich allerdings schon für 65,00 € eine neue Notebook-Tasche aus echtem Leder gekauft. Diese kann er für die anderen Modelle nicht benutzen, da sie nur für dieses eine – nicht lieferbare – Notebook passt. Was kann Moritz Wagner tun?

Das sollte man wissen ...

Nicht-Rechtzeitig-Lieferung

Von einer Nicht-Rechtzeitig-Lieferung spricht man, wenn der Lieferant – also der Verkäufer – die Ware nicht zu dem vereinbarten Termin an den Käufer übergibt. Für den Käufer, der in diesem Fall der Geschädigte ist, ergeben sich bestimmte Rechte, die er wahrnehmen kann.

Rechte des Käufers

1. Recht:	Der Käufer besteht darauf, dass er die Lieferung noch bekommt. Zusätzlich kann er Schadensersatz fordern, wenn durch die Lieferverzögerung ein Schaden entstanden ist.
2. Recht:	Der Käufer kann Schadensersatz statt der Lieferung fordern. Der Verkäufer muss dann nicht mehr liefern, allerdings muss er dem Käufer den entstandenen Schaden ersetzen.

6022190

3. Recht:	Der Käufer kann statt des Schadensersatzes auch einen Ersatz von vergeblichen Aufwendungen fordern.
4. Recht:	Der Käufer kann vom Vertrag zurücktreten. In diesem Fall wird der Vertrag rückgängig gemacht. Zusätzlich kann ein Schadensersatz gefordert werden, falls ein Schaden entstanden ist.

Bevor man als Käufer seine Rechte in Anspruch nehmen kann, muss genau überlegt werden, ob der Schuldner, der die Lieferung der Ware schuldig geblieben ist, tatsächlich in Verzug ist. Dazu muss man bei den einzelnen Rechten genau die dazugehörigen Voraussetzungen überprüfen:

Voraussetzungen

Zum 1. Recht: Lieferung verlangen und eventuell Schadensersatz fordern (Verzögerungsschaden)

Um als Käufer hierauf bestehen zu können, müssen die folgenden Voraussetzungen eintreten:

1. **Voraussetzung: Die Forderung muss fällig sein.**
   Dies bedeutet, dass der Termin, zu dem die Lieferung erfolgen sollte, abgelaufen ist.
2. **Voraussetzung: Die ausstehende Lieferung wurde angemahnt.**
   Das bedeutet, dass der Käufer den Verkäufer noch einmal darauf hinweisen muss, dass die Lieferung fällig ist. Hierauf kann allerdings unter bestimmten Bedingungen verzichtet werden:
   - Wenn der Verkäufer die Lieferung verweigert.
   - Wenn der Liefertermin so genau festgelegt wurde, dass er mit einem Kalender bestimmt werden kann (z. B. „Lieferung am 15.05.20..", „Lieferung bis Ende Mai 20..").
   - Wenn besondere Gründe vorliegen, die einen sofortigen Vollzug rechtfertigen (z. B. wenn bei einem Wasserrohrbruch eine schnelle Reparatur notwendig ist, bei der keine Zeit für eine Mahnung verloren gehen darf).

   Besteht der Käufer darauf, dass er die Lieferung noch bekommt, und will er zusätzlich Schadensersatz fordern, gilt als
3. **Voraussetzung: Der Verkäufer hat es zu verschulden, dass die Lieferung nicht pünktlich an den Käufer überbracht worden ist.**

Zum 2. Recht: Schadensersatz statt Leistung

Um dieses Recht in Anspruch zu nehmen, muss der Käufer folgende Voraussetzungen beachten:

1. **Voraussetzung: Die Forderung muss fällig sein.**
2. **Voraussetzung: Dem Schuldner muss eine angemessene Nachfrist gestellt werden.**

Dies bedeutet, dass dem Verkäufer eine letzte Frist gesetzt wird, innerhalb der er versuchen kann die Ware doch noch zu liefern. Somit weiß der Verkäufer, wenn er sich weiter bemüht die Ware doch noch zu liefern, ab wann eine Lieferung nicht mehr notwendig ist.

Diese Nachfrist muss nicht gesetzt werden, wenn ...

- der Verkäufer die Lieferung verweigert.
- besondere Umstände vorliegen, die dazu führen, dass ein sofortiges Fordern des Schadensersatzes gerechtfertigt ist.

3. Voraussetzung: Der Verkäufer verschuldet den Lieferungsverzug.

Zum 3. Recht: Ersatz vergeblicher Aufwendungen
Hier gelten die gleichen Voraussetzungen wie bei der Forderung „Schadensersatz statt Leistung".

Zum 4. Recht: Rücktritt vom Vertrag

1. Voraussetzung: Die Forderung muss fällig sein.

2. Voraussetzung: Dem Schuldner muss eine angemessene Nachfrist gestellt werden.

Auf die Nachfrist kann verzichtet werden, wenn ...

- die Leistung vom Verkäufer verweigert wird.
- wenn ein Fixgeschäft vorliegt (der Liefertermin ist genau festgelegt worden, das ganze Geschäft steht und fällt mit Einhaltung des Termins, → Kapitel 1.7).
- wenn ein Zweckkauf vorliegt (die Lieferung erfüllt einen bestimmmten Zweck; verspätet sich die Lieferung, so ist sie überflüssig, z. B. die Lieferung von Weihnachtsartikeln kurz nach Weihnachten).

Das Verschulden der Lieferungsverzögerung durch den Verkäufer ist bei diesem vierten Recht nicht als Voraussetzung notwendig. Wenn aber zusätzlich Schadensersatz gefordert wird, gilt wieder als

3. Voraussetzung: Es muss ein Verschulden des Verkäufers vorliegen.

Aufgaben

Aufgaben zur Wiederholung

1 Erstellen Sie sich eine Übersicht, wie sie unten angedeutet ist. Füllen Sie Ihre Übersicht mithilfe des Textes aus.

Nicht-Rechtzeitig-Lieferung			
Rechte des Käufers:			
1. Recht	2. Recht	3. Recht	4. Recht
Voraussetzungen:			
Bei 1:	Bei 2:	Bei 3:	Bei 4:

6022192

2 a) Bei welchen Rechten muss dem Verkäufer eine Nachfrist gesetzt werden?

b) In welchen Fällen ist eine Mahnung entbehrlich?

c) Bei welchem Recht des Käufers sind die gleichen Voraussetzungen zu beachten wie bei „Schadensersatz statt Leistung"?

d) In welchen Fällen muss überprüft werden, ob ein Verschulden des Verkäufers vorliegt?

3 Bei welchen der folgenden Beispiele ist die Lieferung kalendermäßig bestimmbar?

a) Lieferung am 5. August

b) Lieferung frühestens 20. März

c) Lieferung frühestens in zwanzig Tagen

d) Lieferung zwischen dem 1. August und 15. August

e) Lieferung nicht vor Anfang November

f) Lieferung 30. März fix

g) Lieferung in der neunten Woche des Jahres

h) Lieferung noch im Mai

4 Die Mediaworld e. K. hat bei einem Lieferer 50 Stück des Artikels MP3-Player 512 bestellt. Als Liefertermin wurde die zweite Juniwoche zugesagt. Durch ein Versehen beim Lieferanten ist die Bestellung abhanden gekommen, es erfolgt keine Lieferung bis 30. Juni des Jahres.

a) Prüfen und begründen Sie, ob sich der Lieferer in Verzug befindet.

b) Welches Recht wird die Mediaworld e. K. bei einem Lieferungsverzug geltend machen, wenn

- man die MP3-Player mittlerweile bei einem anderen Lieferanten günstiger bestellen kann?
- nachweisbar ein Schaden entstanden ist?

5 Lösen Sie den folgenden Rechtsfall mit Begründung:

Hoteleigentümer Ingo Igel hat sein Hotel vergrößert und für die neu dazugekommenen Zimmer bei einem Möbelfabrikanten (H. Klug OHG) 25 Birkenholz-Schlafzimmer bestellt. Der feste Liefertermin (1. Dezember des Jahres fix) wurde schriftlich bestätigt.

Am 8. Dezember sind die Schlafzimmer immer noch nicht da und Igel glaubt, dass das Weihnachtsgeschäft gefährdet ist.

a) Muss Herr Igel die Lieferung anmahnen?

b) In welchem Fall muss Herr Igel eine Nachfrist setzen?

c) Auf welchem Recht würden Sie anstelle von Herrn Igel bestehen?

3.4 Nicht-Rechtzeitig-Zahlung

Das ist geschehen ...

Die Abteilung Buchhaltung/Verwaltung der Mediaworld e. K. überwacht auch die Zahlungstermine der offenen Rechnungen der Kunden. Herrn Florian Peek liegt die folgende Rechnung aus dem Dezember letzten Jahres vor:

Mediaworld/e. K.

Mediaworld e. K., Krefelder Str. 92, 47226 Duisburg

Krefelder Straße 92 • 47226 Duisburg
Tel.: 02065 99977-0 • Fax: 02065 99977-20

St.-Nr. 56 951 3674 9
Deutsche Bank Duisburg
Konto 123 456 789 • BLZ 350 700 30

E-Mail: mediaworld@wvd.de
www.mediaworld-wvd.de

Elektro-Günther e. K.
Grabenweg 38
57078 Siegen

Datum:
03.12.20..

Rechnung Unser Angebot vom 28.11.20.., Ihre Bestellung vom 30.11.20..
Unsere Lieferung vom 02.12.20..

Artikel-Nr.	Artikelbezeichnung	Menge	Einzelpreis	Gesamtpreis
S 2002	Schnitzer Plasma-Fernsehgerät PF 107	15	1.100,00 €	16.500,00 €
		abzgl. 15 % Rabatt		2.475,00 €
				14.025,00 €
		zzgl. 16 % USt		2.244,00 €
	Rechnungsbetrag, zahlbar binnen 30 Tagen ohne Abzug			**16.269,00 €**

Heute ist schon der 14.01.20.. und die Rechnung ist immer noch nicht bezahlt worden. Herr Peek gibt den Fall an den Auszubildenden Bastian weiter: „Hier, kümmer dich bitte mal darum!" Bastian überlegt, was er nun zu tun hat.

Das ist zu tun ...

1. Überprüfen Sie mithilfe der unten stehenden Informationen, ob der Kunde Elektro-Günther e. K. sich im Zahlungsverzug befindet.
2. Wie soll sich die Mediaworld e. K. verhalten? Zeigen Sie die möglichen Rechte auf und prüfen Sie die jeweiligen Voraussetzungen. Die Firma Elektro-Günther e. K. ist ein guter Kunde, den man nicht verlieren möchte.

Das sollte man wissen ...

Nicht-Rechtzeitig-Zahlung

In einem Kaufvertrag ist ein Vertragspartner der Schuldner der Lieferung – das ist der Verkäufer. Der andere Vertragspartner ist der Schuldner für die Bezahlung der Lieferung – der Käufer. Bei einem Kaufvertrag hat ein Schuldner (zum Beispiel der Verkäufer als Schuldner für die Lieferung) zugleich die Stellung eines Gläubigers. Als

Gläubiger (nehmen wir wieder den Verkäufer) hat er einen Anspruch auf die Bezahlung des Kaufpreises.

Welche Rechte dem Käufer zustehen, wenn der Verkäufer die Ware nicht rechtzeitig liefert, haben wir in Kapitel 3.3 gesehen. Wenn der Käufer den Rechnungsbetrag nicht rechtzeitig bezahlt, ist dies im Prinzip das gleiche Problem: Eine geschuldete Sache wird nicht rechtzeitig übergeben – nur eben dass die geschuldete „Sache" das Geld ist, das dem Verkäufer zusteht.

Insofern sehen die Voraussetzungen und die Rechte bei der Nicht-Rechtzeitig-Zahlung so aus wie bei der Nicht-Rechtzeitig-Lieferung – mit ein paar kleinen Ausnahmen und Ergänzungen:

Rechte des Gläubigers (Verkäufer) bei einer Nicht-Rechtzeitig-Zahlung			
Auf Zahlung bestehen; eventuell zusätzlich Schadensersatz	Schadensersatz statt Leistung	Ersatz vergeblicher Aufwendungen	Rücktritt vom Vertrag; eventuell zusätzlich Schadensersatz
Voraussetzungen:			
1. Fälligkeit der Zahlung 2. Mahnung durch den Gläubiger, allerdings nicht, wenn: ■ der Käufer die Zahlung verweigert ■ der Zahlungstermin kalendermäßig bestimmbar ist ■ 30 Tage nach Rechnungszugang vergangen sind 3. Der Käufer hat die Verzögerung zu verschulden (dies ist nur wichtig, wenn man Schadensersatz fordern will!).	1. Fälligkeit 2. Verschulden des Käufers 3. Der Verkäufer setzt dem Käufer eine angemessene Nachfrist, damit dieser die Chance hat, doch noch zu bezahlen. Dies ist nicht notwendig, wenn der Käufer die Zahlung verweigert.	Dies ist anstelle des Rechtes „Schadensersatz statt Leistung" möglich, es gelten die gleichen Voraussetzungen wie dort.	1. Fälligkeit 2. Setzen einer angemessenen Nachfrist, allerdings nicht, wenn: ■ der Käufer die Zahlung verweigert ■ der Zahlungstermin kalendermäßig bestimmt ist 3. Wenn zusätzlich Schadensersatz gefordert werden soll, muss ein Verschulden des Käufers vorliegen!

Besonderheiten bei der Nicht-Rechtzeitig-Zahlung

- Auf eine Mahnung kann generell verzichtet werden, wenn seit dem Rechnungszugang 30 Tage vergangen sind. In diesem Fall kommt der Schuldner automatisch in Verzug. Diese Bestimmung soll dazu führen, dass die Zahlungsbereitschaft erhöht wird.

- Eine Rechnung an einen Nichtkaufmann (Endverbraucher) wird allerdings nur automatisch nach 30 Tagen fällig, wenn in der Rechnung darauf hingewiesen wird. Wenn dies nicht der Fall ist, dann muss der Gläubiger die Rechnung doch noch anmahnen, falls sie nicht bezahlt wird.
- Eine Geldschuld ist zu verzinsen, wenn sie nicht rechtzeitig bezahlt wird. Wenn es eine Rechnung ist, die ein Verbraucher (Privatmensch) zu bezahlen hat, fallen **Verzugszinsen** in Höhe von 5 % über dem Basiszinssatz an. Diese Verzugszinsen sind dann für den Zeitraum des Zahlungsverzuges zu bezahlen.
- Wenn es sich um eine Rechnung handelt, die ein Kaufmann zu bezahlen hat, fallen Verzugszinsen in Höhe von 8 % über dem Basiszinssatz an.

Beispiel zur Berechnung der Verzugszinsen für einen Kaufmann:

Eine Rechnung über 2.500,00 € ist am 30.04.20.. fällig. Sie wird erst nach mehrmaliger Aufforderung am 30.06.20.. bezahlt. Der Gläubiger kann für diesen Zeitraum zwischen Fälligkeit und Bezahlung Verzugszinsen verlangen. Der Zeitraum beträgt 60 Tage. Der Basiszinssatz beträgt z. B. 2,75 %, der Gesamtzinssatz somit 10,75 %.

Formel:

$$\text{Zinsen} = \frac{\text{Kapital} \cdot \text{Zinssatz} \cdot \text{Tage}}{(100 \cdot 360)}$$

$$\text{Zinsen} = \frac{2.500 \cdot 10{,}75 \cdot 60}{(100 \cdot 360)} = 44{,}79\ €$$

- Neben den aufgeführten Verzugszinsen kann der Gläubiger natürlich noch das Porto für die verschickte Mahnung, eine Mahngebühr, Telefonkosten, eventuell Rechtsanwaltskosten usw. in Rechnung stellen. Damit kann eine nicht rechtzeitig bezahlte Rechnung für den Käufer letztendlich sehr teuer werden.

Aufgaben

Aufgaben zur Wiederholung

1 a) Im Kaufvertrag ist kein Termin für die Bezahlung der Lieferung genannt. Wann muss der Käufer die Rechnung bezahlen?

b) Unter welchen Voraussetzungen befindet sich der Käufer im Fall a) im Zahlungsverzug?

c) Der Verkäufer besteht auf der Bezahlung der Rechnung. Unter welcher Voraussetzung kann er auch zusätzlich Schadensersatz fordern?

2 Prüfen Sie in den folgenden Fällen, ob Zahlungsverzug vorliegt oder nicht. Begründen Sie Ihre Meinung.

a) Die Mediaworld e. K. verschickt an einen Kunden (Unternehmer!) eine Rechnung, in der als spätester Zahlungstermin der 03.02.20.. vermerkt ist. Am 05.02.20.. stellt die Mediaworld e. K. fest, dass das Geld immer noch nicht eingetroffen ist.

b) Die Mediaworld e. K. stellt der Firma Kurt Wächter, Fernseh- und Hi-Fi-Fachhandel aus Dortmund, eine Rechnung aus. Es wird kein Rechnungsdatum eingetragen. Nach 20 Tagen denkt sich Herr Peek aus der Buchhaltung, der auch den Zahlungsverkehr überwacht, dass die Firma Wächter endlich bezahlen muss.

c) Die Mediaworld e. K. liefert ein Fernsehgerät an einen Privatkunden. Die Rechnung wird mit der Ware versandt und mit dem Hinweis versehen, dass der Kunde sich im Zahlungsverzug befindet, wenn er die Rechnung nicht innerhalb von 30 Tagen bezahlt. Der Kunde hält sich nicht an diese Aufforderung und bezahlt die Rechnung nicht.

d) Die Mediaworld e. K. verschickt an einen Kunden (Unternehmer!) eine Rechnung mit einem Zahlungsziel von 10 Tagen ab Rechnungsdatum. Der Kunde bezahlt nicht rechtzeitig. Auf einen Anruf hin begründet er sein Verhalten damit, dass eine Rechnung grundsätzlich erst nach 30 Tagen fällig sei.

3 Entwickeln Sie ein Fallbeispiel, in dem die Mediaworld e. K. aufgrund einer Nicht-Rechtzeitig-Zahlung das Recht in Anspruch nimmt vom Vertrag zurückzutreten.

4 Berechnen Sie für das folgende Beispiel die Verzugszinsen, die vom säumigen Kunden neben dem Rechnungsbetrag verlangt werden können:

- Rechnung fällig am 10.03.20..
- Bezahlung am 25.07.20..
- Rechnungsbetrag: 4.500,00 €
- Der Kunde ist Kaufmann.
- Basiszinssatz: 2,75 %

5 Berechnen Sie für das folgende Beispiel die Verzugszinsen anhand der folgenden Daten:

- Rechnung fällig am 02.07.20..
- Bezahlung am 18.12.20..
- Rechnungsbetrag: 1.350,00 €
- Der Kunde ist Privatmann.
- Basiszinssatz: 2,75 %

3.5 Annahmeverzug

Das ist geschehen ...

Das ist zu tun ...

1. Prüfen Sie, ob sich der Warenempfänger Kasahar Sound & Video-Shop im Annahmeverzug befindet.
2. Überlegen Sie in der Rolle des Geschäftsführers der Mediaworld e. K. Moritz Wagner, wie Sie weiter vorgehen würden. Schreiben Sie mit Ihrem Tischnachbarn das obige Gespräch fort, indem Sie Moritz Wagner den Lkw-Fahrer zurückrufen lassen.

Das sollte man wissen ...

Annahmeverzug

Bei einem Annahmeverzug verursacht derjenige, der eine Leistung erhalten soll, die Kaufvertragsstörung, wenn er die angebotene Sache nicht annimmt. Auch wenn diese Kaufvertragsstörung weniger häufig vorkommt als die anderen drei, ist natürlich trotzdem gesetzlich genau festgelegt, welche Rechte dem Verkäufer zustehen.

Bevor man überhaupt von Annahmeverzug sprechen kann, muss man die Voraussetzungen, die für einen Annahmeverzug erfüllt sein müssen, überprüfen.

Voraussetzungen für einen Annahmeverzug

1. Der Schuldner bietet die Leistung tatsächlich in der richtigen Weise, am richtigen Ort und zur richtigen Zeit an. Dazu gehört zum Beispiel, dass Ware, die an ein Geschäft geliefert wird, innerhalb der Geschäftszeiten angeboten werden muss.

2. Der Gläubiger nimmt die angebotene Leistung nicht an.

Sind diese Voraussetzungen für einen Annahmeverzug gegeben, zeigen sich folgende Auswirkungen.

- Die **erste Auswirkung des Annahmeverzuges:** Handelt es sich um eine Geldschuld, die vom Gläubiger nicht angenommen wird, dann müssen für die Zeit des Verzuges keine Zinsen gezahlt werden.
- Die **zweite Auswirkung des Annahmeverzuges:** Der Schuldner ist nicht mehr dafür verantwortlich, wenn die Ware beschädigt wird oder verschwindet. Er haftet nur noch, wenn er dies grob fahrlässig oder sogar vorsätzlich zu verantworten hat.

Der Gläubigerverzug führt aber nicht dazu, dass der Schuldner von der Pflicht zur Leistung frei wird. Eine bestellte Ware muss nach wie vor geliefert werden, auch wenn der Gläubiger sich im Verzug befindet.

Was kann der Schuldner tun, wenn der Gläubiger eine angelieferte Ware nicht angenommen hat? Grundsätzlich stehen ihm die folgenden Rechte zu:

Rechte des Schuldners beim Annahmeverzug

1. **Auf Abnahme bestehen und Hinterlegung der Sache:** Der Schuldner kann die Sachen zum Beispiel in einem Lagerhaus – praktischerweise am Ort des Geschäftssitzes des Warenempfängers – hinterlegen und sich damit von der Pflicht befreien, die Waren weiterhin aufzubewahren.
2. **Selbsthilfeverkauf:** Der Schuldner kann die nicht angenommenen Waren selbst verkaufen, vorher muss er allerdings dem eigentlichen Warenempfänger noch eine Frist zur Annahme der Waren geben und

den Selbsthilfeverkauf androhen. Werden die Waren dann öffentlich versteigert, muss der Schuldner den Gläubiger über den Ort und die Zeit der Versteigerung informieren. Beide Vertragsparteien dürfen bei der Versteigerung mitbieten. Der Erlös der Versteigerung steht dem Schuldner zu. Wenn mehr Geld erlöst wird, als dem Schuldner für die Ware und seine Auslagen eigentlich zusteht, geht der Mehrerlös an den Gläubiger.

Hat der Schuldner für die Aufbewahrung der Sachen Aufwendungen gehabt, darf er für diese Ersatz verlangen. Daneben ist aber beim Annahmeverzug kein Schadensersatz vorgesehen!

Aufgaben

Aufgaben zur Wiederholung

1 Beurteilen Sie, ob in den folgenden Fällen Annahmeverzug vorliegt.

a) Ein Lieferant liefert eine bestellte und mit Datum angekündigte Warenlieferung pünktlich im richtigen Betrieb ab. Als er die Ware abladen will, stellt er allerdings fest, dass niemand da ist. In der Tür hängt ein Schild: Heute Betriebsausflug!

b) Bei einer Warenanlieferung weigert sich der Lagerist des Unternehmens Teflax Logistic KG in Köln, die Ware anzunehmen, da die Ware laut Lieferschein zwar an dieses Unternehmen geliefert werden sollte, allerdings an die Betriebsstätte in Dortmund.

c) Der Lagerist der Firma Emil Meister e. K. Büroausstattung in Duisburg will eine Lieferung der Mediaworld e. K. nicht annehmen, weil er der Meinung ist, dass die Ware gar nicht bestellt wurde. Ein kurzer Anruf bei der Mediaworld e. K. zeigt aber, dass dort die Bestellung noch vorliegt. Der Lagerist weigert sich weiterhin die Ware anzunehmen.

d) Die Firma Heka-Multimedia GmbH in Wesel weigert sich eine Warenanlieferung der Mediaworld e. K. anzunehmen, da die Bestellung erst gestern per Fax an die Mediaworld e. K. gegangen sei und sie nicht so schnell mit einer Lieferung gerechnet hätte.

2 Welches Recht würden Sie als Verkäufer bei den folgenden Fällen in Anspruch nehmen? Begründen Sie kurz Ihre Entscheidung.

a) Ein Kunde bestellt ein Notebook, dessen Ausstattung er nach seinen eigenen Wünschen zusammengestellt hat. Er lehnt die Annahme ab, da er von seinem Chef mittlerweile die Kündigung erhalten hat und meint, dass er als Arbeitsloser keinen Computer mehr benötige.

b) Ein langjähriger Kunde der Mediaworld e. K. lehnt die Anlieferung von 10 Stück „MP3-Player 512" ab, da er die Ware inzwischen bei einem anderen Lieferanten günstiger bestellen konnte.

c) Die Mediaworld e. K. liefert 250 Stück „Grundlag DVD-Rekorder D05" an einen Kunden in Sachsen. Die Ware kann nicht abgeladen werden, da der Betrieb aufgrund einer Betriebsversammlung geschlossen ist.

3.6 Kaufmännisches und gerichtliches Mahnverfahren

Das ist geschehen ...

Die Firma Heka-Multimedia GmbH aus Wesel hat aufgrund ihrer Bestellung Nr. 56/03 vom 25. Februar 20.. eine Lieferung über 150 Stück des Artikels Nr. S 2005 erhalten. Die Rechnung Nr. 117 in Höhe von 17.069,00 € wurde von der Mediaworld e. K. am 2. März 20.. verschickt (Fälligkeit der Rechnung am 1. April 20..). Bei der Überprüfung der Zahlungseingänge stellt der Mitarbeiter der Abteilung Buchhaltung/Verwaltung am 5. April 20.. fest, dass die Firma Heka-Multimedia GmbH immer noch nicht gezahlt hat.

Das ist zu tun ...

Finden Sie anhand der unten stehenden Informationen der Mediaworld e. K. heraus, wie weiter vorzugehen ist. Bedenken Sie, dass die Heka-Multimedia GmbH ein guter Kunde der Mediaworld e. K. ist.

Das sollte man wissen ...

Kaufmännisches Mahnverfahren

In Kapitel 3.4 wurde als Voraussetzung bei einer Nicht-Rechtzeitig-Zahlung genannt, dass die Verspätung der Zahlung unter bestimmten Umständen angemahnt werden muss. Diese Mahnung kann einerseits durch das Unternehmen selbst vorgenommen werden. Dann spricht man von dem **kaufmännischen Mahnverfahren.** Häufig führt dies schon dazu, dass der Käufer den geschuldeten Betrag bezahlt. Erhält der Verkäufer sein Geld aber über das kaufmännische Mahnverfahren nicht, kann er über den gerichtlichen Weg ein Mahnverfahren anstreben, welches in letzter Konsequenz sogar dazu führen kann, dass das Geld beim Schuldner durch einen Gerichtsvollzieher in einer **Zwangsvollstreckung** eingetrieben wird. Die beiden zur Verfügung stehenden Mahnverfahren sind also in ihren Auswirkungen sehr unterschiedlich.

Das kaufmännische Mahnverfahren wird auch **außergerichtliches Mahnverfahren** genannt, weil es ohne die Einschaltung von Gerichten vollzogen wird. Bevor man die Gerichte bemüht und den säumigen Zahler auf dem Rechtsweg auf seine Zahlungsverpflichtung hinweist, wird in der Regel zunächst dieser Weg beschritten.

Man darf nicht vergessen, dass derjenige, der seine Rechnung nicht rechtzeitig bezahlt, ein Kunde ist, mit dem man Geschäfte gemacht hat und voraussichtlich auch noch weiterhin tätigen will. Daher verfährt man bei einer Mahnung in der Regel zunächst sehr vorsichtig, indem man den Kunden an die Fälligkeit der Zahlung erinnert. Mit zunehmender Zahlungsunwilligkeit des Käufers und Schuldners werden der Tonfall und die Maßnahmen einer Mahnung fordernder. In der Mediaworld e. K. hat der Geschäftsführer Moritz Wagner in einer Mitteilung an seine Mitarbeiter das folgende abgestufte kaufmännische Mahnverfahren festgelegt:

Mediaworld/e. K.

Geschäftsleitung: Moritz Wagner

Hausmitteilung für die Mitarbeiter der Abteilung Buchhaltung/Verwaltung zum Zahlungsverzug und Mahnverfahren

In letzter Zeit kommt es aufgrund der schwierigen konjunkturellen Situation und der sinkenden allgemeinen Zahlungsbereitschaft häufiger vor, dass Kunden ihre Rechnungen nicht rechtzeitig bezahlen. Für diesen Fall bitte ich Sie das folgende abgestufte Mahnverfahren anzuwenden, um nachlässige Kunden an ihre Zahlungspflicht zu erinnern.

3 – 15 Tage nach Fälligkeit:	Zahlungserinnerung
16 – 30 Tage nach Fälligkeit:	1. Mahnung mit Mahngebühren und der Androhung von Verzugszinsen
30 – 40 Tage nach Fälligkeit:	2. Mahnung mit weiteren Mahngebühren und Verzugszinsen
41 – 55 Tage nach Fälligkeit:	3. und letzte Mahnung mit weiteren Mahngebühren und Verzugszinsen sowie der Androhung eines gerichtlichen Mahnverfahrens

Bei den Verzugszinsen halten wir uns an die gesetzliche Regelung und berechnen:

bei Privatkunden:	5 % über dem Basiszinssatz (das heißt zzt. insgesamt 7,75 %)
bei Geschäftskunden:	8 % über dem Basiszinssatz (das heißt zzt. insgesamt 10,75 %)

Zusätzlich fallen ab der ersten Mahnung 3,00 € Mahngebühren an, die sich mit jeder Mahnung um 5,00 € erhöhen.

Moritz Wagner

Führt das kaufmännische Mahnverfahren nicht dazu, dass der Kunde seine Rechnung bezahlt, wird der Weg des gerichtlichen Mahnverfahrens eingeschlagen.

Gerichtliches Mahnverfahren

Am Ende des gerichtlichen Mahnverfahrens steht eine Zwangsvollstreckung durch einen Gerichtsvollzieher. Bis es so weit ist, hat der säumige Schuldner allerdings noch Gelegenheit, die fälligen Beträge doch noch zu bezahlen. Das Verfahren läuft in folgenden Schritten ab:

Ablaufschema des gerichtlichen Mahnverfahrens

1. Der Gläubiger beantragt bei Gericht, dass der Schuldner einen gerichtlichen Mahnbescheid erhält.
2. Der Schuldner erhält einen Mahnbescheid vom Gericht.
3. Der Schuldner kann dem Mahnbescheid widersprechen, er kann bezahlen oder schweigen (dies bewirkt aber letztendlich eine Zwangsvollstreckung).
4. Falls der Schuldner Widerspruch erhebt, kommt es zu einer Verhandlung vor Gericht. In dieser Verhandlung kann dann der Gläubiger noch einmal seine Forderung bekräftigen und der Schuldner seinen Widerspruch begründen.

5. Falls die Forderung des Gläubigers vom Gericht für richtig befunden wird, spricht es ein Urteil aus und es kommt zur Zwangsvollstreckung.
6. Bei der Zwangsvollstreckung hat der Schuldner noch einmal die Möglichkeit zu bezahlen. Tut er dies nicht, kann gepfändet werden. Dies bedeutet, dass der Gerichtsvollzieher verwertbare Gegenstände mitnimmt bzw. mit einem Pfandsiegel versieht.
7. Für den Fall, dass der Gerichtsvollzieher keine verwertbaren Gegenstände in den Wohn- und Geschäftsräumen des Schuldners findet, wird dieser zu einer eidesstattlichen Versicherung aufgefordert. Dies bedeutet, dass er eine Aufstellung über sein gesamtes Vermögen abgeben muss. Verweigert der Schuldner die eidesstattliche Versicherung, kann er in Haft genommen werden. Macht er falsche Angaben über seine Vermögensverhältnisse, muss er ebenfalls mit einer Haftstrafe rechnen.

8. Nach sieben Tagen werden die gepfändeten Gegenstände versteigert. Den Erlös der Versteigerung erhält der Gläubiger.

Wie man sieht, ist nicht unbedingt gesichert, dass der Gläubiger am Ende des gerichtlichen Mahnverfahrens sein Geld bekommt. Wenn der Schuldner wirklich kein Vermögen mehr hat, geht der Gläubiger unter Umständen leer aus.

Aufgaben

Aufgaben zur Wiederholung

1 a) Warum wird zuerst das kaufmännische Mahnverfahren durchgeführt und nicht gleich der Weg des gerichtlichen Mahnverfahrens beschritten?

b) Erläutern Sie das abgestufte kaufmännische Mahnverfahren der Mediaworld e. K. und begründen Sie dabei, warum die Maßnahmen zuerst ganz harmlos und dann zunehmend fordernder und drastischer werden.

2 Erstellen Sie aus dem Ablaufschema des gerichtlichen Mahnverfahrens ein Schaubild, in dem mit Stichworten und Pfeilen der Verlauf sichtbar wird. Bedenken Sie dabei, dass der Schuldner an einigen Stellen mehrere Handlungsmöglichkeiten hat (schweigen, zahlen, ...).

3 Erinnern Sie die Firma Heka-Multimedia GmbH aus Wesel freundlich am 5. April 20.. an ihre offene Rechung bei der Mediaworld e. K. (siehe Hausmitteilung „Zahlungsverzug und Mahnverfahren“). Bedenken Sie, dass die Zahlungserinnerung noch **freundlich** formuliert sein sollte – beispielsweise: „Sicherlich haben Sie übersehen, dass ...“. Außerdem sollten das Rechnungsdatum, die Rechnungsnummer sowie der Rechnungsbetrag genannt werden.

4 Am 17. Mai 20.. ist die Rechnung der Firma Heka-Multimedia GmbH aus Wesel noch immer nicht bezahlt. Mittlerweile wurden neben der Zahlungserinnerung auch die erste und zweite Mahnung verschickt. Schreiben Sie die dritte und letzte Mahnung an die Firma Heka-Multimedia GmbH unter Beachtung der Hausmitteilung „Zahlungsverzug und Mahnverfahren“.

(Zahlungserinnerung: 5. April, erste Mahnung: 18. April, zweite Mahnung: 6. Mai, dritte Mahnung: 17. Mai)

5 Lesen Sie den Artikel „Der den Kuckuck klebt“ aus der Rheinischen Post vom 2. September 2004 auf der folgenden Seite. Beantworten Sie dazu die folgenden Fragen:

a) Wie viele verschuldete Menschen leben in Nordrhein-Westfalen?

b) Erläutern Sie, warum im ersten Fall des Gerichtsvollziehers die Frau in der Gärtnerei verhaftet werden kann und warum der Gerichtsvollzieher ihr „eine letzte Chance“ gibt.

c) Warum wird bei dem Mann aus dem zweiten Fall nicht gepfändet?

d) Wie viele Zwangsvollstreckungen werden pro Gerichtsvollzieher im Jahr durchgeführt?

e) Wie viel Euro werden im Jahr pro Gerichtsvollzieher „kassiert“?

f) Was darf nicht gepfändet werden?

Der den Kuckuck klebt

Wenn die Zeiten schlecht und die Portmonees leer sind, haben die **Gerichtsvollzieher** Hochkunjunktur. In NRW **fehlen** mehr als 200 Schuldner-Fahnder. Wir haben den Düsseldorfer Heribert Becker bei seiner Arbeit begleitet.

VON DIETER DORMANN

DÜSSELDORF Der Flur, der zu Heribert Beckers Büro führt, ist schmal. Richtig eng wird es für Menschen, die zu ihm kommen – räumlich und finanziell. Heribert Becker (52) ist Gerichtsvollzieher. In seinem Büro türmen sich neben Computer und Espressomaschine Akten: Vollstreckungsbefehle, eidesstattliche Versicherungen, Räumungsbescheide. Sind die Zeiten schlecht, haben Gerichtsvollzieher Hochkonjunktur. In NRW sind mehr als 500 000 Menschen verschuldet.

An diesem Morgen packt Heribert Becker 20 Fälle in seinen Aktenkoffer. 20 Mal wird er an Türen stehen, an denen nur eines sicher ist: Freuen wird sich über seinen Besuch keiner. „Wenn ich zu meiner Tour starte, weiß ich nie, was mich erwartet“, sagt Heribert Becker. Zwischenfälle, bei denen Kollegen verletzt wurden, seien aber Ausnahmen. Hin und wieder bekomme er angesichts der Aggressivität mancher Menschen Angst. „Aber die muss man verdrängen.“

Noch eine Chance

Die erste Akte betrifft die Inhaberin einer Gärtnerei. „Mann und Sohn haben schon eidesstattliche Versicherungen abgelegt“, erzählt Heribert Becker. Aber die Frau hat Schulden weder gezahlt noch eine eidesstattliche Versicherung abgelegt. Der Gerichtsvollzieher könnte sie verhaften. „Oh, Sch...e“, entfährt es der Frau, als sie die Tür öffnet. Sie weiß, was die Stunde geschlagen hat. Hinter ihr spielen drei kleine Kinder. „Dienstag, 15 Uhr in meinem Büro – versprochen?“ Der Gerichtsvollzieher gibt der Frau noch eine Chance. „Ob sie kommt, weiß ich nicht. Aber was soll ich machen? Wenn ich den Haftbefehl vollstrecke, muss ich die Polizei und das Jugendamt holen, die Kinder müssen untergebracht werden – ein riesiger Aufwand.“ So hat's keine fünf Minuten gedauert.

Auch die nächste Akte ist schnell abgehakt. Der Schuldner hat bereits die Erklärung, die früher „Offenbarungseid“ hieß, abgegeben. „Der wusste: Mir kann nichts passieren“, sagt Becker später. Ihm blieb nur ein Blick ins Wohnzimmer. Da stehen einige Antiquitäten, aber ein „Kuckuck“ wird nicht geklebt. „Gepfändet wird fast nichts mehr. Die Kosten – Abholung, Lagerung, Anzeigen, Versteigerung, Sachverständige – sind so hoch, dass es sich nicht lohnt“, erklärt der Schuldner-Fahnder.

Haftbefehl als Druckmittel

Als „harte Nuss“ schätzt er eine Tierärztin ein, für die er auch einen Haftbefehl hat. Die Frau war bislang nie anzutreffen und hat nicht auf schriftliche Nachrichten reagiert. Diesmal ist sie zu Hause. Das Druckmittel Haft wirkt. Telefonisch einigt sie sich mit dem Anwalt des Gläubigers auf eine Ratenzahlung. 150 Euro plus 21,10 Euro Gebühren, die der Gerichtsvollzieher sofort kassieren will, hat sie nicht im Hause. Man verabredet sich am Bankautomaten. Dort zahlt die Frau. „So was muss ich nicht machen, aber nun habe ich die Sache vom Tisch und ein gutes Verhältnis zu der Frau aufgebaut – mit der haben wir sicher öfter zu tun“, meint Becker.

30 Minuten hat ihn der Service gekostet. Anderes geht schneller. Im Asylbewerberlager ist rasch klar: Alle „Fälle“ sind bereits aus Deutschland abgeschoben. Dass ein verschuldeter Anwalt nicht mehr unter der bekannten Adresse zu finden ist, sieht Becker im Vorbeifahren: Die Wohnung ist leer.

Trotzdem ist mittags erst die Hälfte aller Akten erledigt. Und im Büro wartet noch Schreibkram. „Eine 70-Stunden-Woche ist normal“, sagt Horst Hesterberg, NRW-Landesverbandsvorsitzender der Gerichtsvollzieher. Zahlen zeigen, was Becker und seine Kollegen bewältigen: 2003 haben 1 089 Gerichtsvollzieher zwei Millionen Zwangsvollstreckungen ausgeführt, 926 000 eidesstattliche Versicherungen abgenommen und 375 Millionen kassiert.

INFO

Was darf man pfänden?

Im § 811 der Zivilprozessordnung sind **unpfändbare Gegenstände** aufgeführt. Grundsätzlich gilt: Alles, was für „eine **bescheidene Lebensführung**“ nötig ist, darf der Gerichtsvollzieher nicht mitnehmen. Dazu zählen Kühlschrank, TV-Gerät, Herd und Waschmaschine. Pkw und Computer sind unpfändbar, wenn sie nicht besonders wertvoll und zur Berufsausübung oder aus gesundheitlichen Gründen unentbehrlich sind. Der Gerichtsvollzieher muss bei Pfändungen beachten, dass der **Erlös** die Kosten der Zwangsvollstreckung übersteigt.

Internetadresse: www.forum-schuldnerberatung.de

Rheinische Post
Donnerstag, 2. Sept. 2004

3.7 Verjährung

Das ist geschehen ...

Das ist zu tun ...

1. Was bedeutet „Verjährung" Ihrer Meinung nach?
2. Worin unterscheiden sich die beiden Ansprüche, die in den Situationen aufgezeigt werden?
3. Prüfen Sie anhand der unten stehenden Informationen, ob die Ansprüche wirklich verjährt sind.

Das sollte man wissen ...

Verjährung

Die Verjährung bedeutet, dass ein Anspruch, der nicht innerhalb einer bestimmten Frist geltend gemacht wurde, erlischt. Nach Eintritt der Verjährung ist der Anspruch nicht mehr gültig.

Beispiel

Die Mediaworld e. K. hat aus einer offenen Rechnung gegenüber einem Kunden einen Anspruch auf Zahlung von 1.500,00 €. Wenn die Mediaworld e. K. diesen Anspruch nicht innerhalb einer bestimmten Frist durchsetzt, ist er verjährt und der Kunde muss nicht mehr bezahlen.

Die Verjährung dient dazu, dass alte Ansprüche und Forderungen nicht ewig geltend gemacht werden. Damit wird die Situation für Schuldner leichter, da sie nicht damit rechnen müssen, dass zum Beispiel plötzlich alte Rechnungen von Lieferanten eingetrieben werden. Aber auch dem Gläubiger nützt die Verjährung – hierdurch wird er nämlich angehalten, möglichst bald seine Außenstände einzutreiben, denn es besteht die Gefahr, dass seine Ansprüche irgendwann verjähren und damit verfallen.

Je nach Art des Anspruches gelten andere **Verjährungsfristen.** Die regelmäßige Verjährungsfrist beträgt 3 Jahre. Daneben gibt es noch die Verjährungsfrist von 2, 5 und 30 Jahren:

Verjährungsfristen

2 Jahre	3 Jahre (regelmäßige Verjährung)	5 Jahre	30 Jahre
■ Ansprüche aus mangelhafter Lieferung	■ Ansprüche aus Zahlungen und Lieferungen bei einem Kaufvertrag ■ Ansprüche aus regelmäßig wiederkehrenden Leistungen (Mietzahlungen, Lohnzahlungen, ...) ■ Ansprüche aus mangelhafter Lieferung, wenn der Verkäufer den Mangel arglistig verschwiegen hat	■ Ansprüche aus Mängeln bei einem Bauwerk	■ Herausgabeanspruch aus Eigentum ■ rechtskräftig festgestellte Ansprüche
Die Verjährung beginnt bei den verschiedenen Fristen zu unterschiedlichen Zeitpunkten:			
Beginn: mit Kaufdatum/Übergabe der Sache	**Beginn:** am Schluss des Jahres, in welchem der Anspruch entstanden ist	**Beginn:** mit Übergabe	**Beginn:** mit der Entstehung des Anspruches
Die folgenden Beispiele verdeutlichen noch einmal die verschiedenen Ansprüche und die unterschiedlichen Zeitpunkte des Beginns der jeweiligen Verjährung:			
Am 15. August 2005 kauft ein Kunde einen MP3-Player in der Mediaworld e. K. Der Beginn der 2-jährigen Verjährungsfrist für Gewährleistung ist am 15. August 2005.	Die Heka-Multimedia GmbH hat bei der Mediaworld e. K. eine offene Rechnung, die am 1. April 2005 fällig war. Die Verjährungsfrist beginnt am Ende des Jahres 2005 (31.12.2005) und endet am 01.01.2009.	Am 19. Juli 2005 wird eine neu errichtete Lagerhalle für die Mediaworld e. K. fertig gestellt und übergeben. Die Verjährungsfrist für die Mängel am Bau beginnt am 19.07.2005 und endet am 19.07.2010.	Bastian Lenz aus der Mediaworld e. K. leiht einem Freund am 01.06.2005 einen DVD-Spieler. Der Freund soll das Gerät eigentlich zwei Tage später zurückgeben. Die Verjährungsfrist beginnt am 03.06.2005 und endet am 03.06.2035.

Die Verjährungsfrist kann durch bestimmte Ereignisse angehalten werden. Dies nennt man **Hemmung der Verjährung.** Der Zeitraum, in dem eine Verjährung gehemmt ist, zählt nicht in die Verjährungsfrist mit ein. Eine solche Hemmung tritt in Kraft, wenn zum Beispiel ein Anspruch durch Erhebung einer Klage vor Gericht festgestellt werden soll. Während des Verfahrens läuft die Verjährung nicht weiter, sie beginnt erst wieder 6 Monate nach Beendigung des Verfahrens.

Die volle Verjährungsfrist kann auch neu beginnen. Die bis dahin schon abgelaufene Frist wird dann bedeutungslos. Dies kann geschehen, wenn der Schuldner seine Schuld anerkennt (zum Beispiel durch eine Teilzahlung oder durch Zahlung von Zinsen) oder wenn der Gläubiger eine Zwangsvollstreckung beantragt.

Aufgaben

Aufgaben zur Wiederholung

1 Stellen Sie bei den folgenden Ansprüchen fest, wie lang die Verjährungsfrist läuft.

a) Ein Kunde kauft in der Mediaworld e. K. ein Paar Hi-Fi-Boxen. Diese sind – so stellt er es zu Hause fest – nicht richtig funktionstüchtig und geben neben der Musik noch störende Nebengeräusche von sich. Der Kauf erfolgte am 12.07.2005.

b) Die Mediaworld e. K. bestellt 50 Stück Autoradios „Vision". Es werden am vereinbarten Liefertermin (03.02.2005) nur 40 Stück angeliefert.

c) Ein Kunde kauft in der Mediaworld e. K. einen neuen Fernseher, den er sich auf Rechnung nach Hause liefern lässt. Die Rechnung in Höhe von 900,00 € wird per Post zugeschickt und ist am 01.02.2005 fällig.

d) Die neu errichtete Lagerhalle der Mediaworld e. K. weist an einer Wand deutliche Schimmelflecken auf, was darauf schließen lässt, dass dort Wasser in die Wand eindringt. Die Bauabnahme und Übergabe war am 19.07.2005.

e) Ein Kunde der Mediaworld e. K. zahlt trotz mehrfacher Aufforderung eine offene Rechnung nicht. Moritz Wagner reicht als Geschäftsführer der Mediaworld e. K. Klage ein. Der Kunde wird am 18.09.2005 rechtskräftig verurteilt.

2 Zu welchem Termin sind die folgenden Ansprüche verjährt?

a) Anspruch auf Bezahlung aufgrund eines Kaufvertrages, Fälligkeitstermin: 10.08.2004

b) Anspruch auf Nacherfüllung aufgrund eines Mangels bei einer gekauften Ware, Kauf- und Übergabedatum: 25.05.2003

c) Urteil über eine Zwangsvollstreckung vom 12.03.2000

d) Anspruch auf Rückgabe eines verliehenen Buches, Rückgabetag: 31.10.2005

e) Anspruch auf Behebung von Baumängeln, Übergabe des Bauwerkes: 02.12.2004

3 Wird durch die folgenden Ereignisse die Verjährungsfrist gehemmt oder beginnt sie neu zu laufen?

a) Der Schuldner erkennt den Anspruch des Gläubigers an.

b) Der Gläubiger verklagt den Schuldner aufgrund seines Anspruches.

c) Der Schuldner zahlt Zinsen auf eine noch offene Schuld.

d) Der Schuldner zahlt eine Geldschuld zur Hälfte an.

3.8 Allgemeine Geschäftsbedingungen

Das ist geschehen ...

Bastian Lenz hat im Verkaufsshop der Mediaworld e. K. eine Kundenreklamation entgegengenommen. Der Kunde hat einen „Schnitzer T04 Farbfernseher" gekauft und ihn zurückgebracht, weil das Gerät keinen Ton hat.

Kunde: *„Ich hätte gerne ein anderes Gerät."*

Bastian: *„Tut mir Leid, ich kann Ihnen nur anbieten, dieses Gerät zu reparieren."*

Kunde: *„Warum geben Sie mir nicht gleich einen neuen Fernseher? Vielleicht kann man diesen gar nicht reparieren!"*

Bastian: *„Das kann ich nicht beurteilen. Wir lassen das von einem Fachmann prüfen. Im Übrigen habe ich Sie im Verkaufsgespräch auf unsere Allgemeinen Geschäftsbedingungen hingewiesen. Da steht drin, dass wir zuerst versuchen defekte Geräte zu reparieren, bevor wir diese gegen Neugeräte austauschen."*

Kunde: *„Allgemeine Geschäftsbedingungen? Jaja, das klein Gedruckte da hinten an der Wand. Das stand ja auch in dem Angebot, das Sie mir gemacht haben. So etwas lese ich grundsätzlich nicht!"*

AGB der Mediaworld e. K. (Auszug):

§ 9: Im Falle eines Gewährleistungsanspruches behalten wir uns das Recht vor zunächst eine Nachbesserung durchzuführen, bevor eine Neulieferung erwogen wird.

Das ist zu tun ...

1. Was sind die erwähnten „AGB" der Mediaworld e. K.?
2. Ist der § 9 der AGB der Mediaworld e. K. rechtens?

Das sollte man wissen ...

Allgemeine Geschäftsbedingungen

In Unternehmen wie der Mediaworld e. K. werden täglich eine Vielzahl von Verträgen abgeschlossen. In Kapitel 1.6 haben wir gesehen, dass in jedem einzelnen Kaufvertrag viele Inhalte und Details vereinbart werden. Wenn man diese mit jedem Kunden immer gesondert vereinbaren müsste, würde das sehr viel Zeit in Anspruch nehmen. Daher werden bestimmte Vertragsbedingungen vorher schon festgelegt und als Ganzes mit in den einzelnen Vertrag aufgenommen. Diese nennt man **Allgemeine Geschäftsbedingungen (AGB).** Sie werden umgangssprachlich häufig als „das Kleingedruckte" bezeichnet.

In den AGB werden Klauseln (= Vereinbarungen) über Lieferfristen, Zahlungsbedingungen, Reklamationen, Schadensersatzansprüche usw. festgelegt. Beachtenswert ist dabei, dass sie von **einer** Vertragspartei gestellt werden. Hieraus können Probleme zwischen Käufer und Verkäufer erwachsen, da der Käufer an der Formulierung der AGB nicht beteiligt ist. Der Gesetzgeber schützt daher die Vertragspartei, die in der schwächeren Position ist, indem genau festgelegt wird,

1. **wann die AGB überhaupt als Vertragsbestandteil gelten** und
2. **wann die AGB gelten oder ungültig sind.**

Merke

AGB sind ...

- ... vorformulierte Vertragsbedingungen,
- die für eine Vielzahl von Verträgen gelten
- und von einem Vertragspartner dem anderen Vertragspartner gestellt werden.

Zu 1.: Unter welchen Voraussetzungen werden die AGB Inhalt des Vertrages?

Dazu steht im Bürgerlichen Gesetzbuch (BGB):

§ 305 BGB (Einbeziehung Allgemeiner Geschäftsbedingungen in den Vertrag) (...)

(2) Allgemeine Geschäftsbedingungen werden nur dann Bestandteil eines Vertrags, wenn der Verwender bei Vertragsschluss

1. die andere Vertragspartei ausdrücklich oder (...) durch deutlich sichtbaren Aushang am Ort des Vertragsschlusses auf sie hinweist und
2. der anderen Vertragspartei die Möglichkeit verschafft in zumutbarer Weise (...) von ihrem Inhalt Kenntnis zu nehmen

und wenn die andere Vertragspartei mit ihrer Geltung einverstanden ist.

Ohne den ausdrücklichen Hinweis auf die Möglichkeit der Kenntnisnahme durch den Käufer und dessen Einverständnis mit der Geltung der AGB ist es nicht möglich, dass die AGB Bestandteil des Vertrages werden.

Bei bestimmten Klauseln ist im Gesetz geregelt, dass sie automatisch **nicht** Vertragsbestandteil werden. Dazu steht im BGB:

§ 305 c BGB (Überraschende und mehrdeutige Klauseln)

(1) Bestimmungen in Allgemeinen Geschäftsbedingungen, die nach den Umständen (...) so ungewöhnlich sind, dass der Vertragspartner (...) mit ihnen nicht zu rechnen braucht, werden nicht Vertragsbestandteil.

Werden neben den AGB Absprachen zwischen den Vertragspartnern getroffen, haben diese immer Vorrang vor den AGB. Zur Sicherheit und aus Beweisgründen sollte man diese Absprachen aber immer schriftlich festhalten.

Zu 2: Welche AGB sind wirksam und welche AGB haben keine Auswirkungen?

Zum weiteren Schutz des Käufers vor Benachteiligung durch den Verkäufer ist festgelegt, dass nicht alles, was der Verkäufer in seine AGB hineinschreibt, auch automatisch gültig ist.

Zu den unwirksamen Klauseln gehören:	Beispiele aus den AGB eines Lieferanten der Mediaworld e. K.:
1. Nachträgliche kurzfristige Preiserhöhung binnen vier Monaten nach Vertragsabschluss	„Im Falle einer Preiserhöhung auf unseren Beschaffungsmärkten behalten wir uns vor die Verkaufspreise kurzfristig zu ändern."
2. Freistellung von der Pflicht einer Mahnung	„Zahlung bei Lieferung. Der Verzug tritt ohne Mahnung ein."
3. Ein Rücktrittsvorbehalt des Verkäufers	„Bei Einkäufen behalten wir uns vor vom Vertrag zurückzutreten, wenn von uns nicht zu vertretende Umstände (z. B. Streik, Aussperrung) die Lieferung unangemessen verzögern."

4. Änderung der Beweislast	„Im Falle einer mangelhaften Lieferung ist der Käufer in jedem Falle angehalten zu beweisen, dass die Ware schon bei Übergabe diesen Mangel aufwies.“
5. Vereinbarung einer Vertragsstrafe	„Befindet sich der Käufer im Annahmeverzug oder im Zahlungsverzug, fällt für ihn eine Vertragsstrafe in Höhe von 5 % des Warenwertes, mindestens 100,00 €, an.“

Falls eine Klausel in den AGB eines Unternehmens unwirksam ist, heißt dies nicht, dass die ganzen AGB unwirksam sind, sondern dass der Vertrag bestehen bleibt und nur in den Teilen, die unwirksam sind, nach dem Gesetz gehandelt wird (z. B. nach dem BGB).

Beispiel

Ein Homeshopping-Service für Lebensmittel verwendet in seinen AGB eine Lieferzeit von 14–21 Tagen. Es handelt sich um eine unangemessen lange Lieferzeit und die Klausel ist nicht gültig. Stattdessen gilt die Regelung des BGB, wonach der Verkäufer sofort zu liefern hat.

Aufgaben

Aufgaben zur Wiederholung

1 a) Erläutern Sie mit eigenen Worten, was Allgemeine Geschäftsbedingungen sind.

b) Unter welchen drei Voraussetzungen werden Allgemeine Geschäftsbedingungen Vertragsbestandteil?

c) Nennen Sie Gründe für die Nichtwirksamkeit von AGB-Klauseln. Führen Sie zu jedem Grund ein eigenes Beispiel an.

2 Überprüfen Sie bei den folgenden Klauseln aus den AGB verschiedener Unternehmen, ob sie wirksam sind oder nicht:

a) Ein Elektrofachgeschäft vereinbart in seinen AGB, dass der Kunde ein gekauftes Elektrogerät alle halbe Jahre zur kostenpflichtigen Überholung im Geschäft abgeben muss.

b) Die Ware bleibt bis zur vollständigen Bezahlung im Eigentum des Verkäufers.

c) Bei einer Nicht-Rechtzeitig-Lieferung stehen uns sofort alle Rechte als Käufer zu, auch ohne dass eine Nachfrist gesetzt werden muss.

d) Erfüllungsort und Gerichtsstand ist für beide Vertragsteile Duisburg.

e) Sollte die gelieferte Ware einen Mangel aufweisen, hat der Verkäufer das Recht, fünfmal eine Nachbesserung durchzuführen.

f) Im Falle einer mangelhaften Lieferung behalten wir uns vor Nachbesserung statt Neulieferung zu wählen.

3 **Rechercheaufgabe:**

Suchen Sie gültige AGB und überprüfen Sie diese auf unwirksame Klauseln. Nutzen Sie dazu das Internet und die dort vertretenen Onlineshops.

4 Buchungen im Warenverkehr

4.1 Wareneinkauf

4.1.1 Bezugskalkulation

Das ist geschehen ...

In der Mediaworld e. K. liegt das Angebot eines Lieferanten vor:

MULTI TASK GmbH
Computerzubehör

Multitask GmbH, Florentinastr. 67, 33102 Paderborn

Florentinastraße 67
33102 Paderborn
Telefon: 05251 89110-0
Telefax: 05251 89110-11
E-Mail: multitask@wvd.de
www.multitask-wvd.de

Mediaworld e. K.
Krefelder Straße 92
47226 Duisburg

Ihr Zeichen	Unser Zeichen	Telefon, Name 05251 89110-	Datum
	VK-Till	09 Tillmann	20..-12-10

Angebot Nr. 22

Sehr geehrte Damen und Herren,

aufgrund Ihrer Anfrage Nr. 17/12 vom 04.12.20.. bieten wir Ihnen freibleibend an:

Art.-Nr.:	Menge	Artikelbezeichnung	Einzelpreis (€)	Rabatt
23 900	100	„Salem“ Multi-Brenner	49,00	15 %

Für die Lieferung per Lkw fallen 59,95 € Transportkosten an.
Wir gewähren Ihnen ein Zahlungsziel von 40 Tagen. Wenn Sie innerhalb von 15 Tagen bezahlen, können wir Ihnen 3 % Skonto einräumen.

Wir sehen Ihrem Auftrag mit Freude entgegen.

Mit freundlichen Grüßen

Multitask GmbH

i. V. Tillmann

Tillmann

Volksbank Paderborn
Konto: 4 459 873
BLZ 472 601 21
USt-IdNr. DE 175893996

Das ist zu tun ...

Kalkulieren Sie den Bezugspreis der Ware für die Lieferung von 100 Stück unter Berücksichtigung der Nachlässe und der Transportkosten.

Bezugskalkulation

Das sollte man wissen ...

Die Bezugskalkulation dient dazu, den Einkaufspreis einer Ware zu ermitteln. Dabei werden die verschiedenen Preisnachlässe genauso berücksichtigt wie anfallende Transportkosten, Verpackungskosten und anderes. Als Ergebnis der Bezugskalkulation ergibt sich der so genannte **Bezugspreis,** der auch **Einstandspreis** genannt wird.

Bei der Bezugskalkulation nutzt man ein festes Rechenschema, um den Bezugspreis zu ermitteln. Wenn man sich streng an dieses Rechenschema hält, kann man die Bezugspreise verschiedener Anbieter miteinander vergleichen, da sie auf dem gleichen Rechenweg ermittelt werden.

Das Kalkulationsschema sieht wie folgt aus:

Bezugskalkulation:	**Erläuterungen:**
Listeneinkaufspreis	Verkaufspreis des Anbieters/Lieferanten ohne Abzüge
– Rabatt	Preisnachlass (z. B. als Mengenrabatt)
= Zieleinkaufspreis	Preis, der zu zahlen ist, wenn die Lieferung außerhalb der Skontofrist, aber noch innerhalb des Zahlungsziels bezahlt wird
– Skonto	Preisnachlass für Bezahlung innerhalb der Skontofrist
= Bareinkaufspreis	Einkaufspreis inklusive Rabatt- und Skontoabzug
+ Bezugskosten	Kosten für den Warentransport, für Verpackung, Transportversicherung usw.
= Bezugspreis	endgültiger Einstandspreis

Im folgenden Beispiel wird für 1 Stück einer Ware aus einem Angebot eines Lieferanten der Bezugspreis ermittelt:

Bezugskalkulation:	**Angebot:**	**Rechenweg:**
Listeneinkaufspreis	120,00 €	
– Rabatt	(laut Angebot) 10 % = 12,00 €	$\frac{120{,}00 \cdot 10}{100} = 12{,}00$ €
= Zieleinkaufspreis	108,00 €	120,00 - 12,00 = 108,00 €
– Skonto	(laut Angebot) 2 % = 2,16 €	$\frac{108{,}00 \cdot 2}{100} = 2{,}16$ €
= Bareinkaufspreis	105,84 €	108,00 – 2,16 = 105,84 €
+ Bezugskosten	(laut Angebot) 2,00 € je Stück	
= Bezugspreis	107,84 €	105,84 + 2,00 = 107,84 €

Aufgaben

Aufgaben zur Wiederholung

1 Berechnen Sie den Bezugspreis für das folgende Angebot eines Lieferanten: Listenpreis: 780,00 €, Rabatt: 15 %, Skonto: 2,5 %, Verpackungskosten: 25,00 €, Transportkosten: 83,00 €.

2 Berechnen Sie die Bezugspreise für die drei angebotenen Waren:

Mammuth GmbH
Audiogeräte

Mammuth GmbH • Gelsenstr. 32 • 46147 Oberhausen

Gelsenstraße 32
46147 Oberhausen

Telefon: 0208 88888-12
Telefax: 0208 88888-13

E-Mail: mammuthaudio@wvd.de
www.mammuthaudio-wvd.de

Mediaworld e. K.
Herrn Moritz Wagner
Krefelder Straße 92
47226 Duisburg

Datum:
20..-06-14

Angebot-Nr.: 211
Kunden-Nr.: 355

Sonderverkaufsaktion

Sehr geehrter Herr Wagner,

im Zuge unserer Sonderverkaufsaktion bieten wir Ihnen an:

1	Paar Mammuth-Boxen „Eiszeit“	28,00 €
1	Paar Auto-Hi-Fi-Boxen „Senegal“	38,00 €
1	Paar PC-Lautsprecher	12,00 €

Als langjährigem Kunden bieten wir Ihnen einen Rabatt von 12 % an.
Die Zahlungsbedingungen lauten wie üblich: 30 Tage Ziel,
innerhalb von 10 Tagen 2 % Skonto. Die Lieferung erfolgt frei Haus.

3 In der Mediaworld e. K. treffen vier Angebote von verschiedenen Lieferanten ein. Berechnen Sie die Bezugspreise für eine Lieferung von **200 Stück** des Artikels und ermitteln Sie den günstigsten Lieferanten.

Müller & Schneider OHG	Herscheidt Hi-Fi Systeme GmbH	Mammuth GmbH Audiogeräte	Audiovision KG
Listenpreis 30,00 €, Rabatt 5 %, Skonto 3 %, Lieferung frei Haus	Listenpreis 25,00 €, Skonto 1,5 %, Rabatt 0 %, Verpackungskosten 1,50 € je Stück	Listenpreis 28,00 €, Rabatt 2 %, Skonto 1 %, Lieferung frei Haus	Listenpreis 31,00 €, Rabatt 9 %, kein Skonto, kostenfreie Anlieferung

4 Der Listeneinkaufspreis eines Artikels beträgt 85,00 €, der Zieleinkaufspreis 72,25 € und der Bareinkaufspreis 71,53 €. Wie hoch sind Rabatt und Skonto in € und in %?

4.1.2 Gewichts- und Wertspesen verteilen

Das ist geschehen …

In der Mediaworld e. K. liegt die folgende Rechnung vor.:

Müller & Schneider OHG
Import und Export von Elektronikartikeln

Müller & Schneider OHG, 44623 Herne

Am Wäldchen 45
44623 Herne

Telefon: 02323 93147
Telefax: 02323 93148

E-Mail: muellerschneider@wvd.de
www.muellerschneider-wvd.de

Mediaworld e. K.
Krefelder Straße 92
47226 Duisburg

Rechnungsnummer: 109
Rechnungsdatum: 20..-12-17

Art.-Nr.	Menge	Gewicht in kg	Artikelbeschreibung	Einzelpreis in €	Rabatt in %	Gesamtpreis in €
TV 102	100 St.	850	Schnitzer T04	64,00	--	6.400,00
VR 090	200 St.	450	Florida Rekorder VS 20	53,00	--	10.600,00
			Summe:			17.000,00
			Transportkosten gesamt:			390,00
			Transportversicherung:			340,00
			Rechnungsbetrag netto:			17.730 ,00
			+ 16 % USt:			2.836,80
			Rechnungsbetrag brutto:			**20.566,80**

Bastian Lenz ist verwirrt, weil in dieser Rechnung Kosten für den Transport und für die Versicherung der Ware auftauchen. Er weiß nicht, wie er diese Rechnungsposten auf die beiden Waren aufteilen soll.

Das ist zu tun …

Nutzen Sie zur Bearbeitung der Aufträge Ihre Kenntnisse der Verteilungsrechnung und die unten stehenden Informationen.

1. Verteilen Sie die Transportkosten nach dem Gewicht der Ware.
2. Verteilen Sie die Transportversicherung nach dem Wert der Ware.
3. Berechnen Sie die gesamten Bezugskosten für Ware 1 und für Ware 2.

Das sollte man wissen …

Verteilung von Gewichtsspesen und Wertspesen

Beim Wareneinkauf fallen – sofern nicht „frei Haus“ geliefert wird – Kosten für den Warenbezug an. Hierunter fallen Transportkosten, Verpackungskosten, Zoll, Transportversicherungen und anderes. In der Kalkulation werden diese Kosten unter „Bezugskosten“ in den Bezugspreis der Ware einkalkuliert.

Wenn mehrere Waren gleichzeitig angeliefert werden, werden die Bezugskosten in der Rechnung für die gesamte Warenlieferung ausgewiesen. Für eine genaue Kalkulation des Bezugspreises der einzelnen Waren ist es notwendig, die Bezugskosten den einzelnen Waren zuzuordnen. Hierfür nutzt man die Verteilungsrechnung.

Es muss zunächst unterschieden werden, ob die Bezugskosten sich auf das Gewicht der Ware beziehen oder auf den Wert der Ware. Im ersten Fall spricht man von **Gewichtsspesen,** im zweiten Fall von **Wertspesen.**

Gewichtsspesen sind die Kosten, deren Höhe sich nach dem Gewicht der Ware richtet. Die Transportkosten sind zum Beispiel Gewichtsspesen; je mehr Gewicht transportiert werden muss, desto teurer ist der Transport. Zu den Wertspesen gehört beispielsweise die Transportversicherung. Hier gilt: Je wertvoller die Fracht, desto teurer die Versicherung.

Verteilung nach dem

- **Gewicht** = Gewichtsspesen
- **Wert** = Wertspesen

Im folgenden Beispiel werden zunächst die Gewichtsspesen, danach die Wertspesen verteilt.

Beispiel **Rechnung eines Lieferanten**

Ware 1: Wert: 5.000,00 €, Gewicht: 3 000 kg

Ware 2: Wert: 9.000,00 €, Gewicht: 1 000 kg

Es fallen Transportkosten in Höhe von 320,00 € an.
Die Transportversicherung kostet 280,00 €.

Verteilung der Gewichtsspesen (Transportkosten) in Höhe von 320,00 €:

1. Schritt: **Gesamtgewicht ermitteln**	**2. Schritt:** **Über einen Dreisatz werden die Transportkosten für 1 kg ermittelt**	**3. Schritt:** **Sind die Kosten für 1 kg bekannt, werden die Transportkosten für die Gewichte der beiden Waren ermittelt**
Ware 1: 3 000 kg Ware 2: 1 000 kg Summe: 4 000 kg	4 000 kg = 320,00 € 1 kg = x € x = 0,08 €	0,08 · 3 000 kg = 240,00 € 0,08 · 1 000 kg = 80,00 €
Das Gesamtgewicht der Warenlieferung beträgt 4 000 kg.	Der Transport von 1 kg kostet 0,08 €.	Der Transport von 3 000 kg der Ware 1 kostet 240,00 €. Der Transport von 1 000 kg der Ware 2 kostet 80,00 €.

6022216

Verteilung der Wertspesen (Transportversicherung) in Höhe von 280,00 €:

1. Schritt: Gesamtwert ermitteln	**2. Schritt: Über einen Dreisatz werden die Kosten der Versicherung für 1,00 € ermittelt**	**3. Schritt: Sind die Versicherungskosten für 1,00 € Warenwert bekannt, werden die Kosten für die beiden Waren ermittelt**
Ware 1: 5.000,00 € Ware 2: 9.000,00 € Summe: 14.000,00 €	14.000,00 € = 280,00 € 1,00 € = x € x = 0,02 €	0,02 · 5.000 € = 100,00 € 0,02 · 9.000 € = 180,00 €
Der Gesamtwert der Warenlieferung beträgt 14.000,00 €.	Die Versicherung von 1,00 € Warenwert kostet 0,02 €.	Die Versicherung der Ware 1 kostet 100,00 €. Die Versicherung der Ware 2 kostet 180,00 €.

Für die Kalkulation müssen jetzt noch die gesamten Bezugskosten für die einzelnen Waren ermittelt werden. Dazu werden die Gewichtsspesen und die Wertspesen bei jeder Ware addiert.

Fortsetzung des Beispiels

Bezugskosten für Ware 1:		**Bezugskosten für Ware 2:**	
Gewichtsspesen	240,00 €	Gewichtsspesen	80,00 €
Wertspesen	100,00 €	Wertspesen	180,00 €
Bezugskosten	**340,00 €**	**Bezugskosten**	**260,00 €**

Aufgaben zur Wiederholung

Aufgaben

1 Für eine Warenlieferung fallen die folgenden Kosten an:
Transportkosten: 3.600,00 €
Versicherungskosten: 1.250,00 €
Zoll (Wertzoll): 150,00 €
Die Warenlieferung besteht aus den folgenden Waren:
Ware 1: 8 000 kg, Wert: 2.500,00 €
Ware 2: 4 000 kg, Wert: 500,00 €
Ware 3: 12 000 kg, Wert: 4.000,00 €

a) Verteilen Sie die Gewichts- und die Wertspesen auf die drei Waren.
b) Ermitteln Sie die gesamten Bezugskosten für die drei Waren.

2 Zwei Händler beziehen gemeinsam Ware. Für die Anlieferung fallen Bezugskosten in Höhe von 2.500,00 € an. Händler A erhält aus der Lieferung 6 700 kg zu je 3,00 €/kg. Händler B erhält 8 300 kg zu je 2,50 €/kg.

a) Wie hoch sind die Bezugskosten für Händler A und Händler B, wenn diese nach dem Gewicht der Ware verteilt werden?
b) Wie hoch sind die Bezugskosten für Händler A und Händler B, wenn diese nach dem Wert der Ware verteilt werden?

Aufgaben

3 Es liegen die beiden unten stehenden Angebote von Lieferanten vor. Verteilen Sie die Transportkosten nach dem Gewicht der Ware und ermitteln Sie den günstigeren Lieferanten für Ware A und für Ware B:

Angebot 1:		Angebot 2:	
Ware A:	Ware B:	Ware A:	Ware B:
Menge 40 Stück, Stückgewicht 14 kg, Bezugspreis 190,00 €, 10 % Rabatt, 2 % Skonto	Menge 100 Stück, Stückgewicht 8 kg, Bezugspreis 30,00 €, 15 % Rabatt, 2 % Skonto	Menge 40 Stück, Stückgewicht 14 kg, Bezugspreis 180,00 €, kein Rabatt, 3 % Skonto	Menge 100 Stück, Stückgewicht 8 kg, Bezugspreis 32,00 €, Rabatt 10 %, kein Skonto
Transportkosten für die Anlieferung: 272,00 €		Transportkosten für die Anlieferung: 408,00 €	

4.1.3 Buchung von Bezugskosten

Das ist geschehen ...

Die Rechnung der Firma Müller & Schneider OHG liegt immer noch in der Abteilung Buchhaltung/Verwaltung vor. Florian Peek, der Buchhalter, möchte, dass Bastian die Rechnung bucht.

Müller & Schneider OHG
Import und Export von Elektronikartikeln

Müller & Schneider OHG, 44623 Herne

Am Wäldchen 45
44623 Herne

Telefon: 02323 93147
Telefax: 02323 93148

E-Mail: muellerschneider@wvd.de
www.muellerschneider-wvd.de

Mediaworld e. K.
Krefelder Straße 92
47226 Duisburg

Rechnungsnummer: 109
Rechnungsdatum: 20..-12-17

Art.-Nr.	Menge	Gewicht in kg	Artikelbeschreibung	Einzelpreis in €	Rabatt in %	Gesamtpreis in €
TV 102	100 St.	850	Schnitzer T04	64,00	--	6.400,00
VR 090	200 St.	450	Florida Rekorder VS 20	53,00	--	10.600,00
			Summe:			17.000,00
			Transportkosten gesamt:			390,00
			Transportversicherung:			340,00
			Rechnungsbetrag netto:			17.730 ,00
			+ 16 % USt:			2.836,80
			Rechnungsbetrag brutto:			**20.566,80**

Bastian: „Kein Problem, einen Wareneingang buchen kann ich schon!" „Gut", sagt Herr Peek, „denk aber bitte an die Bezugskosten!" Bastian: „Ääh, Bezugskosten – sicher, ich denke dran!"

Das ist zu tun ...

1. Wie hoch ist der Warenwert für oben stehende Rechnung?
2. Wie hoch ist die Umsatzsteuer allein auf diesen Warenwert?
3. Wie lautet der Buchungssatz, wenn in dieser Rechnung keine Transportkosten anfallen würden?
4. Nutzen Sie die unten stehenden Informationen und geben Sie den Buchungssatz für die Buchung der Rechnung mit Bezugskosten an.

Das sollte man wissen ...

Buchung von Bezugskosten

Wenn bei einem Wareneinkauf Bezugskosten anfallen, erhöht sich der Aufwand des Wareneinkaufes. Vereinfacht könnte man sagen: Der Wareneinkauf verteuert sich. Dieser Mehraufwand könnte eigentlich direkt auf dem Aufwandskonto, welches für Wareneinkäufe benutzt wird, mit gebucht werden.

Für die oben stehende Rechnung würde dies bedeuten, dass der Buchungssatz zu der Rechnung wie folgt aussehen würde:

Konten	Soll	Haben
Wareneingang Vorsteuer an Verbindlichkeiten a. LL	17.730,00 € 2.836,80 €	 20.566,80 €

Diese Vorgehensweise hat allerdings einen entscheidenden Nachteil: Als Wareneingang wird nicht der tatsächliche Warenwert gebucht, sondern der Warenwert plus die Transportkosten. Bei dieser Vorgehensweise kann man nicht mehr ermitteln, was die Ware gekostet hat und wie hoch die Nebenkosten sind. Daher muss man die Bezugskosten von der Aufwandsbuchung des Wareneinganges trennen.

Da Bezugskosten immer nur bei Wareneinkäufen anfallen, nutzt man für die Buchung ein Konto, das als Unterkonto des Kontos Wareneingang anzusehen ist. Das Konto heißt Bezugskosten und trägt die Kontennummer 6061 des Kontenrahmens. Es ist ein Aufwandskonto, deshalb werden die Bezugskosten immer auf der Sollseite des Kontos gebucht.

Das folgende Beispiel zeigt, wie man das Konto Bezugskosten bei der Buchung eines Wareneinkaufes mit berücksichtigt:

Beispiel

Bei einem Wareneinkauf auf Ziel in einer Höhe von 9.000,00 € fallen Bezugskosten in Höhe von 1.000,00 € an. Es wird zusätzlich die Umsatzsteuer mit 16 % in Rechnung gestellt (1.600,00 €). Der Rechnungsendbetrag brutto lautet auf 11.600,00 €.

Buchungssatz:

Konten	Soll	Haben
Wareneingang	9.000,00 €	
Bezugskosten	1.000,00 €	
Vorsteuer	1.600,00 €	
an Verbindlichkeiten a. LL		11.600,00 €

Die Vorsteuer fällt für den Wareneingang und die Bezugskosten gleichzeitig an, bezieht sich also auf den Betrag von 10.000,00 €.

Die Buchung in den Konten des Hauptbuches sieht wie folgt aus:

Soll	6060 Wareneingang	Haben
❶ Verbindl. a. LL	9.000,00	

Soll	2600 Vorsteuer	Haben
❶ Verbindl. a. LL	1.600,00	

Soll	6061 Bezugskosten	Haben
❶ Verbindl. a. LL	1.000,00	

Soll		4400 Verbindlichkeiten a. LL	Haben
		EBK	19.000,00
		❶ WE, BK, VSt	11.600,00

Das Konto Bezugskosten wird als Unterkonto des Kontos Wareneingang über dieses abgeschlossen. Es wird also nicht wie die anderen Aufwandskonten über das GuV abgeschlossen, vielmehr taucht der Saldo im Konto Wareneingang auf.

Bezogen auf das obige Beispiel wird beim Kontenabschluss wie folgt vorgegangen:

1. Schritt:

Im Konto Bezugskosten wird der Saldo ermittelt. Dieser erscheint auf der Habenseite.

S	6061 Bezugskosten		H
❶ Verbindl. a. LL	1.000,00		1.000,00
	1.000,00		1.000,00

2. Schritt:

Der Saldo auf der Habenseite wird mit dem Gegenkonto bezeichnet (Wareneingang).

S	6061 Bezugskosten		H
❶ Verbindl. a. LL	1.000,00	Wareneingang	1.000,00
	1.000,00		1.000,00

3. Schritt:

Der Buchungssatz zum Kontenabschluss lautet (Soll an Haben!):
Wareneingang 1.000,00 €
an Bezugskosten 1.000,00 €

S	6061 Bezugskosten		H
❶ Verbindl. a. LL	1.000,00	Wareneingang	1.000,00
	1.000,00		1.000,00

4. Schritt:

Im Konto Wareneingang erscheint der Saldo der Bezugskosten auf der Sollseite. Dies liegt daran, dass die Bezugskosten die Aufwendungen für Waren erhöht haben. Jetzt ist deutlich zu sehen, welche Aufwendungen allein für die Waren und welche Aufwendungen nur für die Bezugskosten angefallen sind.

S	6060 Wareneingang		H
❶ Verbindl. a. LL	9.000,00		
Bezugskosten	1.000,00		

6022220

Aufgaben

Aufgaben zur Wiederholung

1 Bilden Sie die Buchungssätze zu den folgenden Geschäftsfällen:

a) Wareneinkauf auf Rechnung, Nettowert: .... 5.7000,00 €
+ Verpackungskosten .... 89,00 €
+ Frachtkosten .... 190,00 €
+ 16 % Umsatzsteuer .... 956,64 €

b) Warenverkauf auf Ziel, Nettowert: .... 3.400,00 €
+ 16 % Umsatzsteuer .... 544,00 €

c) Der Unternehmenseigentümer entnimmt Bargeld aus der Geschäftskasse .... 150,00 €

d) Die Warenanlieferung durch eine Spedition muss beim Fahrer bar bezahlt werden, Nettowert: .... 132,00 €
+ 16 % Umsatzsteuer .... 21,12 €

e) Wareneinkauf auf Ziel, Nettowert: .... 2.430,00 €
+ Frachtkosten .... 410,00 €
+ Transportversicherung .... 78,00 €
+ 16 % Umsatzsteuer .... 466,88 €

f) Bezahlung einer Lieferantenrechnung per Banküberweisung .... 7.390,00 €

g) Wareneinkauf auf Ziel, Nettowert: .... 1.067,00 €
+ Transportkosten .... 29,00 €
+ 16 % Umsatzsteuer .... 175,36 €

2 a) Bilden Sie die Buchungssätze zu den folgenden Geschäftsfällen:

1. Wareneinkauf auf Ziel, Nettowert: .... 2.300,00 €
   + 16 % Umsatzsteuer ....
2. Für eine Warenanlieferung fallen Bezugskosten an, der Rechnungsbetrag der Speditionsrechnung beträgt netto: .... 367,00 €
   + 16 % Umsatzsteuer ....
3. Warenverkauf auf Ziel, Nettowert: .... 6.900,00 €
   + 16 % Umsatzsteuer ....
4. Wareneinkauf auf Ziel, Nettowert: .... 890,00 €
   + Frachtkosten .... 93,50 €
   + Transportversicherung .... 22,30 €
   + 16 % Umsatzsteuer ....

b) Richten Sie die folgenden Konten ein: 2400, 2600, 4400, 4800, 6060, 6061, 5100.

c) Buchen Sie die Buchungssätze in den Konten.

d) Schließen Sie die Konten ab. Die Gegenbuchungen im GuV-Konto und im SBK müssen nicht vorgenommen werden.

4.1.4 Warenrücksendungen an den Lieferanten

Das ist geschehen ...

Peter Bäumer, der Lagerist der Mediaworld e. K., hat festgestellt, dass eines von 10 Fernsehgeräten, die letzte Woche geliefert wurden, defekt ist. Dies konnte er bei der Einlagerung der Geräte nicht feststellen, erst im Nachhinein wurde der Mangel sichtbar. Er bittet Frau Hauser aus der Abteilung Einkauf, den Lieferanten anzurufen und die Sache zu klären:

Das ist zu tun ...

1. Die Eingangsrechnung für die 10 Fernsehgeräte, die eine Woche zuvor geliefert wurden, ist schon gebucht worden. Nennen Sie den Buchungssatz, wenn ein Gerät netto 800,00 € gekostet hat und keine Rabatte, Bezugskosten oder Ähnliches angefallen sind.
2. Um wie viel Euro reduzieren sich die Verbindlichkeiten (Bruttowert!), wenn ein Fernsehgerät wieder zurückgeschickt wird?
3. Um wie viel Euro reduziert sich der Warenwert (netto), wenn ein Fernsehgerät wieder zurückgeschickt wird?
4. Um wie viel Euro reduziert sich die gebuchte Vorsteuer, wenn ein Fernsehgerät wieder zurückgeschickt wird?
5. Stellen Sie den Buchungssatz zur Rücksendung des einen Fernsehgerätes auf.

Das sollte man wissen ...

Rücksendung von Waren an Lieferanten

Eine Warenrücksendung zu buchen bedeutet, einen schon gebuchten Geschäftsfall wieder rückgängig zu machen. Wenn die komplette Ware zurückgeschickt wird, wird der ganze Buchungssatz rückgängig gemacht, wenn nur ein Teil der Ware zurückgeschickt werden muss, werden die gebuchten Beträge für die Komplettlieferung um die Rücksendung reduziert.

Natürlich darf man nicht einfach den Buchungssatz rückgängig machen im Sinne von „ausradieren, löschen" oder Ähnlichem. Vielmehr geschieht dies durch **Ausgleichsbuchungen.** Diese sorgen dafür, dass die ursprünglich gebuchten Werte in den Konten um die Rücksendung vermindert werden.

Beispiel

Geschäftsfall 1:

Wareneinkauf auf Ziel (23.200,00 € brutto), Nettowert 20.000,00 € zuzüglich 16 % Umsatzsteuer (3.200,00 €).

Der Buchungssatz zum Wareneinkauf lautet:

Konten	Soll	Haben
Wareneingang	20.000,00 €	
Vorsteuer	3.200,00 €	
an Verbindlichkeiten a. LL		23.200,00 €

Geschäftsfall 2:

Von dieser Warensendung sind Waren im Wert von 1.000,00 € an den Lieferanten zurückzuschicken.

Im Konto Wareneingang wird die Ausgangsbuchung von 20.000,00 € durch eine Buchung auf der anderen Seite (Habenseite) in Höhe der Rücksendung **(1.000,00 €)** vermindert.

Soll	6060 Wareneingang	Haben
❶ Verbindl. a. LL 20.000,00		❷ Verbindl. a. LL **1.000,00**

Soll	2600 Vorsteuer		Haben
❶ Verbindl. a. LL	3.200,00	❷ Verbindl. a. LL.	160,00

Die gebuchte Vorsteuer in Höhe von 3.200,00 € wird durch eine Buchung auf der anderen Seite (Habenseite) in Höhe der Vorsteuer für die Rücksendung (160,00 €) vermindert.

Soll	4400 Verbindl. a. LL		Haben
❷ WE, VSt	1.160,00	❶ WE, VSt	23.200,00

Die gesamte Verbindlichkeit in Höhe von 23.200,00 € reduziert sich durch die Rücksendung um 1.160,00 €. Dieser Betrag erscheint auf der Sollseite des Kontos Verbindlichkeiten a. LL (Minderung im Passivkonto!)

Der Buchungssatz zur Rücksendung lautet:

Konten	Soll	Haben
Verbindlichkeiten a. LL	1.160,00 €	
an Wareneingang		1.000,00 €
an Vorsteuer		160,00 €

In den Konten sieht man, dass sich durch die Rücksendung der jeweils gebuchte Betrag des Wareneinkaufes um den Wert der zurückgeschickten Waren vermindert. Dies wird auch deutlich, wenn man die Konten abschließt. Zieht man rechnerisch die Rücksendung vom ursprünglichen Wareneinkauf ab, ergeben sich folgende Restbeträge:

Konto:	Ausgangsbeträge:	abzüglich Rücksendung:	verbleibende Restbeträge:
Wareneinkauf	20.000,00 €	1.000,00 €	19.000,00 €
Vorsteuer	3.200,00 €	160,00 €	3.040,00 €
Verbindl. a. LL	23.200,00 €	1.160,00 €	22.040,00 €

Fortsetzung des Beispiels **Kontenabschluss**

S	6060 Wareneingang		H
❶ Verbindl. a. LL	20.000,00	❷ Verbindl. a. LL	1.000,00
		GuV	19.000,00
	20.000,00		20.000,00

Der Saldo ergibt die erwarteten **19.000,00 €,** die mit **GuV** gekennzeichnet sind, da die Gegenbuchung zum Kontenabschluss im GuV-Konto erfolgt.

S	2600 Vorsteuer		H
❶ Verbindl. a. LL	3.200,00	❷ Verbindl. a. LL	160,00
		USt	3.040,00
	3.200,00		3.200,00

Die verbleibende Vorsteuer in Höhe von **3.040,00 €** wird im Konto Umsatzsteuer gegengebucht – dies wird hier unterstellt, da es der Regelfall ist (→ Kapitel 2.1.5).

S	4400 Verbindlichkeiten a. LL		H
❷ WE, VSt	1.160,00	❶ WE, VSt	23.200,00
SBK	22.040,00		
	23.200,00		23.200,00

Die Verbindlichkeiten aus Lieferungen und Leistungen reduzieren sich auf **22.040,00 €,** die Gegenbuchung erfolgt beim Kontenabschluss im **SBK.**

Aufgaben

Aufgaben zur Wiederholung

1 Bilden Sie die Buchungssätze zu den folgenden Geschäftsfällen:

1. Barverkauf von Waren, Nettowert: . . . . 150,00 €
   + 16 % Umsatzsteuer . . . .
2. Wareneinkauf auf Ziel, Nettowert: . . . . 4.500,00 €
   + 16 % Umsatzsteuer . . . .
3. Von der im 2. Geschäftsfall gelieferten Ware muss die Hälfte an den Lieferanten zurückgeschickt werden, da sie in der falschen Farbe geliefert wurde, Nettowert: . 2.250,00 €
4. Zieleinkauf von Waren, Nettowert: . . . . 1.100,00 €
   + Transportkosten . . . . 310,00 €
   + 16 % Umsatzsteuer . . . .
5. Ein Kunde bezahlt eine offene Rechnung per Banküberweisung . . . . 2.134,00 €
6. Bezugskosten für eine Warenanlieferung bar, netto: . . 470,00 €
   + 16 % Umsatzsteuer . . . .
7. Die in Fall 6 gelieferte Ware (Zielkauf) wird gebucht, Nettowert: . . . . 2.900,00 €
   + 16 % Umsatzsteuer . . . .
8. Die in Fall 7 gelieferte Ware ist zum Teil defekt. 10 % der Lieferung muss an den Lieferanten zurückgeschickt werden.

2 a) Eröffnen Sie die folgenden Konten mit den vorgegebenen Salden.

Kontennr.	Konto	Soll	Haben
2600	Vorsteuer	39.500,00 €	
2800	Bank	47.400,80 €	
4400	Verbindl. a. LL		18.700,00 €
6060	Wareneingang	611.321,00 €	
6061	Bezugskosten	4.689,00 €	

b) Bilden Sie die Buchungssätze zu den folgenden Geschäftsfällen:

1. Wareneinkauf auf Ziel, brutto (inkl. 16 % USt): 6.380,00 €
2. Wareneinkauf auf Ziel, netto: 190,00 € + 16 % Umsatzsteuer
3. Zielkauf von Ware netto: 5.430,00 € + 16 % USt, Bezugskosten für diese Warenlieferung: 311,00 € + 16 % USt
4. Die Rechnung für den Fall 1 wird per Banküberweisung bezahlt.
5. Eine Speditionsrechnung für gelieferte Waren lautet über 340,00 € + 16% Umsatzsteuer.
6. Die Rechnung aus Fall 5 wird per Bankscheck bezahlt.
7. Wareneinkauf auf Ziel, brutto: 3.016,00 €.
8. Die in Fall 2 gelieferte Ware ist z. T. defekt; es erfolgt eine Rücksendung zum Nettowert von 40,00 €.
9. Im Fall 7 wurde zum Teil falsche Ware geliefert; Rücksendung netto 500,00 €.

c) Buchen Sie die Buchungssätze in den vorbereiteten Konten.

d) Schließen Sie die Konten ab (Annahme: Saldo des Kontos Umsatzsteuer: 99.100,00 €).

4.1.5 Preisnachlässe des Lieferanten (Liefererboni und Nachlässe)

Das ist geschehen ...

Die Mediaworld e. K. hat von einem Lieferanten die beiden unten stehenden Schreiben vorliegen:

Mammuth GmbH
Audiogeräte

Mammuth GmbH • Gelsenstr. 32 • 46147 Oberhausen

Gelsenstraße 32
46147 Oberhausen

Mediaworld e. K.
Krefelder Straße 92
47226 Duisburg

Telefon: 02808 88888-12
Telefax: 02808 88888-13

E-Mail: mammuthaudio@wvd.de
www.mammuthaudio-wvd.de

Datum:
20..-12-14

Auftrag-Nr.: 811
Kunden-Nr.: 355

GUTSCHRIFT über 1.000,00 €

Sehr geehrte Damen und Herren,

bezüglich unserer Lieferung vom 12.02.20.. erkennen wir die Mängel an der gelieferten Ware an. Wir bestätigen hiermit eine Preisminderung um 1.000,00 €, die Sie mit dieser Gutschrift erhalten.

Aufschlüsselung der Gutschrift:

Nettowert:	1.000,00 €
Umsatzsteuer:	160,00 €
Gesamtgutschrift:	1.160,00 €

Mit freundlichen Grüßen

Mammuth GmbH

Mammuth GmbH
Audiogeräte

Mammuth GmbH • Gelsenstr. 32 • 46147 Oberhausen

Gelsenstraße 32
46147 Oberhausen

Mediaworld e. K.
Krefelder Straße 92
47226 Duisburg

Telefon: 02808 88888-12
Telefax: 02808 88888-13

E-Mail: mammuthaudio@wvd.de
www.mammuthaudio-wvd.de

Datum:
20..-12-29

Auftrag-Nr.:
Kunden-Nr.: 355

Bonusgutschrift

Sehr geehrte Damen und Herren,

wir freuen uns Ihnen mitteilen zu können, dass Sie in diesem Jahr bei uns Waren im Wert über 50.000,00 € bestellt haben. Damit gehören Sie zu den wenigen auserwählten Kunden, denen wir einen Bonus in Höhe von

500,00 € (netto + 16 % USt)

gutschreiben können. Wir hoffen auf weiterhin gute Geschäftsbeziehungen.

Mit freundlichen Grüßen

Mammuth GmbH

Das ist zu tun ...

1. Erläutern Sie, worin sich die beiden gewährten Nachlässe unterscheiden.
2. Auf welchen (neuen) Konten müssen die Gutschriften gebucht werden?
3. Bilden Sie mithilfe der unten stehenden Informationen die Buchungssätze zu den beiden Belegen.
4. Wie werden die (neuen) Konten, auf denen die Gutschriften gebucht werden, abgeschlossen?

6022226

Buchung von Preisnachlässen

Das sollte man wissen ...

Preisnachlässe von Lieferanten können auf zwei verschiedene Arten zustande kommen:

1. Die Lieferung des Lieferanten ist mangelhaft und es wird eine Preisminderung vereinbart.
2. Der Lieferant räumt dem Kunden einen nachträglichen Rabatt in Form eines Bonus ein, wenn ein bestimmtes Umsatzziel erreicht wird.

Beide Arten von Nachlässen führen dazu, dass die Schulden beim Lieferanten vermindert werden. Ebenso führen beide Arten von Nachlässen dazu, dass der Warenaufwand im Betrieb vermindert wird – dieser Warenaufwand findet sich im Konto Wareneingang wieder. Letztlich muss noch beachtet werden, dass sich der Nachlass auch auf die Umsatzsteuer bezieht. Dies bedeutet für den Wareneinkauf, dass buchhalterisch auch das Konto Vorsteuer betroffen ist.

Damit die beiden Arten von Preisnachlässen auch in der Buchhaltung auseinander gehalten werden können, gibt es zwei Konten, auf welchen sie gebucht werden:

Soll	6062 Nachlässe	Haben

Hier werden die Preisminderungen des Lieferanten gebucht.

Soll	6064 Liefererboni	Haben

Hier werden die nachträglich gewährten Boni des Lieferanten gebucht.

Beide Konten sind Unterkonten des Kontos Wareneingang. Sie werden beide über das Konto Wareneingang abgeschlossen – so wie das Konto Bezugskosten auch (→ Kapitel 4.1.3).

Im folgenden Beispiel wird der Ablauf der Buchung einer Preisminderung und eines Bonus verdeutlicht:

Beispiel

Geschäftsfall 1:

Ein Lieferant gewährt eine Preisminderung von 100,00 € netto + 16 % Umsatzsteuer (16,00 €), Bruttowert der Preisminderung: 116,00 €.

Geschäftsfall 2:

Ein Lieferant gewährt einen Bonus von 200,00 € netto + 16 % Umsatzsteuer (32,00 €), Bruttowert des Bonus: 232,00 €.

Buchungssätze:

Geschäftsfall 1: Konten	Soll	Haben
Verbindlichkeiten a. LL	**116,00 €**	
an Nachlässe		**100,00 €**
an Vorsteuer		**16,00 €**

Die Verbindlichkeiten werden vermindert (Sollbuchung im Passivkonto), der Nachlass vermindert den Wareneingang (Habenbuchung im Aufwandskonto), die Vorsteuer wird ebenfalls vermindert (Habenbuchung im Aktivkonto).

Die Verbindlichkeiten werden vermindert (Sollbuchung im Passivkonto), der Bonus vermindert den Wareneingang (Habenbuchung im Aufwandskonto), die Vorsteuer wird ebenfalls vermindert (Habenbuchung im Aktivkonto).

Geschäftsfall 2: Konten	Soll	Haben
Verbindlichkeiten a. LL	232,00 €	
an Liefererboni		200,00 €
an Vorsteuer		32,00 €

Buchung in den Konten:

Soll	2060 Vorsteuer	Haben	
		❶ Verbindl. a. LL	16,00
		❷ Verbindl. a. LL	32,00

Soll	4400 Verbindlichkeiten a. LL	Haben	
❶ Nachl., VSt	116,00		
❷ Lief.boni, VSt	232,00		

Soll	6062 Nachlässe	Haben	
		❶ Verbindl. a. LL	100,00

Soll	6064 Liefererboni	Haben	
		❷ Verbindl. a. LL	200,00

Da beide neuen Konten, 6062 und 6064, Unterkonten des Kontos 6060 Wareneingang sind, werden sie über dieses Konto abgeschlossen. Die Salden der beiden neuen Konten erscheinen im Konto Wareneingang im Haben, sie führen somit zu einer Verminderung des Wertes des Wareneinganges, eben aufgrund der Preisminderung bzw. des Bonus.

Der Kontenabschluss der beiden neuen Konten stellt sich wie folgt dar:

Fortsetzung des Beispiels **Kontenabschluss**

1. Schritt: Die Salden der beiden Konten ermitteln:

Soll	6062 Nachlässe	Haben	
___	100,00	❶ Verbindl. a. LL	100,00
	100,00		100,00

Soll	6064 Liefererboni	Haben	
___	200,00	❷ Verbindl. a. LL	200,00
	200,00		200,00

2. Schritt: Die Salden im Konto 6060 Wareneingang gegenbuchen:

Soll	6062 Nachlässe	Haben	
Wareneingang	100,00	❶ Verbindl. a. LL	100,00
	100,00		100,00

Soll	6064 Liefererboni	Haben	
Wareneingang	200,00	❷ Verbindl. a. LL	200,00
	200,00		200,00

Soll	6060 Wareneingang	Haben	
Verbindl. a. LL	5.000,00	Nachlässe	100,00
		Liefererboni	200,00

Wenn man das Konto 6060 Wareneingang jetzt abschließt, bekommt man einen Saldo von 4.700,00 € heraus. Dieser ergibt sich aus den gebuchten Wareneinkäufen abzüglich der Nachlässe und Boni (5.000,00 € – 300,00 € = 4.700,00 €).

Aufgaben

Aufgaben zur Wiederholung

1 Bei dem folgenden Brief fehlt leider der untere Teil, der aber sehr wichtig ist:

a) Wie hoch ist der Netto-Bonus in Euro, den die Firma Multitask GmbH gewährt?

b) Wie hoch ist die Umsatzsteuer in Euro auf diesen Bonus?

c) Wie hoch ist der gesamte Bonus in Euro inklusive Umsatzsteuer?

d) Wie lautet der Buchungssatz zu diesem Beleg?

MULTI TASK GmbH
Computerzubehör

Multitask GmbH, Florentinastr. 67, 33102 Paderborn

Florentinastraße 67
33102 Paderborn
Telefon: 05251 89110-0
Telefax: 05251 89110-11
E-Mail: multitask@wvd.de
www.multitask-wvd.de

Mediaworld e. K.
Herrn Moritz Wagner
Krefelder Straße 92
47226 Duisburg

Ihr Zeichen	Unser Zeichen	Telefon, Name	Datum
	VK-Till	05251 89110-09 Tillmann	20..-12-28

Gutschrift (Bonus)

Sehr geehrter Herr Wagner,

wir bedanken uns bei Ihnen und Ihrem Team für die gute Zusammenarbeit in diesem Geschäftsjahr.

Wie üblich gewähren wir unseren besonders treuen Kunden einen Umsatzbonus. Zur Erinnerung und als „Ansporn" für das nächste Jahr hier noch einmal unsere Bonusstaffelung:

Ab einem Nettoumsatz in Höhe von ...	erhalten Sie folgenden Bonus vom Nettoumsatz:
30.000,00 €	4 %
50.000,00 €	6 %
70.000,00 €	8 %
100.000,00 €	10 %

Sie haben in diesem Jahr einen Umsatz in Höhe von **68.000,00 €** erzielt.
Somit freuen wir uns, Ihnen folgenden Bonus gewähren zu können:

Aufgaben

2 a) Bilden Sie die Buchungssätze zu den folgenden Geschäftsfällen:
1. Die Mediaworld e. K. kauft Waren bei einem Lieferanten im Nettowert von 2.120,00 € zuzüglich 16 % Umsatzsteuer auf Ziel.
2. Die Ware aus Geschäftsfall 1 ist von einer Spedition angeliefert worden. Die Speditionsrechnung lautet über 220,00 € zuzüglich 16 % Umsatzsteuer.
3. Die in Geschäftsfall 1 gekaufte Ware ist zum Teil beschädigt. Insgesamt müssen Artikel im Wert von 200,00 € netto (zuzüglich 16 % Umsatzsteuer) an den Lieferanten zurückgeschickt werden.
4. Bei drei Artikeln der Warenlieferung aus Geschäftsfall 1 sind leichte Beschädigungen festgestellt worden. Es wird ein Preisnachlass in Höhe von 100,00 € netto (zuzüglich 16 % Umsatzsteuer) gewährt.
5. Der Lieferant gewährt einen Quartalsbonus, da die Mediaworld e. K. ein Umsatzziel von 20.000,00 € erreicht hat. Der Bonus beträgt 58,00 € brutto (inklusive 16 % Umsatzsteuer).

b) Eröffnen Sie die für die Buchung notwendigen Konten.

c) Buchen Sie die Buchungssätze in den Konten.

d) Schließen Sie die Konten ab (Annahme: Das Konto Vorsteuer ist über das Konto Umsatzsteuer abzuschließen).

4.1.6 Liefererskonto

Das ist geschehen ...

Der Auszubildende Bastian Lenz ist in der Abteilung Buchhaltung/Verwaltung der Mediaworld eingesetzt. Auf seinem Schreibtisch liegen die Belege Nr. 1 und Nr. 2 (siehe Seite 231). Helfen Sie Bastian bei der Beantwortung der folgenden Fragen und führen Sie die geforderten Arbeiten durch. Beachten Sie, dass es sich um zwei verschiedene Belege handelt, die auch von unterschiedlichen Firmen stammen!

Das ist zu tun ...

1. Beschreiben Sie, um welche Art von Belegen es sich handelt und welche Geschäftsfälle den beiden Belegen zugrunde liegen.
2. Wie hoch ist der Gesamtrechnungsbetrag bei Beleg 1?
3. Wie hoch ist der Gesamtrechnungsbetrag bei Beleg 2?
4. Wie lautet der Buchungssatz zum Beleg 1?

Fortsetzung Seite 232

Ferdinand Bröhler
Computerzubehör

F. Bröhler GmbH, Rotdornstr. 126, 47269 Duisburg

Mediaworld e. K.
Krefelder Straße 92
47226 Duisburg

Rotdornstraße 126
47269 Duisburg

Tel.: 02065 989898
Fax: 02065 989899

E-Mail: broehler@wvd.de
www.broehler-wvd.de

Raiffeisenbank Duisburg
Konto: 775 328
BZL: 975 338 20

Rechnung Nr. 104

Kunden-Nr.: 297 430 | **Datum:** 20..-02-17 | **Blatt:** 1

Artikelbezeichnung	Menge	Einzelpreis	Gesamtbetrag
DB 4679 DVD-Brenner 12x	50 Stück	59,00	2.950,00

Warenwert netto in €	MwSt in %	MwSt in €	Rechnungsbetrag in €
2.950,00	16	472,00	3.422,00

- Zahlbar innerhalb von 10 Tagen mit 3 % Skonto
- oder innerhalb von 30 Tagen ohne Abzug

« Beleg Nr. 1:

BÜRO-INPUT GMBH
Schafstraße 88 • 50933 Köln
Tel.: 0221 6300910 • Fax: 0221 6300920

Büro-Input GmbH • Schafstraße 88 • 50933 Köln

Mediaworld e. K.
Krefelder Straße 92
47226 Duisburg

Postbank Köln
Kto.-Nr. 660 423-506
BLZ 370 100 00

Kunden-Nr.: 20 344
Rechn.-Nr.: 471-05
Datum: 20.-02-20

RECHNUNG

Pos.	Art.-Nr.	Artikelbezeichnung	Menge	Einzelpreis €	Gesamtpreis €
1	15 098	Kopierpapier 500 Blatt	200	3,90	780,00

Waren-wert	Ver-packung	Fracht	Zwischen-summe	USt-Satz	USt in €	Gesamtbetrag in €
780,00	---	20,00	800,00	16 %	128,00	**928,00**

Zahlungsbedingungen: Zahlungsziel: 40 Tage
Skonto: 2 % innerhalb von 10 Tagen

« Beleg Nr. 2:

Das ist zu tun ...

5. Wie lautet der Buchungssatz zum Beleg 2?
6. Buchen Sie die Bezahlung des Beleges Nr. 1 ohne Skontoabzug.
7. Buchen Sie die Bezahlung des Beleges Nr. 2 ohne Skontoabzug.
8. Angenommen, die Mediaworld bezahlt die erste Rechnung mit Skontoabzug. Wie viel Euro Skonto darf sie abziehen und wie hoch ist der Betrag, den sie an die Ferdinand Bröhler GmbH überweist?
9. Angenommen, die Mediaworld bezahlt die zweite Rechnung mit Skontoabzug. Wie viel Euro Skonto darf sie abziehen und wie hoch ist der Betrag, den sie an die Büro-Input GmbH überweist?
10. Wie lautet der Buchungssatz für die Bezahlung der ersten Rechnung unter Abzug von Skonto?
11. Wie lautet der Buchungssatz für die Bezahlung der zweiten Rechnung unter Abzug von Skonto?

Das sollte man wissen ...

Liefererskonto

Liefererskonto ist ein Preisnachlass des Lieferanten für schnelle Bezahlung, besser gesagt für Bezahlung innerhalb der Skontofrist. Dieser Preisnachlass mindert den gebuchten Wert der Waren, die eingekauft wurden. Er wird aber nicht im Konto Wareneingang gebucht, sondern auf einem eigenen Konto.

Das folgende Beispiel zeigt, wie sich der Skontobetrag errechnet und wie er gebucht wird.

Beispiel

Bei einem Rechnungsbetrag kann 2 % Skonto abgezogen werden. Der Skontoabzug bezieht sich einmal auf den Wert der Waren (Warenaufwand) und andererseits auf die Vorsteuer.

Beträgt der Rechnungsbetrag zum Beispiel 2.320,00 €, so teilt sich dieser auf in den Warenaufwand und in den Steuerbetrag:

Aufwendungen für Waren	2.000,00 €
2 % Skonto	40,00 €
Vorsteuer 16 %	320,00 €
2 % Skonto	6,40 €
Skonto gesamt	46,40 €

Im vorliegenden Beispiel müssen von der eigentlichen Schuld von 2.320,00 € nur noch 2.273,60 € bezahlt werden, wenn man 46,40 € Skonto abzieht. Die beiden Skontobeträge gleichen den Unterschied zwischen der Verbindlichkeit und dem Überweisungsbetrag im Buchungssatz aus:

Konten	Soll	Haben
Verbindlichkeiten a. LL	2.320,00 €	
an Bank		2.273,60 €
an Vorsteuer		6,40 €
an Liefererskonto		40,00 €

Der Betrag der Sollbuchung und die Summe der Habenbuchungen ist somit gleich. Die 6,40 €, die sich auf die Vorsteuer beziehen, werden direkt in dem Konto Vorsteuer gebucht. Das neu hinzugekommene Konto ist das Konto 6063 Liefererskonti. Hier werden die 40,00 € gebucht, die sich auf den Wert des Wareneingangs beziehen.

Beim Konto 6063 handelt sich um ein Unterkonto des Kontos Wareneingang – daher wird es auch über das Konto Wareneingang abgeschlossen:

Soll	6063 Liefererskonti		Haben
Wareneingang	40,00	Verbindl. a. LL	40,00
	40,00		40,00

Soll	6060 Wareneingang		Haben
Verbindl. a. LL	2.000,00	Liefererskonti	40,00

Kontenabschluss

Der Buchungssatz zum Kontenabschluss lautet:

Konten	Soll	Haben
Liefererskonti	40,00 €	
an Wareneingang		40,00 €

Aufgaben

Aufgaben zur Wiederholung

1 Am 14.05.20.. liegen in der Mediaworld e. K. mehrere Rechnungen von Lieferanten zur Zahlung bereit.

a) Ermitteln Sie jeweils die Umsatzsteuer und die Bruttorechnungsbeträge.

b) Ermitteln Sie die jeweiligen Skontobeträge.

c) Ermitteln Sie die Überweisungsbeträge. Beachten Sie die Skontofristen!

d) Nennen Sie die Buchungssätze zur Bezahlung der einzelnen Rechnungen.

Aufgaben

	Warenwert netto	Umsatzsteuer in %	Warenwert brutto	Ende der Skontofrist	Skontosatz
Rechnung 1	2.400,00	16 %	?	19.05.20..	2 %
Rechnung 2	1.090,00	16 %	?	13.05.20..	3 %
Rechnung 3	6.230,00	16 %	?	27.05.20..	1,5 %
Rechnung 4	879,34	16 %	?	18.05.20..	2,5 %

2 Bilden Sie die Buchungssätze zu den folgenden Geschäftsfällen:

1. Warenanlieferung (Zielkauf): Warenwert netto 2.900,00 €, Kosten für den Transport 64,00 €, Umsatzsteuer 16 % (474,24 €).
2. Die Rechnung eines Lieferanten trifft ein. Der Warenwert beträgt 10.050,00 € netto zuzüglich 16 % Umsatzsteuer.
3. Die Rechnung aus Geschäftsfall 2 soll mit 2 % Skontoabzug bezahlt werden.
4. Eine Liefererrechnung von 3.438,24 € wird mit 3 % Skontoabzug per Banküberweisung bezahlt.

Aufgaben zur Gesamtwiederholung des Kapitels „Wareneinkauf"

1 a) Bilden Sie die Buchungssätze zu den folgenden Geschäftsfällen:

1. Wir kaufen Waren auf Ziel ein, netto: .... 99.000,00 €
   + Transportkosten .... 1.000,00 €
   + 16 % USt .... 16.000,00 €
   brutto .... 116.000,00 €
2. Wir zahlen die Rechnung der Spedition
   über die Transportkosten von .... 1.160,00 €
   per Bankscheck
3. Wir senden falsch gelieferte Waren an den Lieferanten
   zurück, Bruttowert (inklusive 16 % USt) ...... 11.600,00 €
4. Eine Eingangsrechnung über .... 2.900,00 €
   (inklusive 16 % USt) wird mit 2 % Skonto
   per Banküberweisung bezahlt
5. Wir verkaufen Waren per Bankscheck, netto: ... 50.000,00 €
   + 16 % USt .... 8.000,00 €
   brutto: .... 58.000,00 €
6. Ein Lieferant gewährt einen Umsatzbonus, netto: 350,00 €
   + 16 % USt .... 56,00 €
7. Ein Lieferer gewährt aufgrund einer mangelhaften
   Lieferung eine Preisminderung, netto: .... 400,00 €
   + 16 % USt .... 64,00 €
8. Verkauf von Waren per Bankscheck, Bruttowert: . 29.000,00 €
9. Zahlung einer Eingangsrechnung per Bankscheck 7.150,00 €

b) Eröffnen Sie die notwendigen Konten.

c) Buchen Sie die Buchungssätze in den Konten.

d) Schließen Sie die Konten ab, das GuV-Konto und das SBK müssen nicht aufgestellt werden.

2 Führen Sie zu den folgenden Buchungssätzen die Buchungen im Hauptbuch durch und stellen Sie das Schlussbilanzkonto auf:

1. Wareneingang	500,00 €	
Vorsteuer	80,00 €	
an Verbindlichkeiten a. LL		580,00 €
2. Verbindlichkeiten a. LL	11.600,00 €	
an Bank		11.368,00 €
an Vorsteuer		32,00 €
an Liefererskonti		200,00 €
3. Bank	58.000,00 €	
an Forderungen a. LL		58.000,00 €
4. Forderungen a. LL	9.280,00 €	
an Umsatzsteuer		1.280,00 €
an Umsatzerlöse für Waren		8.000,00 €
5. Wareneingang	5.600,00 €	
Bezugskosten	1.400,00 €	
Vorsteuer	1.120,00 €	
an Verbindlichkeiten a. LL		8.120,00 €
6. Verbindlichkeiten a. LL	1.508,00 €	
an Vorsteuer		208,00 €
an Wareneingang		1.300,00 €

Soll — 8000 Eröffnungsbilanzkonto — Haben

Soll		Haben	
Eigenkapital	100.000,00	Warenbestand	50.000,00
Verbindlichkeiten a. LL	100.000,00	Forderungen a. LL	70.000,00
		Bank	80.000,00
	200.000,00		200.000,00

Hinweis: Die Umsatzsteuerzahllast ist zu passivieren.

3 Bilden Sie die Buchungssätze zu den folgenden Abschlussbuchungen:

a) Abschluss des Kontos Bezugskosten, Kontensaldo: 5.750,00 €
b) Abschluss des Kontos Nachlässe, Kontensaldo: 1.290,00 €
c) Abschluss des Kontos Liefererboni, Kontensaldo: 700,00 €
d) Abschluss des Kontos Liefererskonti, Kontensaldo: 375,00 €
e) Abschluss des Kontos Wareneingang, Kontensaldo: 440.500,00 €

4.2 Warenverkauf

4.2.1 Verkaufskalkulation

Das ist geschehen ...

Moritz Wagner, Geschäftsführer der Mediaworld e. K., hat beschlossen, einen neuen Artikel in das Sortiment aufzunehmen. Es handelt sich hierbei um das Mauspad „Space“, das aus einem neu entwickelten Stoff besteht, der im Dunkeln leuchtet. Der Listeneinkaufspreis für das Mauspad beträgt 1,20 €.

Der Lieferant gibt einen Rabatt von 10 % bei einer Abnahme von mindestens 2 000 Stück. Darüber hinaus gewährt er Skonto von 2 %. Die Bezugskosten betragen 83,20 € bei dieser Abnahmemenge. Moritz Wagner kalkuliert einen Handlungskostensatz von 15 %, außerdem möchte er einen Gewinn von 20 % erzielen. Er beauftragt die Abteilung Verkauf, einen Verkaufspreis für den neuen Artikel zu errechnen und den Artikel dann in die Sortimentsliste aufzunehmen.

Das ist zu tun ...

1. Berechnen Sie den gesamten Bezugspreis für das Mauspad „Space“, wenn eine Menge von 2 000 Stück bei dem Lieferanten bestellt wird.
2. Wie hoch ist der Bezugspreis für ein Mauspad?
3. Nutzen Sie die Informationen zur Verkaufskalkulation und berechnen Sie den Barverkaufspreis für ein Mauspad „Space“.

Das sollte man wissen ...

Verkaufskalkulation

Die Kalkulation des Verkaufspreises läuft wie die in Kapitel 4.1.1 erläuterte Bezugskalkulation nach einem festen Schema ab. Dabei schließt sich die Verkaufskalkulation an die Bezugskalkulation an, das bekannte Schema der Bezugskalkulation wird einfach nur entsprechend verlängert.

Neu hinzu kommen die so genannten **Handlungskosten.** Diese umfassen alle Kosten, die bei der Geschäftstätigkeit anfallen, von den Lagerkosten über die Verwaltungskosten bis zu den Personalkosten. Die Handlungskosten werden als prozentualer Zuschlag auf den ermittelten Bezugspreis der Bezugskalkulation addiert.

Damit sich bei jedem Warenverkauf und auch am Jahresende ein Unternehmensgewinn ergibt, muss dieser ebenfalls in den Verkaufspreis der Waren einkalkuliert werden. Hier wird auch mit einem prozentualen Zuschlag kalkuliert, wobei der Prozentsatz vom Unternehmen festgelegt wird. Dabei kann ein hoher Gewinnzuschlag einkalkuliert werden oder ein niedriger Gewinnzuschlag, das ist unter anderem abhängig davon, wie viel der gleiche Artikel bei der Konkurrenz kostet und wie viel Geld die Kunden bereit sind für diesen Artikel zu bezahlen. Die Gewinnzuschläge müssen nicht bei allen Artikeln eines Unternehmens gleich sein. Es ist durchaus üblich, dass bestimmte Artikel mit hohem Gewinnzuschlag kalkuliert werden und andere Artikel mit niedrigem Gewinnzuschlag.

Das Schema der Verkaufskalkulation ist wie folgt aufgebaut (der obere Teil ist die bekannte Bezugskalkulation!):

Bezugskalkulation:	**Erläuterungen:**
Listeneinkaufspreis	Verkaufspreis des Anbieters/Lieferanten ohne Abzüge
– Rabatt	Preisnachlass (z. B. als Mengenrabatt)
= Zieleinkaufspreis	Preis, der zu zahlen ist, wenn die Lieferung außerhalb der Skontofrist, aber noch innerhalb des Zahlungsziels bezahlt wird
– Skonto	Preisnachlass für Bezahlung innerhalb der Skontofrist
= Bareinkaufspreis	Einkaufspreis inklusive Rabatt und Skonto
+ Bezugskosten	Kosten für den Warentransport, für Verpackung, Transportversicherung usw.
= Bezugspreis	endgültiger Einstandspreis
Verkaufskalkulation	**Erläuterungen:**
Bezugspreis	endgültiger Einstandspreis
+ Handlungskosten	Zuschlag für die im Bertrieb angefallenen Kosten, die über den Verkaufspreis wieder hereingeholt werden sollen
= Selbstkosten	Preis, der alle Kosten abdeckt, aber bei dem noch kein Gewinn erzielt wird
+ Gewinnzuschlag	Zuschlag für den Gewinn des Unternehmens
= Barverkaufspreis (netto)	Verkaufspreis ohne Abzüge, d. h. ohne Kundenrabatt und ohne Kundenskonto
+ Umsatzsteuer	16 % oder 7 %
= Barverkaufspreis (brutto)	Verkaufspreis inklusive Umsatzsteuer, d. h. der Preis, mit dem die Ware ausgezeichnet wird

Das folgende Beispiel zeigt die Kalkulation des Verkaufspreises von einem gegebenen Bezugspreis ausgehend:

Beispiel

Ein Händler kalkuliert die zu einem Stückpreis von 16,00 € bezogene Ware mit Handlungskosten in Höhe von 25 % und einem Gewinnzuschlag von 10 %. Die Umsatzsteuer beträgt 16 %.

Schema Verkaufskalkulation:	**Werte:**	**Rechenweg:**
Bezugspreis	16,00 €	
+ Handlungskosten	25 % = 4,00 €	$\frac{16{,}00 \cdot 25}{100} = 4{,}00$ €
= Selbstkosten	20,00 €	16,00 + 4,00 = 20,00 €
+ Gewinnzuschlag	10 % = 2,00 €	$\frac{20{,}00 \cdot 10}{100} = 2{,}00$ €
= Barverkaufspreis (netto)	22,00 €	20,00 + 2,00 = 22,00 €
+ Umsatzsteuer	16 % = 3,52 €	$\frac{22{,}00 \cdot 16}{100} = 3{,}52$ €
= Barverkaufspreis (brutto)	25,52 €	22,00 + 3,52 = 25,52 €

Aufgaben

Aufgaben zur Wiederholung

1 Kalkulieren Sie den Verkaufspreis für die folgenden Artikel, wenn
- der Handlungskostenzuschlag 25 %,
- der Gewinnzuschlag 20 %,
- die Umsatzsteuer 16 %

betragen:

a) Bezugspreis der Ware: 34,00 €
b) Bezugspreis der Ware: 9,00 €
c) Listeneinkaufspreis der Ware: 5,60 €, Liefererrabatt: 10 %, Liefererskonto: 2 %, keine Bezugskosten
d) Listeneinkaufspreis der Ware: 7,50 €, Liefererrabatt: 15 %, Liefererskonto: 3 %, gesamte Bezugskosten der Lieferung: 200,00 € bei einer Menge von 350 Stück

2 a) Die Verkaufsabteilung der Mediaworld e. K. kalkuliert die Verkaufspreise für die folgenden zwei Artikel:

Artikel 1	**Artikel 2:**
Bezugspreis: 420,00 €	Bezugspreis: 85,00 €
Handlungskostenzuschlag: 25 %	Handlungskostenzuschlag: 25 %
Gewinnzuschlag: 25 %	Gewinnzuschlag: 10 %
Umsatzsteuer: 16 %	Umsatzsteuer: 16 %

b) Nennen Sie Gründe, warum bei den beiden Artikeln unterschiedliche Gewinnzuschläge genommen werden.

3 Aus der Kalkulation eines Händlers liegen die folgenden Daten vor:
- Bezugspreis: 78,00 €
- Selbstkosten: 89,70 €
- Nettoverkaufspreis: 107,64 €
- Bruttoverkaufspreis: 124,86 €

Berechnen Sie jeweils in Euro und in Prozent die Handlungskosten, den Gewinn und die Umsatzsteuer.

6022238

4.2.2 Warenrücksendungen von Kunden

Das ist geschehen ...

Heute muss Bastian Lenz, der Auszubildende der Mediaworld e. K., im Lager aushelfen. Ein Lkw-Fahrer lädt auf der Laderampe ein Paket ab und Bastian quittiert den Empfang auf dem Lieferschein:

Elektro-Günther e. K.

Fachhandel für HiFi und Elektronik

Grabenweg 38
57078 Siegen
Tel.: 0271 987-0
Fax: 0271 987-20

Elektro-Günther e. K., Grabenweg 38, 57078 Siegen

E-Mail: elektroguenther@wvd.de
www.elektroguenther-wvd.de

Mediaworld e. K.
Krefelder Straße 92
47226 Duisburg

USt-IdNr.: DE 335 987 120
Bankverbindung:
Sparda-Bank Wuppertal
Konto 7 899 933 • BLZ 330 605 92

Ihr Zeichen	Unser Zeichen	Telefon, Name 0271 987-12	Datum
	Mer	Herr Mersen	20..-06-03

Lieferschein/Warenrücksendung

Menge	Artikel	Nettopreis	Umsatzsteuer	Bruttopreis
1	Schnitzer PF 107	1.100,00 €	176,00 €	1.276,00 €

Begründung der Rücksendung: Gerät ist defekt.

Empfangsbestätigung:

Datum, Unterschrift ..-06-04 Bastian Lenz

Das ist zu tun ...

1. Erläutern Sie anhand des Beleges, was passiert ist.
2. Erläutern Sie anhand des Beleges, warum auf die Abteilung Buchhaltung „Arbeit zukommt".
3. Welche Konten werden bei einer Buchung des Beleges betroffen sein?
4. Stellen Sie den Buchungssatz zur Buchung des Beleges auf.

Das sollte man wissen …

Warenrücksendung von Kunden

Es kann vorkommen, dass ein Kunde die falsche Ware geliefert bekommt oder dass zu viel Ware an einen Kunden geschickt wird. Ebenso kann es passieren, dass die an den Kunden gelieferte Ware defekt ist, sodass der Kunde sie zurückgibt. All diese Vorfälle führen dazu, dass ein gebuchter Warenverkauf ganz oder teilweise „rückgängig" gemacht werden muss. Insofern sind bei der Buchung einer Rücksendung eines Kunden auch die gleichen Konten betroffen wie beim Warenverkauf.

Das folgende Beispiel zeigt die Buchung eines Warenverkaufes an einen Kunden mit der Rücksendung eines Teils der Ware:

Beispiel

Geschäftsfall 1:

Warenverkauf auf Ziel, Nettowert 6.000,00 € + 16 % Umsatzsteuer (960,00 €), Bruttowert: 6.960,00 €.

Buchungssatz:

Konten	Soll	Haben
Forderungen a. LL	6.960,00 €	
an Umsatzsteuer		960,00 €
an Umsatzerlöse für Waren		6.000,00 €

Geschäftsfall 2:

Ein Teil der verkauften Ware ist defekt und wird vom Kunden zurückgeschickt, Nettowert 500,00 € + 16 % Umsatzsteuer (80,00 €), Bruttowert 580,00 €.

Buchungssatz:

Konten	Soll	Haben
Umsatzerlöse für Waren	500,00 €	
Umsatzsteuer	80,00 €	
an Forderungen a. LL		580,00 €

Die drei Konten der Ausgangsbuchung werden bei der Rücksendung wieder benutzt, nur wird jeweils auf der entgegengesetzten Kontenseite gebucht – da die ursprüngliche Buchung (zum Teil) rückgängig gemacht werden muss. Die Buchung der beiden Geschäftsfälle im Hauptbuch sieht wie folgt aus:

Fortsetzung des Beispiels **(Buchungen im Hauptbuch)**

Soll	2400 Forderungen a. LL		Haben
❶ USt, UE	6.960,00	❷ USt, UE	580,00

Im Konto Forderungen wird der Bruttobetrag des Warenverkaufes auf der Sollseite gebucht (Mehrung im Aktivkonto).

Die Rücksendung vermindert die Forderungen, daher wird sie auf der Habenseite des Aktivkontos gebucht.

Die Umsatzsteuer des Warenverkaufes wird auf der Habenseite gebucht (Mehrung im Passivkonto).

Die Rücksendung mindert die gebuchte Umsatzsteuer, daher wird sie auf der Sollseite des Passivkontos gebucht.

Soll	4800 Umsatzsteuer		Haben
❷ Ford. a. LL	80,00	❶ Ford. a. LL	960,00

Die verkauften Waren haben einen Wert von 6.000,00 €, der im Konto Umsatzerlöse im Haben gebucht wird (Ertragskonto!).

Der Wert der verkauften Waren mindert sich durch die Rücksendung, daher wird im Ertragskonto auf der Sollseite gebucht.

Soll	5100 Umsatzerlöse für Waren		Haben
❷ Ford. a. LL	500,00	❶ Ford. a. LL	6.000,00

Wenn man die Konten abschließt, sieht man an den Salden, dass die ursprünglichen Werte um die Rücksendung vermindert werden. Die Salden stellen sich wie folgt dar:

2400 Forderungen a. LL: 6.380,00 € (= 6.960,00 – 580,00)
4800 Umsatzsteuer: 880,00 € (= 960,00 – 80,00)
5100 Umsatzerlöse für Waren: 5.500,00 € (= 6.000,00 – 500,00)

Aufgaben zur Wiederholung

Aufgaben

1 Bilden Sie die Buchungssätze zu den folgenden Geschäftsfällen:

1. Zielverkauf von Waren, Nettowert: .... 3.550,00 €
   + 16 % Umsatzsteuer .... 568,00 €
2. Wareneinkauf auf Ziel, Nettowert: .... 2.340,00 €
   + Transport- und Verpackungskosten .... 310,00 €
   + 16 % Umsatzsteuer .... 424,00 €
3. Ein Teil der Ware, die im ersten Geschäftsfall verkauft wurde, wird vom Kunden zurückgeschickt, da sie in der falschen Farbe ausgeliefert wurde, Nettowert: ...... 390,00 €
4. Bezahlung der Rechnung aus Geschäftsfall 2 per Banküberweisung, Rechnungsbetrag: .... 3.074,00 €
5. Erneut wird ein Teil der Ware aus Geschäftsfall 1 zurückgeschickt, da der Kunde festgestellt hat, dass sie beschädigt ist, Nettowert: .... 870,00 €

Aufgaben

2 Kurz vor Ende eines Geschäftsjahres sind in den folgenden Konten die angegebenen Salden gebucht:

Konto	Soll	Haben
2400 Forderungen a. LL	9.200,00 €	
2600 Vorsteuer	3.070,00 €	
2800 Bank	15.900,00 €	
4800 Umsatzsteuer		7.100,00 €
5100 Umsatzerlöse für Waren		47.000,00 €

a) Richten Sie die Konten ein.

b) Buchen Sie die folgenden Buchungssätze:

1. 2400	1.050,00 €	
an 4800		168,00 €
an 5100		1.218,00 €
2. 5100	150,00 €	
4800	24,00 €	
an 2400		174,00 €
3. 2800	920,00 €	
an 2400		920,00 €
4. 5100	250,00 €	
4800	40,00 €	
an 2400		290,00 €

c) Schließen Sie die Konten ab (das Gegenkonto muss nur genannt, aber nicht aufgestellt werden)!

4.2.3 Preisnachlässe für Kunden (Erlösberichtigungen und Kundenboni)

Das ist geschehen ...

Die folgenden beiden Briefe gehen an den Kunden Kasadhar Sound & Video-Shop in Köln:

Mediaworld/e. K.

Mediaworld e. K., Krefelder Str. 92, 47226 Duisburg

Krefelder Straße 92 • 47226 Duisburg
Tel.: 02065 99977-0 • Fax: 02065 99977-20

St.-Nr. 56 951 3674 9
Deutsche Bank Duisburg
Konto 123 456 789 • BLZ 350 700 30

E-Mail: mediaworld@wvd.de
www.mediaworld-wvd.de

Kasadhar Sound
& Video-Shop
Freiheitsstraße 34
56073 Köln

Ihre Nachricht	Unser Zeichen	Telefon, Name:	Datum:
20..-12-21 Ka	MW	12, Wagner	20..-12-22

Gutschrift/Preisminderung

Sehr geehrter Herr Kasadhar,

wir bedauern, dass unsere Lieferung vom 20.12.20.. mit kleinen Lackschäden versehen war. Wie vereinbart gewähren wir Ihnen auf diese Lieferung eine Preisminderung in Höhe von

200,00 € netto + 16 % USt.

Wir hoffen, dass trotz dieses kleinen Zwischenfalles unsere langjährigen guten Geschäftsbeziehungen weiter Bestand haben werden.

Mit freundlichen Grüßen

Mediaworld e. K.

Mediaworld/e. K.

Mediaworld e. K., Krefelder Str. 92, 47226 Duisburg

Krefelder Straße 92 • 47226 Duisburg
Tel.: 02065 99977-0 • Fax: 02065 99977-20

St.-Nr. 56 951 3674 9
Deutsche Bank Duisburg
Konto 123 456 789 • BLZ 350 700 30

E-Mail: mediaworld@wvd.de
www.mediaworld-wvd.de

Kasadhar Sound
& Video-Shop
Freiheitsstraße 34
56073 Köln

Ihre Nachricht	Unser Zeichen	Telefon, Name:	Datum:
20..-12-21 Ka	MW	12, Wagner	20..-12-29

Gutschrift/Bonus

Sehr geehrter Herr Kasadhar,

wir freuen uns Ihnen mitteilen zu können, dass wir Ihnen aufgrund der Umsätze des abgelaufenen Geschäftsjahres einen Bonus in Höhe von

400,00 € netto + 16 % USt

gewähren können. Wir wünschen Ihnen einen guten Start ins neue Jahr.

Mit freundlichen Grüßen

Mediaworld e. K.

Das ist zu tun ...

1. Erläutern Sie die beiden vorliegenden Belege. Worin liegen Gemeinsamkeiten, worin liegen Unterschiede?
2. Welche bekannten und welche neuen Konten werden bei einer Buchung der Belege benötigt?
3. Bilden Sie die Buchungssätze zu den Belegen.
4. Wie werden die (neuen) Konten, auf denen die Gutschriften gebucht werden, abgeschlossen?

Buchung von Preisnachlässen für Kunden

Das sollte man wissen ...

Es kann vorkommen, dass ein Unternehmen Ware verschickt, die mit einem Mangel versehen ist. Wenn eine Nacherfüllung fehlgeschlagen ist, ist es das Recht des Kunden, eine Preisminderung einzufordern.

Die Preisminderung hat eine andere Auswirkung als die Rücksendung von Waren, wie sie in Kapitel 4.2.2 betrachtet wurde. Bei der Preisminderung wird nur der Warenwert herabgesetzt und nicht die Ware zurückgeschickt.

Daher wird die Preisminderung für einen Kunden auf einem eigenen Konto gebucht, dem Konto 5101 Erlösberichtigungen:

Soll	5101 Erlösberichtigungen	Haben

Ein Kundenbonus, wie er etwa am Jahresende gewährt wird, weil die Einkäufe des Kunden eine bestimmte Umsatzhöhe erreicht haben, wird ebenfalls auf einem eigenen Konto gebucht, dem Konto 5103 Kundenboni:

Soll	5103 Kundenboni	Haben

Beide Konten sind Unterkonten des Kontos 5100 Umsatzerlöse für Waren und werden auch über dieses Konto abgeschlossen.

Das folgende Beispiel zeigt die Buchung einer Preisminderung und die Buchung eines Kundenbonus:

Beispiel

Geschäftsfall 1:

Einem Kunden wird eine Minderung des Verkaufspreises von 50,00 € + 16 % USt (8,00 €) = 58,00 € gewährt.

Geschäftsfall 2:

Einem Kunden wird ein Kundenbonus gewährt, weil er einen bestimmten Jahresumsatz erreicht hat, Bonus netto: 150,00 € + 16 % USt (24,00 €) = 174,00 €.

Buchungssätze:

Geschäftsfall 1: Konten	Soll	Haben
Erlösberichtigungen	50,00 €	
Umsatzsteuer	8,00 €	
an Forderungen a. LL		58,00 €

Erläuterung:

Die Erlösberichtigung vermindert den Wert der verkauften Waren (Sollbuchung im Ertragskonto), die Umsatzsteuer vermindert sich (Sollbuchung im Passivkonto), die Forderungen werden ebenfalls reduziert (Habenbuchung im Aktivkonto).

Geschäftsfall 2: Konten	Soll	Haben
Kundenboni	150,00 €	
Umsatzsteuer	24,00 €	
an Forderungen a. LL		174,00 €

Durch den gewährten Kundenbonus werden die Umsatzerlöse vermindert (Sollbuchung im Ertragskonto), die Umsatzsteuer wird reduziert (Sollbuchung im Passivkonto), die Forderungen werden vermindert (Habenbuchung im Aktivkonto).

6022244

Buchung in den Konten:

Soll	2400 Forderungen a. LL		Haben
		❶ Erlösb., USt	58,00
		❷ Kdboni, USt	174,00

Soll	4800 Umsatzsteuer		Haben
❶ Forderg. a. LL	8,00		
❷ Forderg. a. LL	24,00		

Soll	5101 Erlösberichtigungen		Haben
❶ Forderg. a. LL	50,00		

Soll	5103 Kundenboni		Haben
❷ Forderg. a. LL	150,00		

Die beiden neuen Konten werden als Unterkonten des Kontos 5100 Umsatzerlöse für Waren über dieses Konto abgeschlossen. Da die Salden der beiden neuen Konten im Konto 5100 im Soll erscheinen, mindern sie den Wert der Umsatzerlöse.

Der Kontenabschluss stellt sich wie folgt dar:

Fortsetzung des Beispiels **Kontenabschluss**

1. Schritt: Die Salden der beiden Konten ermitteln:

Soll	5101 Erlösberichtigungen		Haben
❶ Forderg. a. LL	50,00		50,00
	50,00		50,00

Soll	5103 Kundenboni		Haben
❷ Forderg. a. LL	150,00		150,00
	150,00		150,00

2. Schritt: Die Salden im Konto 5100 Umsatzerlöse für Waren gegenbuchen:

Soll	5101 Erlösberichtigungen		Haben
❶ Forderg. a. LL	50,00	Wareneingang	50,00
	50,00		50,00

Soll	5103 Kundenboni		Haben
❷ Forderg. a. LL	150,00	Wareneingang	150,00
	150,00		150,00

Soll	5100 Umsatzerlöse für Waren		Haben
Forderg. a. LL	18.000,00	Erlösberichtigungen	50,00
		Kundenboni	150,00

Schließt man das Konto Umsatzerlöse für Waren ab, bekommt man einen Saldo von 17.800,00 €. Dieser ergibt sich aus den ursprünglichen Warenverkäufen 18.000,00 € abzüglich der Erlösberichtigungen und des Kundenbonus.

Aufgaben

Aufgaben zur Wiederholung

1 Geben Sie anhand der folgenden Briefauszüge an, ob es sich um eine Erlösberichtigung oder um einen Kundenbonus handelt. Geben Sie an, wie hoch jeweils der Nachlass für den Kunden netto und brutto ist.

Gehen Sie von einem Umsatzsteuersatz von 16 % aus.

a) „... freuen wir uns, Ihnen auf Ihren Jahresumsatz von 30.000,00 € eine Gutschrift in Höhe von 3 % netto zu geben."

b) „... schreiben wir Ihnen hiermit die Preisminderung um 10 % auf den Warenwert der Lieferung vom 16.08.20.. (Nettowert: 5.000,00 €) gut."

c) „Wir entschuldigen die kleinen Mängel an der letzten Lieferung. Die Gutschrift auf die 10 defekten Artikel (Einzelpreis netto: 380,00 €) beträgt 5 % netto."

d) „Ab einem Jahresumsatz von 80.000,00 € erhalten Sie einen Bonus in Höhe von 5 % (netto), ab einem Jahresumsatz von 100.000,00 € sogar 7 % (netto).
Ihr Umsatz lag im letzten Jahr bei 95.000,00 €. Hiermit gewähren wir den Ihnen zustehenden Bonus."

2 Bilden Sie die Buchungssätze zu den folgenden Geschäftsfällen:

1.	Zieleinkauf von Waren, Nettowert:	1.540,00 €
	+ 16 % Umsatzsteuer	246,40 €
2.	Warenverkauf auf Ziel, Nettowert:	3.330,00 €
	+ 16 % Umsatzsteuer	532,80 €
3.	Kundenreklamation: Die gelieferte Ware hat kleinere Schäden, kann aber noch (zu einem Sonderpreis) weiterverkauft werden. Es wird eine Preisminderung gewährt (netto):	200,00 €
	+ 16 % Umsatzsteuer	32,00 €
4.	Ein Kunde schickt eine Lieferung zurück, da sie in der falschen Farbe geliefert wurde, Nettowert:	2.500,00 €
	+ 16 % Umsatzsteuer	400,00 €
5.	Die Rechnung eines Lieferanten wird per Banküberweisung bezahlt	1.240,00 €
6.	Wareneinkauf auf Ziel, Nettowert:	7.900,00 €
	+ Transportkosten und -versicherung	450,00 €
	+ 16 % Umsatzsteuer	1.336,00 €
7.	Die Ausgangsrechnung Nr. 87/11 wird vom Kunden per Bankscheck bezahlt	1.470,00 €
8.	Bezahlung von Löhnen an die Mitarbeiter per Banküberweisung	19.230,00 €
9.	Preisminderung bei einer Lieferung an einen Kunden, Nettowert:	120,00 €
	+ 16 % Umsatzsteuer	19,20 €
10.	Einem Kunden wird ein Jahresbonus gewährt, Nettowert:	300,00 €
	+ 16 % Umsatzsteuer	48,00 €

6022246

3 a) Eröffnen Sie die folgenden Konten:
2400, 4800, 5100, 5101, 5103

b) Stellen Sie zu den folgenden Geschäftsfällen die Buchungssätze auf:
1. Rücksendung eines Kunden, Warenwert brutto: 1.740,00 €
2. Warenverkauf auf Ziel, netto: 2.300,00 € + 16 % Umsatzsteuer
3. Preisminderung für einen Kunden: 180,00 € netto
4. Jahresbonus für einen Kunden: 610,00 € netto

c) Buchen Sie die Buchungssätze in den Konten.

d) Schließen Sie die Konten 5101, 5103 und 5100 ab.

4.2.4 Kundenskonto

Das ist geschehen ...

Bastian Lenz arbeitet heute wieder in der Abteilung Buchhaltung/Verwaltung. Er kontrolliert anhand von Bankkontoauszügen, ob die Kunden die Rechnungen der Mediaworld e. K. pünktlich und in richtiger Höhe bezahlt haben.

Das ist zu tun ...

1. Warum wird einem Kunden Skonto gewährt?
2. Angenommen, die Rechnung an die Heka-Multimedia GmbH wäre über einen Bruttobetrag von 3.480,00 € ausgestellt. Wie viel Euro Skonto hätte der Kunde abziehen können, wenn ihm 2 % Skonto gewährt worden wären?
3. Wie hoch ist der überwiesene Rechnungsbetrag der Heka-Multimedia GmbH (mit Skontoabzug)?
4. Wie lautet der Buchungssatz zur Ausgangsrechnung an die Heka-Multimedia GmbH?
5. Welche Konten sind betroffen, wenn der Kunde die Rechnung mit Kundenskonto bezahlt?
6. Wie lautet der Buchungssatz zur Buchung der Bezahlung des Kunden Heka-Multimedia GmbH inklusive Kundenskontoabzug?
7. Wie wird das Konto, auf dem das Kundenskonto gebucht wird, abgeschlossen?

Das sollte man wissen ...

Kundenskonto

Kundenskonto ist ein Preisnachlass für den Kunden, wenn er seine Geldschuld schnell beim Gläubiger bezahlt. Damit wird ein Anreiz, Rechnungen möglichst zügig zu bezahlen, gegeben. Wenn eine Rechnung abzüglich Kundenskonto bezahlt wird, werden die Forderungen, die man dem Kunden gegenüber hatte, nicht voll erfüllt, da der Rechnungsbetrag um das Skonto vermindert ist. Neben dem Konto Forderungen ist bei der Buchung auch das Bankkonto betroffen, wenn der Kunde die Rechnung per Überweisung bezahlt, dazu kommt dann noch eine Umsatzsteuerkorrektur. Als neues Konto wird das Konto 5102 Kundenskonti benötigt, das ein Unterkonto des Kontos 5100 Umsatzerlöse für Waren ist.

Der zu buchende Skontobetrag bezieht sich zum einen auf die Umsatzerlöse, zum anderen auf die Umsatzsteuer. Das sieht man im folgenden Beispiel:

Beispiel

Ein Kunde bezahlt eine Rechnung über 1.160,00 € Rechnungsbetrag (1.000,00 € netto + 160,00 € Umsatzsteuer) abzüglich 3 % Skonto.

Umsatzerlöse für Waren	1.000,00 €
3 % Skonto	30,00 €
Umsatzsteuer	160,00 €
3 % Skonto	4,80 €

Von der ursprünglichen Schuld in Höhe von 1.160,00 € zahlt der Kunde nur 1.125,20 €, da er insgesamt 34,80 € Kundenskonto abgezogen hat. Die beiden Skontobeträge gleichen den Unterschied zwischen der ursprünglichen Forderung und dem Überweisungsbetrag des Kunden aus. Für die buchhalterische Erfassung wird folgender Buchungssatz benötigt:

Konten	Soll	Haben
Bank	1.125,20 €	
Kundenskonti	30,00 €	
Umsatzsteuer	4,80 €	
an Forderungen a. LL		1.160,00 €

Das Konto 5102 Kundenskonti wird als Unterkonto des Kontos 5100 Umsatzerlöse für Waren über dieses Konto abgeschlossen:

Soll	5102 Kundenskonti		Haben
Forderungen a. LL	30,00	Umsatzerlöse	30,00
	30,00		30,00

Soll	5100 Umsatzerlöse für Waren		Haben
Kundenskonti	30,00	Forderg. a. LL	45.000,00

Kontenabschluss

Aufgaben

Aufgaben zur Wiederholung

1 Bilden Sie die Buchungssätze zu den folgenden Geschäftsfällen:

1. Warenverkauf auf Ziel, Nettowert: . . . . 5.110,00 €
   + 16 % Umsatzsteuer . . . . 817,60 €
2. Ein Kunde bezahlt eine offene Rechnung mit Barscheck, Rechnungsbetrag: . . . . 2.780,00 €
   – 2 % Kundenskonto . . . . 55,60 €
3. Ein Kunde reklamiert eine Warenlieferung, es werden 100,00 € Preisminderung vereinbart, Nettowert: . . . . 100,00 €
   + 16 % Umsatzsteuer . . . . 16,00 €
4. Ein Kunde begleicht eine offene Rechnung per Banküberweisung, Rechnungsbetrag: . . . . 280,00 €
5. Es wird eine offene Rechnung eines Lieferanten überwiesen, Rechnungsbetrag: . . . . 1.375,70 €
6. Eine offene Ausgangsrechnung wird vom Kunden innerhalb der Skontofrist bezahlt, Rechnungsbetrag: . . 2.320,00 €
   – 3 % Kundenskonto . . . . 69,60 €
7. Einem Kunden wird am Ende eines Geschäftsjahres ein Umsatzbonus in Höhe von 3 % gewährt, Jahresumsatz des Kunden: . . . . 25.000,00 €
8. Es liegt ein Bankscheck eines Kunden vor: . . . . 20.580,00 €
   Damit wird die Ausgangsrechnung Nr. 12/05 bezahlt, Rechnungsbetrag: . . . . 21.000,00 €
   Der Kunde hat 2 % Skonto abgezogen.

Aufgaben

9. Warenrücksendung eines Kunden wegen Falschlieferung, Nettowert: . . . . 300,00 €
   + 16 % Umsatzsteuer . . . . 48,00 €
10. Ein Kunde überweist einen Rechnungsbetrag, Höhe der Überweisung: . . . . 2.376,50 €
   Der Kunde hat 3 % Skonto abgezogen.

2 a) Eröffnen Sie die folgenden Konten:
2400, 2800, 4800, 5100, 5101, 5102, 5103

b) Bilden Sie die Buchungssätze zu den folgenden Geschäftsfällen:
1. Warenverkauf auf Ziel, netto: 8.700,00 € + 16 % Umsatzsteuer
2. Jahresbonus für einen Kunden: 200,00 € + 16 % Umsatzsteuer
3. Ein Kunde sendet Ware zurück, Warenwert netto: 700,00 € + 16 % Umsatzsteuer.
4. Ein Kunde bezahlt eine Ausgangsrechnung in Höhe von 1.624,00 € per Banküberweisung abzüglich 2 % Skonto.
5. 4 % Jahresbonus (netto) für einen Kunden, der einen Jahresumsatz in Höhe von 82.000,00 € (netto) erzielt hat.
6. Ein Kunde erwirkt eine Preisminderung in Höhe von 5 % vom Warenwert (8.000,00 €), da die Ware leicht beschädigt ist.

c) Buchen Sie die Buchungssätze in den Konten.

d) Schließen Sie die Konten 5101, 5102, 5103 und 5100 ab.

Aufgabe zur Gesamtwiederholung des Kapitels „Warenverkauf“

1 a) Gegeben sind die folgenden Anfangsbestände: 0840 (37.000,00 €), 2280 (47.500,00 €), 2400 (9.800,00 €), 2800 (24.000,00 €), 2880 (7.200,00 €), 3000 (?), 4250 (27.500,00 €), 4400 (9.300,00 €). Stellen Sie das Eröffnungsbilanzkonto auf.

b) Bilden Sie die Buchungssätze zu den folgenden Geschäftsfällen:
1. Warenverkauf gegen Bankscheck, Nettowert: . . . . 14.570,00 €
   + 16 % Umsatzsteuer
2. Der Kunde bezahlt die Rechnung aus Geschäftsfall 1 abzüglich 2 % Skonto per Banküberweisung, Überweisungsbetrag: . . . . 16.563,18 €
3. Wareneinkauf bar, netto: . . . . 2.150,00 €
   + Bezugskosten . . . . 150,00 €
   + 16 % Umsatzsteuer
4. Bezahlung einer Liefererschuld per Bankscheck, Rechnungsbetrag: . . . . 850,00 €
   abzüglich 3 % Skonto
5. Rücksendung an einen Kunden, Warenwert netto: 1.450,00 €
6. Eine Darlehensschuld wird per Banküberweisung getilgt . . . . 5.000,00 €
7. Einem Kunden wird ein Bonus gewährt, Nettowert: 400,00 €
   + 16 % Umsatzsteuer
8. Verkauf von Waren bar, Bruttowert: . . . . 58,00 €

9. Kauf eines neuen Firmen-Pkw gegen Bankscheck,
   Nettowert: .... 15.500,00 €
   + 16 % Umsatzsteuer

c) Eröffnen Sie die notwendigen Konten.
d) Buchen Sie die Buchungssätze in den Konten.
e) Schließen Sie die Konten ab.

4.3 Bestandsveränderungen bei Waren

Das ist geschehen ...

Inventur in der Mediaworld e. K. Alle Mitarbeiter sind für einen Tag damit beschäftigt, die Vermögenswerte und die Schulden des Unternehmens zu erfassen. Bastian Lenz, der Auszubildende, vergleicht am Ende des Tages die Werte des Inventars mit den 12 Monate alten Werten des Eröffnungsbilanzkontos. Dabei macht er eine seltsame Entdeckung:

Inventar der Mediaworld e. K. zum 31.12.20.. (Auszug):

4. Betriebs- und Geschäftsausstattung lt. Ergänzungsinventar Nr. 1		37.000,00
II. Umlaufvermögen		
1. Warenbestand lt. Ergänzungsinventar Nr. 2		170.000,00
2. Forderungen lt. Ergänzungsinventar Nr. 3		49.300,00
3. Bankguthaben		
– Deutsche Bank Duisburg	34.000,00	
– Stadtsparkasse Duisburg	29.000,00	63.000,00

Soll — Eröffnungsbilanzkonto der Mediaworld e. K. vom 01.01.20.. — Haben

Soll		Haben	
Eigenkapital	428.100,00	Grundstücke	132.000,00
Darlehen	255.000,00	Gebäude	275.000,00
Verbindlichkeiten a. LL	79.700,00	Fuhrpark	32.000,00
		Betriebs- und Geschäftsausstattung	37.000,00
		Warenbestand	165.000,00
		Forderungen a. LL	49.300,00
		Bank	63.000,00
		Kasse	9.500,00
	762.800,00		762.800,00

Bastian Lenz spricht Herrn Peek, den Buchhalter, an. „Herr Peek, schauen Sie einmal, hier bei dem Warenbestand stimmt etwas nicht. Wir haben gar nicht mehr den Bestand, den wir zu Anfang des Jahres hatten!" Herr Peek kann Bastian beruhigen: „Das ist nichts Ungewöhnliches. Wir haben da zwar eine Differenz, die können wir aber erklären und auch buchhalterisch ausgleichen." Bastian ist skeptisch: „Bis jetzt habe ich so etwas noch nie gesehen!"

Das ist zu tun ...

1. Worin unterscheiden sich der Warenbestand am Anfang und am Ende des Jahres?
2. Wie heißt der Fachbegriff für diese Differenz?
3. Nennen Sie den Grund für das Auftreten dieser Differenz.
4. Wie wird diese Differenz buchhalterisch erfasst?
5. Finden Sie heraus, wie der gegenteilige Fall des obigen Beispiels bezeichnet wird und wie dieser buchhalterisch erfasst wird.

Das sollte man wissen ...

Bestandsveränderungen bei Waren

Im Laufe eines Geschäftsjahres werden in einem Handelsunternehmen eine Vielzahl von Artikeln eingekauft und wieder verkauft. Alle Geschäftsfälle werden buchhalterisch erfasst. Es ist aber nicht immer so, dass alle eingekauften Waren auch verkauft werden können. Genauso gut kann es passieren, dass man mehr Waren verkauft, als man eingekauft hat. Beide Fälle verändern den Warenbestand, den man am Anfang aus dem Eröffnungsbilanzkonto nimmt.

Bei den beiden aufgezeigten Fällen handelt es sich um

- eine **Bestandsminderung,** wenn der Warenbestand am Ende des Jahres kleiner ist als am Anfang des Jahres. Die Bestandsminderung erhöht den Aufwand für Waren, weil mehr Waren vom Lager genommen werden mussten. Sie wird über das Konto Wareneingang gebucht.
- eine **Bestandsmehrung,** wenn der Warenbestand am Ende des Jahres größer ist als am Anfang des Jahres. Die Bestandsmehrung vermindert den Aufwand für Waren, auch sie wird über das Konto Wareneingang gebucht.

Die folgenden Beispiele zeigen, wie man eine Bestandsveränderung buchhalterisch erfasst:

Beispiel 1 **(Bestandsminderung)**

Anfangsbestand an Waren: **100.000,00 €**
Schlussbestand an Waren: **80.000,00 €**
Saldo des Kontos Wareneingang (Wareneinkäufe des Geschäftsjahres): 190.000,00 €

1. Schritt: Die Bestände in das Konto 2280 Warenbestand eintragen:

Soll	**2280 Warenbestand**		**Haben**
EBK	100.000,00	SBK	80.000,00

2. Schritt: Den Saldo auf dem Konto 2280 Warenbestand bilden:

Soll	2280 Warenbestand		Haben
EBK	100.000,00		20.000,00
		SBK	80.000,00

3. Schritt: Das Konto 2280 Warenbestand abschließen, die Gegenbuchung erfolgt über das Konto 6060 Wareneingang:

Soll	2280 Warenbestand		Haben
EBK	100.000,00	Wareneingang	20.000,00
		SBK	80.000,00

Soll	6060 Wareneingang		Haben
Saldo	190.000,00		
Warenbestand	20.000,00		

Der Buchungssatz zum Abschluss des Kontos 2280 Warenbestand lautet:

Beispiel 1: Konten	Soll	Haben
Wareneingang an Warenbestand	20.000,00 €	 20.000,00 €

Wenn man das Konto 6060 Wareneingang nun abschließt, wird sichtbar, dass sich der Aufwand, der insgesamt für die Wareneinkäufe betrieben wurde, um 20.000,00 € auf 210.000,00 € erhöht hat. Eine Bestandsminderung wirkt sich also tatsächlich aufwandserhöhend aus.

Beispiel 2 **(Bestandsmehrung)**

Anfangsbestand an Waren: **150.000,00 €**
Schlussbestand an Waren: **180.000,00 €**
Saldo des Kontos Wareneingang (Wareneinkäufe des Geschäftsjahres): 190.000,00 €

1. Schritt: Die Bestände in das Konto 2280 Warenbestand eintragen:

Soll	2280 Warenbestand		Haben
EBK	150.000,00	SBK	180.000,00

2. Schritt: Den Saldo auf dem Konto 2280 Warenbestand bilden:

Soll	2280 Warenbestand		Haben
EBK	150.000,00	SBK	180.000,00
	30.000,00		

3. Schritt: Das Konto 2280 Warenbestand abschließen, die Gegenbuchung erfolgt über das Konto 6060 Wareneingang:

Soll	2280 Warenbestand		Haben
EBK	150.000,00	SBK	180.000,00
Wareneingang	30.000,00		

Soll	6060 Wareneingang		Haben
Saldo	190.000,00	Warenbestand	30.000,00

Der Buchungssatz zum Abschluss des Kontos 2280 Warenbestand lautet jetzt:

Beispiel 2: Konten	Soll	Haben
Warenbestand	30.000,00 €	
an Wareneingang		30.000,00 €

Bei einem Kontenabschluss des Kontos 6060 Wareneingang sieht man nun, dass der Aufwand in Höhe von 190.000,00 € um 30.000,00 € gemindert wird. Der Restbetrag würde nun nur noch 160.000,00 € hoch sein.

Aufgaben

Aufgaben zur Wiederholung

1 Prüfen Sie, ob die folgenden Aussagen richtig oder falsch sind. Ist eine Aussage falsch, korrigieren Sie diese bitte.

a) Eine Bestandsminderung bedeutet, dass der Warenbestand am Ende des Jahres größer ist als am Anfang des Jahres.

b) Bestandsminderungen ergeben sich, wenn in einem Geschäftsjahr mehr Waren verkauft als eingekauft wurden.

c) Eine Bestandsmehrung erscheint im Konto Warenbestand als Saldo auf der Habenseite.

d) Die Bestandsveränderung wird in jedem Fall über das Konto Wareneingang gebucht.

e) Eine Bestandsmehrung verringert den Warenaufwand in einem Geschäftsjahr.

2 a) Stellen Sie das Eröffnungsbilanzkonto auf.

b) Buchen Sie die Buchungssätze in den Konten.

c) Schließen Sie alle Konten ab. Beachten Sie dabei die Abschlussangabe.

d) Stellen Sie das Gewinn- und Verlustkonto (GuV) und das Schlussbilanzkonto (SBK) auf.

EBK Anfangsbestand an Waren laut Inventur	25.000,00 €
EBK Anfangsbestand Forderungen	6.000,00 €
EBK Anfangsbestand Bank	3.000,00 €
EBK Anfangsbestand Eigenkapital	29.200,00 €
EBK Anfangsbestand Verbindlichkeiten	4.800,00 €
1. Wareneinkauf auf Ziel, Nettowert: + 16 % Umsatzsteuer	3.000,00 €
2. Bezahlung einer Liefererschuld per Banküberweisung	1.500,00 €
3. Ein Kunde bezahlt eine offene Rechnung ohne Skontoabzug per Banküberweisung	1.200,00 €
4. Warenverkauf auf Ziel, Nettowert: + 16 % Umsatzsteuer	4.000,00 €
5. Bezahlung der Miete für einen gemieteten Gabelstapler per Bankscheck	250,00 €
Abschlussangabe: Endbestand an Waren laut Inventur	21.000,00 €

6022254

3 Es liegt der folgende Saldenplan einer Handelsunternehmung vor:

Konto	Soll	Haben
2280	170.000,00 €	
2600	23.000,00 €	
2800	19.000,00 €	
3000		165.500,00 €
4800		25.000,00 €
5100		65.000,00 €
5103	3.000,00 €	
6060	39.000,00 €	
6062	1.500,00 €	
Schlussbestand 2280		160.000,00 €

a) Richten Sie die erforderlichen Konten ein.
b) Schließen Sie alle Erfolgs- und Bestandskonten ab.
c) Erstellen Sie das Gewinn- und Verlustkonto (GuV) und das Schlussbilanzkonto (SBK).

5 Zahlungsverkehr

5.1 Barzahlung

Das ist geschehen ...

In der Mediaworld e. K. werden von einem Elektriker zwei neue Lampen installiert, die den Verkaufsraum besser ausleuchten sollen. Der Elektriker ist nach knapp zwei Stunden Arbeit fertig und packt seine Sachen ein. Dann spricht er Bastian Lenz an, der heute im Verkaufsshop bedient: „So, das wars. Zwei Stunden Arbeit und 80,00 Euro Materialkosten, macht inklusive Mehrwertsteuer genau 162,40 €. Hier ist die Auflistung, hoffentlich haben Sie es klein, ich kann nämlich nicht wechseln." Bastian Lenz ist etwas irritiert: „Ich soll das gleich bezahlen? Können wir das nicht überweisen?" „Ne, ne", winkt der Elektriker ab, „Beträge unter 200,00 € kassieren wir sofort. Anweisung vom Chef!" „Na gut, ich hab ja genug Geld in der Kasse", sagt Bastian und bezahlt die Forderung des Elektrikers. Der nimmt seine Sachen und verlässt den Laden. Nach Feierabend wird Bastian von seinem Chef, Moritz Wagner, angesprochen: „Es fehlen 162,40 € in der Kasse. Wo ist das Geld?" „Oh, ich hab damit den Elektriker bezahlt", sagt Bastian. Moritz Wagner ist sauer: „Und, wo ist die Quittung?", fragt er Bastian.

Das ist zu tun …

1. Wieso ist der Chef von Bastian sauer?
2. Wie hätte man mithilfe einer Quittung den Fehler, der Bastian passiert ist, vermeiden können?
3. Wie füllt man eine Quittung aus? Sehen Sie sich die Bestandteile einer Quittung an und gestalten Sie (am PC) ein Quittungsformular für die Mediaworld e. K.

Das sollte man wissen …

Barzahlung

Barzahlung bedeutet, dass Bargeld in Form von Münzen und/oder Scheinen vom Schuldner an den Zahlungsempfänger übergeben wird. Dabei ist es auch möglich, dass das Geld mithilfe eines Boten überbracht wird. Bei der Barzahlung benötigen weder der Zahlende noch der Zahlungsempfänger ein Bankkonto.

Die Barzahlung ist im Einzelhandel zwischen Kaufmann und Endverbraucher sowie unter Nichtkaufleuten sehr häufig anzutreffen. Ein Vorteil der Barzahlung liegt für den Zahlungsempfänger darin, dass er sofort sein Geld bekommt und damit Probleme, die beim Geldtransfer über Banken und Bankkonten entstehen können, ausgeschlossen sind. Wer als Schuldner stets bar bezahlen möchte, muss natürlich immer einen entsprechenden Vorrat an Bargeld dabeihaben.

Es gibt drei Möglichkeiten, bar zu bezahlen:

persönliche Bezahlung oder **Bezahlung durch einen Boten**	Zahlung mittels **Expressbrief** der Deutschen Post AG	Zahlung mittels **Minutenservice** der Postbank

1. Persönliche Barzahlung oder Barzahlung durch einen Boten

Wer als Schuldner einen Geldbetrag an den Zahlungsempfänger übergibt, der möchte in der Regel auch einen Beweis dafür haben, dass er tatsächlich bezahlt hat. Im Alltagsgeschäft im Einzelhandel erhält man einen Kassenbon, mit dem man nachweisen kann, dass bezahlt worden ist. Wenn man einen solchen Beleg nicht bekommt, kann man als Schuldner verlangen, dass der Zahlungsempfänger den Empfang des Geldes quittiert. Dazu wird ein Quittungsformular benutzt.

Wenn eine Quittung unter 100,00 € ausgestellt wird, kann man auf die Nennung der Umsatzsteuer in Euro verzichten, es ist dann lediglich der Bruttobetrag mit dem Umsatzsteuersatz zu nennen.

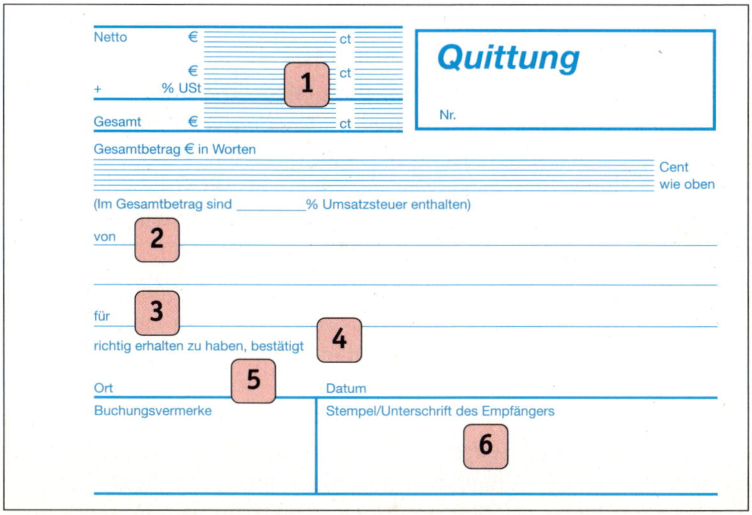

Eine Quittung hat die folgenden Bestandteile:

1. Betrag (Netto, USt, Brutto)
2. Name des Schuldners
3. Grund der Zahlung
4. Empfangsbestätigung
5. Ort und Tag
6. Unterschrift des Zahlungsempfängers

2. Expressbrief

Beim Versand von Wertgegenständen oder Bargeld auf dem Postweg geht man ein recht hohes Risiko ein. Der Brief oder das Paket kann trotz aller Sorgfalt der Postmitarbeiter verloren gehen, von einem Fremden geöffnet oder gar gestohlen werden. Der Inhalt ist zumeist nicht oder nur unzureichend versichert, sodass der Versender der Wertgegenstände oder des Bargeldes keinen oder nur einen geringen Ersatz bekommt. Abhilfe schafft der so genannte Expressbrief der Deutschen Post AG.

Hier werden die Nachteile des riskanten Versandes über den normalen Postweg dadurch ausgeglichen, dass der Inhalt des Expressbriefes in Höhe seines Wertes versichert ist. Im Falle eines Verlustes wird also der Schaden bezahlt. Expressbriefe müssen in Postfilialen aufgegeben werden und werden dort als solche mit der Bezeichnung „Expressbrief" versehen. Der Empfang des Expressbriefes wird durch Unterschrift vom Empfänger bestätigt. Der Versand per Expressbrief ist zwar sicher, aber auch teuer:

Ein Expressbrief mit einem Gewicht zwischen 50 und 1000 Gramm kostet im Versand 9,00 €, die Transportversicherung bis zu einer Schadenshöhe von 25.000,00 € kostet 15,00 € extra (Stand: Mai 2005)!

3. Minutenservice

Die Postbank, ein Tochterunternehmen der Deutschen Post AG, bietet die Möglichkeit, an Postschaltern, die gleichzeitig auch Schalter der Postbank sind, Bargeld einzuzahlen, das dem Zahlungsempfänger ebenfalls am Postbankschalter bar ausgezahlt wird. Dieser Service wird von der Postbank Minutenservice genannt und gilt für Zahlungen innerhalb Deutschlands, aber auch für das Ausland (hier wird das Geld in einer Western Union Agentur eingezahlt bzw. abgeholt).

Bei der Bargeldeinzahlung muss der Schuldner ein Formular ausfüllen, mit dem die Postbank beauftragt wird das Geld an den Empfänger auszuzahlen. Die Durchschrift des Formulars dient dem Schuldner als Beweis, dass er das Geld auch eingezahlt hat. In dem Formular ist der Geldempfänger genau zu benennen, sodass das Geld nicht an jedermann ausgezahlt wird, sondern nur an den tatsächlichen Gläubiger, der sich natürlich beim Geldabholen ausweisen muss. Die Auszahlung erfolgt in Euro. Wenn das Geld in ein Land geht, in dem der Euro nicht die Landeswährung ist, wird in der jeweiligen Landeswährung ausgezahlt. Der Höchstbetrag für den Minutenservice beträgt 1.500,00 €. Die anfallenden Kosten trägt der Schuldner, also derjenige, der das Geld am Postbankschalter eingezahlt hat.

Aufgaben

Aufgaben zur Wiederholung

1 Formulieren Sie zu jeder der drei Formen der Barzahlung ein Beispiel. Machen Sie deutlich, warum Sie gerade diese und keine andere Form der Barzahlung bei Ihrem Beispiel nutzen wollen.

2 Grenzen Sie den Expressbrief von dem Minutenservice durch zwei wichtige Unterscheidungskriterien ab.

3 Füllen Sie Ihr selbst erstelltes Quittungsformular aus (vgl. Arbeitsauftrag 3, S. 256): Frau Schmitz aus dem Verkaufsshop der Mediaworld e. K. bestätigt die Zahlung von Herrn Daniel Graf aus Duisburg, der am 25.06.20.. eine Rollax Digitalkamera DC 2005 zum Nettopreis von 109,00 € erworben hat.

5.2 Halbbare Zahlung

5.2.1 Kontoeröffnung

Das ist geschehen ...

Andreas Zimmer, der zurzeit als Praktikant in der Mediaworld e. K. tätig ist, soll für die vier abgeleisteten Wochen Praktikum eine kleine Anerkennung bekommen. Moritz Wagner bespricht mit Florian Peek aus der Abteilung Buchhaltung/Verwaltung, dass er 200,00 € auf das Konto von Andreas Zimmer überweisen soll. Andreas freut sich, dass er nicht umsonst gearbeitet hat, allerdings kann er die Frage nach seiner Kontonummer nicht beantworten: Er hat gar kein Konto.

Das ist zu tun ...

1. Warum sollte Andreas ein Konto bei einer Bank oder Sparkasse eröffnen?
2. Was wird Andreas an Kosten zu tragen haben, wenn er ein Konto bei einem Kreditinstitut eröffnet und von diesem führen lässt?
3. Wenn Andreas ein Konto eröffnet hat, wie kann er dann erfahren, wie viel Geld er zurzeit darauf hat?
4. Was würde passieren, wenn Andreas sein Konto überziehen würde?

Das sollte man wissen ...

Kontoeröffnung

Eine halbbare Zahlung ist nur möglich, wenn der Schuldner oder der Gläubiger ein Konto bei einer Bank oder Sparkasse hat. Für die bargeldlose Zahlung ist es sogar notwendig, dass Schuldner und Gläubiger jeweils ein Konto haben.

Da heutzutage viele Zahlungen bargeldlos abgewickelt werden, haben auch sehr viele Menschen ein Konto. Spätestens wenn man mit der Berufsausbildung beginnt, ist es in der Regel notwendig, ein eigenes Konto zu eröffnen. Die Zahlung der Ausbildungsvergütung erfolgt dann vom Geschäftskonto des Unternehmens auf das Girokonto des Auszubildenden.

Ein Konto bei einer Bank oder bei einer Sparkasse zu eröffnen, ist in der Regel kostenlos. Es muss ein entsprechendes Formular ausgefüllt werden, das gleichzeitig als Vertrag zwischen Kontoinhaber und dem Kreditinstitut gilt. Das Führen des Kontos, das heißt alle Einzahlungen entgegennehmen und auf dem Konto gutschreiben sowie die Auszahlungen vornehmen, ist Aufgabe des Kreditinstitutes. Hierfür fällt eine Gebühr an, die Kontoführungsgebühr genannt wird. Für Schüler und Auszubildende wird das Girokonto bei vielen Kreditinstituten aber kostenlos geführt.

Wenn ein Konto eröffnet wurde, erhält man häufig eine Kundenkarte oder sogar eine EC-Karte. Mit dieser kann man am Geldautomaten Geld vom Konto abheben und am Serviceterminal Kontoauszüge ausdrucken. Mit der EC-Karte kann man auch bargeldlos bezahlen (→ Kapitel 5.3.3).

Ein Kontoauszug (siehe folgende Seite) gibt Auskunft darüber, was auf dem Konto „passiert ist“, welche Einzahlungen stattgefunden haben und welche Auszahlungen veranlasst wurden. Zusätzlich erfährt der Kontoinhaber den aktuellen Kontostand.

Abbuchungen vom Konto werden im Soll, Einzahlungen auf das Konto werden im Haben ausgewiesen.

Wenn mehr Geld abgehoben wird als eingezahlt wurde, kann es passieren, dass das Girokonto überzogen wird. Der Kontostand ist dann ne-

Deutsche Bank Duisburg **Kontoauszug** Nr. 18 vom 20..-03-19 Blatt 1

Wert	Buchungstext	Soll	Haben
	Alter Kontostand in EUR:		10.120,35
02-26	Herscheidt GmbH Re.-Nr. 91 vom 08.02.20..	798,50	
02-26	Heka GmbH, Rechnungsausgleich Nr. 81/05 vom 21.02.20..		1.901,02
	Ihr neuer Kontostand in EUR:		11.222,87

Moritz Wagner
Mediaworld e. K.
Krefelder Straße 92
47226 Duisburg

Kontonummer: 123 456 789
Bankleitzahl: 350 700 30

gativ, der Kontoinhaber hat Schulden gegenüber der Bank. Als Kontoinhaber vereinbart man mit der Bank, ob eine solche Möglichkeit gegeben sein soll oder nicht. Wenn man keinen Überziehungskredit vereinbart, werden keine Auszahlungen mehr veranlasst, falls der Kontostand nicht ausreichend ist.

Vereinbart man einen Überziehungskredit, kann der Kontosaldo negativ werden. Mit jedem Kontoinhaber handelt das Kreditinstitut individuell aus, um wie viel Euro er sein Konto überziehen kann. Den Überziehungskredit nennt man bei Privatleuten **Dispokredit**, bei Kaufleuten **Kontokorrentkredit.**

Wie jeder Kredit kostet das Überziehen des Girokontos Zinsen. Der Zinssatz hierfür ist hoch, da es sich um einen kurzfristigen Kredit handelt, für den keine Sicherheiten vereinbart sind. Auf Dauer sein Girokonto zu überziehen, ist eine kostspielige Angelegenheit, daher sollte man einen negativen Saldo auf dem Girokonto möglichst schnell wieder ausgleichen.

Aufgaben

Aufgaben zur Wiederholung

1 Beschreiben Sie, wie man ein Girokonto eröffnet. Überprüfen Sie Ihre Beschreibung, indem Sie sich Informationen „vor Ort“ in einer Sparkasse oder Bank besorgen.

2 Welche Daten kann man einem Kontoauszug entnehmen?

3 a) Berechnen Sie die Überziehungszinsen für den folgenden Fall:
- Sollbetrag des Girokontos: 1.200,00 €
- Zeitraum: 01.03.20.. bis 31.03.20..
- Dispo-Zinssatz des Kreditinstitutes: 14,5 %

b) Berechnen Sie die Zinsen für den gleichen Betrag und Zinssatz bei einem Zeitraum von einem Jahr.

6022260

5.2.2 Zahlschein, Zahlungsanweisung, Nachnahme

Das ist geschehen ...

Andreas Zimmer hat noch nicht die Zeit gefunden, ein Girokonto zu eröffnen. Neulich hat er sich über das Internet ein Buch bei einer Internetbuchhandlung bestellt. Dem Paket, in dem ihm das Buch zugestellt wurde, lag eine Rechnung bei. Diese muss noch bezahlt werden.

Das ist zu tun ...

1. An welche Möglichkeit denkt Bastian? Lesen Sie sich die Möglichkeiten der halbbaren Zahlung durch und entscheiden Sie sich.
2. Wie läuft die Zahlungsweise ab, die sich hier anbietet? Stellen Sie (wie im Hinweis vorgeschlagen) ein Schaubild auf, in dem die Ablaufschritte des Vorganges dargestellt sind:

Hinweise: Vorschlag zur schematischen Darstellung:

1. Schritt: ...	→	2. Schritt: ...

Das sollte man wissen ...

Halbbare Zahlung

Halbbare Zahlung bedeutet, dass entweder der Gläubiger oder der Schuldner über ein Konto verfügen. Der jeweils andere hat kein Konto und zahlt bar.

Es gibt drei Möglichkeiten der halbbaren Zahlung:

- Zahlschein
- Zahlungsanweisung
- Nachnahme

1. Der Zahlschein

Bezahlung per Zahlschein ist möglich, wenn der Schuldner kein Konto hat, wohl aber der Gläubiger. Der Schuldner zahlt das Geld bar ein und füllt den Zahlschein aus. Es können beliebig hohe Beträge per Zahlschein bezahlt werden. Dem Gläubiger wird der Betrag auf seinem Konto gutgeschrieben. Die Benutzung eines Zahlscheines kostet eine Gebühr, die der Schuldner zu zahlen hat.

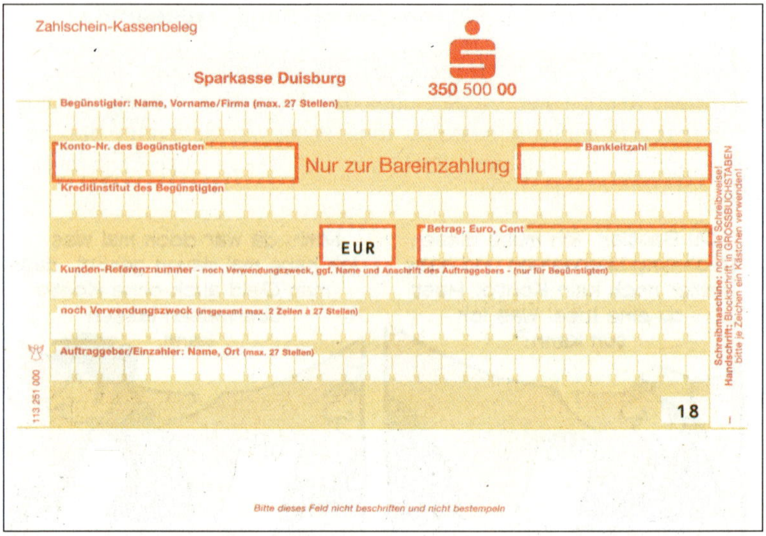

Zahlschein-Kassenbeleg

Sparkasse Duisburg

350 500 00

Begünstigter: Name, Vorname/Firma (max. 27 Stellen)

Konto-Nr. des Begünstigten

Nur zur Bareinzahlung

Bankleitzahl

Kreditinstitut des Begünstigten

EUR

Betrag: Euro, Cent

Kunden-Referenznummer - noch Verwendungszweck, ggf. Name und Anschrift des Auftraggebers - (nur für Begünstigten)

noch Verwendungszweck (insgesamt max. 2 Zeilen à 27 Stellen)

Auftraggeber/Einzahler: Name, Ort (max. 27 Stellen)

18

113 251 000

Schreibmaschine: normale Schreibweise!
Handschrift: Blockschrift in GROSSBUCHSTABEN
bitte je Zeichen ein Kästchen verwenden!

Bitte dieses Feld nicht beschriften und nicht bestempeln

2. Die Zahlungsanweisung

Wenn man ein Konto bei der Postbank hat, kann man diese beauftragen einen Betrag vom Konto abzubuchen und das Geld jemandem zustellen zu lassen. Dieser Service gilt nur für das Inland. Der Betrag wird dem Zahlungsempfänger durch den Postzusteller bar ausgezahlt. Trifft dieser den Zahlungsempfänger nicht an, wird das Geld in der Postfiliale hinterlegt und 7 Tage aufbewahrt. Dort kann der Zahlungsempfänger, der natürlich über die Hinterlegung benachrichtigt wird, sich das Geld abholen.

3. Die Nachnahme

Nachnahme oder Postnachnahme ist ein Service der Deutschen Post AG. Hier ist es erforderlich, dass der Gläubiger ein Konto hat, der Schuldner benötigt kein Konto, sondern bezahlt bar.

Die Bezahlung per Nachnahme ist mit der Versendung eines Briefes oder Paketes, das heißt mit einer Warensendung verbunden. Wenn der Verkäufer die Warensendung per Nachnahme schickt, bedeutet dies, dass die Deutsche Post AG beauftragt wird die Ware an den Kunden zu übergeben und von diesem das Geld einzuziehen. Der Zusteller der Deutschen Post AG übergibt die Ware aber nur, wenn der Empfänger vorher bezahlt. Das Bargeld wird auf das Konto des Zahlungsempfängers überwiesen.

Warenversand per Nachnahme bietet sich aus Händlersicht an, wenn man nicht sicher ist, ob der Kunde die Warensendung auch bezahlen wird. Dies kann bei neuen Kunden der Fall sein oder bei Kunden, mit deren Zahlungsmoral der Händler schlechte Erfahrungen gemacht hat.

Für den Händler ist der Warenversand per Nachnahme bequem, sicher und vor allem kostenlos, da der Empfänger der Ware nicht nur die Ware, sondern auch die Nachnahmegebühr bezahlen muss.

Eine besondere Form der halbbaren Zahlung bietet neben den drei genannten Varianten der Barscheck. Hierauf wird in Kapitel 5.3.2 (Der Scheck) näher eingegangen.

Aufgaben

Aufgaben zur Wiederholung

1 Geben Sie für die drei Möglichkeiten der halbbaren Zahlung an, ob der Gläubiger oder der Schuldner ein Konto hat.

2 a) Wann bietet es sich aus Händlersicht an, eine Warensendung per Nachnahme zu schicken?

b) Was spricht aus Sicht des Warenempfängers dagegen, sich eine Ware per Nachnahme schicken zu lassen?

3 In der Mediaworld e. K. wird nur sehr selten eine halbbare Zahlung vorgenommen. Nennen Sie Gründe, warum dies so ist.

5.3 Bargeldlose Zahlung

5.3.1 Überweisung, Dauerauftrag, Lastschriftverfahren

Das ist geschehen ...

Der Auszubildende Bastian Lenz und der Buchhalter Florian Peek unterhalten sich:

Das ist zu tun ...

1. Unterscheiden Sie die beiden Formen des bargeldlosen Zahlungsverkehrs: Überweisung und Lastschriftverfahren (Einzugsermächtigung).
2. Kann das, was Bastian befürchtet, tatsächlich passieren?
3. Was meint Florian Peek damit, dass man „etwas dagegen tun kann"?

Das sollte man wissen ...

Überweisung, Dauerauftrag, Lastschriftverfahren

Für die bargeldlose Zahlung benötigen der Zahlende und der Zahlungsempfänger ein Konto bei einer Bank oder Sparkasse. Die Überweisung spielt bei der bargeldlosen Zahlung die wichtigste Rolle. Ohne Überweisung wäre der Zahlungsverkehr zwischen Unternehmen und auch zwischen Unternehmen und ihren Privatkunden nicht vorstellbar.

Mit der Überweisung wird Geld vom Konto des Schuldners auf das Konto des Gläubigers und Zahlungsempfängers übermittelt. Auf dem Konto des Schuldners wird der überwiesene Betrag abgebucht, auf dem Konto des Empfängers wird der Betrag gutgeschrieben.

Die Überweisungsformulare der Sparkassen und Banken gleichen sich. Es müssen die folgenden Daten eingetragen werden:

1. Name des Empfängers
2. Kontonummer, Bankleitzahl und Bank des Empfängers
3. Betrag
4. Verwendungszweck
5. Name des Kontoinhabers
6. Kontonummer des Inhabers
7. Datum, Unterschrift

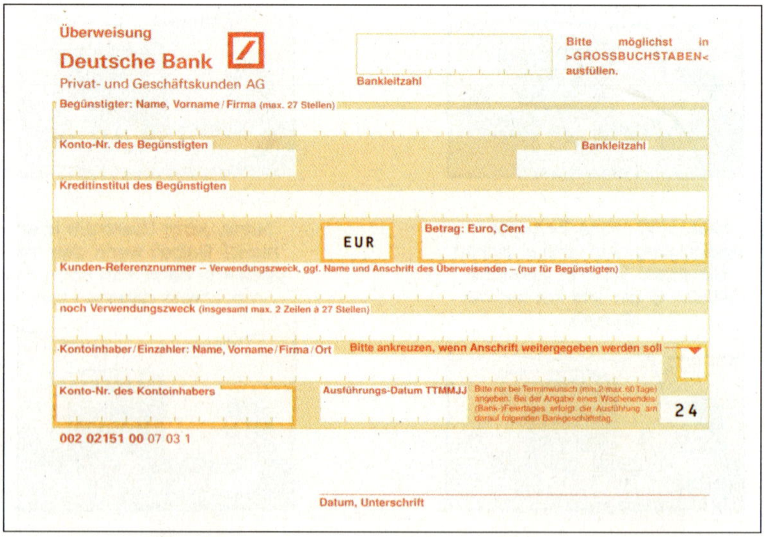
Überweisung
Deutsche Bank
Privat- und Geschäftskunden AG
Bankleitzahl
Bitte möglichst in >GROSSBUCHSTABEN< ausfüllen.
Begünstigter: Name, Vorname / Firma (max. 27 Stellen)
Konto-Nr. des Begünstigten
Bankleitzahl
Kreditinstitut des Begünstigten
EUR
Betrag: Euro, Cent
Kunden-Referenznummer – Verwendungszweck, ggf. Name und Anschrift des Überweisenden – (nur für Begünstigten)
noch Verwendungszweck (insgesamt max. 2 Zeilen à 27 Stellen)
Kontoinhaber / Einzahler: Name, Vorname / Firma / Ort
Bitte ankreuzen, wenn Anschrift weitergegeben werden soll
Konto-Nr. des Kontoinhabers
Ausführungs-Datum TTMMJJ
Bitte nur bei Terminwunsch (min. 2/max. 60 Tage) angeben. Bei der Angabe eines Wochenendes/(Bank-)Feiertages erfolgt die Ausführung am darauf folgenden Bankgeschäftstag.
24
002 02151 00 07 03 1
Datum, Unterschrift

6022264

Eine Überweisung kostet in der Regel Gebühren, die von Bank zu Bank bzw. Sparkasse unterschiedlich hoch sein können. Für Schüler und Auszubildende mit kostenlosem Girokonto ist auch das Überweisen kostenlos.

Das zu überweisende Geld wird noch am gleichen Tag der Überweisung vom Konto abgebucht. Wenn das Geld auf ein Konto der gleichen Bank überwiesen werden soll, ist es meist am nächsten Tag schon gutgeschrieben. Falls die Überweisung an ein fremdes Kreditinstitut geht, kann es ein paar Tage dauern, bis das Geld angekommen ist. Als Beweis der durchgeführten Überweisung kann der Zahlende seinen Kontoauszug heranziehen, sobald das Geld von seinem Konto abgebucht ist.

Es gibt Sonderformen der Überweisung, mit denen bestimmte Geldtransfers vereinfacht werden.
Zu diesen Sonderformen gehören:

der **Dauerauftrag**	das **Lastschriftverfahren**

Der **Dauerauftrag** wird benutzt, wenn man eine Zahlung in immer gleicher Höhe zu leisten hat, die sich in bestimmten Abständen wiederholt. Dazu gehört zum Beispiel die Zahlung der Miete. Jeden Monat die Miete per Überweisung zu bezahlen, ist umständlich und auch unsicher, weil man durchaus die Zahlung vergessen kann und vielleicht in Zahlungsverzug gerät. Daher bietet es sich an, seine Bank zu beauftragen das zu zahlende Geld automatisch zu bestimmten Terminen zu überweisen, ohne dass jedes Mal ein gesonderter Auftrag erteilt werden muss.

An die
Stadtsparkasse Duisburg
Ich bitte Sie, folgenden **Dauerauftrag** auszuführen:

Konto-Nr.: *9023881*

Ausführung: ☒ monatlich ❑ vierteljährlich ❑ halbjährlich ❑ jährlich

Betrag in €:	*180,00*
Verwendungszweck:	*Mietzahlung Wohnung Düsseldorfer Straße*
Name des Empfängers:	*Hartwig Woltermeier*
Konto-Nr. des Empfängers:	*9812441*
Bankleitzahl:	*300 500 00*
Name des Kreditinstitutes:	*Sparkasse Duisburg*
Kontoinhaber:	*Bastian Lenz*
Ort, Datum:	*Duisburg 19.06.20..*
Unterschrift:	*Bastian Lenz*

Das **Lastschriftverfahren** wird benutzt, wenn die Beträge, die zu überweisen sind, immer unterschiedlich hoch sind. Hierzu zählt zum Beispiel die Bezahlung der Telefonrechnung per Lastschrift.

Beim Lastschriftverfahren werden zwei Varianten unterschieden, die Einzugsermächtigung und das Abbuchungsverfahren.

Einzugsermächtigung

Eine Einzugsermächtigung ist die Erlaubnis des Schuldners an den Gläubiger, offene Rechnungsbeträge vom Konto einzuziehen. Der Schuldner erspart sich damit die Mühe, Rechnungen, die regelmäßig anfallen, selbst zu überweisen. Mithilfe seiner Kontoauszüge und der Rechnung kann der Schuldner kontrollieren, ob der Gläubiger auch den richtigen Betrag eingezogen hat. Sollte es zu Problemen kommen, etwa dass der Gläubiger ungerechtfertigterweise Geld vom Konto des Schuldners abgezogen hat, kann dieser seine Bank beauftragen, das Geld zurückzuholen. Innerhalb von 6 Wochen besteht diese Möglichkeit, eine geleistete Zahlung rückgängig zu machen.

Abbuchungsverfahren

Beim Abbuchungsauftrag besteht die Möglichkeit des Widerspruchs nicht. Bei diesem Verfahren wird die Bank des Gläubigers beauftragt, Abbuchungen des Schuldners aufgrund von Rechnungen zuzulassen. Das Geld, welches der Gläubiger einzieht, kann nicht zurückgerufen werden. Der Abbuchungsauftrag wird genutzt, wenn der Gläubiger nicht sicher sein kann, dass der Schuldner offene Rechnungen tatsächlich bezahlt. Der Abbuchungsauftrag wird bei Geschäften zwischen Unternehmen genutzt, insbesondere wenn es sich um höhere Beträge handelt.

Aufgaben

Aufgaben zur Wiederholung

1 a) Was bedeutet bargeldloser Zahlungsverkehr?

b) Welche Voraussetzung ist notwendig, damit Geld bargeldlos übermittelt werden kann?

c) Welche Vorteile hat die Überweisung als häufigste Form des bargeldlosen Zahlungsverkehrs?

2 a) Unterscheiden Sie das Abbuchungsverfahren von der Einzugsermächtigung.

b) Wie kann ein Schuldner überprüfen, dass eine Zahlung im Lastschriftverfahren auch richtig (in der richtigen Höhe, vom richtigen Gläubiger, ...) durchgeführt wurde?

3 Überlegen Sie bei den folgenden Beispielen, ob Sie eine Überweisung, einen Dauerauftrag oder das Lastschriftverfahren wählen würden:

a) Rechnung für eine Buchsendung einer Internetbuchhandlung

b) die monatliche Telefonrechnung

c) Bezahlung der Miete

d) Bezahlung der Strom- und Wasserrechnung

e) einmalige Spende an eine Umweltschutzorganisation

f) Bezahlung der Löhne der Arbeiter

g) Bezahlung der Rechnung eines Lieferanten

5.3.2 Der Scheck

Das ist geschehen ...

Monika Schmitz prüft am Abend im Verkaufsshop der Mediaworld e. K. die Kasse. Sie hat an diesem Tag auch mehrere Schecks angenommen. In der Hektik des Tagesgeschäftes war sie heute etwas unachtsam; jetzt stellt sie bei einigen Schecks Probleme fest.

1. Bei einem Scheck fehlt die Unterschrift des Ausstellers.
2. Bei einem Scheck ist der Betrag in € höher als der Betrag in Worten.
3. Bei einem Scheck fehlt die Angabe des Empfängers.
4. Bei einem Scheck ist das Ausstellungsdatum vordatiert auf den 01.05.2015.
5. Bei einem Scheck ist die Überbringerklausel gestrichen.

Das ist zu tun ...

Prüfen Sie, ob die fünf vorliegenden Schecks gültig sind oder nicht.

Das sollte man wissen ...

Scheck

Ein Scheck ist eine Urkunde, mit der die Bank vom Schuldner beauftragt wird, bei Vorlage des Schecks einen bestimmten Betrag aus seinem Guthaben zu zahlen. Dazu benötigt der Zahlende natürlich ein Konto. Wenn der Betrag auf das Konto des Zahlungsempfängers gutgeschrieben werden soll, benötigt dieser ebenso ein Konto. Es gibt aber auch die Möglichkeit, dass das Geld bar ausgezahlt wird. Entsprechend gibt es zwei verschiedene Scheckarten, die zu zwei unterschiedlichen Formen des Zahlungsverkehrs gehören:

Der Verrechnungsscheck

Der Geldbetrag wird auf dem Konto des Zahlungsempfängers gutgeschrieben.

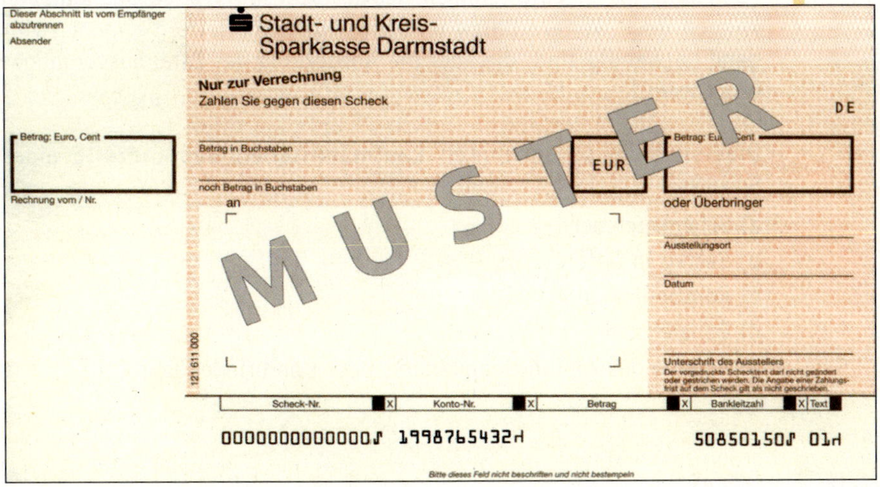
Dieser Abschnitt ist vom Empfänger abzutrennen
Absender
Betrag: Euro, Cent
Rechnung vom / Nr.
Stadt- und Kreis-Sparkasse Darmstadt
Nur zur Verrechnung
Zahlen Sie gegen diesen Scheck
DE
Betrag in Buchstaben
noch Betrag in Buchstaben
EUR
Betrag: Euro, Cent
an
oder Überbringer
Ausstellungsort
Datum
Unterschrift des Ausstellers
Der vorgedruckte Schecktext darf nicht geändert oder gestrichen werden. Die Angabe einer Zahlungsfrist auf dem Scheck gilt als nicht geschrieben.
MUSTER
121 611 000
Scheck-Nr. X Konto-Nr. X Betrag X Bankleitzahl X Text
0000000000000⑆ 1998765432⑈ 50850150⑆ 01⑈
Bitte dieses Feld nicht beschriften und nicht bestempeln

Der Barscheck

Der Geldbetrag wird an den Zahlungsempfänger bar ausgezahlt.

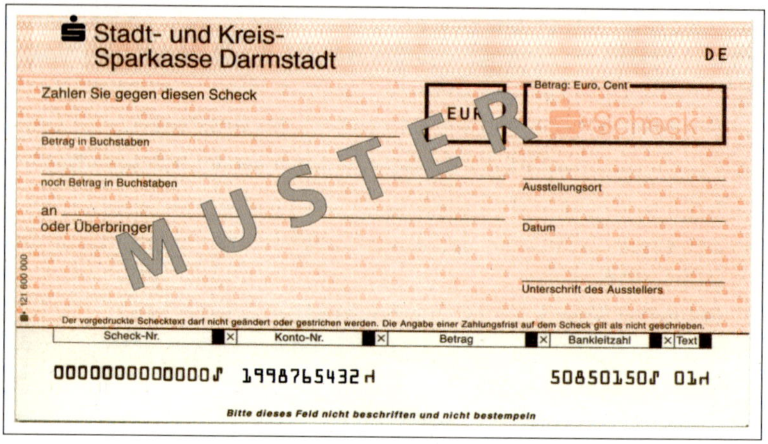

Stadt- und Kreis-
Sparkasse Darmstadt
DE

Zahlen Sie gegen diesen Scheck
EUR
Betrag: Euro, Cent
Scheck
Betrag in Buchstaben
noch Betrag in Buchstaben
an
oder Überbringer
Ausstellungsort
Datum
Unterschrift des Ausstellers
MUSTER
121 600 000
Der vorgedruckte Schecktext darf nicht geändert oder gestrichen werden. Die Angabe einer Zahlungsfrist auf dem Scheck gilt als nicht geschrieben.
Scheck-Nr. | Konto-Nr. | Betrag | Bankleitzahl | Text
0000000000000 1998765432 50850150 01
Bitte dieses Feld nicht beschriften und nicht bestempeln

Wenn man ein Konto bei einem Kreditinstitut hat, kann man sich Scheckvordrucke von seiner Bank geben lassen, um die Möglichkeit der Bezahlung mit Scheck auszunutzen. Damit ein Scheck gültig ist, müssen bestimmte Daten eingetragen werden.

Dies sind die **gesetzlichen Bestandteile** eines Schecks:

1. Bezeichnung „Scheck“
2. Die Anweisung, einen bestimmten Geldbetrag zu zahlen
3. Name des Geldinstitutes des Schuldners
4. Zahlungsort (Sitz des Geldinstitutes)
5. Ort und Tag der Ausstellung
6. Unterschrift des Ausstellers

Fehlt eine dieser Eintragungen, ist der Scheck nicht gültig. Daneben können noch weitere Daten im Scheck genannt sein, die nicht zwingend notwendig sind, die aber die Abwicklung des Zahlungsvorganges erleichtern.

Dies sind die so genannten **kaufmännischen Bestandteile** eines Schecks:

a) Schecknummer
b) Betrag in Ziffern
c) Kontonummer
d) Bankleitzahl
e) Angabe des Zahlungsempfängers oder Überbringerklausel

6022268

Die **Überbringerklausel** besagt, dass nicht nur der Zahlungsempfänger, sondern jeder Überbringer des Schecks den genannten Geldbetrag ausgezahlt bekommt. Damit kann auch jemand, der einen verlorenen Scheck gefunden hat, diesen bei dem Geldinstitut einlösen. Selbst wenn man die Überbringerklausel durchstreicht, gilt dies nicht. Damit ist die Zahlung mit einem Scheck eine unsichere Angelegenheit. In besonderen Fällen kann man dies aber umgehen und einen so genannten Namensscheck ausstellen, welcher den Namen des Zahlungsempfängers enthält und nur an diesen ausgezahlt wird.

Wenn man einen Scheck verloren hat, sollte man ihn unbedingt von der Bank sperren lassen, damit er nicht an einen Unberechtigten, der ihn gefunden hat, ausgezahlt wird.

Bei der Vorlage und Einlösung eines Schecks bei einer Bank oder Sparkasse muss man bestimmte Fristen beachten, je nachdem, wo der Scheck ausgestellt wurde:

- im Inland ausgestellt: innerhalb von 8 Tagen
- im europäischen Ausland ausgestellt: innerhalb von 20 Tagen
- im außereuropäischen Ausland ausgestellt: innerhalb von 70 Tagen

Ist ein Scheck vordatiert auf ein Datum in der Zukunft, hat dies keinerlei Wirkung.

Die Vorlegefristen dienen dazu, dass Schecks nicht lange im Umlauf sind, sondern möglichst zügig eingelöst werden. Wird der Scheck erst später vorgelegt, kann das Geldinstitut ihn noch einlösen, ist aber nicht mehr dazu verpflichtet.

Aufgaben

Aufgaben zur Wiederholung

1 Unterscheiden Sie den Barscheck vom Verrechnungsscheck.

2 Warum ist die Bezahlung mit Scheck für den Zahlungsempfänger eine unsichere Angelegenheit?

3 Was muss ein Verkäufer prüfen, wenn er von einem Kunden einen Scheck annimmt?

4 Prüfen Sie, bis wann die folgenden Schecks vorgelegt werden müssen:

Nr.	Ausstellungsdatum:	Ausstellungsort:
1	20.07.20..	München
2	21.04.20..	Dallas, Texas
3	23.03.20..	Salzburg, Österreich
4	18.01.20..	Frankfurt (Oder)

5.3.3 Plastikgeld

Das ist geschehen ...

1. Was spricht aus Sicht von Moritz Wagner dafür, dass der Kunde mit der EC-Karte und seiner PIN bezahlt?
2. Warum kann der Kunde bei diesem Einkauf nicht mit seiner Geldkarte bezahlen?
3. Die Mediaworld e. K. akzeptiert nicht jede Kreditkarte, nur die Mastercard und die American Express-Karte. Was spricht aus Sicht der Mediaworld e. K. dagegen, dass der Kunde mit seiner Kreditkarte bezahlt?

Das ist zu tun ...

Plastikgeld

Das sollte man wissen ...

Unter Plastikgeld versteht man Karten aus Plastik, mit denen man bargeldlose Zahlungen vornehmen kann. Die verschiedenen Sorten von Karten kann man in vier Bereiche einteilen:

EC-Karte

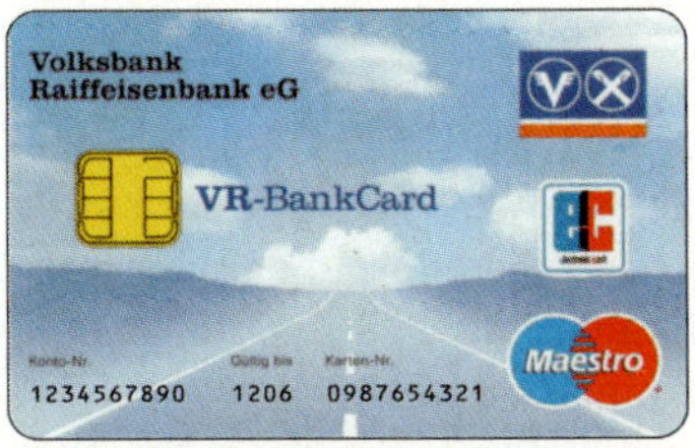

Geldkarte

Kreditkarte

Kundenkarte

Die **EC-Karte** ist die häufigste Form des Plastikgeldes. Mit Eröffnung eines Girokontos (→ Kapitel 5.2.1) wird in der Regel dem Kontoinhaber eine EC-Karte zur Verfügung gestellt. Mit dieser Karte kann man:

- am Geldautomaten Geld vom Konto abheben,
- bargeldlos bezahlen im Rahmen des Electronic-Cash-Systems,
- am Kundenterminal Kontoauszüge ausdrucken, Überweisungen und Daueraufträge eingeben usw.

Diese Leistungen sind nicht nur im Inland möglich, auch im Ausland kann man mit der EC-Karte am Geldautomaten Bargeld bekommen und bargeldlos bezahlen. Dies funktioniert überall, wo es durch das Maestro-Symbol angezeigt ist. Dieses Zeichen ist die internationale Version des Electronic Cash.

Für die meisten Funktionen benötigt der EC-Karteninhaber nicht nur die Karte, sondern auch die Geheimzahl, die so genannte **PIN** (Persönliche Identifikations-Nummer), eine vierstellige Zahl, die dem Karteninhaber nach Aushändigung der Karte mitgeteilt wird. Die EC-Karte ist für zwei Jahre gültig, danach bekommt der Karteninhaber von seinem Geldinstitut eine neue Karte mit neuer PIN ausgestellt. Auf der Rückseite der EC-Karte ist vermerkt, bis zum Ablauf welchen Jahres sie noch gültig ist.

Mit der EC-Karte und der PIN kann man an EC-Kassen bargeldlos bezahlen. Dazu wird die Karte in ein Lesegerät gesteckt, das die Daten der Karte einliest (z. B. Kontonummer, Bankinstitut). Nach Eingabe der PIN wird überprüft, ob die Karte gesperrt ist und ob die Höhe der Zahlung vom Konto des Karteninhabers geleistet werden kann oder nicht. Der Käufer und Karteninhaber bekommt einen Ausdruck als Quittung für die geleistete Zahlung. Diese ist allerdings noch nicht erfolgt, vielmehr wird das Geld erst später über die Bank des Händlers per Lastschrift vom Konto des Kunden eingezogen.

Mit der EC-Karte kann man allerdings auch ohne die Eingabe der PIN bezahlen, in diesem Fall muss an der Kasse des Händlers nur eine Unterschrift geleistet werden. Mit der Unterschrift berechtigt der Karteninhaber den Händler, ebenfalls den geschuldeten Betrag per Lastschrift vom Konto einzuziehen. Bei der Bezahlung ohne PIN und nur mit Unterschrift hat der Händler allerdings keine Garantie, dass er das Geld auch tatsächlich bekommt, denn es wird nicht überprüft, ob die Karte gesperrt ist oder ob das Konto des Karteninhabers auch genügend gedeckt ist. Falls der Händler sein Geld nicht bekommt, kann er bei der Bank des Karteninhabers den Namen und die Adresse von diesem erfragen, um dann über ein Mahnverfahren (→ Kapitel 3.6) doch noch sein Geld zu bekommen.

Eine **Geldkarte** kann im Gegensatz zur EC-Karte nur für das bargeldlose Zahlen benutzt werden. Hier wird sie im Wesentlichen bei der Bezahlung von Kleinbeträgen gebraucht.

Vor der Bezahlung muss die Karte an einem Ladeterminal aufgeladen werden. Maximal 200,00 € können auf eine Geldkarte aufgeladen werden. Das Geld wird direkt vom Konto abgebucht. Mit der Karte kann man überall ohne PIN und ohne Unterschrift bezahlen, wo an der Kasse das Geldkartensymbol abgebildet ist. Der Karteninhaber gibt die Karte an den Händler, dieser steckt sie in das Lesegerät und der Kaufbetrag wird von der Geldkarte abgebucht und auf das Lesegerät des Händlers übertragen. Damit das Geld auf dem Konto des Händlers gutgeschrieben wird, muss dieser die Daten aus seinem Lesegerät an ein Rechenzentrum weiterleiten. Von hier wird die Überweisung des Geldes vom Kundenkonto auf das Händlerkonto veranlasst.

Wenn bei einem Kauf ein kleiner Rechnungsbetrag bargeldlos bezahlt werden soll, ist die EC-Karte in Geschäften nicht gern gesehen, da die

Kosten je Zahlungsvorgang für die Händler zu hoch sind. Hier hilft die Geldkarte weiter: Mit ihr können kleine Beträge problemlos bezahlt werden, so ist die Bezahlung einer Zeitschrift, eines Hamburgers oder der Kinokarte mit Geldkarte in der Regel möglich.

Doch Vorsicht! Eine Geldkarte ist wie Bargeld zu behandeln. Wird sie geklaut oder geht sie verloren, kann sie nicht gesperrt werden. Der gespeicherte Betrag ist dann unwiderruflich weg. Für den Einzelhändler bringt die Geldkarte den Vorteil, dass der Bargeldbestand in der Kasse gemindert wird und der Verlust von Bargeld durch Diebstahl oder durch die Annahme von Falschgeld geringer wird.

Während EC-Karte und Geldkarte im Prinzip für jeden zu haben sind, der ein Konto hat, wird eine **Kreditkarte** nicht an jeden ausgehändigt. Kreditkarten werden von Kreditkartenorganisationen (z. B. American Express) oder von Banken ausgegeben. Eine Kreditkarte bekommt nur jemand, der ein regelmäßiges Einkommen und eine entsprechende Kontodeckung nachweisen kann.

Mit der Kreditkarte kann man in allen Geschäften, Hotels, Tankstellen, Autovermietungen usw. bezahlen, die das entsprechende Symbol der jeweiligen Karte ausgehängt haben. Der Inhaber einer Kreditkarte hat einen bestimmten Kreditrahmen, innerhalb dessen er Einkäufe mit seiner Kreditkarte machen kann. Bei der Bezahlung mit Kreditkarte muss man nur diese vorlegen und auf dem Händlerbeleg unterschreiben. Der Händler rechnet mit der Kreditkartengesellschaft direkt ab, diese überweist ihm das Geld. Der Karteninhaber muss aber meist erst am Ende des Monats bezahlen, dann wird von seinem Konto der Betrag abgebucht, den er im Laufe des Monats mit seiner Kreditkarte ausgegeben hat. Der Karteninhaber bekommt eine Aufstellung über seine Zahlungen von der Kreditkartengesellschaft, damit er seine Ausgaben nachvollziehen und prüfen kann.

Eine Kreditkarte ist nicht kostenlos, in der Regel wird eine Jahresgebühr verlangt. Die einzelnen Zahlungen sind im Inland ohne weitere Kosten; nutzt man die Karte auch im Ausland, muss man bei jeder Zahlung einen Prozentsatz des Rechnungsbetrages als Kosten an die Kreditkartengesellschaft bezahlen.

Kreditkarten sind in Deutschland nicht so verbreitet wie zum Beispiel die EC-Karte. Dies liegt nicht nur daran, dass die Kreditkarte den Karteninhaber etwas kostet, auch für die Händler ist es teurer, wenn ein Kunde mit Kreditkarte und nicht mit EC-Karte bezahlt. Daher werden Kreditkarten auch nicht in jedem Geschäft akzeptiert.

Eine ganz spezielle Kreditkarte ist die so genannte **Kundenkarte.** Sie wird nicht von Banken oder Kreditkartenorganisationen herausgegeben, sondern von einzelnen oder mehreren Geschäften. Die Kundenkarte kann auch nur zur bargeldlosen Zahlung in dem entsprechenden Geschäft genutzt werden. Dafür ist sie zumeist kostenlos, häufig erhält

Merke
Die Kundenkarte ist nicht zu verwechseln mit der Kundenkarte ohne Zahlfunktion, die als Bonuskarte ausgegeben wird und mit der man Punkte sammeln kann. Die Kundenkarte ohne Zahlfunktion kann gegen Geld, Warengutschein oder Ware eingetauscht werden. Hierzu gehören zum Beispiel die payback-Karte, die Happy-Digits-Karte und andere.

der Kunde, der mit Kundenkarte zahlt, auch noch einen prozentualen Rabatt auf seine Einkäufe.

Die Zahlungsabwicklung bei der Kundenkarte funktioniert im Prinzip so wie bei der Kreditkarte, nur dass hier keine Kreditkartenorganisation die Abwicklung organisiert, sondern die Bank des Unternehmens, die die Karte herausgegeben hat.

Mit der Ausgabe von Kundenkarten wollen Unternehmen erreichen, dass die Kunden häufiger bei ihnen einkaufen und die Kunden so an sich binden. Durch die Auswertung der Daten, was der Kunde wann eingekauft hat, erhält das Unternehmen Informationen über das Kaufverhalten des Kunden. Dies erscheint aus Sicht des Verbraucherschutzes bedenklich.

Aufgaben

Aufgaben zur Wiederholung

1 Finden Sie zu jeder Kartenart die Vor- und Nachteile aus Sicht des Karteninhabers heraus und stellen Sie diese in einer Übersicht gegenüber.

2 Erstellen Sie eine weitere Übersicht, in der Sie die Vorteile und Nachteile der jeweiligen Kartenart aus Sicht des Händlers gegenüberstellen.

3 Wie kann man sich schützen, wenn man seine EC-Karte, Geldkarte oder Kreditkarte verliert?

4 Warum geben Einzelhandelsgeschäfte und Unternehmen Kundenkarten an ihre Kunden aus?

5 Was unterscheidet die Kundenkarte von der Kreditkarte?

6 Überlegen Sie, wem eine Bank oder eine Kreditkartenorganisation keine Kreditkarte ausstellen würde.

7 Warum hat sich die Bezahlung mit Kreditkarte in Deutschland nicht so durchgesetzt wie zum Beispiel in den USA?

Aufgabe zur Gesamtwiederholung des Kapitels „Plastikgeld“:

Entscheiden Sie, welche Art von Plastikgeld Sie der jeweiligen Person empfehlen würden. Begründen Sie Ihre Empfehlung ausführlich!

Moritz Wagner (Geschäftsführer der Mediaworld e. K.) ...

... ist nicht nur von Beruf Händler für Multimedia-Artikel, er bastelt auch gerne in seiner Freizeit in seinem Kellerraum an Computern und Hi-Fi-Artikeln. Dabei schraubt er zum Teil an sehr teuren Geräten und benutzt sehr teures Werkzeug. Er braucht für sich eine Karte, mit der er problemlos in seinem Lieblingsgeschäft, dem „Duisburger Elektrowerkzeug-Fachmarkt“ einkaufen kann. Schön wäre es auch, wenn die zu zahlenden Beträge nicht immer von seinem Kontostand abhängen würden. Daneben denkt er auch schon an den nächsten Sommerurlaub in den USA. Dort will er auch die Vorteile der bargeldlosen Zahlung nutzen, da er das Risiko scheut, viel Bargeld mit sich herumzutragen.

Aufgaben

Sabine Hauser (Abteilung Einkauf der Mediaworld e. K.) ...

... ist Stammkundin im Warenhaus „Kaufstadt" in der Duisburger Innenstadt. Von diesem Kaufhaus wird eine Art Kreditkarte angeboten, die es nur in den „Kaufstadt"-Filialen gilt. Diese Karte kostet nichts, Frau Hauser erledigt alle Großeinkäufe dort und sorgt für entsprechend viel Umsatz in dem Geschäft, muss aber bisher immer viel Bargeld mitnehmen. Bei Engpässen in der Geldbörse und auf dem Konto kommt es schon mal vor, dass Frau Hauser nicht alles das kaufen kann, was sie eigentlich kaufen wollte.

Bastian Lenz (Auszubildender der Mediaworld e. K.) ...

... kann eigentlich nicht mit Geld umgehen. Ständig ist er pleite und leiht sich Geld bei Oma oder von guten Freunden. Sein großes Hobby ist „shopping", also bummeln durch die verschiedenen Geschäfte und kaufen, was gerade spontan gefällt. Er weiß, dass er vielleicht eine Kreditkarte bekommen könnte, da er ein festes Gehalt hat und schon über 18 ist. Er hat aber Zweifel, ob er damit auch gewissenhaft umgehen kann. Außerdem ist eine Kreditkarte mit einer Jahresgebühr verbunden.

Andreas Zimmer (Praktikant der Mediaworld e. K.) ...

... ist ein etwas zerstreuter Mensch. Er verlegt oft Sachen und findet sie nicht wieder, manchmal verliert er sie auch. Außerdem kann er sich schlecht Zahlen merken, seine eigene Handynummer ist so ziemlich das Einzige, was er behalten kann. Eigentlich braucht er keine Karte, um bargeldlos zu bezahlen, da er keine großen Ausgaben hat. Praktisch wäre es allerdings, wenn er seine Busfahrten und an der Kinokasse bargeldlos bezahlen könnte.

6 Den Chef vertreten: Vollmacht und Prokura

6.1 Handlungsvollmacht

Das ist geschehen ...

Moritz Wagner geht in die Buchhaltung der Mediaworld e. K., um mit Florian Peek zu sprechen:

Moritz Wagner: *„Herr Peek, wir müssen uns mal kurz unterhalten."*

Florian Peek: *„Was gibt es denn, Herr Wagner?"*

Moritz Wagner: *„Zurzeit wächst mir die Arbeit über den Kopf. Die Geschäfte laufen gut und wir haben reichlich zu tun. Allerdings schaffe ich es immer weniger, alle Aufgaben wirklich gründlich zu erledigen."*

Florian Peek: *„Wie kann ich Ihnen dabei helfen?"*

Moritz Wagner: *„Zum Beispiel immer dieses lästige Tagesgeschäft mit der Bank: Schecks einlösen, Überweisungen unterschreiben und so weiter. Das wird mir alles zu viel!"*

Florian Peek: *„Aber Sie sind nun einmal der Chef dieses Unternehmens. Nur Sie können über die Geschäftskonten verfügen."*

Moritz Wagner: *„Das ist im Prinzip richtig. Aber denken Sie einmal an meinen letzten Urlaub. Was da an Arbeit liegen geblieben ist, weil kein anderer bei uns dafür zuständig war!"*

Florian Peek: *„Nun, Sie brauchen einen Vertreter."*

Moritz Wagner: *„Genau, aber nicht nur für den Fall, dass ich in Urlaub bin, insgesamt möchte ich einen Teil der Arbeit abgeben, das heißt auf Sie übertragen. Ich denke, so können wir auch einige Prozesse beschleunigen. In Zukunft sollen Sie den kompletten Zahlungsverkehr übernehmen, Überweisungen unterschreiben und einreichen und so weiter."*

Florian Peek: *„Kein Problem. Aber geht denn das so einfach?"*

Das ist zu tun ...

1. Moritz Wagner will als Geschäftsführer der Mediaworld e. K. einen wichtigen Tätigkeitsbereich an seinen Mitarbeiter Florian Peek abgeben. Halten Sie dies für sinnvoll? Stellen Sie Vorteile und Nachteile dieser Überlegung gegenüber.
2. Welche Möglichkeiten der „Vertretungsregelung" hat Moritz Wagner? Stellen Sie die verschiedenen Varianten in einer kleinen Übersicht gegenüber. Halten Sie sich an die folgende Vorgabe:

Arten der Vollmacht:			
Kurzbeschreibung:			

3. Welche Art von Vollmacht halten Sie im obigen Fall bei der Mediaworld e. K. für sinnvoll? Treffen Sie eine begründete Entscheidung.

Handlungsvollmacht

Das sollte man wissen …

Nicht alle Aufgaben können allein von einer Person im Unternehmen erledigt werden. Auch in der Mediaworld e. K. fallen so viele zu erledigende Tätigkeiten an, dass der Geschäftsführer nicht alles alleine schaffen kann. Moritz Wagner ist zwar Einzelunternehmer, dennoch muss er bei der Betriebsgröße, die sein Unternehmen erreicht hat, darüber nachdenken, welche Aufgaben er an die Mitarbeiter delegieren, das heißt abgegeben kann. Damit die mit gewissen Tätigkeiten beauftragten Mitarbeiter diese auch wirklich durchführen dürfen, müssen sie dazu bevollmächtigt werden. Die Mitarbeiter müssen also zur Erledigung bestimmter Aufgaben die offizielle Erlaubnis vom Geschäftsführer haben.

Für das Erteilen der Vollmacht muss keine bestimmte Formvorschrift eingehalten werden. Sie kann mündlich, schriftlich oder auch stillschweigend gegeben werden. Es werden drei verschiedene Arten von Vollmachten unterschieden, wobei die Unterschiede in der Art und Menge der Aufgaben liegen, die der Bevollmächtigte erledigen darf.

Die umfangreichste Vollmacht ist die **Generalhandlungsvollmacht:**

Wer Generalhandlungsvollmacht hat, der darf alle „üblichen" Rechtsgeschäfte des Unternehmens abschließen, in welchem er arbeitet. Der Generalbevollmächtigte darf also zum Beispiel:

- Personal einstellen oder kündigen,
- Verträge mit Kunden und Lieferanten abschließen,
- den Zahlungsverkehr regeln.

Dies bedeutet auch, dass ungewöhnliche Geschäfte für den Generalhandlungsbevollmächtigten nicht erlaubt sind, und zusätzlich, dass nur Rechtsgeschäfte durchgeführt werden dürfen, die für den Geschäftszweig üblich sind, in denen sich das Unternehmen befindet. Auf keinen Fall darf jemand, der Generalhandlungsvollmacht hat:

- Grundstücke veräußern oder belasten,
- ein Darlehen für das Unternehmen aufnehmen,
- für das Unternehmen einen Prozess führen.

Die zweite, weniger umfangreiche Art der Vollmacht ist die **Arthandlungsvollmacht:**

Die Arthandlungsvollmacht bezieht sich auf eine bestimmte Art von Rechtsgeschäften, die der Bevollmächtigte durchführen darf. Dies kann zum Beispiel bedeuten, dass der Arthandlungsbevollmächtigte:

- als Buchhalter eingehende Rechnungen bezahlen darf,
- als Sachbearbeiter im Einkauf für das Unternehmen Einkäufe erledigen darf,
- als Mitarbeiter im Rechnungswesen/Zahlungsverkehr Bargeld auf das Geschäftskonto einzahlen und vom Geschäftskonto abheben darf.

Bei der dritten Art der Vollmacht sind die Tätigkeitsbereiche deutlich mehr eingegrenzt, dies ist die **Spezialvollmacht:**

Diese Art der Vollmacht ist speziell auf nur ein bestimmtes oder mehrere genau festgelegte Geschäfte begrenzt. Die Spezialvollmacht ist beispielsweise erteilt worden, wenn

- ein Mitarbeiter mehrere Schecks bei der Bank zur Gutschrift einreichen soll,
- ein Mitarbeiter beauftragt wird neue Bürostühle für ein Büro auszusuchen und zu kaufen,
- ein Mitarbeiter mit einem Malerbetrieb den Neuanstrich eines Lagerraumes vereinbaren soll.

Vollmachten gelten nicht ewig. Sie verfallen, wenn

- das zu erledigende Rechtsgeschäft vollständig ausgeführt ist (dies gilt insbesondere für die Spezialvollmacht!).
- die Vollmacht widerrufen wird.
- die vertragliche Basis zwischen dem Vollmachtgeber und dem Bevollmächtigten nicht mehr gültig ist, zum Beispiel wenn der Bevollmächtigte kündigt oder ihm gekündigt wird.

6.2 Prokura

Das ist geschehen ...

Es ist ein Gespräch zwischen Florian Peek aus der Buchhaltung und Bastian Lenz, dem Auszubildenden der Mediaworld e. K. in vollem Gange. Herr Peek hat Bastian gerade erzählt, dass Moritz Wagner ihm die Vollmacht für den Geschäftsbereich „Zahlungsverkehr" erteilt hat.

Bastian Lenz: *„Soso, dann sind Sie jetzt also der Stellvertreter vom Chef."*

Florian Peek: *„Na ja, das ist etwas übertrieben ausgedrückt!"*

Bastian Lenz: *„Wieso, wenn Sie den Chef doch vertreten, wenn er mal im Urlaub ist oder so, dann sind Sie doch jetzt stellvertretender Geschäftsführer."*

Florian Peek: *„Nein. Das würde bedeuten, dass ich Prokurist wäre. Bin ich aber nicht!"*

Bastian Lenz: *„Prokurist? Was ist das denn nun wieder?"*

Das ist zu tun ...

1. Erläutern Sie anhand der unten stehenden Informationen, was ein Prokurist ist.
2. Stellen Sie die wichtigsten Unterschiede zwischen Prokura und Handlungsvollmacht gegenüber.

Prokura

Das sollte man wissen …

Die Prokura ist die umfassendste Vollmacht, die erteilt werden kann. Der Prokurist ist der Stellvertreter des Unternehmers. Er kann wie der Geschäftsführer für das Unternehmen tätig werden. Daher wird der Prokurist auch als das „zweite Ich des Unternehmers“ bezeichnet. Er kann alle Aufgaben in die Hand nehmen, die zum Tagesgeschäft des Unternehmens gehören. Lediglich die Rechtsgeschäfte, welche die Existenz des Betriebes infrage stellen oder stark verändern, sind dem Prokuristen verboten.

Dazu gehören zum Beispiel

- das Einstellen des Betriebes,
- das Verkaufen des Geschäftes,
- das Verkaufen oder Belasten von Betriebsgrundstücken,
- einen neuen Gesellschafter in die Unternehmung aufnehmen.

Die Prokura lässt sich im Gegensatz zur Handlungsvollmacht auch nicht auf bestimmte Tätigkeitsgebiete beschränken. Zwar kann der Unternehmer seinem Prokuristen verbieten bestimmte Rechtsgeschäfte zu tätigen, allerdings ist dies nach außen hin nicht wirksam, das heißt, jeder, der mit dem Prokuristen Rechtsgeschäfte durchführt, kann auf die Gültigkeit dieses Rechtsgeschäftes vertrauen.

Beispiel

Ein Unternehmer erteilt einem Mitarbeiter Prokura. Allerdings möchte der Unternehmer nicht, dass der neue Prokurist in Personalangelegenheiten tätig wird. Während der Chef seinen Sommerurlaub nimmt, stellt der Prokurist zwei Lagerarbeiter ein – was er eigentlich nicht darf! Trotzdem gelten die Arbeitsverträge, da Außenstehende (die neuen Lagerarbeiter) darauf vertrauen dürfen, dass Rechtsgeschäfte von Prokuristen Gültigkeit haben.

Die Prokura darf nicht wie die Handlungsvollmacht formfrei erteilt werden. Vielmehr ist vorgeschrieben, dass die Prokura ausdrücklich erteilt wird. Außerdem wird die Erteilung der Prokura im Handelsregister eingetragen, sodass Außenstehende hiervon erfahren.

Bei der Prokura werden die folgenden drei Arten unterschieden:

Gesamtprokura: Mehrere Prokuristen vertreten gemeinsam ein Unternehmen.

Einzelprokura: Ein Prokurist vertritt allein das Unternehmen.

Gemischte Prokura: Die Prokura gilt nur für Handlungen, die mit jeweiliger Zustimmung eines Gesellschafters oder Vorstandes einer Gesellschaft durchgeführt werden.

Aufgaben

Aufgaben zur Wiederholung

1 Welche der folgenden Tätigkeiten darf ein Bevollmächtigter durchführen?

a) Waren einkaufen
b) Geschäftsgrundstücke verkaufen
c) Personal einstellen
d) einen Scheck für die Bezahlung gelieferter Ware unterschreiben
e) mit einem Kunden einen Rabatt in Höhe von 10 % aushandeln
f) einen Prozess für das Unternehmen führen
g) Geld von Kunden an der Kasse kassieren
h) einen Mitarbeiter entlassen
i) ein Darlehen in Höhe von 15.000,00 € für das Unternehmen aufnehmen

2 Wodurch unterscheiden sich die Einzelprokura, die Gesamtprokura und die gemischte Prokura?

3 Welche Vollmacht ist für die folgenden Rechtsgeschäfte notwendig?

a) einmalige Bestellung von Lagerregalen zur Neuausstattung eines Lagerraumes
b) Berechnung und Überweisung der Gehälter und Löhne der Mitarbeiter eines Unternehmens
c) Einkauf von Waren, Überwachung der Lieferzeiten und Reklamationen beim Lieferanten
d) Beratung, Verhandlung und Vertragsabschluss mit Kunden für einen Teilbereich des Sortimentes
e) Einlösen eines Schecks bei der Hausbank eines Unternehmens
f) Leitung einer Filiale eines Unternehmens mit Berechtigung für alle anfallenden gewöhnlichen Rechtsgeschäfte

4 Beurteilen Sie die folgenden Fälle:

a) Friedhelm Fischer hat vor einem Jahr ein kleines Unternehmen gegründet. Die Geschäfte laufen gut, aber die Arbeit wächst Herrn Fischer langsam über den Kopf. Er ernennt seine Frau zur Prokuristin. Diese stellt nach zwei Wochen fest, dass sie gar nicht die rechte Lust hat in dem Unternehmen mitzuarbeiten, und stellt eine Sekretärin ein. Herr Fischer reagiert sehr wütend.

b) Hans Keller ist Sachbearbeiter im Einkauf einer Großhandlung für Tierfutter. Sein Chef hat ihm eine Arthandlungsvollmacht für seinen Bereich erteilt. Eines Tages beschließt Herr Keller, für das Unternehmen einen neuen Firmenwagen einzukaufen. Sein Chef ist entsetzt, als er den nagelneuen Porsche auf dem Firmenparkplatz sieht.

c) Frau Famm ist seit vier Wochen in der Buchhaltung eines kleinen Unternehmens beschäftigt. Eines Tages wird sie vom Geschäftsführer beauftragt zwei Barschecks bei der Bank einzulösen. Frau Famm kassiert das Geld bei der Bank. Als sie auf dem Rückweg an einem Bürogeschäft vorbeikommt, fällt ihr ein, dass die Tonerkartusche ihres Druckers im Büro fast leer ist. Außerdem braucht sie noch neues Druckerpapier. Sie kauft die Sachen von dem Geld, das sie gerade bei der Bank erhalten hat.

LERNFELD 3

Personalmaßnahmen entwickeln und personalwirtschaftliche Kompetenzen für den eigenen Berufsweg nutzen können

LERNFELD 2: Aufträge bearbeiten

LERNFELD 5

Betriebliche Prozesse dokumentieren, Daten analysieren, aufbereiten, auswerten und Ergebnisse/Maßnahmen einschätzen

LERNFELD 1: In einem Unternehmen mitarbeiten können

LERNFELD 4

Käuferverhalten analysieren und Marketingmaßnahmen entwickeln

1 Vertragsrechtliche Grundlagen des Arbeits- und Ausbildungsverhältnisses

1.1 Tarifverträge

Das ist geschehen ...

In der Mediaworld e. K. gibt es Streit:

Karl Herwig aus der Abteilung Verkauf hat noch vier Arbeitstage Resturlaub aus dem letzten Jahr. Dafür möchte er im April in der Woche nach Ostern freimachen. Moritz Wagner will dies als Geschäftsführer nicht genehmigen. Er meint, den Resturlaub müsste Karl Herwig bis Ende März nehmen.

Sabine Hauser aus der Abteilung Einkauf ist der Meinung, sie verdiene zu wenig Geld. Deshalb hat sie ihren Chef Moritz Wagner um eine Gehaltserhöhung gebeten. Dieser hat abgelehnt und darauf hingewiesen, dass er so viel zahle, wie er müsse. Eine weitere Gehaltserhöhung könne sich das Unternehmen nicht leisten und andere Unternehmen würden auch nicht mehr bezahlen.

Das ist zu tun ...

1. Wo ist geregelt, ob Karl Herwig seinen Resturlaub nehmen darf, wie er möchte?
2. Wo ist geregelt, wie viel Sabine Hauser in ihrem Beruf (mindestens) verdient?
3. Wer stellt dieses „Regelwerk" auf und für wen gelten diese Regeln?

Das sollte man wissen ...

Tarifvertrag

Im Arbeitsleben müssen viele Regelungen zwischen Arbeitgebern und Arbeitnehmern getroffen werden: Es muss geregelt sein, wie viele Stunden am Tag oder in der Woche gearbeitet werden soll, wie viel Geld ein Arbeitnehmer verdient, wie viel Urlaub er hat und viele andere Dinge. Diese Regelungen können Arbeitgeber und Arbeitnehmer im Arbeitsvertrag verhandeln und niederschreiben. Dann müssten aber alle Bestimmungen bei jeder Neueinstellung immer wieder aufs Neue ausgehandelt werden. Um dies zu vermeiden, gibt es allgemeine Regelungen, die in Tarifverträgen festgehalten sind. Die dort festgelegten Bestimmungen sind Standards, die eingehalten werden müssen und die nicht unterschritten werden dürfen (das heißt, es sind dort Mindesturlaubstage, Mindestlöhne usw. festgelegt).

Es gibt zwei wesentliche Arten von Tarifverträgen, die sich voneinander unterscheiden:

Manteltarifvertrag	Lohn- und Gehaltstarifvertrag
Festlegung von ■ Arbeitszeiten ■ Urlaubsbestimmungen ■ Arbeitsschutzbestimmungen ■ ...	Festlegung von ■ Löhnen ■ Gehältern

Im Manteltarifvertrag für den Groß- und Außenhandel in NRW ist zum Beispiel der Urlaub festgelegt.

§ 8 Manteltarifvertrag (Urlaub):

(...) In jedem Urlaubsjahr hat der Arbeitnehmer Anspruch auf Erholungsurlaub. Der Urlaub muss im laufenden Kalenderjahr gewährt und genommen werden. (...) Im Falle der Übertragung muss der Urlaub in den ersten drei Monaten des folgenden Kalenderjahres gewährt und genommen werden.

Die beiden Arten von Tarifverträgen unterscheiden sich nicht nur im Inhalt, sondern auch in der Laufzeit. Manteltarifverträge gelten in der Regel für mehrere Jahre, ein Lohn- und Gehaltstarifvertrag wird häufig nur für ein oder zwei Jahre geschlossen. Neben diesen beiden Arten kann es noch andere Tarifverträge geben, die sich zum Beispiel mit der Altersvorsorge der Arbeitnehmer, mit Altersteilzeit oder mit der Entgeltfortzahlung im Krankheitsfall beschäftigen. Auch für die Eingruppierung von Arbeitnehmern in Lohn- und Gehaltsgruppen gibt es Tarifverträge. Für den Groß- und Außenhandel ist zum Beispiel festgelegt, dass in Lohngruppe 1 Mitarbeiter eingestuft sind, die einfachste Arbeiten ausführen (z. B. Schließer, Nachtwächter). In Lohngruppe 5 sind Mitarbeiter eingestuft, die entsprechende Prüfungen abgelegt und Berufserfahrung gesammelt haben (z. B. Staplerfahrer, Handelsfachpacker, Lagerfacharbeiter mit umfassenden Warenkenntnissen usw.). Je höher die Lohngruppe, desto höher der Lohn, den der Mitarbeiter bekommt.

Tarifverträge werden zwischen den Tarifparteien geschlossen, dies sind die Arbeitnehmervertreter (die Gewerkschaften) und die Arbeitgebervertreter (die Arbeitgeberverbände). Für die Branche, in der die Mediaworld e. K. tätig ist, den Groß- und Außenhandel, haben die folgenden Tarifparteien Tarifverträge abgeschlossen:

Arbeitnehmervertreter	Arbeitgebervertreter
Vereinte Dienstleistungsgewerkschaft (ver.di) Landesfachbereich Handel NRW	Tarifgemeinschaft des Großhandels – Außenhandels – Dienstleistungen NRW

Wird ein Tarifvertrag geschlossen, gilt er zunächst für die Gewerkschaftsmitglieder und die Arbeitgeber, die dem entsprechenden Verband angehören. Damit die Arbeitnehmer einer Branche aber möglichst gleich behandelt werden, werden Tarifverträge häufig für allgemein verbindlich erklärt. Dies geschieht durch den Bundesminister für Arbeit und bewirkt, dass die Inhalte und Bestimmungen eines Tarifvertrages für alle Arbeitnehmer des Bereiches gelten.

Ablauf von Tarifverhandlungen:
(Die Begriffe mit * sind im Text erläutert)

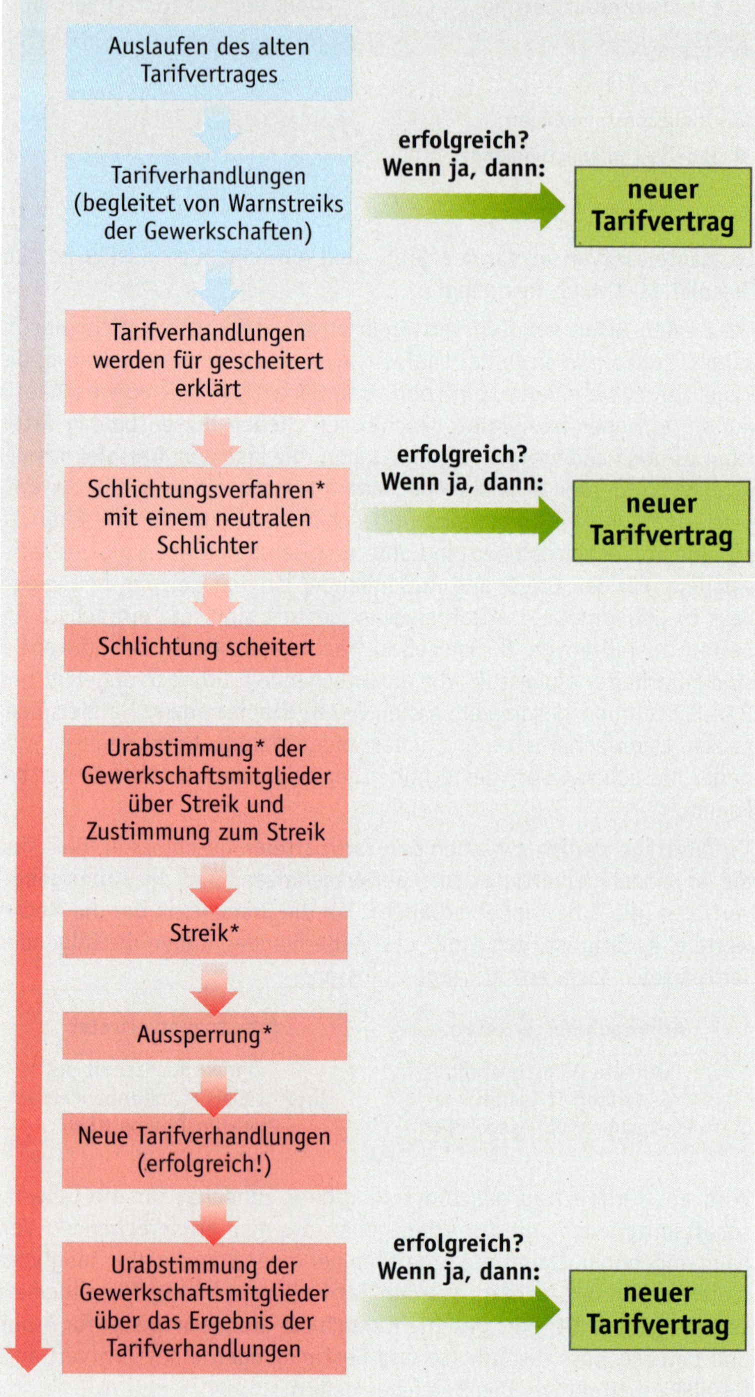

Die Tarifparteien dürfen unbeeinflusst von anderen Interessengruppen Tarifverträge aushandeln. Diese **Tarifautonomie** ist im Grundgesetz der Bundesrepublik Deutschland festgelegt und verhindert, dass sich der Staat, die Parteien oder die Regierung in die Verhandlungen einmischen.

Tarifverhandlungen zwischen Gewerkschaften und Arbeitgeberverbänden laufen nach einem festen Schema ab, zumeist wird recht rasch eine Einigung gefunden. Manchmal können sich die Tarifparteien aber auch nicht einigen und es kommt zum Arbeitskampf mit Streik und anderen Kampfmitteln. Die nebenstehende Grafik zeigt den Ablauf von Tarifverhandlungen vom Auslaufen des alten Tarifvertrages bis zum Abschluss eines neuen.

Wenn die ersten Verhandlungsrunden zwischen Gewerkschaften und Arbeitgeberverbänden scheitern, wird häufig für ein **Schlichtungsverfahren** ein Schlichter hinzugerufen. Dies ist eine neutrale Person, die von beiden Verhandlungsseiten anerkannt und geachtet wird. Der Schlichter versucht dann, einen Kompromiss zwischen den Forderungen der Gewerkschaften und denen der Arbeitgeberverbände zu finden. Vereinfacht könnte dies so aussehen:

Beispiel

Forderung der Gewerkschaft
5 % Lohnerhöhung in diesem und im nächsten Jahr

Angebot des Arbeitgeberverbandes
1 % Lohnerhöhung in diesem und 2 % im nächsten Jahr

Kompromissvorschlag des Schlichters
3 % Lohnerhöhung in diesem und 3,5 % im nächsten Jahr

Wenn in der Schlichtungsverhandlung kein Kompromiss gefunden wird, stimmen die Gewerkschaftsmitglieder in einer **Urabstimmung** darüber ab, ob sie streiken wollen oder nicht. Bei einer entsprechend hohen Zustimmung unter den Gewerkschaftsmitgliedern wird ein Streik von der Gewerkschaft organisiert. Dieser kann eine ganze Branche betreffen oder auch nur einzelne Betriebe.

Kommt es zum **Streik,** verweigern die Arbeitnehmer die Arbeit. Daraufhin können die Arbeitgeber mit **Aussperrung** reagieren. Dies bedeutet, dass die Arbeitnehmer nicht zur Arbeit zugelassen werden und auch keinen Lohn oder kein Gehalt für die Zeit der Aussperrung bekommen.

Am Ende der Verhandlungen und des Arbeitskampfes steht ein neuer Tarifvertrag. Dieser ist wieder für eine bestimmte Zeit gültig. In dieser Zeit gilt die Friedenspflicht, das heißt, es darf nicht gestreikt und auch nicht ausgesperrt werden. In der Zeit der Friedenspflicht dürfen aber Warnstreiks durchgeführt werden, dies sind kurzfristige Arbeitsniederlegungen, die organisiert werden, um Forderungen der Gewerkschaftsseite etwas Nachdruck zu verleihen.

Aufgaben

Aufgaben zur Wiederholung

1 a) Welchen Zweck erfüllen Tarifverträge?
b) Welche Arten von Tarifverträgen gibt es?
c) Unterscheiden Sie die zwei wichtigsten Arten von Tarifverträgen anhand mehrerer Kriterien.

2 a) Wer handelt Tarifverträge aus?
b) Erläutern Sie, was man unter Tarifautonomie versteht.
c) Was bedeutet es, wenn ein Tarifvertrag für allgemein verbindlich erklärt wird?

3 a) Welche Aufgabe hat ein Schlichter?
b) Was bedeutet es, wenn eine Urabstimmung stattfindet?
c) Erläutern Sie die Arbeitskampfmittel Streik und Aussperrung.

4 Entscheiden Sie, in welchem Tarifvertrag die Mitarbeiter der Mediaworld e. K. Antworten zu den folgenden Problemen und Fragen finden:

a) Bastian Lenz will wissen, wie viel Euro er im dritten Ausbildungsjahr bekommen wird.
b) Frau Hauser will die genaue Anzahl ihrer Urlaubstage wissen.
c) Herr Bäumer aus der Abteilung Lager will wissen, in welcher Lohngruppe er eingestuft ist.
d) Frau Schmitz aus dem Verkaufsshop will die genaue Wochenarbeitszeit wissen.
e) Frau Hauser möchte außerdem ihr Tarifgehalt nachsehen.

1.2 Betriebsvereinbarung und Betriebsrat

Das ist geschehen ...

Karl Herwig aus der Abteilung Verkauf der Mediaworld e. K. ist immer noch sauer. Er findet es nicht fair, dass er seinen Resturlaub in den ersten drei Monaten des neuen Jahres nehmen muss. Er spricht noch einmal mit seinem Chef Moritz Wagner darüber:

Das ist zu tun ...

1. Finden Sie heraus, was man unter einer Betriebsvereinbarung versteht.
2. Können die Mitarbeiter der Mediaworld e. K. eine solche Betriebsvereinbarung mit ihrem Chef abschließen?
3. Können die Arbeitnehmer der Mediaworld e. K. einen Betriebsrat gründen?
4. Welche Aufgaben hat ein Betriebsrat?

Das sollte man wissen ...

Betriebsvereinbarung und Betriebsrat

Ein Tarifvertrag kann nicht alles regeln, was im Arbeitsleben geregelt sein muss, dafür ist er zu allgemein gehalten. Außerdem kann ein Tarifvertrag nicht alle Besonderheiten der vielen einzelnen Betriebe und Unternehmen berücksichtigen, für die er Gültigkeit hat. Daher gibt es die Möglichkeit für Arbeitnehmer, mit der Geschäftsführung eines Unternehmens bzw. Betriebes **Betriebsvereinbarungen** abzuschließen. Diese gelten dann nur für einen Betrieb und berücksichtigen die Besonderheiten dieses Betriebes, da sie von den Menschen, die in diesem Betrieb arbeiten, verhandelt und geschlossen werden.

Betriebsvereinbarungen können Regelungen über die tägliche Arbeitszeit, die Lage des Urlaubs der Arbeitnehmer, Pausenregelungen und anderes enthalten. Dabei ist zu beachten, dass das, was in Betriebsvereinbarungen beschlossen wird, die Arbeitnehmer nicht schlechter stellt, als es die Bestimmungen des Tarifvertrages verlangen.

Beispiel

Der Tarifvertrag des Groß- und Außenhandels NRW legt zum Thema Arbeitszeit fest: Am 24. und 31. Dezember endet die Arbeitszeit um 12:00 Uhr. In einer Betriebsvereinbarung kann daher **nicht** festgelegt werden: Die Arbeitszeit am 31. Dezember endet um 19:00 Uhr.

Um eine Betriebsvereinbarung abzuschließen, müssen sich die Arbeitnehmer eines Betriebes in einem **Betriebsrat** organisieren. Der Betriebsrat ist die Interessenvertretung der Arbeitnehmer und besteht aus Mitarbeitern des Betriebes. Das Betriebsverfassungsgesetz schreibt vor, in welchen Betrieben ein Betriebsrat gewählt werden kann:

§ 1 BetrVG (Einrichtung von Betriebsräten)

(1) In Betrieben mit in der Regel mindestens fünf ständigen wahlberechtigten Arbeitnehmern, von denen drei wählbar sind, werden Betriebsräte gewählt.

Wahlberechtigt sind Arbeitnehmer, die das 18. Lebensjahr vollendet haben. Wählbar sind Arbeitnehmer über 18, die seit sechs Monaten in dem Betrieb beschäftigt sind.

Wie viele Mitarbeiter im Betriebsrat sind und die Interessen der anderen vertreten, hängt von der Gesamtzahl der Arbeitnehmer eines Betriebes ab. Je mehr Mitarbeiter ein Betrieb hat, desto mehr Mitglieder hat der Betriebsrat.

Anzahl der wahlberechtigten Arbeitnehmer	Anzahl der Mitglieder des Betriebsrats
5 bis 20	1 Person
21 bis 50	3 Mitglieder
51 bis 100	5 Mitglieder
101 bis 200	7 Mitglieder
...	...

Ein Betriebsrat wird für vier Jahre gewählt.

Als Interessenvertretung der Arbeitnehmer hat ein Betriebsrat viele Aufgaben und Rechte. Dazu gehören:

- die Überwachung der Einhaltung von Gesetzen und Verordnungen
- Anregungen von Arbeitnehmern entgegennehmen und diese mit der Geschäftsführung verhandeln
- das Informationsrecht über die wirtschaftliche Lage und über Pläne der Geschäftsführung
- Mitwirkung bei der Arbeitsplatzgestaltung, des Arbeitsablaufes und des Arbeitsumfeldes
- Anhörung bei Kündigungen durch den Arbeitgeber
- das Recht, einmal im Quartal eine Betriebsversammlung einzuberufen und die Mitarbeiter über seine Tätigkeit zu informieren

Da die Mitglieder des Betriebsrates als „Gegenposition" des Arbeitgebers auftreten und die Interessen der Arbeitnehmer wahrnehmen, könnte es passieren, dass ein Arbeitgeber einen Betriebsrat, der „unbequem" ist, einfach kündigt. Hiervor sind Mitglieder eines Betriebsrats aber besonders geschützt (→ Kapitel 4.1). Sie dürfen nicht fristgemäß gekündigt werden, damit sie in Ruhe und „ohne Angst vor Strafe" ihre Arbeit im Betriebsrat durchführen können.

In Betrieben mit Jugendlichen und Auszubildenden bilden diese eine besondere Gruppe, die auch eine Interessenvertretung wählen kann, die **Jugend- und Auszubildendenvertretung.** Um diese wählen zu können, müssen in einem Betrieb mindestens fünf Arbeitnehmer sein, die noch nicht 18 Jahre alt sind oder die als Auszubildende noch nicht 25 Jahre alt sind.

Die Jugend- und Auszubildendenvertretung kümmert sich um die Belange der jungen Mitarbeiter eines Betriebes und um die Auszubildenden. Zu den Aufgaben gehört es,

- Maßnahmen, die den Jugendlichen und/oder den Auszubildenden dienen, beim Betriebsrat zu beantragen,
- darüber zu wachen, ob die Gesetze und Verordnungen für Jugendliche und Auszubildende eingehalten werden,
- Anregungen der Jugendlichen und der Auszubildenden an den Betriebsrat weiterzuleiten und auf Durchführung hinzuwirken.

Dabei ist die Rolle der Jugend- und Auszubildendenvertretung so festgelegt, dass sie nur über den Betriebsrat tätig werden kann. Sie ist sozusagen eine Unterorganisation des Betriebsrats. Als solche verhandelt sie nie direkt mit der Geschäftsführung oder mit Abteilungsleitungen eines Betriebes, sondern bringt ihre Vorschläge und Anregungen über den Betriebsrat zur Sprache.

Die Mitgliederzahl der Jugend- und Auszubildendenvertretung ist ähnlich gestaffelt wie die Anzahl der Betriebsratsmitglieder: Je mehr Jugendliche und Auszubildende ein Betrieb hat, desto mehr Mitglieder hat die entsprechende Jugend- und Auszubildendenvertretung.

Aufgaben zur Wiederholung

Aufgaben

1 Wie viele Mitglieder hat der Betriebsrat der Mediaworld e. K.?

2 Wie viele Mitglieder hat der Betriebsrat eines Betriebes, der
- a) 31 wahlberechtigte Arbeitnehmer hat?
- b) 187 wahlberechtigte Arbeitnehmer hat?
- c) 19 wahlberechtigte Arbeitnehmer hat?
- d) 71 wahlberechtigte Arbeitnehmer hat?
- e) 2 wahlberechtigte Arbeitnehmer hat?

3 Erläutern Sie, ob in den folgenden Fällen der Betriebsrat eingeschaltet werden muss oder nicht.
- a) Die Geschäftsführung beschließt ein Darlehen in Höhe von 150.000,00 € bei einer Bank aufzunehmen.
- b) Ein Mitarbeiter soll fristlos entlassen werden, da er einen Arbeitskollegen grundlos verprügelt hat.
- c) Die Abteilung Einkauf einer Großhandlung entschließt sich ab sofort statt ostasiatischer Billigprodukte nur noch die qualitativ hochwertige Ware eines Produzenten aus Darmstadt zu kaufen.
- d) In der Produktion einer Maschinenbaufabrik soll ein neuer Abteilungsleiter eingestellt werden.
- e) Die Geschäftsführung sieht vor, einen Betriebsteil zu schließen.
- f) Für den Sommer muss ein Urlaubsplan aufgestellt werden, damit sichergestellt ist, dass nicht alle Mitarbeiter gleichzeitig in Urlaub sind.
- g) Für die Arbeitnehmer sollen neue Aufenthaltsräume für die Pausen eingerichtet und gestaltet werden.

4
- a) Kann in der Mediaworld e. K. eine Jugend- und Auszubildendenvertretung gewählt werden? Bitte begründen Sie Ihre Antwort.
- b) Welche Aufgaben hat eine Jugend- und Auszubildendenvertretung?

1.3 Personaleinstellung: Arbeitsvertrag

Das ist geschehen ...

Im Lager der Mediaworld e. K. ist ein Arbeitsunfall passiert. Peter Bäumer hat sich schwer verletzt und fällt mindestens für zwölf Wochen aus. Damit die Arbeit nicht liegen bleibt, muss Moritz Wagner als Geschäftsführer eine Ersatzkraft als Lagerarbeiter einstellen. Er nimmt Kontakt zur örtlichen Arbeitsagentur auf und schon am nächsten Tag stellt sich Ismail Keser vor, ein Lagerfacharbeiter, der zurzeit arbeitslos ist und dringend eine neue Stelle sucht. Die Mediaworld e. K. kann Herrn Keser zwar nur für einige Monate beschäftigen, dennoch will dieser die Stelle unbedingt antreten. Moritz Wagner setzt einen Arbeitsvertrag auf. Das Arbeitsverhältnis beginnt am 15.07.20.. und soll am 13.10. des gleichen Jahres enden. Dabei wird die Möglichkeit offen gehalten, dass der Vertrag verlängert wird, falls Peter Bäumer weiterhin krank sein sollte.

Das ist zu tun ...

1. Warum wird der Arbeitsvertrag zwischen der Mediaworld e. K. und Herrn Ismail Keser schriftlich aufgesetzt?
2. Welche Inhalte gehören in einen Arbeitsvertrag?
3. Formulieren Sie einen Arbeitsvertrag zwischen der Mediaworld e. K. und Herrn Ismail Keser, geboren am 01.04.1965 in Duisburg, wohnhaft in der Rheinstraße 92 in 47228 Duisburg.

Das sollte man wissen ...

Arbeitsvertrag

Ein Arbeitsvertrag wird zwischen dem Arbeitgeber und dem Arbeitnehmer geschlossen. Er wird beeinflusst von dem, was in den Tarifverträgen und Betriebsvereinbarungen festgelegt wurde und muss sich an deren Inhalten orientieren.

Tarifvertrag
- wird zwischen Arbeitnehmerverband und Gewerkschaft geschlossen
- gilt für eine Branche

↓

Betriebsvereinbarung
- wird zwischen Arbeitgeber und Betriebsrat geschlossen
- gilt für einen Betrieb

↓

Arbeitsvertrag
- wird zwischen Arbeitgeber und Arbeitnehmer geschlossen
- gilt nur für diesen Arbeitgeber und den Arbeitnehmer

Die Bestimmungen aus den Tarifverträgen und den Betriebsvereinbarungen dürfen im Arbeitsvertrag nicht unterschritten werden. Damit werden zum Beispiel in Tarifverträgen Mindeststandards gesetzt, die Vertragsgrundlage sind. Der im Tarifvertrag festgelegte Mindestlohn und der Mindesturlaubsanspruch, die Arbeitszeit und alle anderen Regelungen müssen beachtet werden, wenn ein Arbeitsvertrag aufgesetzt wird.

Ein Arbeitsvertrag muss immer schriftlich abgeschlossen werden, mündlich abgeschlossene Arbeitsverträge sind nichtig (→ Kapitel 1.10 in Lernfeld 2). Die Schriftform ist sinnvoll: Kommt es zu Streitigkeiten zwischen Arbeitgeber und Arbeitnehmer, kann man jederzeit im Arbeitsvertrag nachlesen, was vereinbart wurde. Damit erfüllt auch hier die **Schriftform** die Funktion der Beweissicherung.

In einem Arbeitsvertrag sollten die folgenden Inhalte vereinbart werden:

- Bezeichnung der Tätigkeit des Arbeitnehmers
- Beginn (und Ende) des Arbeitsverhältnisses
- Dauer der Probezeit
- Arbeitszeit
- Höhe des Arbeitsentgeltes
- Zusatzleistungen (Weihnachtsgeld, Urlaubsgeld, ...)
- Urlaubsanspruch
- Kündigungsfristen
- Hinweis auf Betriebsvereinbarungen
- Hinweis auf andere geltende Rechtsvorschriften und Verordnungen

Aus den Inhalten und weiteren Vorschriften ergeben sich für den Arbeitnehmer verschiedene Rechte und Pflichten für das eingegangene Arbeitsverhältnis:

- **Recht auf Vergütung:** Für die geleistete Arbeit muss der Arbeitnehmer bezahlt werden. Die Vergütung ist im Tarifvertrag geregelt, diese darf nicht unterschritten, aber überschritten werden.

  Beispiel

  Im Tarifvertrag für den Groß- und Außenhandel NRW ist für „Packer oder Lagerarbeiter" (Lohngruppe 4) ein Monatslohn von 1.730,74 € festgelegt.

- **Recht auf Urlaub:** Der Mindesturlaub ist im Manteltarifvertrag festgelegt und darf im Arbeitsvertrag nicht unterschritten, aber überschritten werden:

  Beispiel

  Im Tarifvertrag für den Groß- und Außenhandel NRW ist ein Urlaubsanspruch von 30 Arbeitstagen (bei einer 5-Tage-Woche) pro Jahr festgelegt.

- **Recht auf Einhaltung einer Kündigungsfrist:**
  Nach der Probezeit (siehe unten) kann der Arbeitnehmer nur bei Einhaltung einer bestimmten Frist kündigen. Dies gilt auch für den Arbeitgeber.

  Beispiel

  Im Tarifvertrag für den Groß- und Außenhandel NRW ist geregelt, dass eine Kündigung mit einer Frist von einem Monat zum Ende des Kalendermonats erfolgen kann. Für diejenigen, die mehr als zwei Jahre im Betrieb beschäftigt sind, gelten längere Kündigungsfristen.

- **Gehorsamspflicht:**
  Der Arbeitnehmer ist verpflichtet die Anordnungen des Arbeitgebers durchzuführen.

- **Schweigepflicht:**
  Der Arbeitnehmer darf Betriebsgeheimnisse nicht weitergeben und ist in Bezug auf Informationen über Kunden, Lieferanten, Preise usw. zur Verschwiegenheit verpflichtet.

- **Pflicht zur Arbeitsleistung:**
  Der Arbeitnehmer muss alle Arbeiten, für die er eingestellt wurde und die in seinen Tätigkeitsbereich fallen (→ Kapitel 3.2 in Lernfeld 1: Stellenbeschreibung) ausführen. Die tägliche bzw. wöchentliche Arbeitszeit ist ebenfalls im Tarifvertrag geregelt:

  Beispiel

  Im Tarifvertrag für den Groß- und Außenhandel NRW ist festgelegt, dass die Arbeitszeit ausschließlich der Pausen 38,5 Stunden je Woche beträgt.

- **Pflicht zur Ableistung einer Probezeit:**
  Während der Probezeit kann der Arbeitnehmer schnell, das heißt mit kurzer Kündigungsfrist, das Arbeitsverhältnis beenden (Gleiches gilt auch für den Arbeitgeber!). Die Probezeit kann zwischen 14 Tagen und drei Monaten betragen.

  Beispiel

  Im Tarifvertrag für den Groß- und Außenhandel NRW ist vereinbart, dass in den ersten 14 Tagen einer Probezeit täglich zum Ende des nächsten Tages gekündigt werden kann. Danach ist eine Kündigung mit einer Frist von vier Wochen möglich.

- **Pflicht zur Einhaltung des Wettbewerbsverbotes:**
  Der Arbeitnehmer darf dem eigenen Unternehmen keine Konkurrenz machen, indem er sich zum Beispiel nebenbei selbstständig macht. Er darf auch nicht gleichzeitig für einen anderen Arbeitgeber der gleichen Branche Geschäfte tätigen.

Kommt es zu Streitigkeiten zwischen Arbeitgeber und Arbeitnehmer, die sich auf das Arbeitsverhältnis oder die Beendigung des Arbeitsverhältnisses beziehen, kann es sein, dass diese vor Gericht geklärt werden müssen. Dafür sind die **Arbeitsgerichte** zuständig. Sie werden aufgrund einer Klage tätig. Zuerst wird in einer Güteverhandlung versucht die Streitigkeiten schnell und unkompliziert zu schlichten und zu einer Einigung zu kommen. Gelingt dies nicht, wird in einer Verhandlung, eventuell durch Hinzuziehen von Zeugen und Beweismaterial, ein Urteil gefällt.

Gegen ein Urteil des Arbeitsgerichtes kann bei der nächsthöheren Instanz, dies ist das Landesarbeitsgericht, Berufung eingelegt werden. Fällt das Landesarbeitsgericht ein Urteil, kann man dies noch vom Bundesarbeitsgericht prüfen lassen. Dies bestätigt das Urteil oder bestimmt, dass vor dem Landesarbeitsgericht erneut verhandelt werden muss.

Aufgaben zur Wiederholung

Aufgaben

1 a) Wer sind die Vertragspartner bei einem Tarifvertrag, einer Betriebsvereinbarung, einem Arbeitsvertrag?

b) Benötigt ein Jugendlicher, der einen Arbeitsvertrag eingehen will, die Erlaubnis seiner Eltern bzw. seiner Erziehungsberechtigten? (Begründung!)

2 Bestimmen Sie, ob es sich bei den folgenden Beispielen um ein Recht oder um eine Pflicht des Arbeitnehmers aus dem Arbeitsvertrag handelt. Benennen Sie das Recht bzw. die Pflicht, das bzw. die jeweils angesprochen ist.

a) Herr Peek holt wie jeden Morgen die Post für die Mediaworld e. K. aus dem Schließfach der Postfiliale ab.

b) Frau Hauser erhält am Ende des Monats Februar die Gehaltszahlung auf ihr Konto.

c) Im Juli hat Herr Herwig vier Wochen Urlaub und fährt nach Italien.

d) Ein Bekannter fragt Herrn Peek aus der Buchhaltung abends bei einer Tasse Tee, wie hoch der Umsatz der Mediaworld e. K. ist und wie viel Schulden das Unternehmen denn hat. Herr Peek sagt dazu nichts.

e) Herr Herwig wird vom Geschäftsführer Moritz Wagner angewiesen eine Liste über die Artikel, die sich am besten und am schlechtesten verkaufen, anzufertigen (eine so genannte Renner-Penner-Liste). Herr Herwig macht sich an die Arbeit.

f) Ismail Keser beginnt am 15.07.20.. mit seiner Arbeit im Lager der Mediaworld e. K. Er weiß, dass er sich in den ersten Wochen bewähren muss und jederzeit „fliegen“ kann.

Aufgaben

3 Ein Mitarbeiter einer Metallwarengroßhandlung hat im Dezember kein Weihnachtsgeld bekommen, im Gegensatz zu den anderen Arbeitnehmern des Unternehmens. Er hat mit seinem Chef gesprochen, kann sich mit ihm aber nicht einigen, da dieser meint, dem Arbeitnehmer stehe kein Weihnachtsgeld zu. Was kann der Arbeitnehmer tun? Erläutern Sie den Gang der Ereignisse bis zur höchsten richterlichen Instanz.

1.4 Berufsausbildungsvertrag und duale Berufsausbildung

Das ist geschehen ...

Der Auszubildende Bastian Lenz und Andreas Zimmer, der zurzeit ein Praktikum in der Mediaworld e. K. macht, sind heute im Verkaufsshop eingesetzt. In einer kurzen Ruhephase, als gerade kein Kunde im Laden ist, unterhalten sich die beiden über die Berufsausbildung von Bastian.

Andreas: *„Sag mal, Bastian, wenn du während der Arbeitszeit hier im Verkaufsshop arbeitest, lernst du doch nicht wirklich etwas von dem, was du für deine Abschlussprüfung als Groß- und Außenhandelskaufmann brauchst, oder?"*

Bastian: *„Doch sicher! Ich lerne mit Kunden umzugehen und Waren zu verkaufen, ich erfahre viel über den rechtlichen Hintergrund von Kaufverträgen; und eine Menge Warenkenntnisse eigne ich mir auch noch an."*

Andreas: *„Und das wird alles in der Berufsabschlussprüfung geprüft?"*

Bastian: *„Nicht nur das, auch die Dinge, die ich hinten in den Büros lerne. Da sorgt Herr Wagner als mein Ausbilder schon dafür, dass mir die Kollegen alles das zeigen und beibringen, was wichtig ist. Das ist schließlich seine Pflicht!"*

Andreas: *„Wieso seine Pflicht? Der könnte dich doch auch den ganzen Tag lang CDs einsortieren lassen!"*

Bastian: *„Nein, so geht das natürlich nicht!"*

Andreas: *„Also, wenn du hier im Betrieb immer schön aufpasst und alles mitkriegst, dann weißt du alles für einen Groß- und Außenhandelskaufmann und bestehst die Prüfung im Handumdrehen, oder?"*

Bastian: *„Nein, dazu gehören natürlich auch die Sachen, die mir die Lehrer in der Berufsschule beibringen."*

Andreas: *„Wie, das gehört auch noch dazu? Da bist du doch nur zwei Tage pro Woche, ich dachte, die Berufsschule hätte nicht so viel mit der Berufsausbildung zu tun."*

Das ist zu tun ...

1. Welche Pflichten hat der Ausbildungsbetrieb außer der genannten Ausbildungspflicht noch?
2. Welche Pflichten hat der Auszubildende?
3. Erläutern Sie, welche Aufgaben in der Berufsausbildung auf der einen Seite der Ausbildungsbetrieb und auf der anderen Seite die Berufsschule haben.

6022294

Das sollte man wissen ...

Berufsausbildungsvertrag und duale Berufsausbildung

Die rechtlichen Grundlagen zur Berufsausbildung sind im **Berufsbildungsgesetz** festgelegt. Hier ist bestimmt, dass zwischen Auszubildenden und Ausbildungsbetrieb (Ausbildenden) ein **Berufsausbildungsvertrag** geschlossen werden muss.

Der Ausbildungsvertrag ist schriftlich zu formulieren, ansonsten ist er nicht gültig. Wenn der Auszubildende noch nicht 18 Jahre alt ist, müssen die Eltern bzw. die Erziehungsberechtigten den Vertrag mit unterschreiben.

Der Berufsausbildungsvertrag wird vom Ausbildungsbetrieb der zuständigen Industrie- und Handelskammer (IHK) vorgelegt, die den Vertrag prüft und die Ausbildung überwacht. Die IHK ist am Ende der Ausbildung auch für die Durchführung und Bewertung der Abschlussprüfung zuständig. Wird nicht in der Industrie oder im Handel, sondern im Handwerk ausgebildet, ist die entsprechende Handwerkskammer zuständig.

Im Berufsausbildungsvertrag müssen die folgenden Dinge geregelt sein (→ § 4 Berufsbildungsgesetz):

1. Art der Ausbildung
2. Beginn und Dauer der Ausbildung
3. Ausbildungsmaßnahmen außerhalb des Ausbildungsunternehmens
4. Dauer der täglichen Arbeitszeit
5. Dauer der Probezeit
6. Ausbildungsvergütung
7. Dauer des Urlaubs
8. Kündigungsvoraussetzungen
9. Hinweis auf Tarifverträge und andere Vereinbarungen

Die Berufsausbildung beginnt immer mit einer **Probezeit.** Hier wird dem Auszubildenden die Gelegenheit gegeben auszuprobieren, ob ihm die Ausbildung und der Ausbildungsbetrieb gefallen und ob er mit den Anforderungen zurechtkommt. Der Ausbildende kann sich dagegen in der Probezeit ein Bild davon machen, ob der Auszubildende in seinen Betrieb passt und wie er sich in der Berufsausbildung zurechtfindet.

Innerhalb der Probezeit können beide Seiten ohne Kündigungsfrist kündigen. Die Probezeit beträgt mindestens einen Monat, maximal drei Monate.

Während der Berufsausbildung sind dem Auszubildenden bestimmte Pflichten auferlegt, aber auch der Ausbildende hat bestimmte Pflichten zu erfüllen.

Pflichten des Auszubildenden (§ 9 Berufsbildungsgesetz)	Pflichten des Ausbildenden (§ 6 Berufsbildungsgesetz)
1. Sich bemühen das Ausbildungsziel zu erreichen 2. Ausführung der aufgetragenen Verrichtungen 3 An Ausbildungsmaßnahmen teilnehmen 4. Weisungen des Ausbildenden bzw. des Ausbilders folgen 5. Beachtung der Ordnung, die an der Arbeitsstätte gilt 6. Werkzeug, Maschinen usw. pfleglich behandeln 7. Schweigepflicht bezüglich Betriebsgeheimnissen wahren 8. Berichtsheft führen	1. Vermittlung der Kenntnisse und Fähigkeiten, die zum Erreichen des Ausbildungszieles notwendig sind 2. Die für die Ausbildung benötigten Ausbildungsmittel kostenlos zur Verfügung stellen 3. Freistellung zum Besuch der Berufsschule 4. Durchsehen der angefertigten Berichtshefte 5. Dafür sorgen, dass der Auszubildende während der Ausbildung nicht körperlich oder sittlich gefährdet wird

Nach Ablauf der Probezeit hat der Auszubildende einen besonderen **Kündigungsschutz.** Dies bedeutet, er kann nicht einfach so gekündigt werden, etwa, weil der Ausbildungsbetrieb Stellen abbauen will. Nur aus wichtigem Grund kann der Auszubildende gekündigt werden, zum Beispiel wenn er klaut oder wenn er trotz mehrmaliger Abmahnung den Berufsschulunterricht unentschuldigt versäumt. Der Auszubildende kann den Berufsausbildungsvertrag mit einer Frist von vier Wochen kündigen, wenn er die Berufsausbildung aufgeben möchte.

Beispiel

Ein Ausbildungsvertrag über eine dreijährige kaufmännische Ausbildung läuft von August 2005 bis August 2008. Die Abschlussprüfung ist im Mai 2008; mit Bestehen der Abschlussprüfung ist auch die Ausbildung beendet.

Die Berufsausbildung endet mit Bestehen der **Abschlussprüfung.** Dies bedeutet, dass der Tag der letzten Prüfung auch der letzte Tag der Berufsausbildung ist, wenn diese bestanden wird. Selbst wenn ein Ausbildungsvertrag auf zum Beispiel drei Jahre abgeschlossen ist, kann es sein, dass er früher beendet wird, wenn die Abschlussprüfung vor Ablauf der drei Jahre bestanden wird.

In Deutschland läuft die Berufsausbildung nicht allein im Betrieb; die **Berufsschule** ist der zweite Ausbildungsort für alle Auszubildenden. Da die Ausbildung an zwei Stellen stattfindet, nennt man das Ausbildungssystem der Bundesrepublik auch **„duale Ausbildung"**.

Im Ausbildungsbetrieb lernen die Auszubildenden alle praktischen Tätigkeiten, die zum jeweiligen Berufsbild gehören. Die Inhalte, die im Betrieb gelernt werden sollen, sind für jeden Ausbildungsberuf in einer **Ausbildungsordnung** festgehalten. In der Berufsschule lernen die Auszubildenden die theoretischen Inhalte, Hintergrundwissen und Ergänzungen zu den praktischen Erfahrungen, welche sie im Betrieb machen. Daneben werden auch noch allgemein bildende Fächer in der Berufsschule unterrichtet, wie zum Beispiel Politik, Deutsch oder Englisch. Die Unterrichtsinhalte sind in Richtlinien und Lehrplänen festgelegt. Mit erfolgreichem Abschluss der Berufsschule kann man zusätzlich zu einer bestandenen Berufsabschlussprüfung auch noch einen höheren Schulabschluss erwerben – etwa den Hauptschulabschluss nach Klasse 10, die Fachoberschulreife oder in besonderen Bildungsgängen sogar die Fachhochschulreife.

Aufgaben

Aufgaben zur Wiederholung

1 Nennen Sie jeweils drei wichtige Pflichten des Auszubildenden und des Ausbildenden, die sich aus einem Berufsausbildungsverhältnis ergeben. Denken Sie sich zu jedem der sechs Punkte ein plausibles Beispiel aus.

2 Welche Vorteile und welche Nachteile bringt es mit sich, dass in der dualen Berufsausbildung die Ausbildung im Betrieb und in der Schule stattfindet? Argumentieren Sie einmal aus Sicht eines Arbeitgebers und Ausbildenden und dann aus der Sicht eines Auszubildenden.

Rechercheaufgabe:

Überlegen Sie sich, welche Berufsausbildung Sie gerne beginnen würden. Erkundigen Sie sich, ob dieser Beruf an Ihrer Schule ausgebildet wird, und informieren Sie sich über die schulische Ausbildung dieses Ausbildungsberufes. (Welche Fächer bzw. Lernfelder werden unterrichtet, welche Lehrer unterrichten diese Fächer und Lernfelder, was sind die Inhalte, welche Ansprüche werden gestellt, ...?)

2 Entlohnung

2.1 Lohn oder Gehalt? Verschiedene Formen der Entlohnung

Das ist geschehen ...

Bastian Lenz, der Auszubildende der Mediaworld e. K., ist in der Abteilung Buchhaltung/Verwaltung eingesetzt. Er hilft Frau Kirchhoff bei den monatlichen Lohn- und Gehaltsabrechnungen. Er wundert sich, dass Herr Bäumer aus dem Lager jeden Monat das gleiche Geld bekommt; Herr Herwig aus der Abteilung Verkauf allerdings bekommt mal etwas mehr, mal etwas weniger Vergütung.

Das ist zu tun ...

Klären Sie auf, warum die beiden Mitarbeiter nach einer unterschiedlichen Entlohnungsform bezahlt werden. Benennen Sie dabei die Entlohnungsform für beide Mitarbeiter.

Das sollte man wissen ...

Formen der Entlohnung

Arbeitnehmer werden für die geleistete Arbeit vergütet. Man unterscheidet dabei zwischen den Arbeitern und den Angestellten. Die Arbeiter bekommen Lohn, an die Angestellten wird Gehalt gezahlt. Löhne und Gehälter stellen für das Unternehmen einen Aufwand dar, der im entsprechenden Aufwandskonto gebucht werden muss (→ Kapitel 5.2).

Beispiel

Karl Herwig aus der Abteilung Verkauf der Mediaworld e. K. bekommt ein monatliches Gehalt von 2.100,00 €. Wenn er einen Umsatz von 250.000 € erreicht, bekommt er eine Provision in Höhe von 10 %, das sind 210,00 € zusätzlich zu seinem festen Monatsgehalt.

Das Gehalt der Angestellten ist ein monatlich gleich bleibender Betrag. Dabei spielt es keine Rolle, ob ein Monat 20 oder 22 Arbeitstage hat. Manchmal wird das Gehalt kombiniert mit einer Provision für besondere Leistung. Diese Provision kann abhängig sein von einem erreichten Umsatz oder einer bestimmten Stückzahl.

Beim Lohn gibt es ebenfalls Möglichkeiten, den Arbeitnehmer an seiner (guten) Leistung teilhaben zu lassen, indem man den Lohn mit einer erfolgsabhängigen Komponente versieht. Man unterscheidet die folgenden drei Lohnformen, wobei die zweite und die dritte von der Arbeitsleistung des Arbeitnehmers abhängen:

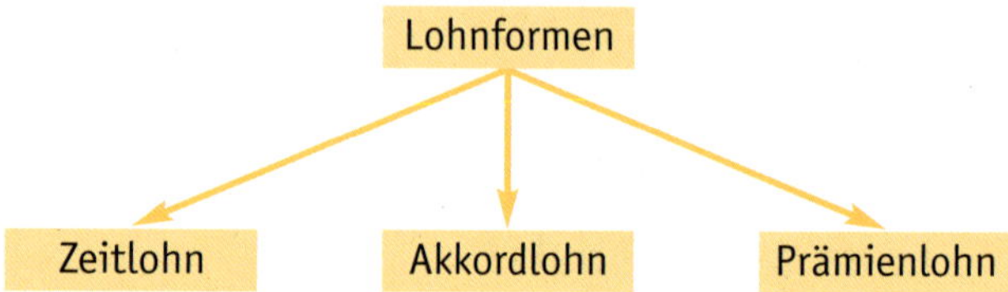

- **Zeitlohn:** Der Zeitlohn wird unabhängig von der erbrachten Leistung bezahlt. Der Mitarbeiter bekommt für die Anwesenheitszeit am Arbeitsplatz bzw. für die geleisteten Arbeitsstunden einen Stundenlohn. Dieser wird mit den Arbeitsstunden je Tag und den Arbeitstagen multipliziert.

Beispiel

Arbeiter Hubert Schneuse bekommt einen Stundenlohn von 14,00 €. Er arbeitet 8,5 Stunden je Tag. Der abgelaufene Monat hatte 21 Arbeitstage.

14,00 €/Std. · 8,5 Std./Tag · 21 Tage/Monat = 2.499,00 € Bruttolohn

Die Zahlung von Zeitlohn bietet sich an, wenn der Arbeitnehmer den Arbeitsprozess durch seine Arbeitsleistung nicht beschleunigen und er das Arbeitstempo nicht beeinflussen kann. Dies ist zum Beispiel bei Arbeiten im Lager der Fall oder bei der Produktentwicklung. Durch den Zeitlohn wird den Arbeitnehmern der Druck genommen auf Tempo und Geschwindigkeit zu arbeiten. Davon verspricht man sich eine höhere Genauigkeit und bessere Qualität.

Daraus kann aber auch ein Nachteil entstehen, denn der einzelne Arbeitnehmer hat keinen Anreiz, eine höhere Arbeitsleistung zu bieten, da er die Höhe seines Lohnes damit nicht beeinflussen kann. Diesen Nachteil gleicht der Akkordlohn aus.

- **Akkordlohn:** Beim Akkordlohn hängt die Vergütung der Arbeit direkt von der geleisteten Arbeitsmenge ab. Dabei wird aber auch von einem garantierten Mindestlohn ausgegangen. Der Akkordzuschlag in Prozent, der sich zusätzlich für die Arbeit „auf Geschwindigkeit" ergibt, wird in Tarifverträgen festgelegt.

Beispiel

Arbeiterin Erika Luhe ist in einer Autoteilefabrikation beschäftigt. Ihre Aufgabe ist es, fünf einzelne Komponenten zu einem Elektromotor zusammenzuschrauben. Sie hat einen garantierten Mindestlohn je Stunde von 8,00 €. Da sie in Akkordarbeit tätig ist, bekommt sie einen Akkordzuschlag von 25 %, dies sind 2,00 €.

Mindestlohn + Akkordzuschlag = 8,00 € + 2,00 € = 10,00 € je Stunde.

Des Weiteren geht man davon aus, dass jeder Arbeitnehmer in einer Stunde eine bestimmte Normalleistung erbringen kann. Hierauf wird der Lohn je Stück bezogen. Die Normalleistung ist so festgelegt, dass sie von den Arbeitern problemlos erbracht werden kann.

Fortsetzung des Beispiels

Die Normalleistung am Arbeitsplatz von Frau Erika Luhe beträgt 20 Stück je Stunde. Das heißt, wenn sie in einer „ganz normalen" Geschwindigkeit arbeitet, schafft sie es, 20 Elektromotoren in der Stunde zusammenzuschrauben. Damit ergibt sich der folgende „normale" Stücklohn: 10,00 € je Stunde : 20 Stück je Stunde = 0,50 € je hergestelltes Stück. Die 0,50 € nennt man Akkordsatz.

Dieser **Akkordsatz** wird auf die geleistete Arbeitsmenge bezogen. Hierdurch hat der Arbeitnehmer die Möglichkeit, die Höhe seines Gesamtlohnes zu beeinflussen. Erreicht er eine hohe Arbeitsmenge, bekommt er einen hohen Monatslohn, erreicht er nur eine geringe Arbeitsmenge, ist der Monatslohn entsprechend geringer.

Fortsetzung des Beispiels

hohe Arbeitsleistung:	geringere Arbeitsleistung:
Monatsleistung in Stück bei einem 8-stündigen Arbeitstag und 20 Arbeitstagen: 4.800 Stück Gesamter Monatsbruttolohn: 4.800 · 0,50 = 2.400,00 €	Monatsleistung in Stück bei einem 8-stündigen Arbeitstag und 20 Arbeitstagen: 3.520 Stück Gesamter Monatsbruttolohn: 3.520 · 0,50 = 1.760,00 €

Durch gute, hohe Arbeitsleistung kann der Arbeitnehmer seinen Monatslohn erhöhen. Dies kann aber auch zu einem Leistungsdruck führen, der in gesundheitlichen Schäden für den Arbeitnehmer endet. Daneben ist auch zu beachten, dass bei Akkordarbeit der Verschleiß an den Maschinen und Werkzeugen höher ist, da auf Geschwindigkeit gearbeitet wird und die Sorgfalt im Umgang mit dem Material leiden kann.

Ebenso ist es möglich, dass der Arbeitnehmer nicht so sorgsam arbeitet, wie er es vielleicht bei einem Zeitlohn machen würde.

Beispiel

Wilhelm Fischer ist Arbeiter in einer Maschinenbaufabrik. Für eine osteuropäische Firma muss eine Verpackungsmaschine gebaut werden. Wenn der Auftrag bis Ende des Monats erreicht wird, erhält jeder Arbeitnehmer, der an diesem Projekt mitarbeitet, eine Prämie in Höhe von 400,00 €.

- **Prämienlohn:** Der Prämienlohn besteht aus einem festen, gleich bleibenden Grundlohn, der um eine Prämie für erbrachte Leistung ergänzt wird. Die Prämie kann sich auf verschiedene Bereiche beziehen, beispielsweise:
  - Prämie für eine erreichte Mengenleistung
  - Prämie für das Erreichen einer bestimmten Qualität
  - Prämie für geringe Ausschussquoten, das heißt für geringe Fehlleistungen
  - Prämie für eingehaltene Termine
  - ...

Die in Aussicht gestellte Prämie hält die Mitarbeiter an, mehr als die Grundanforderung zu leisten, da sie nur gezahlt wird, wenn die gewünschte Arbeitsqualität, der vereinbarte Termin usw. erreicht werden.

Aufgaben

Aufgaben zur Wiederholung

1 a) Beschreiben Sie die Unterschiede zwischen den einzelnen Lohnformen.

b) Nennen Sie die Vorteile und Nachteile der einzelnen Lohnformen.

2 Machen Sie begründete Vorschläge, welche Form der Entlohnung sich für die folgenden Arbeitnehmer anbietet:

a) Bürokaufmann
b) Fliesenleger
c) Verkäufer in einem SB-Lebensmittelladen
d) Fließbandarbeiter
e) Handelsfachpacker
f) Verkäufer im Außendienst einer Großhandlung
g) Dachdecker

3 a) Berechnen Sie den Zeitlohn für den folgenden Mitarbeiter: Arno Friedrichs verdient 8,50 € je Stunde. Laut Tarifvertrag arbeitet er 8,5 Stunden je Tag. Der abgelaufene Monat hatte 21 Arbeitstage.

b) Berechnen Sie den Akkordlohn von Karl Blennert: Herr Blennert hat eine Monatsarbeitsleistung von 4.500 Stück erreicht. Sein Grundlohn je Stunde beträgt 6,50 €, der Akkordzuschlag beträgt 20 %. Die erwartete Normalleistung an seinem Arbeitsplatz beträgt 25 Stück je Stunde.

2.2 Vom Brutto- zum Nettoverdienst

Das ist geschehen ...

Bastian Lenz hilft immer noch in der Abteilung Verwaltung Frau Kirchhoff bei den Verdienstabrechnungen des Monats Oktober. Frau Kirchhoff schmeißt ihn „ins kalte Wasser":

Anne Kirchhoff: *„Okay, du machst jetzt mal die Gehaltsabrechnung für Frau Hauser aus dem Einkauf fertig."*

Bastian Lenz: *„Moment mal, ich habe so etwas noch nie gemacht!"*

Anne Kirchhoff: *„Egal, das findet sich schon. Hier ist der Vordruck, du musst nur noch die Zahlen eintragen."*

Bastian Lenz: *„Und wie viel Euro verdient Frau Hauser brutto?"*

Anne Kirchhoff: *„Sie ist in der Gehaltsgruppe vier und hat seit ihrer Ausbildung mehr als sechs Jahre Berufserfahrung. Schau einfach im Tarifvertrag nach."*

Bastian macht sich an die Arbeit.

Mediaworld/e. K. **Verdienstabrechnung**

Name: Sabine Hauser **Adresse:** Sternbuschweg 19 47057 Duisburg	**Geburtsdatum:** 13.07.1965	**Steuerklasse:** I*	**Krankenkasse:** DAK (14,5 %)	**Konfession:** evangelisch	**Monat/Jahr:** 06/20..

Bruttobezüge:	**Lohnsteuer:**	**Solidaritätszuschlag:**	**Kirchensteuer:**
Summe Steuerabzüge:			

Summe Abzüge Sozialversicherung (Arbeitnehmerbeitrag):	**Krankenversicherung:**	**Pflegeversicherung:**	**Rentenversicherung:**	**Arbeitslosenversicherung:**

Nettobezüge:

* keine Kinder

Das ist zu tun ...

Nutzen Sie für die Bearbeitung die unten stehenden Informationen und Tabellen.

1. Finden Sie anhand des Auszuges des Tarifvertrages heraus, wie viel Euro Sabine Hauser im Monat brutto verdient.
2. Ermitteln Sie anhand der Lohnsteuertabelle die Abzüge an
   - Lohnsteuer
   - Solidaritätszuschlag
   - Kirchensteuer
3. Berechnen Sie die Abzüge an
   - Krankenversicherung
   - Pflegeversicherung
   - Rentenversicherung
   - Arbeitslosenversicherung
4. Ermitteln Sie das Nettogehalt von Sabine Hauser, indem Sie vom Bruttogehalt alle obigen Abzüge subtrahieren.

Das sollte man wissen ...

Ermittlung des Nettoverdienstes

Jeden Monat werden für die Arbeiter und Angestellten die Lohn- bzw. die Gehaltsabrechnungen erstellt. Diese zeigen den Bruttoverdienst, alle Abzüge an Steuern, die Abzüge für die Sozialversicherung (→ Kapitel 3) und den Nettoverdienst. Das Nettogehalt bzw. der Nettolohn ist der Betrag, der an den Arbeitnehmer ausgezahlt wird, wenn es keine weiteren Abzüge gibt wie etwa Lohnpfändungen oder Einbehaltungen aufgrund eines gewährten Vorschusses.

Da zwischen einer Lohnabrechnung für einen Arbeiter und einer Gehaltsabrechnung für einen Angestellten kein wesentlicher Unterschied besteht (außer in der Festlegung des Bruttoverdienstes), wird im Weiteren von einer Gehaltsabrechnung ausgegangen. Bei der Berechnung eines Nettolohnes müsste genauso vorgegangen werden.

Ausgangspunkt der Berechnung ist das im Arbeitsvertrag festgelegte Bruttogehalt. Dieses beruht zumeist auf der Festlegung im gültigen Tarifvertrag. In der Mediaworld e. K. werden die Mitarbeiter genau nach den Vorgaben des Tarifvertrages bezahlt.

Auszug aus dem Tarifvertrag für den Groß- und Außenhandel NRW – Lohn und Gehaltsabkommen

(verkürzte Darstellung):

Gehaltsgruppe 3:	**ab 01.08.2004**
Im 1. und 2. Jahr der Tätigkeit nach der Ausbildung	1.613,30
Im 3. und 4. Jahr der Tätigkeit nach der Ausbildung	1.697,26
Im 5. und 6. Jahr der Tätigkeit nach der Ausbildung	1.825,94
Ab dem 7. Jahr der Tätigkeit nach der Ausbildung	1.999,31
Gehaltsgruppe 4:	**ab 01.08.2004**
Im 1. und 2. Jahr der Tätigkeit in der Gruppe	1.758,33
Im 3. und 4. Jahr der Tätigkeit in der Gruppe	1.860,83
Im 5. Jahr der Tätigkeit in der Gruppe	1.963,86
Ab dem 6. Jahr der Tätigkeit in der Gruppe	2.216,85
Gehaltsgruppe 5:	**ab 01.08.2004**
Im 1. und 2. Jahr der Tätigkeit in der Gruppe	2.250,11
Im 3. Jahr der Tätigkeit in der Gruppe	2.392,41
Im 4. Jahr der Tätigkeit in der Gruppe	2.533,08
Nach dem 4. Jahr der Tätigkeit in der Gruppe	2.845,48

Vom Bruttogehalt müssen die Steuern und die Beiträge zur Sozialversicherung abgezogen werden.

1. Die Ermittlung der Steuerabzüge

Ausgehend vom Bruttogehalt werden zunächst die Steuerabzüge ermittelt. Zu diesen gehören

- die Lohnsteuer,
- der Solidaritätszuschlag,
- die Kirchensteuer.

6022302

Die Höhe der Lohnsteuer richtet sich nach der Steuerklasse des Arbeitnehmers. Diese ist auf der Lohnsteuerkarte eingetragen und richtet sich nach den Lebensumständen und Familienverhältnissen.

Alle Arbeitnehmer werden in eine der folgenden sechs Steuerklassen eingruppiert:

Steuerklassen

Steuerklasse:	Bedeutung:
I	Ledige, geschiedene oder verwitwete Arbeitnehmer und verheiratete Arbeitnehmer, deren Ehegatte im Ausland wohnt oder die von ihrem Ehegatten dauernd getrennt leben.
II	Für alle in I genannten Arbeitnehmer, bei denen jedoch mindestens ein Kind auf der Lohnsteuerkarte eingetragen ist.
III	Gilt für verheiratete Arbeitnehmer, wenn beide Ehegatten nicht dauernd getrennt leben, von denen aber nur ein Ehepartner arbeitet oder wenn der andere Ehepartner Lohnsteuerklasse V wählt.
IV	Erfasst verheiratete Arbeitnehmer, wenn beide Ehegatten Arbeitseinkünfte beziehen und nicht dauernd getrennt leben.
V	Gilt für verheiratete Arbeitnehmer, die beide arbeiten, wenn die Einkommen stark voneinander abweichen. Der deutlich mehr Verdienende wählt dann die günstigere Steuerklasse III, der andere Ehepartner wählt Steuerklasse V.
VI	Gilt für Arbeitnehmer, die von mehreren Arbeitgebern gleichzeitig Arbeitslohn beziehen. Auf die zweite und jede weitere Steuerkarte wird die Steuerklasse VI eingetragen. Wenn ein Arbeitnehmer keine Lohnsteuerkarte bei seinem Arbeitgeber abgibt, wird er automatisch in die vergleichsweise teurere Klasse VI eingruppiert.

Auf der Lohnsteuerkarte wird neben der Lohnsteuerklasse auch noch die Anzahl der Kinder und die Konfession eingetragen. Die Lohnsteuerkarte wird von der örtlichen Stadt- bzw. Gemeindeverwaltung an die Arbeitnehmer verschickt und muss von diesem beim Arbeitgeber abgegeben werden.

Auf Basis der Steuerkarte können dann die Lohnsteuer und die anderen Steuerabzüge ermittelt werden.

Hierfür benötigt man eine **Lohnsteuertabelle.** In dieser kann man zunächst einmal die Lohnsteuer nachlesen (siehe nächste Seite).

Auszug aus der Lohnsteuertabelle 2005:

2 249,99* **MONAT**

Abzüge an Lohnsteuer, Solidaritätszuschlag (SolZ) und Kirchensteuer (8%, 9%) in den Steuerklassen

Lohn/ Gehalt bis €*	I – VI	LSt	ohne Kinderfreibeträge SolZ	8%	9%	I, II, III, IV	LSt	mit Zahl der Kinderfreibeträge ... 0,5 SolZ	0,5 8%	0,5 9%	1 SolZ	1 8%	1 9%	1,5 SolZ	1,5 8%	1,5 9%	2 SolZ	2 8%	2 9%	2,5 SolZ	2,5 8%	2,5 9%	3** SolZ	3** 8%	3** 9%
2 207,99	I,IV	319,91	17,59	25,59	28,79	I	319,91	13,83	20,12	22,64	10,25	14,92	16,78	6,85	9,96	11,21	—	5,30	5,96	—	1,44	1,62	—	—	—
	II	288,75	15,88	23,10	25,98	II	288,75	12,20	17,74	19,96	8,69	12,65	14,23	3,35	7,82	8,79	—	3,44	3,87	—	0,02	0,02	—	—	—
	III	75,50	—	6,04	6,79	III	75,50	—	2,49	2,80	—	—	—	—	—	—	—	—	—	—	—	—	—	—	—
	V	636,—	34,98	50,88	57,24	IV	319,91	15,69	22,82	25,67	13,83	20,12	22,64	12,02	17,49	19,67	10,25	14,92	16,78	8,52	12,40	13,95	6,85	9,96	11,21
	VI	668,—	36,74	53,44	60,12																				
2 210,99	I,IV	320,75	17,64	25,66	28,86	I	320,75	13,88	20,19	22,71	10,29	14,98	16,85	6,88	10,02	11,27	—	5,35	6,02	—	1,48	1,66	—	—	—
	II	289,58	15,92	23,16	26,06	II	289,58	12,24	17,81	20,03	8,74	12,71	14,30	3,48	7,87	8,85	—	3,48	3,92	—	0,06	0,06	—	—	—
	III	76,16	—	6,09	6,85	III	76,16	—	2,53	2,84	—	—	—	—	—	—	—	—	—	—	—	—	—	—	—
	V	637,16	35,04	50,97	57,34	IV	320,75	15,73	22,89	25,75	13,88	20,19	22,71	12,06	17,55	19,74	10,29	14,98	16,85	8,57	12,46	14,02	6,88	10,02	11,27
	VI	669,25	36,80	53,54	60,23																				
2 213,99	I,IV	321,58	17,68	25,72	28,94	I	321,58	13,92	20,25	22,78	10,34	15,04	16,92	6,93	10,08	11,34	—	5,40	6,08	—	1,52	1,71	—	—	—
	II	290,41	15,97	23,23	26,13	II	290,41	12,28	17,87	20,10	8,78	12,77	14,36	3,63	7,93	8,92	—	3,53	3,97	—	0,10	0,11	—	—	—
	III	76,66	—	6,13	6,89	III	76,66	—	2,57	2,89	—	—	—	—	—	—	—	—	—	—	—	—	—	—	—
	V	638,50	35,11	51,08	57,46	IV	321,58	15,78	22,96	25,83	13,92	20,25	22,78	12,10	17,61	19,81	10,34	15,04	16,92	8,61	12,52	14,09	6,93	10,08	11,34
	VI	670,58	36,88	53,64	60,35																				
2 216,99	I,IV	322,50	17,73	25,80	29,02	I	322,50	13,97	20,32	22,86	10,38	15,10	16,98	6,97	10,14	11,40	—	5,46	6,14	—	1,56	1,76	—	—	—
	II	291,25	16,01	23,30	26,21	II	291,25	12,33	17,94	20,18	8,82	12,83	14,43	3,78	7,99	8,99	—	3,58	4,02	—	0,13	0,14	—	—	—
	III	77,33	—	6,18	6,95	III	77,33	—	2,61	2,93	—	—	—	—	—	—	—	—	—	—	—	—	—	—	—
	V	639,83	35,19	51,18	57,58	IV	322,50	15,83	23,02	25,90	13,97	20,32	22,86	12,15	17,68	19,89	10,38	15,10	16,98	8,65	12,58	14,15	6,97	10,14	11,40
	VI	671,83	36,95	53,74	60,46																				
2 219,99	I,IV	323,33	17,78	25,86	29,09	I	323,33	14,01	20,38	22,93	10,42	15,16	17,06	7,01	10,20	11,47	—	5,51	6,20	—	1,60	1,80	—	—	—
	II	292,08	16,06	23,36	26,28	II	292,08	12,37	18,—	20,25	8,86	12,89	14,50	3,91	8,04	9,05	—	3,62	4,07	—	0,16	0,18	—	—	—
	III	77,83	—	6,22	7,—	III	77,83	—	2,65	2,98	—	—	—	—	—	—	—	—	—	—	—	—	—	—	—
	V	641,—	35,25	51,28	57,69	IV	323,33	15,87	23,09	25,97	14,01	20,38	22,93	12,20	17,74	19,96	10,42	15,16	17,06	8,69	12,64	14,22	7,01	10,20	11,47
	VI	673,08	37,01	53,84	60,57																				
2 222,99	I,IV	324,16	17,82	25,93	29,17	I	324,16	14,06	20,45	23,—	10,46	15,22	17,12	7,05	10,26	11,54	—	5,56	6,26	—	1,64	1,85	—	—	—
	II	292,91	16,11	23,43	26,36	II	292,91	12,42	18,06	20,32	8,90	12,95	14,57	4,06	8,10	9,11	—	3,67	4,13	—	0,20	0,23	—	—	—
	III	78,50	—	6,28	7,06	III	78,50	—	2,69	3,02	—	—	—	—	—	—	—	—	—	—	—	—	—	—	—
	V	642,33	35,32	51,38	57,80	IV	324,16	15,92	23,16	26,05	14,06	20,45	23,—	12,24	17,80	20,03	10,46	15,22	17,12	8,73	12,70	14,29	7,05	10,26	11,54
	VI	674,33	37,08	53,94	60,68																				
2 225,99	I,IV	325,08	17,87	26,—	29,25	I	325,08	14,10	20,52	23,08	10,50	15,28	17,19	7,09	10,32	11,61	—	5,62	6,32	—	1,68	1,89	—	—	—
	II	293,75	16,15	23,50	26,43	II	293,75	12,46	18,13	20,39	8,95	13,02	14,64	4,20	8,16	9,18	—	3,72	4,19	—	0,24	0,27	—	—	—
	III	79,—	—	6,32	7,11	III	79,—	—	2,73	3,07	—	—	—	—	—	—	—	—	—	—	—	—	—	—	—
	V	643,50	35,39	51,48	57,91	IV	325,08	15,96	23,22	26,12	14,10	20,52	23,08	12,28	17,87	20,10	10,50	15,28	17,19	8,78	12,77	14,36	7,09	10,32	11,61
	VI	675,58	37,15	54,04	60,80																				
2 228,99	I,IV	325,91	17,92	26,07	29,33	I	325,91	14,14	20,58	23,15	10,55	15,35	17,27	7,13	10,37	11,66	—	5,67	6,38	—	1,72	1,94	—	—	—
	II	294,58	16,20	23,56	26,51	II	294,58	12,50	18,19	20,46	8,99	13,08	14,71	4,35	8,22	9,24	—	3,77	4,24	—	0,28	0,31	—	—	—
	III	79,66	—	6,37	7,16	III	79,66	—	2,77	3,11	—	—	—	—	—	—	—	—	—	—	—	—	—	—	—
	V	644,66	35,45	51,57	58,01	IV	325,91	16,01	23,29	26,20	14,14	20,58	23,15	12,32	17,93	20,17	10,55	15,35	17,27	8,82	12,83	14,43	7,13	10,37	11,66
	VI	676,83	37,22	54,14	60,91																				
2 231,99	I,IV	326,75	17,97	26,14	29,40	I	326,75	14,19	20,64	23,22	10,59	15,41	17,33	7,17	10,43	11,73	—	5,72	6,44	—	1,77	1,99	—	—	—
	II	295,41	16,24	23,63	26,58	II	295,41	12,55	18,26	20,54	9,03	13,14	14,78	4,48	8,27	9,30	—	3,82	4,29	—	0,31	0,35	—	—	—
	III	80,16	—	6,41	7,21	III	80,16	—	2,81	3,16	—	—	—	—	—	—	—	—	—	—	—	—	—	—	—
	V	645,91	35,52	51,67	58,13	IV	326,75	16,06	23,36	26,28	14,19	20,64	23,22	12,37	18,—	20,25	10,59	15,41	17,33	8,86	12,89	14,50	7,17	10,43	11,73
	VI	678,08	37,29	54,24	61,02																				
2 234,99	I,IV	327,58	18,01	26,20	29,48	I	327,58	14,24	20,71	23,30	10,63	15,47	17,40	7,21	10,49	11,80	—	5,78	6,50	—	1,81	2,03	—	—	—
	II	296,25	16,29	23,70	26,66	II	296,25	12,59	18,32	20,61	9,07	13,20	14,85	4,63	8,33	9,37	—	3,87	4,35	—	0,35	0,39	—	—	—
	III	80,83	—	6,46	7,27	III	80,83	—	2,85	3,20	—	—	—	—	—	—	—	—	—	—	—	—	—	—	—
	V	647,16	35,59	51,77	58,24	IV	327,58	16,10	23,42	26,35	14,24	20,71	23,30	12,41	18,06	20,31	10,63	15,47	17,40	8,90	12,95	14,57	7,21	10,49	11,80
	VI	679,33	37,36	54,34	61,13																				
2 237,99	I,IV	328,41	18,06	26,27	29,55	I	328,41	14,28	20,78	23,37	10,68	15,54	17,48	7,25	10,55	11,87	—	5,83	6,56	—	1,85	2,08	—	—	—
	II	297,08	16,33	23,76	26,73	II	297,08	12,64	18,38	20,68	9,11	13,26	14,91	4,78	8,39	9,44	—	3,92	4,41	—	0,38	0,43	—	—	—
	III	81,33	—	6,50	7,31	III	81,33	—	2,89	3,25	—	—	—	—	—	—	—	—	—	—	—	—	—	—	—
	V	648,41	35,66	51,87	58,35	IV	328,41	16,15	23,49	26,42	14,28	20,78	23,37	12,46	18,12	20,39	10,68	15,54	17,48	8,94	13,01	14,63	7,25	10,55	11,87
	VI	680,66	37,43	54,45	61,25																				
2 240,99	I,IV	329,33	18,11	26,34	29,63	I	329,33	14,32	20,84	23,44	10,72	15,60	17,55	7,29	10,61	11,93	—	5,88	6,62	—	1,90	2,13	—	—	—
	II	297,91	16,38	23,83	26,81	II	297,91	12,68	18,44	20,75	9,15	13,32	14,98	4,91	8,44	9,50	—	3,96	4,46	—	0,42	0,47	—	—	—
	III	82,—	—	6,56	7,38	III	82,—	—	2,93	3,29	—	—	—	—	—	—	—	—	—	—	—	—	—	—	—
	V	649,66	35,73	51,97	58,46	IV	329,33	16,19	23,56	26,50	14,32	20,84	23,44	12,50	18,18	20,45	10,72	15,60	17,55	8,98	13,07	14,70	7,29	10,61	11,93
	VI	681,91	37,50	54,55	61,37																				
2 243,99	I,IV	330,16	18,15	26,41	29,71	I	330,16	14,37	20,90	23,51	10,76	15,66	17,61	7,33	10,67	12,—	—	5,94	6,68	—	1,94	2,18	—	—	—
	II	298,75	16,43	23,90	26,88	II	298,75	12,72	18,51	20,82	9,19	13,38	15,05	5,06	8,50	9,56	—	4,02	4,52	—	0,46	0,51	—	—	—
	III	82,50	—	6,60	7,42	III	82,50	—	2,98	3,35	—	—	—	—	—	—	—	—	—	—	—	—	—	—	—
	V	650,91	35,80	52,07	58,58	IV	330,16	16,24	23,62	26,57	14,37	20,90	23,51	12,54	18,25	20,53	10,76	15,66	17,61	9,02	13,13	14,77	7,33	10,67	12,—
	VI	683,16	37,57	54,65	61,48																				
2 246,99	I,IV	331,—	18,20	26,48	29,79	I	331,—	14,41	20,97	23,59	10,81	15,72	17,69	7,37	10,73	12,07	—	6,—	6,75	—	1,98	2,23	—	—	—
	II	299,58	16,47	23,96	26,96	II	299,58	12,77	18,58	20,90	9,24	13,44	15,12	5,21	8,56	9,63	—	4,06	4,57	—	0,50	0,56	—	—	—
	III	83,16	—	6,65	7,48	III	83,16	—	3,01	3,38	—	—	—	—	—	—	—	—	—	—	—	—	—	—	—
	V	652,25	35,87	52,18	58,70	IV	331,—	16,28	23,69	26,65	14,41	20,97	23,59	12,59	18,32	20,61	10,81	15,72	17,69	9,07	13,19	14,84	7,37	10,73	12,07
	VI	684,41	37,64	54,75	61,59																				
2 249,99	I,IV	331,83	18,25	26,54	29,86	I	331,83	14,46	21,04	23,67	10,85	15,78	17,75	7,41	10,78	12,13	—	6,05	6,80	—	2,02	2,27	—	—	—
	II	300,41	16,52	24,03	27,03	II	300,41	12,81	18,64	20,97	9,28	13,50	15,18	5,35	8,62	9,69	—	4,12	4,63	—	0,54	0,60	—	—	—
	III	83,66	—	6,69	7,52	III	83,66	—	3,06	3,44	—	—	—	—	—	—	—	—	—	—	—	—	—	—	—
	V	653,50	35,94	52,28	58,81	IV	331,83	16,33	23,76	26,73	14,46	21,04	23,67	12,63	18,38	20,67	10,85	15,78	17,75	9,11	13,25	14,90	7,41	10,78	12,13
	VI	685,66	37,71	54,85	61,70																				

* Die ausgewiesenen Tabellenwerte sind amtlich. Siehe Erläuterungen auf der Umschlaginnenseite (U2).
** Bei mehr als 3 Kinderfreibeträgen ist die „Ergänzungs-Tabelle 3,5 bis 6 Kinderfreibeträge" anzuwenden.

T 39

6022304

Die Tabelle zeigt in der linken Spalte etwas größer gedruckt die Höhe des Bruttogehaltes, das für die Steuerermittlung wesentlich ist. Man sucht in der Tabelle immer das Bruttogehalt heraus, das **genau so hoch** oder gerade etwas **über** dem Gehalt des Arbeitnehmers liegt, für den man die Verdienstabrechnung ausfüllt. In der Spalte neben dem Bruttogehalt wird die **Lohnsteuer** (LSt) angezeigt, hierbei ist auf die Steuerklasse des Arbeitnehmers zu achten.

Neben der Lohnsteuer ist der **Solidaritätszuschlag** (SolZ) zu finden. Er beträgt 5,5 % von der Lohnsteuer. Man darf nicht vergessen, bei der Ermittlung des Solidaritätszuschlages auf die Steuerklasse zu achten.

Letztlich kann in der Lohnsteuertabelle noch die **Kirchensteuer** nachgesehen werden. Sie beträgt 9 % von der Lohnsteuer, nur die Bundesländer Bayern und Baden-Württemberg haben eine geringere Kirchensteuer in Höhe von 8 %. Die Kirchensteuer ist nur fällig, wenn der Arbeitnehmer eine kirchensteuerpflichtige Konfession hat. Dazu gehört zum Beispiel nicht die Angehörigkeit zum Islam, wohl aber die Mitgliedschaft in der katholischen oder evangelischen Kirche.

Beispiel

Karl Herwig aus der Abteilung Verkauf hat diesen Monat 2.238,00 € verdient und ist in Steuerklasse III (verheiratet, 1 Kind). Die Höhe seiner Lohnsteuer steht in der Zeile des Bruttogehaltes in Höhe von 2.240,99 €.

Die III zeigt seine Steuerklasse, damit muss Herr Herwig 82,00 € Lohnsteuer bezahlen.

Für Karl Herwig mit dem Bruttogehalt von 2.238,00 €, der Lohnsteuerklasse III und einem Kind fällt ein Solidaritätszuschlag in Höhe von 0,00 € an.

Herr Herwig ist katholisch und damit kirchensteuerpflichtig. Die Höhe der Kirchensteuer beträgt 0,00 €.

MONAT

Abzüge an Lohnsteuer, Solidaritätszuschlag (SolZ) und Kirchensteuer (8%, 9%) in den Steuerklassen

Lohn/ Gehalt bis €*		I – VI					I, II, III, IV	mit Zahl der Kinderfreibeträge . . . 0,5			1			1,5			2			2,5			3**		
		LSt	ohne Kinderfreibeträge SolZ	8%	9%		LSt	SolZ	8%	9%	SolZ	8%	9%	SolZ	8%	9%	SolZ	8%	9%	SolZ	8%	9%	SolZ	8%	9%
2 234,99	I,IV	327,58	18,01	26,20	29,48	I	327,58	14,24	20,71	23,30	10,63	15,47	17,40	7,21	10,49	11,80	—	5,78	6,50	—	1,81	2,03	—	—	—
	II	296,25	16,29	23,70	26,66	II	296,25	12,59	18,32	20,61	9,07	13,20	14,85	4,63	8,33	9,37	—	3,87	4,35	—	0,35	0,39	—	—	—
	III	80,83	—	6,46	7,27	III	80,83	—	2,85	3,20	—	—	—	—	—	—	—	—	—	—	—	—	—	—	—
	V	647,16	35,59	51,77	58,24	IV	327,58	16,10	23,42	26,35	14,24	20,71	23,30	12,41	18,06	20,31	10,63	15,47	17,40	8,90	12,95	14,57	7,21	10,49	11,80
	VI	679,33	37,36	54,34	61,13																				
2 237,99	I,IV	328,41	18,06	26,27	29,55	I	328,41	14,28	20,78	23,37	10,68	15,54	17,48	7,25	10,55	11,87	—	5,83	6,56	—	1,85	2,08	—	—	—
	II	297,08	16,33	23,76	26,73	II	297,08	12,64	18,38	20,68	9,11	13,26	14,91	4,78	8,39	9,44	—	3,92	4,41	—	0,38	0,43	—	—	—
	III	81,33	—	6,50	7,31	III	81,33	—	2,89	3,25	—	—	—	—	—	—	—	—	—	—	—	—	—	—	—
	V	648,41	35,66	51,87	58,35	IV	328,41	16,15	23,49	26,42	14,28	20,78	23,37	12,46	18,12	20,39	10,68	15,54	17,48	8,94	13,01	14,63	7,25	10,55	11,87
	VI	680,66	37,43	54,45	61,25																				
2 240,99	I,IV	329,33	18,11	26,34	29,63	I	329,33	14,32	20,84	23,44	10,72	15,60	17,55	7,29	10,61	11,93	—	5,88	6,62	—	1,90	2,13	—	—	—
	II	297,91	16,38	23,83	26,81	II	297,91	12,68	18,44	20,75	9,15	13,32	14,98	4,91	8,44	9,50	—	3,96	4,46	—	0,42	0,47	—	—	—
	III	82,—	—	6,56	7,38	III	82,—	—	2,93	3,29	—	—	—	—	—	—	—	—	—	—	—	—	—	—	—
	V	649,66	35,73	51,97	58,46	IV	329,33	16,19	23,56	26,50	14,32	20,84	23,44	12,50	18,18	20,45	10,72	15,60	17,55	8,98	13,07	14,70	7,29	10,61	11,93
	VI	681,91	37,50	54,55	61,37																				
2 243,99	I,IV	330,16	18,15	26,41	29,71	I	330,16	14,37	20,90	23,51	10,76	15,66	17,61	7,33	10,67	12,—	—	5,94	6,68	—	1,94	2,18	—	—	—
	II	298,75	16,43	23,90	26,88	II	298,75	12,72	18,51	20,82	9,19	13,38	15,05	5,06	8,50	9,56	—	4,02	4,52	—	0,46	0,51	—	—	—
	III	82,50	—	6,60	7,42	III	82,50	—	2,98	3,35	—	—	—	—	—	—	—	—	—	—	—	—	—	—	—
	V	650,91	35,80	52,07	58,58	IV	330,16	16,24	23,62	26,57	14,37	20,90	23,51	12,54	18,25	20,53	10,76	15,66	17,61	9,02	13,13	14,77	7,33	10,67	12,—
	VI	683,16	37,57	54,65	61,48																				

Man sieht, die rechten Spalten der Lohnsteuertabelle (0,5 bis 3) sind für die Ermittlung von Abzügen bei Arbeitnehmern, die Kinder haben. Dabei kann es auch vorkommen, dass bei einem Arbeitnehmer nur ein halbes Kind berücksichtigt wird.

Dies liegt daran, dass der Ehepartner auch arbeitet und das Kind für die Steuerermittlung „geteilt“ wird. Die Anzahl der Kinder wirkt sich mindernd auf die Höhe des Solidaritätszuschlages und der Kirchensteuer aus. Je mehr Kinder der Arbeitnehmer hat, desto geringer sind diese Abzüge.

Nicht nur die Anzahl der Kinder wirkt sich steuermindernd aus. Auch der Familienstand beeinflusst die Höhe der Steuerzahlung bei der Verdienstabrechnung. Ein verheirateter Arbeitnehmer muss zum Beispiel weniger Steuern bezahlen als ein lediger Arbeitnehmer. Dies ist sozial gerechtfertigt, denn der verheiratete Arbeitnehmer muss seine Frau (und eventuell seine Familie) mit ernähren.

Fortsetzung des Beispiels

Wenn Karl Herwig kein Kind hätte, müsste er immer noch keinen Solidaritätszuschlag zahlen, die Kirchensteuerbelastung würde für ihn aber auf 7,38 € steigen.

Fortsetzung des Beispiels

Karl Herwig ist verheiratet, hat ein Kind und ist in Steuerklasse III. Bei seinem Monatsverdienst in Höhe von 2.238,00 € fallen 82,00 € Lohnsteuer an. Wenn er ledig oder geschieden wäre und die Steuerklasse I hätte, müsste er Lohnsteuer in Höhe von 329,33 € zahlen.

MONAT

Abzüge an Lohnsteuer, Solidaritätszuschlag (SolZ) und Kirchensteuer (8%, 9%) in den Steuerklassen

Lohn/ Gehalt bis €*		I – VI	ohne Kinderfreibeträge				I, II, III, IV	mit Zahl der Kinderfreibeträge . . . 0,5			1			1,5			2			2,5			3**		
		LSt	SolZ	8%	9%		LSt	SolZ	8%	9%	SolZ	8%	9%	SolZ	8%	9%	SolZ	8%	9%	SolZ	8%	9%	SolZ	8%	9%
2 234,99	I,IV	327,58	18,01	26,20	29,48	I	327,58	14,24	20,71	23,30	10,63	15,47	17,40	7,21	10,49	11,80	—	5,78	6,50	—	1,81	2,03	—	—	—
	II	296,25	16,29	23,70	26,66	II	296,25	12,59	18,32	20,61	9,07	13,20	14,85	4,63	8,33	9,37	—	3,87	4,35	—	0,35	0,39	—	—	—
	III	80,83	—	6,46	7,27	III	80,83	—	2,85	3,20	—	—	—	—	—	—	—	—	—	—	—	—	—	—	—
	V	647,16	35,59	51,77	58,24	IV	327,58	16,10	23,42	26,35	14,24	20,71	23,30	12,41	18,06	20,31	10,63	15,47	17,40	8,90	12,95	14,57	7,21	10,49	11,80
	VI	679,33	37,36	54,34	61,13																				
2 237,99	I,IV	320,41	18,06	26,27	29,55	I	328,41	14,28	20,78	23,37	10,68	15,54	17,48	7,25	10,55	11,87	—	5,83	6,56	—	1,85	2,08	—	—	—
	II	297,08	16,33	23,76	26,73	II	297,08	12,64	18,38	20,68	9,11	13,26	14,91	4,78	8,39	9,44	—	3,92	4,41	—	0,38	0,43	—	—	—
	III	81,33	—	6,50	7,31	III	81,33	—	2,89	3,25	—	—	—	—	—	—	—	—	—	—	—	—	—	—	—
	V	648,41	35,66	51,87	58,35	IV	328,41	16,15	23,49	26,42	14,28	20,78	23,37	12,46	18,12	20,39	10,68	15,54	17,48	8,94	13,01	14,63	7,25	10,55	11,87
	VI	680,66	37,43	54,45	61,25																				
2 240,99	I,IV	329,33	18,11	26,34	29,63	I	329,33	14,32	20,84	23,44	10,72	15,60	17,55	7,29	10,61	11,93	—	5,88	6,62	—	1,90	2,13	—	—	—
	II	297,91	16,38	23,83	26,81	II	297,91	12,68	18,44	20,75	9,15	13,32	14,98	4,91	8,44	9,50	—	3,96	4,46	—	0,42	0,47	—	—	—
	III	82,—	—	6,56	7,38	III	82,—	—	2,93	3,29	—	—	—	—	—	—	—	—	—	—	—	—	—	—	—
	V	649,66	35,73	51,97	58,46	IV	329,33	16,19	23,56	26,50	14,32	20,84	23,44	12,50	18,18	20,45	10,72	15,60	17,55	8,98	13,07	14,70	7,29	10,61	11,93
	VI	681,91	37,50	54,55	61,37																				
2 243,99	I,IV	330,16	18,15	26,41	29,71	I	330,16	14,37	20,90	23,51	10,76	15,66	17,61	7,33	10,67	12,—	—	5,94	6,68	—	1,94	2,18	—	—	—
	II	298,75	16,43	23,90	26,88	II	298,75	12,72	18,51	20,82	9,19	13,38	15,05	5,06	8,50	9,56	—	4,02	4,52	—	0,46	0,51	—	—	—
	III	82,50	—	6,60	7,42	III	82,50	—	2,98	3,35	—	—	—	—	—	—	—	—	—	—	—	—	—	—	—
	V	650,91	35,80	52,07	58,58	IV	330,16	16,24	23,62	26,57	14,37	20,90	23,51	12,54	18,25	20,53	10,76	15,66	17,61	9,02	13,13	14,77	7,33	10,67	12,—
	VI	683,16	37,57	54,65	61,48																				

6022306

2. Die Ermittlung der Abzüge für die Sozialversicherung

Neben den Steuerabzügen muss jeder Arbeitnehmer auch in die Sozialversicherung einbezahlen. Dazu gehören:

- die Krankenversicherung
- die Pflegeversicherung
- die Rentenversicherung
- die Arbeitslosenversicherung

Die Sozialversicherungen schützen den Arbeitnehmer (und seine Familie) vor den Risiken des Arbeitslebens, wie Arbeitslosigkeit, Armut im Alter und andere. Die Leistungen der Sozialversicherungen werden ausführlich in Kapitel 3 dargestellt.

Die Beiträge zu den einzelnen Sozialversicherungen werden direkt vom Lohn oder Gehalt des Arbeitnehmers abgezogen. Sie werden vom Arbeitgeber an die Krankenkasse des Arbeitnehmers gezahlt, die sie an die weiteren Träger der übrigen Sozialversicherungen weiterleitet. Der Arbeitgeber beteiligt sich an der Finanzierung der Sozialversicherungen.

Die fünfte der Sozialversicherungen, die Unfallversicherung, bezahlt der Arbeitgeber sogar allein, daher erscheint sie auch nicht bei der Verdienstabrechnung.

Die Beiträge zu den einzelnen Sozialversicherungen betragen wie folgt:

Sozialversicherung:	Gesamter Beitragssatz:	Anteil des Arbeitnehmers:
Krankenversicherung	Je nach Krankenkasse zwischen 11 und 15 % vom Bruttoeinkommen	Die Hälfte des gesamten Beitrages, zuzüglich 0,9 %.
Pflegeversicherung	1,7 % vom Bruttoeinkommen	0,85 % vom Bruttoeinkommen, bei kinderlosen Arbeitnehmern über 23 Jahre 1,1 %
Rentenversicherung	19,5 % vom Bruttoeinkommen	9,75 % vom Bruttoeinkommen
Arbeitslosenversicherung	6,5 % vom Bruttoeinkommen	3,25 % vom Bruttoeinkommen

Fortsetzung des Beispiels

Karl Herwig hat ein Bruttoeinkommen in Höhe von 2.238,00 €. Er ist bei der DAK krankenversichert, diese hat einen Gesamtbeitragssatz von 14,5 %.

Die Beiträge von Herrn Herwig zur Sozialversicherung berechnen sich wie folgt (siehe nächste Seite):

Bruttogehalt	Sozialversicherung	Arbeitnehmerbeitrag in Prozent	Arbeitnehmerbeitrag in Euro
2.238,00 €	Krankenversicherung	14,5 : 2 = 7,25 % + 0,9 % = 8,15 %	2.238 · 8,15 : 100 = 182,40 €
2.238,00 €	Pflegeversicherung	0,85 %	2.238 · 0,85 : 100 = 19,02 €
2.238,00 €	Rentenversicherung	9,75 %	2.238 · 9,75 : 100 = 218,21 €
2.238,00 €	Arbeitslosenversicherung	3,25 %	2.238 · 3,25 : 100 = 72,74 €

Damit sind alle Abzüge vom Bruttoentgelt bekannt. Durch Subtraktion der Abzüge vom Bruttogehalt ergibt sich das Nettogehalt des Arbeitnehmers.

Fortsetzung des Beispiels

Bruttogehalt	2.238,00 €	
– Lohnsteuer	82,00 €	Steuerabzüge
– Solidaritätszuschlag	0,00 €	
– Kirchensteuer	0,00 €	
– Krankenversicherung	182,40 €	Abzüge der Sozialversicherung
– Pflegeversicherung	19,02 €	
– Rentenversicherung	218,21 €	
– Arbeitslosenversicherung	72,74 €	
= Nettogehalt	1.663,63 €	

Aufgaben

Aufgaben zur Wiederholung

1 Entscheiden Sie aufgrund der angegebenen Daten, welche Steuerklasse für die folgenden Arbeitnehmer gewählt werden sollte:
a) Alfons Herrmanns: verheiratet, Alleinverdiener
b) Bärbel Schneider: verheiratet, Ehemann verdient deutlich mehr als sie
c) David Eilers: ledig, keine Kinder
d) Klaus Steinfeld: geschieden, kein Kind
e) Edgar Kleufers: verheiratet, verdient in etwa das Gleiche wie seine Frau
f) Inge Freiberg: geschieden, zwei Kinder
g) Gustav Grün: verheiratet, Frau verdient ebenfalls, aber deutlich weniger als er
h) Monika Elf: verheiratet, Ehemann ist in Steuerklasse III
i) Susanne Wolters: Es liegt die zweite Lohnsteuerkarte vor
j) Thea Kuhn: ledig und allein erziehende Mutter von zwei Kindern
k) Tim Strasser: Steuerkarte wurde noch nicht abgegeben

2 Ermitteln Sie die Lohnsteuer, den Solidaritätszuschlag und die Kirchensteuer für die folgenden Arbeitnehmer:

	Bruttoverdienst	Steuerklasse	Konfession	Kinder
a)	2.207,90 €	I	katholisch	0
b)	2.225,00 €	III	evangelisch	2
c)	2.212,50 €	V	keine	3
d)	2.240,00 €	IV	evangelisch	0
e)	2.247,85 €	II	keine	1

3 Wie hoch sind die Sozialversicherungsbeiträge bei den folgenden Arbeitnehmern?

	Bruttoverdienst	Krankenkasse	gesamter Beitragssatz	Alter	Anzahl Kinder
a)	2.980,00 €	DAK	14,5 %	25	1
b)	1.820,50 €	TK	13,5 %	21	0
c)	3.100,00 €	AOK	14,0 %	43	0
d)	2.410,60 €	BKK	12,0 %	22	0
e)	1.970,00 €	DAK	14,5 %	27	1

DAK = Deutsche Angestellten Krankenkasse; TK = Techniker Krankenkasse;
AOK = Allgemeine Ortskrankenkasse; BKK = Betriebskrankenkasse

4 Ermitteln Sie den Nettolohn für die folgende Arbeitnehmerin:
Helga Schwarz, 29 Jahre alt, verheiratet (der Ehemann arbeitet auch und verdient deutlich mehr als sie!), evangelisch, kein Kind, Mitglied der TK (Beitragssatz gesamt: 13,5 %), Bruttolohn: 2.209,30 €.

2.3 Ausbildungsvergütung

Das ist geschehen ...

Bastian Lenz, der Auszubildende, und Andreas Zimmer, der Praktikant der Mediaworld e. K., unterhalten sich:

Fortsetzung siehe nächste Seite

Das ist geschehen ...

Das ist zu tun ...

1. Finden Sie heraus, wie viel Geld Bastian Lenz im nächsten Monat mehr verdient.
2. Vergleichen Sie die Ausbildungsvergütung im Groß- und Außenhandel mit anderen Berufen. Finden Sie die Vergütung von Bastian angemessen im Vergleich zu einem Maurer und im Vergleich zu einer Floristin?

Das sollte man wissen ...

Ausbildungsvergütung

Die Höhe der Ausbildungsvergütung ist wie die Höhe von Löhnen und Gehältern in Tarifverträgen festgelegt. Natürlich kann ein Arbeitgeber diese Grenzen überschreiten, das heißt, er kann eine höhere Ausbildungsvergütung bezahlen, als es der Tarifvertrag vorsieht. Die Festlegungen im Tarifvertrag dürfen aber nicht unterschritten werden (siehe Beispiel).

Beispiel

Ein Auszubildender bekommt im ersten Ausbildungsjahr eine Vergütung von 580,00 €, obwohl der Ausbildende laut Tarifvertrag nur 550,00 € zahlen müsste. Nicht rechtmäßig wäre es, wenn der Arbeitgeber lediglich 510,00 € zahlen würde.

Für den Groß- und Außenhandel in Nordrhein-Westfalen ist im Tarifvertrag (Stand: 2004, kündbar im April 2005) festgelegt, dass ein Auszubildender ...

- im ersten Ausbildungsjahr 636,14 €,
- im zweiten Ausbildungsjahr 702,45 €,
- nach dem zweiten Ausbildungsjahr 767,18 €

bekommen soll.

Die Ausbildungsvergütung ist ebenso steuerpflichtig wie Lohn oder Gehalt auch. Für sehr geringe Verdienste fallen allerdings keine Steuern an, sodass Auszubildende ihr Geld in der Regel ohne Steuerabzug ausgezahlt bekommen. Allerdings sind Auszubildende wie andere Arbeitnehmer auch in der Sozialversicherung pflichtversichert. Dafür muss jeder Auszubildende Beiträge bezahlen. Dies gilt auch, wenn die Ausbildungsvergütung weniger als 400,00 € beträgt und somit innerhalb der Grenzen eines so genannten Minijobs ist (→ Kapitel 2.4). Bei einer Ausbildungsvergütung unterhalb von 325,00 € bezahlt allerdings der Arbeitgeber die Beiträge zur Sozialversicherung allein, das heißt, der Auszubildende bekommt die 325,00 € auch netto ausgezahlt.

Das Bundesinstitut für Berufsbildung veröffentlicht jedes Jahr eine Statistik über die Höhe der Ausbildungsvergütung in einzelnen Berufen. Im Jahr 2003 betrug die durchschnittliche Vergütung in ausgewählten Berufen:

Westdeutschland	Beruf (in Industrie/Handel bzw. Handwerk)	Ostdeutschland
517,00	Artzhelfer/-in	444,00
413,00	Florist/-in	312,00
414,00	Frisör/-in	257,00
529,00	Gärtner/-in	379,00
791,00	Gerüstbauer/-in	663,00
690,00	Industriekaufmann/-frau	606,00
721,00	Industriemechaniker/-in	700,00
660,00	Kaufmann/-frau im Einzelhandel	595,00
673,00	Kaufmann/-frau im Groß- und Außenhandel	616,00
552,00	Koch/Köchin	432,00
549,00	Kraftfahrzeugmechatroniker/-in	423,00
833,00	Maurer/-in	679,00
490,00	Tischler/-in	372,00
617,00	Verkäufer/-in	554,00
783,00	Versicherungskaufmann/-frau	783,00

Rechercheaufgabe

Aufgabe

Schauen Sie auf der Internetseite des Bundesinstituts für Berufsbildung (http://www.bibb.de) nach, wie hoch die Ausbildungsvergütung in Ihrem Wunschberuf ist. Suchen Sie nicht nur die durchschnittliche Vergütung, sondern auch die Vergütung in den einzelnen Ausbildungsjahren.

2.4 Minijobs

Das ist geschehen ...

Andreas Zimmer hat während seines Praktikums in der Mediaworld e. K. einen guten Eindruck hinterlassen. Das Praktikum endet in zwei Wochen, danach geht Andreas wieder zur Schule. Moritz Wagner überlegt, ob und wie er ihn als Aushilfskraft in seinem Unternehmen weiter beschäftigen kann. Da liest er den nachfolgenden Artikel in der Zeitung (siehe nächste Seite).

Das ist geschehen …

Der Boom bei Minijobs hält unvermindert an

BOCHUM (RP) Die Zahl der Minijobs wächst unaufhörlich. Allein in den Monaten von April bis Ende Juni dieses Jahres zählte die Minijob-Zentrale in Bochum rund 410 000 Stellen mehr. „Das ist der stärkste Zuwachs seit Einführung der neuen Regeln", sagte der Direktor der Zentrale, Ulrich Roppel, der „Financial Times Deutschland". In den ersten drei Monaten des Jahres entstanden 210 000 neue Minijobs. Insgesamt liegt die Zahl der geringfügigen Beschäftigungsverhältnisse bei 7,6 Millionen. Damit ist jeder fünfte deutsche Arbeitsplatz mittlerweile ein Minijob.

Wie die „Financial Times Deutschland" weiter berichtet, gibt es die meisten 400-Euro-Stellen in den Unternehmen. Die Zentrale in Bochum zählte bis Ende Juni insgesamt 6,7 Millionen geringfügige Beschäftigungsverhältnisse. Vor Jahresfrist waren es rund eine Million weniger. Inzwischen arbeiten auch 70 000 Minijobber in privaten Haushalten. Die übrigen sind bei gemeinnützigen Vereinen, Kirchen oder Organisationen untergebracht, die keinen Gewinn erzielen wollen.

Das Ende des Wachstums ist nach Ansicht von Minijob-Experte Roppel noch nicht erreicht. So hätten Studien ergeben, dass bis zu zwei Millionen Menschen bisher schwarz in Haushalten arbeiteten. „Hier ist das Potenzial groß", sagte Roppel. Bis Jahresende erwartet er acht Millionen Minijobber.

Rheinische Post,
Do. 12. August 2004, Seite B1

Das ist zu tun …

1. Informieren Sie sich anhand des unten stehenden Textes, was ein Minijob ist.
2. Welche Vorteile der Minijobs führen dazu, dass diese „boomen"?
3. Finden Sie heraus, unter welchen Voraussetzungen Andreas als Aushilfskraft eingestellt werden kann.

Das sollte man wissen …

Minijobs

Ein Arbeitnehmer ist mit Aufnahme seines Arbeitsverhältnisses automatisch bei den Sozialversicherungen pflichtversichert. Hierfür muss der Arbeitnehmer auch Beiträge bezahlen. Ein Sonderfall stellen die so genannten geringfügigen Beschäftigungsverhältnisse dar. Für diese Arbeitsverhältnisse gelten andere Bestimmungen, die verhindern, dass der Arbeitnehmer von seinem vergleichsweise geringen Einkommen auch noch hohe Beiträge an die Sozialversicherung und hohe Steuern bezahlen muss.

Die geringfügigen Beschäftigungsverhältnisse nennt man **Minijobs.** Ein Minijob ist ein Beschäftigungsverhältnis, bei dem der Bruttoverdienst nicht höher als 400,00 € liegt. Dabei ist es unerheblich, wie viele Stunden pro Woche der Arbeitnehmer arbeitet.

Für den Arbeitgeber hat der Minijob mehrere Vorteile. Zunächst einmal fallen nur geringe Sozialabgaben für den Arbeitnehmer an. Außerdem ist in der Regel nur eine pauschale Steuer zu bezahlen, die sich einfach berechnen lässt. Letztlich ist auch die Verwaltung eines Minijobs für den Arbeitgeber relativ einfach, da Anmeldung, Abmeldung, Bezahlung der Abgaben usw. allein über eine Stelle laufen, dies ist die Minijob-Zentrale bei der Bundesknappschaft.

An Abgaben fallen für den Arbeitgeber pro Minijob an:

- 11 % Beitrag an die Krankenversicherung
- 12 % Beitrag an die Rentenversicherung
- 2 % Pauschalsteuer (diese beinhaltet Lohnsteuer, Solidaritätszuschlag und Kirchensteuer)

Der Arbeitnehmer muss keine Abgaben für den Minijob zahlen. Dies bedeutet, dass der vereinbarte Bruttoverdienst auch gleichzeitig das Nettoeinkommen ist.

Dies gilt für einen Minijob als „Hauptbeschäftigung" und für Praktikanten, die im Praktikum eine Vergütung bis maximal 400,00 € bekommen. Die Regelung gilt aber nicht für Auszubildende. Hier gilt nur die 325,00-€-Grenze, bis zu dieser muss der Auszubildende keine Beiträge an die Sozialversicherung leisten.

Man muss sich nicht auf einen Minijob allein beschränken, es besteht auch die Möglichkeit, dass man mehrere Minijobs bei unterschiedlichen Arbeitgebern hat. Die Befreiung von der Zahlung von Sozialabgaben gilt dann aber nur, wenn man insgesamt mit allen Minijobs unter der Einkommensgrenze von 400,00 € bleibt. Ansonsten muss man doch Beiträge in die Sozialversicherung zahlen und unter Umständen auch höhere Steuern.

Einen Minijob kann man sogar neben seinem Hauptberuf ausüben, allerdings wirklich nur einen. Für diesen gilt dann, dass nur der Arbeitgeber Sozialabgaben zahlen muss, der Arbeitnehmer bekommt seine Vergütung für den Minijob ohne Abzüge.

Letztlich darf nicht vergessen werden, dass man bei Ausübung eines Minijobs sogar Anspruch auf tariflich festgelegte Leistungen wie Weihnachtsgeld und Urlaubsgeld hat.

Beispiel

Andreas Zimmer und Moritz Wagner vereinbaren, dass Andreas pro Woche 10 Stunden in der Mediaworld e. K. arbeiten soll. Bei einem Stundenlohn von 8,00 € bekommt er in einem Monat mit vier Wochen 320,00 € brutto. Hieraus werden keine Abzüge für Andreas fällig, das heißt, er bekommt die 320,00 € auch ausgezahlt.

Aufgaben zur Wiederholung

Aufgaben

1 a) Wie viel Euro Gesamtaufwand kostet es den Arbeitgeber Moritz Wagner, wenn er Andreas Zimmer als Aushilfe mit 320,00 € brutto vergütet? Bedenken Sie die Sozialabgaben und die Steuern, die der Arbeitgeber für den Minijob zu zahlen hat.

b) Unter welchen Bedingungen kann Andreas Zimmer neben seinem Minijob in der Mediaworld e. K. einen weiteren Minijob annehmen?

2 Nennen Sie Beispiele für Tätigkeiten bei Unternehmen und in Privathaushalten, die sich als Minijob anbieten.

3 Sozialversicherungen

Das sollte man wissen ...

Die Sozialversicherung sichert Menschen gegen bestimmte Risiken ab: Krankheit und Pflegebedürftigkeit, Armut im Alter, Arbeitslosigkeit, Unfallgefahr am Arbeitsplatz. Entsprechend gibt es fünf Zweige der Sozialversicherung:

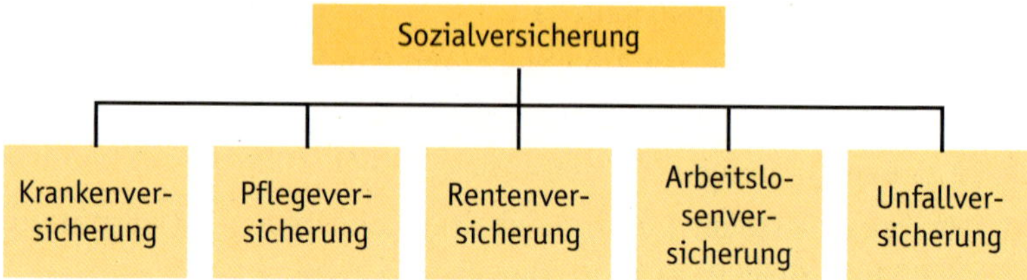

Bei den Sozialversicherungen handelt es sich um **Pflichtversicherungen,** das heißt, bestimmte Personengruppen sind zur Mitgliedschaft in diesen Versicherungen verpflichtet. Das Gegenstück zu den Sozialversicherungen sind die **Individualversicherungen,** bei denen man nicht verpflichtet ist, Mitglied zu sein bzw. diese abzuschließen.

Die Sozialversicherungen gibt es schon seit über 120 Jahren. Es begann mit der Krankenversicherung und der Unfallversicherung für Arbeitnehmer. Die Idee war und ist, Arbeitnehmer vor finanziellen und sozialen Problemen zu schützen, falls sie nicht mehr arbeiten können (z. B. aus Krankheitsgründen, wegen Arbeitslosigkeit usw.). Um dies zu finanzieren, werden Anteile des Einkommens der Arbeitnehmer vom Lohn oder Gehalt einbehalten und an die Sozialversicherung weitergegeben.

Beispiel

Florian Peek aus der Abteilung Buchhaltung/Verwaltung muss in der gesetzlichen Krankenkasse sein, sich gegen Arbeitslosigkeit versichern und sich auch in den anderen drei Sozialversicherungen versichern. Er muss aber zum Beispiel nicht eine private Lebensversicherung abschließen und niemand kann ihn zwingen, beispielsweise eine Diebstahlversicherung abzuschließen.

Der Arbeitgeber beteiligt sich bei der Finanzierung jeweils mit einem bestimmten Anteil. Bei den Sozialversicherungen gilt als Grundsatz das Solidaritätsprinzip: Derjenige, der wenig verdient, muss nur geringe Beiträge zahlen. Diejenigen, die mehr bzw. viel verdienen, zahlen hohe Beiträge in die Sozialversicherungen. Die Leistungen, die die Sozialversicherungen erbringen, sind aber für alle gleich.

Die Tatsache, dass die Finanzierung der Sozialversicherung über die Löhne und Gehälter der Arbeiter und Angestellten erfolgt, führt zu Problemen:

- Menschen, die arbeitslos sind, bezahlen keine eigenen Beiträge in die Sozialversicherung, folglich hat diese weniger Geld, um die Renten zu bezahlen, Krankenhausrechnungen zu begleichen usw.
- Menschen, die entsprechend alt sind, beziehen Rente, werden häufiger krank als junge Menschen oder sie werden vielleicht sogar pflegebedürftig. In Deutschland gibt es zunehmend Menschen, die alt sind, und nur vergleichsweise wenige, die jung sind und in die Sozialversicherungen einzahlen. Hieraus ergibt sich ebenfalls, dass die Sozialversicherungen Schwierigkeiten haben, ihre Leistungen mit den Einnahmen aus dem Arbeitsentgelt zu finanzieren.

Aus diesen und anderen Gründen werden häufig Verbesserungen, Veränderungen und Reformen an den Sozialversicherungen durchgeführt. Jeder hat schon einmal von der „Rentenreform“ oder der „Gesundheitsreform“ gehört, wobei die Begriffe immer wieder neu auftauchen, da alle paar Jahre neue Reformen durchgeführt werden müssen.

In den folgenden Kapiteln wird auf die einzelnen Zweige der Sozialversicherung näher eingegangen, damit Sie einen Überblick erhalten, wer jeweils versichert ist und was die Sozialversicherungen leisten.

3.1 Krankenversicherung und Pflegeversicherung

Das ist geschehen ...

Bastian Lenz ist in der Abteilung Buchhaltung und Verwaltung der Mediaworld e. K. eingesetzt. Zurzeit werden die Löhne und Gehälter der Mitarbeiter für den abgelaufenen Monat berechnet, damit sie pünktlich ausbezahlt werden können. Bastian fällt etwas auf: „Mensch, Herr Bäumer zahlt ja fast genau so viel an Beiträgen an die Krankenkasse wie Frau Hauser. Das kann doch gar nicht sein! Sie verdient doch viel mehr als er.“ „Doch“, sagt Florian Peek, „das ist durchaus möglich. Wahrscheinlich hat Frau Hauser eine günstigere Krankenkasse als Herr Bäumer.“ Bastian ist erstaunt: „Wie kann das sein? Die gehen doch zum gleichen Arzt!“

Das ist zu tun ...

1. Wie finanzieren sich die Krankenversicherungen?
2. Wie kann es sein, dass Frau Hauser und Herr Bäumer unterschiedlich hohe Beiträge in die Krankenversicherung einzahlen?
3. Welche Leistungen dürfen Frau Hauser und Herr Bäumer für die Bezahlung ihrer Krankenkassenbeiträge erwarten?

Das sollte man wissen ...

Krankenversicherung

In der gesetzlichen Krankenversicherung müssen sich alle Arbeitnehmer versichern, deren Einkommen eine bestimmte Grenze nicht überschreitet. Diese Grenze beträgt im Jahr 2005 3.900,00 €. Vom Einkommen des Arbeitnehmers wird ein bestimmter Prozentsatz abgezogen und in die Krankenversicherung einbezahlt. Die Hälfte des Beitrages bezahlt der Arbeitgeber, die andere Hälfte plus zusätzlich 0,9 % zahlt der Arbeitnehmer. Die 0,9 % Mehrzahlung sind zusätzliche Beiträge für Zahnersatz (0,4 %) und für Krankengeld (0,5 %).

Beispiel

Der Beitragssatz einer gesetzlichen Krankenkasse beträgt 14 % vom sozialversicherungspflichtigen Brutttolohn. Ein Arbeitnehmer, der 1.000,00 € verdient, muss hiervon 7 % + 0,9 % = 7,9 % (= 79,00 €) an seine Krankenkasse bezahlen, sein Arbeitgeber gibt 7 % (= 70,00 €) hinzu.

Welche der einzelnen Krankenkassen ein Arbeitnehmer wählt, bleibt ihm selbst überlassen. Bekannte große Krankenkassen sind die Allgemeine Ortskrankenkasse (AOK), die Deutsche Angestellten Krankenkasse (DAK), die Techniker Krankenkasse (TK) und die Betriebskrankenkassen (BKK). Daneben gibt es noch viele weitere Kassen, deren Beitragssätze zurzeit etwa zwischen 11 und 15 Prozent schwanken. Die Beitragssätze werden regelmäßig den Kosten bzw. den Ausgaben der Kassen angepasst und entsprechend verändert.

Neben den versicherungspflichtigen Arbeitnehmern sind auch Studenten, Praktikanten, Arbeitslose, landwirtschaftliche Unternehmer und Rentner in der gesetzlichen Krankenkasse versichert, sofern sie nicht einer privaten Krankenkasse angehören.

Für die gezahlten Beiträge werden die Versicherten im Krankheitsfalle von der Krankenkasse abgesichert. Die Hilfe der Krankenkasse bezieht sich auf Zahlungen für medizinische Hilfe und auf Zahlung von Krankengeld, wenn der Arbeitgeber im Krankheitsfalle den Lohn oder das Gehalt nicht mehr weiterbezahlen muss.

Für die gezahlten Beiträge sind die Versicherten gegen Risiken, die durch Krankheiten entstehen können, abgesichert. Die Leistungen der Krankenkasse sind im Einzelnen:

- ärztliche und zahnärztliche Behandlung
- Vorsorgeuntersuchungen
- Krankenhausaufenthalt
- verordnete Medikamente, Heil- und Verbandsmittel
- Hilfsmittel wie Hörgeräte, Brillen, Rollstühle

Neben diesen hilft die Krankenkasse auch mit folgenden Leistungen:

- **Krankengeld:**
  Ab der 7. Woche einer Krankheit muss der Arbeitgeber nicht mehr den Lohn oder das Gehalt weiterbezahlen. Hier springt die Krankenkasse ein und zahlt Krankengeld. Dies beträgt zurzeit 70 % des regelmäßigen Bruttoeinkommens des Arbeitnehmers.
- **Familienhilfe:**
  Nicht nur der Arbeitnehmer selbst ist krankenversichert. Mit Zahlung seiner Beiträge sind automatisch (und ohne weitere Kosten) der Ehepartner und Kinder bis zu bestimmten Altersgrenzen mitversichert. Diese dürfen natürlich kein eigenes krankenversicherungspflichtiges Arbeitseinkommen haben und nicht selbst versichert sein.
- **Haushaltshilfe:**
  Wenn zum Beispiel durch einen Krankenhausaufenthalt der Haushalt nicht weitergeführt werden kann, weil in dem Haushalt ein oder mehrere Kinder unter zwölf Jahren leben, wird eine Haushaltshilfe (Familienpflegerin) gestellt, die den Haushalt weiterführt, bis der Krankenhausaufenthalt beendet ist.

6022316

Die gesetzlichen Krankenkassen passen ihre Beitragssätze den Kosten an, allerdings kann nicht mit jeder Kostensteigerung der Beitragssatz erhöht werden. Dies könnte dazu führen, dass die Krankenversicherung irgendwann nicht mehr bezahlbar ist. Daher werden die Versicherten in die Pflicht genommen und müssen bei einigen Leistungen Zuzahlungen oder Selbstbeteiligungen in Kauf nehmen. Die zum Januar 2004 eingeführte Praxisgebühr von 10,00 € ist ein Beispiel für diese Eigenbeteiligung der Versicherten. Daneben müssen Zuzahlungen zum Beispiel auch bei verschriebenen Medikamenten geleistet werden.

Pflegeversicherung

Das sollte man wissen ...

Die Pflegeversicherung ist den Krankenkassen zugeordnet. Jede Krankenkasse hat eine eigene Pflegekasse errichtet, welche für die Organisation der Pflegeversicherung dieser Krankenkasse zuständig ist. Wie die Krankenversicherung wird die Pflegeversicherung durch Beiträge finanziert, die den Arbeitnehmern vom Arbeitseinkommen abgezogen werden. Der aktuelle Beitragssatz beträgt zurzeit 1,7 %, die eine Hälfte zahlt der Arbeitgeber, die andere Hälfte wird dem Arbeitnehmer vom Lohn oder Gehalt abgezogen. Nur wenn der Arbeitnehmer älter als 23 Jahre ist und keine Kinder hat, muss er noch einen zusätzlichen Beitrag in Höhe von 0,25 Prozentpunkten bezahlen.

> **Beispiel**
>
> Ein Arbeitnehmer verdient 1.000,00 € brutto. 1,7 % = 17,00 € muss er in die Pflegeversicherung einbezahlen. Von den 17,00 € werden dem Arbeitnehmer 8,50 € vom Lohn abgezogen, der Arbeitgeber gibt 8,50 € dazu. Wenn der Arbeitnehmer kinderlos und älter als 23 Jahre wäre, dann würde sein Beitrag allerdings 11,00 € betragen (= 0,85 % + 0,25 % = 1,1 % von 1.000,00 €). Ihm würden also 11,00 € vom Lohn abgezogen; der Arbeitgeber zahlt weiterhin 8,50 €.

Diesen Beiträgen stehen die Leistungen der Pflegeversicherung gegenüber, welche in Anspruch genommen werden können, wenn man pflegebedürftig wird. Pflegebedürftig ist man, wenn man die normalen Tätigkeiten des täglichen Lebens nicht mehr ohne fremde Hilfe bewerkstelligen kann. Dazu gehören die Körperpflege, die Ernährung, die Mobilität, die Haushaltsversorgung. Die Leistungen der Pflegeversicherung richten sich nach dem Grad der Pflegebedürftigkeit, der in drei Stufen eingeteilt ist. Je mehr man auf fremde Hilfe angewiesen ist, desto höher ist die Einstufung und desto umfangreicher sind die Leistungen der Pflegeversicherung.

Die Leistungen können in Sachleistungen oder in Geld bestehen, z. B.:

- Pflegehilfsmittel (z. B. Pflegebett)
- kostenlose Pflegekurse für Angehörige
- Zuschuss zum Umbau der Wohnung
- stationäre Pflege in einem Pflegeheim

In der Pflegeversicherung ist jeder versichert, der auch in der gesetzlichen Krankenversicherung versichert ist. Dies gilt auch für Familienangehörige, die in der Krankenkasse familienversichert sind, wie zum Beispiel der Ehepartner ohne eigenes Einkommen. Ab einem Lohn oder einem Gehalt von 3.900,00 € (Stand: 2005) kann jeder zu einer privaten Krankenkasse wechseln, damit ist auch der Wechsel zu einer privaten Pflegeversicherung verbunden.

Aufgaben

Aufgaben zur Wiederholung

1 a) Sammeln Sie die Namen der Krankenkassen, bei denen Sie und Ihre Mitschüler der Klasse versichert sind. Welche Krankenkasse wird am häufigsten genannt?

b) Welche Personengruppen sind in der gesetzlichen Krankenversicherung versichert?

c) Wie viel Euro müsste Florian Peek, der Buchhalter der Mediaworld e. K., monatlich verdienen, damit er sich nicht mehr in der gesetzlichen Krankenversicherung, sondern bei einer privaten Krankenkasse versichern kann?

2 a) Welche Organisation steht hinter der Pflegeversicherung?

b) Welche Leistungen erbringt die Pflegeversicherung?

c) Wer bekommt Leistungen aus der Pflegeversicherung?

Rechercheaufgaben:

a) Finden Sie (mithilfe des Internets) die aktuellen Beitragssätze von fünf verschiedenen Krankenkassen heraus.

b) Berechnen Sie die Krankenkassenbeiträge des Arbeitnehmers für ein sozialversicherungspflichtiges Bruttogehalt von 1.950,00 € für alle fünf Krankenkassen. Wie hoch ist die Abweichung in Prozent zwischen der günstigsten und der teuersten Krankenkasse?

3.2 Rentenversicherung

Das ist geschehen ...

In der Mediaworld e. K. kauft häufig ein älterer Mann ein. Bastian Lenz kennt den Mann schon seit Beginn der Ausbildung und freut sich immer, wenn dieser den Verkaufsshop betritt, denn dies bedeutet immer hohe Umsätze. Neulich erst hat der alte Mann ein neues Plasmafernsehgerät gekauft, heute hat er sich mehrere CDs und einen neuen MP3-Player ausgesucht.

Bastian unterhält sich mit seiner Kollegin Monika Schmitz über den Mann.

Bastian Lenz: *„Der muss ja echt viel Geld haben, so oft wie der bei uns einkauft und was der sich alles leisten kann."*

Monika Schmitz: *„Der wird wohl eine ordentliche Rente haben."*

Bastian Lenz: *„Ja, eine ordentliche Rente, das belastet ja auch ordentlich die Rentenkasse!"*

Monika Schmitz: *„Nun mal langsam, der alte Herr hat ja auch lange genug in die gesetzliche Rentenkasse eingezahlt."*

Bastian Lenz: *„Und das bekommt er jetzt ausbezahlt, oder wie?"*

Monika Schmitz: *„Nein, seine Rente bezahlen wir."*

Bastian Lenz: *„Wieso das?"*

Das ist zu tun ...

1. Erläutern Sie, wie das System der gesetzlichen Rentenversicherung funktioniert.
2. Welche Leistungen bietet die gesetzliche Rentenversicherung neben der Altersrente?

Das sollte man wissen ...

Rentenversicherung

Die gesetzliche Rentenversicherung basiert auf dem Generationenvertrag.

Hiermit ist Folgendes gemeint:

Der Generationenvertrag

Die Erwachsenen geben in zwei Richtungen Leistungen ab, an die Kinder und an die Rentner. Die Beiträge an die gesetzliche Rentenversicherung werden den arbeitenden Erwachsenen vom Arbeitsentgelt abgezogen, die Hälfte der zu leistenden Beiträge zahlt der Arbeitgeber (→ Kapitel 2.2). Damit sieht es so aus, als wären die Erwachsenen „doppelt belastet", aber jeder Erwachsene war einmal Kind und wird auch irgendwann einmal selbst Rentner sein. Damit gleicht sich die Doppelbelastung wieder aus.

Das heutige System der gesetzlichen Rentenversicherung nennt man **Umlageverfahren.** Hiermit ist gemeint, dass die Beiträge, die von dem Entgelt der arbeitenden Bevölkerung einbehalten werden, direkt an die Rentner zur Auszahlung der Renten weitergeleitet werden. Vom Lohn bzw. Gehalt wird zurzeit ein Beitragssatz von 19,5 % einbehalten.

Dieser Satz wird den Ausgaben der Rentenkasse angepasst. Wenn es mehr Rentner gibt und mehr Renten ausgezahlt werden müssen, muss auch der Beitragssatz der Rentenversicherung erhöht werden.

Problematisch wird es auf lange Sicht für den Generationenvertrag und das Umlageverfahren, wenn es immer mehr Rentner und immer weniger junge arbeitende Menschen gibt. Dann zahlen weniger Menschen in die Rentenkasse ein, es müssen aber mehr Renten ausbezahlt werden. Hierzu werden regelmäßig Reformen an der Rentenversicherung durchgeführt, um die Rente in der jetzigen Form zu sichern.

Beispiel

Ein Arbeitnehmer verdient 1.000,00 € brutto. 19,5 % = 195,00 € muss er in die Rentenversicherung einbezahlen. Von den 195,00 € werden dem Arbeitnehmer 97,50 € vom Lohn abgezogen, der Arbeitgeber gibt 97,50 € dazu.

In der Rentenversicherung sind alle Arbeiter und Angestellten, Auszubildenden und zum Teil Selbstständige versichert. Bis zu einem Verdienst von 400,00 € muss man als Arbeitnehmer aber keine Beiträge in die Rentenversicherung einzahlen, lediglich der Arbeitgeber zahlt einen Pauschalbetrag (→ Kapitel 2.4).

Die Leistungen der Rentenversicherung

1. Das Altersruhegeld:

Dies ist das, was man umgangssprachlich als „die Rente“ bezeichnet. Ab dem 65. Lebensjahr kann man Altersrente beziehen, es gibt aber Regelungen, dass man eventuell auch früher in Rente gehen kann, zum Beispiel wenn man eine Schwerbehinderung hat oder eine lange Versicherungszeit nachweisen kann. Die Höhe der Rente, die man dann bekommt, richtet sich danach,

- wie lange man in die gesetzliche Rentenversicherung eingezahlt hat,
- wie viel man als Arbeitnehmer verdient hat (und damit wie viel man eingezahlt hat),
- wie viel Anrechnungszeiten man nachweisen kann, das sind Zeiten, die bei der Rentenzahlung berücksichtigt werden (für Kindererziehung, Pflegezeiten, Ausbildungszeiten usw.).

2. Die Erwerbsminderungsrente:

Diese Rentenart wird gezahlt, wenn man teilweise oder gar nicht mehr einer Arbeit nachgehen kann. Die Höhe der Erwerbsminderungsrente richtet sich nach der Schwere der Erwerbsminderung. Wer zum Beispiel noch einen Teilzeitjob annehmen kann, bekommt nicht so viel Rente wie jemand, der gar nicht mehr arbeiten kann. Die Erwerbsminderungsrente endet mit dem 65. Geburtstag, danach wird die normale Altersrente gezahlt.

3. Die Hinterbliebenenrente (Rente wegen Todes):

Wenn in einer Familie derjenige stirbt, der für das Familieneinkommen gesorgt hat, zahlt die gesetzliche Rentenversicherung Hinterbliebenenrente. Dies ist eine Rente, die der Ehepartner bekommt (Witwenrente), und eine Rente, die die Kinder bekommen können (Waisenrente).

Aufgaben

Aufgaben zur Wiederholung

1 a) Welche Bedeutung kommt dem Namen „Generationenvertrag“ zu?
b) Erläutern Sie den Generationenvertrag.
c) Welche Probleme ergeben sich aus dem Generationenvertrag?

2 a) Welche Personengruppen sind in der gesetzlichen Rentenversicherung versichert?

6022320

b) Welche Leistungen können die Versicherten von der gesetzlichen Rentenversicherung erwarten?

Rechercheaufgaben

Sie haben die Probleme des heutigen Umlagesystems der gesetzlichen Rentenversicherung benannt. Diesen Problemen kann durch eigene, private Altersvorsorge entgegengewirkt werden. Finden Sie in diesem Zusammenhang heraus, was
a) eine private Rentenversicherung leistet,
b) die Riester-Rente bedeutet.

3.3 Arbeitslosenversicherung

Das ist geschehen ...

Bastian Lenz, der Auszubildende der Mediaworld e. K., ist geknickt: Sein Vater hat mehrere Jahre in einer kleinen Maschinenbaufirma gearbeitet und nun hat er seinen Job verloren und ist arbeitslos. Bastian weiß nicht so recht, wie es in seiner Familie weitergehen soll.

Das ist zu tun ...

Finden Sie anhand der unten stehenden Informationen heraus, wie Bastians Vater gegen das Risiko der Arbeitslosigkeit abgesichert ist:
1. Auf welche finanzielle Leistung hat Bastians Vater zunächst Anspruch?
2. Wie lange bekommt er diese finanzielle Leistung?
3. Was passiert, wenn der Anspruch auf diese Leistung abgelaufen ist?
4. Welche Aufgaben hat die Arbeitsagentur außer der Zahlung von finanzieller Unterstützung?

Das sollte man wissen ...

Arbeitslosenversicherung

In der gesetzlichen Arbeitslosenversicherung sind alle Arbeiter, Angestellten und Auszubildenden versichert. Träger der Arbeitslosenversicherung sind die Bundesagentur für Arbeit in Nürnberg und die Arbeitsagenturen in den einzelnen Städten und Gemeinden. Die Arbeitsagenturen haben als wichtigste Aufgabe die Vermittlung von Arbeits- und Ausbildungsplätzen. Daneben sind sie noch für Berufsberatung zuständig und für die Förderung von beruflicher Eingliederung.

Beispiel

Ein Arbeitnehmer verdient 1.000,00 € brutto. Davon müssen 6,5 % (= 65,00 €) in die Arbeitslosenversicherung einbezahlt werden. Dem Arbeitnehmer wird die Hälfte, also 3,25 % (= 32,50 €), vom Bruttogehalt abgezogen, die andere Hälfte bezahlt der Arbeitgeber (ebenfalls 3,25 % = 32,50 €).

Die gesetzliche Arbeitslosenversicherung wird über Beiträge finanziert, die von der arbeitenden Bevölkerung aufgebracht werden. Der Beitragssatz beträgt zurzeit 6,5 % und wird zur Hälfte vom Arbeitnehmer und zur Hälfte vom Arbeitgeber bezahlt (→ Kapitel 2.2). Das nebenstehende Beispiel verdeutlicht die Aufteilung der Beitragszahlung.

Die Leistungen der Arbeitsagenturen an Arbeitslose sind neben der Vermittlung einer neuen Stelle die Zahlung von Arbeitslosengeld. Hierbei wird seit Anfang 2005 in Arbeitslosengeld I und Arbeitslosengeld II unterschieden:

Arbeitslosengeld I

Arbeitslosengeld I wird an Personen gezahlt, die sich arbeitslos melden und durch Beitragszahlungen in die gesetzliche Arbeitslosenversicherung einen Anspruch auf Arbeitslosengeld erworben haben. Arbeitslosengeld I wird maximal 12 Monate gezahlt (bei älteren Arbeitnehmern 18 Monate). Die Höhe richtet sich nach dem zuletzt verdienten Lohn oder Gehalt, in der Regel bekommt man 60 % des letzten (Durchschnitts-)Nettoverdienstes als Arbeitslosengeld I; wenn man Kinder hat, sind es 67 %.

Arbeitslosengeld II

Seit Anfang 2005 ersetzt das Arbeitslosengeld II die frühere Arbeitslosenhilfe. Es wird an alle ausgezahlt, die bis zu diesem Zeitpunkt Arbeitslosenhilfe bekommen haben, und an diejenigen, welche Sozialhilfe bezogen haben und arbeitsfähig sind. Die Höhe des Arbeitslosengeldes II beträgt 345,00 € in Westdeutschland und 331,00 € in Ostdeutschland. Daneben gibt es aber Zuschüsse für Kinder, die zu versorgen sind, für die Wohnung und für Heizkosten. Wichtig ist, dass das Arbeitslosengeld II nur an Bedürftige gezahlt wird, das heißt, die Einkommens- und Vermögensverhältnisse der Personen, die Arbeitslosengeld II beziehen wollen, werden genau betrachtet. Verdient zum Beispiel die Ehefrau viel Geld oder hat man ein großes Vermögen, kann man nicht damit rechnen, dass man vollen Anspruch auf Arbeitslosengeld II hat.

Neben dem Arbeitslosengeld können Arbeitslose auch mit anderen Leistungen von den Arbeitsagenturen rechnen:

- Arbeitsbeschaffungsmaßnahmen = Die Schaffung zusätzlicher Stellen, wobei die Lohn- bzw. Gehaltszahlung der eingestellten Personen zum Großteil über die Arbeitsagenturen erfolgt.
- Berufsförderung/Weiterbildung = Unterstützung bei Ausbildung oder Weiterbildung
- Trainingsmaßnahmen = Bewerbungstraining oder Verbesserung der beruflichen Qualifikationen, damit ein Arbeitsloser besser eine neue Arbeitsstelle findet.
- Existenzgründungshilfen = Finanzielle Unterstützung, wenn sich ein Arbeitsloser selbstständig machen möchte. Eine besondere Form dieser Hilfen gibt es bei Gründung einer so genannten Ich-AG.

Aufgaben

Aufgabe zur Wiederholung

a) Wer hat Anspruch auf Arbeitslosengeld I?
b) Wer hat Anspruch auf Arbeitslosengeld II?

Rechercheaufgaben

1. Finden Sie über geeignete Medien (Zeitungen, Zeitschriften, Internet) heraus, wie hoch zurzeit die Zahl der Arbeitslosen in Deutschland bzw. in Nordrhein-Westfalen ist.
2. Wie hoch ist die Zahl der offenen Stellen in Deutschland bzw. in NRW?
3. Tragen Sie Gründe zusammen, warum es so viele unbesetzte Arbeitsplätze bei einer solch hohen Arbeitslosenzahl gibt. Nehmen Sie sich das Buch „Volkswirtschaftslehre" zu Hilfe und lesen Sie im Lernfeld 3, Kapitel 1, nach.

3.4 Unfallversicherung

Das ist geschehen …

Im Lager der Mediaworld e. K. ist ein Arbeitsunfall passiert. Peter Bäumer hat die Hand gebrochen; er fällt voraussichtlich für die kommenden zwölf Wochen aus. Moritz Wagner kann die Zeit überbrücken, indem er kurzfristig eine Ersatzkraft einstellt. Er hofft allerdings, dass Herr Bäumer wieder gesund wird und weiter in seinem Beruf arbeiten kann.

Das ist zu tun …

1. Welche Leistungen kann Peter Bäumer aufgrund des Arbeitsunfalls aus der Unfallversicherung in Anspruch nehmen?
2. Wie hilft die Unfallversicherung weiter, falls Peter Bäumer aufgrund des Unfalls nicht mehr in seinem alten Beruf als Lagerist arbeiten kann?

Das sollte man wissen …

Unfallversicherung

Die gesetzliche Unfallversicherung gibt es schon seit 1884. In der heutigen Form ist sie Pflichtversicherung für alle Arbeitnehmer und Auszubildenden, unabhängig davon, wie hoch der monatliche Verdienst ist. In der Unfallversicherung sind aber unter anderem auch Kinder in Kindergärten, Schüler und Studenten versichert.

In drei Fällen schützt die gesetzliche Unfallversicherung:

- bei Arbeitsunfällen
- bei Wegeunfällen (auf dem Weg zur oder von der Arbeit)
- bei Berufskrankheiten

Wenn ein Arbeitsunfall passiert, hilft die Unfallversicherung unter anderem durch Bezahlung von:

- ärztlichen Heilbehandlungen
- Verletztengeld (wird gezahlt, wenn der Arbeitgeber bei längerer Krankheit des Arbeitnehmers kein Arbeitsentgelt mehr zahlen muss)
- Berufsförderung (z. B. Umschulung, Übergangsgeld zur Finanzierung einer neuen Ausbildung)
- Verletztenrente (wenn die Erwerbsfähigkeit eingeschränkt ist)
- Pflegegeld (wenn man durch den Arbeitsunfall zum Pflegefall wird)
- Hinterbliebenenrente (wenn durch einen Arbeitsunfall derjenige stirbt, der das Familieneinkommen verdient hat)

Für die Unfallversicherung muss man als Arbeitnehmer nichts bezahlen. Dafür sind nur die Arbeitgeber zuständig. Die Höhe der Beiträge richtet sich danach, wie hoch die Löhne und Gehälter sind, die ein Arbeitgeber bezahlt, und wie hoch die Unfallgefahr in diesem Betrieb ist.

Die Organisation, die hinter der gesetzlichen Unfallversicherung steht, ist die **Berufsgenossenschaft.** Als Träger der gesetzlichen Unfallversicherung hilft sie aber nicht nur, wenn etwas passiert ist, ihre Aufgabe ist auch die Vorbeugung von Unfällen. Hierzu bringen die Berufsgenossenschaften **Unfallverhütungsvorschriften** heraus, die in den einzelnen Betrieben von Arbeitnehmern und Arbeitgebern beachtet werden müssen. Dies wird von den Berufsgenossenschaften überwacht.

Aufgaben

Aufgaben zur Wiederholung

1 a) In welchen Fällen hilft die gesetzliche Unfallversicherung mit Leistungen?
b) Denken Sie sich zu jedem der drei Fälle ein einleuchtendes Beispiel aus.
c) Mit welchen Leistungen kann man rechnen, wenn man die Unfallversicherung in Anspruch nehmen muss?

2 Beurteilen Sie, ob in den folgenden Fällen die gesetzliche Unfallversicherung zuständig ist:
a) Ein Arbeitnehmer rutscht auf dem Weg zur Arbeit im Schneematsch aus und bricht sich ein Bein.
b) Ein Arbeitnehmer stürzt im Urlaub bei einer rasanten Skiabfahrt und bricht sich einen Arm.
c) Nach einem Arbeitsunfall kann ein Arbeitnehmer nicht mehr in seinem alten Beruf arbeiten. Er muss umgeschult werden.

d) Ein Arbeitnehmer stirbt aufgrund eines Wegeunfalls und hinterlässt eine Frau und zwei minderjährige Kinder.
e) Ein Arbeitnehmer wird entlassen. Er findet in seinem Beruf keinen neuen Job und möchte sich zum Bürokaufmann umschulen lassen.

3 a) Wer ist Träger der Unfallversicherung?
b) Welche Aufgaben hat der Träger der Unfallversicherung noch?

4 Personalfreisetzung und Personalbeurteilung

4.1 Fristgerechte Kündigung

Das ist geschehen ...

Bastian Lenz, der Auszubildende der Mediaworld e. K., ist heute gar nicht gut drauf. Sein Vater, der seit drei Jahren in einer kleinen Maschinenbaufirma arbeitet, hat die Kündigung erhalten. Bastian weiß, dass sein Chef, Moritz Wagner, viel über Arbeitsrecht weiß. Also fragt er ihn, ob die Kündigung seines Vaters rechtmäßig ist oder nicht. Moritz Wagner ist bereit, sich die Sache einmal anzuschauen. Dazu liest er sich zunächst einmal das Kündigungsschreiben des Arbeitgebers von Herrn Lenz durch:

Datum: 24.06.20..

Kündigung zum 31.07.20..

Sehr geehrter Herr Lenz,

aufgrund der schwierigen konjunkturellen Lage und der schlechten Auftragslage sehen wir uns gezwungen im Bereich „Produktion" Personal abzubauen.

Da Ihr Arbeitsverhältnis erst seit drei Jahren besteht und damit das jüngste in der Abteilung ist, müssen wir Ihnen leider zum 31. Juli 20.. die Kündigung aussprechen.

Wir bedauern dies sehr und wünschen Ihnen bei der Suche nach einer neuen Arbeitsstelle viel Erfolg.

Mit freundlichen Grüßen

...

Das ist zu tun ...

1. Welcher Kündigungsgrund liegt hier vor?
2. Welche sozialen Kriterien muss der Arbeitgeber prüfen, wenn er aus diesem Grunde eine Kündigung ausspricht?
3. Prüfen Sie, ob die Kündigungsfrist für Günther Lenz eingehalten wurde.

Das sollte man wissen ...

Fristgerechte Kündigung

Wenn sich Arbeitgeber und Arbeitnehmer über eine Personaleinstellung einigen, wird hierüber ein Arbeitsvertrag aufgesetzt (→ Kapitel 1.3). Arbeitsverträge kann man kündigen, hierbei sind zwei Arten von Kündigung möglich:

fristgerechte Kündigung (ordentliche Kündigung) → Beendigung mit Kündigungsfrist

fristlose Kündigung (außerordentliche Kündigung) → sofortige Beendigung

Beide Arten der Kündigung können sowohl vom Arbeitgeber als auch vom Arbeitnehmer ausgesprochen werden. Dies muss aber immer schriftlich erfolgen, eine mündlich ausgesprochene Kündigung ist nichtig und damit nicht wirksam, weil sie den Formvorschriften nicht genügt (→ Kapitel 1.8 in Lernfeld 2). Eine Kündigung zählt darüber hinaus zu den einseitigen, **empfangsbedürftigen** Willenserklärungen. Nur wenn die Kündigung dem Vertragspartner auch zugeht, ist sie wirksam. Eine Kündigung, die der Arbeitgeber in seiner Schreibtischschublade liegen lässt, ist nicht gültig. Entscheidend ist letztlich, dass eine Kündigung immer begründet sein muss.

Bei der **fristgerechten Kündigung** gibt es drei Gründe, aufgrund derer einem Arbeitnehmer gekündigt werden kann. Wenn keiner der drei Gründe vorliegt, gilt eine Kündigung als sozial ungerechtfertigt und ist unwirksam. Dies beinhaltet der allgemeine Kündigungsschutz.

Die drei Kündigungsgründe für eine fristgerechte Kündigung sind:

Kündigungsgründe bei Kündigung durch den Arbeitgeber

1. personenbedingte Kündigung
2. verhaltensbedingte Kündigung
3. betriebsbedingte Kündigung

1. personenbedingte Kündigung:

Bei der personenbedingten Kündigung wird das Arbeitsverhältnis durch den Arbeitgeber beendet, weil der Arbeitnehmer als Person nicht mehr so einsetzbar ist, wie es der Arbeitgeber für diesen Arbeitsplatz wünscht. Dazu kann zum Beispiel gehören, dass der Dachdecker nicht mehr schwindelfrei ist, dass der Kraftfahrer aufgrund seiner nachlassenden Sehkraft nicht mehr Lkw fahren kann usw. Auch eine lange, chronische Krankheit kann zu einer personenbedingten Kündigung führen.

2. verhaltensbedingte Kündigung:

Diese Art von fristgerechter Kündigung kann ausgesprochen werden, wenn der Arbeitnehmer dem Arbeitgeber durch sein Verhalten schadet. Dies kann sich darin zeigen, dass sich der Arbeitnehmer häufig verspätet, dass er unzureichende Arbeitsleistungen erbringt oder dass er unentschuldigt fehlt.

3. betriebsbedingte Kündigung:

Eine betriebsbedingte Kündigung wird ausgesprochen, wenn aus betrieblichen Gründen eine Weiterbeschäftigung des Arbeitnehmers nicht möglich ist. Dies kann der Fall sein, wenn ein Betriebsteil bzw. eine Filiale geschlossen wird oder wenn Rationalisierungen durchgeführt werden. Ebenso kann betriebsbedingt gekündigt werden, wenn es dem Unternehmen wirtschaftlich nicht mehr so gut geht, etwa in konjunkturell schwierigen Phasen oder bei Auftragsrückgängen oder Absatzproblemen.

Bei den ersten beiden Arten von fristgerechter Kündigung geht es immer nur um einen bestimmten Arbeitnehmer, der aufgrund seiner Person oder seines Verhaltens gekündigt wird. Bei einer betriebsbedingten Kündigung kann es sein, dass der Arbeitgeber zwischen mehreren Arbeitnehmern auswählen muss, welchen er kündigen wird. Dabei sind soziale Aspekte zu beachten, damit nicht diejenigen arbeitslos werden, die es am schlimmsten treffen würde. Zu diesen sozialen Kriterien gehören:

- die Dauer der Betriebszugehörigkeit
- das Lebensalter des Betroffenen
- die Unterhaltspflichten des Arbeitnehmers
- eine Schwerbehinderung des Arbeitnehmers

Der Personalabbau beginnt somit in der Regel bei den Arbeitnehmern, die noch nicht so lange im Unternehmen arbeiten, die jung sind und noch keine Familie miternähren müssen usw.

Bei der fristgerechten Kündigung muss die **Kündigungsfrist** eingehalten werden, die das Ende des Arbeitsverhältnisses etwas nach hinten hinausschiebt. Dabei gilt, dass die Kündigungsfrist umso länger ist, je länger der Arbeitnehmer schon im Unternehmen beschäftigt ist. Da die

Kündigung empfangsbedürftig ist, beginnt die Kündigungsfrist mit dem Tag des Zuganges der Kündigung.

Die Fristen können im Tarifvertrag oder im Arbeitsvertrag festgelegt sein. Als Basis gelten die gesetzlichen Kündigungsfristen, wie sie im Bürgerlichen Gesetzbuch stehen. Sie gelten auch, wenn im Tarif- bzw. Arbeitsvertrag nichts anderes festgelegt wurde.

§ 622 BGB (Kündigungsfristen bei Arbeitsverhältnissen)

(1) Das Arbeitsverhältnis eines Arbeiters oder eines Angestellten (Arbeitnehmers) kann mit einer Frist von vier Wochen zum Fünfzehnten oder zum Ende eines Kalendermonats gekündigt werden.

(2) Für eine Kündigung durch den Arbeitgeber beträgt die Kündigungsfrist, wenn das Arbeitsverhältnis in dem Betrieb oder Unternehmen

1. zwei Jahre bestanden hat, einen Monat zum Ende eines Kalendermonats,
2. fünf Jahre bestanden hat, zwei Monate zum Ende eines Kalendermonats,
3. acht Jahre bestanden hat, drei Monate zum Ende eines Kalendermonats,
4. zehn Jahre bestanden hat, vier Monate zum Ende eines Kalendermonats,
5. zwölf Jahre bestanden hat, fünf Monate zum Ende eines Kalendermonats,
6. fünfzehn Jahre bestanden hat, sechs Monate zum Ende eines Kalendermonats,
7. zwanzig Jahre bestanden hat, sieben Monate zum Ende eines Kalendermonats.

Bei der Berechnung der Beschäftigungsdauer werden Zeiten, die vor der Vollendung des fünfundzwanzigsten Lebensjahres des Arbeitnehmers liegen, nicht berücksichtigt.

Wichtig ist der letzte Satz, denn dieser besagt, dass die verlängerten Kündigungsfristen erst gelten, wenn man älter als 25 Jahre ist. Die Dauer der Betriebszugehörigkeit wird erst ab dem 25. Lebensjahr gezählt.

Beispiel

Franz Holtrup ist 30 Jahre alt und seit neun Jahren bei einem Unternehmen beschäftigt. Da zur Betriebszugehörigkeit nur die Jahre nach dem 25. Geburtstag zählen, gilt für die Ermittlung der Kündigungsfrist eine Betriebszugehörigkeit von fünf Jahren, nicht von neun Jahren. Seine Kündigungsfrist beträgt zwei Monate zum Ende eines Kalendermonats, nicht drei Monate!

Dauert das Arbeitsverhältnis weniger als zwei Jahre an, gilt die im ersten Abschnitt des § 622 BGB genannte Grundkündigungsfrist von vier Wochen zum 15. oder zum Ende eines Kalendermonats.

Beispiele zur Ermittlung der Kündigungsfristen

Nr.	Alter	tatsächliche Dauer der Betriebszugehörigkeit	gezählte Dauer der Betriebszugehörigkeit	Kündigungsfrist	Zugang des Kündigungsschreibens	Ende des Arbeitsverhältnisses
1	31	3 Jahre	3 Jahre	1 Monat zum Ende eines Kalendermonats	12. Mai 20..	30. Juni 20..
2	58	16 Jahre	16 Jahre	6 Monate zum Ende eines Kalendermonats	12. Mai 20..	30. November 20..
3	27	1 Jahr	1 Jahr	4 Wochen zum Fünfzehnten oder zum Ende eines Kalendermonats	12. Mai 20..	15. Juni 20..
4	22	3 Jahre	0 Jahre	4 Wochen zum Fünfzehnten oder zum Ende eines Kalendermonats	12. Mai 20..	15. Juni 20..
5	32	11 Jahre	7 Jahre	2 Monate zum Ende eines Kalendermonats	12. Mai 20..	31. Juli 20..

Bestimmte Personengruppen sind vor einer fristgerechten Kündigung besonders geschützt, das heißt, sie dürfen nicht fristgerecht, sondern nur (bei Vorliegen eines **wichtigen** Grundes!) fristlos gekündigt werden. Dies ergibt sich aus verschiedenen Gesetzen, wie dem Schwerbehindertengesetz, dem Mutterschutzgesetz usw.

Zu den **Personengruppen mit besonderem Kündigungsschutz** gehören:

Betriebsratsmitglieder

Schwerbehinderte

Schwangere

Eltern in Elternzeit (Erziehungsurlaub)

Grundwehrdienst- und Zivildienstleistende

Auszubildende

Jede Personalentlassung ist dem Betriebsrat vorher mitzuteilen, auch die Gründe für die Kündigung müssen dem Betriebsrat genannt werden. Geschieht dies nicht, ist die Kündigung unwirksam. Ein Arbeitnehmer, der seiner Kündigung nicht zustimmt, kann über den Betriebsrat Widerspruch einlegen. Hierfür ist eine Woche Zeit. Wenn der Betriebsrat zum Beispiel formale Fehler bei der Kündigung feststellt, kann es sein, dass der Arbeitgeber sie zurücknehmen muss. Falls dies nicht geschieht, kann der Arbeitnehmer auch noch vor dem Arbeitsgericht klagen, dies muss innerhalb von drei Wochen nach Zugang der Kündigung geschehen.

Der Widerspruch gegen die Kündigung bewirkt dabei, dass der Arbeitnehmer bis zur Entscheidung vor Gericht weiterbeschäftigt werden muss.

Aufgaben

Aufgaben zur Wiederholung

1 a) Nennen Sie Alternativbegriffe zu „fristgerechter Kündigung" und „fristloser Kündigung".

b) Was unterscheidet die fristgerechte von der fristlosen Kündigung?

c) Welche Kündigungsgründe gibt es bei einer fristgerechten Kündigung?

d) Nennen Sie Beispiele für die in Aufgabenteil c) gefundenen Kündigungsgründe.

e) Bei der betriebsbedingten Kündigung sind bei der Auswahl der zu kündigenden Arbeitnehmer soziale Kriterien zu beachten. Nennen Sie Beispiele für diese sozialen Kriterien.

2 Ermitteln Sie die Kündigungsfristen für die folgenden Arbeitnehmer:

Nr.	Alter	Betriebszugehörigkeit	Zugang des Kündigungsschreibens
1	30	3 Jahre	03.04.20..
2	38	16 Jahre	03.04.20..
3	21	1 Jahr	03.04.20..
4	40	14 Jahre	03.04.20..
5	28	6 Jahre	03.04.20..

3 Im FIDO Warenhaus hat sich die wirtschaftliche Situation in den letzten Monaten dramatisch verschlechtert. Es kommen deutlich weniger Kunden zum Einkaufen in das Geschäft und die Umsätze sinken entsprechend. Die Unternehmensleitung überlegt sich, dass man auf diese Situation reagieren muss und auch Einsparungen im Personalbereich durchführen sollte. Zum Beispiel soll der Bereich Hi-Fi-Multimedia verkleinert werden. Von den sechs Mitarbeitern, die hier tätig sind, soll ein Mitarbeiter oder eine Mitarbeiterin entlassen werden. In dieser Abteilung sind zurzeit die folgenden Personen beschäftigt:

Wilhelm Zeigerer: 44 Jahre alt, seit 18 Jahren im Unternehmen, verheiratet, drei Kinder (8, 14 und 17 Jahre). Die Ehefrau ist nicht berufstätig. Die Leistungen von Herrn Zeigerer werden als zufrieden stellend beurteilt. Monatlicher Bruttoverdienst: 2.400,00 €.

Frida Meier: 27 Jahre alt, verheiratet, ein Kind (3 1/2 Jahre alt). Frau Meier ist nach einem 3-jährigen Erziehungsurlaub vor einem halben Jahr zurück in den Betrieb gekommen. Seitdem hat sie sich wieder gut in das Team eingefunden, hat ihrem Abteilungsleiter allerdings vor drei Wochen mitgeteilt, dass sie wieder schwanger ist. Monatlicher Bruttoverdienst: 2.050,00 €.

Hanna Walters: 25 Jahre, verheiratet. Sie ist seit 3 Jahren im Unternehmen tätig. Ihre Leistungen werden sehr gut beurteilt. Bruttomonatseinkommen 2.100,00 €.

Christian Scheibe: 35 Jahre, 10 Jahre im Unternehmen. Er ist verheiratet und hat ein Kind (11 Jahre). Seine Ehefrau ist berufstätig. In seiner Beurteilung steht, dass Christian Scheibe sich gerne und gut in neue Bereiche einarbeiten kann und sehr gute Warenkenntnisse hat. Monatlicher Bruttoverdienst 2.200,00 €.

Erdal Turkeri: 30 Jahre, seit 4 Jahren im FIDO Warenhaus beschäftigt, Mitglied des Betriebsrats. Seine Leistungen sind befriedigend. Herr Turkeri ist ledig und hat keine Kinder. Sein Bruttomonatsverdienst beträgt 2.100,00 €.

Heinz Richard: 61 Jahre alt, seit 38 Jahren im FIDO Warenhaus beschäftigt. In seiner letzten Beurteilung wird angemahnt, dass er nicht mehr bereit ist, sich auf die ständig neuen Anforderungen im Bereich Hi-Fi-Multimedia einzustellen. Herr Richard verdient 2.800,00 € brutto, ist Witwer und lebt allein.

Treffen Sie eine Auswahl, welchem Mitarbeiter aus der Abteilung Hi-Fi-Multimedia gekündigt werden soll. Begründen Sie Ihre Entscheidung.

4 Prüfen Sie, ob die Kündigung der folgenden Arbeitnehmer rechtens ist (jeweils mit kurzer Begründung).

1. Einer schwangeren Mitarbeiterin wird betriebsbedingt ordentlich gekündigt. Der Arbeitgeber wusste von der Schwangerschaft.
2. In einem kleinen Einzelhandelsbetrieb mit vier Mitarbeitern arbeitet ein junger Hilfsarbeiter seit drei Monaten im Lager. Er hat die Einberufung zum Grundwehrdienst zu Beginn des kommenden Jahres erhalten. Eine Woche, nachdem er dies seinem Chef mitgeteilt hat, wird ihm betriebsbedingt gekündigt.
3. Jens Fiedler ist Auszubildender im dritten Lehrjahr. Das letzte Halbjahreszeugnis aus der Schule sieht verheerend aus (Notenschnitt 4,9). Der Ausbildungsbetrieb befürchtet, dass Jens die Prüfung nicht schafft und ein weiteres halbes Jahr im Unternehmen beschäftigt werden muss. Jens erhält eine verhaltensbedingte ordentliche Kündigung (Begründung: nachlassende Arbeitsleistung und zu erwartendes Nichtbestehen der Abschlussprüfung).
4. Detlef Werners hat in einem großen Duisburger Stahlkonzern an den Wahlen zum Betriebsrat teilgenommen. Er ist gewählt worden! Drei Wochen später wird ihm betriebsbedingt gekündigt.
5. Freddie Nachtweih ist schwerbehindert. Aufgrund der Verkleinerung der Buchhaltungsabteilung soll ihm fristgemäß (aus betrieblichen Gründen) gekündigt werden.

4.2 Fristlose Kündigung

Das ist geschehen ...

In der Mediaworld e. K. ist in letzter Zeit häufiger Bargeld verschwunden. Dabei fehlte manchmal Geld in der Ladenkasse des Verkaufsshops und manchmal fehlte Geld in der Kasse, in der der Bargeldbestand des Unternehmens aufbewahrt wird. Eines Tages beobachtet Moritz Wagner Frau Kirchhoff aus der Abteilung Buchhaltung/Verwaltung dabei, wie sie Geld aus der Kasse nimmt und in ihre eigene Handtasche steckt. Er stellt sie sofort zur Rede. Sie gibt zu, dass sie in den letzten Wochen häufiger Geld im Betrieb geklaut hat, weil es ihr finanziell nicht so gut geht.

Das ist zu tun ...

1. Wie würden Sie anstelle des Geschäftsführers Moritz Wagner handeln? Begründen Sie Ihr Vorgehen.
2. Moritz Wagner möchte Frau Kirchhoff fristlos entlassen. Muss er ihr vorher eine Abmahnung erteilen?

Das sollte man wissen ...

Fristlose Kündigung

Eine fristlose Kündigung beendet das Arbeitsverhältnis mit sofortiger Wirkung. Sie kann vom Arbeitgeber oder vom Arbeitnehmer ausgesprochen werden. Der Verzicht auf eine Kündigungsfrist ist allerdings nur dann möglich, wenn ein so wichtiger Kündigungsgrund vorliegt, dass dem Arbeitnehmer und/oder dem Arbeitgeber ein Warten bis zum Ende einer Kündigungsfrist nicht zugemutet werden kann. Wichtige Gründe, die zu einer fristlosen Kündigung führen können, sind aus ...

... Sicht des Arbeitnehmers:

- sittliche Verfehlung des Vorgesetzten
- Tätlichkeit
- erheblicher Lohnrückstand
- keine Urlaubsgewährung
- grobe Verletzung der Arbeitsschutzvorschriften bzw. der Fürsorgepflicht des Arbeitgebers

... Sicht des Arbeitgebers:

- eigenmächtiger Urlaubsantritt
- Diebstahl
- Arbeitsverweigerung
- Tätlichkeit
- geschäftsschädigendes Verhalten
- Nichtbeachtung von Arbeitsschutzvorschriften
- Trunkenheit am Arbeitsplatz (allerdings wird Alkoholabhängigkeit als Krankheit angesehen, hier muss dem Arbeitnehmer die Chance auf Heilung eingeräumt werden)

Eine fristlose Kündigung muss innerhalb von zwei Wochen nach Bekanntwerden des Grundes erteilt werden. In vielen Fällen ist es aber notwendig, dass der Arbeitgeber dem Arbeitnehmer eine **Abmahnung** erteilt, bevor er eine fristlose Kündigung ausspricht. Dadurch soll der Arbeitnehmer auf sein Fehlverhalten aufmerksam gemacht und informiert werden, dass es im Wiederholungsfalle zu einer sofortigen Beendigung des Arbeitsverhältnisses kommt. In den Fällen, wo das Vertrauensverhältnis zwischen Arbeitnehmer und Arbeitgeber massiv gestört ist, kann auf eine Abmahnung verzichtet werden, zum Beispiel bei Diebstahl durch den Arbeitnehmer.

Auch bei einer fristlosen Kündigung muss vorher der Betriebsrat gehört werden. Hier beträgt die Widerspruchsfrist drei Tage. Falls sich Arbeitnehmer und Arbeitgeber nicht einigen, steht der Gang zum Arbeitsgericht offen. Eine Klage muss innerhalb von drei Wochen erhoben werden. Ein häufiger Streitpunkt bei der fristlosen Kündigung ist, ob der Kündigungsgrund wirklich ein so wichtiger Grund ist, dass eine sofortige Kündigung gerechtfertigt scheint.

Für den Fall, dass das Arbeitsgericht dem Arbeitnehmer Recht gibt und festlegt, dass eine ausgesprochene Kündigung nicht wirksam ist, kann es trotzdem sein, dass der Arbeitnehmer nicht mehr bei dem Arbeitgeber arbeiten möchte. Dann wird das Arbeitsverhältnis aufgelöst und der Arbeitnehmer bekommt eine **Abfindung,** die das Gericht festlegt.

Aufgaben

Aufgaben zur Wiederholung

1 Konstruieren Sie auf Basis der Kündigungsgründe Beispiele, bei denen der Arbeitgeber oder der Arbeitnehmer fristlos kündigt.

2 Welche Rolle spielt der Betriebsrat bei einer fristlosen Kündigung?

3 Welche Fristen muss ein Arbeitnehmer beachten, wenn er gegen eine vom Arbeitgeber ausgesprochene fristlose Kündigung vorgehen will?

Aufgaben zur Gesamtwiederholung des Kapitels „Personalfreisetzung"

1 Sind die Kündigungen in den folgenden Fällen a) bis f) wirksam? Begründen Sie Ihre Meinung!

a) Paul Kleinenbauer (38 Jahre) arbeitet seit 17 Jahren in einem Industriebetrieb als Angestellter. Am 16. März 20.. erhält er die Kündigung zum 31. August 20... Begründet wird die Kündigung mit der anhaltend schwierigen wirtschaftlichen Lage. Der Betriebsrat hat keine Einwände gegen diese Kündigung.

b) Klaus Kreutzer (19 Jahre) informiert seinen Arbeitgeber am 10. März 20.. über seine bevorstehende Einberufung zum Wehrdienst. Am 13. März 20.. erhält Klaus von seinem Arbeitgeber die Kündigung zum 30. März 20.. aufgrund der schlechten wirtschaftlichen Lage des Unternehmens.

c) Ein Lagerarbeiter muss am Anfang des nächsten Jahres seinen Zivildienst antreten. Im Dezember wird er auf frischer Tat ertappt, wie er Waren im Wert von 200,00 € aus dem Lager stiehlt. Schon in den Monaten zuvor waren immer wieder kleine Fehlbestände im Lager aufgefallen. Der Arbeitgeber kündigt dem Arbeiter fristlos.

Aufgaben

d) Karin Schmidt (34 Jahre), seit sieben Jahren in der Buchhaltung einer Großhandlung beschäftigt, erhält am 12. Dezember 20.. ihre Kündigung zum 15. Februar des Folgejahres. Am gleichen Tag noch informiert sie ihren Arbeitgeber über ihre Schwangerschaft.

e) Die Auszubildende im zweiten Lehrjahr Petra Schulte (19 Jahre) erhält am 23. März 20.. ihre Kündigung mit der Begründung, dass die Firma sich aufgrund der schlechten Auftragslage nicht in der Lage sieht, sie weiterzubeschäftigen. Als Kündigungstermin wird der 15. April 20.. angegeben.

f) Ulla Knappe ist Auszubildende und hat in einem Informationsgespräch mit dem Betriebsrat erfahren, dass sie besonderen Kündigungsschutz genießt. Sie nutzt dies als „Narrenfreiheit" aus und erscheint in den folgenden Tagen und Wochen häufiger unpünktlich zur Arbeit („Seit ich arbeite, komme ich morgens immer so schlecht aus dem Bett!") und sie geht immer seltener in die Berufsschule („Irgendwann muss ich mich ja mal ausruhen ...!"). Ihr Arbeitgeber spricht ihr, nachdem er ihr zwei Abmahnungen geschickt hat, die fristlose Kündigung aus.

2 Sind die angegebenen Kündigungstermine (unabhängig von Aufgabenteil 1!) richtig berechnet worden?

4.3 Personalbeurteilung: Arbeitszeugnis

Das ist geschehen ...

Sabine Hauser aus der Abteilung Einkauf überlegt, ob sie den Arbeitsplatz wechseln soll. In letzter Zeit hat sie öfters Meinungsverschiedenheiten mit ihrem Chef Moritz Wagner gehabt, sodass sie sich nach einem anderen Arbeitsplatz umsehen möchte. Da sie in der Mediaworld e. K. ihrer Meinung nach immer gute Leistungen erbracht hat, möchte sie gerne ein Arbeitszeugnis von ihrem Arbeitgeber ausgestellt bekommen.

Das ist zu tun ...

Schreiben Sie ein Arbeitszeugnis für Frau Sabine Hauser, wohnhaft im Sternbuschweg 19 in 47057 Duisburg, geboren am 13.07.1965 und seit dem 01.07.20.. in der Mediaworld e. K. beschäftigt. Gehen Sie davon aus, dass das Arbeitsverhältnis am 31.10.20.. endet. Bauen Sie das Arbeitszeugnis wie folgt auf:

- Daten des Unternehmens
- persönliche Daten des Arbeitnehmers
- Tätigkeitsbeschreibung mit Beurteilung
- persönliches Verhalten mit Beurteilung
- Austrittstermin und Schlusssatz nicht vergessen!

Die Beurteilung der Führung, Leistung und des Fachkönnens von Frau Hauser bleibt Ihnen überlassen. Lesen Sie unbedingt die unten stehenden Informationen zum Arbeitszeugnis, damit Sie wichtige Details nicht vergessen!

Arbeitszeugnis

Das sollte man wissen ...

Endet ein Arbeitsverhältnis, hat ein Arbeitnehmer das Recht auf ein Arbeitszeugnis. Dieses kann er für Bewerbungen bei künftigen Arbeitgebern nutzen, um zu zeigen, wie die Arbeitsleistungen von den vorherigen Arbeitgebern beurteilt wurden.

Arbeitszeugnisse spielen im Laufe des Berufslebens eine wichtige Rolle. Je länger die Schulausbildung und die eigentliche Berufsausbildung her ist, desto weniger interessieren sich Arbeitgeber für diese dann veralteten Zeugnisse. Dafür ist es umso interessanter für sie zu erfahren, wie die Arbeitsleistungen des Arbeitnehmers am letzten Arbeitsplatz waren. Dies steht im Arbeitszeugnis.

Als Arbeitnehmer hat man ein Anrecht auf ein Arbeitszeugnis, wenn das Arbeitsverhältnis endet, und zwar nicht erst am letzten Arbeitstag, sondern schon dann, wenn ein Ende absehbar ist, etwa wegen einer erfolgten Kündigung durch den Arbeitgeber.

Es werden zwei Arten von Arbeitszeugnissen unterschieden:

einfaches Arbeitszeugnis	qualifiziertes Arbeitszeugnis
Es werden nur Art und Dauer der Beschäftigung dargestellt.	Es werden neben der Art und der Dauer der Beschäftigung auch die Führung, das Fachkönnen und die Leistung des Arbeitnehmers beurteilt.

Außerdem gelten bestimmte Formvorschriften:

Ein Arbeitszeugnis

- muss maschinenschriftlich auf Geschäftspapier erstellt sein.
- muss die persönlichen Angaben des Arbeitnehmers enthalten.
- darf keine äußeren Mängel (Flecken, Knicke usw.) aufweisen.
- darf keine Schreibfehler beinhalten.
- darf keine Hervorhebungen (Unterstreichungen, Fettdruck usw.) enthalten.
- muss in Deutsch ausgestellt werden.
- muss das Ausstellungsdatum und die Unterschrift des Vorgesetzten enthalten.

Das Schwierigste an der Zeugnisschreibung ist die Beurteilung der Führung und der Leistung des Arbeitnehmers. Der Arbeitgeber muss bei der Wahrheit bleiben, er darf sich also keine negativen Beurteilungen ausdenken. Aber er muss auf der anderen Seite natürlich schlechte Leistungen auch benennen. Allerdings muss ein Arbeitszeugnis wohlwollend formuliert sein. Schließlich darf es das berufliche Fortkommen des Arbeitnehmers nicht behindern. In diesem Spannungsfeld zwischen Wohlwollen und Wahrheit findet die Zeugnisschreibung statt:

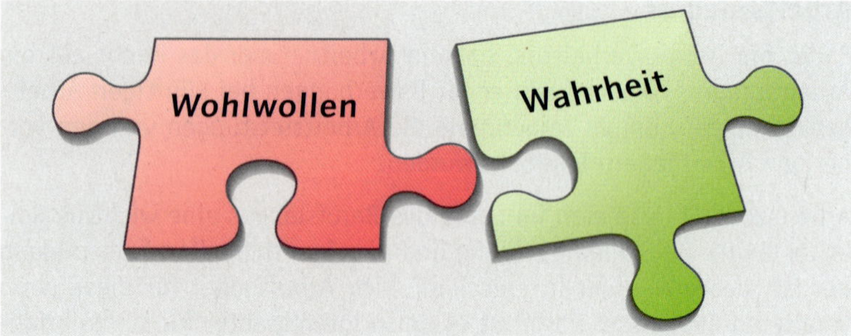

Das hat zur Folge, dass sich für Arbeitszeugnisse so etwas wie eine eigene Sprache entwickelt hat. In dieser Sprache klingen sogar negative Sachen positiv und (fast) gut. Es gibt sogar Geheimfloskeln, die man übersetzen muss, damit man weiß, was der Zeugnisschreiber meint.

Bei der Beurteilung von Arbeitsleistung und Führung gilt ein Notenschema, wie man es von der Schule kennt: „Sehr gut" steht für herausragende Leistungen, ein „Ungenügend" für eine völlig unzureichende Leistung.

Beispielhafte Formulierungen für unterschiedliche Beurteilungen:

	sehr gut	gut	befriedigend	ausreichend	mangelhaft	ungenügend
Arbeitsleistung	Er hat die ihm übertragenen Aufgaben stets zu unserer vollsten Zufriedenheit ausgeführt.	Er hat die ihm übertragenen Aufgaben stets zu unserer vollen Zufriedenheit ausgeführt.	Er hat die ihm übertragenen Aufgaben zu unserer vollen Zufriedenheit ausgeführt.	Er hat die ihm übertragenen Aufgaben zu unserer Zufriedenheit ausgeführt.	Er hat die ihm übertragenen Aufgaben im Großen und Ganzen zu unserer Zufriedenheit ausgeführt.	Er hat sich bemüht, die ihm übertragenen Aufgaben zu unserer Zufriedenheit auszuführen.
Fachkönnen	Er beherrscht seinen Arbeitsbereich umfassend und überdurchschnittlich.	Er beherrscht seinen Arbeitsbereich überdurchschnittlich.	Er beherrscht seinen Arbeitsbereich in jeder Hinsicht entsprechend den Anforderungen.	Er beherrscht seinen Arbeitsbereich entsprechend den Anforderungen.	Er beherrscht im Großen und Ganzen seinen Arbeitsbereich.	Er hat sich bemüht, seinen Arbeitsbereich den Anforderungen entsprechend zu beherrschen.
Verhalten	Sein Verhalten zu Vorgesetzten und Mitarbeitern war stets vorbildlich und in allerbester Weise einwandfrei.	Sein Verhalten zu Vorgesetzten und Mitarbeitern war vorbildlich und in bester Weise einwandfrei.	Sein Verhalten zu Vorgesetzten und Mitarbeitern war in jeder Hinsicht einwandfrei.	Sein Verhalten zu Vorgesetzten und Mitarbeitern war einwandfrei.	Sein Verhalten zu Vorgesetzten und Mitarbeitern war weitestgehend einwandfrei.	Er gab sich Mühe, ein einwandfreies Verhalten gegenüber seinen Vorgesetzten und Mitarbeitern zu zeigen.

Manche Sachen darf der Arbeitgeber in einem Arbeitszeugnis nicht so schreiben, wie er gerne möchte, da ein Arbeitszeugnis wohlwollend formuliert sein muss. Dafür gibt es einen Geheimcode, den der Arbeitgeber, der das Zeugnis liest, übersetzen kann.

Einige Geheimfloskeln mit Übersetzung lauten:

Geheimfloskel	Übersetzung:
Er hat sich im Rahmen seiner Fähigkeiten eingesetzt.	Er hat getan, was er konnte, doch das war nicht viel.
Er zeigte viel Verständnis für seine Arbeit.	Er war faul und hat nichts geschafft.
Im Kollegenkreis galt er als toleranter Mitarbeiter.	Für Vorgesetzte ist er ein unangenehmer Mitarbeiter.
Mit seinen Vorgesetzten ist er sehr gut zurechtgekommen.	Er ist ein Mitläufer und Jasager.
Durch seine Geselligkeit trug er zur Verbesserung des Betriebsklimas bei.	Er neigt dazu, zu viel Alkohol zu trinken.
Seine Leistung zeichnet sich durch besondere Genauigkeit aus.	Er arbeitet so langsam wie eine Schnecke.
Wegen seiner Pünktlichkeit war er stets ein gutes Vorbild.	Pünktlich ist er, aber sonst zu nichts zu gebrauchen.
Wir wünschen ihm alles Gute, vor allem Gesundheit.	Er feiert häufig krank.

Aufgabe

Aufgabe zur Wiederholung

Beurteilen Sie das folgende Arbeitszeugnis:

Mammuth GmbH
Audiogeräte

Mammuth GmbH • Gelsenstr. 32 • 46147 Oberhausen

Gelsenstraße 32
46147 Oberhausen

Telefon: 0208 88888-12
Telefax: 0208 88888-13

E-Mail: mammuthaudio@wvd.de
www.mammuthaudio-wvd.de

Arbeitszeugnis

Frau Nathalie Wilhelms, geboren am 12.12.1970 in Essen, war in der Zeit von Januar 2000 bis Mai 2005 in unserem Unternehmen beschäftigt.

Frau Wilhelms war in der Abteilung Absatz eingesetzt und beschäftigte sich mit dem Verkauf aller Handelswaren unseres Sortimentes. Diese Aufgaben erledigte sie zu unserer vollen Zufriedenheit. Ihre Warenkenntnisse sind in jeder Hinsicht entsprechend den Anforderungen; technischen Neuerungen stand sie aufgeschlossen gegenüber, angebotene Weiterbildungen hat sie ordnungsgemäß absolviert.

Mit ihren Vorgesetzten ist Frau Wilhelms gut zurechtgekommen, im Umgang mit Kollegen zeigte sie sich sehr angepasst und zuverlässig.

Frau Wilhelms verlässt unser Unternehmen zum 31. Mai 2005, wir wünschen ihr für ihren weiteren Werdegang alles Gute.

Oberhausen, 30. Mai ..

Heribert Schuur

Heribert Schuur, Personalleiter

5 Buchungen im Personalbereich

5.1 Personalaufwendungen

Das ist geschehen ...

In der Abteilung Buchhaltung/Verwaltung der Mediaworld e. K. liegt die Lohnabrechnung von Peter Bäumer, dem Lagerarbeiter, vor:

Mediaworld/e. K. **Verdienstabrechnung**

Name: Peter Bäumer Adresse: Flachsmarkt 38 47051 Duisburg	Geburtsdatum:	Steuerklasse:	Krankenkasse:	Konfession:	Monat/ Jahr:
	09.08.1951	I	AOK (14,0 %)	katholisch	06/20..

Bruttobezüge:			
1.892,99 €	**Lohnsteuer:**	**Solidaritätszuschlag:**	**Kirchensteuer:**
Summe Steuerabzüge: 265,64 €	232,00 €	12,76 €	20.88 €

Summe Abzüge Sozialversicherung (Arbeitnehmerbeitrag):	Krankenversicherung:	Pflegeversicherung:	Rentenversicherung:	Arbeitslosenversicherung:
416,45 €	149,55 €	20,82 €	184,56 €	61,52 €

Nettobezüge:
1.210,90 €

Das ist zu tun ...

Schlüsseln Sie die Personalkosten, die für Peter Bäumer anfallen, auf:

1. Welcher Bruttolohn fällt an?
2. Wie hoch sind die gesamten Steuern?
3. Wie hoch sind die gesamten Beiträge des Arbeitnehmers zur Sozialversicherung?
4. Wie hoch sind die gesamten Beiträge des Arbeitgebers an die Sozialversicherung?
5. Wie hoch ist der Auszahlungsbetrag an Peter Bäumer?

Personalaufwendungen

Das sollte man wissen ...

Die Aufwendungen eines Unternehmens für sein Personal setzen sich nicht nur aus den Beträgen zusammen, die die Arbeitnehmer als Nettobezüge ausgezahlt bekommen. Dazu kommen die Steuern, die an das Finanzamt abgeführt werden, und die Beiträge des Arbeitnehmers zur Sozialversicherung. Beides wird dem Mitarbeiter direkt vom Bruttoverdienst abgezogen.

Zusätzlich fallen aber weitere Kosten für das Unternehmen an, denn der Arbeitgeber muss sich an der Finanzierung der Sozialversicherungen beteiligen. Ein vereinfachendes Beispiel verdeutlicht dies:

Beispiel

Bruttoverdienst	2.000,00 €
Lohnsteuer, Solidaritätszuschlag, Kirchensteuer:	300,00 €
Arbeitnehmerbeitrag zur Sozialversicherung:	440,00 €
Nettoverdienst	1.260,00 €
Arbeitgeberbeitrag zur Sozialversicherung:	420,00 €
Gesamtaufwand des Arbeitgebers:	2.420,00 €

muss an das Finanzamt überwiesen werden

muss an die Sozialversicherungsträger überwiesen werden

- Der Arbeitnehmer verdient brutto 2.000,00 €, netto werden 1.260,00 € an ihn ausgezahlt.
- Die Steuern werden an das Finanzamt überwiesen, sie stellen buchhalterisch eine Schuld gegenüber dem Finanzamt dar.
- Die Beiträge zur Sozialversicherung bestehen zur Hälfte aus den Arbeitnehmerbeiträgen, die andere Hälfte wird vom Arbeitgeber bezahlt. Beide Anteile werden an die Krankenkasse des Arbeitnehmers überwiesen, die sie dann an die anderen Sozialversicherungen verteilt.
- Der Arbeitgeber hat einen Gesamtaufwand in Höhe von 2.420,00 €, da ihn der Arbeitnehmer nicht nur den Bruttoverdienst „kostet", sondern er auch noch die Hälfte der Beiträge zur Sozialversicherung dazusteuert.

Die Überweisungen der Steuern an das Finanzamt und der Sozialversicherungsbeiträge an die Krankenkassen erfolgen im Monat nach der Gehaltsauszahlung. Die Überweisung an das Finanzamt muss bis zum 10. des Folgemonats, die Überweisung an die Sozialversicherungsträger bis zum 15. des Folgemonats erfolgen.

5.2 Buchung der Personalaufwendungen

Das ist geschehen ...

Bastian Lenz hat bei seiner Tätigkeit in der Abteilung Buchhaltung/Verwaltung die Verdienstabrechnung des Lagerarbeiters Peter Bäumer vorliegen (→ Kapitel 5.1). Florian Peek bittet ihn, die entsprechende Buchung im Grundbuch und im Hauptbuch der Mediaworld e. K. vorzunehmen.

Das ist zu tun ...

Bilden Sie die Buchungssätze zur Buchung der Verdienstabrechnung.

Das sollte man wissen ...

Buchung der Personalaufwendungen

Die Verdienstabrechnung zeigt die Beträge an, die gebucht werden müssen. Im vorherigen Kapitel wurde die Herkunft bzw. Verwendung der einzelnen Beträge schon erläutert. Die einzelnen Positionen werden auf Konten gebucht, die zum Teil bekannt und zum Teil neu sind.

Zuordnung der Beträge einer Verdienstabrechnung auf die zu buchenden Konten:

Position in der Verdienstbescheinigung	Konto	Erläuterung
Bruttolohn/Bruttogehalt	**6200 Löhne/6300 Gehalt**	Lohnzahlung bei Arbeitern, Gehaltszahlung bei Angestellten
Lohnsteuer, Solidaritätszuschlag, Kirchensteuer	**4830 Verbindlichkeiten gegenüber Finanzbehörden**	Die Steuern sind eine Schuld (Verbindlichkeit) gegenüber dem Staat, sie sind an das zuständige Finanzamt zu überweisen.
Arbeitnehmerbeiträge zur Sozialversicherung	**4840 Verbindlichkeiten gegenüber Sozialversicherungsträgern**	Die Beiträge zur Sozialversicherung sind eine Verbindlichkeit gegenüber deren Trägern, sie sind an die zuständige Krankenkasse zu zahlen.
Nettolohn/Nettogehalt (Auszahlungsbetrag)	**2800 Bank**	Der Nettobetrag ist in der Regel auch der Auszahlungsbetrag, der an den Arbeitnehmer überwiesen wird.

Hinzu kommt der Arbeitgeberanteil zur Sozialversicherung. Dieser stellt zunächst auch eine Verbindlichkeit dar und wird auf dem gleichen Konto „Verbindlichkeiten gegenüber Sozialversicherungsträgern" gebucht. Die Gegenbuchung erfolgt im Konto „Arbeitgeberanteil zur Sozialversicherung".

Position	Konto	Erläuterung
Arbeitgeberbeiträge zur Sozialversicherung	**6400 Arbeitgeberanteil zur Sozialversicherung**	Die Arbeitgeberbeiträge zur Sozialversicherung stellen einen Aufwand dar.
Arbeitgeberbeiträge zur Sozialversicherung	**4840 Verbindlichkeiten gegenüber Sozialversicherungsträgern**	Die Beiträge zur Sozialversicherung sind eine Schuld gegenüber deren Trägern, sie sind an die zuständige Krankenkasse zu zahlen.

Es sind somit **zwei** Sachen zu berücksichtigen:

- die Positionen aus der Verdienstabrechnung des Arbeitnehmers
- die Arbeitgeberbeiträge zur Sozialversicherung

Entsprechend werden **zwei** Buchungssätze notwendig, um den Sachverhalt zu buchen.

Da die Konten nun bekannt sind, muss noch überlegt werden, auf welcher Kontenseite jeweils gebucht werden muss, damit die Buchungssätze aufgestellt werden können.

Für diese Überlegung wird auf das vereinfachte Zahlenbeispiel aus dem vorherigen Kapitel 5.1 zurückgegriffen.

Erster Buchungssatz zur Buchung der Personalaufwendungen:

Position	Beträge	Konto	Kontenseite, auf der gebucht werden muss	Begründung
Bruttolohn	2.000,00 €	Löhne	Soll	Aufwendungen werden immer im Soll gebucht
Lohnsteuer, Solidaritätszuschlag, Kirchensteuer	300,00 €	Verbindlichkeiten gegenüber Finanzbehörden	Haben	Mehrung in einem Passivkonto
Arbeitnehmerbeiträge zur Sozialversicherung	440,00 €	Verbindlichkeiten gegenüber Sozialversicherungsträgern	Haben	Mehrung in einem Passivkonto
Nettolohn/Nettogehalt (Auszahlungsbetrag)	1.260,00 €	Bank	Haben	Minderung in einem Aktivkonto

Daraus ergibt sich der Buchungssatz:

Konten	Soll	Haben
6200 Löhne	2.000,00 €	
an 4830 Verbindl. gg. Finanzbehörden		300,00 €
an 4840 Verbindl. gg. Soz.ver.tr.		440,00 €
an 2800 Bank		1.260,00 €

Zweiter Buchungssatz zur Buchung der Personalaufwendungen:
Für den Arbeitgeberanteil zur Sozialversicherung benötigt man die vorher stehenden Konten, es muss wie folgt in den Konten gebucht werden:

Position	Beträge	Konto	Kontenseite, auf der gebucht werden muss	Begründung
Arbeitgeberbeiträge zur Sozialversicherung	420,00 €	Arbeitgeberanteil zur Sozialversicherung	Soll	Aufwendungen werden im Soll gebucht
Arbeitgeberbeiträge zur Sozialversicherung	420,00 €	Verbindlichkeiten gegenüber Sozialversicherungsträgern	Haben	Mehrung in einem Passivkonto

Der Buchungssatz lautet:

Konten	Soll	Haben
6400 Arbeitgeberanteil zur Sozialversicherung	420,00 €	
an 4840 Verbindl gg. Soz.ver.tr.		420,00 €

Bei den Buchungen im Hauptbuch ergeben sich keine Schwierigkeiten, da die neuen Konten entweder Bestandskonten oder Aufwandskonten sind. Auf diesen Konten wird wie üblich gebucht, auch der Kontenabschluss wird wie gewohnt durchgeführt.

Buchungen im Hauptbuch:

1. Buchungssatz:

Konten	Soll	Haben
6200 Löhne	2.000,00 €	
an 4830 Verbindl. gg. Finanzbehörden		300,00 €
an 4840 Verbindl. gg. Soz.ver.tr.		440,00 €
an 2800 Bank		1.260,00 €

Soll	6200 Löhne		Haben
❶ 4830, 4840, 2800	2.000,00		

Soll	4830 Verb. gg. Finanzbehörden		Haben
		❶ 6200	300,00

Soll	2800 Bank		Haben
EBK	9.400,00	❶ 6200	1.260,00

Soll	4840 Verb. gg. Soz.ver.tr.		Haben
		❶ 6200	440,00
		❷ 6400	420,00

Soll	6400 Arbeitgeberanteil zur SV.		Haben
❷ 4840	420,00		

2. Buchungssatz:

Konten	Soll	Haben
6400 Arbeitgeberanteil zur Sozialversicherung	420,00 €	
an 4840 Verbindl. gg. Soz.ver.tr.		420,00 €

6022342

Letztlich darf man nicht vergessen, dass die Verbindlichkeiten gegenüber dem Finanzamt und gegenüber den Sozialversicherungsträgern am 10. bzw. am 15. des Folgemonats bezahlt werden müssen. Dies geschieht in der Regel per Banküberweisung.

Konten	Soll	Haben
4830 Verbindl. gg. Finanzbehörden an 2800 Bank	300,00 €	 300,00 €

Konten	Soll	Haben
4840 Verbindl. gg. Sozialversicherungsträgern an 2800 Bank	860,00 €	 860,00 €

Aufgaben zur Wiederholung

1 a) Bilden Sie die Buchungssätze zur Gehaltsabrechnung des folgenden Mitarbeiters.

Name	Bruttogehalt	Lohnsteuer	Solidaritätszuschlag	Kirchensteuer	Krankenversicherung	Pflegeversicherung	Rentenversicherung	Arbeitslosenversicherung	Nettogehalt
Heiner Schneller	2.429,00	425,25	23,38	38,27	157,89	20,65	236,83	78,94	1.447,79

b) Bilden Sie den Buchungssatz zur Überweisung der Steuern und der Beiträge zur Sozialversicherung (der Arbeitgeberanteil zur Krankenversicherung beträgt 136,02 €).

2 In einer Großhandlung liegt die folgende Lohnliste vor.

a) Ermitteln Sie die fehlenden Beträge.

b) Bilden Sie die Buchungssätze zur Buchung der Gesamtbeträge.

c) Bilden Sie die Buchungssätze zur Überweisung der Verbindlichkeiten an Steuern und Sozialversicherungsbeiträgen.

Name	Bruttolohn	Lohn-Steuer	Solidaritätszuschlag	Kirchensteuer	KV Arbeitnehmer	KV Arbeitgeber	PV Arbeitnehmer	PV Arbeitgeber	Rentenversicherung	Arbeitslosenversicherung	Nettolohn
W. Günther	1.660,40	170,66	9,38	15,35	127,02	112,08	18,26	14,11	161,89	53,96	
L. Zuffler	2.123,56	265,50	7,54	12,34	167,76	148,65	18,05	18,05	207,05	69,02	
O. Ton	1.907,33	26,33	---	---	155,45	138,28	16,21	16,21	185,96	61,99	
SUMME:											

3 Bilden Sie die Buchungssätze zu den folgenden Geschäftsfällen:

1. An einen Angestellten wird Gehalt gezahlt,
   Bruttogehalt . . . . 2.621,00 €
   Lohnsteuer, Solidaritätszuschlag und Kirchensteuer . 489,21 €
   Beiträge des Arbeitnehmers zur Sozialversicherung . 547,79 €
   Auszahlungsbetrag . . . . 1.584,00 €

Aufgaben

2. Der Arbeitgeberanteil der Gehaltsabrechnung aus 1. wird gebucht .... 531,32 €
3. An einen Mitarbeiter wird Lohn gezahlt, Bruttolohn 1.423,78 €
   Lohnsteuer, Solidaritätszuschlag und Kirchensteuer 176,44 €
   Beiträge des Arbeitnehmers zur Sozialversicherung 281,29 €
   Auszahlungsbetrag .... 949,77 €
4. Der Arbeitgeberanteil der Lohnabrechnung aus 1. wird gebucht .... 281,29 €
5. Die Steuern aus der Gehalts- und der Lohnabrechnung werden an das Finanzamt überwiesen .... ? €
6. Die Sozialversicherungsbeiträge aus 1. und 3. werden an die zuständige Krankenkasse überwiesen ? €

Aufgabe zur Gesamtwiederholung des Kapitels

In der Mediaworld e. K. liegt die folgende unvollständige Verdienstabrechnung vor:

Mediaworld/e. K. **Verdienstabrechnung**

Name:	Geburtsdatum:	Steuerklasse:	Krankenkasse:	Konfession:	Monat/Jahr:
Karl Herwig **Adresse:** Daimlerstraße 43 47167 Duisburg	19.04.1970	III 1 Kind	DAK (14,5 %)	katholisch	09/20..

Bruttobezüge:
2.245,00 €
Summe Steuerabzüge:

Lohnsteuer:	Solidaritätszuschlag:	Kirchensteuer:

Summe Abzüge Sozialversicherung (Arbeitnehmerbeitrag):

Krankenversicherung:	Pflegeversicherung:	Rentenversicherung:	Arbeitslosenversicherung:

Nettobezüge:

a) Ermitteln Sie die fehlenden Beträge zu dieser Gehaltsabrechnung. Nutzen Sie dazu die Lohnsteuertabelle in Kapitel 2.2 auf Seite 304.

b) Bilden Sie die Buchungssätze
- zur Gehaltsabrechnung,
- zum Arbeitgeberanteil zur Sozialversicherung,
- zur Überweisung der Steuern,
- zur Überweisung der Sozialversicherungsbeiträge.

LERNFELD 4

Käuferverhalten analysieren und Marketingmaßnahmen entwickeln

1 Kaufgründe und Marketing
2 Marktforschung
2.1 Überblick über die Methoden der Marktforschung
2.2 Primärforschung am Beispiel eines Fragebogens
2.3 Sekundärforschung am Beispiel der Auswertung betriebsinterner Daten
3 Marketinginstrumente
3.1 Produkt- und Sortimentspolitik
3.2 Preispolitik
3.3 Kommunikationspolitik
3.4 Distributionspolitik
3.5 Service- und Konditionenpolitik
3.6 Marketing-Mix

LERNFELD 5

Betriebliche Prozesse dokumentieren, Daten analysieren, aufbereiten, auswerten und Ergebnisse/Maßnahmen einschätzen

1 Unternehmensziele
1.1 Ziele und Zielkonflikte
2.1 Unternehmensziel Gewinn: Ermittlung und Verteilung des Gewinns
2 Kennzahlen zur Unternehmensanalyse
2.1 Auswertung der Bilanz und des GuV-Kontos: Die Rentabilität
2.2 Lagerkennziffern
3 Erfassung des Wertverlustes: Abschreibung auf Sachanlagen
3.1 Lineare Abschreibung
3.2 Degressive Abschreibung
3.3 Besonderheiten bei der Abschreibung auf Sachanlagen
4 Finanzierungsentscheidungen
4.1 Eigen- und Fremdfinanzierung
4.2 Kreditarten
4.3 Kreditsicherung
4.4 Leasing als Sonderform der Finanzierung

LERNFELD 3

Personalmaßnahmen entwickeln und personalwirtschaftliche Kompetenzen für den eigenen Berufsweg nutzen können

1 Vertragsrechtlic Ausbildungsver
1.1 Tarifverträge
1.2 Betriebsvereinba
1.3 Personaleinstell
1.4 Berufsausbildun
2 Entlohnung
2.1 Lohn oder Gehal
2.2 Vom Brutto- zur
2.3 Ausbildungsverg
2.4 Minijobs
3 Sozialversicher
3.1 Krankenversiche
3.2 Rentenversicher
3.3 Arbeitslosenvers
3.4 Unfallversicheru
4 Personalfreiset
4.1 Fristgerechte Kü
4.2 Fristlose Kündig
4.3 Personalbeurteil
5 Buchungen im
5.1 Personalaufwend
5.2 Buchung der Per

LERNFELD 2: Aufträge bearbeiten

1 Verträge abschließen und einhalten
1.1 Einführung
1.2 Rechtssubjekte und Rechtsfähigkeit
1.3 Geschäftsfähigkeit
1.4 Eigentum und Besitz
1.5 Zustandekommen von Verträgen am Beispiel des Kaufvertrages
1.6 Inhalte des Kaufvertrages
1.7 Kaufvertragsarten
1.8 Vertragsfreiheit und Formvorsch
1.9 Weitere Vertragsarten
1.10 Nichtigkeit und Anfechtbarkeit
2 Buchführung für „Fortgeschr
2.1 Die Umsatzsteuer
2.2 Das Privatkonto
2.3 Ordnung halten: Organisation
2.4 Buchung von Belegen
3 Kaufvertragsstörungen
3.1 Erfüllung des Kaufvertrages
3.2 Mangelhafte Lieferung
3.3 Nicht-Rechtzeitig-Lieferung
3.4 Nicht-Rechtzeitig-Zahlung
3.5 Annahmeverzug
3.6 Kaufmännisches und gerichtlic
3.7 Verjährung
3.8 Allgemeine Geschäftsbedingun
4 Buchungen im Warenverkehr
4.1 Wareneinkauf
4.2 Warenverkauf
4.3 Bestandsveränderungen bei Wa
5 Zahlungsverkehr
5.1 Barzahlung
5.2 Halbbare Zahlung
5.3 Bargeldlose Zahlung
6 Den Chef vertreten: Vollmach
6.1 Handlungsvollmacht
6.2 Prokura

LERNFELD 1: In einem Unternehmen mitarbeiten können

1 Unternehmensgründung
1.1 Geschäftsidee
1.2 Erstberatung bei der IHK
1.3 Ein Name für das Unternehmen – die Firma
1.4 Handelsregister
2 Rechtsformen der Unternehmung
2.1 Überblick
2.2 Einzelunternehmung
2.3 Personengesellschaften
2.4 Kapitalgesellschaften
3 Vom Chef bis zum Auszubildenden: der Betriebsaufbau
3.1 Aufbauorganisation in der Mediaworld e. K.
3.2 Der einzelne Arbeitsplatz: Stellenbeschreibung
3.3 Führungsstile
4 Grundlagen der Buchführung
4.1 Warum Buchführung?
4.2 Inventur
4.3 Inventar
4.4 Bilanz
4.5 Werteveränderungen in der Bilanz
4.6 Gewinnermittlung durch Bilanzvergleich
4.7 Bestandskonten eröffnen

1 Kaufgründe und Marketing

Das ist geschehen ...

Zwei Verkaufsgespräche aus der Mediaworld e. K.

Karl Herwig aus der Abteilung Verkauf im Gespräch mit einem Geschäftskunden:

Bastian Lenz beim Verkaufsgespräch mit einem Kunden im Shop der Mediaworld e. K.:

Das ist zu tun ...

1. Welche Verkaufsargumente wenden Karl Herwig und Bastian Lenz in ihren Verkaufsgesprächen an?
2. Welche Kaufgründe der Kunden sprechen sie damit an?

Das sollte man wissen ...

Kaufgründe und Kundennutzen

Die Mediaworld e. K. verkauft ihre Artikel an zwei verschiedene Abnehmergruppen:

Kundengruppen der Mediaworld e. K.

Geschäftskunden
d. h. Unternehmen, die die bei der Mediaworld e. K. eingekaufte Ware weiterverkaufen wollen

Privatkunden
d. h. Endverbraucher

Diese beiden Kundenkreise haben sehr unterschiedliche Gründe, warum sie Ware bei der Mediaworld e. K. einkaufen und sie stellen sehr unterschiedliche Ansprüche an die Ware.

Die Geschäftskunden und Unternehmen benötigen die Ware, um sie weiterzuverkaufen und um damit Geschäfte zu machen. Die Kaufgründe sind also rein wirtschaftlicher Natur. Ziel der Unternehmen ist es, den eigenen Gewinn zu maximieren (→ Kapitel 1.1 im Lernfeld 5). Hierfür muss die Ware, die sie einkaufen, in erster Linie einen günstigen Preis haben. Zum Preisvergleich wird eine Bezugskalkulation durchgeführt, bei der man den günstigsten Lieferanten ermittelt (→ Kapitel 4.1.1 im Lernfeld 2). Neben dem Preis als Kaufargument sind aber auch zum Beispiel die Lieferzeit, die Qualität der Ware, ein zuverlässiger Lieferant und andere Dinge wichtig.

Privatkunden, das sind die Endverbraucher der Ware, haben ganz andere Kaufgründe. Sicherlich spielt häufig der Preis eine wichtige Rolle bei der Kaufentscheidung, daher steht er in der Liste der Kaufmotive der Kunden ganz oben. Daneben gibt es aber noch andere Kaufmotive:

Kaufmotiv	Erläuterung
Preis	■ preiswert einkaufen ■ ein gutes Preis-Leistungs-Verhältnis erzielen ■ den Preis als Qualitätsmaßstab nehmen
Geltung	■ andere beeindrucken ■ sich und den Artikel zeigen ■ beachtet werden ■ etwas Besonderes kaufen und besitzen wollen
Nützlichkeit	■ Zweckmäßigkeit ■ bequem ■ Funktionalität
Schönheit	■ schönes Design ■ schöne Farben
Umweltbewusstsein	■ ökologische Herstellung ■ umweltfreundliche Verwendung ■ umweltgerechte Entsorgungsmöglichkeit

Es ist wichtig, die Kaufgründe der Kunden zu kennen, damit man auf sie eingehen kann und den Kunden mit ihren Wünschen entgegenkommt.

Die **Kaufmotive des Kunden beeinflussen unternehmerische Entscheidungen** in fünf wichtigen Bereichen, bei ...

der Zusammenstellung des Sortimentes	der Preisgestaltung der Ware	der Verkaufsargumentation	dem Vertrieb der Ware	dem Serviceangebot

↓

Hieraus ergeben sich die fünf Marketinginstrumente:

Produkt- und Sortimentspolitik	**Preispolitik**	**Kommunikationspolitik und Werbung**	**Distributionspolitik (Vertriebspolitik)**	**Service- und Konditionenpolitik**

Beispielsweise kann man durch geschickte Preisgestaltung den Kundenwünschen nach einem günstigen Preis oder einem angemessenen Preis-Leistungs-Verhältnis nachkommen, durch eine sorgfältige Sortimentszusammenstellung kann man dem Kundenwunsch nach ökologischen Produkten entsprechen und so weiter. Durch gezieltes Marketing kann man aber auch Kaufgründe beeinflussen, etwa durch gezielte Werbung oder durch ein geschickt geführtes Verkaufsgespräch.

Die Beispiele zeigen, dass die Kaufgründe der Kunden Ausgangspunkt von Marketingentscheidungen sein können. Um mehr über die Kunden und ihre Kaufgründe zu erfahren, wird häufig versucht durch Marktforschung mehr Informationen zu bekommen. Was Marktforschung ist und wie Marktforschung betrieben wird, ist Gegenstand des nächsten Kapitels, im Anschluss daran wird auf die einzelnen Marketinginstrumente eingegangen.

Aufgaben

Aufgaben zur Wiederholung

1 Nennen Sie Beispiele für Kaufgründe
a) bei Geschäftskunden,
b) bei Privatabnehmern.

2 Welcher Kaufgrund liegt bei den folgenden Beispielen vor?
a) Ein Kunde möchte den günstigsten DVD-Spieler des Sortiments haben.
b) Eine Kundin fragt nach der Entsorgungsmöglichkeit eines Kühlschrankes, wenn er in acht oder zehn Jahren nicht mehr funktioniert.
c) Ein Kunde sucht sich einen sehr eleganten Mantel aus, der nicht nur einen hohen Preis hat, sondern dem man auch ansieht, dass er viel gekostet hat.
d) Ein Kunde benötigt ein Textverarbeitungsprogramm für seinen Computer, das ganz einfach zu bedienen ist.
e) Eine Kundin wählt eine modische Designerlampe, die farblich genau zu den Möbeln ihres Wohnzimmers passt.
f) Ein Kunde möchte Laufschuhe kaufen, die möglichst bequem und leicht sind.
g) Ein Kunde kauft ein Marken-T-Shirt mit deutlich sichtbarem Logo des Herstellers, obwohl es 5,00 € teurer ist als das T-Shirt eines anderen, unbekannten Herstellers.

3 a) Welche Marketinginstrumente gibt es?
b) Finden Sie Beispiele zu den Marketinginstrumenten.

6022348

2 Marktforschung

2.1 Überblick über die Methoden der Marktforschung

Das ist geschehen ...

Moritz Wagner ist unzufrieden, die Verkaufszahlen der Mediaworld e. K. sind seit drei Monaten rückläufig. „Wenn das so weiter geht, sind wir in wenigen Wochen in den roten Zahlen!“, denkt er sich und überlegt, warum der Verkauf so stark zurückgegangen ist. Moritz Wagner stellt fest: „Ich habe zu wenig Informationen, ich muss mehr über meinen Absatzmarkt herausfinden, ich muss den Markt erforschen!“

Das ist zu tun ...

1. Um das Problem der rückläufigen Absatzzahlen zu lösen, benötigt Moritz Wagner „mehr Informationen“, wie er selbst sagt. Worüber braucht er Informationen?
2. Die Marktforschung nutzt der Beschaffung von Informationen, die für den Absatz und den Verkauf von Waren wichtig sind. Erstellen Sie eine Zusammenfassung des Textes über die Methoden der Marktforschung in Form eines Schaubildes. Beginnen Sie das Schaubild mit dem Begriff „Marktuntersuchung“ wie folgt:

Methoden der Marktforschung

Das sollte man wissen ...

Um Entscheidungen im Marketing treffen zu können, die sich positiv auf den Verkauf und Absatz auswirken, muss man Informationen über den Absatzmarkt sammeln. Hierbei darf man nicht nur an den Kunden denken, die Sammlung von Informationen bezieht sich auf vier wichtige Bereiche:

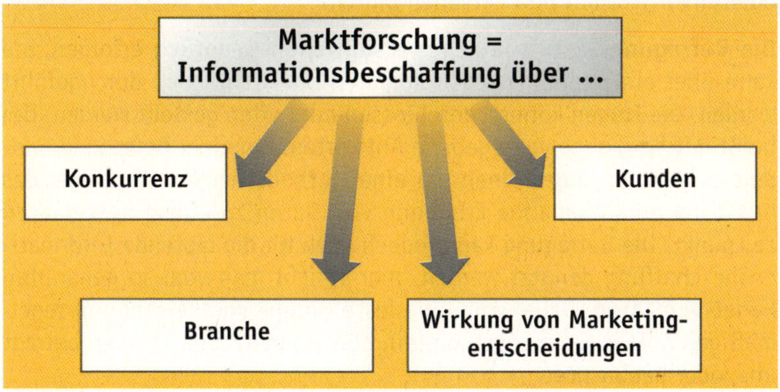

Der Oberbegriff über alle Arten von Informationsbeschaffung lautet **Marktuntersuchung.** Eine Marktuntersuchung kann unsystematisch, zufällig und mehr oder weniger planlos verlaufen, dann spricht man von einer **Markterkundung.** Dagegen ist mit **Marktforschung** eine systematische Sammlung und Auswertung von Informationen gemeint.

Die Marktforschung umfasst zwei Bereiche, die sich nach ihrer Häufigkeit unterscheiden: die **Marktanalyse** und die Marktbeobachtung. Die Marktanalyse ist eine einmalige Untersuchung, es werden zu einem festgelegten Zeitpunkt Daten ermittelt (z. B. Kaufwünsche der Kunden, Marktanteile, Alters- oder Einkommensstruktur der Kunden). Führt man laufend Marktforschung durch und beobachtet dabei Entwicklungen über eine gewisse Zeit, spricht man von **Marktbeobachtung** (z. B. wöchentliche Analyse des Verkaufes einer Ware).

Je nachdem, was man durch die Marktforschung herausfinden möchte, kann man unterschiedliche Arten von Daten auswerten. Zum einen kann man Unterlagen heranziehen, die man im Betrieb vorfindet (z. B. Auswertung von Buchhaltung, Absatzstatistik, Werbestatistik, Erfahrungsberichten der Mitarbeiter). Hier spricht man von **betriebsinternen Daten.** Oder es werden Daten herangezogen, die außerhalb des Betriebes vorhanden und zugänglich sind (z. B. Veröffentlichungen des Statistischen Bundesamtes, der Verbände, der Marktforschungsinstitute oder in Wirtschaftszeitungen, Preislisten und Kataloge der Konkurrenz). Hier handelt es sich um die Auswertung von **betriebsexternen Daten.**

Wertet man Material aus, das schon vorhanden ist, weil andere Stellen die Informationen zusammengestellt haben, spricht man von **Sekundärforschung.** Falls das vorhandene Material nicht ausreicht, muss neues Material beschafft werden, das heißt, es müssen neue, bisher unbekannte Informationen gewonnen werden. Dies nennt man **Primärforschung.** Hierbei kann es um Informationen zum Verhalten oder zu Einstellungen von Kunden und Konsumenten gehen. Diese Informationen kann man über eine Befragung herausbekommen, man kann die entsprechenden Personen beobachten oder man führt ein Experiment oder einen Test mit den Personen durch.

Die **Befragung** kann in einem **persönlichen Gespräch** erfolgen, sie kann über ein Telefongespräch ablaufen oder schriftlich durchgeführt werden. Die Fragen können geschlossen oder offen gestellt werden, das heißt mit bzw. ohne vorgegebene Antworten. Bei einer Befragung handelt es sich im Allgemeinen um eine Methode der Marktanalyse, das heißt um eine einmalige Erhebung von Daten zu einem bestimmten Zeitpunkt. Die Befragung kann jedoch auch für die laufende Informationsbeschaffung genutzt werden, hier spricht man vom so genannten **Panel-Verfahren.** Dabei wird eine feste Gruppe von Personen in regelmäßigen Abständen zu bestimmten, gleich bleibenden Themen befragt und/oder beobachtet.

Bei einer **Beobachtung** benötigt man keine direkte Auskunft von den Personen, von denen man Informationen gewinnen möchte, es wird lediglich deren Verhalten unter bestimmten Umständen (z. B. beim Einkauf, bei der Betrachtung eines neuen Produktes, ...) betrachtet und ausgewertet. Es lässt sich aber nur das feststellen, was auch sichtbar ist; über die Einstellung und die Meinung des Beobachteten bekommt man keine Informationen.

Wenn man ein **Experiment** oder einen **Test** mit Personen durchführt, wird überprüft, ob bestimmte Vermutungen zutreffen. Beispielsweise kann man vermuten, dass ein neues Werbeplakat auf die Betrachter schockierend wirkt. Dies kann man durch einen Test überprüfen. Findet dieser Test in der normalen Lebenswelt statt, spricht man von einem **Feldexperiment** (beispielsweise wird das Plakat an einer Bushaltestelle aufgehängt und die Reaktionen der Betrachtenden werden beobachtet). Bei einem **Laborexperiment** schafft man künstliche Bedingungen, um andere Einflüsse auszuschalten (indem zum Beispiel das Plakat in einem ansonsten leeren Raum aufgehängt wird und einzelne Personen hereingeführt werden und das Plakat beurteilen müssen).

Aufgaben zur Wiederholung

Aufgaben

1 a) Nennen Sie den Unterschied zwischen einer Marktanalyse und einer Marktbeobachtung.

b) Welcher Unterschied besteht zwischen betriebsinternen und betriebsexternen Daten?

c) Unterscheiden Sie die Begriffe Primärforschung und Sekundärforschung.

2 Ordnen Sie die folgenden Beispiele den im Text genannten Begriffen zu:

a) In einem Supermarkt wird beobachtet, wie die Kunden auf eine neue Verpackung eines Getränkes reagieren.

b) Ein Unternehmen wertet die Umsatzstatistik aus.

c) In einer Fußgängerzone werden Passanten zur Gestaltung der Fußgängerzone und dem Angebot an Einzelhandelsgeschäften befragt.

d) Eine bestimmte Anzahl von Einwohnern der Stadt Duisburg wird im Abstand von jeweils drei Monaten zu ihren Einkaufsgewohnheiten befragt.

e) In einem neutralen Raum wird an verschiedenen Menschen der neue Geschmack eines Schokoriegels getestet.

2.2 Primärforschung am Beispiel eines Fragebogens

Das ist geschehen ...

Moritz Wagner ist mit den rückläufigen Verkaufszahlen seines Unternehmens sehr unglücklich. Er möchte Abhilfe schaffen und die Situation verbessern, er weiß allerdings nicht so genau, ob das Wegbleiben der Kunden vielleicht

- an den angebotenen Artikeln,
- an fehlenden Artikeln im Sortiment,
- am Preisniveau,
- am Service,
- am Verkaufspersonal,
- an der Ladengestaltung
- oder vielleicht an anderen Faktoren liegt.

Er beschließt, die Kunden seines Verkaufsshops in einer Fragebogenaktion interviewen zu lassen. Er beauftragt den Auszubildenden Bastian Lenz und den Praktikanten Andreas Zimmer, einen Fragebogen vorzubereiten und eine Befragung durchzuführen.

Das ist zu tun ...

- Erstellen Sie einen Fragebogen, der für eine Befragung der Kunden des Verkaufsshops der Mediaworld e. K. genutzt werden kann.
- Orientieren Sie sich an den Fragen, die Moritz Wagner in der obigen Situationsbeschreibung unklar sind.
- Beachten Sie dabei die Informationen zum Aufbau eines Fragebogens und nutzen Sie die verschiedenen Möglichkeiten der Fragestellung.

Das sollte man wissen ...

Fragebogen

Die Befragung ist neben der Beobachtung und dem Experiment eine Methode der Primärforschung. Sie ist die Methode, die am häufigsten angewandt wird. Dabei kann eine Befragung mündlich oder schriftlich stattfinden, sie kann im direkten Gespräch mit dem Gegenüber oder per Telefon durchgeführt werden.

Grundlage einer Befragung ist ein Fragebogen. Je genauer die Fragen formuliert sind und je enger die Antwortmöglichkeiten eingegrenzt sind, desto eher lässt es sich vermeiden, dass derjenige, der das Interview führt, den Befragten beeinflusst. Ein weiterer Vorteil des durch feste Fragen und Antwortmöglichkeiten standardisierten Interviews ist, dass die Ergebnisse vergleichbar sind und sich einfache Durchschnittswerte ermitteln lassen.

Beispiel

Frage: Wie empfinden Sie die Verkaufsatmosphäre im Verkaufsshop der Mediaworld e. K.?

Antwort:

angenehm				unangenehm
1	2	3	4	5

Auswertung: 24 x 1, 32 x 2, 13 x 3, 2 x 4, 1 x 5
= Durchschnittswert für die Verkaufsatmosphäre: **1,9**

Um ein möglichst gutes und brauchbares Ergebnis bei der Befragung zu erzielen, muss der Fragebogen richtig aufgebaut sein. Bei der Gestaltung sollte man sich an die folgenden fünf Abschnitte halten:

Aufbau eines Fragebogens

1. Einleitungstext

Zu Beginn des Fragebogens stellt sich der Interviewer vor und erklärt das Ziel der Befragung.

Beispiel

„Hallo, wir sind die Firma XY. Wir führen eine Befragung über das Einkaufsverhalten in Duisburg durch und möchten Ihnen ein paar Fragen stellen."

2. Filterfrage und Eisbrecherfrage

Um Kosten bei der Befragung zu sparen, muss sofort zu Beginn der Befragung geklärt werden, ob die befragte Person überhaupt Kenntnisse zu dem Befragungsthema hat. Falls dies nicht der Fall ist, muss die Befragung an dieser Stelle abgebrochen werden.

Beispiel

Filterfrage bei einer Fragebogenaktion über den Geschmack eines Jogurts: „Haben Sie schon einmal diesen Jogurt gegessen?"

Die Eisbrecherfrage soll dem Befragten die ersten Hemmungen nehmen und die Gesprächssituation auflockern.

Beispiel

Eisbrecherfrage bei der Befragung über den Geschmack von Jogurt: „Wie gefällt Ihnen unser Geschmacksangebot bei Jogurt im Allgemeinen?"

3. Kernfragen

Hierbei handelt es sich um die eigentlichen Fragen zum Thema. Man unterscheidet dabei Fragen nach Fakten, Meinungen, Verhalten und Motiven.

Beispiel

„Kennen Sie die Marke XYZ?" „Wie empfinden Sie die Beratung unseres Verkaufspersonals?" „Halten Sie die Parkmöglichkeiten an unserem Geschäft für ausreichend oder für nicht ausreichend?"

4. Statistikfragen

Diese Fragen sind vorrangig zur Person des Befragten. Sie werden am Schluss des Fragebogens gestellt, da die Befragten dann in der Regel auskunftsfreudiger sind.

Beispiel

„Welchen Beruf üben Sie aus?" „Wie viel Geld steht Ihnen im Monat zur Verfügung?"

5. Dank für das Gespräch

Am Ende des Fragebogens erfolgt eine Danksagung, um sich bei dem Befragten in guter Erinnerung zu halten.

Beispiel

„Vielen Dank für das Gespräch."

Die einzelnen Fragen eines Fragebogens können in verschiedenen Formen gestellt werden. Der eigentliche Unterschied der Frageformen zeigt sich bei den Antwortmöglichkeiten. Die folgende Auflistung zeigt verschiedene Frageformen:

Frageformen

Frage:	Antwortmöglichkeit	Frageform:
Essen Sie gerne Pizza?	Ja ☐ Nein ☐	Ja/Nein-Frage
Welche Art von Musik hören Sie gerne? Vergeben Sie Noten von 1 bis 5.	Klassik ☐ Rockmusik ☐ Jazz ☐ Schlager ☐ Popmusik ☐	Zuordnungsfrage
Wie finden Sie das Preis-Leistungs-Verhältnis?	angemessen ☐ ☐ ☐ ☐ ☐ unangemessen	Skalierungsfrage
Ich fahre gerne mit der Bahn, weil	☐ ich mich dabei entspannen kann. ☐ ich damit am schnellsten zu meinem Ziel gelange. ☐ man hier immer neue Menschen kennen lernt. ☐ weil ich die Zeit zum Lesen oder Arbeiten nutzen kann.	Alternativfrage
Welcher Artikel fehlt Ihnen in unserem Sortiment?	__________ (Leerzeile für jede mögliche Antwort des Befragten)	offene Frage

Aufgaben

Aufgabe zur Wiederholung

a) Welche Arten von Befragung unterscheidet man?
b) In welche fünf Abschnitte ist ein Fragebogen aufgebaut?
c) Unterscheiden Sie die Begriffe „Filterfrage" und „Eisbrecherfrage".
d) Unterscheiden Sie die Begriffe „Kernfragen" und „Statistikfragen".
e) Worin besteht der Unterschied zwischen einer offenen Frage und den anderen Frageformen der obigen Tabelle?

Rechercheaufgabe/Projekt:

1. Überlegen Sie sich Beispiele und Themengebiete für eine Befragung der Schüler Ihrer Schule. (Zum Beispiel: Zufriedenheit mit der Schulcafeteria, Schulhofgestaltung, ...)
2. Entscheiden Sie sich in der Klasse für ein Themengebiet.
3. Entwerfen Sie in Kleingruppen einen Fragebogen zu diesem Themengebiet.
4. Führen Sie die Befragung mithilfe Ihres Fachlehrers durch. Werten Sie die Ergebnisse aus, bereiten Sie die Daten ansehnlich auf und veröffentlichen Sie die Daten in der Schule.

2.3 Sekundärforschung am Beispiel der Auswertung betriebsinterner Daten

Das ist geschehen ...

Moritz Wagner reichen die Ergebnisse der Kundenbefragung nicht aus. Er möchte noch zusätzliche Informationen sammeln, um genau über die Situation seines Unternehmens Bescheid zu wissen. Daher hat er Karl Herwig aus der Abteilung Verkauf gebeten, eine „Renner-Penner-Liste" zu erstellen. Außerdem will er eine Aufstellung über die Umsätze der einzelnen Kunden haben. Karl Herwig macht sich an die Arbeit und legt kurz darauf die folgenden Aufstellungen vor:

Umsatzstatistik der Kunden (Auszug):

Kunden-nr.	Kunde	Branche/Beschreibung	Ort	Umsatz im laufenden Jahr (in €)	Vergleichsumsatz a. d. letzten Jahr (in €)
24001	Heinz Lamprecht e. K.	Fachhandel für Computerzubehör	Duisburg	220.000,00	218.000,00
24002	Elektro-Günther e. K.	Fachhandel für Hi-Fi und Elektronik	Siegen	190.000,00	275.000,00
24003	Emil Meister e. K.	Büroausstattung	Duisburg	176.000,00	177.000,00
24004	Kurt Wächter e. K.	Fernseh- und Hi-Fi-Fachhandel	Dortmund	233.000,00	349.000,00
24005	Kasahar e. K.	Sound & Videoshop	Köln	245.000,00	243.000,00
24006	Heka-Multimedia GmbH	Computer- und Hi-Fi-Bedarf	Wesel	199.000,00	244.000,00

Das ist geschehen ...

Renner-Penner-Liste (Auszug):

Artikel-Nr.	Artikelbezeichnung	Einzelpreis in €	Nettoumsatz in €
H 1003	MP3-Player 512	39,00	331.500,00
S 2002	Schnitzer Plasma-fernseher PF107	1.100,00	276.100,00
H 1002	Autoradio „Vision"	89,00	265.042,00
C 3006	Salem Multibrenner	69,00	261.510,00
H 1004	Mammuth-Boxen „Eiszeit"	49,00	231.035,00
C 3004	USB-Stick 512	99,00	119.988,00
S 2006	Rollax Digitale Video-kamera DVK 2005	299,00	101.959,00
C 3003	USB-Speicher 80 GB	59,00	2.891,00
C 3008	Speedy-Computer-Tastatur	19,99	2.098,95

Das ist zu tun ...

1. Erläutern Sie die Begriffe „Umsatzstatistik" und „Renner-Penner-Liste".
2. Zeigen Sie anhand der Umsatzstatistik, welche Kunden der Mediaworld e. K. im laufenden Jahr weniger einkaufen als im letzten Jahr.
3. Zeigen Sie anhand der „Renner-Penner-Liste", welche Artikel der Mediaworld e. K. gut verkauft und welche Artikel weniger gut verkauft werden.

Das sollte man wissen ...

Sekundärforschung

Bei der Sekundärforschung werden Informationen und Daten ausgewertet, die schon vorhanden und aufbereitet sind. Die Daten werden nicht erst gewonnen, wie es bei der Primärforschung der Fall ist (→ Kapitel 2.1).

Man unterscheidet bei der Sekundärforschung Daten, die im eigenen Unternehmen vorzufinden sind, und Daten, die außerhalb des eigenen Unternehmens gesammelt und erhoben wurden.

Sekundärforschung bedeutet die vorliegenden Daten, die meist für einen anderen Zweck gewonnen wurden, für die eigene Zielsetzung auszuwerten. Dabei ist es einfacher, betriebsinterne Daten heranzuziehen, weil diese immer zur Verfügung stehen und man auf diese problemlos zugreifen kann.

Sekundärforschung

betriebsinterne Daten

Beispiele

- Daten der Buchführung
- Absatzstatistiken
- Umsatzstatistiken
- Berichte von Außendienstmitarbeitern
- Kundenkarteien
- Lagerkarteien

betriebsexterne Daten

Beispiele

- amtliche Statistiken vom Statistischen Bundesamt, von Ministerien, der Bundesbank
- Informationen von wissenschaftlichen Instituten
- Informationen von Wirtschaftsverbänden
- Veröffentlichungen in Zeitungen oder Fachzeitschriften

Häufig reichen die Daten der Sekundärforschung aber nicht aus. In diesem Fall müssen neue Daten selbst erhoben werden, indem man Primärforschung betreibt.

Aufgaben

Aufgaben zur Wiederholung

1 Handelt es sich bei den folgenden Beispielen um betriebsinterne oder um betriebsexterne Daten?
1. Bericht eines Außendienstmitarbeiters
2. Lagerstatistik
3. Veröffentlichung der IHK zum Thema „Der Einzelhandel in Duisburg"
4. Gewinn- und Verlustrechnung
5. Kataloge der Konkurrenzunternehmen
6. Absatzstatistik

2 Warum führen kleinere Betriebe häufiger Sekundärforschung als Primärforschung durch?

3 Marketinginstrumente

3.1 Produkt- und Sortimentspolitik

3.1.1 Produktlebenszyklus

Das ist geschehen ...

Moritz Wagner ist aufgefallen, dass sich der Artikel C 3008 „Speedy-Computer-Tastatur" nicht mehr so gut verkaufen lässt wie noch vor einigen Monaten.

Er schaut sich die Lagerkarteikarte des Artikels an und druckt sich über seinen Computer die Verkaufszahlen der letzten 13 Monate aus:

Verkaufszahlen Artikel Nr. C 3008 „Speedy-Computer-Tastatur"

Monate	Jan.	Febr.	März	April	Mai	Juni	Juli	Aug.	Sept.	Okt.	Nov.	Dez.	Jan.
Absatz i. Stück	150	180	220	280	390	520	570	590	600	590	520	400	300

„Hab ich es mir doch gedacht", sagt er zu sich selbst, als er die Zahlen sieht, „die Verkaufszahlen gehen zurück. Am besten ist es, wenn ich mir dies grafisch darstellen lasse." Er bittet Bastian Lenz, den Auszubildenden, aus den Zahlen eine Grafik zu erstellen.

Das ist zu tun ...

Stellen Sie den Verlauf der Verkaufszahlen über die Monate grafisch dar:

1. Erstellen Sie dazu ein Koordinatensystem, bei dem Sie auf der x-Achse die Monate und auf der y-Achse die Verkaufszahlen (den Absatz) eintragen.
2. Tragen Sie die Werte aus der Tabelle von Moritz Wagner in das Koordinatensystem ein.
3. Verbinden Sie die Punkte.
4. Beschreiben Sie den Verlauf der Kurve.

Sie können auch im Excel-Programm ein Diagramm erstellen. Verfahren Sie dabei so, wie es im Arbeitsbuch „Informationswirtschaft", Lernfeld 1, Kapitel 4 (Excel-Kurs 12) beschrieben ist.

Das sollte man wissen ...

Produktlebenszyklus

Der Verkauf bzw. der Absatz eines jeden Produktes, das auf den Markt kommt, folgt einem bestimmten Verlauf. Dieser Verlauf wird **Produktlebenszyklus** genannt. Er lässt sich grafisch darstellen, wenn die Verkaufszahlen in Stück über einen bestimmten Zeitverlauf bekannt sind.

Bei sehr vielen Produkten verläuft der Absatz gleich: Zunächst werden sehr wenige Stück verkauft, weil das Produkt noch unbekannt ist, dann steigt der Absatz plötzlich schnell an. Irgendwann flacht sich der Absatz wieder etwas ab und steigt nicht mehr so stark an, dann erreicht der Verkauf des Produktes seinen Höhepunkt. Danach geht es mehr oder weniger schnell abwärts. Grafisch dargestellt sieht der Verlauf dieses idealen Produktlebenszyklus so aus:

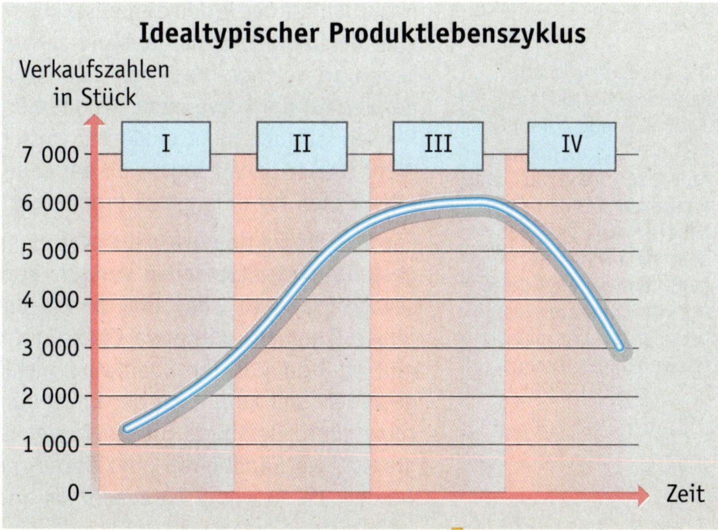

Der Produktlebenszyklus wird in vier Phasen eingeteilt, die in der Zeichnung auch angedeutet sind:

I. Einführungsphase: Die Produkt wird neu in den Markt eingeführt.
II. Wachstumsphase: Die Absatzzahlen wachsen rasant an.
III. Sättigungsphase: Die Nachfrage ist gesättigt.
IV. Abschwungphase: Die Absatzzahlen gehen stark zurück.

Die Phase, in der sich ein Produkt befindet, entscheidet über die Marketingaktivitäten, die in Angriff genommen werden müssen. Beispielsweise muss in der Einführungsphase viel Werbung betrieben werden, um das Produkt bekannt zu machen. In der Abschwungphase kann durch Marketingaktivitäten erreicht werden, dass der Abschwung hinausgezögert oder verhindert wird. Hier können alle fünf Instrumente des Marketing zum Einsatz kommen.

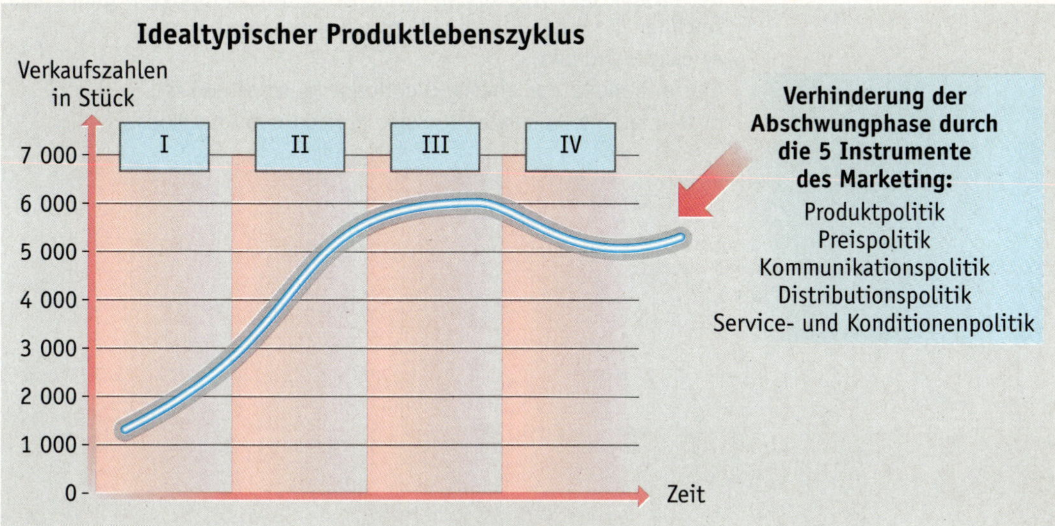

Beispiel

Die sinkenden Verkaufszahlen des Artikels C 3008 „Speedy-Computer-Tastatur" können darauf hinweisen, dass sich das Produkt am Ende seines Lebenszyklus befindet oder sie können anzeigen, dass generell diese Art von Computer-Tastaturen sich nicht mehr so gut verkaufen lassen.

Natürlich ist der Produktlebenszyklus kein Konzept, das immer stimmt. Zum Beispiel kann man anhand der Verkaufszahlen nicht immer genau sagen, in welcher Phase des Lebenszyklus sich ein Produkt befindet, da der Verlauf der Kurve nicht bei allen Produkten gleich ist. Die Dauer der Phasen ist auch nicht eindeutig vorhersagbar. Letztlich kann man auch nicht immer genau sagen, ob der Lebenszyklus nur für ein Produkt gilt oder gleich für eine ganze Produktgattung.

Für den Produktlebenszyklus gibt es noch andere Verläufe als den dargestellten idealtypischen Verlauf. Beispielsweise gibt es so genannte „ewige Produkte", das sind Waren, die nie in eine echte Abschwungphase kommen, wie etwa Coca-Cola oder Nivea-Creme. Andererseits gibt es Produkte, die überhaupt nicht in eine echte Wachstumsphase gelangen und kurz nach der Einführung gleich wieder vom Markt verschwinden. Beispiele hierfür findet man des Öfteren im Fernsehprogramm, wo Sendungen oder Serien nach wenigen Folgen eingestellt werden, da zu wenig Zuschauer sie anschauen wollen.

Aufgaben

Aufgaben zur Wiederholung

1 a) Beschreiben Sie das Konzept des Produktlebenszyklus.
b) Benennen Sie die Phasen des idealtypischen Produktlebenszyklus.
c) Welche Schlüsse kann man aus dem Konzept des Produktlebenszyklus ziehen?

2 Am Ende des Produktlebenszyklus steht die Abschwungphase. Nennen Sie Beispiele, wie die Abschwungphase hinausgezögert oder sogar verhindert werden kann.

3 Nehmen Sie kritisch zum Konzept des Produktlebenszyklus Stellung.

4 Der Produktlebenszyklus sieht nicht bei allen Produkten gleich aus. Zeichnen Sie einen Produktlebenszyklus für ein
a) ewiges Produkt,
b) ein Produkt, das am Markt gefloppt (gescheitert) ist.
c) Nennen Sie Beispiele für ewige Produkte und für Flops.

3.1.2 Maßnahmen der Produkt- und Sortimentspolitik

Das ist geschehen ...

Moritz Wagner möchte auf die zurückgehenden Verkaufszahlen des Artikels C 3008 „Speedy-Computer-Tastatur“ reagieren. Er fragt beim Lieferanten dieses Produktes nach und erhält die folgende Antwort:

MULTI TASK GmbH
Computerzubehör

Florentinastraße 67
33102 Paderborn
Telefon: 05251 89110-0
Telefax: 05251 89110-11
E-Mail: multitask@wvd.de
www.multitask-wvd.de

Multitask GmbH, Florentinastr. 67, 33102 Paderborn

Mediaworld e. K.
Krefelder Straße 92
47226 Duisburg

Ihr Zeichen	Unser Zeichen	Telefon, Name 05251 89110-	Datum
	VK-Till	09 Tillmann	20..-02-12

Anfrage „Speedy-Computer-Tastatur“

Sehr geehrter Herr Wagner,

wie Ihnen ist auch unserer Firma die rückläufige Nachfrage nach der Computer-Tastatur „Speedy“ aufgefallen. Der Artikel wird von den Kunden nicht mehr so häufig nachgefragt, weil Computertastaturen mit Kabel nicht mehr aktuell sind. Die Herstellerfirma des Artikels hat hierauf reagiert und die kabellose „Speedy-wl-Tastatur“ auf den Markt gebracht.

Ich schicke Ihnen in den nächsten Tagen eine dieser neuen Tastaturen zur kostenlosen Ansicht zu. Bei Gefallen nenne ich Ihnen gerne Preis, Liefer- und Zahlungsbedingungen.

Mit freundlichen Grüßen

Multiask GmbH

Tillmann

i. V. Tillmann

Volksbank Paderborn
Konto: 4 459 873
BLZ 472 601 21
USt-IdNr. DE 17589 3996

Das ist zu tun ...

1. Wie hat die Herstellerfirma der „Speedy-Computer-Tastatur“ auf die rückläufige Nachfrage nach ihrem Produkt reagiert?
2. Benennen Sie diese Maßnahme der Produktpolitik mit dem Fachbegriff.

Das sollte man wissen ...

Maßnahmen der Produkt- und Sortimentspolitik

Die **Produktpolitik** als eines der fünf Instrumente des Marketing wird in der Regel vom Produkthersteller betrieben, denn nur dieser hat Einfluss auf die tatsächliche Produktgestaltung oder -veränderung.
Es gibt vier verschiedene Maßnahmen der Produktpolitik:

Die vier produktpolitischen Maßnahmen:			
1. Produkt-innovation	**2. Produkt-differenzierung**	**3. Produkt-variation**	**4. Produkt-elimination**

1. Produktinnovation:

Produktinnovation ist die Entwicklung völlig neuer Produkte.

Beispiel

Aqua-pet (kleines Wassertier-Spielzeug mit Computerchip, das über Tasteneingaben gefüttert und gestreichelt werden kann).

2. Produktdifferenzierung:

Dies bedeutet, dass verschiedene Produktvarianten gleichzeitig angeboten werden.

Beispiel

Ein Automodell wird zusätzlich als Kombi und als Cabrio angeboten.

3. Produktvariation:

Hiermit ist gemeint, dass das Produkt im Laufe der Zeit abgewandelt wird.

Beispiel

Ein Automodell wird im Laufe der Zeit zuerst mit zusätzlicher Klimaanlage angeboten, dann gibt es auch noch zusätzlich getönte Heckscheiben als kostenloses Extra.

4. Produktelimination:

Eliminieren bedeutet „etwas beseitigen". Mit Produktelimination meint man die Herausnahme eines Produktes aus dem Markt, das Produkt wird dann nicht mehr angeboten.

Beispiel

Schwarz-Weiß-Fernsehgeräte

Der Produktlebenszyklus einzelner Artikel kann hilfreich sein, wenn es um produktpolitische Entscheidungen geht. In der Wachstumsphase kann man über eine Produktdifferenzierung nachdenken, um den guten Abverkauf des Produktes weiter zu fördern. Wenn sich ein Produkt in der Sättigungsphase befindet, bietet es sich vielleicht an, das Produkt zu variieren. Wenn sich eine Abschwungphase nicht mehr aufhalten lässt, muss man eine Produktelimination in Betracht ziehen.

Neben der Produktpolitik gibt es noch die **Sortimentspolitik.** Dieses Marketinginstrument spielt nicht nur für die Hersteller, sondern auch für den Groß- und den Einzelhandel eine wichtige Rolle.

Als Sortiment bezeichnet man alle Produkte, die von einem Unternehmen angeboten werden. Dies können sehr viele Artikel aus sehr vielen Bereichen sein, dann spricht man von einem breiten Sortiment. Wenn nur wenige verschiedene Warengruppen angeboten werden, spricht man von einem schmalen Sortiment.

Breites Sortiment: sehr viele Warengruppen (WG)									
WG 1	WG 2	WG 3	WG 4	WG 5	WG 6	WG 7	WG 8	WG 9	WG 10

Schmales Sortiment: wenige Warengruppen (WG)		
WG 1	WG 2	WG 3

Daneben bestimmt die Anzahl der Artikel einer Warengruppe, ob das Sortiment tief oder flach ist: Bei einem tiefen Sortiment bestehen die Warengruppen aus vielen verschiedenen Artikeln, bei einem flachen Sortiment bestehen die Warengruppen nur aus wenigen Artikeln.

Tiefes Sortiment: viele Artikel je Warengruppe				
WG 1	WG 2	WG 3	WG 4	WG 5
Artikel 1 Artikel 2 . . . . Artikel 20 Artikel 21 Artikel 22	Artikel 1 Artikel 2 . . . . Artikel 20	Artikel 1 Artikel 2 . . . . Artikel 19	Artikel 1 Artikel 2 . . . . Artikel 22 Artikel 23 Artikel 24	Artikel 1 Artikel 2 . . . . Artikel 20 Artikel 21 ...

Flaches Sortiment: wenige Artikel je Warengruppe				
WG 1	WG 2	WG 3	WG 4	WG 5
Artikel 1 Artikel 2 Artikel 3	Artikel 1	Artikel 1 Artikel 2	Artikel 1 Artikel 2 Artikel 3 Artikel 4	Artikel 1 Artikel 2 Artikel 3

Die Entscheidung, ob ein Sortiment breit oder schmal, tief oder flach sein sollte, ist eine wichtige Marketingentscheidung, die beeinflusst wird von

- der Nachfrage der Kunden,
- dem Angebot der Konkurrenz,
- den Platzverhältnissen im Lager und Verkaufsraum,

- dem zur Verfügung stehenden Kapital,
- den Warenkenntnissen der Mitarbeiter
- und anderen Faktoren.

Ziel der Sortimentspolitik ist es, den Kunden ein auf ihre Wünsche und Bedürfnisse angepasstes Sortiment anzubieten. Nur so kann ein Unternehmen erfolgreich verkaufen und wirtschaften.

Aufgaben

Aufgaben zur Wiederholung

1 Finden Sie Beispiele zu den Maßnahmen der Produktpolitik für die folgenden Firmen bzw. Produkte:

	Volkswagen	Coca-Cola	Nivea
Produktdifferenzierung			
Produktvariation			
Produktinnovation			
Sortimentsverbreiterung			
Sortimentsvertiefung			

2 a) Nennen Sie Produktinnovationen aus den letzten 10 bis 15 Jahren.
b) Welche Beispiele für Produkteliminationen sind Ihnen bekannt?

3 Haben die Geschäfte in den folgenden Beispielen ein breites oder schmales Sortiment?
a) Fachgeschäft für Herren-, Damen- und Kinderbekleidung
b) Aquaristik-Shop
c) Warenhaus mit einer Lebensmittelabteilung, Sportbekleidung, Hi-Fi-Abteilung und Bau- und Heimwerkerbedarf
d) Fachgeschäft für französische Weine
e) Baumarkt mit Garten- und Heimtierabteilung

4 Handelt es sich bei den folgenden Beispielen um eine Sortimentsverbreiterung oder um eine Sortimentsvertiefung?
a) Ein Hi-Fi-Geschäft nimmt neben Fernsehgeräten und Stereoanlagen zusätzlich CDs und DVDs in das Sortiment auf.
b) Ein CD-Laden nimmt zusätzlich zu den bereits vorhandenen Musikrichtungen Klassik in das Programm mit auf.
c) Eine Tankstelle bietet im Shop seit neuestem auch Tiefkühlkost an.
d) Ein Handy-Shop nimmt zusätzlich Computer- und Multimediazeitschriften ins Sortiment auf.
e) Ein Sportgeschäft erweitert das bestehende Sortiment von Turnschuhen um billige Produkte aus China.
f) Ein Autohaus entschließt sich in Zukunft auch Autos aus den USA anzubieten.

3.2 Preispolitik

3.2.1 Preisbildung

Das ist geschehen ...

Die Compu-Trade KG, ein direktes Konkurrenzunternehmen der Mediaworld e. K., bietet in einigen Bereichen das gleiche Sortiment an wie die Mediaworld e. K. Ab und zu vergleicht Moritz Wagner die Preise seines Unternehmens mit denen der Konkurrenz, so auch heute wieder. Er stellt fest, dass die Compu-Trade KG den CD-/DVD-Brenner „Salem Multi-Brenner" für nur 61,00 € anbietet – in der Preisliste der Mediaworld e. K. steht er mit 69,00 €. Moritz Wagner bittet Herrn Herwig aus der Abteilung Verkauf zu prüfen, ob die Mediaworld e. K. den Artikel auch für 61,00 € anbieten kann.

Das ist zu tun ...

1. Um welche Art der Preisbildung handelt es sich im obigen Fallbeispiel?
2. Angenommen, der Artikel „Salem Multi-Brenner" würde für 61,00 € angeboten werden. Wie hoch darf dann maximal der Bezugspreis des Artikels sein, wenn man von 16 % Umsatzsteuer, 25 % Gewinnzuschlag und 35 % Handlungskosten ausgeht?
3. Welche weiteren Arten der Preisbildung gibt es noch?

Das sollte man wissen ...

Preisbildung

Den Verkaufspreis einer Ware kann sich der Verkäufer nicht einfach irgendwie ausdenken, er muss bei der Preisfestsetzung mehrere Faktoren berücksichtigen: die Kosten, die Konkurrenz und die Kunden bzw. die Nachfrage. Daneben sind auch noch die angestrebten Preisstrategien wichtig (→ Kapitel 3.2.2).

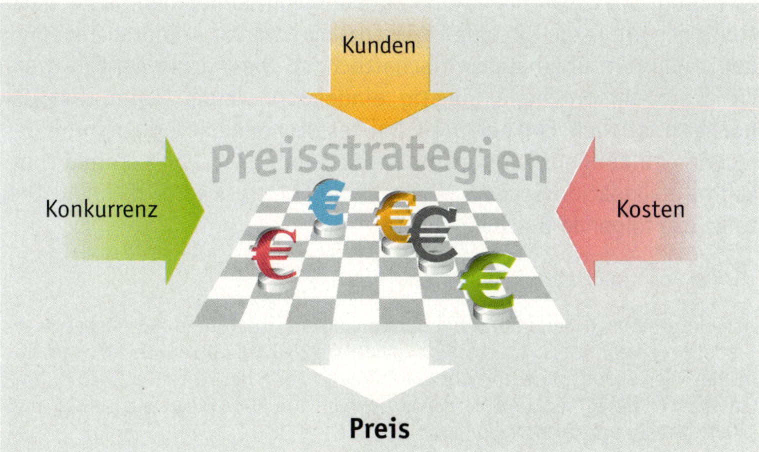

Der Einfluss der Konkurrenz, der Kosten und der Kunden auf die Preisbildung stellt sich wie folgt dar:

1. Konkurrenzorientierte Preisbildung

Die meisten Unternehmen haben in den Märkten, in denen sie wirtschaften, viele Konkurrenten. Daher muss der Preis der Ware unter Beachtung der Preise der Mitbewerber gebildet werden. Die erste Möglichkeit ist, die eigene Preisgestaltung am Durchschnittspreis der Konkurrenz auszurichten.

Beispiel

Die Mediaworld e. K. hat im Hi-Fi-Bereich vier direkte Konkurrenten, die auch den Artikel „Schnitzer T04 Farbfernseher" anbieten. Die Konkurrenten verkaufen zu den folgenden Preisen:
Konkurrent 1: 98,00 €
Konkurrent 2: 94,00 €
Konkurrent 3: 83,00 €
Konkurrent 4: 81,00 €
Durchschnittspreis: 89,00 € = Verkaufspreis der Mediaworld e. K.

Die zweite Möglichkeit besteht darin, sich bei der Preisgestaltung an einem Preisführer zu orientieren. Dies ist der Fall, wenn ein oder wenige Unternehmen den Markt beherrschen und die Preise vorgeben können. In diesem Fall kann man sich den Preisen der Konkurrenz anpassen.

Beispiel

Im Bereich Auto-Hi-Fi gibt es im Umfeld der Mediaworld e. K. ein marktbeherrschendes Unternehmen. Dieses bietet den Artikel „Autoradio Vision" zu einem Preis von 89,00 € an. Die Mediaworld e. K. hat sich dieser Preisvorgabe der Konkurrenz angepasst und verkauft den Artikel zum gleichen Preis.

Wenn man seine Preise den Konkurrenzpreisen anpassen muss, passiert es häufig, dass man dabei eine Preissenkung vornehmen muss. Dabei stellt sich die Frage, ob eine Preissenkung bzw. ein Anbieten zum Preis der Konkurrenz überhaupt wirtschaftlich ist. Dies ist nur der Fall, wenn die Ware entsprechend günstig eingekauft werden kann. Um den höchstmöglichen Einkaufspreis bei feststehendem Verkaufspreis berechnen zu können, kann man das aus Kapitel 4.2.1 in Lernfeld 2 bekannte Kalkulationsschema (siehe Seite 237) rückwärts rechnen. Dies zeigt das folgende Beispiel:

Beispiel **Rückwärtskalkulation**

Ein Unternehmen muss aufgrund der Konkurrenzsituation einen Artikel zu einem Barverkaufspreis (brutto) von maximal 325,73 € verkaufen. Wie viel Euro darf der Bezugspreis höchstens betragen, wenn der Artikel mit 16 % Umsatzsteuer belegt ist und der Unternehmer mit 20 % Gewinnzuschlag und 30 % Handlungskosten kalkuliert?

6022366

Bekannte Verkaufskalkulation
Bezugspreis
+ Handlungskosten
= Selbstkosten
+ Gewinnzuschlag
= Barverkaufspreis (netto)
+ Umsatzsteuer
= Barverkaufspreis (brutto)

Rückwärtskalkulation	Werte	Rechenweg	Erläuterung
Bezugspreis	180,00 €	= 234,00 – 54,00	
– Handlungskosten (30 %)	54,00 €	= 234,00 · 30 : 130	vermehrter Grundwert!
= Selbstkosten	234,00 €	= 280,80 – 46,80	
– Gewinnzuschlag (20 %)	46,80 €	= 280,80 · 20 : 120	vermehrter Grundwert!
= Barverkaufspreis (netto)	280,80 €	= 325,73 – 44,93	
– Umsatzsteuer (16 %)	44,93 €	= 325,73 · 16 : 116	vermehrter Grundwert!
= Barverkaufspreis (brutto)	325,73 €		

HINWEIS: Die Pfeile zeigen die Rechenrichtung an: Bei der Vorwärtskalkulation beginnt man im Rechenschema oben, bei der Rückwärtskalkulation beginnt man im Rechenschema unten!

Wenn sowohl der Verkaufspreis als auch der Einkaufspreis einer Ware feststehen und nicht beeinflusst werden können, muss der Unternehmer ausrechnen, ob für ihn noch ein akzeptabler Gewinn übrig bleibt. Hierfür gibt es die **Differenzkalkulation,** eine Mischung aus Vorwärts- und Rückwärtskalkulation.

Beispiel **Differenzkalkulation**

Ein Unternehmen kann einen Artikel zum Listeneinkaufspreis von 35,00 € erstehen. Es werden 10 % Rabatt und 2 % Skonto angeboten. Bei der Festlegung des Verkaufspreises orientiert sich der Unternehmer an der Konkurrenz und bietet wie diese die Ware ebenfalls zu 51,04 € an. Wie viel Gewinn verbleibt dem Unternehmer, wenn er mit 25 % Handlungskosten und 16 % Umsatzsteuer rechnet?

	Werte	Rechenweg	Erläuterungen	Rechenrichtung
Listeneinkaufspreis	**35,00 €**		vom Lieferanten festgelegt	
– Liefererrabatt (10 %)	3,50 €	= 35,00 · 10 : 100		
= Zieleinkaufspreis	31,50 €	= 35,00 – 3,50		
– Skonto (2 %)	0,63 €	= 31,50 · 2 : 100		
= Bareinkaufspreis	30,87 €	= 31,50 – 0,63		
+ Bezugskosten	1,13 €			
= Bezugspreis	32,00 €	= 30,87 + 1,13		
+ Handlungskosten (25 %)	8,00 €	= 32,00 · 25 : 100		
= Selbstkosten	40,00 €	= 32,00 + 8,00		
+ Gewinnzuschlag	**4,00 €**	= 44,00 – 40,00	Der Gewinn ergibt sich als Differenz zwischen Barverkaufspreis und Selbstkostenpreis.	
= Barverkaufspreis (netto)	44,00 €	= 51,04 – 7,04		
– Umsatzsteuer (16 %)	7,04 €	= 51,04 · 16 : 116	vermehrter Grundwert	
= Barverkaufspreis (brutto)	**51,04 €**		festgelegter Marktpreis	

Der Gewinn kann bei der Differenzkalkulation nicht nur in Euro, sondern auch in Prozent ermittelt werden. Der Ausgangswert sind hierbei die Selbstkosten; sie sind bezogen auf den Gewinn (100 %), der Gewinn in Prozent ist gesucht. Die Lösung erfolgt über einen Dreisatz:

Fortsetzung des Beispiels **Differenzkalkulation**

Der Gewinn beträgt 4,00 € bei Selbstkosten in Höhe von 40,00 €.

40,00 = 100 %
4,00 = x %

$$x = \frac{4{,}00 \cdot 100}{40{,}00}$$

x = 10 % Gewinnzuschlag

2. Kostenorientierte Preisbildung

Bei der Festlegung des Verkaufspreises darf ein Unternehmen nicht vergessen, dass die eigenen Kosten, die für die Warenanschaffung, für die Lagerung der Waren, für die Verwaltung des Betriebes usw., gedeckt werden müssen. Nimmt man den Selbstkostenpreis, bei dem alle Kosten gedeckt sind, als Verkaufspreis, wird allerdings kein Gewinn erzielt, dieser muss zusätzlich in den Verkaufspreis eingerechnet werden.

Stellt man Erlöse und Kosten eines Produktes gegenüber, erhält man den Gewinn, der mit dem Verkauf des Produktes erzielt wurde. Die Erlöse ergeben sich hierbei durch die Multiplikation der verkauften Menge mit dem Verkaufspreis. Je höher der Verkaufspreis gesetzt wird, desto mehr sind die anfallenden Kosten gedeckt. Ab einem bestimmten Preis sind alle Kosten gedeckt und bei einem Preis darüber wird sogar ein Gewinn erzielt.

Beispiel

Ein Artikel verursacht Kosten in Höhe von 99.000,00 €. Welcher Verkaufspreis muss gewählt werden, um die Kosten zu decken, wenn insgesamt 1 100 Stück des Artikels verkauft werden können?

Absatzmenge	Preis	Erlöse	Kosten	Gewinn/Verlust
1 100	75,00 €	82.500,00 €	99.000,00 €	– 16.500,00 €
1 100	80,00 €	88.000,00 €	99.000,00 €	– 11.000,00 €
1 100	85,00 €	93.500,00 €	99.000,00 €	– 5.500,00 €
1 100	**90,00 €**	99.000,00 €	99.000,00 €	**+/– 0,00 €**
1 100	95,00 €	104.500,00 €	99.000,00 €	+ 5.500,00 €

Bei einem Preis von 90,00 € sind alle Kosten gedeckt.

3. Kundenorientierte Preisbildung

Letztlich stellt sich noch die wichtige Frage, ob ein Preis, der unter Beachtung der Konkurrenzpreise festgelegt wurde und der alle Kosten deckt, auch von den Kunden akzeptiert wird. Informationen über die Preisvorstellungen der Kunden und Nachfrager kann die Marktforschung liefern. Tendenziell kann man davon ausgehen, dass die Kunden lieber einen niedrigen Preis als einen hohen Preis akzeptieren. Manchmal gilt der Preis aus Kundensicht aber auch als Qualitätsmaßstab. In diesem Fall wird dann das teurere Produkt gekauft, weil der Kunde sich erhofft, damit auch das qualitativ bessere Produkt erworben zu haben. Ähnliches gilt für Produkte, die als ökologisch bzw. umweltverträglich gelten. Auch hier sind die Kunden zumeist bereit, einen höheren Preis als für „normale" Vergleichsprodukte zu bezahlen.

Aufgaben

Aufgaben zur Wiederholung

1 Erläutern Sie die drei Möglichkeiten der Preisbildung je an einem Beispiel.

2 Der Bruttoverkaufspreis einer Ware beträgt inklusive 16 % Umsatzsteuer 199,99 €. Die Selbstkosten betragen 153,94 €. Wie hoch ist der Gewinn in Euro und in Prozent?

3 Ein Unternehmen möchte einen Artikel zu einem Brutto-Barverkaufspreis von 249,00 € verkaufen. Wie viel Euro darf der Bezugspreis höchstens betragen, wenn der Artikel mit 16 % Umsatzsteuer belegt ist und der Unternehmer mit 15 % Gewinnzuschlag und 35 % Handlungskosten kalkuliert?

4 Ein Lieferant bietet einen Artikel zu einem Listeneinkaufspreis in Höhe von 65,00 € an. Zusätzlich werden 15 % Rabatt und 1 % Skonto angeboten. Die Bezugskosten betragen 0,30 € je Stück. Der Artikel wird von einem Unternehmen gekauft, das mit Handlungskosten in Höhe von 30 % rechnet. Wie hoch ist der verbleibende Gewinn, wenn der Artikel zu 95,00 € inklusive 16 % Umsatzsteuer verkauft wird? Berechnen Sie den Gewinn in Euro und Prozent.

3.2.2 Preisstrategien und Preisdifferenzierung

Das ist geschehen ...

« Gesprächssituation 1

Das ist geschehen …

» **Gesprächssituation 2**

Das ist zu tun …

1. Welche Strategie verfolgt Moritz Wagner bei der Preisfestsetzung für den Artikel „Plasmafernseher"?
2. Nennen Sie weitere Beispiele für Waren, die in unterschiedlichen Regionen unterschiedliche Preise haben.
3. Wie nennt man die Art der Preisdifferenzierung, nach der in Arbeitsauftrag 2 gefragt wird?

Das sollte man wissen …

Preisstrategien

Mit einer Preisstrategie legt man die Preisgestaltung für einzelne Produkte oder auch das ganze Sortiment eines Unternehmens fest. Hierbei gibt es zwei Extrempositionen, bei denen die Preise besonders niedrig bzw. besonders hoch angelegt werden.

Preisstrategien
- Niedrigpreisstrategie
- Hochpreisstrategie

Bei der **Hochpreisstrategie** werden hohe Preise festgelegt. Damit ist in der Regel eine hohe Produktqualität verbunden, ansonsten würde man die hohen Preise gegenüber den Kunden nicht rechtfertigen können. Die Produkte, die zu Hochpreisen verkauft werden, haben häufig ein besonderes Image, sind von einer besonderen Marke oder zeichnen sich durch einen besonderen Nutzen für den Kunden aus. Typische Beispiele für Produkte, die im Zuge der Hochpreisstrategie verkauft werden, sind Markenprodukte wie Nivea, Persil, Puma oder Luxusprodukte wie Rolex oder Porsche (die natürlich auch gleichzeitig Markenprodukte sind). Markenprodukte zeichnen sich dadurch aus, dass sie einen hohen Bekanntheitsgrad haben, eine gleich bleibende Qualität aufweisen und – wie gesagt – zumeist etwas teurer sind als vergleichbare Produkte, die nicht so bekannt sind.

Die Hochpreisstrategie wird nicht immer auf Dauer angelegt, es gibt viele Beispiele für Produkte, die zuerst zu einem hohen Preis verkauft werden, deren Preis aber im Zeitverlauf sinkt. Man findet dies häufig bei neu eingeführten Produkten, deren Preis nach und nach gesenkt wird, wenn eine erste Marktsättigung (vgl. den Produktlebenszyklus aus Kapitel 3.1.1) einsetzt.

Beispiel

Spielekonsolen werden, wenn sie neu auf den Markt kommen, zuerst teuer verkauft, nach und nach wird der Preis aber gesenkt, um auch die Käufer anzusprechen, die nicht bereit sind so viel Geld für das Produkt zu bezahlen wie die Erstkäufer.

Bei der **Niedrigpreisstrategie** ist es typisch, dass die Verkaufspreise immer etwas niedriger liegen als die Preise der anderen Anbieter. Manchmal wird auch nur durch Werbung der Eindruck erweckt, dass eine Niedrigpreisstrategie vorliegt, wobei diese aber nicht für alle Produkte des Unternehmens gilt. Beispiele für Niedrigpreisanbieter sind Discountgeschäfte wie Aldi, Lidl, Kik und Möbel-Roller. Der Preis ist bei diesen Unternehmen das wichtigste Verkaufsargument und die Kunden sind darauf vorbereitet, dass das Verkaufsumfeld einfacher gestaltet ist als bei vergleichbaren Geschäften – es wird an Geschäftseinrichtung, Service und Beratung gespart, damit überhaupt zu günstigen Preisen angeboten werden kann.

Preisdifferenzierung

Das sollte man wissen ...

Preisdifferenzierung bedeutet, dass das gleiche Produkt zu unterschiedlichen Preisen angeboten wird. Die unterschiedlichen Preise können sich auf unterschiedliche Abnehmergruppen, eine andere Uhr- oder Jahreszeit, eine andere Region oder eine andere Abnahmemenge beziehen. Entsprechend werden die folgenden Arten der Preisdifferenzierung unterschieden:

Vier Arten der Preisdifferenzierung:			
personelle Preisdifferenzierung	**zeitliche Preisdifferenzierung**	**räumliche Preisdifferenzierung**	**mengenmäßige Preisdifferenzierung**
Beschreibung:			
Es gelten unterschiedliche Preise für unterschiedliche Kundengruppen.	Je nach Zeit gelten unterschiedliche Preise.	Die Preise variieren je nach Region, in der das Produkt angeboten wird.	Der Preis wird in Abhängigkeit von der gekauften Menge bestimmt.
Beispiele			
Eintrittspreise für Kinder, Erwachsene, Rentner	Saisoneintrittspreise für das Hallenbad	Benzinpreise in verschiedenen Städten	Bei Abnahme von 500 Stück: 0,10 €/St. 1 000 Stück: 0,09 €/St. 1 500 Stück: 0,08 €/St.

Voraussetzung für die Preisdifferenzierung ist, dass sich der Markt, in dem man sein Produkt anbietet, in Teilmärkte trennen lässt. Außerdem dürfen die Abnehmer nicht die Chance haben zu den jeweils günstigeren Preisen einzukaufen. Eine Preisdifferenzierung bei Benzinpreisen ist beispielsweise nur möglich, wenn es sich für den Käufer nicht lohnt, in den Ort zu fahren, wo der Benzinpreis im Moment am günstigsten ist.

Aufgaben

Aufgaben zur Wiederholung

1 a) Welche zwei Preisstrategien sind Ihnen bekannt?
b) Nennen Sie zu den Preisstrategien Beispiele mit realen Produkten.
c) Benennen Sie reale Produkte, die mit einem hohen Preis im Markt eingeführt werden, deren Preis aber nach und nach sinkt.
d) Welche Voraussetzungen müssen erfüllt sein, damit ein Unternehmen seine Produkte mit der Hochpreisstrategie verkaufen kann?

2 a) Benennen Sie Beispiele zu den vier Arten der Preisdifferenzierung.
b) Welche Voraussetzungen müssen erfüllt sein, damit man erfolgreich eine Preisdifferenzierung durchführen kann?

3.3 Kommunikationspolitik

3.3.1 Instrumente der Kommunikationspolitik

Das ist geschehen ...

Eines Tages kommt Herr Kurt Marten, der Vereinsvorstand des örtlichen Handballvereins „HV 1960 Duisburg-Rheinhausen e. V.", zu Moritz Wagner in die Mediaworld e. K. Er bittet Moritz Wagner, auf den Trikots des Handballvereins Werbung für die Mediaworld e. K. zu machen. Dafür müsste die Mediaworld e. K. nur die Trikotkosten für die nächste Saison übernehmen und als Haupt-Trikot-Sponsor 12.000,00 € bezahlen. Moritz Wagner sagt dem Vereinsvorstand, dass dies „ein ziemlicher Haufen Geld" ist. Aber er überlegt, ob sich die Kosten für den Werbeaufwand nicht auch rechnen, da so die Mediaworld e. K. viel bekannter werden würde.

Das ist zu tun ...

1. Wie nennt man die Art der Kommunikationspolitik, die Moritz Wagner für die Mediaworld e. K. plant?
2. Bei welchem Personenkreis wird durch diese Art der Kommunikationspolitik die Mediaworld e. K. bekannter?

Das sollte man wissen ...

Instrumente der Kommunikationspolitik

Kommunikationspolitik ist der Austausch von Informationen mit dem Kunden. Ziel ist es, den Kunden in seiner Kaufentscheidung zu beeinflussen. Dabei wird auf fünf unterschiedliche Instrumente zurückgegriffen:

Instrumente der Kommunikationspolitik

- **1. Persönlicher Verkauf**
- **2. Verkaufsförderung (Salespromotion)**
- **3. Öffentlichkeitsarbeit (Publicrelations)**
- **4. Sponsoring**
- **5. Werbung**

1. Persönlicher Verkauf

Im persönlichen Verkauf stehen Verkäufer und Käufer im direkten Kontakt, dies ist die einfachste Art für den Verkäufer, die Kaufentscheidung des Käufers in seinem Sinne zu beeinflussen. Der persönliche Verkauf spielt im Einzelhandel eine wichtige Rolle, wobei er nur in Geschäften, in denen noch Bedienungs- und Beratungspersonal zur Verfügung steht, angeboten werden kann. Daneben gibt es den persönlichen Verkauf in den Bereichen von Unternehmen, die direkt mit dem Absatz der Produkte beauftragt sind, also den Abteilungen Verkauf und den dazugehörigen Mitarbeitern im Unternehmen und im Außendienst.

2. Verkaufsförderung (Salespromotion)

Verkaufsförderung ist ein Instrument der Kommunikationspolitik, das den Absatz von Produkten kurzfristig und unmittelbar begünstigen soll. In der Regel sind die Endverbraucher die Adressaten der Verkaufsförderung, es gibt aber auch Beispiele, dass Groß- oder Einzelhandelsgeschäfte Ziel von Verkaufsfördermaßnahmen sind.

Wichtige Maßnahmen sind:

- Verteilung von Produktproben
- Gutscheinaktionen
- Warenrücknahme-Aktionen für neu gekaufte Produkte
- Einführungsangebote und -preise
- Preisrätsel und Preisausschreiben
- Werbebriefe
- Produktvorführungen

Durch die Verkaufsförderung verspricht man sich einen höheren Absatz für die geförderten Produkte. Häufig sind aber auch neu auf den Markt gekommene Produkte Objekt der Verkaufsförderung.

3. Öffentlichkeitsarbeit (Publicrelations)

Verkaufsförderung zielt auf die direkte Erhöhung des Absatzes von Produkten, Öffentlichkeitsarbeit dagegen soll indirekt wirken: Durch die

Schaffung eines positiven Unternehmens- oder Produktimages soll eine positive Stimmung bei dem Unternehmensumfeld und dem Kunden hervorgerufen werden, was letztendlich auch zum Kauf von Produkten führen soll.

Maßnahmen der Öffentlichkeitsarbeit sind:

- Pressekonferenzen abhalten
- Vorträge und Diskussionsrunden abhalten
- Geschäftsberichte veröffentlichen
- Jubiläumsschriften veröffentlichen
- Betriebsbesichtigungen veranstalten
- Tag der offenen Tür ermöglichen

Bei allen Maßnahmen der Öffentlichkeitsarbeit ist ein guter Kontakt zu Presse, Rundfunk und Fernsehen wichtig, da es immer darum geht, an die Öffentlichkeit zu gehen und die Öffentlichkeit zu informieren. Wenn zum Beispiel ein positiver Bericht über die Ausbildungsmöglichkeiten in einem Unternehmen in der Zeitung steht, ist dies auch eine gelungene Maßnahme der Öffentlichkeitsarbeit.

4. Sponsoring

Beim Sponsoring stellt ein Unternehmen einer Person, einem Team oder einer Institution Geld zur Verfügung und erhält dafür eine Gegenleistung.

Diese Gegenleistung ist in der Regel die Möglichkeit einer besonderen Bewerbung des Unternehmens oder seiner Produkte. Sponsoring trifft man besonders häufig im Sport an. Hier werden Trikots, Sportgeräte, Sportfelder, Banden und ganze Sportarenen mit Namen von Produkten oder Unternehmen versehen und dienen damit als Werbefläche. So findet man Aufdrucke auf Fußballertrikots ebenso wie im Boxring; und Sportarenen werden nach bekannten Firmen benannt. Auf der einen Seite ermöglicht das Sponsoring, dass die Marke oder Firma durch die Sportveranstaltungen, die häufig auch im Fernsehen übertragen werden, bekannter werden. Zusätzlich erhofft sich ein Sponsor, von dem positiven Image „seines" Sportlers oder Teams zu profitieren, wenn dieses sportliche Erfolge erzielt. Letztlich können mit Sponsoring aber auch Werbebeschränkungen unterlaufen werden.

> *Beispiel*
>
> Sendungen im öffentlich-rechtlichen Fernsehen, das nach acht Uhr abends keine Werbespots senden darf, werden gesponsort. Es werden keine ganzen Werbespots des Sponsors gezeigt, sondern nur ein Bild oder wenige Sekunden Film, mit dem Hinweis, dass „die folgende Sendung von ... unterstützt wird".

5. Werbung

Werbung ist Information über Produkte eines Unternehmens. Werbung meint aber auch die Beeinflussung des Kunden, damit dieser zum Kauf bestimmter Produkte angeregt wird. Bei dem Stichwort Werbung fallen einem gleich die Werbespots im Fernsehen und im Radio ein, aber auch die Werbeanzeigen in Zeitschriften und die Plakatwerbung in den Städten. Da die Werbung das wichtigste Instrument der Kommunikationspolitik ist, wird in einem gesonderten Kapitel (→ Kapitel 3.3.2) hierauf eingegangen.

Aufgaben

Aufgaben zur Wiederholung

1 a) Erläutern Sie die drei Instrumente der Kommunikationspolitik „Verkaufsförderung", „Öffentlichkeitsarbeit" und „Sponsoring" mit eigenen Worten.

b) „Tue Gutes und sprich darüber!" – dies ist der Leitsatz der Öffentlichkeitsarbeit. Erläutern Sie diesen Satz.

2 Entscheiden Sie bei den folgenden Beispielen, ob es sich um Maßnahmen der Verkaufsförderung, der Öffentlichkeitsarbeit, des Sponsorings oder der Werbung handelt:

a) Ein Unternehmen wirbt für sein Produkt auf dem Teambus einer Fußballmannschaft.

b) In einer Fachzeitschrift erscheint die Anzeige eines Herstellers für Elektrowerkzeuge, in der die Vorzüge einer bestimmten Bohrmaschine dargestellt werden.

c) Im Supermarkt findet eine große Verlosung statt, zu gewinnen sind Einkaufsgutscheine im Gesamtwert von 10.000,00 €.

d) Ein Reiseunternehmen zeigt einen Spot im Kino.

e) Die örtliche Sparkasse hängt bei einem Kindergartenfest ein großes Plakat auf, dafür fördert die Sparkasse das Fest mit 100,00 €.

f) In einer Diskothek werden Produktproben eines Schokoladenherstellers verteilt.

g) Eine Aktiengesellschaft veröffentlicht ihren Jahresgeschäftsbericht.

h) In der Bäckerei eines Supermarktes wird verschiedenes Gebäck zum kostenlosen Probieren ausgestellt.

3 Finden Sie zu den Instrumenten der Kommunikationspolitik eigene Beispiele.

3.3.2 Werbeplanung und Werbung

Das ist geschehen ...

Moritz Wagner hat festgestellt, dass der Verkaufsshop der Mediaworld e. K. zu wenig bekannt ist. Da das Geschäft etwas abseits liegt, ist er aber darauf angewiesen, dass sein Unternehmen bekannt ist, da es nicht so gut gesehen wird wie die Geschäfte, die zum Beispiel direkt in der Fußgängerzone liegen. Er überlegt, durch Werbung sein Unternehmen bekannter zu machen.

Er unterhält sich mit Karl Herwig aus der Abteilung Verkauf, wie sie eine Werbeaktion angehen sollten. Dieser meint: „Nun, unser Ziel ist es ja, die Bevölkerung aus der Umgebung durch Werbung auf den Verkaufsshop der Mediaworld e. K. aufmerksam zu machen. Dazu sollten wir erst einmal einen Werbeplan erstellen."

Das ist zu tun ...

Erstellen Sie einen Werbeplan für eine kurze Werbeaktion der Mediaworld e. K., mit welcher der Bekanntheitsgrad des Verkaufsshops des Unternehmens gesteigert werden soll. Nutzen Sie dazu die Vorlage zur Erstellung eines Werbeplanes, wie sie im unten stehenden Informationstext vorgegeben ist.

Das sollte man wissen ...

Werbeplanung und Werbung

Bevor man eine Werbeaktion durchführt, sollte man genau planen, damit das Ziel der Aktion auch tatsächlich erreicht wird. Bei der Werbeplanung werden sieben Punkte festgelegt, welche die Art, den Umfang und das anvisierte Ziel bestimmen. Anhand der folgenden sieben Frageworte kann man einen Werbeplan aufstellen:

Fragewort:	Erläuterung:	*Beispiel*
Wer?	**Absender** der Werbebotschaft, also ein Hersteller, ein Händler usw.	ein deutsches Telekommunikationsunternehmen
Was?	**Inhalt** der Werbebotschaft bzw. der Werbemitteilung (nicht zu verwechseln mit dem Werbeslogan!)	ein neuer, günstiger Tarif für mobiles Telefonieren innerhalb des deutschen Netzes des Unternehmens
Wem?	Empfänger der Werbebotschaft, auch **Zielgruppe** genannt	jugendliche und erwachsene Handybesitzer
Wann?	Festlegung des Zeitpunktes und der Dauer der Werbung, auch **Streuzeit** genannt	zwei Monate lang, Start der Aktion kurz bevor der neue Tarif gültig ist
Wie?	**Werbemittel,** mit denen geworben werden soll	Anzeigen in Jugendzeitschriften und Wochenmagazinen, Plakate an Bushaltestellen und Bahnhöfen, Fernsehspots
Wo?	Region bzw. Absatzmarkt, der beworben werden soll, auch **Streugebiet** genannt	deutschlandweit
Wie viel?	Welche finanziellen Mittel stehen für die Werbung zur Verfügung? Auch **Werbebudget** genannt	25 Millionen €

Beispiel

Die Mediaworld e. K. startet eine befristete Werbeaktion zur Steigerung des Bekanntheits-

Um den Erfolg von Werbemaßnahmen zu messen, wird in der Regel eine Werbeerfolgskontrolle durchgeführt. Hier wird anhand der Werbeziele geprüft, ob diese auch erreicht wurden. Dies kann man durch die Instrumente der Marktforschung (→ Kapitel 2.1), wie zum Beispiel einer Befragung, herausfinden.

Nach erfolgter Werbeplanung kann die eigentliche Werbemaßnahme in Angriff genommen werden. Dabei müssen – unabhängig von Art, Umfang und Zielgruppe der Werbung – ein paar wichtige Grundsätze beachtet werden:

grades ihres Verkaufsshops in ihrem Umfeld in Duisburg. Vorher und nachher wird durch Befragungen festgestellt, wie vielen Menschen überhaupt bekannt ist, dass es den Verkaufsshop der Mediaworld e. K. gibt.

Grundsätze der Werbung:

Wahrheit
Die Werbebotschaft muss der Wahrheit entsprechen. Es darf nichts versprochen werden, was nicht eingehalten werden kann. Dies schädigt das Image des Produktes und des Unternehmens und führt auch zu rechtlichen Schwierigkeiten (vgl. Kapitel 3.2 in Lernfeld 2).

Wirtschaftlichkeit
Das Werbeziel, das vorgegeben ist, muss mit möglichst geringen Mitteln erreicht werden (ökonomisches Prinzip). Dies bedeutet auch, dass der finanzielle Aufwand einer Werbemaßnahme in einem angemessenen Verhältnis zum Erfolg stehen muss.

Wirksamkeit
Bei einer Werbemaßnahme müssen das Werbeziel, die Zielgruppe, das Streugebiet usw. genau aufeinander abgestimmt sein, damit sie wirksam ist.

Originalität und Einprägsamkeit
Die Werbemaßnahme sollte so originell sein, dass sie sich von anderen Werbungen unterscheidet. Damit sie bei der Zielgruppe im Gedächtnis haften bleibt, sollte sie entsprechend einprägsam sein.

Die Auswahl an zur Verfügung stehenden Werbemitteln ist reichhaltig, zu jedem Werbemittel gehört ein so genannter Werbeträger.

Das **Werbemittel** beinhaltet die eigentliche Werbebotschaft, der **Werbeträger** ist das Medium, mit dem die Werbebotschaft an den Empfänger herangetragen wird.

Beispiele **für Werbemittel und Werbeträger**

Werbemittel	Werbeträger
Anzeigen, Beilagenblätter und Prospekte	Zeitungen, Zeitschriften
Spots in Fernsehen, Rundfunk, Kino	Fernsehanstalten, Rundfunkanstalten
Plakate	Litfaßsäulen, Plakatwände
Aufschriften	Straßenbahnen, Heißluftballons, Rennwagen, Banden in Sportstätten
Internetseiten, Pop-ups	Internet

Bei der Gestaltung des Werbemittels wird häufig auf die AIDA-Formel zurückgegriffen, welche die gewünschte Wirkung von Werbung in vier Stufen aufzeigt:

A = ATTENTION	=	Werbung soll AUFMERKSAMKEIT erregen
I = INTEREST	=	Werbung soll das INTERESSE des Konsumenten am Produkt erwecken
D = DESIRE	=	Werbung soll den WUNSCH des Konsumenten auslösen, das Produkt zu erwerben
A = ACTION	=	Werbung soll die AKTION beim Konsumenten bewirken, das Produkt zu kaufen

Diese vier Stufen sind so zu verstehen, dass sie der Reihe nach erreicht werden sollen. Zuerst wird also durch Werbung die Aufmerksamkeit des Konsumenten erweckt, danach kann das Interesse am Produkt ausgelöst werden usw.

Aufgaben

Aufgaben zur Wiederholung

1 Erläutern Sie die folgenden Begriffe:
a) Zielgruppe
b) Streugebiet
c) Streuzeit
d) Werbebudget

2 a) Erläutern Sie die Begriffe Werbemittel und Werbeträger.
b) Nennen Sie zu beiden Begriffen reale Beispiele.

3 Welcher Werbegrundsatz verbirgt sich hinter den folgenden Aussagen?
a) „Wenn wir bundesweit Jugendliche ansprechen wollen, sollten wir Werbung im Kino und in Jugendzeitschriften machen."
b) „Werbeziel ist eine Umsatzsteigerung von 500.000,00 €. Daher sollte die Werbemaßnahme auf keinen Fall zwei Millionen € kosten."
c) „Die Produkte unseres Unternehmens haben viele Tests unabhängiger Gutachter bestanden."
d) „Auf diese Steine können Sie bauen."

4 Lesen Sie auf der folgenden Seite den Artikel aus dem Spiegel-Nachrichtenmagazin (8/2002).
a) Beantworten Sie anhand der Aussagen des Textes die folgenden Fragen aus dem Werbeplan: Wer hat geworben? Was ist der Inhalt? Wem wurde die Werbebotschaft mitgeteilt? Wie wurde geworben? Wie viel Euro an Werbebudget standen zur Verfügung?
b) Wie schätzen Sie den Erfolg der Werbeaktion ein?
c) Gegen welchen der vier Werbegrundsätze wurde mit dieser Werbemaßnahme verstoßen?

Vergiss es, Baby

Unter der Rubrik „traurige Konzernrekorde" wird wohl der E.on-Konzern die hoch gelobte Werbekampagne „Mix it, Baby" verbuchen müssen. Mehr als 22,5 Millionen Euro hat der Düsseldorfer Energieriese in den vergangenen Monaten vor allem für Fernsehspots mit dem Ex-Terminator Arnold Schwarzenegger ausgegeben. Doch die Botschaft des Hollywood-Schauspielers, „Mix it, Baby", kam schlechter an, als selbst Pessimisten bei E.on befürchtet hatten. Gerade einmal 1 100 Kunden haben sich nach internen Unternehmenszahlen bisher für den aus unterschiedlichen Energiearten zusammengestellten „Mix-Power-Strom" entschieden. Das macht rund 20 450 Euro pro Neukunde und ist, so ein E.on-Manager, „nicht nur rekordverdächtig, sondern geradezu absurd". Bei einer Gewinnmarge von etwa drei Prozent und einer durchschnittlichen Stromrechnung von 44 Euro pro Monat müsste E.on die neuen Power-Mix-Kunden mehr als 1 291 Jahre lang mit Strom beliefern, nur um die Werbekosten wieder einzufahren. Trotzdem sieht das Unternehmen die Spots als Erfolg. Immerhin sei auch das Image des Konzerns „gehörig aufgewertet worden".

Spiegel 8/2002

3.4 Distributionspolitik

Das ist geschehen …

Moritz Wagner überlegt, ob er für sein Unternehmen einen Außendienstmitarbeiter einstellen soll. Dieser könnte in Deutschland herumreisen, Kunden besuchen und Geschäfte abschließen und auch Neukunden werben. Er diskutiert diese Idee mit Karl Herwig aus der Abteilung Verkauf.

Herr Herwig ist nicht so begeistert. Er meint, ein Außendienstmitarbeiter in Form eines Handlungsreisenden sei zu teuer. Seine Idee ist es, vielleicht einen Handelsvertreter zu engagieren.

Das ist zu tun …

1. Stellen Sie anhand des Informationstextes die Unterschiede zwischen einem Handlungsreisenden und einem Handelsvertreter gegenüber.
2. Welche Variante ist tatsächlich günstiger, der Handlungsreisende oder der Handelsvertreter? Berechnen Sie die Vergütung für beide bei einem angenommenen Monatsumsatz von 60.000,00 €. Der Handlungsreisende würde ein festes Gehalt von 2.500,00 € plus einer Umsatzprovision von 2 % bekommen, der Handelsvertreter nur eine Umsatzprovision in Höhe von 7 %.

Das sollte man wissen …

Distributionspolitik

Mit dem Begriff Distributionspolitik ist der Vertrieb von Produkten gemeint. Ausgehend vom Hersteller kann das Produkt über verschiedene Vertriebskanäle zum Kunden – Geschäftskunde oder Privatverbraucher – gelangen. Der Hersteller hat dabei prinzipiell die Wahl zwischen zwei Absatzwegen, dem direkten und dem indirekten Absatz. Beim direkten Absatz gelangt das Produkt unmittelbar vom Hersteller zum Verbraucher, beim indirekten Absatz sind so genannte Absatzmittler dazwischengeschaltet, sodass das Produkt über mehrere Stationen zum Endverbraucher gelangt.

Beispiel **(direkter Absatz)**

Ein Schuhhersteller verkauft einen Teil seiner Ware direkt in einem Verkaufsshop am Fabrikgelände (Fabrikverkauf).

Beispiel **(indirekter Absatz)**

Die Firma Schnitzer stellt Fernsehgeräte her. Diese werden an den Großhandel, also auch an die Mediaworld e. K. verkauft, die die Geräte an Einzelhandelsfachgeschäfte weiterverkauft. Im Einzelhandel werden die Fernsehgeräte den Endverbrauchern – den Privatkunden – angeboten.

Absatzwege: direkter und indirekter Absatz

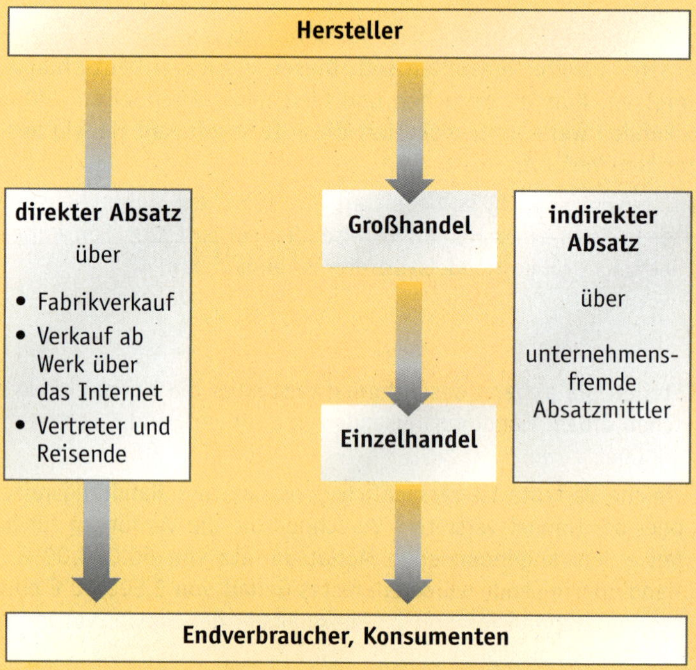

6022380

Neben dem Verkauf über Handelsgeschäfte kann ein Unternehmen erwägen einen Handelsvertreter für den Vertrieb einzusetzen. Ein **Handelsvertreter** ist ein selbstständiger Kaufmann, der sich um den Absatz der Produkte eines Unternehmens bemüht, indem er zu bisherigen Kunden und auch möglichen Neukunden Kontakte aufbaut, diese besucht und in Verkaufsgesprächen zu Vertragsabschlüssen kommt. Der Handelsvertreter arbeitet nicht nur für ein Unternehmen, zumeist betreut er mehrere Firmen mit ihren Sortimenten.

Beispiel **(Handelsvertreter)**

Ingo Hausmann ist Handelsvertreter. Er bereist ganz Deutschland und wickelt Geschäfte ab für drei verschiedene Unternehmen, die „Metallwerke Oberhausen AG“, die „Niederrheinische Metallfabrik KG“ und die „Metall Müller & Schulze GmbH“. Je nach Bedarf wickelt er mit seinen Kunden mal Geschäfte für das eine, mal für das andere Unternehmen ab.

Dem gegenüber steht der **Handlungsreisende** oder auch einfach „Reisender“ genannt. Der Reisende ist bei einem Unternehmen fest eingestellt, betreut nur die Kunden dieses Unternehmens und verkauft auch nur Waren des einen Unternehmens, bei dem er angestellt ist. Er handelt als Außendienstmitarbeiter für dieses Unternehmen, berät die Kunden und führt Vertragsabschlüsse herbei.

Beispiel **(Handlungsreisender)**

Werner Langbein ist Außendienstmitarbeiter der „Bleigießerei Krümmer & Klein OHG“. Als Reisender ist er in ganz Deutschland unterwegs und schließt Geschäfte für die Bleigießerei ab. Eine seiner wichtigsten Aufgaben ist dabei auch die Gewinnung von Neukunden.

Häufig wird die Frage, ob ein Handelsvertreter oder Handlungsreisender mit dem Vertrieb der Produkte betraut werden soll, anhand der entstehenden Kosten entschieden. Die Vergütung der beiden Vertriebsorgane erfolgt auf unterschiedliche Weise:

Vergütung Handlungsreisender	Vergütung Handelsvertreter
Die Vergütung besteht aus einem fixen Anteil, der unabhängig vom erzielten Umsatz des Reisenden ist, und einer Erfolgsprämie (Provision), die abhängig ist vom erzielten Umsatz.	Die Vergütung ist insgesamt erfolgsabhängig und wird als Provision auf den erzielten Umsatz gezahlt.
festes Monatsgehalt zuzüglich Umsatzprovision	lediglich eine Umsatzprovision
Beispiel Feste Personalkosten: 2.800,00 € Umsatzprovision: 3 % Monatsumsatz von 40.000,00 € Vergütung: 2.800,00 € + 40.000 · 0,03 = 4.000,00 €	*Beispiel* Umsatzprovision: 11 % Monatsumsatz von 40.000,00 € Vergütung: 40.000 · 0,11 = 4.400,00 €

Franchising

Eine besondere Form der Distribution stellt neben den dargestellten Absatzmöglichkeiten noch das **Franchising** dar. Hierbei handelt es sich um einen Vertrieb über Filialen und Einrichtungen, die zwar selbstständig sind, aber eng an den Hersteller gebunden werden. Franchising wird erfolgreich von bekannten Unternehmen wie Mc Donald's, OBI oder Coca-Cola betrieben.

Die einzelnen Filialen des Unternehmens sind dabei rechtlich selbstständig und tragen das geschäftliche Risiko wie ein Einzelunternehmer. Man bezeichnet denjenigen, der eine Filiale eines solchen Franchiseunternehmens führt, als Franchisenehmer. Er bekommt vom Franchisegeber (dem Unternehmen) die Geschäftsausstattung, den Namen, Warenzeichen und Produktbezeichnungen und die Produkte des Sortimentes gestellt. Daher sieht es in allen Filialen des Franchisingunternehmens gleich aus und die Produkte, die verkauft werden, sind gleich, wobei sie in der Regel auch noch überall den gleichen Preis haben. Der Franchisegeber verbietet dafür dem Franchisenehmer, gleichzeitig auch noch andere Produkte fremder Unternehmen zu verkaufen. Er bekommt vom Franchisenehmer eine einmalige Abschlagszahlung oder ein laufendes, umsatzabhängiges Entgelt.

Franchising führt dazu, dass ein Unternehmen schnell ein Filialsystem aufbauen kann, da der Franchisenehmer an den Kosten der Filiale beteiligt ist. Die schnelle Verbreitung der Fastfoodkette Mc Donald's zeigt dies sehr deutlich. Dadurch, dass alle Filialen mit dem gleichen Auftritt in Erscheinung treten und das Unternehmen und seine Produkte immer insgesamt und nicht je Filiale oder Region beworben werden, hat das Unternehmen und die Marke einen hohen Wiedererkennungswert.

Aufgaben

Aufgaben zur Wiederholung

1 a) Erläutern Sie den Unterschied zwischen direktem und indirektem Absatz.

b) Nennen Sie verschiedene Möglichkeiten des direkten Absatzes.

2 Ein Unternehmen steht vor der Wahl, einen Handlungsreisenden einzustellen oder einen Handelsvertreter zu beschäftigen. Der Handlungsreisende würde im Monat 2.500,00 € Festgehalt kosten und eine Umsatzprovision von 4 % bekommen. Der Handelsvertreter würde eine Umsatzprovision von 9 % bekommen. Ab welchem Umsatz lohnt sich der Einsatz eines Handlungsreisenden? Berechnen Sie die Vergütung für beide Absatzmittler bei einem Umsatz von 30.000,00 €, 40.000,00 €, 45.000,00 €, 50.000,00 €, 55.000,00 €, 60.000,00 €.

3 Erläutern Sie den Vertriebsweg des Franchisings.

3.5 Service- und Konditionenpolitik

Das ist geschehen ...

Moritz Wagner ist aufgefallen, dass der Preiskampf unter den Unternehmen von Jahr zu Jahr schlimmer wird. Jedes Unternehmen versucht das Konkurrenzunternehmen preislich zu unterbieten. Da die Mediaworld e. K. in diesem Preiskampf nicht immer mithalten kann, überlegt er, wie man mit anderen Mitteln den Kunden an sein Geschäft binden könnte. Er macht sich eine Liste mit möglichen Serviceleistungen und Konditionen, die er seinen Kunden anbieten könnte.

Das ist zu tun ...

1. Erstellen Sie eine Liste mit Serviceleistungen und besonderen Konditionen, die Ihnen schon einmal in Geschäften und bei Unternehmen begegnet sind.
2. Welche der Leistungen, die Sie gesammelt haben, sind für die Mediaworld e. K. sinnvoll?

Das sollte man wissen ...

Service- und Konditionenpolitik

Die Wettbewerbssituation auf den verschiedenen Märkten ist zumeist so hart, dass die Unternehmen sich neben der Produkt- und Preispolitik vor allem durch ein Serviceangebot und durch unterschiedliche Verkaufskonditionen (= Bedingungen) voneinander abheben müssen. In einigen Bereichen, wie den Discountern, die eine Niedrigpreisstrategie fahren, werden Serviceleistungen von vorneherein ausgeschlossen. In anderen Bereichen dagegen versuchen sich die Konkurrenten mit besonderen Serviceangeboten gegenseitig zu übertreffen.

Zu der Konditionenpolitik gehören alle **Verkaufsbedingungen,** die vom Verkäufer angeboten und im Kaufvertrag festgelegt werden. Hierzu gehören:

- Rabatte und Boni
- Zahlungsbedingungen (Skontosatz, Skontofrist, Zahlungsziel)
- Lieferbedingungen (Verpackungs- und Transportkosten, Lieferzeit)
- Garantieleistungen
- Kulanz (Entgegenkommen bei Umtausch usw.)

Besondere Service- und Kundendienstleistungen werden von Unternehmen als zusätzliche, zumeist kostenlose Leistungen beim Kauf von Produkten angeboten. Unternehmen, die Serviceleistungen anbieten, verfolgen damit häufig das Ziel, einen Preiswettbewerb zu umgehen, indem statt einem noch günstigeren Preis als dem des Konkurrenten lieber ein zusätzlicher Service für den Kunden angeboten wird. Hiermit können die Kunden auch zu Wiederholungskäufen angeregt und an das Unternehmen gebunden werden. Letztlich ist es offensichtlich, dass Serviceangebote das Image eines Unternehmens im Sinne von Kundenfreundlichkeit anheben.

Serviceleistungen, die im Handel häufig angetroffen werden, sind:

- Beratung vor Ort
- Ratenkauf
- Anlieferungs- und Aufbauservice
- Entsorgung von Altgeräten
- Wartungs- und Reparaturservice
- Lieferung von Ersatzteilen
- Erstellung individueller Angebote für den Kunden
- Kostenvoranschläge
- Finanzierungsmöglichkeiten (es wird ein Kredit zur Bezahlung der Ware gewährt)
- Inzahlungnahme

Im Einzelhandel findet man häufig noch spezifische Serviceleistungen, die nur hier im Kontakt mit dem Endverbraucher sinnvoll sind:

- Einpackservice (Geschenkverpackung)
- Kinderhort
- kostenloses Parken
- Restaurant, Cafeteria
- Ruhezonen
- Aufbewahrung für Gepäck

Aufgaben

Aufgaben zur Wiederholung

1 Nennen Sie Gründe, warum Unternehmen Serviceleistungen und besondere Konditionen anbieten.

2 Welche Kundendienstleistungen bieten Unternehmen und Geschäfte beim Kauf von:
a) Kühlschränken?
b) Hi-Fi- und Elektroartikeln?
c) Möbeln?
d) Autos?
e) Pflastersteinen?
f) Büchern?

3 a) Nennen Sie Geschäfte, die viele Serviceleistungen anbieten und Geschäfte, bei denen es nahezu keine Serviceleistungen gibt.
b) Unterscheiden Sie die Begriffe Garantieleistung und Kulanz.

3.6 Marketing-Mix

Die Mediaworld e. K. hat einen neuen Artikel, die „Y-Box", ins Sortiment aufgenommen. Dies ist die Spielekonsole eines der führenden Anbieter auf diesem Markt. Moritz Wagner unterhält sich mit Bastian Lenz, dem Auszubildenden, über den neuen Artikel.

Das ist geschehen ...

Moritz Wagner: *„Wir verkaufen die Y-Box erst einmal zur unverbindlichen Preisempfehlung des Herstellers."*

Bastian Lenz: *„Aber das ist sehr teuer! Sollten wir nicht einfach die Y-Box günstiger anbieten, damit mehr davon verkauft werden?"*

Moritz Wagner: *„Mit dem Preis können wir runtergehen, wenn die Nachfrage nachlässt. Der Artikel ist neu und trendy, es ist kein Problem, wenn wir den teuer verkaufen."*

Bastian Lenz: *„Aha, wenn die Nachfrage zurückgeht, senken wir einfach den Preis. Und dann läuft es wieder."*

Moritz Wagner: *„Ja, das klappt meistens. Außerdem wird der Hersteller das Produkt, wenn es schon länger auf dem Markt ist, noch ein bisschen verändern: zusätzliche Funktionen einbauen, die Grafik verbessern, das Design ändern. Das kurbelt den Absatz noch einmal an."*

Bastian Lenz: *„Und woher bekommen die Konsumenten die ganzen Informationen über die Produkteinführung, den Preis, ein neues Design und so weiter?"*

Moritz Wagner: *„Darum kümmert sich der Hersteller. Ich habe jedenfalls schon Fernsehspots mit der Y-Box gesehen. Und Werbeanzeigen findet man in jeder Computerzeitschrift! Die Werbung ist gerade jetzt in der Einführungsphase wichtig."*

Bastian Lenz: *„Verstehe. Aber was macht man, wenn die Konkurrenz ein ähnliches Produkt zu etwa dem gleichen Preis verkauft? Schließlich gibt es doch mehr als nur eine Spielekonsole!"*

Moritz Wagner: *„Nun, man könnte einen besonderen Service anbieten, etwa 24-Stunden-Reparatur-Service vor Ort oder drei Jahre Herstellergarantie oder Ähnliches."*

Bastian Lenz: *„Und wenn das Produkt gar nicht mehr läuft, wenn es schon fast veraltet ist in vielleicht zwei oder drei Jahren?"*

Moritz Wagner: *„Dann kann man die Preise noch weiter senken und vielleicht neue Vertriebswege suchen. Jetzt wird die Y-Box ja fast nur in Geschäften wie unserem, also im Fachhandel angeboten. Man kann solche Produkte – insbesondere wenn die Verkäufe stark zurückgehen und das Produkt „alt" wird – aber auch über Discountmärkte verkaufen oder im Versandhandel anbieten."*

1. Benennen Sie die Marketinginstrumente, welche in dem Gespräch zwischen Moritz Wagner und Bastian Lenz zum Ausdruck kommen.
2. Ordnen Sie die gefundenen Marketinginstrumente den vier Phasen des idealtypischen Produktlebenszyklus (→ Kapitel 3.1.1) zu.
3. Erläutern Sie anhand der Ergebnisse aus Arbeitsauftrag 1 und 2 und des Informationstextes, was man unter Marketing-Mix versteht.

Das ist zu tun ...

Das sollte man wissen ...

Marketing-Mix

Marketing-Mix ist die Mischung und Kombinierung der verschiedenen Marketinginstrumente. Dies bedeutet, dass die einzelnen Instrumente wie Produktpolitik oder Werbung nicht getrennt voneinander eingesetzt werden, sondern dass zur Erreichung eines Marketingzieles eine Mischung aus verschiedenen Instrumenten benötigt wird. Dabei kommt es auf die richtige Auswahl und die Dosierung der Marketinginstrumente an.

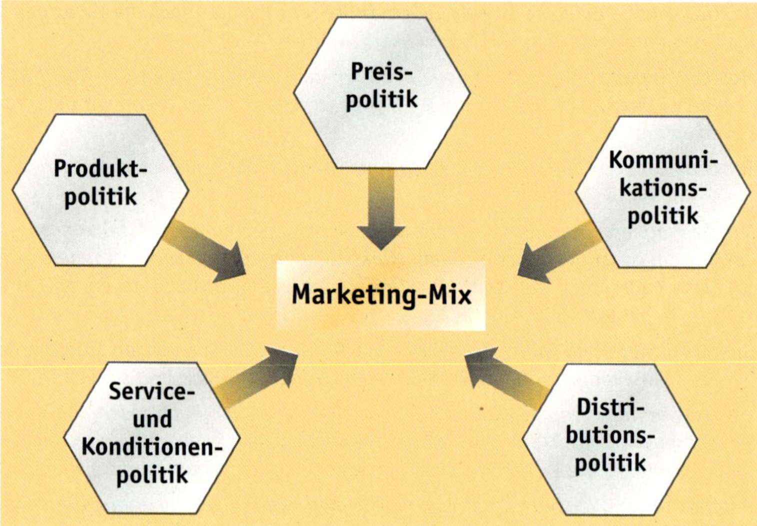

Welche Instrumente beim Marketing-Mix eine Rolle spielen, ist abhängig von den Produkten, die verkauft werden sollen. Bei Möbeln ist die Servicepolitik mit Anlieferung und Aufbau oder die Konditionenpolitik mit Raten- und Finanzkauf wichtig, bei Lebensmitteln spielen diese Instrumente keine Rolle. Hier sind eher die Preispolitik, die Produktpolitik oder die Distributionspolitik wichtig.

Die einzelnen Instrumente müssen beim Marketing-Mix auch nicht immer gleichzeitig eingesetzt werden, sondern können auch nacheinander zum Einsatz kommen. Das größte Problem, welches beim Marketing-Mix gelöst werden muss, ist es, den richtigen Zeitpunkt und die richtige Stärke des Einsatzes der einzelnen Marketinginstrumente zu wählen. Der Produktlebenszyklus kann hierbei Hilfestellung geben:

Beispiel

Bei der Einführung eines Produktes wird zunächst die preispolitische Entscheidung getroffen, das Produkt zu einem hohen Preis auf den Markt zu bringen. Erst in der Sättigungsphase wird der Preis gesenkt. Die Werbung spielt in der Einführungs- und Wachstumsphase eine wichtige Rolle, in der Abschwungphase kann durch Veränderungen am Produkt (Produktpolitik) versucht werden den Abschwung hinauszuzögern.

6022386

Der Marketing-Mix ist somit bei jedem Produkt sehr individuell, aber auch aus Unternehmenssicht ist je nach Branche und Betriebstyp ein unterschiedlicher Einsatz der Marketinginstrumente notwendig.

Beispiel

Die Produktpolitik kann im Prinzip nur von den Unternehmen, die die Produkte herstellen, genutzt werden, die Kommunikationspolitik dagegen spielt auf allen Wirtschaftsstufen – vom Hersteller über den Großhandel bis zum Einzelhändler – eine wichtige Rolle.

Aufgaben

Aufgaben zur Gesamtwiederholung des Kapitels „Marketing"

1 Führen Sie eine Marketingmaßnahme für die schuleigene Cafeteria durch.

- Überlegen Sie zunächst, was im Mittelpunkt der Aktion stehen soll (Einführung eines neuen Produktes in der Cafeteria, Durchführung einer Sonderverkaufsveranstaltung, Gewinnspielaktion oder Ähnliches).
- Betreiben Sie Marktforschung und befragen Sie Ihre Mitschüler, um mehr über deren Wünsche und Vorstellungen bezüglich Ihrer geplanten Aktion herauszufinden. Je mehr Sie über die „Kundenbedürfnisse" wissen, desto erfolgreicher wird Ihre Aktion laufen!
- Überlegen Sie, welche Instrumente Sie in Ihrem Marketing-Mix benötigen.
- Planen Sie die einzelnen Marketinginstrumente, die Sie benötigen, im Detail (Gestaltung von Werbematerial, Berechnung und Kalkulation von Preisen, Variation von Produkten und/oder Produktinnovation, ...).
- Führen Sie die Aktion durch und ermitteln Sie den Erfolg der durchgeführten Maßnahme.

2 Lesen Sie den Zeitungsartikel auf Seite 388 „Erfolgsfaktor Marketing" und beantworten Sie die folgenden Fragen:

a) Welche Marken gehören zur „Mars-Familie" der Firma Masterfoods?
b) Woran liegt es, dass Mars so bekannt geworden ist?
c) Welche „Innovation" hat Masterfoods im Pralinenmarkt geschaffen?
d) Wie gelingt es Masterfoods, genau die Produkte zu entwickeln, die der Kunde wünscht?

Aufgaben

Erfolgsfaktor Marketing

Jeder kennt Mars. Das ist das Ergebnis konsequenter Marktbeobachtung und Markenpflege. Das deutsche Geschäft steuert die Viersener Masterfoods:

Von ANNETT URBACZKA

DÜSSELDORF. Mars ist eine Marke. Und was für eine. Werden hierzulande Passanten gefragt, welche Schokoriegel sie kennen, sagt gut die Hälfte „Mars". [...] Mehr noch: Als Harald Schmidt Schokoriegel testen ließ, erkannte der Tester aus dem Publikum mit verbundenen Augen alle aus der Mars-Familie – Snickers, Milky Way, Balisto, Mars und Twix.

Das kommt nicht von ungefähr. „Wir haben 40 Jahre am Aufbau unserer Marken gearbeitet und entwickeln sie jetzt sorgfältig", sagt Frank Uszko. In Deutschland tut Mars das seit 1979 in Viersen bei Masterfoods, der Tochter des US-Konzerns. Uszko ist als Direktor mit verantwortlich für ein Marketing, das seinesgleichen sucht – wer kann nicht die legendäre „Mars macht mobil"-Melodie summen. [...]

„Wir bringen Marken auf den Markt" lautet die Maßgabe der Produktentwickler und -begleiter. Snickers, Bounty, m&m, Twix, Milky Way – Klassiker im Süßwarenregal. Klassiker, denen nur notorisches Kalorienzählen etwas anhaben kann. In den 80ern hieß Masterfoods' Antwort auf die Sorge um die schlanke Linie Balisto oder Banjo, heute Amicelli, Calapuno oder Celebrations. [...]

> Süße Sünden werden kleiner, leichter, abwechslungsreicher

So haben die Viersener 1999 auch den Pralinenmarkt ins Visier genommen, Deutschlands größtes Schokosegment, in dem fast ein Drittel des Gesamtumsatzes erzielt wird. „Ein totes Segment", sagt Frank Uszko in der Rückschau. [...] Trotzdem: Die Praline an sich entspricht ganz dem, was der Markt will: kleiner, leichter, mehr Abwechslung, süße Happen für zwischendurch.

„Sie musste nur jünger werden", sagt Uszko. Und junge Marken – das könne Mars. So tauchen m&m's in Kinofoyers und auf Titelseiten von TV-Zeitschriften auf, und wer Twix isst, kann ein E-Plus-Handy gewinnen. [...]

„Innovationsfähigkeit ist unser Kapital", sagt Uszko. Aber ist es eine Innovation, Mars und Bounty nur kleiner zu machen? Natürlich nicht, schränkt der Marketingexperte ein. Aber in Verbindung mit Verpackungsdesign schon. Wie bei der Minisammlung „Celebrations". Die stecken nicht einfach in einer Tüte, sondern in einer ausgetüftelten Aufklappschachtel, fertig für den Couchtisch. Die gibt es aber nur in Deutschland – weil die Deutschen gern gemütlich zusammensitzen. Quer durch alle Käuferschichten. Das wissen die Masterfood's-Produktentwickler genau. Schließlich können sie auf Datenbanken mit Marktforschungsmaterial zurückgreifen, das sehr detailliert ist. „Wir definieren nicht nur nach Altersgruppen, sondern vor allem nach Lebensstil", sagt Uszko, „wie jemand seine Zeit verbringt, wann er Schokolade isst." [...]

(aus: Rheinische Post vom 05.02.2004)

LERNFELD 5

Betriebliche Prozesse dokumentieren, Daten analysieren, aufbereiten, auswerten und Ergebnisse/Maßnahmen einschätzen

1 Unternehmensziele
1.1 Ziele und Zielkonflikte
2.1 Unternehmensziel Gewinn: Ermittlung und Verteilung des Gewinns
2 Kennzahlen zur Unternehmensanalyse
2.1 Auswertung der Bilanz und des GuV-Kontos: Die Rentabilität
2.2 Lagerkennziffern
3 Erfassung des Wertverlustes: Abschreibung auf Sachanlagen
3.1 Lineare Abschreibung
3.2 Degressive Abschreibung
3.3 Besonderheiten bei der Abschreibung auf Sachanlagen
4 Finanzierungsentscheidungen
4.1 Eigen- und Fremdfinanzierung
4.2 Kreditarten
4.3 Kreditsicherung
4.4 Leasing als Sonderform der Finanzierung

LERNFELD 1: In einem Unternehmen mitarbeiten können

1 Unternehmensgründung
1.1 Geschäftsidee
1.2 Erstberatung bei der IHK
1.3 Ein Name für das Unternehmen – die Firma
1.4 Handelsregister
2 Rechtsformen der Unternehmung
2.1 Überblick
2.2 Einzelunternehmung
2.3 Personengesellschaften
2.4 Kapitalgesellschaften
3 Vom Chef bis zum Auszubildenden: der Betriebsaufbau
3.1 Aufbauorganisation in der Mediaworld e. K.
3.2 Der einzelne Arbeitsplatz: Stellenbeschreibung
3.3 Führungsstile

LERNFELD 2: Aufträge bearbeiten

1 Verträge abschließen und einhalten
1.1 Einführung
1.2 Rechtssubjekte und Rechtsfähigkeit
1.3 Geschäftsfähigkeit
1.4 Eigentum und Besitz
1.5 Zustandekommen von Verträgen am Beispiel des Kaufvertrages
1.6 Inhalte des Kaufvertrages
1.7 Kaufvertragsarten
1.8 Vertragsfreiheit und Formvorschriften
1.9 Weitere Vertragsarten
1.10 Nichtigkeit und Anfechtbarkeit
2 Buchführung für „Fortgeschrittene“
2.1 Die Umsatzsteuer
2.2 Das Privatkonto
2.3 Ordnung halten: Organisation der Buchführung
2.4 Buchung von Belegen
3 Kaufvertragsstörungen
3.1 Erfüllung des Kaufvertrages
3.2 Mangelhafte Lieferung
3.3 Nicht-Rechtzeitig-Lieferung
3.4 Nicht-Rechtzeitig-Zahlung
3.5 Annahmeverzug
3.6 Kaufmännisches und gerichtliches Mahr
3.7 Verjährung
3.8 Allgemeine Geschäftsbedingungen
4 Buchungen im Warenverkehr
4.1 Wareneinkauf
4.2 Warenverkauf
4.3 Bestandsveränderungen bei Waren
5 Zahlungsverkehr
5.1 Barzahlung
5.2 Halbbare Zahlung
5.3 Bargeldlose Zahlung
6 Den Chef vertreten: Vollmacht und Pr
6.1 Handlungsvollmacht
6.2 Prokura

LERNFELD 3

Personalmaßnahmen entwickeln und personalwirtschaftliche Kompetenzen für den eigenen Berufsweg nutzen können

1 Vertragsrechtliche Grundlagen des Arbeits- und Ausbildungsverhältnisses
1.1 Tarifverträge
1.2 Betriebsvereinbarung und Betriebsrat
1.3 Personaleinstellung: Arbeitsvertrag
1.4 Berufsausbildungsvertrag und duale Berufsausbildung
2 Entlohnung
2.1 Lohn oder Gehalt? Verschiedene Formen der Entlohnung
2.2 Vom Brutto- zum Nettoverdienst
2.3 Ausbildungsvergütung
2.4 Minijobs
3 Sozialversicherungen
3.1 Krankenversicherung und Pflegeversicherung
3.2 Rentenversicherung
3.3 Arbeitslosenversicherung
3.4 Unfallversicherung
4 Personalfreisetzung und Personalbeurteilung
4.1 Fristgerechte Kündigung
4.2 Fristlose Kündigung
4.3 Personalbeurteilung: Arbeitszeugnis
5 Buchungen im Personalbereich
5.1 Personalaufwendungen
5.2 Buchung der Personalaufwendungen

LERNFELD 4

Käuferverhalten analysieren und Marketingmaßnahmen entwickeln

1 Kaufgründe und Marketing
2 Marktforschung
2.1 Überblick über die Methoden der Marktforschung
2.2 Primärforschung am Beispiel des Fragebogens
2.3 Sekundärforschung am Beispiel der Auswertung betriebsinterner Daten
3 Marketinginstrumente
3.1 Produkt- und Sortimentspolitik
3.2 Preispolitik
3.3 Kommunikationspolitik
3.4 Distributionspolitik
3.5 Service- und Konditionenpolitik
3.6 Marketing-Mix

1 Unternehmensziele
1.1 Ziele und Zielkonflikte

Das ist geschehen ...

Gestern fand in der Mediaworld e. K. eine Abteilungskonferenz statt. Dort wurden unter anderem die folgenden Standpunkte vertreten:

Das ist zu tun ...

1. Welche Unternehmensziele verfolgen die verschiedenen Mitarbeiter der Mediaworld e. K.?
2. Welche Ziele passen zueinander (Zielharmonie)?
3. Welche Ziele konkurrieren miteinander (Zielkonflikt)?

Das sollte man wissen ...

Ziele und Zielkonflikte

Unternehmen verfolgen Ziele. Die Festlegung von Zielen gehört zu den ersten Schritten bei der Unternehmensplanung. Die festgelegten Ziele werden aber immer wieder überprüft und hinterfragt, bei Bedarf sogar geändert.

Festgelegt werden die Unternehmensziele von der Geschäftsleitung. Hierbei müssen aber die verschiedensten Einflussfaktoren berücksichtigt werden.

Welche Faktoren und welche Personengruppen auf die Wahl der Unternehmensziele Einfluss nehmen können, zeigt das folgende Schaubild:

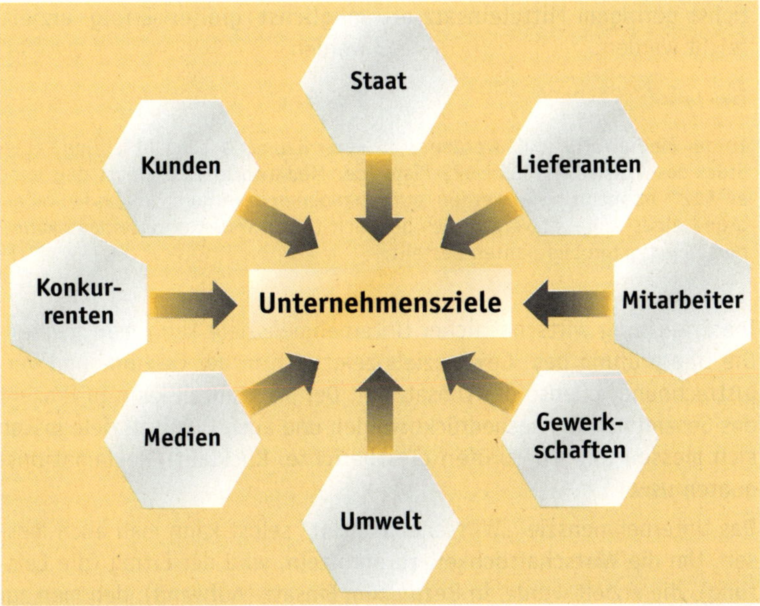

Alle diese vielfältigen Faktoren beeinflussen die Unternehmensziele. Wichtigstes Unternehmensziel ist in der Regel die Erzielung von Gewinn. Unternehmen, die langfristig keinen Gewinn erzielen, werden sich nicht am Markt halten können, daher kommt dem Ziel des Gewinnstrebens eine existenzielle Bedeutung zu. Daneben können aber noch andere, ähnliche Ziele angestrebt werden, etwa die Erreichung eines möglichst hohen Umsatzes oder einer hohen Rentabilität.

Der Erfolg eines Unternehmens lässt sich aber nicht nur allein am Gewinn festmachen. Er zeigt sich zum Beispiel auch anhand der Konkurrenzsituation eines Unternehmens: Wenn es einem Unternehmen gelungen ist, die Marktführerschaft zu erreichen, das heißt, wenn das Unternehmen den größten Anteil am Markt erobert hat, dann kann man auch von einem erfolgreichen Unternehmen sprechen. Insofern kann die Erreichung eines bestimmten Marktanteiles ein Unternehmensziel sein. Die Marktführerschaft eines Unternehmens kann sich aber auch in anderen Bereichen zeigen, etwa darin, dass ein Unternehmen qualitativ sehr hochwertige Produkte herstellt (Qualitätsführerschaft).

Alle bisher genannten Unternehmensziele sind **wirtschaftliche Ziele,** weil sie sich direkt auf die wirtschaftliche Situation des Unternehmens beziehen. Wirtschaftliche Ziele richten sich nach dem ökonomischen Prinzip, das als Minimalprinzip oder als Maximalprinzip aus der Volkswirtschaftslehre bekannt ist (→ „Volkswirtschaftslehre", Lernfeld 5, Kapitel 2).

Minimalprinzip	Maximalprinzip
Ein gegebenes Ziel soll mit möglichst geringem Mitteleinsatz erreicht werden.	Mit gegebenen Mitteln soll ein möglichst großer Erfolg erzielt werden.
Beispiel In der Mediaworld e. K. werden 300 Stück des Artikels H 1003 „MP3-Player 512" benötigt. Sie werden aufgrund eines Angebotsvergleiches bei dem günstigsten Lieferanten bestellt.	*Beispiel* Peter Bäumer aus der Abteilung Lager der Mediaworld e. K. nutzt den vorhandenen Lagerraum so, dass er möglichst viele Waren unterbringen kann.

Die Erreichung wirtschaftlicher Unternehmensziele kann man messen. Die Überprüfung des Gewinnziels zeigt sich in der Gewinn- und Verlustrechnung, ebenso das Umsatzziel. Der Marktanteil kann in Prozent des Gesamtmarktes ausgedrückt werden und auch Qualitätsziele lassen sich messen und überprüfen (Testberichte, Rücklauf-/Reklamationsquoten usw.).

Das Unternehmensziel „Wirtschaftlichkeit" selbst kann man auch messen. Um die Wirtschaftlichkeit zu ermitteln, wird der Ertrag (die Leistung), die erzielt wurde, in Bezug zum Einsatz (Aufwand), den man zur Erreichung des Zieles aufgebracht hat, gesetzt. Mathematisch bedeutet dies:

$$\text{Wirtschaftlichkeit} = \frac{\text{Ertrag}}{\text{Aufwand}}$$

Beispiel

Die Mediaworld e. K. hat im abgelaufenen Monat einen Nettoumsatz (Umsatzerlös) in Höhe von 390.000,00 € erzielt. Dabei fielen Aufwendungen in Höhe von 170.000,00 € an.

Die Wirtschaftlichkeit des Unternehmens im abgelaufenen Monat beträgt:

$$\text{Wirtschaftlichkeit} = \frac{\text{Ertrag}}{\text{Aufwand}} = \frac{390.000,00}{170.000,00} = 2,3$$

Durch Kostensenkungen, z. B. im Bereich Personal oder beim Warenbezug, kann es zu einer Erhöhung der Wirtschaftlichkeit kommen:

Fortsetzung des Beispiels

Im folgenden Monat hat die Mediaworld e. K. den gleichen Umsatz in Höhe von 390.000,00 € erzielt, allerdings konnten die Aufwendungen des Unternehmens um 20.000,00 € auf 150.000,00 € gesenkt werden.

$$\text{Wirtschaftlichkeit} = \frac{\text{Ertrag}}{\text{Aufwand}} = \frac{390.000,00}{150.000,00} = 2,6$$

Ähnlich zur Wirtschaftlichkeit verhält es sich mit dem Unternehmensziel „Steigerung der Produktivität“. Die **Produktivität** wird gemessen als Verhältnisgröße zwischen einer Ausbringungsmenge und der Einsatzmenge:

$$\text{Produktivität} = \frac{\text{Ausbringungsmenge}}{\text{Einsatzmenge}}$$

Die Ausbringungsmenge kann in einem Produktionsbetrieb zum Beispiel die hergestellte Stückzahl sein, die Einsatzmenge kann die geleistete Arbeitszeit, die zur Herstellung des Stückes notwendig war, sein. Das folgende Beispiel zeigt die Produktivität des Arbeitseinsatzes in der Mediaworld e. K.:

Beispiel

In der Mediaworld e. K. sind fünf reguläre Mitarbeiter beschäftigt (ohne Verkaufsshop, Praktikant und Auszubildenden). Diese erwirtschafteten im letzten Geschäftsjahr einen Jahresumsatz von 4.800.000,00 €.

$$\text{Die Produktivität je Mitarbeiter} = \frac{\text{Ausbringungsmenge}}{\text{Einsatzmenge}} = \frac{4.800.000,00}{5} = 936.000,00\ €$$

Neben den wirtschaftlichen Zielen gibt es aber auch noch Ziele in anderen Bereichen. Beispielsweise kann es sein, dass ein Unternehmen versucht besonders umweltfreundlich zu produzieren und möglichst ökologisch verträgliche Produkte auf den Markt zu bringen.

Ein derartiges **ökologisches Ziel** lässt sich erreichen durch:

- energiesparende Produktion
- Einsatz umweltfreundlicher Energien
- Nutzung und Verarbeitung umweltfreundlicher und/oder wieder verwendbarer Materialien
- Recycling
- umweltgerechte Entsorgung von Abfällen

Ein weiterer nichtwirtschaftlicher Aspekt bei der Festlegung von Unternehmenszielen ist die Verfolgung **sozialer Ziele.** Diese beziehen sich auf die Mitarbeiter und zeigen sich in sozialen Leistungen, die neben dem eigentlichen Verdienst stehen.

Hierzu gehören zum Beispiel:

- Sicherung von Arbeitsplätzen
- Urlaubsgeld
- Weihnachtsgeld
- betriebliche Altersrenten
- Kinderbetreuung
- (kostenlose) Kantine

Verfolgt ein Unternehmen mehr als eines der vielen aufgezählten Ziele, kann es zu Zielkonflikten oder zu Zielharmonien kommen. **Zielharmonie** bedeutet, dass durch das Streben nach dem einen Ziel ein anderes Ziel gleichzeitig gefördert wird. Ein **Zielkonflikt** liegt vor, wenn durch die Erreichung eines Zieles das Streben nach einem anderen Ziel behindert wird.

Beispiel 1 **Zielharmonie**

Die Mediaworld e. K. strebt eine Umsatzerhöhung von 10 % an (Ziel: Umsatzsteigerung). Wenn die Umsätze erhöht werden, ergibt sich – falls die Aufwendungen gleich geblieben sind – ein höherer Gewinn (Ziel: Gewinnsteigerung).

Beispiel 2 **Zielkonflikt**

Die Mediaworld e. K. möchte die beiden Firmenfahrzeuge möglichst umweltfreundlich nutzen, das heißt, sie sollen nur noch mit Biodiesel betankt werden, es sollen Rußfilter eingebaut werden und so weiter (Ziel: umweltfreundlicher Vertrieb).

Da die beiden Fahrzeuge nicht dem neuesten Stand der Technik entsprechen, müssen sie in einer Autowerkstatt entsprechend aus- und umgerüstet werden. Dies verursacht hohe Aufwendungen, die den Gewinn des Unternehmens vermindern (Ziel: Gewinnsteigerung).

Aufgaben

Aufgaben zur Wiederholung

1 Erstellen Sie eine Übersicht mit den drei im Text aufgezählten Bereichen von Unternehmenszielen. Notieren Sie sich zu jedem Bereich Beispiele aus dem Text und eigene Beispiele.

2 Erläutern Sie anhand von Beispielen, wie die einzelnen Faktoren und Personengruppen, die im Schaubild auf Seite 391 dargestellt sind, auf die Unternehmensziele der Mediaworld e. K. (Gewinnsteigerung, Umsatzsteigerung, Umweltschutz, soziale Ziele für die Mitarbeiter wie Urlaubsgeld, Weihnachtsgeld) Einfluss nehmen.

3 a) Ein Unternehmen hat einen Nettoumsatz von 650.000,00 € erzielt, dabei sind Aufwendungen in Höhe von 420.000,00 € angefallen. Berechnen Sie die Wirtschaftlichkeit des Unternehmens.

b) Dasselbe Unternehmen hat in der folgenden Periode bei gleichen Umsätzen Aufwendungen in Höhe von 480.000,00 € zu verzeichnen. Berechnen Sie die Wirtschaftlichkeit und vergleichen Sie Ihr Ergebnis mit dem Ergebnis aus Aufgabenteil a).

c) In der nächsten Betrachtungsperiode erzielt das Unternehmen bei Aufwendungen in Höhe von 420.000,00 € einen Nettoumsatz von 720.000,00 €. Berechnen Sie die Wirtschaftlichkeit und vergleichen Sie Ihr Ergebnis wiederum mit dem Ergebnis aus Aufgabenteil a).

4 Nennen Sie je zwei Beispiele zu Zielharmonien und Zielkonflikten.

5 Erläutern Sie, wie aus dem Zielkonflikt, der im Text in Beispiel 2 genannt wurde, eine Zielharmonie entstehen kann.

1.2 Unternehmensziel Gewinn: Ermittlung und Verteilung des Gewinns

Das ist geschehen …

Jeweils zu Anfang eines Jahres findet in der Mediaworld e. K. eine Mitarbeiterbesprechung statt. Hier legt Moritz Wagner als Geschäftsführer die (verkürzte) Gewinn- und Verlustrechnung des abgelaufenen Geschäftsjahres vor:

Soll — (verkürztes) GuV-Konto – Mediaworld e. K. — Haben

Soll			Haben
Aufwendungen für Waren	2.396.100,00	Umsatzerlöse für Waren	4.695.500,00
Löhne	47.120,00	weitere Erlöse	35.000,00
Gehälter	207.230,00		
weitere Aufwendungen	1.991.050,00		
Eigenkapital (Gewinn)	89.000,00		
	4.730.500,00		4.730.500,00

In der Besprechung werden eine Reihe von Vorschlägen gesammelt, was mit dem Gewinn gemacht werden kann:

Den Verkaufsshop neu gestalten!

Neue Förderfahrzeuge für das Lager anschaffen!

Der Gewinn steht dem Kapitalgeber zu!

Der Gewinn gehört dem Unternehmer für seine Arbeitsleistung als Geschäftsführer!

Lohnerhöhung!

Neue Computer für das Büro kaufen!

Mitarbeiter an dem Gewinn beteiligen (Prämie)!

Der Einzelunternehmer trägt das Risiko, also gehört ihm auch der Gewinn!

Das ist zu tun …

1. Wie würden Sie den Gewinn der Mediaworld e. K. verwenden? Argumentieren Sie aus Sicht
   - des Geschäftsführers.
   - eines Mitarbeiters.
2. Sortieren Sie die obigen Vorschläge und Ihre eigenen Ideen zu Gruppen: Welche Vorschläge gehören zusammen?
3. Finden Sie Überschriften für die jeweiligen „Gruppen".

Gewinnermittlung und Gewinnverteilung

Das sollte man wissen ...

Die Gewinnermittlung eines Unternehmens wird in der Buchhaltung vollzogen. Dies kann durch verschiedene Methoden geschehen:

1. Vergleich des Inventars des vorletzten Geschäftjahres mit dem Inventar des letzten Geschäftsjahres (➔ Kapitel 4.3 in Lernfeld 1)
2. Vergleich der Eröffnungsbilanz des Geschäftsjahres mit der Schlussbilanz (➔ Kapitel 4.6 in Lernfeld 1)
3. Aufstellen und Abschließen des GuV-Kontos (➔ Kapitel 4.12.3 in Lernfeld 1).

Der ermittelte Gewinn kann ganz unterschiedlich verwendet werden. Dabei hängt es zunächst einmal von der Rechtsform des Unternehmens ab, ob und wie viel vom Gewinn an den bzw. die Kapitalgeber ausgeschüttet wird. Die Mediaworld e. K. ist eine **Einzelunternehmung** mit nur einem Inhaber, der gleichzeitig Geschäftsführer ist. Moritz Wagner steht es zu, eine Entscheidung über die Gewinnverwendung zu treffen.

Er kann zum Beispiel entscheiden, dass der gesamte Gewinn an ihn ausgezahlt wird, als angemessene Entschädigung für

- das von ihm im Unternehmen eingesetzte Kapital,
- seine (Arbeits-)Leistung als Unternehmer,
- das Risiko, welches er eingeht, da er als Einzelunternehmer mit seinem ganzen Geschäfts- und Privatvermögen haftet.

Bei der Unternehmensform **„Gesellschaft"** wird der Gewinn an die Gesellschafter ausgeschüttet. Je nach Rechtsform und Gesellschaftervertrag kommt dabei eine andere Verteilung des Gewinns heraus.

Beispiel 1

Ausschüttung eines Gewinnes von 500.000,00 € an die fünf Gesellschafter einer OHG nach HGB.

Gesellschafter	Kapital in €	Verzinsung 4% vom Kapital	Anteil am Restgewinn	Anteil am Gesamtgewinn
1	1.000.000,00	40.000,00	76.000,00	116.000,00
2	1.000.000,00	40.000,00	76.000,00	116.000,00
3	500.000,00	20.000,00	76.000,00	96.000,00
4	250.000,00	10.000,00	76.000,00	86.000,00
5	250.000,00	10.000,00	76.000,00	86.000,00
Summe:	**3.000.000,00**	**120.000,00**	**380.000,00**	**500.000,00**

Beispiel 2

Ausschüttung eines Gewinnes von 500.000,00 € an die fünf Gesellschafter einer GmbH laut Gesellschaftsvertrag, der besagt, dass die Gewinnverteilung nach Kapitalanteilen zu erfolgen hat.

Gesellschafter	Kapital in €	Anteil am Gesamtgewinn
1	1.000.000,00	166.666,67
2	1.000.000,00	166.666,67
3	500.000,00	83.333,33
4	250.000,00	41.666,67
5	250.000,00	41.666,67
Summe:	**3.000.000,00**	**500.000,00**

Die Ausschüttung des Gewinnes an die Kapitalgeber/Eigentümer eines Unternehmens ist nur eine Möglichkeit der Gewinnverwendung. Darüber hinaus ist es auch möglich, dass ein Teil des Gewinnes an die Mitarbeiter verteilt wird. Dies könnte als Prämie für die geleistete Arbeit erfolgen und das Ziel haben, die Mitarbeiter zu einer noch besseren Leistung zu motivieren.

Letztlich ist es in allen Unternehmen notwendig, dass ein Teil des Gewinnes im Unternehmen verbleibt und investiert wird. Der Gewinn wird genutzt, um zusätzliche Neuanschaffungen und Ersatzbeschaffungen durchzuführen. Man kann das Geld aber auch nutzen, um andere Unternehmen aufzukaufen und hierdurch seinen Marktanteil zu vergrößern.

Aufgaben

Aufgaben zur Wiederholung

1 An einer Gesellschaft sind vier Gesellschafter beteiligt:
- Gesellschafter A mit 800.000,00 €
- Gesellschafter B mit 600.000,00 €
- Gesellschafter C mit 200.000,00 €
- Gesellschafter D mit 100.000,00 €

Verteilen Sie den Jahresgewinn in Höhe von 250.000,00 €

a) für den Fall, dass eine OHG vorliegt, nach den gesetzlichen Regelungen.

b) für den Fall, dass eine KG vorliegt, nach den gesetzlichen Regelungen.

c) für den Fall, dass eine GmbH vorliegt, nach Kapitalanteilen.

2 In einer Aktiengesellschaft sind 1.700.000,00 € Gewinn im Geschäftsjahr angefallen. Diese sollen nun verteilt werden:

- 15 % des Gewinns werden zurückgelegt (das heißt verbleiben zunächst ohne weitere Verwendung im Unternehmen).

- 20 % des Gewinns werden in Neuanschaffungen investiert.
- Der verbleibende Rest wird an die Aktionäre ausgeschüttet. Insgesamt sind 5 525 000 Aktien im Umlauf.

a) Errechnen Sie, wie viel € in die Rücklagen einfließen.
b) Errechnen Sie, wie viel € investiert werden.
c) Errechnen Sie, wie viel € Gewinn je Aktie (Dividende) ausgeschüttet werden.

2 Kennzahlen zur Unternehmensanalyse

2.1 Auswertung der Bilanz und des GuV-Kontos: Die Rentabilität

Das ist geschehen ...

Moritz Wagner hat am Ende des Geschäftsjahres die Bilanz und das Gewinn- und Verlustkonto vorliegen. Als Einzelunternehmer hat er viel Geld in sein Unternehmen investiert. Jetzt fragt er sich, ob sich die Investition auch gelohnt hat und ob sein Unternehmen profitabel läuft.

Eröffnungsbilanz der Mediaworld e. K.

Aktiva	zum 01.01.20..		Passiva
Grundstücke	170.000,00	Eigenkapital	694.000,00
Gebäude	387.000,00	Darlehen	208.000,00
Fuhrpark	28.000,00	Verbindlichk. a. LL	13.000,00
BGA	84.000,00		
Warenbestand	122.000,00		
Forderungen	76.000,00		
Bank	39.000,00		
Kasse	9.000,00		
	915.000,00		915.000,00

Schlussbilanz der Mediaworld e. K.

Aktiva	zum 31.12.20..		Passiva
Grundstücke	170.000,00	Eigenkapital	744.000,00
Gebäude	387.000,00	Darlehen	318.000,00
Fuhrpark	35.000,00	Verbindlichk. a. LL	53.000,00
BGA	92.000,00		
Warenbestand	273.000,00		
Forderungen	88.000,00		
Bank	52.000,00		
Kasse	18.000,00		
	1.115.000,00		1.115.000,00

Das ist geschehen ...

(verkürztes) GuV-Konto – Mediaworld e. K. zum 31.12.20..

Soll		Haben	
Aufwendungen für Waren	2.396.100,00	Umsatzerlöse für Waren	4.695.500,00
Löhne	47.120,00	weitere Erlöse	35.000,00
Gehälter	207.230,00		
Fremdkapitalzinsen	19.000,00		
weitere Aufwendungen	1.972.050,00		
Eigenkapital (Gewinn)	89.000,00		
	4.730.500,00		4.730.500,00

Das ist zu tun ...

1. Klären Sie die erste Frage von Moritz Wagner und berechnen Sie die Eigenkapitalrentabilität der Mediaworld e. K.
2. Klären Sie auch die zweite Frage von Moritz Wagner und berechnen Sie die Gesamtkapitalrentabilität der Mediaworld e. K.
3. Berechnen Sie auch die gesuchte Größe in der dritten Frage von Moritz Wagner – die Umsatzrentabilität.

Das sollte man wissen ...

Auswertung der Bilanz und des GuV-Kontos

Der Gewinn ist eine der wichtigsten Größen zur Messung des Unternehmenserfolges (→ Kapitel 1.2). Die Höhe des Gewinns in Euro allein sagt allerdings noch nicht viel aus, da noch keine Aussage darüber getroffen wird, wie viel eingesetzt wurde, um diesen Gewinn zu erzielen. Daher wird der Gewinn in Bezug zu anderen Größen gesetzt, die sich aus der Bilanz bzw. der GuV-Rechnung des Unternehmens ergeben.

Die Bezugsgrößen für diese Berechnungen sind:

1. das Eigenkapital
2. das Gesamtkapital
3. die Umsatzerlöse

Daraus ergeben sich drei Kennzahlen, mit denen die Daten aus der Bilanz und des GuV-Kontos ausgewertet werden können:

1. die Eigenkapitalrentabilität
2. die Gesamtkapitalrentabilität
3. die Umsatzrentabilität

1. Die Eigenkapitalrentabilität

Das **Eigenkapital** ist das Kapital, das dem Unternehmen gehört. Es handelt sich hierbei um Geld, das vom Einzelunternehmer oder von den Gesellschaftern aufgebracht worden ist und im Unternehmen investiert wurde. Im Laufe der Jahre kann das Eigenkapital größer werden, wenn die Eigentümer neues Geld in das Unternehmen investieren oder wenn Gewinne, die erzielt werden, im Unternehmen verbleiben.

Da es sich bei dem Eigenkapital aus Sicht der Eigentümer des Unternehmens um eine Geldanlage – eine Investition – handelt, ist es natürlich spannend zu wissen, ob sich diese Geldanlage auch rechnet, das heißt, ob sie rentabel ist. Hierfür wird die Eigenkapitalrentabilität berechnet. Die Formel lautet:

$$\text{Eigenkapitalrentabilität} = \frac{\text{Gewinn} \cdot 100}{\text{durchschnittliches Eigenkapital}}$$

Im Jahresverlauf verändert sich die Höhe des Eigenkapitals, daher nimmt man bei der Berechnung der Eigenkapitalrentabilität das durchschnittliche Eigenkapital. Dieses ergibt sich als Durchschnittswert vom Eigenkapital, welches zu Jahresbeginn (Eröffnungsbilanz) und zum Jahresende (Schlussbilanz) vorliegt:

$$\text{durchschnittliches Eigenkapital} = \frac{\text{Eigenkapital (Jahresbeginn)} + \text{Eigenkapital (Jahresende)}}{2}$$

Beispiel

In einem Unternehmen wurde ein Jahresgewinn in Höhe von 250.000,00 € erzielt. Zu Beginn des Geschäftsjahres weist die Eröffnungsbilanz ein Eigenkapital in Höhe von 2.600.000,00 € aus, am Ende des Geschäftsjahres beträgt die Höhe des Eigenkapitals in der Schlussbilanz 2.750.000,00 €.

Das durchschnittliche Eigenkapital beträgt:

$$\text{durchschnittl. Eigenkapital} = \frac{2.600.000 + 2.750.000}{2} = 2.675.000{,}00\ €$$

Die Eigenkapitalrentabilität beträgt:

$$\text{Eigenkapitalrentabilität} = \frac{250.000 \cdot 100}{2.675.000} = 9{,}35\ \%$$

Das eingesetzte Eigenkapital bringt eine Rendite von 9,35 %.

2. Die Gesamtkapitalrentabilität

Unternehmen finanzieren sich nicht allein aus Eigenkapital, daneben wird auch Fremdkapital benötigt. Eigenkapital und Fremdkapital zusammen genommen sind das gesamte Kapital, mit dem im Unternehmen gewirtschaftet wird. Um herauszufinden, wie lukrativ der Einsatz des gesamten Kapitals ist, berechnet man die Gesamtkapitalrentabilität.

Da jetzt auch das Fremdkapital eine Rolle spielt, darf nicht vergessen werden, dass Fremdkapital auch Zinsen kostet. Diese müssen bei der Berechnung berücksichtigt werden.

$$\text{Gesamtkapitalrentabilität} = \frac{(\text{Gewinn} + \text{Fremdkapitalzinsen}) \cdot 100}{\text{durchschnittliches Gesamtkapital}}$$

Das durchschnittliche Gesamtkapital ergibt sich aus dem Mittelwert zwischen dem Gesamtkapital am Jahresanfang und dem Gesamtkapital am Jahresende:

$$\text{durchschnittl. Gesamtkapital} = \frac{\text{Gesamtkapital (Jahresbeginn)} + \text{Gesamtkapital (Jahresende)}}{2}$$

Beispiel

Ein Unternehmen hat einen Gewinn in Höhe von 340.000,00 € erwirtschaftet. Für das eingesetzte Fremdkapital wurden Zinsen in Höhe von 45.000,00 € bezahlt. Die Bilanzsumme (das Gesamtkapital) der Eröffnungsbilanz beträgt 2.200.000,00 €, das Gesamtkapital am Jahresende beträgt 2.340.000,00 €.

Das durchschnittliche Gesamtkapital beträgt:

$$\text{durchschnittl. Gesamtkapital} = \frac{2.200.000 + 2.340.000}{2} = 2.270.000{,}00\ €$$

Die Gesamtkapitalrentabilität beträgt:

$$\text{Gesamtkapitalrentabilität} = \frac{(340.000 + 45.000) \cdot 100}{2.270.000} = 16{,}96\ \%$$

3. Die Umsatzrentabilität

Hohe Umsätze allein weisen noch keinen Erfolg aus. Da sich der Umsatz aus dem Produkt von Preis mal Menge ergibt, zeigen hohe Umsätze nur, dass entweder viel Ware verkauft wurde oder hohe Preise verlangt wurden – oder beides gleichzeitig. Ob die Umsätze auch rentabel erwirtschaftet wurden, zeigt sich erst, wenn der Gewinn in Bezug zu den Umsatzerlösen gesetzt wird. Die Formel hierfür lautet:

$$\text{Umsatzrentabilität} = \frac{\text{Gewinn} \cdot 100}{\text{Umsatzerlöse}}$$

Beispiel

In einem Unternehmen wurde ein Gewinn von 85.000,00 € erzielt. Die Umsätze des Unternehmens betragen 1.700.000,00 €. Es soll die Umsatzrentabilität berechnet werden.

$$\text{Umsatzrentabilität} = \frac{85.000 \cdot 100}{1.700.000} = 5\ \%$$

Aufgaben

Aufgaben zur Wiederholung

1 In einer Unternehmung liegen die Werte für die folgenden Bilanz- und GuV-Daten vor:

- Eigenkapital (Jahresbeginn und Jahresende)
- Gesamtkapital (Jahresbeginn und Jahresende)
- Aufwendungen für Waren
- Forderungen
- Umsatzerlöse
- Gewinn
- Mietaufwendungen
- Zinsaufwendungen (Fremdkapital)

a) Welche Größen benötigt man zur Ermittlung der Eigenkapitalrentabilität?

b) Welche Größen benötigt man zur Ermittlung der Gesamtkapitalrentabilität?

c) Welche Größen benötigt man zur Ermittlung der Umsatzrentabilität?

2 Erläutern Sie den Unterschied zwischen der Eigenkapitalrentabilität und der Gesamtkapitalrentabilität.

3 In einem Unternehmen liegen die folgenden Zahlen vor:

- Eigenkapital Jahresbeginn: 700.000,00 €
- Eigenkapital Jahresende: 850.000,00 €
- Fremdkapital Jahresbeginn und Jahresende: 230.000,00 €
- Fremdkapitalzinsen: 28.000,00 €
- Umsatzerlöse: 950.000,00 €
- Gewinn: 45.000,00 €

Berechnen Sie

a) die Eigenkapitalrentabilität

b) die Gesamtkapitalrentabilität

c) die Umsatzrentabilität

4 In einer Unternehmung liegen die folgenden beiden Bilanzen und das GuV-Konto in verkürzter Form vor.

a) Berechnen Sie die Eigenkapitalrentabilität.

b) Berechnen Sie die Gesamtkapitalrentabilität.

c) Berechnen Sie die Umsatzrentabilität.

d) Erläutern Sie, was die drei Rentabilitätskennzahlen aussagen.

Aktiva	Eröffnungsbilanz zum 01.01.20..		Passiva
Anlagevermögen	870.000,00	Eigenkapital	449.000,00
Umlaufvermögen	320.000,00	Fremdkapital	741.000,00
	1.190.000,00		1.190.000,00

Aktiva	Schlussbilanz zum 31.12.20..		Passiva
Anlagevermögen	940.000,00	Eigenkapital	590.000,00
Umlaufvermögen	370.000,00	Fremdkapital	720.000,00
	1.310.000,00		1.310.000,00

Aufgaben

Soll	GuV-Konto zum 31.12.20..		Haben
Aufwendungen		Umsatzerlöse	
für Waren	1.121.500,00	für Waren	1.731.666,70
Fremdkapitalzinsen	41.800,00	weitere Erlöse	234.100,30
sonstige Aufwendungen	750.517,00		
Eigenkapital (Gewinn)	51.950,00		
	1.965.767,00		1.965.767,00

5 a) In einer Unternehmung wird eine Eigenkapitalrentabilität von 8 % ermittelt. Das durchschnittliche Eigenkapital beträgt 400.000,00 €. Wie hoch ist der Gewinn?

b) In einer Unternehmung beträgt die Umsatzrentabilität 4 %, der Gewinn liegt bei 125.000,00 €. Wie hoch sind die Umsatzerlöse dieses Unternehmens?

c) In einem Unternehmen wurde ein Gewinn in Höhe von 85.000,00 € erzielt. Das durchschnittliche Gesamtkapital beträgt 1.250.000,00 €, die Gesamtkapitalrentabilität liegt bei 8 %. Wie viel Euro wurden für Fremdkapitalzinsen aufgebracht?

2.2 Lagerkennziffern

Das ist geschehen ...

Moritz Wagner diskutiert mit Peter Bäumer aus dem Lager:

6022404

Das ist zu tun ...

1. Warenlagerung kostet Geld. Erläutern Sie, was die Kosten verursacht.
2. Stellen Sie gegenüber, was für und was gegen ein großes Lager spricht.
3. Der Artikel „Schnitzer Plasmafernseher" hat eine Umschlagshäufigkeit von 8. Überprüfen Sie, ob Moritz Wagner die durchschnittliche Lagerdauer des Artikels richtig berechnet hat.
4. Wie hoch ist der durchschnittliche Lagerbestand dieses Artikels, wenn man folgende Daten vorliegen hat:
   Jahresanfangsbestand: 66 Stück, Bestand Ende März: 88 Stück, Bestand Ende Juni: 98 Stück, Bestand Ende September: 116 Stück, Bestand Ende Dezember: 82 Stück?

Das sollte man wissen ...

Lagerkennziffern

Die Lagerung von Waren verursacht Kosten, dennoch lässt es sich aber natürlich nicht vermeiden. Nur wenn immer ein ausreichend großer Warenbestand auf Lager liegt, kann ein Handelsbetrieb seine Verkaufsbereitschaft – die ständige Möglichkeit, die nachgefragte Ware auch sofort auszuliefern – aufrechterhalten. Zusätzlich erfüllt ein Lager auch noch andere Funktionen, zum Beispiel kann nur derjenige in großen Mengen und somit günstig einkaufen, der auch die gekauften Waren entsprechend lagern kann.

Je mehr Waren gelagert werden und je größer das Lager ist, umso höher sind die Kosten, die mit dem Lager verbunden sind. Die Lagerkosten lassen sich in folgende Bereiche aufschlüsseln:

Lagerkosten umfassen:

Raumkosten	Personalkosten	Kapitalkosten
Miete, Stromkosten, Heizkosten, Versicherungskosten, Instandhaltungskosten, ...	Löhne/Gehälter und Personalzusatzkosten für die im Lager arbeitenden Mitarbeiter	Zinsen für das in Lagereinrichtung und Waren investierte Kapital

Um die Kosten, die durch die Warenlagerung entstehen, zu kontrollieren, können bestimmte Berechnungen durchgeführt werden, die anzeigen, dass zum Beispiel Artikel zu lange im Lager liegen oder dass der Bestand bestimmter Artikel zu hoch oder zu niedrig ist. Die Kostenkontrolle des Lagers erfolgt mithilfe der Lagerkennziffern. Diese sind im Einzelnen:

1. der durchschnittliche Lagerbestand
2. die Umschlagshäufigkeit
3. die durchschnittliche Lagerdauer
4. der Lagerzinssatz und die Lagerzinsen

1. Der durchschnittliche Lagerbestand

Der Lagerbestand eines Artikels verändert sich ständig. Der Artikel wird verkauft, dadurch sinkt der Lagerbestand und der Artikel wird wieder nachbestellt, dadurch steigt der Lagerbestand. Um eine Übersicht zu haben, wie viel Stück eines Artikels tatsächlich im Schnitt auf Lager liegen, berechnet man den durchschnittlichen Lagerbestand. Dazu nutzt man die folgende Formel:

$$\text{durchschnittl. Lagerbestand} = \frac{\text{Anfangsbestand + Endbestand}}{2}$$

Anfangs- und Endbestand beziehen sich dabei auf den betrachteten Zeitraum. Wird also der durchschnittliche Lagerbestand für das ganze Jahr berechnet, nimmt man den Jahresanfangsbestand und den Jahresendbestand. Soll der durchschnittliche Lagerbestand des letzten Monats errechnet werden, nimmt man den Monatsanfangsbestand und den Monatsendbestand.

Beispiel

In der Mediaworld e. K. soll der durchschnittliche Lagerbestand des Artikels Nr. H 1003 „MP3-Player 512" ermittelt werden. Am Jahresanfang zeigt die Lagerkarteikarte einen Anfangsbestand von 950 Stück, am Jahresende liegen 630 Stück auf Lager.

$$\text{durchschnittl. Lagerbestand} = \frac{\text{Anfangsbestand + Endbestand}}{2} = \frac{950 + 630}{2} = 790 \text{ Stück}$$

Dieser Wert ist ziemlich ungenau, weil nur zwei Jahreswerte berücksichtigt werden. Genauer wird die Berechnung, wenn die Bestände am Ende eines jeden Quartals in die Rechnung einbezogen werden:

$$\text{durchschnittl. Lagerbestand} = \frac{\text{Anfangsbestand + 4 Quartalsendbestände}}{5}$$

Fortsetzung des Beispiels

Um den durchschnittlichen Lagerbestand des Artikels „MP3-Player 512" zu ermitteln, liegen die folgenden Zahlen vor:

Jahresanfangsbestand: 950 Stück, Bestand Ende März: 1 200 Stück, Bestand Ende Juni: 870 Stück, Bestand Ende September: 790 Stück, Bestand Ende Dezember: 630 Stück.

$$\text{durchschnittl. Lagerbestand} = \frac{\text{Anfangsbestand + 4 Quartalsendbestände}}{5}$$

$$\text{durchschnittl. Lagerbestand} = \frac{950 + 1\,200 + 870 + 790 + 630}{5} = 888 \text{ Stück}$$

Noch genauer ist die Berechnung, wenn man den Endbestand eines jeden Monats in der Formel berücksichtigt:

$$\text{durchschnittl. Lagerbestand} = \frac{\text{Anfangsbestand + 12 Monatsendbestände}}{13}$$

Fortsetzung des Beispiels

Für die Berechnung des durchschnittlichen Lagerbestandes des Artikels „MP3-Player 512" liegen die folgenden Daten vor:

Jahresanfangsbestand:	950 Stück	Bestand 31.07.:	830 Stück
Bestand 31.01.:	830 Stück	Bestand 31.08.:	710 Stück
Bestand 28.02.:	1 050 Stück	Bestand 30.09.:	690 Stück
Bestand 31.03.:	1 100 Stück	Bestand 31.10.:	639 Stück
Bestand 30.04.:	999 Stück	Bestand 30.11.:	590 Stück
Bestand 31.05.:	820 Stück	Bestand 31.12.:	530 Stück
Bestand 30.06.:	870 Stück		

$$\text{durchschnittl. Lagerbestand} = \frac{\text{Anfangsbestand + 12 Monatsendbestände}}{13}$$

$$= \frac{950 + 830 + 1\,050 + 1\,100 + 999 + 820 + 870 + 830 + 710 + 690 + 639 + 590 + 530}{13} = 816 \text{ Stück}$$

Der durchschnittliche Lagerbestand ist ein Wert, der für die Berechnung der Umschlagshäufigkeit benötigt wird.

2. Die Umschlagshäufigkeit

Die Umschlagshäufigkeit zeigt an, wie häufig die eingekaufte Menge eines Artikels, die gelagert wird, abverkauft wird. Anders ausgedrückt zeigt die Umschlagshäufigkeit, wie oft der Lagerbestand eines Artikels im Jahr durch Abverkauf und Nachbestellung ausgetauscht wird. Die Formel zur Berechnung der Umschlagshäufigkeit lautet:

$$\text{Umschlagshäufigkeit} = \frac{\text{Jahresabsatz}}{\text{durchschnittl. Lagerbestand}}$$

Beispiel

Der Artikel „MP3-Player 512" hat einen durchschnittlichen Lagerbestand von 816 Stück. Im gesamten Jahr wurden von diesem Artikel 7 344 Stück verkauft.

$$\text{Umschlagshäufigkeit} = \frac{\text{Jahresabsatz}}{\text{durchschnittl. Lagerbestand}} = \frac{7\,344}{816} = \text{9-mal}$$

Der durchschnittliche Lagerbestand dieses Artikels wurde insgesamt 9-mal in diesem Jahr abverkauft.

Die Umschlagshäufigkeit ist eine wichtige Kennzahl, die anzeigt, ob sich ein gelagerter Artikel schnell abverkaufen lässt oder nicht. Je höher die Umschlagshäufigkeit ist, desto geringer sind die Lagerkosten, da bei hoher Umschlagshäufigkeit ein geringer Lagerbestand vorliegt. Wenn die Umschlagshäufigkeit zu niedrig ist, kann der durchschnittliche Lagerbestand abgesenkt werden, um die Umschlagshäufigkeit zu erhöhen.

3. Die durchschnittliche Lagerdauer

Je länger ein Artikel auf Lager liegt, desto höher sind die Kosten, die durch die Lagerung verursacht werden. Daher muss die durchschnittliche Lagerdauer der Waren im Lager niedrig gehalten werden. Sie errechnet sich mit folgender Formel:

$$\text{durchschnittl. Lagerdauer} = \frac{360}{\text{Umschlagshäufigkeit}}$$

Im Zähler des Bruches steht die Zahl 360, weil man wie in der Zinsrechnung von einem Jahr mit 360 Tagen ausgeht. Je höher die Umschlagshäufigkeit ist, desto geringer ist die Lagerdauer eines Artikels.

Beispiel

Der Artikel „MP3-Player 512" wird 9-mal im Jahr umgeschlagen. Die durchschnittliche Lagerdauer dieses Artikels beträgt:

$$\text{durchschnittl. Lagerdauer} = \frac{360}{\text{Umschlagshäufigkeit}} = \frac{360}{9} = 40 \text{ Tage}$$

Der Artikel liegt im Schnitt 40 Tage auf Lager, das heißt, zwischen Eintreffen der Bestellung bzw. Einlagerung und dem Verkauf des Artikels vergehen im Schnitt 40 Tage.

4. Der Lagerzinssatz und die Lagerzinsen

Damit die Waren gelagert werden können, muss Kapital eingesetzt werden (für Lagerräume, Mitarbeiter, ...). Dieses Kapital könnte man auch anders anlegen. Zum Beispiel könnte man das Kapital zur Bank bringen und dort zinsbringend anlegen. Ähnlich wie bei der Geldanlage bei einer Bank wird die Geldanlage, die durch die Lagerung von Waren entsteht, mit einem Zinssatz bewertet. Diesen Lagerzinssatz berechnet man wie folgt:

$$\text{Lagerzinssatz} = \frac{\text{durchschnittl. Lagerdauer} \cdot \text{Marktzinssatz}}{360}$$

Der Marktzinssatz ist der Zinssatz, der im Durchschnitt bei den Banken aktuell für eine Geldanlage gezahlt würde.

Beispiel

Der Artikel „MP3-Player 512" hat eine durchschnittliche Lagerdauer von 40 Tagen. Der aktuelle Marktzinssatz beträgt 5 %.

$$\text{Lagerzinssatz} = \frac{\text{durchschnittl. Lagerdauer} \cdot \text{Marktzinssatz}}{360} = \frac{40 \cdot 5}{360} = 0{,}56\ \%$$

6022408

Mit dem Lagerzinssatz können die Lagerzinsen berechnet werden. Dies sind die Kosten, die dadurch entstehen, dass durch die Lagerhaltung Kapital gebunden ist und dieses somit nicht anderweitig angelegt werden kann.

$$\text{Lagerzinsen} = \frac{\text{Lagerzinssatz} \cdot \text{durchschnittl. Lagerbestand} \cdot \text{Stückwert}}{100}$$

Beispiel

Von dem Artikel „MP3-Player 512" liegen im Durchschnitt 816 Stück auf Lager. Der Wert eines „MP3-Player 512" beträgt 20,00 €. Der Lagerzinssatz liegt bei 0,56 %.

$$\text{Lagerzinsen} = \frac{\text{Lagerzinssatz} \cdot \text{durchschnittl. Lagerbestand} \cdot \text{Stückwert}}{100} = \frac{0{,}56 \cdot (816 \cdot 20{,}00)}{100} = 91{,}39\ €$$

Aufgaben zur Wiederholung

Aufgaben

1 In einer Großhandlung liegen die folgenden Lagerbestandsdaten eines Artikels vor. Berechnen Sie jeweils den durchschnittlichen Lagerbestand.

a) Jahresanfangsbestand: 1 300 Stück, Jahresendbestand: 930 Stück

b) Jahresanfangsbestand: 1.300 Stück, Bestand Ende März: 1 450 Stück, Bestand Ende Juni: 1 380 Stück, Bestand Ende September: 1 510 Stück, Bestand Ende Dezember: 930 Stück

c) Jahresanfangsbestand: 1 300 Stück

Bestand 31.01.: 1 320 Stück	Bestand 31.07.: 1 341 Stück
Bestand 28.02.: 1 360 Stück	Bestand 31.08.: 1 420 Stück
Bestand 31.03.: 1 450 Stück	Bestand 30.09.: 1 510 Stück
Bestand 30.04.: 1 470 Stück	Bestand 31.10.: 1 470 Stück
Bestand 31.05.: 1 400 Stück	Bestand 30.11.: 1 290 Stück
Bestand 30.06.: 1 380 Stück	Bestand 31.12.: 930 Stück

2 Berechnen Sie die Umschlagshäufigkeit.

a) Jahresabsatz: 54 000 Stück, durchschnittlicher Lagerbestand: 9 000 Stück

b) Jahresabsatz: 2 500 Stück, durchschnittlicher Lagerbestand: 200 Stück

c) Jahresabsatz: 13 440 Stück, durchschnittlicher Lagerbestand: 1 920 Stück

3 Wie lange lagern die folgenden Artikel im Durchschnitt?

Artikel A: Umschlagshäufigkeit = 8
Artikel B: Umschlagshäufigkeit = 9
Artikel C: Umschlagshäufigkeit = 6

4 Berechnen Sie bei einem Marktzinssatz von 5 % den Lagerzinssatz:

Artikel A: durchschnittliche Lagerdauer = 35 Tage
Artikel B: durchschnittliche Lagerdauer = 18 Tage
Artikel C: durchschnittliche Lagerdauer = 47 Tage

Aufgaben

5 Ermitteln Sie für die folgenden Artikel bei einem Lagerzinssatz von 0,60 % die Lagerzinsen.

Artikel 1: durchschnittlicher Lagerbestand: 700 Stück, Stückwert: 1,90 €

Artikel 2: durchschnittlicher Lagerbestand: 1 500 Stück, Stückwert: 37,50 €

Artikel 3: durchschnittlicher Lagerbestand: 345 Stück, Stückwert: 188,00 €

6 Am Jahresende soll in der Mediaworld e. K. der durchschnittliche Lagerbestand des Artikels Nr. S 2004 „Grunlag DVD-Recorder" ermittelt werden. Es liegen die folgenden Bestandsdaten aus der Lagerkartei vor:

Jahresanfangsbestand: 550 Stück

Bestand 31.01.: 618 Stück	Bestand 31.07.: 550 Stück
Bestand 28.02.: 650 Stück	Bestand 31.08.: 570 Stück
Bestand 31.03.: 668 Stück	Bestand 30.09.: 520 Stück
Bestand 30.04.: 685 Stück	Bestand 31.10.: 495 Stück
Bestand 31.05.: 630 Stück	Bestand 30.11.: 489 Stück
Bestand 30.06.: 539 Stück	Bestand 31.12.: 420 Stück

a) Berechnen Sie den durchschnittlichen Lagerbestand.

b) Ermitteln Sie die Umschlagshäufigkeit, wenn der Jahresabsatz bei 5 112 Stück liegt.

c) Berechnen Sie die durchschnittliche Lagerdauer des Artikels.

d) Wie hoch ist der Lagerzinssatz, wenn der Marktzinssatz bei 6,5% liegt?

e) Ermitteln Sie die Lagerzinsen bei einem Stückwert von 290,00 €.

7 a) Der durchschnittliche Lagerbestand eines Artikels beträgt 250 Stück. Wie hoch ist der Jahresabsatz, wenn die Umschlagshäufigkeit 9,5 beträgt?

b) Ein Artikel liegt durchschnittlich 72 Tage auf Lager. Wie hoch ist die Umschlagshäufigkeit?

c) Der Lagerzinssatz eines Artikels beträgt 0,5 %. Der Marktzinssatz liegt bei 4,5 %. Wie hoch ist die durchschnittliche Lagerdauer dieses Artikels?

3 Erfassung des Wertverlustes: Abschreibung auf Sachanlagen

3.1 Lineare Abschreibung

Das ist geschehen ...

Wieder einmal geht ein Geschäftsjahr in der Mediaworld e. K. zu Ende. Der Auszubildende Bastian Lenz arbeitet in der Abteilung Buchhaltung/Verwaltung mit, um die umfangreichen Inventur- und Buchhaltungsaufgaben am Jahresende zu bewältigen.

Dabei fällt ihm der folgende Beleg in die Hände:

Mobil GmbH
Lkw- und Pkw-Handel

Alle Marken
Alle Modelle

Mobil GmbH, Angelstraße 10, 47668 Duisburg

Mediaworld e. K.
Krefelder Straße 92
47226 Duisburg

Angelstraße 10
47668 Duisburg
Tel.: 0203 4118761
Fax: 0203 4118762
Mobil: 0164 2202202
E-Mail: info@mobil-wvd.de
www.mobil-wvd.de

Auftragsnummer:	00507
Kundennummer:	3272
Datum:	20..-01-03

Rechnung

Amtl. Kennzeichen	Typ/Modell	Fahrzeug-Identnummer	Zulassungstag	Annahmetag	km-Stand
DU-MW 444	NAM T6-SD	44FA053238	20..-01-03	20..-01-03	0

Wir danken Ihnen für Ihre Bestellung und berechnen Ihnen das gelieferte Fahrzeug zu den vereinbarten Verkaufsbedingungen.

1	Lkw	NAM T6-SD	63.722,50 €
	Zulassungsgebühren		277,50 €
			64.000,00 €

Mit freundlichen Grüßen

Alois Meier
Alois Meier

Zahlbar innerhalb von 30 Tagen nach Rechnungseingang **ohne Abzug.**

USt-IdNr.: 987 844 954
Erfüllungsort und Gerichtsstand: Duisburg
HRB 31299 Amtsgericht Duisburg
Geschäftsführer: Alois Meier

Bankverbindung:
Sparkasse Duisburg
Konto 0 981 114
BLZ 350 500 00

Das ist geschehen ...

Bastian kommt ins Grübeln: „Herr Peek“, fragt er den Buchhalter, „der Lkw ist doch jetzt schon ein Jahr alt, der ist doch keine 64.000,00 € mehr wert, oder?“

„Nein, natürlich nicht“, antwortet dieser, „du musst den Lkw abschreiben!“

Das ist zu tun ...

1. Was bedeutet die Anweisung von Herrn Peek an Bastian, dass dieser „den Lkw abschreiben“ soll?
2. Wie hoch sind die Anschaffungskosten für den Lkw?
3. Wie lange ist die Nutzungsdauer des Lkw?
4. Wie hoch ist der Abschreibungssatz für den angeschafften Lkw?
5. Ermitteln Sie den Abschreibungsbetrag für das erste Jahr.
6. Wie lautet der Buchungssatz zur Buchung der Abschreibung im ersten Jahr?
7. Stellen Sie einen Abschreibungsplan für den Lkw über die gesamte Nutzungsdauer auf.

Das sollte man wissen ...

Lineare Abschreibung

Die Bilanz einer Unternehmung weist auf der Aktiva-Seite das Anlagevermögen aus. Hier sind die so genannten Sachanlagen erfasst, wie Betriebs- und Geschäftsausstattung, Fuhrpark, Maschinen, Werkzeuge und anderes. Diese Güter verbleiben im Gegensatz zum Umlaufvermögen lange im Unternehmen. Der Wert dieser Güter sinkt aber mit der Zeit, dies kann man sich einfach am Beispiel „Automobil“ verdeutlichen: Schon ein Jahr nach der Anschaffung eines Neuwagens ist dieser längst nicht mehr so viel wert wie zu dem Zeitpunkt, als der Wagen vom Händler geliefert wurde. Der Wertverlust, der im Zeitablauf eintritt, hat viele Gründe.

6022412

Gründe für den Wertverlust von Anlagegütern

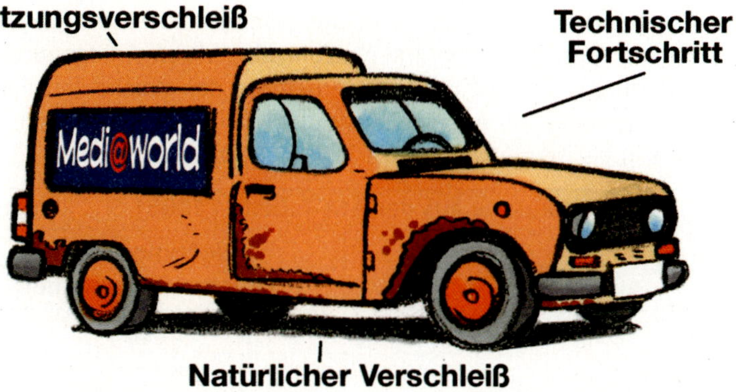

Die Güter, die im Anlagevermögen in der Bilanz aufgeführt sind, verbleiben für längere Zeit im Unternehmen. Der Wert dieser Güter sinkt allerdings im Laufe der Jahre. Dies muss in der Bilanz erfasst werden, die Bilanzwerte der Anlagegüter müssen im Zeitablauf Jahr für Jahr sinken.

Beim Kauf von Gütern werden diese mit den Kosten, die bei der Anschaffung entstanden sind, in der Bilanz erfasst. Zu diesen Anschaffungskosten gehören nicht nur der Kaufpreis des Anlagegutes, sondern auch eventuell auftretende Nebenkosten. Die Umsatzsteuer darf aber nicht in die Anschaffungskosten einbezogen werden, ebenso müssen Rabatt und Skonto vom Anschaffungspreis abgezogen werden:

Berechnung der Anschaffungskosten von Anlagegütern:

	Anschaffungspreis ohne Umsatzsteuer
+	weitere Anschaffungskosten wie Transportkosten, Zulassungsgebühren, Installations- und Montagekosten, Provisionsaufwendungen, Anwalts- oder Notarkosten
–	Rabatte, Skonto
=	Anschaffungskosten

Beispiel **Anschaffungskosten beim Kauf einer Computeranlage**

	Anschaffungspreis 3 PCs (ohne USt)	2.900,00 €
+	Anschaffungspreis Netzwerkdrucker (ohne USt)	250,00 €
+	Installation der Computeranlage	150,00 €
–	Inanspruchnahme von 2 % Skonto	66,00 €
=	Anschaffungskosten	3.234,00 €

Von den Anschaffungskosten wird jährlich ein bestimmter Betrag abgezogen, der den Wertverlust des Gutes erfasst. Dieser abgezogene Betrag wird **Abschreibung** genannt.

Irgendwann wird das Anlagegut nicht mehr im Betrieb benötigt, weil es technisch überholt oder abgenutzt ist. Zu diesem Zeitpunkt sollte das Anlagegut komplett abgeschrieben sein, das heißt, der Wert sollte auf 0,00 € gesunken sein. Die Nutzungsdauer von Anlagegütern ist vereinheitlicht, sodass für alle Unternehmen der gleiche Zeitraum für die Abschreibung von Anlagegütern gilt. Wie lange die Nutzungsdauer ist, wird in der so genannten AfA-Tabelle festgeschrieben.

Auszug aus der AfA-Tabelle (2005)	
Anlagegut	**Nutzungsdauer (Abschreibungsdauer)**
Anhänger	11 Jahre
Bildschirm	3 Jahre
Bohrmaschine	8 Jahre
Büromöbel	13 Jahre
CD-Player	7 Jahre
Computer (PC)	3 Jahre
Drucker	3 Jahre
Faxgerät	6 Jahre
Handy	5 Jahre
Laptop, Notebook	3 Jahre
Lkw	9 Jahre
Personenkraftwagen	6 Jahre
Verkaufstheke	10 Jahre

Fortsetzung des Beispiels

Für die gekaufte PC-Anlage gilt eine Nutzungsdauer von drei Jahren. Dies bedeutet, dass die Anschaffungskosten in Höhe von 3.234,00 € in einem Zeitraum von drei Jahren vollständig abgeschrieben werden dürfen.

Bei der Berechnung der Höhe der jährlichen Abschreibung gibt es zwei unterschiedliche Verfahren:

lineare Abschreibung	degressive Abschreibung
Die Höhe der jährlichen Abschreibungsbeträge bleibt gleich. (siehe unten)	Die Abschreibungsbeträge sinken von Jahr zu Jahr. (→ Kapitel 3.2)

Bei der linearen Abschreibung erhält man jährlich gleich bleibende Abschreibungsbeträge.

Diese kann man zum einen über den Abschreibungssatz ermitteln, indem man herausfindet, wie viel Prozent der Anschaffungskosten pro Jahr abgeschrieben werden sollen:

$$\text{Abschreibungssatz} = \frac{100}{\text{Nutzungsdauer}}$$

Fortsetzung des Beispiels

Die Nutzungsdauer der Computeranlage beträgt drei Jahre.

$$\text{Abschreibungssatz} = \frac{100}{\text{Nutzungsdauer}} = \frac{100}{3} = 33{,}33\ \%$$

Dies bedeutet, dass jedes Jahr 33,33 % der Anschaffungskosten abgeschrieben werden können, das sind (auf ganze Euro gerundet) 1.078,00 €.

Für die Ermittlung der jährlichen Abschreibungsbeträge kann man auch die folgende Formel nutzen:

$$\text{jährlicher Abschreibungsbetrag} = \frac{\text{Anschaffungskosten}}{\text{Nutzungsdauer}}$$

Fortsetzung des Beispiels

Die Nutzungsdauer der Computeranlage beträgt drei Jahre. Die Anschaffungskosten betragen 3.234,00 €.

$$\text{jährlicher Abschreibungsbetrag} = \frac{\text{Anschaffungskosten}}{\text{Nutzungsdauer}} = \frac{3.234{,}00}{3} = 1.078{,}00\ €$$

Kennt man den jährlichen Abschreibungsbetrag, kann ein Abschreibungsplan aufgestellt werden, in dem der Wertverlust des Anlagegutes pro Jahr erfasst wird.

Fortsetzung des Beispiels

Abschreibungsplan „PC-Anlage"

Jahr	Wert des Anlagegutes zu Beginn des Geschäftsjahres	jährlicher Abschreibungsbetrag
1	3.234,00 €	1.078,00 €
2	2.156,00 €	1.078,00 €
3	1.078,00 €	1.078,00 €
4	0,00 €	–

Im obigen Beispiel sinkt der Wert der Computeranlage von Jahr zu Jahr um den Abschreibungsbetrag. In jedem Jahr ist die Anlage mit weniger Euro in der Bilanz erfasst, nach drei Jahren ist der Wert der Computeranlage auf 0,00 € gesunken. Wird sie aber noch weiter im Unternehmen genutzt, muss sie auch weiter im Inventar und der Bilanz des Unternehmens geführt werden. Dann setzt man den Wert auf 1,00 € an, dieser Wert hat symbolischen Charakter und wird „Erinnerungswert" genannt.

Die Abschreibung von Anlagegütern muss auch buchhalterisch erfasst werden, es reicht nicht aus, dass man in der Bilanz den Wert des Anlagegutes einfach korrigiert. Denn dieser wird auch im jeweiligen Bestandskonto geführt und muss dort auch vermindert werden. Entsprechend ist bei jeder Abschreibung zum einen das Bestandskonto des Anlagegutes betroffen, zum anderen wirkt sich die Abschreibung auf das Eigenkapital aus, daher gibt es noch ein gesondertes Konto „6520 Abschreibungen auf Sachanlagen". Dies ist ein Aufwandskonto, in dem die Abschreibungen gegengebucht werden.

Fortsetzung des Beispiels

Geschäftsfall: Die erworbene Computeranlage soll im ersten Jahr linear abgeschrieben werden. Die jährliche Abschreibung beträgt 1.078,00 €.

Buchungssatz:

Konten	Soll	Haben
Abschreibungen auf Sachanlagen	1.078,00 €	
an Betriebs- und Geschäftsausstattung		1.078,00 €

Erläuterung:

Aufwendungen werden immer im Soll gebucht.

Minderungen im Aktivkonto werden im Haben gebucht.

S 6520 Abschreibung auf Sachanlagen		H	
❶ BGA	1.078,00		

S 0860 BGA		H	
EBK	3.234,00	❶ Abschr. auf SA	1.078,00

Der Abschluss der beiden Konten verdeutlicht noch einmal die Auswirkung der Abschreibung:

Kontenabschluss „Abschreibungen auf Sachanlagen"

Buchungssatz:

Konten	Soll	Haben
GuV	1.078,00 €	
an Abschreibungen auf SA		1.078,00 €

Erläuterung:

Das Konto „Abschreibungen auf Sachanlagen" ist ein Aufwandskonto und wird über das Konto GuV abgeschlossen. Der Aufwand der Abschreibung vermindert das Eigenkapital der Unternehmung.

Buchung in den Konten

S 6520 Abschreibung auf Sachanlagen		H	
❶ BGA	1.078,00	GuV	1.078,00

S 8020 GuV		H	
Abschr. auf SA	1.078,00		

6022416

Kontenabschluss „BGA“

Buchungssatz:

Konten	Soll	Haben
SBK	2.156,00 €	
an BGA		2.156,00 €

Erläuterung:
Die Buchung auf der Habenseite im Konto BGA bewirkt, dass der Ausgangswert des Eröffnungsbilanzkontos in Höhe von 3.234,00 € um die Abschreibung vermindert wird. Beim Kontenabschluss ergibt sich der verminderte Wert von 2.156,00 €, wie er auch im Abschreibungsplan errechnet wurde.

Buchung in den Konten

S	0860 BGA		H
EBK	3.234,00	❶ Abschreib. auf SA	1.078,00
		SBK	2.156,00
	3.234,00		3.234,00

S	8010 SBK		H
BGA	2.156,00		

Aufgaben zur Wiederholung

Aufgaben

1 In der Mediaworld e. K. wird für das Büro von Moritz Wagner ein auf Maß angefertigter Büroschrank angeschafft. Vom Anschaffungspreis netto (1.950,00 €) kann die Mediaworld e. K. als langjähriger Kunde 5 % Sofortrabatt abziehen. Der Schrank wird kostenpflichtig angeliefert (Transportkosten: 85,00 €), der Aufbau des Schrankes im Büro wird noch einmal mit 17,00 € in Rechnung gestellt. Der Skontoanspruch in Höhe von 2 % wird ausgenutzt. Ermitteln Sie die Anschaffungskosten für den Büroschrank.

2 Ermitteln Sie anhand des folgenden Beleges die Anschaffungskosten für das gelieferte Anlagegut, wenn Skonto in Anspruch genommen wird.

BÜRO-INPUT GMBH
Schafstraße 88 • 50933 Köln
Tel.: 0221 6300910 • Fax: 0221 6300920

Büro-Input GmbH • Schafstraße 88 • 50933 Köln

Mediaworld e. K.
Krefelder Straße 92
47226 Duisburg

Postbank Köln
Kto.-Nr. 660 423-506
BLZ 370 100 00

Kunden-Nr.:	20 344
Rechn.-Nr.:	711-05
Datum:	20..-09-12

RECHNUNG

Pos.	Art.-Nr.	Artikelbezeichnung	Menge	Einzelpreis €	Gesamtpreis €
1	9912	Aktenschrank	1	590,70	590,70

Warenwert	Verpackung	Fracht	Zwischensumme	USt-Satz	USt in €	Gesamtbetrag in €
590,70	-	40,00	630,70	16 %	100,91	**731,61**

Zahlungsbedingungen: Zahlungsziel: 40 Tage
Skonto: 2 % innerhalb von 10 Tagen

Aufgaben

3 Die Mediaworld e. K. kauft einen neuen Pkw für die Auslieferung von Kleinteilen an Kunden in der Region. Die Anschaffungskosten betragen insgesamt 17.700,00 €. Der Pkw soll linear über die Nutzungsdauer abgeschrieben werden.

a) Ermitteln Sie den Abschreibungssatz.
b) Berechnen Sie den Abschreibungsbetrag im ersten Jahr.
c) Stellen Sie den Abschreibungsplan für die gesamte Nutzungsdauer auf. Am Ende der Nutzungsdauer soll der Pkw vollständig abgeschrieben sein.

4 In der Mediaworld e. K. wird eine neue Verkaufstheke für den Verkaufsshop gekauft. Die Anschaffungskosten betragen 2.630,00 €.

a) Ermitteln Sie den Abschreibungssatz.
b) Stellen Sie den Abschreibungsplan für die ersten fünf Jahre auf.
c) Wie lautet der Buchungssatz zur Abschreibung der Verkaufstheke am Ende des ersten Nutzungsjahres?

5 a) Bilden Sie die Buchungssätze zu den folgenden Geschäftsfällen:
1. Für das Büro wird ein neuer PC auf Ziel angeschafft, Nettowert: 900,00 € (+ 16 % USt).
2. Kauf eines neuen Büroschreibtisches auf Ziel, Rechnungsbetrag brutto: 1.740,00 € (inkl. USt).
3. Kauf einer Verkaufstheke auf Ziel, vom Anschaffungspreis in Höhe von 1.500,00 € netto (+ 16 % USt) können 5 % Sofortrabatt in Anspruch genommen werden.

b) Gegeben sind die folgenden Konten mit Anfangsbeständen:
1. BGA (Anfangsbestand: 92.000,00 €)
2. Verbindlichkeiten (Anfangsbestand: 24.000,00 €)
3. Abschreibungen auf Sachanlagen
4. Vorsteuer

Buchen Sie die Buchungssätze aus Aufgabenteil a) in den vorgegebenen Konten.

c) Bilden Sie die Buchungssätze zur linearen Abschreibung der Anlagegüter und buchen Sie die Abschreibung in den Konten.
d) Schließen Sie die Konten BGA und Abschreibungen auf Sachanlagen ab.

3.2 Degressive Abschreibung

Das ist geschehen ...

Bastian Lenz macht sich Gedanken über die Abschreibung des Lkw (siehe Beleg Kapitel 3.1, Seite 411). Er spricht Herrn Peek aus der Buchhaltung noch einmal auf den Fall an: „Wir haben den Lkw doch linear abgeschrieben, das heißt, jedes Jahr gehen wir von dem gleichen Wertverlust aus."

„Richtig", meint Herr Peek.

„So ein Fahrzeug verliert doch in den ersten Jahren viel mehr an Wert als in den Jahren danach. Kann man das nicht berücksichtigen?"

„Hmmm", sagt Herr Peek, „es gibt da noch eine andere Abschreibungsmethode, die degressive Abschreibung. Wir können ja mal vergleichen, ob diese Methode zu höheren Abschreibungsbeträgen führt oder nicht."

Das ist zu tun ...

1. Welche steuerrechtlichen Regeln sind zu beachten, wenn man den Abschreibungssatz der degressiven Abschreibung festlegt?
2. Ermitteln Sie den degressiven Abschreibungssatz und den Abschreibungsbetrag im ersten Jahr für den Lkw.

Das sollte man wissen ...

Degressive Abschreibung

Im Gegensatz zur linearen sind bei der degressiven Abschreibung die Abschreibungsbeträge nicht jedes Jahr gleich, sondern sie sinken von Jahr zu Jahr. Dafür kann es aber sein, dass die Abschreibungsbeträge in den ersten Jahren bei der degressiven Abschreibung höher sind als bei der linearen. Wenn dies so ist, sollte man sich für die degressive Abschreibung entscheiden bei einem beweglichen Anlagegut, wie zum Beispiel einem Pkw oder einem PC. Immobilien wie Gebäude oder Grundstücke dürfen nicht degressiv abgeschrieben werden.

Für den Abschreibungssatz bei der degressiven Abschreibung gelten die beiden folgenden steuerrechtlichen Regeln:

Regel 1: Der Abschreibungssatz darf doppelt so hoch sein wie der Abschreibungssatz der linearen Abschreibung, ...

Regel 2: ... allerdings darf der Abschreibungssatz nicht höher sein als 20 %.

Die beiden folgenden Beispiele zeigen auf, wann es sich lohnt, linear bzw. degressiv abzuschreiben. Das Ziel ist es, die höchstmöglichen Abschreibungsbeträge zu erhalten:

Beispiel 1 Kauf eines Anhängers, Anschaffungskosten 30.000,00 €, Nutzungsdauer elf Jahre

Lineare Abschreibung:

$$\text{Abschreibungssatz} = \frac{100}{\text{Nutzungsdauer}} = \frac{100}{11} = 9{,}09\ \%$$

Abschreibungsbetrag im ersten Jahr: 2.727,00 €

Degressive Abschreibung:

Regel 1: Der Abschreibungsbetrag darf auf das Doppelte des linearen Abschreibungsbetrages lauten: 9,09 % · 2 = 18,18 %.

Regel 2: Der Abschreibungsbetrag darf maximal 20 % sein. Diese Regel wird mit 18,18 % erfüllt.

Abschreibungsbetrag im ersten Jahr: 5.454,00 €.

Hier ist die degressive Abschreibung zu empfehlen, weil sie zu einem höheren Abschreibungsbetrag als die lineare Abschreibung führt.

Beispiel 2 Kauf eines PC, Anschaffungskosten 3.000,00 €, Nutzungsdauer: drei Jahre

Lineare Abschreibung:	Degressive Abschreibung:
Abschreibungssatz $= \frac{100}{\text{Nutzungsdauer}}$ $= \frac{100}{3} = 33{,}33\ \%$ Abschreibungsbetrag im ersten Jahr: 1.000,00 €	**Regel 1:** Der Abschreibungsbetrag darf auf das Doppelte des linearen Abschreibungsbetrages lauten: 33,33 % · 2 = 66,66 %. **Regel 2:** Der Abschreibungsbetrag darf maximal 20 % sein, daher dürfen auch nur 20 % abgeschrieben werden und nicht 66,66 %. Abschreibungsbetrag im ersten Jahr: 600,00 €.

Hier ist die lineare Abschreibung zu empfehlen, weil sie zu einem höheren Abschreibungsbetrag als die degressive Abschreibung führt.

Hat man sich für die degressive Abschreibung entschieden, dann wird jedes Jahr mit dem gleichen Prozentsatz abgeschrieben. Am Ende der Nutzungsdauer darf man den verbleibenden Restwert komplett abschreiben.

Fortsetzung des Beispiels 1 **Anschaffung eines Anhängers**

Jahr	Wert des Anlagegutes zu Beginn des Geschäftsjahres	jährlicher Abschreibungsbetrag (18,18 % vom verbleibenden Wert)
1	30.000,00 €	5.454,00 €
2	24.546,00 €	4.462,46 €
3	20.083,54 €	3.651,19 €
4	16.432,35 €	2.987,40 €
5	13.444,95 €	2.444,29 €
6	11.000,66 €	1.999,92 €
7	9.000,74 €	1.636,33 €
8	7.364,41 €	1.338,85 €
9	6.025,56 €	1.095,45 €
10	4.930,11 €	896,29 €
11	4.033,82 €	4.033,82 €
12	0,00 €	–

Man sieht an dem Beispiel sehr deutlich, dass die Abschreibungsbeträge in den ersten Jahren sehr hoch sind, in den letzten Jahren dagegen sind sie sehr niedrig.

Für ein Unternehmen wäre es in diesem Fall am günstigsten, wenn es in den ersten Nutzungsjahren die degressive Abschreibung anwenden würde und in den letzten Jahren die lineare Abschreibung. Dies ist steuerrechtlich auch erlaubt. Wenn man einen solchen Wechsel vornehmen will, sollte er in dem Jahr stattfinden, in dem der Abschreibungsbetrag der linearen Abschreibung höher ist als der Betrag der degressiven Abschreibung.

Im Beispiel wäre dies das siebte Jahr:

Fortsetzung des Beispiels 1 **(Anschaffung eines Anhängers)** – Wechsel von degressiver zu linearer Abschreibung:

Jahr	Wert des Anlagegutes zu Beginn des Geschäftsjahres bei degressiver Abschreibung	jährlicher Abschreibungsbetrag (18,18 % vom verbleibenden Wert) degressive Abschreibung	Übergang von der degressiven zur linearen Abschreibung	Restwerte der letzten 5 Jahre bei linearer Abschreibung
1	30.000,00 €	5.454,00 €		
2	24.546,00 €	4.462,46 €		
3	20.083,54 €	3.651,19 €		
4	16.432,35 €	2.987,40 €		
5	13.444,95 €	2.444,29 €		
6	11.000,66 €	1.999,92 €		
7	**9.000,74 €**	**1.636,33 €** →	**1.800,15 €**	
8	7.364,41 €	1.338,85 €	1.800,15 €	7.200,59 €
9	6.025,56 €	1.095,45 €	1.800,15 €	5.400,44 €
10	4.930,11 €	896,29 €	1.800,15 €	3.600,29 €
11	4.033,82 €	4.033,82 €	1.800,14 €	1.800,14 €
12	0,00 €	–	–	0,00 €

Im siebten Jahr ergibt sich ein linearer Abschreibungsbetrag in Höhe von 1.800,15 €, da der Restwert 9.000,74 € noch über fünf Jahre abgeschrieben werden muss (9.000,74 : 5 = 1.800,15). Dieser Wert ist höher als der Wert der degressiven Abschreibung (1.636,33 €), daher wird im siebten Jahr der Wechsel von der degressiven zur linearen Abschreibung vorgenommen.

Aufgaben zur Wiederholung

Aufgaben

1 In der Mediaworld e. K. wird ein neuer Firmen-Pkw angeschafft. Die Anschaffungskosten betragen 19.500,00 €. Der Pkw soll über die Nutzungsdauer vollständig abgeschrieben werden. Es wird die degressive Abschreibungsmethode genutzt. Stellen Sie den Abschreibungsplan auf.

2 In einer Großhandlung werden ein neuer Büroschrank und ein neuer Büroschreibtisch angeschafft. Die Anschaffungskosten betragen für den Schrank 2.800,00 € und für den Schreibtisch 1.150,00 €. Beide Anlagegüter sollen degressiv abgeschrieben werden.

Erstellen Sie für beide Anlagegüter den Abschreibungsplan für die ersten fünf Jahre.

Aufgaben

3 Das Großhandelsunternehmen Schneider-Tiefkühlkost GmbH schafft einen neuen Lkw an. Die Anschaffungskosten betragen 92.000,00 €. Es wird die optimale Abschreibungsmethode gesucht.

a) Stellen Sie den Abschreibungsplan für die lineare Abschreibung über den Nutzungszeitraum auf.

b) Stellen Sie einen Abschreibungsplan für die degressive Abschreibung über die Nutzungsdauer auf.

c) Zeigen Sie anhand eines Abschreibungsplanes auf, wann es sich lohnen würde, von der linearen zur degressiven Abschreibung zu wechseln.

3.3 Besonderheiten bei der Abschreibung auf Sachanlagen

Das ist geschehen ...

Das ist zu tun ...

1. Um welche Besonderheiten handelt es sich bei den gezeigten Beispielen? Ordnen Sie die drei Fälle den im Informationstext aufgeführten Besonderheiten zu.
2. Wie ist in den drei Fällen zu verfahren? Beantworten Sie die von Bastian Lenz gestellten Fragen.

Das sollte man wissen ...

Besonderheiten bei der Abschreibung auf Sachanlagen

Bei der Abschreibung auf Sachanlagen müssen einige Sonderfälle betrachtet werden, die sich aus dem Steuerrecht ergeben. Hierbei handelt es sich um Regelungen, die getroffen wurden, um eine Vereinheitlichung zu schaffen, die aber auch zu Vereinfachungen führen und das Ermitteln des zulässigen Abschreibungssatzes bzw. -betrages erleichtern. Es handelt sich um die folgenden drei Fälle:

1. Beachtung des Kaufzeitpunktes für die Ermittlung der Abschreibung
2. Sofortaufwand
3. Geringwertige Wirtschaftsgüter

1. Beachtung des Kaufzeitpunktes für die Ermittlung der Abschreibung

Wenn der Anschaffungszeitpunkt eines Anlagegutes keine Rolle für die Abschreibung spielen würde, könnte dies zum Beispiel dazu führen, dass ein Anlagegut erst im Dezember gekauft wird, im ersten Jahr aber schon der volle Abschreibungsbetrag angesetzt wird, obwohl das Gut erst einen Monat alt ist. Daher ergibt sich für **bewegliche Anlagegüter** die folgende Regel:

- Wird das Gut im ersten Halbjahr (Januar bis Juni) angeschafft, darf im Jahr der Anschaffung der volle Abschreibungsbetrag angesetzt werden.
- Wird das Gut im zweiten Halbjahr (Juli bis Dezember) angeschafft, darf im Jahr der Anschaffung nur der halbe Abschreibungsbetrag angesetzt werden.

Beispiel **Kauf eines PC, Anschaffungskosten 1.800,00 €**

Kaufdatum im ersten Halbjahr, z. B. 27. Mai 20.. Abschreibungsbetrag im ersten Jahr: $\frac{1.800,00}{3} = \mathbf{600,00\ €}$	Kaufdatum im zweiten Halbjahr, z. B. 19. September 20.. Abschreibungsbetrag im ersten Jahr: $\frac{1.800,00}{3} = 600,00\ €$ $\frac{600,00}{2} = \mathbf{300,00\ €}$

2. Sofortaufwand

Einige Anlagegüter haben einen so geringen Wert, dass es sich nicht lohnt, sie über viele Jahre hinweg abzuschreiben: Der Aufwand dieser Abschreibung wäre viel zu hoch. Daher gilt die folgende Vereinfachung:

- Wenn die Anschaffungskosten eines Anlagegutes geringer als 51,00 € sind, kann das Anlagegut gleich als Aufwand gebucht werden. Eine Abschreibung ist dann nicht mehr erforderlich.

Beispiel

Es wird eine neue Schreibtischlampe auf Ziel gekauft, Anschaffungskosten: 37,00 € netto.

Buchungssatz:

Konten	Soll	Haben
Büromaterial	37,00 €	
Vorsteuer	5,92 €	
an Verbindlichkeiten a. LL		42,92 €

3. Geringwertige Wirtschaftsgüter

Liegt der Wert eines beweglichen Anlagegutes über 51,00 €, aber unter 410,00 €, dann besteht die Möglichkeit, dass dieses Anlagegut im ersten Jahr vollständig abgeschrieben wird. Ein Abschreibungsplan, der über viele Jahre geht, ist dann nicht mehr erforderlich. Das Anlagegut wird bei der Anschaffung auf einem gesonderten Bestandskonto, dem Konto „0890 Geringwertige Wirtschaftsgüter" (GWG) gebucht. Die Abschreibung des vollen Anschaffungsbetrages erfolgt wie üblich über das Konto „6520 Abschreibungen auf Sachanlagen".

Beispiel

Geschäftsfall: Kauf eines Faxgerätes auf Ziel, Anschaffungskosten: 230,00 € netto.

Buchungssatz:

Konten	Soll	Haben
Geringwertige Wirtschaftsgüter	230,00 €	
Vorsteuer	36,80 €	
an Verbindlichkeiten a. LL		266,80 €

Geschäftsfall: Das Faxgerät wird am Ende des Anschaffungsjahres voll abgeschrieben.

Buchungssatz:

Konten	Soll	Haben
Abschreibungen auf Sachanlagen	230,00 €	
an Geringwertige Wirtschaftsgüter		230,00 €

Wenn alle geringwertigen Wirtschaftsgüter gleich im ersten Jahr voll abgeschrieben werden und damit aus dem Bestandskonto „verschwinden", stehen keine Werte mehr im Konto „GWG". Im Schlussbilanzkonto tauchen dann auch keine geringwertigen Wirtschaftsgüter auf.

Aufgaben zur Wiederholung

Aufgaben

1 Ermitteln Sie die Abschreibungsbeträge des jeweiligen Anschaffungsjahres bei einer linearen Abschreibung der folgenden Anlagegüter. Nutzen Sie dazu die AfA-Tabelle aus Kapitel 3.1.

Fall	Anlagegut	Kaufdatum	Anschaffungskosten
a)	Drucker	12.05.20..	530,00 €
b)	Anhänger	19.09.20..	25.300,00 €
c)	Büroschrank	17.03.20..	3.600,00 €
d)	Verkaufstheke	21.10.20..	14.700,00 €
e)	Notebook	13.12.20..	2.100,00 €

2 Bilden Sie zu den folgenden Geschäftsfällen die Buchungssätze:

1. Zielkauf eines Bürostuhles, Anschaffungskosten: 135,00 € + 16 % USt.
2. Zum Jahresende wird ein im September angeschaffter Pkw (Anschaffungskosten: 25.000,00 €) degressiv abgeschrieben.
3. Barkauf eines Lochers zum Bruttopreis von 17,40 € (inkl. 16 % USt).
4. Anschaffung eines neuen Faxgerätes bar, Nettopreis: 89,00 € + 16 % USt.
5. Das Faxgerät wird am Jahresende vollständig abgeschrieben.
6. Barkauf eines Ablagesystems für den Schreibtisch, Nettopreis 24,00 € + 16 % USt.
7. Kauf eines Handys für den Außendienstmitarbeiter bar, Nettopreis: 129,00 € + 16 % USt.
8. Das Handy soll am Jahresende vollständig abgeschrieben werden.
9. Kauf eines Anhängers auf Ziel am 12.10.20.., Anschaffungskosten netto: 9.800,00 €.
10. Am Jahresende soll der Anhänger erstmalig und degressiv abgeschrieben werden.

Aufgaben zur Gesamtwiederholung des Kapitels „Besonderheiten bei der Abschreibung auf Sachanlagen"

Aufgaben

1 Geben Sie an, ob die folgenden Aussagen richtig oder falsch sind. Korrigieren Sie im zweiten Schritt die falschen Aussagen.

1. Der Höchstsatz bei der degressiven Abschreibung beträgt 25 %.
2. Der Abschreibungssatz ergibt sich, indem man 100 durch die Nutzungsdauer teilt.
3. Der Abschreibungsbetrag der linearen Abschreibung ergibt sich, indem man die Nutzungsdauer durch die Anschaffungskosten teilt.

Aufgaben

4. Wird ein Anlagegut im ersten Halbjahr gekauft, kann nur der halbe Abschreibungsbetrag für dieses Jahr angesetzt werden.
5. Bewegliche Anlagegüter, die weniger als 410,00 €, aber mehr als 51,00 € kosten, dürfen als geringwertige Wirtschaftsgüter gleich im Anschaffungsjahr voll abgeschrieben werden.
6. Wählt man die lineare Abschreibung, so kann man zu einem bestimmten Zeitpunkt auf die degressive Abschreibung überwechseln.
7. Das Konto „Abschreibungen auf Sachanlagen“ ist ein Aufwandskonto und wird über das Schlussbilanzkonto abgeschlossen.
8. Bewegliche Anlagegüter, deren Anschaffungskosten unter 41,00 € liegen, können als Aufwand gebucht werden, eine Abschreibung ist dann nicht erforderlich.

2 Gegeben ist der folgende Kontenplan:

Nr	Konto	Soll	Haben
0510	Bebaute Grundstücke	425.000,00	
0840	Fuhrpark	98.500,00	
0850	BGA	76.000,00	
0890	GWG	–	
2400	Forderungen a. LL	19.400,00	
2600	Vorsteuer	–	
2800	Bank	27.100,00	
2880	Kasse	13.000,00	
3000	Eigenkapital	?	
4250	Darlehen		295.500,00
4400	Verbindlichkeiten a. LL		44.500,00
5100	Umsatzerlöse für Waren		
6060	Aufwendungen für Waren		
6520	Abschreibungen auf Sachanlagen		
6800	Büromaterial		

a) Stellen Sie das Eröffnungsbilanzkonto auf.

b) Bilden Sie die Buchungssätze zu den folgenden Geschäftsfällen:

1. Zielkauf eines neuen Firmen-Pkw am 13.07. des Jahres, Anschaffungskosten: 24.300,00 € + 16 % USt.
2. Es wird ein neuer Bürostuhl bar angeschafft, Kaufpreis netto: 244,00 € + 16 % USt.
3. Warenverkauf auf Ziel, Nettowert: 38.000,00 € + 16 % USt.
4. Eine Liefererschuld wird per Banküberweisung bezahlt, 2.900,00 €.
5. Warenverkauf gegen Bankscheck netto (+ 16 % USt), 1.250,00 €.
6. Barkauf einer Schreibtischlampe, Nettopreis 15,00 € + 16 % USt.
7. Zielkauf eines PC am 14.09. des Jahres, Anschaffungskosten: 1.300,00 € + 16 % USt.
8. Ein Kunde bezahlt eine Rechnung mit Banküberweisung, 2.700,00 €.
9. Kauf von Waren gegen Bankscheck, 1.450,00 € + 16 % USt.

10. Der neu angeschaffte Firmen-Pkw (Geschäftsfall 1) soll am Jahresende degressiv abgeschrieben werden.
11. Der übrige Fuhrpark wird mit 10.944,44 € abgeschrieben.
12. Der neu angeschaffte PC (Geschäftsfall 7) wird am Jahresende linear abgeschrieben.
13. Die übrige BGA wird mit 5.846,15 € abgeschrieben.

c) Eröffnen Sie alle Konten des Kontenplanes mit den erforderlichen Anfangsbeständen.
d) Buchen Sie die Buchungssätze aus Aufgabenteil b) in den Konten.
e) Schließen Sie alle Konten ab und stellen Sie das Schlussbilanzkonto (SBK) auf. Hierbei ist die Umsatzsteuerzahllast zu passivieren.

4 Finanzierungsentscheidungen

4.1 Eigen- und Fremdfinanzierung

Das ist geschehen ...

Moritz Wagner hat festgestellt, dass aufgrund der gut laufenden Geschäfte eine Erweiterung der Lagerkapazitäten dringend erforderlich geworden ist.

Er hat mit einem Architekten gesprochen und die Kosten eines Lageranbaues kalkuliert: Insgesamt müssen 70.000,00 € aufgebracht werden, um die Erweiterung des Lagers zu finanzieren. Moritz Wagner überlegt, woher er das Geld bekommen kann.

Das ist zu tun ...

1. Machen Sie Vorschläge, woher Moritz Wagner das Geld für den Lageranbau bekommen könnte.
2. Erläutern Sie die Begriffe „Eigenfinanzierung“ und „Fremdfinanzierung“.
3. Ordnen Sie Ihre Vorschläge aus Aufgabenteil 1 den Begriffen „Eigenfinanzierung“ und „Fremdfinanzierung“ zu.

Das sollte man wissen ...

Eigen- und Fremdfinanzierung

Die Begriffe Eigenfinanzierung und Fremdfinanzierung hängen mit den Begriffen Eigenkapital und Fremdkapital zusammen, wie sie aus der Bilanz bekannt sind. Die rechte Bilanzseite, die Passiva-Seite, auf welcher das Eigen- und Fremdkapital aufgeführt sind, zeigt die Herkunft des Kapitals an, die linke Seite zeigt an, wofür das Kapital verwendet wird (siehe nächste Seite):

Mittelverwendung ↓ | **Mittelherkunft** ↓

Aktiva		Bilanz	Passiva
I. Anlagevermögen		**I. Eigenkapital**	380.000,00
Gebäude	500.000,00	**II. Fremdkapital**	
Fuhrpark	32.000,00	Darlehen	150.000,00
BGA	13.000,00	Verbindlichkeiten	
II. Umlaufvermögen		a. LL	21.000,00
Forderungen a. LL	2.000,00		
Kasse	4.000,00		
	551.000,00		551.000,00

Beispiel 1

Eigenfinanzierung

Moritz Wagner erhöht das Eigenkapital der Mediaworld e. K., indem er aus seinem Privatvermögen 40.000,00 € als Privateinlage auf das Unternehmenskonto einzahlt.

Beispiel 2

Eigenfinanzierung

Die Meyer und Schneider KG nimmt einen neuen Kommanditisten in das Unternehmen auf. Dieser beteiligt sich mit einer Einlage in Höhe von 100.000,00 €, die als Eigenkapital in der Bilanz der KG erscheint.

Eigenkapital wird von dem Unternehmen und seinen Eigentümern selbst aufgebracht. Hier besteht zum einen die Möglichkeit, dass ein Gewinn, der erwirtschaftet wurde, nicht an die Eigentümer bzw. Gesellschafter ausgeschüttet wird, sondern im Unternehmen verbleibt, um damit notwendige Zahlungen zu leisten. Eine Eigenfinanzierung besteht aber auch dann, wenn die Eigentümer ihren Anteil am Unternehmen erhöhen oder wenn ein neuer Gesellschafter in das Unternehmen aufgenommen wird.

Bei einer Fremdfinanzierung wird Kapital von „Fremden", wie etwa von Banken, Sparkassen oder von Lieferanten aufgebracht. Diese sind im Gegensatz zu den Gesellschaftern und Eigentümern, die bei der Eigenfinanzierung herangezogen werden, nicht am Gewinn der Unternehmung beteiligt. Die Kapitalgeber der Fremdfinanzierung bekommen allerdings Zinszahlungen für die Bereitstellung ihres Kapitals und natürlich haben sie einen Anspruch auf Rückzahlung.

Aktiva		Bilanz	Passiva
I. Anlagevermögen		**I. Eigenkapital**	**380.000,00** ← **Eigenfinanzierung**
Gebäude	500.000,00	**II. Fremdkapital**	
Fuhrpark	32.000,00	**Darlehen**	**150.000,00** ← **Fremdfinanzierung**
BGA	13.000,00	**Verbindlichkeiten**	
II. Umlaufvermögen		**a. LL**	**21.000,00**
Forderungen a. LL	2.000,00		
Kasse	4.000,00		
	551.000,00		551.000,00

Die einzelnen Arten der Fremdfinanzierung sind Gegenstand der folgenden Kapitel.

4.2 Kreditarten

Reicht das eigene Geld nicht aus, um Anschaffungen durchzuführen oder um die laufenden Verbindlichkeiten zu bezahlen, muss man auf fremdes Geld zurückgreifen – daher umfasst der Begriff Fremdfinanzierung die Durchführung von Finanzierungsvorhaben mithilfe von fremden Mitteln.

Bei einem Kredit wird demjenigen, der den Kredit bekommt (Kreditnehmer) fremdes Geld für einen bestimmten Zeitraum überlassen, in der Regel gegen Zahlung eines Entgeltes. Allerdings kann auch die Überlassung einer Sache Gegenstand eines Kreditvertrages sein. Das Entgelt, welches bei einem Kredit vom Kreditnehmer an den Kreditgeber zu zahlen ist, nennt man **Zins.**

Aus Unternehmenssicht sind die wichtigsten Vertragspartner bei einem Kreditvertrag zum einen die eigenen Lieferanten und zum anderen die Banken. Im ersten Fall spricht man von einem **Lieferantenkredit,** im zweiten Fall spricht man von einem **Bankkredit.** Bankkredite werden je nach Länge der Laufzeit unterschieden in kurzfristige und langfristige Kredite.

Die Kreditvergabe ist eine mögliche Einnahmequelle und wichtiger Geschäftszweig der Banken. Diese bekommen Geld von den Wirtschaftssubjekten, die sparen möchten, und geben es als Kredit weiter an die Wirtschaftssubjekte, die fremdes Kapital benötigen. (→ „Volkswirtschaftslehre", Lernfeld 5, Kapitel 5 „Zinsentwicklung") Um einen Anreiz zum Sparen zu schaffen, geben die Banken Guthabenzinsen an die Sparer, dafür wird von den Kreditnehmern Zins für die Kreditvergabe verlangt (Sollzinsen).

Da der Sollzinssatz höher ist als der Habenzinssatz, können die Banken hierdurch einen Überschuss erwirtschaften. Anders herum ausgedrückt: Die Banken bekommen mehr Geld von den Kreditnehmern, als sie Geld an die Sparer zahlen, eben aufgrund der unterschiedlichen Zinssätze.

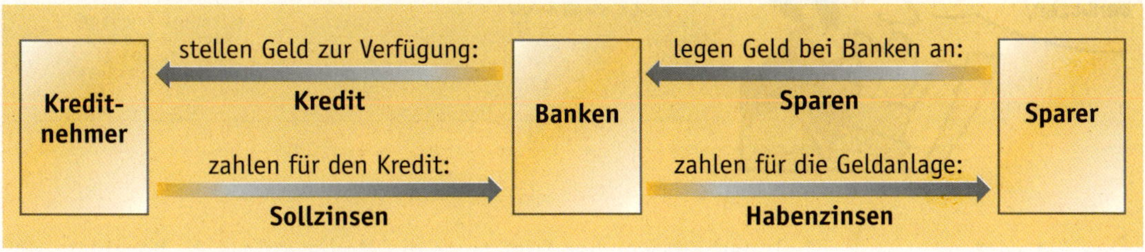

4.2.1 Lieferantenkredit

Das ist geschehen ...

In der Mediaworld e. K. liegt der folgende Beleg vor:

MULTI TASK GmbH
Computerzubehör

Multitask GmbH, Florentinastr. 67, 33102 Paderborn

Mediaworld e. K.
Krefelder Straße 92
47226 Duisburg

Florentinastraße 67
33102 Paderborn
Telefon: 05251 89110-0
Telefax: 05251 89110-11
E-Mail: multitask@wvd.de
www.multitask-wvd.de

Ihr Zeichen	Unser Zeichen	Telefon, Name	Datum
	VK-Till	05251 89110-09 Tillmann	20..-02-13

Rechnung Nr. 98/05

Sehr geehrte Damen und Herren,

für unsere Lieferung vom 12.03.20.. stellen wir Ihnen in Rechnung:

Art.-Nr.:	Menge	Preis	Rabatt	Gesamtpreis (€)
Saltero Foto-Center 57 000	250	40,00	15 %	8.500,00
	Rechnungsbetrag netto:			8.500,00
	+ 16 % Umsatzsteuer			1.360,00
	Rechnungsbetrag brutto:			**9.860,00**

Ihre Zahlungsbedingungen:
40 Tage Zahlungsziel,
3 % Skonto bei Bezahlung innerhalb von 15 Tagen.

Wir bedanken uns für Ihre Bestellung.

Mit freundlichen Grüßen

Multitask GmbH

i. V. Tillmann

Tillmann

Volksbank Paderborn
Konto: 4 459 873
BLZ 472 601 21
UST-IdNr. DE 175893996

Das ist zu tun ...

1. Innerhalb welcher Frist muss die Mediaworld e. K. bezahlen, um Skonto gewährt zu bekommen?
2. Wie lange hat die Mediaworld e. K. Zeit, die Rechnung der Multitask GmbH zu bezahlen?
3. Wie könnte man das Geld, welches zur Bezahlung der Rechnung notwendig ist, zunächst einmal nutzen, wenn man die Rechnung erst am Ende des Zahlungszieles bezahlt?

4. Wie viel Geld spart die Mediaworld e. K., wenn die Rechnung innerhalb der Skontofrist bezahlt wird?
5. Wie lang ist der Zeitraum zwischen dem Ende der Skontofrist und dem Ende des Zahlungszieles?
6. Wie hoch ist der Zinssatz des Lieferantenkredites, wenn das Zahlungsziel voll in Anspruch genommen wird (nutzen Sie den Informationstext und die angegebenen Formeln!)?

Das sollte man wissen ...

Lieferantenkredit

Ein Lieferantenkredit ist ein Kredit, der von einem Lieferer an seinen Kunden gewährt wird. Diese Kreditart wird allerdings nicht in Form von Geld gegeben, sondern in Waren. Der Lieferantenkredit entsteht dadurch, dass der Lieferant die Waren an den Kunden sendet, dieser die Ware auch schon nutzen und eventuell auch schon weiterverkaufen kann, für die Bezahlung der Ware hat der Kunde aber noch Zeit. Jeder Einkauf auf Ziel ist gleichzeitig auch ein Lieferantenkredit. Das Zahlungsziel ist der Zeitraum, in dem der Kredit gewährt wird.

Um den Kunden dennoch zu einer schnellen Bezahlung zu veranlassen, wird in der Regel **Skonto** gewährt. Die Skontofrist, also der Zeitraum, in dem ein Skontoabzug möglich ist, ist dabei natürlich kürzer als das Zahlungsziel. Der Skontosatz liegt meist zwischen 1–3 % vom Rechnungsbetrag. Im Skonto stecken die eigentlichen Kosten des Lieferantenkredites, denn für die Ausnutzung des Zahlungszieles, also die spätestmögliche Bezahlung der Rechnung, nimmt der Lieferant keine Gebühren in Form von Zinsen. Kosten bzw. eine Zinszahlung entsteht dadurch, dass dem Kunden durch die späte Bezahlung der Skontoabzug entgeht und somit der volle Rechnungsbetrag zu zahlen ist.

Beispiel

Ein Lieferant gewährt ein Zahlungsziel von 50 Tagen. Vom Rechnungsbetrag in Höhe von 20.000,00 € ist ein Skontoabzug von 2 % möglich, wenn die Rechnung innerhalb von 10 Tagen bezahlt wird.

Zeitraum des Lieferantenkredites: 50 Tage (Zahlungsziel)

Skontofrist: 10 Tage Innerhalb dieser Frist ist der Lieferantenkredit noch kostenfrei, da ein Skontoabzug jederzeit möglich ist.	Restliches Zahlungsziel: 40 Tage Hier ist kein Skontoabzug mehr möglich und es ist der gesamte Rechnungsbetrag zu zahlen. Die Kosten des Kredites entsprechen dem Skontobetrag.

Bezahlung mit Skontoabzug:	19.600,00 €
Bezahlung ohne Skontoabzug:	20.000,00 €
Differenz (= Kosten/Zinsen des Lieferantenkredites):	400,00 €

Die Möglichkeit des Skontoabzuges macht den Lieferantenkredit zu einem der teuersten Kredite überhaupt. Nutzt man den Skontoabzug nicht aus, muss schon nach recht kurzer Zeit der volle Rechnungsbetrag bezahlt werden. Dies bedeutet, dass die Ersparnis durch die Skontozahlung sich auf einen kurzen Zeitraum bezieht. Rechnet man den Skontosatz auf einen Jahreszinssatz hoch, wie ihn auch die Banken benutzen, wird schnell deutlich, wie teuer ein Lieferantenkredit sein kann.

Fortsetzung des Beispiels

Skontosatz bezogen auf 40 Tage: 2 %
Jahreszinssatz bezogen auf 360 Tage: x %

$$x = \frac{2 \cdot 360}{40} = \mathbf{18\ \%}$$

Der Lieferantenkredit im Beispiel kostet den Kunden 400,00 €. Der Zinssatz, der vom Lieferanten verlangt wird, beträgt 18 %.

Das obige Beispiel zeigt, dass der Lieferantenkredit sehr teuer ist. Ist das Zahlungsziel kürzer als im Beispiel, also vielleicht nur 40 oder sogar nur 30 Tage, liegt der Zinssatz noch viel höher. Vergleicht man diese Zinssätze mit den Zinsen, die von Banken für kurzfristige Kredite genommen werden, wird der Unterschied schnell deutlich. Diese liegen im Durchschnitt bei ca. 9–15 %, wobei die Zinssätze natürlich von Bank zu Bank unterschiedlich hoch sind und auch im Zeitverlauf schwanken.

Daher lohnt es sich meistens auch, bei der Bank einen kurzfristigen Kredit aufzunehmen, um eine Lieferantenrechnung schnell und mit Skontoabzug zu bezahlen.

Fortsetzung des Beispiels

Bei Bezahlung der Rechnung innerhalb von 10 Tagen spart der Kunde 400,00 €, da er nur noch den verminderten Rechnungsbetrag von 19.600,00 € bezahlen muss. Er nimmt diesen Betrag als Kredit bei seiner Bank zu einem Zinssatz von 12 % auf und bezahlt die Rechnung am 10. und letzten Tag der Skontofrist.

Der Kreditzeitraum beträgt 40 Tage, dies sind die restlichen Tage bis zum Ablauf des Zahlungsziels.

Kosten des Bankkredites:

$$\text{Zinsen} = \frac{K \cdot t \cdot p}{100 \cdot 360} = \frac{19.600 \cdot 40 \cdot 12}{100 \cdot 360} = \mathbf{261{,}33\ €}$$

Der Ersparnis von 400,00 € aus der schnellen Bezahlung der Verbindlichkeiten beim Lieferanten stehen die Zinsen des Bankkredites in Höhe von 261,33 € gegenüber. Bildet man die Differenz der beiden Positionen, ergibt sich für das Unternehmen immer noch eine Ersparnis in Höhe von 138,67 €.

6022432

Aufgaben

Aufgaben zur Wiederholung

1 In der Mediaworld e. K. liegt eine Rechnung mit folgenden Daten vor: Rechnungseingang: 16.05.20.., Rechnungsbetrag: 4.500,00 €, Zahlungsziel: 30 Tage, Skontosatz: 3 %, Skontofrist: 10 Tage.

a) Ermitteln Sie die Kosten des Lieferantenkredites, indem Sie den möglichen Skontoabzug ermitteln.

b) Wie hoch ist der Jahreszinssatz des Lieferantenkredites?

2 Eine Großhandlung für Tiernahrung erhält die Rechnung eines Hundefutterherstellers. Der Rechnungsbetrag lautet über 13.900,00 €, es werden die folgenden Zahlungsbedingungen genannt: „Zahlbar innerhalb von 40 Tagen netto oder innerhalb von 10 Tagen mit 2 % Skonto." Ermitteln Sie die Kosten und den Jahreszinssatz des Lieferantenkredites.

3 Ein Großhändler hat die Möglichkeit, bei einer Rechnung über 21.000,00 €, deren Zahlungsziel 30 Tage beträgt, 3 % Skonto abzuziehen, wenn er die Rechnung innerhalb von 10 Tagen bezahlt.

a) Wie teuer kommt der Lieferantenkredit den Großhändler zu stehen, wenn er den Skontoabzug nicht ausnutzt?

b) Wie hoch ist der Jahreszinssatz des Lieferantenkredites?

c) Angenommen, der Großhändler nimmt einen Kredit bei seiner Hausbank auf, um die Rechnung am 10. Tag mit Skontoabzug zu bezahlen. Wie viel Euro muss der Großhändler bei seiner Bank aufnehmen?

d) Wie teuer ist für den Großhändler der Kredit bei der Hausbank, wenn diese für kurzfristige Kredite einen Zinssatz von 14 % verlangt?

e) Wie viel Euro spart der Großhändler, wenn er den Kredit bei seiner Hausbank in Anspruch nimmt und die Rechnung mit Skontoabzug bezahlt?

4.2.2 Kontokorrentkredit

Das ist geschehen ...

Bastian Lenz, der Auszubildende der Mediaworld e. K., hat in der Abteilung Buchhaltung/Verwaltung den folgenden Kontoauszug vorliegen:

Deutsche Bank Duisburg **Kontoauszug** Nr. 134 vom 05.02.20.. Blatt 1

Wert	Buchungstext	Soll	Haben
	Alter Kontostand in EUR:		17.233,37
04.02.	Überweisung an Mobil GmbH	64.000,00	
	Ihr neuer Kontostand in EUR:	46.766,63	

Moritz Wagner
Mediaworld e. K.
Krefelder Straße 92
47226 Duisburg

Kontonummer: 123 456 789
Bankleitzahl: 350 700 30

Das ist geschehen ...

Das ist zu tun ...

1. Erläutern Sie, was ein Kontokorrentkonto ist.
2. Wie hoch ist der Kreditspielraum der Mediaworld e. K. bei ihrem Kontokorrentkonto bei der Deutschen Bank?
3. Wie hoch sind die Zinsen für die Mediaworld e. K., wenn der obige Sollsaldo erst nach Ablauf von 15 Tagen wieder ausgeglichen werden kann und die Deutsche Bank Duisburg einen Zinssatz für Kontokorrentkredite in Höhe von 15,5 % verlangt?

Das sollte man wissen ...

Kontokorrentkredit

Der Kontokorrentkredit unterscheidet sich vom Lieferantenkredit und vom Bankdarlehen dadurch, dass er laufend gewährt wird und häufiger, das heißt immer wieder genutzt werden kann. Dies liegt daran, dass der Kontokorrentkredit mit einem Kontokorrentkonto verknüpft ist. Ein solches Konto vergeben Banken und Sparkassen nur an Geschäftskunden. Es funktioniert wie ein Girokonto bei Privatkunden, das heißt, es handelt sich um ein Konto, das ...

- für die laufenden Ein- und Auszahlungen genutzt wird (Rechnungsausgleich der Kunden, Zahlungen an die Lieferanten).
- ein Guthaben aufweisen kann (dann ist das Konto im „Plus").
- überzogen werden kann (dann ist das Konto im „Minus" und weist einen „Sollbetrag" aus).

Die Überziehung des Kontokorrentkontos bedeutet gleichzeitig die Inanspruchnahme des Kontokorrentkredites. Dabei muss das Unternehmen, für welches das Konto eingerichtet wird, mit der Bank einen Überziehungsrahmen bzw. ein Limit festlegen, bis zu dem das Konto überzogen werden darf.

Dieser Kreditspielraum ist wichtig, damit Unternehmen jederzeit liquide, also zahlungsfähig sind. Wenn zum Beispiel Zahlungen der Kunden nur zögerlich hereinkommen und es wird dringend Geld benötigt, zum

Beispiel

Die Mediaworld e. K. hat mit der Deutschen Bank Duisburg vereinbart, dass das Kontokorrentkonto bis zu 50.000,00 € überzogen werden darf.

6022434

Beispiel um die Monatslöhne zu bezahlen, nimmt man den Kontokorrentkredit in Anspruch und zahlt die Löhne aus. Sobald wieder Geld (von den Kunden) auf dem Konto eingeht, besteht die Möglichkeit, dass das Kontokorrentkonto wieder ausgeglichen ist oder vielleicht sogar ein Guthaben aufweist.

Beispiel **Guthabenverlauf auf einem Kontokorrentkonto**

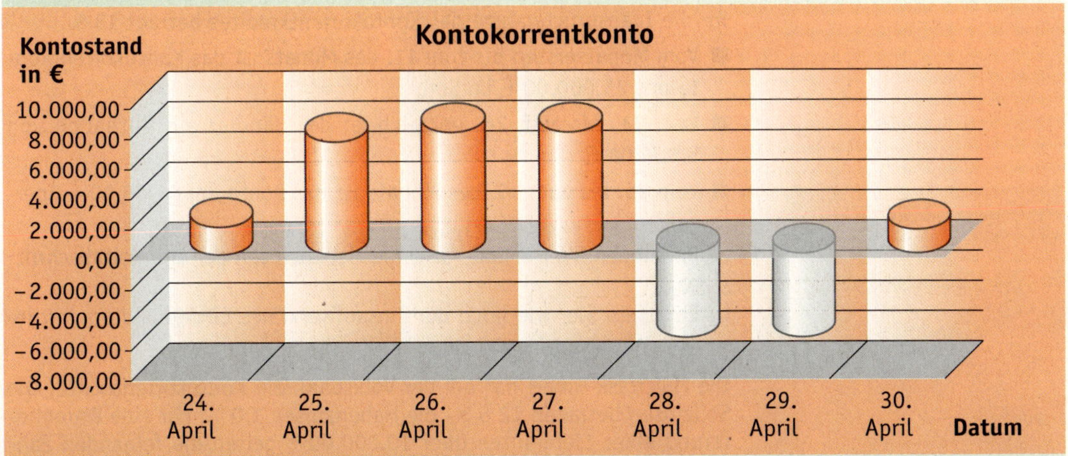

Vom 24.04. bis 27.04. hat das vorliegende Kontokorrentkonto ein Guthaben. Am 28.04. sind die Auszahlungen so hoch, dass das Konto einen negativen Saldo ausweist. Dies ändert sich erst zwei Tage später wieder: Am 30.04. sind die Einzahlungen auf diesem Konto so hoch, dass es wieder ein Guthaben zeigt.

Der Kontokorrentkredit ist natürlich nicht kostenlos. Banken und Sparkassen verlangen für die kurzfristige Bereitstellung dieses Kredites einen recht hohen Zinssatz, der je nach Institut zwischen 9 % und 15 % liegen kann. Dafür wird aber auch häufig ein Guthabenzins angeboten für die Zeiträume, in denen das Kontokorrentkonto einen positiven Saldo aufweist. Der Guthabenzins ist natürlich nicht so hoch wie der Zinssatz für die Inanspruchnahme des Kredites.

Beispiel

Ein Unternehmen hat ein Kontokorrentkonto bei einer Sparkasse. Der Guthabenzinssatz beträgt 2,5 %, der Zinssatz für den Kontokorrentkredit beträgt 14,5 %. Für die Zeit vom 10.–21. des Monats weist das Kontokorrentkonto ein Guthaben von 8.000,00 € aus, vom 22.–30. des Monats ist das Konto mit 14.000,00 € im Minus.

Guthabenzinsen: 2,5 % für 11 Tage

$$Z = \frac{8.000 \cdot 2{,}5 \cdot 11}{360 \cdot 100} = 6{,}11\ €$$

Sollzinsen für 8 Tage

$$Z = \frac{14.000 \cdot 14{,}5 \cdot 8}{360 \cdot 100} = 45{,}11\ €$$

Zieht man von Sollzinsen die Guthabenzinsen ab, verbleiben 39,00 € an Zinsaufwand für das Unternehmen.

Aufgaben

Aufgaben zur Wiederholung

1 Ein Großhändler führt bei seiner Hausbank ein Kontokorrentkonto zu 12 % Sollzinsen und 2 % Habenzinsen. Er muss eine Warenlieferung bezahlen und hierfür sein Kontokorrentkonto um 15.000,00 € für 20 Tage überziehen. Wie teuer ist der Kontokorrentkredit in Euro?

2 Eine Großhandlung hat ein Kontokorrentkonto bei der Commerzbank. Ein Guthaben wird auf diesem Konto mit 1,5 % verzinst, der Zinssatz für die Inanspruchnahme des Kontokorrentkredites beträgt 13 %.

- Vom Monatsersten bis zum 11. des Monats ist das Kontokorrentkonto mit 25.000,00 € im Soll.
- Vom 11. bis zum 26. verzeichnet der Händler ein Guthaben von 5.500,00 €.
- Vom 26. bis zum 30. des Monats ist das Konto um 8.000,00 € überzogen.

a) Berechnen Sie die Soll- bzw. die Habenzinsen der drei Zeitabschnitte.

b) Ermitteln Sie, wie hoch der Zinsaufwand des Einzelhändlers in diesem Monat insgesamt ist.

3 Die Multitask GmbH hat bei der Volksbank ein Kontokorrentkonto. Die Sollzinsen betragen 12,5 %, die Habenzinsen 1,0 %. Für eine Warenlieferung eines Lieferanten über 10.000,00 € gelten die folgenden Zahlungsbedingungen: zahlbar innerhalb von 40 Tagen netto Kasse oder mit 2,5 % Skonto bei Zahlung innerhalb von 15 Tagen.

Vergleichen Sie, ob es günstiger ist, den Kontokorrentkredit in Anspruch zu nehmen, um mit dem Geld am Ende der Skontofrist mit Skontoabzug zu zahlen, oder ob die Ausschöpfung des Zahlungsziels günstiger ist.

a) Berechnen Sie dazu zunächst den Zinssatz des Lieferantenkredites.

b) Um wie viel Prozentpunkte ist der Kontokorrentkredit günstiger als der Lieferantenkredit?

c) Berechnen Sie die Kosten des Lieferantenkredites bei Bezahlung am Ende des Zahlungszieles (= Skontobetrag).

d) Ermitteln Sie nun die Kosten des Kontokorrentkredites in Euro, wenn dieser in Anspruch genommen wird, um pünktlich am 15. Tag der Skontozeit die Rechnung bezahlen zu können.

4.2.3 Darlehen

Das ist geschehen …

Moritz Wagner möchte die Lagerkapazität seines Unternehmens vergrößern. Dazu wäre ein Anbau an die bestehende Lagerhalle möglich. Die Kosten der Lagererweiterung werden mit 70.000,00 € veranschlagt. 40.000,00 € könnte Moritz Wagner mit Eigenkapital selbst finanzieren, die restlichen 30.000,00 € müssten fremdfinanziert werden. Hierfür liegen ihm drei Angebote der Sparkasse vor:

Angebot 1:	**Angebot 2:**	**Angebot 3:**
Ratendarlehen	Fälligkeitsdarlehen	Annuitätendarlehen
Zinssatz: 7 % Laufzeit: 5 Jahre	Zinssatz: 7 % Laufzeit: 5 Jahre	Zinssatz: 7 % Laufzeit: 5 Jahre Jährliche Annuität: 7.316,72 €

Das ist zu tun ...

1. Stellen Sie für jedes Angebot einen Tilgungsplan für die Laufzeit von fünf Jahren auf.
2. Entscheiden Sie anhand der rechnerischen Ergebnisse, welche Darlehensvariante Moritz Wagner wählen sollte.
3. Was spricht aus Sicht von Moritz Wagner dafür, nicht das günstigste Darlehen, sondern eine andere Darlehensart zu wählen?

Das sollte man wissen ...

Darlehen

Der Begriff „Darlehen“ wird in der Praxis häufig gleichbedeutend mit dem Begriff „Kredit“ benutzt. Gemeint ist bei einem Darlehen ein mittel- bis langfristiger Kredit.

Im Bürgerlichen Gesetzbuch sind die Bestimmungen zum Darlehensvertrag festgelegt (→ Kapitel 1.9 in Lernfeld 2). Beim Darlehen ist keine Überlassung von Sachmitteln, sondern nur die Überlassung von Geld gegen Zinsen gemeint. Darlehensverträge mit Verbrauchern (Konsumenten) müssen schriftlich verfasst werden, der Verbraucher hat laut BGB ein Widerrufsrecht von zwei Wochen.

Darlehen können auf verschiedene Arten vereinbart werden, dabei liegen die Unterschiede in den Rückzahlungsbedingungen für den Darlehensnehmer. Es gibt die folgenden drei Darlehensarten:

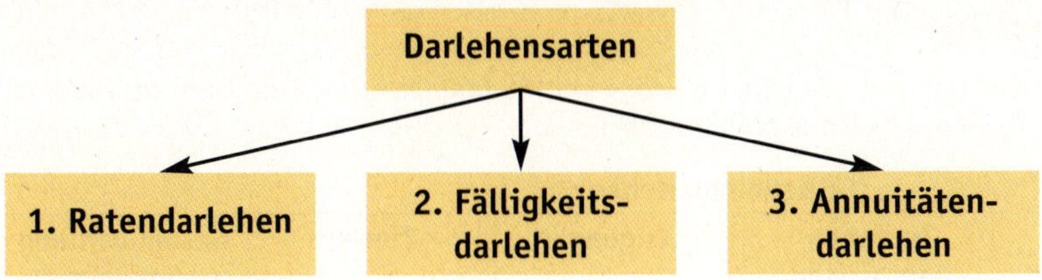

1. Ratendarlehen

Bei dem Ratendarlehen erfolgt die Rückzahlung (= Tilgung) in gleich bleibenden Raten, die zu bestimmten Terminen gezahlt werden müssen (zum Beispiel monatlich oder jährlich). Die Zinsen, die ebenfalls gezahlt werden müssen, beziehen sich auf das verbleibende Restdarlehen.

Beispiel

Ein Ratendarlehen in Höhe von 50.000,00 € hat eine Laufzeit von drei Jahren. Der Zinssatz beträgt 6 %.

Ratendarlehen

Jahr	Darlehen Jahresanfang	Darlehen Jahresende	Tilgung	Zinsen	Gesamtzahlung im Jahr
1	50.000,00 €	33.333,33 €	16.666,67 €	3.000,00 €	19.666,67 €
2	33.333,33 €	16.666,67 €	16.666,67 €	2.000,00 €	18.666,67 €
3	16.666,67 €	0,00 €	16.666,67 €	1.000,00 €	17.666,67 €
Summe:			**50.000,00 €**	**6.000,00 €**	**56.000,00 €**

Die Höhe der Tilgung ergibt sich aus der Formel:

$$\text{Tilgung} = \frac{\text{Darlehen Jahresanfang}}{\text{Laufzeit}}$$

Die Zinsen ergeben sich aus der Formel:

$$\text{Zinsen} = \frac{\text{Darlehensbetrag} \cdot \text{Zinssatz}}{100}$$

Die Zinsbelastung sinkt von Jahr zu Jahr, weil jeweils schon ein Teil des Darlehens zurückbezahlt worden ist. Am Ende der Laufzeit ist der ganze Darlehensbetrag getilgt.

2. Fälligkeitsdarlehen

Die Rückzahlung des gesamten Darlehensbetrages findet an einem festen Termin am Ende der Laufzeit statt. Während der Darlehenslaufzeit werden nur Zinsen und keine Tilgung gezahlt. Die Zinsbelastung ist während der Laufzeit gleich bleibend hoch, da der Darlehensbetrag nicht sinkt.

Beispiel

Ein Fälligkeitsdarlehen in Höhe von 50.000,00 € hat eine Laufzeit von drei Jahren. Der Zinssatz beträgt 6 %.

Fälligkeitsdarlehen

Jahr	Darlehen Jahresanfang	Darlehen Jahresende	Tilgung	Zinsen	Gesamtzahlung im Jahr
1	50.000,00 €	50.000,00 €	0,00 €	3.000,00 €	3.000,00 €
2	50.000,00 €	50.000,00 €	0,00 €	3.000,00 €	3.000,00 €
3	50.000,00 €	0,00 €	50.000,00 €	3.000,00 €	53.000,00 €
Summe:			**50.000,00 €**	**9.000,00 €**	**59.000,00 €**

3. Annuitätendarlehen

Beim Annuitätendarlehen wird eine für die Laufzeit gleich bleibende Rückzahlung (= Annuität) vereinbart, die Tilgung und Zins enthält. Im Laufe der Zeit sinken die Zinsen, da das Darlehen stückweise zurückgezahlt wird. Im gleichen Maße steigen die Tilgungsbeträge. Die Annuität ist jeweils vorgegeben und kann mithilfe der Laufzeit, dem Darlehensbetrag und dem Zinssatz errechnet werden.

Beispiel

Ein Annuitätendarlehen in Höhe von 50.000,00 € hat eine Laufzeit von drei Jahren. Der Zinssatz beträgt 6 %, die jährliche Annuität beträgt 18.705,49 €.

Annuitätendarlehen

Jahr	Darlehen Jahresanfang	Darlehen Jahresende	Tilgung	Zinsen	Annuität
1	50.000,00 €	34.294,51 €	15.705,49 €	3.000,00 €	18.705,49 €
2	34.294,51 €	50.000,00 €	16.647,82 €	2.057,67 €	18.705,49 €
3	17.646,70 €	0,00 €	17.646,69 €	1.058,80 €	18.705,49 €
Summe:			**50.000,00 €**	**6.116,47 €**	**56.116,47 €**

Die Höhe der Tilgung ergibt sich aus der Formel:

Tilgung = Annuität – Zinsen

Anhand der Beispiele ergibt sich, dass das Ratendarlehen die günstigste Darlehensart ist. Allerdings haben auch die anderen beiden Formen ihre Vorteile:

1. Ratendarlehen
- günstiger als die beiden anderen Darlehensarten
- Die Zins- und Zahlungsbelastung sinkt von Jahr zu Jahr.

2. Fälligkeitsdarlehen
- Die Zahlungsbelastung ist in allen Jahren vergleichsweise niedrig, da erst im letzten Jahr getilgt wird.

3. Annuitätendarlehen
- Es gibt eine gleich bleibende Zahlungsbelastung, die für eine sichere Kalkulation sorgt.

Aufgaben zur Wiederholung

Aufgaben

1 a) Benennen Sie die drei Darlehensarten und erläutern Sie die Unterschiede.
b) Welche Argumente sprechen für die jeweilige Darlehensart?

2 Eine Großhandlung möchte ein Darlehen in Höhe von 100.000,00 € aufnehmen. Die Laufzeit beträgt fünf Jahre, der Zinssatz beträgt 6,5 %, die Tilgung kann nach Wunsch des Darlehensnehmers vorgenommen werden. Ermitteln Sie die günstigste Darlehensart für die Großhandlung, indem Sie für alle drei Darlehensarten einen Tilgungsplan aufstellen (Annuität beim Annuitätendarlehen: 24.063,45 €).

4.3 Kreditsicherung

4.3.1 Realkredite: Faustpfandkredit (Lombardkredit), Sicherungsübereignung und Grundschuld

Das ist geschehen ...

Moritz Wagner hat sich entschieden: Er möchte den Lageranbau, den er plant, zum Teil durch ein Ratendarlehen finanzieren. Bei einem Gespräch mit dem Kundenberater der Sparkasse weist dieser darauf hin, dass der Kredit in Höhe von 30.000,00 € abgesichert werden muss. Der Kundenberater fragt, welche Sicherheiten Moritz Wagner denn anbieten könnte.

Das ist zu tun ...

1. Welche Arten von Sicherheiten bietet Moritz Wagner der Sparkasse an?
2. Ordnen Sie die drei im Informationstext erläuterten Kreditsicherungsarten den obigen Beispielen zu.
3. Welche Sicherheit ist für den von der Sparkasse gewährten Kredit angemessen?

Das sollte man wissen ...

Realkredit

Kreditgeber wie Banken und Sparkassen verlassen sich bei der Kreditvergabe nicht allein auf das „Versprechen" des Kreditnehmers, dass er seine Schuld zurückzahlen wird. Sie verlangen, dass Kredite abgesichert werden. Kredite und Darlehen, die durch einen Gegenstand, eine Sache oder eine Immobilie abgesichert werden, nennt man Realkredite.

Als Sicherheit eignen sich bewegliche und unbewegliche Sachen, wie zum Beispiel eine Maschine, ein Warenbestand, ein Wohnhaus, ein Pkw oder ein Grundstück. Je nachdem, wie hoch der Kredit ist und welche Sicherheit angeboten wird, kann man drei verschiedene Arten von Realkrediten unterscheiden.

1. Faustpfandkredit (Lombardkredit)

Wenn wertvolle, bewegliche Vermögensgegenstände als Sicherheit für einen Kredit dienen und diese dem Kreditgeber zur Aufbewahrung überlassen werden, spricht man von einem Faustpfandkredit (auch Lombardkredit genannt). Der Kreditgeber wird zum Besitzer des Faustpfandes. Wenn eine Bank der Kreditgeber ist, können natürlich nicht Autos oder andere Dinge als Pfand gelten, da Banken in der Regel keine Aufbewahrungsmöglichkeit für größere Gegenstände haben. Hier werden dann Aktien oder andere Wertpapiere an die Bank als Pfand für die Sicherung eines Kredites übergeben. Wenn der Faustpfandkredit bei einem Pfandhaus aufgenommen wird, eignen sich natürlich auch andere Gegenstände als Aktien als Sicherheit, weil hier die Möglichkeit gegeben ist die Sicherheiten aufzubewahren.

Wenn der Kreditnehmer und Schuldner seinen Verpflichtungen aus dem Kreditvertrag nachkommt, also Zins- und Tilgungszahlungen pünktlich vornimmt, passiert mit dem verpfändeten Gegenstand zunächst einmal gar nichts. Wenn alle Zahlungen geleistet sind, geht das Pfand wieder zurück in den Besitz des Kreditnehmers und Eigentümers. Wenn aber der Schuldner den Zahlungsverpflichtungen nicht mehr nachkommt, hat der Kreditgeber die Möglichkeit, den gepfändeten Gegenstand zu versteigern und aus dem Erlös seine Forderung zu begleichen.

Der Faustpfandkredit ist für kurzfristige Kredite geeignet. Der Vorteil für den Kreditnehmer liegt darin, dass er sich kurzfristig Geld besorgen kann, ohne dass er etwas verkaufen muss. Er bekommt die Sache, die als Pfand dient, zurück, sobald er den Kredit zurückgezahlt hat. Für den Kreditgeber liegt der Vorteil beim Faustpfandkredit darin, dass er eine gegenständliche Absicherung des Kredites hat und somit das Risiko des Kreditausfalls gemindert ist. Wenn er die Sache versteigert, falls der Schuldner den Kredit nicht zurückzahlen kann, hat er in der Regel keinen Verlust.

Merke

Das Wort **„Lombard“** kommt aus Italien. In der Lombardei (einer Region in Oberitalien) wurden schon im Mittelalter Beleihungsgeschäfte getätigt.

2. Sicherungsübereignungskredit

Der Sicherungsübereignungskredit funktioniert ähnlich wie der Faustpfandkredit. Es werden zur Absicherung des Kredites bewegliche Sachen herangezogen. Diese bleiben allerdings beim Sicherungsübereignungskredit im Besitz des Kreditnehmers, hier liegt der Unterschied zum Faustpfandkredit. Der Kreditnehmer kann während der Laufzeit des Kredites die Sache weiter nutzen.

Wenn der Kreditnehmer seinen Zahlungsverpflichtungen nicht mehr nachkommt und den Kredit nicht zurückzahlt, dann kann der Kreditgeber und Gläubiger sein Eigentumsrecht über den Gegenstand, der als Sicherheit dient, ausüben. Dies bedeutet, der Gläubiger kann den Gegenstand dann verkaufen oder versteigern.

Der Vorteil des Sicherungsübereignungskredites liegt für den Kreditnehmer darin, dass er die Sache nutzen kann, um damit in seinem Be-

Beispiel

Das Großhandelsunternehmen Meyer und Schneider KG benötigt einen Kredit in Höhe von 50.000,00 €, um eine neue Verpackungsmaschine anzuschaffen. Die Maschine dient als Sicherheit für den Kredit. Sie bleibt im Besitz der Meyer und Schneider KG und kann in deren Betrieb genutzt werden.

trieb zu arbeiten und auch Geld zu verdienen, das er benötigt, um den Kredit zurückzuzahlen. Vorteilhaft für den Kreditgeber ist, dass er ein Pfand als Sicherheit für den Kredit hat. Allerdings hat er keine Kontrolle darüber, was mit seinem Pfand während der Kreditlaufzeit geschieht. Da es genutzt wird, verliert es auch an Wert, außerdem könnte es zerstört werden oder der Schuldner verkauft den Gegenstand unrechtmäßig einfach an einen Dritten.

3. Grundschuld

Die Grundschuld ist ein Grundpfandrecht. Dies bedeutet, dass man ein Grundstück als Pfand zur Absicherung eines Kredites oder eines Darlehens nutzt. Das Grundstück verbleibt natürlich im Besitz des Kreditnehmers; die Tatsache, dass eine Grundschuld vorliegt, wird aber im Grundbuch eingetragen. Das Grundbuch wird beim Amtsgericht geführt und zeigt die Rechtsverhältnisse an den Grundstücken eines Bezirkes, das heißt einer Stadt oder einer Gemeinde auf. Hier sind die Grundstücksgrößen, die Eigentumsverhältnisse, die Abgrenzungen und die Lage der einzelnen Grundstücke aufgeführt. Jeder, der ein berechtigtes Interesse nachweisen kann, darf in das Grundbuch Einsicht nehmen.

Beispiel

Die Mediaworld e. K. hat auf ihr Betriebsgrundstück in der Krefelder Straße 92 eine Grundschuld in Höhe von 150.000,00 € eintragen lassen. Zurzeit hat sie nur noch einen Kredit in Höhe von 90.000,00 € offen, der noch zurückgezahlt werden muss. Da die Grundschuld höher ist als der eigentliche Kredit, kann der überschüssige Betrag als Sicherheit für die Aufnahme eines weiteren Kredites genutzt werden.

Ein Grundschuldkredit ist in der Regel ein langfristiger Kredit. Die Eintragung der Grundschuld und die Höhe des Kredites müssen nicht übereinstimmen. Es wird auch nicht jede Tilgungszahlung im Grundbuch eingetragen. Vielmehr bleibt die Grundschuld im Grundbuch bestehen, bis der Kredit zurückgezahlt ist. Sie kann aber auch darüber hinaus im Grundbuch eingetragen bleiben, dann kann man sie später noch einmal für einen anderen Kredit nutzen.

Man kann auch einen Kontokorrentkredit (→ Kapitel 4.2.2) mit einer Grundschuld absichern. Es ist unerheblich, ob das Kontokorrentkonto gerade in voller Höhe im Soll ist oder ob es gerade ein Guthaben aufweist: Die Grundschuld bleibt immer in der gleichen Höhe bestehen.

Wenn der Schuldner seinen Zahlungsverpflichtungen nicht mehr nachkommt, kann der Gläubiger das Grundstück versteigern lassen. Da Grundstücke sehr wertbeständig sind, werden sie gerne von Banken als Sicherheit genutzt. Auch viele Jahre, nachdem man den eigentlichen Kreditvertrag geschlossen hat, kann die Bank sicher sein, dass der Kredit noch angemessen abgesichert ist, da Grundstücke nur selten an Wert verlieren.

Eine Grundschuld erlischt, wenn sie aus dem Grundbuch gelöscht wird. Hierzu ist ein Löschungsantrag und eine notariell beglaubigte Löschungsbewilligung notwendig. Die Löschung einer Grundschuld ist sehr kostspielig, daher lässt man sie häufig einfach im Grundbuch stehen. So kann sie später noch einmal für einen anderen Kredit genutzt werden.

Aufgaben

Aufgaben zur Wiederholung

1 a) Erläutern Sie den Begriff „Realkredit".
b) Benennen Sie Sachen, die als Sicherheit bei einem Realkredit dienen können.

2 a) Erläutern Sie den Unterschied zwischen einem Faustpfandkredit und einem Sicherungsübereignungskredit.
b) Welche Vorteile sprechen aus Sicht des Kreditgebers und des Kreditnehmers für den Faustpfandkredit und für den Sicherungsübereignungskredit?
c) Welche Nachteile hat der Sicherungsübereignungskredit?

3 Welche Kreditsicherung schlagen Sie in den folgenden Fällen vor?
a) Die Meyer und Schneider KG benötigt einen Kredit von der Bank, um sich einen neuen Lkw für die Warenauslieferung zu kaufen.
b) Hugo Bauer möchte einen Anbau an sein Wohnhaus finanzieren. Dazu benötigt er ein langfristiges Bankdarlehen über 100.000,00 €.
c) Rockmusiker Jimmy benötigt dringend Geld, um die Wohnungsmiete für die letzten zwei Monate zu zahlen. Als Sicherheit kann er eine von seinen 17 wertvollen E-Gitarren anbieten.
d) Der Handelsvertreter Hans-Werner Lick benötigt einen neuen Pkw, um seine Kunden in ganz Deutschland besuchen zu können. Er möchte von der Bank einen Kredit in Höhe von 15.000,00 € haben, um sich einen angemessenen Geschäftswagen kaufen zu können.
e) Die Geschäftsführer der Walther Sinn GmbH möchten bei der Dresdner Bank ein Kontokorrentkonto eröffnen, das ihnen einen Kreditspielraum in Höhe von 80.000,00 € einräumt.
f) Hedwig Glockenhuber möchte die Wertpapiere, die sie im Laufe der Jahre angeschafft hat, als Sicherheit für einen kleinen Kredit in Höhe von 3.000,00 € bei der Bank nutzen.

4.3.2 Personalkredit am Beispiel der Bürgschaft

Das ist geschehen ...

Nadine, die Freundin von Moritz Wagner, hatte einen Autounfall. Ihr altes Auto ist so demoliert worden, dass es nur noch zum Schrottplatz gebracht werden kann. Für ein neues Auto fehlt Nadine das nötige Geld, daher möchte sie bei der Bank einen Kredit aufnehmen. Sie benötigt 8.000,00 €. Sie lässt sich von dem Bankangestellten Herrn Gärtner beraten:

Herr Gärtner: *„Nun, wir können Ihnen nicht einfach so einen Kredit über 8.000,00 € geben, wir müssen uns ein wenig absichern. Welche Sicherheiten haben Sie denn noch außer Ihrem Gehalt?"*

Nadine: *„Eigentlich keine, ich habe ja mehr oder weniger gerade erst angefangen zu arbeiten, da habe ich noch keine Ersparnisse oder so. Sonst würde ich ja auch keinen Kredit benötigen!"*

Herr Gärtner: *„Richtig. Trotzdem brauchen wir eine Sicherheit. Haben Sie denn vielleicht jemanden, der für Sie bürgen kann?"*

Nadine: *„Jemanden, der für mich bürgt? Was bedeutet das?"*

Das ist zu tun …

1. Warum ist für den Kredit, den Nadine von der Bank bekommen möchte, zur Absicherung eine weitere Person – ein Bürge – erforderlich?
2. Welche Funktion hat der Bürge, wenn Nadine den Kredit nicht zurückzahlen kann?

Das sollte man wissen …

Personalkredit

Ein Personalkredit wird ausschließlich durch die Person des Kreditnehmers abgesichert. Es werden keine Gegenstände oder Immobilien zur Absicherung herangezogen, wie es beim Realkredit der Fall ist. Allerdings reicht den Banken und Sparkassen auch nicht allein „der gute Name" des Kreditnehmers aus, um den Kredit abzusichern.

Um die Kreditwürdigkeit einer Privatperson, die den Kredit in Anspruch nehmen möchte, zu prüfen, hat eine Bank die Möglichkeit, sich zum Beispiel die Verdienstbescheinigung des Kreditnehmers anzusehen, zusätzlich gibt es vielleicht Vermögen oder Einkommen aus Schenkungen oder aus einer Erbschaft. Daneben kann die Bank die Vermögensverhältnisse auch prüfen, indem sie nachschaut, ob und wie viele Kredite die Person noch bei anderen Instituten hat.

Wenn ein Unternehmen oder eine juristische Person einen Kredit benötigt, kann die Bank oder Sparkasse in die Bilanzen und die GuV der Unternehmung schauen, um sich einen Überblick über die Vermögensverhältnisse zu verschaffen. Die Rechtsform einer Unternehmung (→ Kapitel 2 in Lernfeld 1) spielt bei der Kreditvergabe auch eine wichtige Rolle: Ein Einzelunternehmer ist kreditwürdiger als ein Gesellschafter einer GmbH, weil der Einzelunternehmer auch mit seinem Privatvermögen für den Kredit einstehen muss.

Wenn es reicht, den Kredit allein durch die Person des Kreditnehmers abzusichern, spricht man von einem einfachen Personalkredit. Manchmal reichen – gerade bei Privatpersonen – die eigenen Vermögensverhältnisse und Sicherheiten aber nicht aus, um einen Kredit zu bekommen. In diesem Fall muss der Kredit durch eine weitere Person, einen so genannten Bürgen, abgesichert werden. Hier spricht man von einem verstärkten Personalkredit.

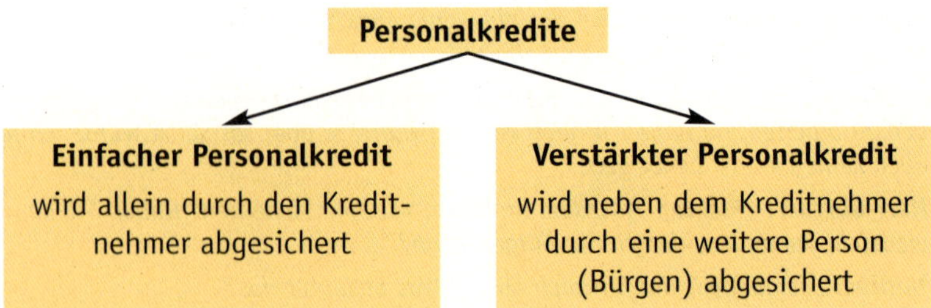

Bei einem **Bürgschaftskredit** steht also ein Bürge für die Schulden des Kreditnehmers ein, wenn dieser den Kredit nicht mehr zurückzahlen kann. Es sind zwei Verträge notwendig, um einen Kredit durch eine Bürgschaft abzusichern:

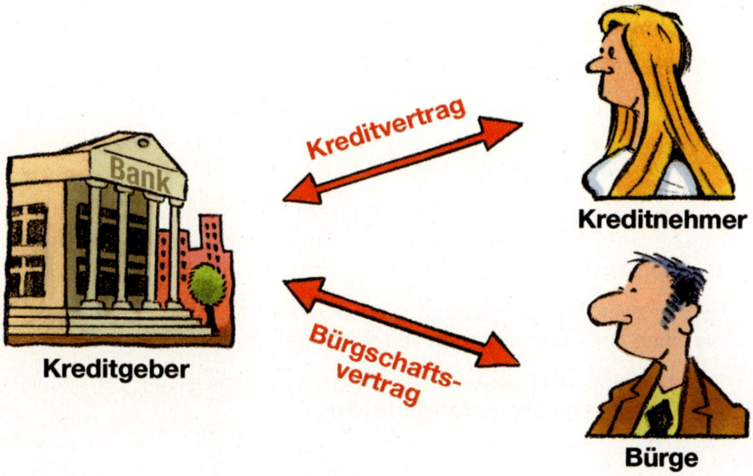

Der Bürgschaftsvertrag ist im Bürgerlichen Gesetzbuch geregelt. Hier ist zum Beispiel bestimmt, dass er zwar formfrei ist, allerdings nur zwischen Kaufleuten. Wenn eine Privatperson einen Bürgschaftsvertrag abschließt, muss dies schriftlich erfolgen.

Spannend wird es für den Bürgen, wenn der Kreditnehmer und Schuldner seine Verbindlichkeiten bei dem Kreditgeber nicht mehr zurückzahlen kann. Dann wird der Gläubiger an den Bürgen herantreten und von diesem verlangen, dass er die Schulden zurückzahlt. Handelt es sich um eine selbstschuldnerische Bürgschaft, dann ist der Bürge auch verpflichtet, sofort für die Schulden des Kreditnehmers einzustehen. Bei einer so genannten Ausfallbürgschaft haftet der Bürge erst, wenn bei dem eigentlichen Schuldner eine Zwangsvollstreckung erfolglos durchgeführt wurde.

Arten der Bürgschaft

Selbstschuldnerische Bürgschaft	**Ausfallbürgschaft**
Der Bürge muss bei Nichtzahlung sofort für die Schulden des Kreditnehmers einstehen	Der Bürge muss bei Nichtzahlung erst nach erfolgloser Zwangsvollstreckung für die Schulden des Kreditnehmers einstehen

Da die Durchführung einer Zwangsvollstreckung unter Umständen sehr lange dauern kann, wird häufig eine selbstschuldnerische Bürgschaft verlangt.

Die Bürgschaft erlischt, wenn die Schulden bezahlt sind oder wenn der Kreditgeber auf Rückzahlung verzichtet. Wenn der Bürge anstelle des Kreditnehmers für dessen Verbindlichkeiten zahlen muss, hat er aber das Recht, das Geld von diesem zurückzuverlangen.

Aufgaben

Aufgaben zur Wiederholung

1 Erläutern Sie, warum bei einem Bürgschaftskredit zwei Verträge notwendig sind. Benennen Sie zu den beiden Verträgen die jeweiligen Vertragspartner.

2 Welche zwei Bürgschaftsarten gibt es? Erläutern Sie die Unterschiede zwischen den beiden Formen von Bürgschaften.

3 Erläutern Sie, welches Recht der Bürge hat, wenn er die Verbindlichkeiten des Schuldners bezahlen musste.

4.4 Leasing als Sonderform der Finanzierung

Das ist geschehen ...

Der Gabelstapler im Lager der Mediaworld e. K. hat einen Motorschaden. Da er schon sehr alt ist, lohnt es sich nicht, ihn zu reparieren. Leider fehlt in der Mediaworld e. K. zurzeit das nötige Geld, um einen neuen Stapler zu kaufen, allerdings wird ein neuer Stapler dringend benötigt. Moritz Wagner denkt über die Finanzierung nach. Der Vertreter des Gabelstaplerherstellers bietet ihm an, einfach einen neuen Stapler zu leasen. Dann müsste man nicht gleich den ganzen Kaufpreis zahlen und außerdem würde Leasing auch noch andere Vorteile bieten.

Das ist zu tun ...

1. Welche Finanzierungsmöglichkeiten stehen der Mediaworld e. K. offen, um einen neuen Gabelstapler anzuschaffen?
2. Was bedeutet „Leasing"?
3. Welche Vorteile bieten sich für die Mediaworld e. K., wenn sie einen neuen Gabelstapler least statt ihn zu kaufen?

Das sollte man wissen ...

Leasing

Wenn man eine Investition über Leasing finanzieren will, ist damit eine Mischung zwischen „Kaufen auf Kredit“ und „Mieten“ gemeint. Ein Leasingvertrag weist somit Ähnlichkeiten zu einem Mietvertrag und auch Ähnlichkeiten zu einem Kreditvertrag auf:

Leasing

Ähnlichkeiten zum Mieten

- Eine Sache wird zum Gebrauch überlassen
- Die Sache bleibt im Eigentum des Herausgebers (Leasinggebers)
- Zahlung von regelmäßigen „Gebühren“ (monatliche Leasingraten)
- Rückgabe der Sache nach Ablauf des Vertrages

Ähnlichkeiten zum Kreditkauf

- Anstatt der Rückgabe kann die Sache nach Ablauf des Vertrages auch gekauft werden
- Die gezahlten Leasingraten werden auf den verbleibenden Restwert (Kaufpreis) angerechnet

Der Leasingvertrag wird zwischen dem Leasinggeber und dem Leasingnehmer geschlossen. Der Leasinggeber stellt die Sache, welche geleast wird, zur Verfügung. Hierbei kann es sich um ein Auto, eine Maschine oder sogar um ein Gebäude handeln. Der Leasingnehmer gebraucht den Leasinggegenstand. Wenn es sich bei dem Leasingnehmer um ein Unternehmen handelt, wird die Sache für Geschäftszwecke genutzt.

Eine wichtige Entscheidung trifft der Leasingnehmer, indem er sich überlegt, ob er den Leasinggegenstand nach Ablauf des Vertrages behalten will oder zurückgeben möchte. In dem einen Fall wird er einen langfristigen Vertrag abschließen, im Falle der Rückgabe lohnt es sich eher, einen kurzfristigen Leasingvertrag abzuschließen.

Man unterscheidet die beiden Möglichkeiten wie folgt:

Arten von Leasingverträgen

Operate-Leasing
kurzfristiger Leasingvertrag

Finanzierungsleasing
langfristiger Leasingvertrag

Beim **Operate-Leasing** wird häufig neben der Überlassung der Sache zum Gebrauch auch vereinbart, dass der Leasinggeber für die Gebrauchstüchtigkeit des geleasten Gegenstandes sorgt. Dies bedeutet,

Beispiel

Das Autohaus Alfred Unruh GmbH überlässt per Leasing einen neuen Pkw-Transporter an ein Speditionsunternehmen. Der Leasingvertrag läuft über drei Jahre. Nach den drei Jahren gibt die Spedition den Transporter zurück, das Autohaus verkauft den Wagen als Gebrauchtwagen an ein anderes Unternehmen.

Beispiel

Eine Großhandlung lässt sich nach ihren Vorstellungen eine Verpackungsmaschine herstellen. Die Maschine wird über 8 Jahre geleast. Am Ende der Laufzeit zahlt die Großhandlung noch 9.000,00 €, wird Eigentümerin und darf die Maschine behalten.

dass die Wartung, eine eventuelle Reparatur oder sogar der Ersatz der Sache bei Totalausfall mit zu den Leistungen und den Vertragspflichten des Leasinggebers gehört. Die Laufzeit des Vertrages ist in der Regel kürzer als die eigentlich mögliche Nutzungsdauer des Gegenstandes. Dies bedeutet, dass der Leasinggeber die Sache nach Ablauf des Vertrages weiter verwerten kann, etwa durch eine weitere Vermietung oder durch Verkauf des Gegenstandes.

Der Leasingnehmer hat beim Operate-Leasing den Vorteil, dass er den geleasten Gegenstand nach Ablauf des Vertrages wieder zurückgeben kann, um eine neue Sache zu leasen, die auf dem aktuellen Stand der Technik ist.

Dies ist wichtig bei Anlagegütern, bei denen der technische Fortschritt sehr schnell voranschreitet, etwa bei Computern.

Beim **Finanzierungsleasing** will der Leasingnehmer die Sache nach Ablauf der Leasingzeit in der Regel behalten. Deshalb wird der Vertragsgegenstand auch häufig nach den Vorstellungen des Leasinggebers gebaut. Wie bei einem Darlehen wird eine lange Vertragslaufzeit vereinbart. Entweder hat der Leasingnehmer durch die Zahlung der Leasingraten dann schon den Gegenstand „abgezahlt“, das heißt vollständig finanziert, oder es fällt noch eine Abschlusszahlung an, mit der die Sache endgültig in das Eigentum des Leasingnehmers übergeht.

Egal ob es sich um Operate-Leasing oder um Finanzierungsleasing handelt: Der Leasingnehmer ist nicht Eigentümer der geleasten Sache. Entsprechend taucht der Leasinggegenstand auch nicht in der Bilanz des Leasingnehmers auf. Allerdings bedeuten die Leasingraten Aufwendungen für den Leasingnehmer. Sie werden auf einem gesonderten Aufwandskonto (6710 Leasing) gebucht. Da Aufwendungen den Gewinn vermindern, wird Leasing häufig auch eingesetzt, um Steuern zu sparen: Ein geringerer Gewinn bedeutet für die Unternehmen, dass weniger Steuern zu zahlen sind, da die Höhe der Steuerzahlung von der Höhe des Gewinnes abhängig ist.

Für den Leasingnehmer fallen durch das Leasing zunächst nicht so hohe Kosten an, wie beim sofortigen Kauf. Dafür allerdings muss er die Leasingraten bezahlen. Diese fallen meist höher aus, als wenn die Sache über einen Kreditkauf finanziert worden wäre. Betrachtet man diese Kosten allein, lohnt sich Leasing sicherlich nicht, allerdings muss man auch bedenken, dass beim Leasing nicht sofort hohe Anschaffungskosten fällig sind wie beim Kauf der Sache. Zum Kostenvergleich muss man das Leasing dem Kreditkauf gegenüberstellen. Häufig erweist sich Leasing als die teurere Alternative, allerdings muss man die Leasingvorteile wie den Wartungsservice und die rasche Anpassung an den technischen Fortschritt bedenken.

Aufgaben

Aufgaben zur Wiederholung

1 Frage: Werten Sie die Grafik aus: Welche Gegenstände werden geleast? Wer least?

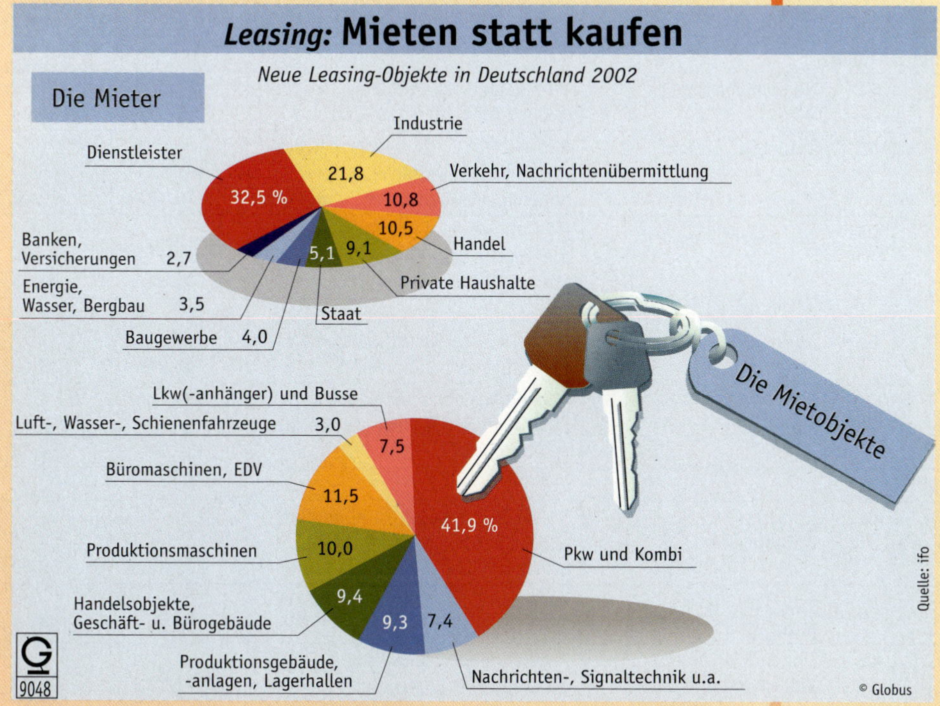

2 a) Unterscheiden Sie die Begriffe Operate-Leasing und Finanzierungsleasing.

b) Zeigen Sie die Vorteile der jeweiligen Leasingvariante auf.

3 Die Mammuth GmbH Audiogeräte beabsichtigt eine neue Produktionsmaschine zu kaufen. Nach den Angaben des Maschinenherstellers betragen die Anschaffungskosten 240.000,00 €. Aufgrund der angespannten finanziellen Lage ist es nicht möglich, die Maschine sofort zu bezahlen. Es stehen ein Kreditkauf und Leasing als Finanzierungsalternativen zur Verfügung.

1. **Kreditangebot der Hausbank der Mammuth GmbH Audiogeräte:**
   Ratendarlehen mit fünf Jahren Laufzeit über 240.000,00 €, Zinssatz: 8 %.
2. **Leasingangebot des Maschinenherstellers:**
   Bei einer Grundmietzeit von drei Jahren betragen die Leasingraten monatlich 5.800,00 €. Bei einer Vertragsverlängerung um zwei Jahre sinken die monatlichen Raten auf 4.700,00 €.
   a) Vergleichen Sie rechnerisch die beiden Angebote.
   b) Was spricht trotz der höheren Kosten für die Finanzierung durch Leasing?

Sortiments- und Preisliste der Mediaworld e. K.

Waren-gruppe	Artikel-Nr.	Artikelbezeichnung	Artikelbeschreibung	Verkaufs-preis netto in EUR	Verkaufs-preis brutto in EUR
Warengruppe 1: Hören					
H	1001	Mikroanlage „Boost“ MC 101	CD-Spieler, 2-Band-Radio, 2 Cassettenfächer, 100 Watt	33,62	39,00
H	1002	Autoradio „Vision“	RDS-Autoradio, 36 Senderspeicher 4 x 40 Watt, CD-Spieler, abnehmbares Bedienteil	76,72	89,00
H	1003	MP3-Player 512	MP3-Player mit 512 MB Speicher, 32 Stunden Non-Stop-Musik, Stereo-Ohrhörer	33,62	39,00
H	1004	Mammuth-Boxen „Eiszeit“	3-Wege-Boxen, 240 Watt, 4-8 Ohm, Maße (B x H x T): 21 x 85 x 28 cm, Farbe: Schwarz oder Weiß	42,24	49,00
H	1005	Surroundsystem „Feeling“	4 Satellitenlautsprecher, Aktiv-Subwoofer, ein 2-Wege-Centerlautsprecher	111,21	129,00
Warengruppe 2: Sehen					
S	2001	Schnitzer T04 Farbfernseher	51 cm Durchmesser, Farbbildröhre autom. Senderprogrammierung, Scartanschluss	76,72	89,00
S	2002	Schnitzer Plasma-fernseher PF107	107 cm Durchmesser, abnehmbare Lautsprecher, Videotext	948,28	1.100,00
S	2003	Florida Hi-Fi-Stereo Videorekorder VS20	Fernbedienung, ShowView, 2 Scart-anschlüsse, Longplay-Funktion	76,72	89,00
S	2004	Grunlag DVD-Rekorder D05	120 GB Festplatte für 150 Std. Aufnahme, Wiedergabe von DVD, CD, SVCD	430,17	499,00
S	2005	Rollax Digitalkamera DC 2005	Digitalkamera mit 6 Mio. Pixel, 32 MB Speicher	93,97	109,00
S	2006	Rollax Digitale Video-kamera DVK 2005	Farbmonitor, Fernbedienung, Gewicht: 400 g	257,76	299,00
Warengruppe 3: Computerzubehör					
C	3001	Saltero Foto-Center	Drucker, Scanner, Kopierer in s/w und Farbe; 6-Farben-Druck, inkl. Faxsoftware	76,72	89,00
C	3003	USB-Speicher 80 GB	tragbare Festplatte mit 80 GB Speicherplatz, sofort betriebsbereit über USB-Schnittstelle	50,86	59,00
C	3004	USB-Stick 512	USB Speicherstift mit 512 MB Speicher	85,34	99,00
C	3005	DVD-R-Rohlinge	5 DVD-R-Rohlinge, 4,7 GB Speicher-kapazität	59,48	69,00
C	3006	Salem Multi-Brenner	Multiformat-Brenner für alle gängigen CD- und DVD-Formate. Geschwindigkeit DVD: 16fach, CD: 32fach	59,48	69,00
C	3007	Speedy-Computer-Maus	3-Tasten-Scroll-Maus	5,16	5,99
C	3008	Speedy-Computer-Tastatur	kabellose, flache Tastatur	17,23	19,99

Lieferantenliste der Mediaworld e. K.

Lieferanten-nummer	Firma	Zusatz	Ansprechpartner	Straße	PLZ
440001	Multitask GmbH	Computerzubehör	Frau Klöppel	Florentinastraße 67	33102
440002	Mammuth GmbH	Audiogeräte	Herr Yildrim	Gelsenstraße 32	46147
440003	Müller & Schneider OHG	Import und Export von Elektronikartikeln	Herr Schneider	Am Wäldchen 45	44623
440004	Audiotronic GmbH	Elektronikfachhandel	Frau Wissmann	Bahnhofstr. 33	59423
440005	Lavex Multimedia AG	Multimedia	Herr Dussel	Nusselweg 3	50933

Fortsetzung Lieferantenliste

Ort	Telefon	Konto	Bank	BLZ	Lieferung folgender Warengruppen
Paderborn	05251 89110-0	4459873	Volksbank Paderborn	472 601 21	1; 3
Oberhausen	0208 88888-12	997681	Dresdner Bank Oberhausen	335 800 73	1; 2
Herne	02323 93147	77698	Sparda-Bank Essen	360 605 91	2; 3
Unna	02303 871678	973389	Sparkasse Unna	443 500 60	1
Köln	0221 445540	674563870	Deutsche Bank Köln	370 700 00	1

Kundenliste der Mediaworld e. K.

Kunden-nummer	Firma	Firmenzusatz	Ansprechpartner	Straße
24001	Heinz Lamprecht e. K.	Fachhandel für Computerzubehör	Herr Dudel	Bismarkstr. 18-20
24002	Elektro-Günther e. K.	Fachhandel für Hi-Fi und Elektronik	Herr Mersen	Grabenweg 38
24003	Emil Meister e. K.	Büroausstattung	Herr Maise	Feldstr. 37
24004	Kurt Wächter e. K.	Fernseh- und Hi-Fi-Fachhandel	Herr Wächter	Hauptmannweg 23
24005	Kasahar e. K.	Sound & Videoshop	Frau Demir	Freiheitstr. 34
24006	Heka-Multimedia GmbH	Computer- und Hi-Fi-Bedarf	Frau Lieb	Rheinberger Str. 98
24007	Bürofix GmbH	Einzelhandel für Bürobedarf	Frau Treumann	Stufenweg 3

Fortsetzung Kundenliste

PLZ	Ort	Telefon	Konto	Bank	BLZ
47169	Duisburg	0203 14444-0	98453223	Citibank Duisburg	300 209 44
57078	Siegen	0271 987-0	78 999 33	Sparda Bank Wuppertal	330 605 92
47225	Duisburg	02066 8585-0	211221	Sparkasse Duisburg	300 500 00
44147	Dortmund	0231 454545	7896350	Sparkasse Dortmund	440 501 99
56073	Köln	0221 2366491	754658	Volksbank Köln-Nord e. G.	370 694 29
46483	Wesel	0281 872450	554369	Deutsche Bank	350 700 24
47447	Moers	02842 300234	72342252	Volks- und Raiffeisenbank	354 611 06

Sachwortverzeichnis